经济体制改革与国家治理现代化研究前沿论丛

丛书主编：黄凤羽

天津经济调研2017

◎ 黄凤羽／主编　燕中州／副主编

Tianjin Economic Investigation 2017

中国财经出版传媒集团

经济科学出版社
Economic Science Press

图书在版编目（CIP）数据

天津经济调研．2017/黄凤羽主编．—北京：经济科学出版社，2018.7
（经济体制改革与国家治理现代化研究前沿论丛）
ISBN 978-7-5141-8789-2

Ⅰ．①天…　Ⅱ．①黄…　Ⅲ．①区域经济发展-研究报告-天津-2016　Ⅳ．①F127.21

中国版本图书馆 CIP 数据核字（2017）第 305915 号

责任编辑：周胜婷　卢元孝
责任校对：靳玉环
责任印制：邱　天

天津经济调研 2017
黄凤羽　主　编
燕中州　副主编
经济科学出版社出版、发行　新华书店经销
社址：北京市海淀区阜成路甲 28 号　邮编：100142
总编部电话：010-88191217　发行部电话：010-88191522
网址：www.esp.com.cn
电子邮件：esp@esp.com.cn
天猫网店：经济科学出版社旗舰店
网址：http://jjkxcbs.tmall.com
固安华明印业有限公司印装
710×1000　16 开　29 印张　560000 字
2018 年 7 月第 1 版　2018 年 7 月第 1 次印刷
ISBN 978-7-5141-8789-2　定价：98.00 元
（图书出现印装问题，本社负责调换。电话：010-88191510）

总　　序

中国，因经济体制改革的激发而腾飞与崛起，以其特有的家国天下情怀而开启了国家治理体系现代化征程。伴随经济体量的增长、“一带一路”等重大战略的推进，中国正在以更加开放的姿态融入全球现代化的进程，并再次发挥其久远历史中孕育的内在影响力。这些变化，对于20世纪晚期和21世纪上半叶的世界而言，无疑可以算作最为重要也最值得记载的宏大叙事之一。对于当代研究者而言，这一值得浓墨重彩的时代，确实是一种值得后代研究者钦羡的难得机缘。

这套丛书是“天津市高等学校创新团队培养计划”的总括性研究成果。丛书聚焦于经济体制改革与国家治理现代化的宏阔研究命题，其目的在于，将中国的经济体制改革与国家治理现代化的建设，置于中国经济社会发展的长程尺度上来加以考察，既关注其变革与演进的深层机理，又解读具体制度变迁和设计的脉络与轨迹，更期望能够探求中国未来经济改革和现代国家建设的发展轴线与关键节点。正如恩格斯所指出的那样，“如果您画出曲线的中轴线，您就会发现，研究的时间愈长，研究的范围愈广，这个轴线就愈接近经济发展的轴线，就愈是跟着后者平行而进。”（《马克思恩格斯选集》，第四卷，第506~507页，北京：人民出版社，1972）从这个意义上讲，我们也希望这套丛书的出版，能够成为一个开放性和长期性的事业。

经济学的基本精神是合作比不合作要好，从人类历史的发展来看，这似乎也是一个帕累托改进的路径。在两千多年前“枢轴时代”的世界，几个主要文明的先贤圣哲，分别促成了东西方文明各自的伟大突破。今天，我们恰逢人类文明史的第三个千年开启之际，中国之命运与世界之前途，同样又处于伟大突破的前夜。

我们期待这套丛书不仅能够解码这一伟大时代变迁的关键节点与演变规律，也能够发挥面向未来世界的探索性功能，这是值得我们共同为之努力的事业！

是为序。

黄凤羽

2017 年 2 月

前　言

在推动高质量发展上攻坚闯关

天津是一座有着600年历史的国家级历史文化名城，也是中国近代工业的发源地之一。当改革开放的春风吹遍祖国大地，东临渤海、北倚燕山、中国北方最大的港口城市天津也迎来了经济发展的新天地。从1979年到2016年，天津市的地区生产总值由93.01亿元提升到17885.39亿元，提高了近191倍，综合实力极大增强。伴随着中国经济进入新常态，天津经济目前已经进入速度变化、结构优化、动能转换新时期。与全国总体形势一致，天津发展进入以供给侧结构性改革为主攻方向、追求高质量增长为主的新常态发展阶段，宏观经济呈现以下显著特征：

经济增长进入关键时期。全市生产总值2011年挺进“万亿俱乐部”后，连续跨越6个千亿元台阶，2016年达到17885.39亿元，是2011年的1.6倍。按可比价格计算，2012~2016年全市经济年均增长10.9%，快于同期全国年均增速3.6个百分点。

产业处于结构优化过渡期。发展动力加快转换，由第二产业拉动转变为第二、第三产业双轮驱动。2010年以后，第三产业成为增长的重要力量。2013年第三产业增速首次快于第二产业，2015年第三产业占比首次超过第二产业，形成“三二一”的产业结构。2016年，第三产业占全市生产总值的比重达到54%，反超第二产业9.2个百分点，对全市经济增长的贡献率为57.9%。但同时，天津经济自身面临结构性约束，传统优势工业偏重、工业附加值低、缺乏自主创新等问题制约了工业水平的提升，2017年对全市经济的拉动作用明显回落。

投资规模扩张优势逐渐减弱。从资本形成总额对全市生产总值增长的贡献率和拉动来看，投资是增长的主要动力。十余年间，天津市的全社会固定资产投资额基本处于逐年增长态势，增速维持在10%以上。进入“十二五”，天津市投资增速放缓，投资规模逐年扩张。2013 年突破万亿元大关，2016 年全社会固定资产投资达到14629.22 亿元；5 年累计完成投资 5.83 万亿元，年均增长 15.1%。但从资本形成总额对全市生产总值增长的贡献率来看，2009 年达到122.8 的峰值后快速下降。

资源环境约束进一步加强。2017 年，天津完成清新空气工程任务 588 项，对 2.1 万家“散乱污”企业进行了限产、停产、停业等处理，完成市辖行政区钢铁产能控制在 2000 万吨以内的目标任务，提前半年一次性取消了汽运散煤业务。

增长的动能正在积蓄。积极实施京津冀协同发展重大国家战略，三年引进北京与河北项目 4865 个，在津投资额 5226.84 亿元，占全市实际利用内资的 40% 以上。交通一体化先行一步，初步形成了由京津城际、津秦高铁和一批高速公路构成的交通网络。实现了京津冀通关一体化，京津实现离境退税互联互通，天津口岸进出口总额中，来自北京与河北的货物比重达到 30% 以上。制造业创新能力逐渐提升，2017 年，新增科技型企业 1.19 万家，高技术产业增加值对工业增加值的贡献率近 50%。制造业创新中心建设积极推进，智能网联车创新中心批准筹建。国家级企业技术中心达 50 家，规模以上工业企业研究与开发（R&D）投入比率达 1.38%，占全社会研发比重的 70% 以上。产业升级趋势明显，装备制造成为首个万亿级产业，航空航天、生物医药、电子信息、新能源新材料等战略性新兴产业成为新优势产业，生产性服务业快速发展，商务、金融、科技等生产性服务业 2012 ~2016 年增加值年均分别增长 18.5%、15.5% 和 14.6%，高于服务业平均增幅。投资结构不断优化，2016 年，服务业投资占投资的 71.0%，对全市投资增长的贡献率超过八成；民间投资年均增长 25.0%，快于全社会投资增速 9.9 个百分点，占全社会投资的比重达到 55.8%。高技术制造业和高技术服务业投资分别增长 34.8% 和 39.8%。“十二五”以来，居民消费能力快速提升，城镇常住居民人均交通通信、医疗保健、教育文化娱乐支出分别年均增长 11.4%、10.9%和 10.7%。同时，消费结构升级明显加快，个性化、多样化消费渐成主流，汽车、电子、文娱等产品消费成为拉动经济增长的重要力量。营商环境趋势向好。天津出台《关于营造企业家创业发展良好环境的规定》，即“天津八条”，2017 年第三季度，天津民营经济增加值占全市生产总值的比重达到47.8%，比上半年提高0.9 个百分点；民间投资自3 月以来，连续9 个月高于全市投资。绿色发展进展顺利，2016 年规模以上工业综合能耗下降6.6%，万元工业增加值能耗下降 13.9%，降幅分别比上年扩大 1.4 个和0.7 个百分点。能源消费结构进一步优化，规模以上工业煤炭消费量同比减少 287.56 万吨，天然气占一次能源消费量的 11.8%，同比提高2.3 个百分点。

在绿色经济、循环经济、低碳经济潮流推动下，世界经济发展的方式正在发生深刻的变革，“增长优先”和“物本主义”为“可持续发展”和“人本主义”所取代，尊重自然、保护环境、珍惜生态、关爱生命成为指导经济社会发展的基本理念。未来的20 年中，中国产业发展突出的主题是生态、智能，高质量发展成为共识。天津在经济实力、对外开放、经济发展方式、城市建设以及美丽乡村建设方面都发生了深刻变化，城市知名度和影响力进一步扩大，为全面建成高质量小康社会打下坚实基础。2013 年5 月，习近平总书记对天津工作提出了“三个着力”的重要要求，深刻阐明了天津发展的一系列方向性、全局性、根本性问题，是指引天津实现高质量发展的根本遵循和行动纲领。中共天津市委十一届二次全会提出了新时代天津发展总目标：到2020 年基本实现“一基地三区”定位，全面建成高质量小康社会，为全国决胜全面小康社会作出天津贡献；到 2035 年，在高水平全面建成小康社会的基础上，基本建成创新发展、开放包容、生态宜居、民主法治、文明幸福的社会主义现代化大都市。到 2050 年，把天津建设成为具有强劲实力、独特魅力和重要国际影响力的社会主义现代化强市。

在中国经济进入新常态的背景下，当前天津市也面临经济增长速度、发展方式、产业结构的转换，下一阶段将是天津市实现由高速增长向高质量发展的关键阶段。为了顺应天津发展的阶段转换，更好发挥天津的综合比较优势，天津市经济发展研究院和天津市宏观经济学会整合各方研究力量，对天津市各区的经济和社会发展开展了一系列调研。课题组成员深入天津市全部 16 个区及重点功能区，从京津冀协同发展、城镇化推进、产业发展等不同侧面，形成了一系列的调研成果，旨在为天津市实现由高速增长向高质量发展贡献思路，以及给关心天津市发展的相关人士提供相应的研究参考。在此特别感谢天津市宏观经济学会对各项调研工作的支持。

还要感谢岳进军主任、范小云教授、马国旺教授、赵光勋董事长等各位专家学者在调研题目遴选、调研成果评价和优化过程中的指导和帮助。各位专家对天津经济的深刻把握和真知灼见，使本书的各项调研能够兼顾选题的代表性和前沿性。

我们清楚地知道，限于自身的水平和调研的条件，可能在很多地方还存在这样或那样的错误，需要不断的改正和完善。我们在此抛砖引玉，希望能够得到各方面专家和同行的批评指教。

黄凤羽

目　录

战　略　篇

产　业　篇

综 合 篇

战 略 篇

天津加快供给侧结构性改革推进京津冀协同发展战略研究

（天津社会科学院城市经济研究所　王　双）

回顾世界经济发展史，在20世纪80年代到90年代，很多经济体都曾在需求刺激疲软、经济出现滞胀的情况下，以供给侧结构性改革作为调节经济失衡的良方。国际供给侧结构性改革经验研究表明，许多国家供给侧结构性改革都借助于以下手段实现：简政放权，实现市场主导机制；减税减负，降低企业运行成本；加强人力资本投入，增强创新性人才投入，稳定货币政策，维持稳定的宏观运行环境。

“十三五”期间，我国还面临着产业结构、区域结构、要素投入结构、排放结构、经济增长动力结构和收入分配结构等六个方面的结构问题，这些问题不能用解决周期性波动的需求管理政策去应对，而是需要通过供给侧结构性改革有针对性地加以解决。供给侧结构性改革的推进，能够有效增加京津冀协同发展的制度供给创新，使制度供给与经济增长的长远目标更加匹配，从而推动京津冀区域经济转型升级、促进区域经济协同发展、加速新型城镇化进程。我国的供给侧改革和西方供给学派主张的共同点都是让市场在资源配置中发挥更大的作用，其特色在于相比于发达经济体，我国的制度更不完善，更能够通过财税改革、金融改革、国企改革、价格改革、破除垄断和简政放权等改革释放制度红利。但在目前市场并不完善而且传统产业依然占主导地位的情形下，需求端的刺激尽管收效不佳，但仍难完全退出，我国需要在供给侧改革和需求管理之间寻求平衡，并最终促使我国经济实现转型。所幸的是，京津冀区域之间的较大差异为这种转型提供了一个可行的途径，在不同区域实行差异化的政策，可以有效实现产业和经济的转型升级。

推进供给侧结构性改革，对于矫正供需结构错配和要素配置扭曲、减少无效和低端供给、扩大有效和中高端供给、提高全要素生产率、培育新的增长动能具有重要意义。京津冀协同发展所致力于的目标，就是提升全要素生产率，降低市场的制度性成本，形成京津冀大市场，优势互补，互利共赢，摒弃以邻为壑和“虹吸效应”。目前，京津冀协同发展取得显著成效，跨区域轨道交通获得长足发展：断头路消失于历史舞台；大气治理的联防联控步步为营，三地统一重污染天气的红警标准；产业疏解搬迁，同时协同解决了重要的税收分享问题。未来，对于中央政府和京津冀地方政府而言，协同发展向前迈出的每一步，都是在制度深处削权放权，都是在既得利益处勇于断腕割肉，都是先解决供给问题，而后敞开大门，推动需求被激活。

一、理论依据和政策选择

（一）理论依据

供给与需求是经济学的一对最基本的概念，供给侧是相对于需求侧而言的，供给侧管理和需求侧管理代表着两种不同的经济思想。通常而言，需求侧管理是在假定供给条件不变的情形下，通过对总需求的调控来实现宏观经济目标，其代表理论为凯恩斯主义思想；与此相对应，供给侧管理则是通过对总供给的调节来达成宏观经济目标，其代表理论为供给学派的经济思想。供给侧结构性改革，就是从提高供给质量出发，用改革的办法推进结构调整，矫正要素配置扭曲，扩大有效供给，其并非简单复制供给学派的“供给管理”，而是希望通过改革实现经济结构的调整和优化。

经济学分析有短期和长期之分。凯恩斯的需求管理是一种短期分析，他是在科学技术和社会资源不变的条件下来解决经济衰退和通货膨胀问题。供给学派的供给管理也是短期的分析，他们试图利用减少税收等手段来解决停滞膨胀问题。但是，经济增长的分析属于长期分析，长期经济增长的源泉主要包括劳动分工、科学技术、物质资本、人力资本、经济制度和经济体制。

在主流经济学来看，在短期里供给和需求有可能发生失衡，所以需要从供给方或需求方进行管理。在长期，由于价格机制的调节，供给和需求能够实现动态平衡，决定经济增长的因素全部是供给侧的因素。对于实行自由的市场经济体制的国家来说，政府对经济的管理主要是短期的需求或供给管理。对于实行政府主导的市场经济体制的国家来说，政府对经济的管理不仅存在短期需求管理而且还存在长期供给管理。因此，不论是需求管理还是供给管理，都要区分短期的管理手段和长期的管理手段。

（二）政策选择

改革开放以来，我国的经济发展方式是粗放型的发展方式，我国主要依靠大规模投入劳动、资本和自然资源来实现产值的大规模增长，即所谓高投入高增长。改革开放前，劳动力丰富而缺乏资本；改革开放以后，又有劳动又有资本，从而推动着我国经济高速发展。但是，进入 21 世纪 10 年代以后，劳动、资本和自然资源的高投入已经不可持续，我国粗放型的经济发展方式已难以为继。目前，我国经济面临着前所未有的两大挑战：一是“刘易斯拐点”。改革开放以来，我国一直依靠农业部门几乎无限制地向工业部门输送劳动力而实现经济高速增长，但是现在这种劳动力的转移已经开始变得短缺，面临“下拐”风险。二是“中等收入陷阱”。随着我国进入中等收入国家行列，工资成本不断上升，我国在低端的劳动密集型产品的生产上开始竞争不过比我国落后的国家，大量的低端劳动密集型产业被淘汰或被转移到外国，许多中高端技术密集型产品的生产竞争不敌发达国家，造成国际市场萎缩。此外，由于收入分配差距扩大等原因，国内市场需求没有相应增长。增长乏力、结构性问题集中凸显以及国际和国内市场的萎缩，造成了经济增长变缓。经济发展方式不可持续的原因在于供给侧，即使我国政府利用财政政策和货币政策等需求管理手段去大规模地刺激总需求，也只能短时间维系而不能转变这种经济发展方式。要推动经济发展方式的转变，只能从供给侧着手进行改革。

1. 供给决定型经济——供给侧改革的逻辑起点

新常态意味着常态下（即不考虑临时性的经济波动而只考虑经济增长问题时）我国已不再是一个“需求决定型经济”，而是“供给决定型经济”。所谓供给决定型经济是指经济体的产量由其供给或生产能力（由劳动力、资本设备和技术等生产要素组成）决定，而不是由“三驾马车”（投资、消费和出口）决定。在给定的技术条件下，如果一个经济体是供给决定型的，则其生产要素（如劳动力）的供给基本上接近充分就业状态，从而成为产量的约束。正因为如此，推动经济增长的主要动力在于供给侧，即供给侧改革的逻辑起点。

2. 激励改革创新——供给侧改革的重中之重

我国供给侧改革是以新常态为背景，其目标是发展知识密集型经济，以提高经济社会的技术水平或全要素生产率。新常态下，自主研发将取代技术引进成为推动技术进步的主要模式。创新是将研发所得的技术（或知识）转化为生产力的过程。技术创新涉及多个主体，事实上，当企业进入这样一种良性循环时，其所提供的产品供给必然是有效供给——有效供给将引领和创造市场需求。企业是如此，国家也是如此。要实现技术上的突破，改变自己在国际产业链分工中的地位，必须建立起自己的技术和知识储备体系。我国能否走出中等收入的陷阱，归根结底在于掌握多少世界前沿技术，能够进行多少影响科技发展的技术创新和文明进步的制度创新，因此供给侧改革的重中之重是激励改革创新。

3. 供给侧改革下的区域协同发展——供给侧改革主要目标之一

就区域发展而言，供给侧改革主要体现在以下两个方面：第一，区域供给侧改革就是指从供给侧入手，针对区域发展不平衡问题推进的改革，主要针对产业发展的不平衡与区域发展的不协调；第二，区域供给侧改革，实质是正确处理中央政府与地方政府的关系以及政府与市场的关系，充分发挥市场在资源配置中的决定性作用，同时更好地发挥各级政府的作用。

二、作用领域

面对经济新常态，传统区域发展模式遭遇瓶颈，国家对区域发展战略进行了调整，突破了之前点状、块状的区域发展模式，开始寻求在国际和国内两个层面上实现区域协同发展，从而形成了“一带一路”倡议、京津冀协同发展战略与长江经济带三大区域发展战略。供给侧结构性改革的推进，能够有效增加区域制度供给的创新，使制度供给与经济增长的长远目标更加匹配，从而推动区域经济转型升级、促进区域经济协同发展、加速新型城镇化进程。

（一）区域经济转型升级

促进产业转型升级，关键是加快培育新动能和改造提升传统产能，形成新的“双引擎”。当前，我国经济处于新旧动能转换的关键时期，也是阵痛期。新动能的壮大和传统动能的更新升级仍面临着诸多体制性障碍，必须通过深化供给侧结构性改革，扫除“路障”，开辟新径。通过供给侧结构性改革释放制度红利，增加区域组织创新能力的供给，营造扶商、安商、惠商的良好市场环境，促进战略性新兴产业发展，推进区域产业结构转型升级，从而切实改善区域发展的产业层面供给。加快北京非首都功能疏解，适应需求结构的变化，实现京津冀各自产业功能定位，达到提高供给体系质量和效率、增强经济的持续增长能力的目的。2016 年 6 月 29 日，工信部等四部门联合发布了《京津冀产业转移指南》（以下简称《指南》），成为京津冀地区合理有序承接产业转移、优化产业布局、加快产业结构调整和转型升级步伐的指导性文件。《指南》提出，坚持创新、协调、绿色、开放、共享发展理念，有序疏解北京非首都功能，推进京津冀产业一体化发展。坚持市场在资源配置中的决定性作用，发挥政府在产业发展中的引导作用。坚持产业转移与产业转型升级、创新能力提升相结合，与培育产业集群竞争力、适应资源环境承载力相结合，不断调整优化区域产业布局，构建“一个中心、五区五带五链、若干特色基地”的产业发展格局。“一个中心”即打造一个科技创新中心。依托北京的科技和人才资源优势，打造具有全球影响力的科技创新中心和战略性新兴产业策源地。承担京津冀地区产业研发、设计、服务等功能，辐射全国。以中关村国家自主创新示范区为主体，重点提升创新能力，推进高端共性技术研发和关键核心部件研制，加快工业设计、信息服务、咨询等生产性服务业发展。建设“五区五带五链”，即以“五区”（北京中关村、天津滨海新区、唐山曹妃甸区、沧州沿海地区、张承地区）为突破建设重要引擎，以“五带”（京津走廊高新技术及生产性服务业产业带、沿海临港产业带、沿京广线先进制造业产业带、沿京九线特色轻纺产业带、沿张承线绿色生态产业带）为支撑优化区域布局。发展若干特色产业基地，即以点状经济作为带状经济的重要补充，依托现有特色和优势，积极发展特色产业集群。围绕节能环保、医药、家具、食品、皮革等行业，形成区域品牌，建设具有全国影响力的行业技术创新中心、产品展示中心、信息集散中心。继续加强产业、金融、财税、科技等政策的协同，以改革精神和创新意识推进京津冀产业有序转移工作。

（二）创新制度设计和政策安排

在区域协同发展层面，供给侧改革的起步较早，从区域合作到产业转移以及对口支援都有探索，但是效果并不理想。这不仅直接影响到产业结构，还深刻地影响社会激励约束体系，进而对微观主体经济行为和整个供给体系产生作用，对于优化供给结构十分重要。政府应切实发挥市场监管者和服务者的职责，在化解过剩产能的过程中更好地发挥社会政策的托底作用。究其原因，一是宏观层面主要以需求管理为主，单纯京津冀协同发展层面的供给管理难以取得预期效果；二是推动京津冀协同发展主要以政府为主，对民间的力量关注不够，或者出于短期利益考虑缺乏诚意。在国家整体上加强供给侧结构性改革的背景下，京津冀协同发展迎来重大机遇，通过有效提高供给体系质量和效率，重视和尊重市场自身的力量，不断推进区域协同与创新。

用制度机制来引导和促进供给侧灵活性和创新性的提高，形成激励约束机制。具体而言，一是要进一步打破垄断与市场限制，促进生产要素自由流动，提高资源配置效率。二是进一步完善生产要素市场，理顺生产要素价格，同时积极发挥财税政策在调整再分配中的作用。三是要改变分配关系，使那些有需求、有市场、发展前景好的产业确实从市场上获得应有的利益，而对于那些需要限制或淘汰的行业则取消政策上的优惠，增强成本约束。

（三）新型城镇化加速推进

目前京津冀城镇化政策素以需求管理为主，局部的供给改革也因缺乏顶层设计和相应配套措施而效果不佳。京津冀城镇体系规模结构的不合理，尤其是北京“大城市病”、京津过于肥大、周边发展缓慢等，极大制约了新型城镇化的推进。在宏观政策转向以供给侧改革为主，供给与需求两手抓的情形下，京津冀协同发展供给侧结构性改革若能破除城市本位观念，提供开放的创新制度供给，通过建立转移人口市民化的成本分担机制来降低产业转移人口市民化的成本，加速推进新型城镇化进程。

三、国际经验

（一）美国

20 世纪 70 年代中期，美国经济面临严重的“滞胀”危机，持续高涨的通货膨胀率降低了企业利润也挫伤了投资者的投资意愿，失业率高涨，经济下滑趋势明显。深受凯恩斯主义影响的政府试图通过过度干预来调整结构失衡，却适得其反。经济发展过程中的结构性问题凸显，由于竞争力下降导致国内产品产能过剩，私人投资部门的投资意愿受高税率影响持续降低，政府过度抑制了企业经营效率的提升。基于此，里根政府毅然决定采取供给侧结构性改革。通过采取紧缩的货币政策来降低通货膨胀率，降低企业赋税和个人所得税税率以期减少企业运营成本，放开政府对部分行业的管制，通过市场引导为主进行僵尸企业的退出和淘汰，提升行业竞争力。在里根政府采取供给侧结构性改革的第三年，美国经济开始恢复增长，就业趋向稳定，全要素生产率不断提高，企业经营效率明显提升，迎来了 1983 年以后美国近 30 年的经济繁荣期。当然，不可否认的是供给侧结构性改革期间美国国防支出增长了 1.26 倍，导致美国赤字率持续高涨，政府债务随之增加。

（二）英国

受世界经济危机的影响，20 世纪 70 年代和 80 年代的英国经济同样陷入了经济滞胀期，经济出现负增长，通货膨胀问题严峻，价格指数一路飙升。在此之前的工党政府大力推行政府干预和国有化政策，大部分的企业由国家控股，企业整体经营效率偏低，大多数呈亏损状态，依靠财政补贴维持生存，极大地增加了财政压力。为摆脱经济危机，振兴英国经济，撒切尔政府决定着手控制货币供应量以有效遏制通货膨胀，对税收制度和社会保障制度进行改革，减少政府干预，实行国有企业私有化改革。撒切尔政府的改革有效地控制了通货膨胀，英国经济经历了短暂的改革阵痛期以后逐渐复苏并恢复增长，各项宏观指标趋于稳定，卓有实效的结构性改革激活了英国私有经济的增长潜力，为英国20世纪80年代的“撒切尔增长奇迹”奠定了基础。

（三）德国

20世纪80年代初的德国经济也面临严重的财政危机和结构性问题，巨额的社会保障开支导致财政赤字连年增长，年均债务规模增长速度高达10%；国内产业结构落后，产能利用率低，导致出口产品国际竞争力较弱，部分行业产能严重过剩，对外贸易出现连续逆差，货币趋于贬值。在此背景下，波尔政府将经济改革方向转向供给侧结构性改革，提倡“多市场少政府”“多利润少工资”的经济政策，通过减少政府干预，发挥企业能动性、提高投资人投资意愿。具体来说，波尔政府采取紧缩的货币政策以维持马克的币值稳定性；制定了与彼时德国经济增长相适应的税收政策以减轻企业和个人的税负，并维持相对稳定的劳动力工资水平以减轻企业经营成本；通过削减社会福利、减少公共开支等措施大力缩减公共支出，化解财政危机；采取稳步渐进式的国有企业私有化改革，大力优化产业结构，加强对人力资本的投资。这期间，德国制造业的产能利用率和生产率显著提升，产业结构得到升级优化，产品品质、产品竞争力得到稳步提高，贸易条件逐步改善，产能过剩问题得到有效化解，经济实现稳步增长，技术创新成为德国制造业引领世界高端水平的持久动力。

（四）日本

20世纪70年代，日本经济步入增速换挡期，经济发展的需求与支持经济增长的动力之间出现结构性偏差，受石油危机影响，日本物价高涨，失业率快速增长，企业连续亏损至停业，经济出现负增长。日本政府从供给侧入手，实行“减量经营”，即节约能源消耗、降低利息负担和降低劳动力成本；同时，日本政府积极进行对产能过剩行业的疏导和调整，加强对新兴产业的扶持，重视服务业发展。日本政府的供给侧改革成功地实现了对产业结构的优化，实现了增长方式从传统粗放到高附加值的转变，日本经济迅速崛起，社会财富明显增加。然而，20世纪80年代后期，继广场协议签订以后，日元持续升值，为了补贴受日元升值影响的出口产业，日本政府决定采取宽松的货币政策，导致资金大量从实体经济流向股市；而当日本政府采取房地产金融实施总量控制政策后，土地金融资金链迅速瓦解，股市崩盘，大量企业宣布破产，个人资产大打折扣甚至出现负资产，失业率增加，国民收入下降，债务规模空前扩张，人口出现负增长，日本经济陷入前所未有的危机中，迎来了日本“失去的十年”。实际上，日本 20 世纪 80 年代后期改革失败的主要原因，或在于没有对国家干预经济的既有体制进行深入改革，政府行政能力没有得到改善和提高，供给侧要素活力没有得到有效释放。

从供给侧结构性改革实施效果来看，决定供给侧结构性改革成功与否的关键在于能否实现产业转型，矫正要素配置扭曲的现象，并真正实现“小政府”监管，市场主导，创新驱动的转变，只有实现以上目标才能保证经济在短期内恢复增长，在长期内稳定、健康、持续的增长。当前，中国经济正处于从经济大国迈向经济强国的起点，随着人口红利的消失以及国际经济局势的深刻调整，需求侧经济刺激乏力，供给侧也面临结构性失衡，供给体系开始出现中低端产品过剩、高端产品缺乏、传统产业产能过剩、房地产库存严重、结构性的有效供给不足、地方政府债务风险加剧等问题，供给端成为宏观经济调整的主攻方向，供给侧结构性改革迫在眉睫，供给侧经济发展潜力亟待释放。

四、主要思路和战略路径

助推京津冀协同发展，增强供给端市场要素体系建设和制度供给创新，天津市将通过供给侧结构性改革实现京津冀协同发展的功能定位。

（一）主要思路

1. 承接非首都功能，提高京津冀产业对接水平

通过构建结构优化、布局合理、特色鲜明的产业体系，发挥先进制造研发基地优势，加强与北京、河北的对接合作，建设协同创新共同体，形成技术领先、配套完备、链条完整的产业集群，建成先进技术、创新要素、高端产业的承接地和聚集地等，支撑和引领中国制造业发展，成为京津冀协同发展产业结构转型升级的重要支撑体系。

2. 发挥京津冀世界级城市群布局核心作用，构筑层次分明、定位清晰、功能互补的发展共同体

推进城市、产业、生态、文化融合发展，提升城市功能和品质，成为世界级城市群的重要功能载体。强化京津双城联动，加快实现同城化发展，共筑京津冀协同发展的主要引擎。推动沿京津发展轴的中心城区、滨海新区、环城四区、武清区等地区加快发展，打造京津冀区域科技研发转化、现代服务业、高端制造业发展带和主要城镇聚集轴。推动宝坻区融入京唐秦发展轴，建设产业重镇和活力新城。促进天津平原地区与北京平原地区、廊坊及保定平原地区深度融合，打造要素资源集聚、产业层次高、创新能力强、引领协同发展的核心区域。推动滨海新区成为东部滨海发展区的核心区，以海空两港为核心、轨道交通为骨干，推进区域交通一体化，全面提高航运服务辐射功能和全球资源配置能力，携手河北沿海地区形成与生态保护相协调的滨海型产业聚集和城镇发展区。推动蓟县山区与北京山区、河北张承地区，共同建设支撑京津冀协同发展的生态涵养区。

3. 强化京津冀生态文明示范作用，推进生态环境建设

加强生态环境联防联控联治，探索形成京津冀循环低碳绿色发展模式，打造水绕津城、城在林中、天蓝水清、郁郁葱葱的宜居环境。作为京津冀生态廊道建设布局中的重点森林湿地群，实现与廊坊、保定的森林湿地动态连接，形成京津保地区大尺度绿色板块和森林湿地群。以“南北生态”两大生态屏障为依托，围绕构建起城市绿色网络，整合城市生态空间格局，积极绿化生态景观效果，建设京津冀重要生态廊道。

4. 提升京津冀空间布局战略地位，加快构建现代城镇体系

通过提升中心城区，增强滨海新区龙头带动，做强辅城和中等城市，积极融入京津冀空间布局，以“双城、辅城、中等城市、特色小城镇和美丽乡村”为骨架，形成“双城双港、相向拓展、一轴两带、南北生态”空间发展战略，建成规模适度、布局合理、城乡互动、和谐宜居的现代化城乡体系，成为承接北京非首都功能平台的有效载体。

5. 深化京津冀开放门户功能，加大改革开放力度

充分利用天津市自贸试验区、自创示范区和滨海新区先行先试的政策优势，形成营商环境与国际接轨、投资贸易高度便利、示范引领作用强劲的改革开放先行区。围绕重点领域和关键环节开展先行先试，努力形成可复制可推广的改革成果。加快破除制约协同发展和要素流动的体制机制障碍，形成优势互补、互利共赢的区域一体化发展制度体系。推动金融、土地、技术和信息、人力资源等要素市场一体化。

（二）战略路径

1. 构建以己为主、全球布局、开放共赢的先进研发制造生态体系

京津冀协同创新的产业结构转型面临着全球范围内制造业整合优势资源和前沿技术研发的大背景及趋势，因此，天津市必须在强化自身制造业核心竞争力和加快实施“走出去”战略两方面下功夫，积极融入国际产业分工链条，打造以我为主、全球布局、开放共赢的制造业生态体系，建成先进技术、创新要素、高端产业的承接地和聚集地，形成京津冀区域产业竞争新优势。具体而言，一是要推动全产业链整合协同发展，形成上中下游联动机制，提高薄弱环节国产化能力，打造自主可控产业生态系统。二是要培育壮大具备国际竞争力的企业主体，支持企业间战略合作和兼并重组，在若干重点领域推动形成一批国际一流企业，强化企业盈利能力和产业链控制能力。三是要打造具有比较优势的中小企业和创客群体，引导中小企业专注细分市场，发展成为“专精特新”和“小巨人”企业，引导大企业与中小企业建立合作共赢的协作关系；大力扶持初创期创新创业型企业和创客群体。四是优化空间布局，结合京津冀协同战略布局，加快建成全国先进制造研发基地，形成加快优势制造业集群和先进制造业增长极。

2. 合理配置创新资源，着力克服技术供给不足的短板

创新能力不足是限制京津冀先进研发制造业基础能力提升的关键短板，究其原因，主要是创新资源配置不合理，创新活动与产业化严重脱节，创新技术供给不足，解决上述问题，一是大力借鉴美国、中国台湾地区、法国的经验，加大政府早期市场培育和企业行为引导力度，通过建立首购制度、完善保险补偿机制、实施示范工程等，为新技术新产品新模式提供早期市场机会。二是借鉴中国台湾工业技术研究院、美国制造业创新中心等机构的经验，建设一批高水平创新主体，吸纳多方面创新资源集聚，探索采取新机制新模式，改建或组建一批制造业创新中心，成为新技术、新工艺、新装备、新业态、新模式的原创地和策源地，为特定行业提供创新技术供给。三是组织建设一批创新企业和产业技术联盟，统筹推动技术、产品、业态和模式创新，开展人才培训，完善创新链条，弥补原始创新与应用创新、应用创新与产业化之间的短板。四是加强重点领域关键核心技术知识产权储备，构建产业化导向的专利组合和战略布局，支持组建知识产权联盟，成为科技研发转化和创新成果产业化基地。五是依靠政府引导和产业主导超前布局一批前沿关键技术研发。在新能源装备（核电、风电等）、航空航天、高铁等轨道交通装备、移动智能终端、新能源汽车、载人深潜等海工装备等已具备或部分具备比较优势的行业领域，超前布局一批前沿关键技术研究，瞄准产业发展制高点，组织开展联合攻关，通过合理的机制设计充分吸纳产业界、科技界介入，抢占产业发展的技术主导权。

3. 改革完善城市规划，推进以人为核心的新型城镇化

实现京津冀新型城镇化，必须充分认识、尊重和顺应发展规律，深化户籍制度改革，加快推进农业转移人口市民化，健全财政转移支付同转移人口市民化挂钩机制，建立城镇建设用地增加规模同吸纳转移人口落户数量挂钩机制。引导调控城市规模，优化城市空间布局，提高城市管理水平，加强市政基础设施建设，切实增强城市宜居性，从而真正释放天津市经济增长的空间和潜力。“十三五”时期，天津以示范小城镇建设为龙头，打造小城镇升级版；以打造特色镇为支撑，加快产业升级，实现产城融合；以国家新型城镇化综合试点为抓手，加快推进以人为核心的新型城镇化。到2020年，将高水平建设1500万平方米的示范小城镇，50万农民迁入新居；打造20个市级特色镇；常住人口城镇化率达到84%。进一步深化户籍制度改革，实施城乡统一的户口登记制度，实现城乡户籍登记“一元化”，加快提高户籍人口城镇化率。加大公共服务体系建设力度，建立城乡统一的教育、医疗卫生、社会救助等保障制度，使农业转移人口真正实现个人融入社会、子女融入学校、家庭融入社区。因地制宜地打造一批休闲旅游、商贸物流、民俗文化传承等具有特色的小城镇，推动小城镇发展与特色产业发展相结合。加快推进区域网格化管理，推广借鉴全国的先进管理模式，以管理促服务、以管理促建设，切实把城镇管理得更加文明和谐、更为井然有序。

4. 发挥政府在供给侧改革中的主导作用，有效提供公共物品和服务

第一，破除产品市场供给约束。当前天津市供给侧的主要问题是有效供给不足，其原因在于供需不均衡。政府需要通过供给侧改革破除医疗、教育和养老等行业的供给约束。第二，培育市场化的要素市场。要素价格能够反映市场供需是有效市场形成的关键条件。以要素市场改革为抓手推动供给侧改革，在金融自由化、积分制户籍制度、农村建设用地入市等方面都加大改革力度。第三，为个人和企业提供公共物品和服务是政府的重要职责。对居民而言，政府需要提供基本教育、医疗和养老服务；对企业而言，政府需要为其市场进入和退出提供透明、便捷的服务和有益于创新的产权保护。第四，着力打造改革开放新高地，坚持改革引领，提升金融创新运营能力，充分利用自贸试验区、自创示范区和滨海新区先行先试政策优势。

5. 加快京津冀区域之间土地、资金、人员等的流动和优化配置

京津冀城市化还有很大发展潜力，但重点不在京津大城市，而在大城市之间。要把以往的孤岛型城市转变为网络型城市，进一步拓展城市带、城市圈，在大城市之间带动京津周边大量小城镇发展，推动互联互通和基本公共服务的均等化，带动人口居住和产业布局的再配置，由此引致区域交通基础设施、商贸服务业以及其他配套服务业的完善和发展。同时，与京冀协力，下决心打破土地、人员、资金等要素流动、交易、优化配置的诸多不合理体制和政策限制，理顺要素流动机制，营造公平高效、充满活力的市场环境，促使各类要素在区域内自由流动和优化配置。

6. 建设京津冀生态廊道，实现京津冀区域生态系统一体化

京津冀地区是一个环境和经济共同体，尊重自然生态本底，优化环境空间区域发展格局，以主体功能区划为基础，构建区域生态廊道，对于确立区域生态安全格局，引导城市发展空间和产业布局向生态化、集约化转变意义重大。作为京津冀生态环境的基本框架，生态廊道不仅是区域重要的绿色通风通道和生物多样性保护带，更是区域生态系统一体化建设的重要任务。只有实现京津冀三地生态廊道互通互联，才能在更大空间内强化其生态功能，形成科学完整的京津冀生态体系。天津的重点任务是积极“融入区域空间格局”，“推动蓟县山区与北京山区、河北张承地区，共同建设支撑京津冀协同发展的生态涵养区”。通过提升规划层次和水平、建设城市生态网络、构建多层次的城市内部生态廊道以及强化城市生态廊道建设的保障体制，天津市将逐步连通与京冀城市内部绿化廊道，实现与廊坊、保定的森林湿地动态连接，形成京津保地区大尺度绿色板块和森林湿地群，协力构建京津冀高密度、高质量的区域生态体系。

五、重要举措

（一）加快建设全国先进制造研发基地

1. 打造科技“小巨人”升级版

推进能力、规模、服务升级，实现“小升高”“小壮大”“小做强”。实施领军企业培育、高端人才引进培养工程，加快关键核心技术突破和产品创新，推动一批科技型中小企业成为高新技术企业，培养一批新型企业家。推进规模升级，实施企业并购、企业上市融资工程，促进企业倍增式发展。优化技术平台、科技金融和园区服务，打造服务创新创业的软硬环境和富有活力的创新生态系统。

2. 培育产业技术创新联盟

完善以企业为主体、市场为导向、产学研相结合的制造业创新体系。围绕新一代信息技术、高端装备制造、生物技术、节能环保等战略性新兴产业，鼓励龙头企业、高等学校和科研院所建立联合开发、优势互补、利益共享、风险共担的产学研合作机制，探索建立行业领先的产业技术创新联盟。健全企业主导产业技术研发创新的体制机制，依托具有国际竞争力的创新型领军企业和龙头企业，建设产业公共技术平台、国家级企业技术中心以及国家级科研院所、研发机构、分支机构与产业化基地。

3. 高水平建设国家自主创新示范区

优化“一区二十一园”空间布局，充分发挥天津滨海高新区核心示范带动作用，推动中心城区大众创业发展，提升环城四区产城融合水平，加快滨海新区开放创新步伐，加速远郊区县产业转型升级，形成科技创新、产业发展和新城建设“三位一体”的发展模式，搭建集研发创新、孵化转化和产业化“三位一体”的创新大平台，建设集众筹基金、众创空间、众包服务“三位一体”的公共服务平台。促进自主创新示范区与自贸试验区联动发展，加快“双自”体制机制改革创新，实现在科技成果与平台开放、创新资本跨境流动、科技创新服务对外开放、创新创业人才流动等方面的对接与联动。到2020年，建设成为创新主体聚集区、产业发展先导区、转型升级引领区和开放创新示范区。

4. 打造低成本、便利化、全要素、开放式的众创空间

高水平建设“双创特区”，打造创新创业样板区、示范区。完善政策法规体系，进一步优化科技资源配置，逐步实行项目决策权与执行权分离机制。创新科技专项资金支持模式和拨付方式，通过奖励、后补助、股权投资、风险补偿、贴息等方式引导社会科技资金投入。系统推进京津冀全面创新改革试验，积极对接北京创新资源和科技成果，主动向河北延伸产业链条，实现产业联动发展，提升产业协同创新能力，打造京津冀协同创新共同体。

5. 完善引才聚才新机制

实施百万技能人才培训福利计划，开展以“职业培训包”为主要模式的职业技能培训，实现“一包方式管培训”。完善现代特色职业教育体系，加强产教深度融合，促进产业、行业、企业、职业和专业“五业”联动，加快建设国家职业教育改革创新示范区。深入推进新型企业家培养工程、“131”创新型人才培养工程。实施“千人计划”“千企万人”等人才计划，引进聚集一批创新型高层次人才。强化人才激励机制，探索建立促进国有企业创新的激励制度，完善科研院所绩效工资和科研经费管理制度。全面实施“人才绿卡”制度，延伸服务功能。

6. 深入实施“互联网+协同制造”

积极开展网络化协同制造。大力推进云制造、众包设计研发和网络化制造等新模式，加快建设滨海工业云、企业云等公共服务平台，实现工业互联网进企业、入车间、联设备、拓市场。超前部署面向智能制造单元、智能工厂的低延时、高可靠、广覆盖的工业互联网，加快制造业集聚区光纤网、移动通信网和无线局域网的部署和建设，实现信息网络宽带升级，提高企业宽带接入能力。全面发展智能制造，深化泛在感知、宽带移动、智能融合的信息网络技术在工业领域的集成应用，推进设计、制造、产品、服务和管理智能化。

（二）深化改革开放，释放制度红利

1. 化行政管理体制改革

全面深化“十个一”改革，减少审批事项，创新行政管理，提高服务效能。深化行政审批制度改革，推进简政放权、放管结合、优化服务，完善权责清单制度，推进相对集中行政许可权改革，扩大集中办理审批事项服务范围，再造审批流程，精简审批环节，实行标准化审批服务升级。创新实施承诺审批制办理方式，探索试行“多项合一、多证合一”改革，试行简易注销程序，推进商事登记便利化。扩大行政许可网上办理事项。加快社会信用体系建设，推进信用信息共享交换，构建守信激励和失信惩戒机制，健全市场主体信用风险分类监管制度，使守信者一路绿灯、失信者处处受限。率先试行市场准入负面清单制度改革，做好事中事后监管。整合建立统一的公共资源交易平台体系，降低企业交易成本。

2. 深化国资国企改革

以“四个一批”改革为重点，建立更加适应市场经济发展要求的体制机制。注销出清一批空壳企业，盘活用好企业资产；整体出让一批低效企业，把优势做优、强项做强；混合多元一批潜力企业，多渠道推进国有企业混合所有制改革；股改上市一批优势企业，企业整体上市工作取得重要突破。推行职业经理人和市场化选聘经营管理者制度，畅通现有经营管理者身份转换通道，鼓励企业经营班子成员或具备较强经营管理能力的其他职位领导人员辞去现任职务，转换为职业经理人身份，不享受对应职级，退休年龄、出国次数、薪酬标准按照市场聘用人员对待不受限制。健全公司法人治理结构，完善现代企业制度。强化国资监管，推动国有资产监管机构职能由管企业为主向管资本为主转变。优化国有资本投资方向和领域，完善制造业国有资本布局，推进竞争类企业重组，提高资源配置效率。规范集团公司决策机制、内审机制和风险防范机制。

3. 促进自贸试验区服务制造业发展

积极发挥自贸试验区制度创新优势，全面落实各项制度创新举措，优化制造业发展环境。扩大对外开放领域，提高对外开放层次。完善对外商投资的准入前国民待遇加负面清单管理模式，创新知识产权保护和服务机制。探索建立对外投资合作“一站式”服务平台、“走出去”服务联盟及信息共享平台，为企业“走出去”提供全方位服务。实行“一线放开、二线安全高效管住”的贸易监管制度，完善国际贸易“单一窗口”和服务功能，为制造业产品出口

和技术装备引进提供更大便利。创新海关监管模式，支持自贸试验区内高端装备制造、航空产业及研发设计、检测维修等业务发展。积极争取设立京津冀协同发展基金、京津冀产业结构调整基金，支持工业企业加快发展。

4. 加强制造业国际产能合作

积极参与“一带一路”建设，支持企业、科研院所开展国际产能合作和国际工程总承包，加快推进沿线国家和地区的相关重点项目建设，带动天津优势产能、高端装备、技术标准和管理服务“走出去”。鼓励有实力的企业并购国外具有核心能力和核心资源的企业，建设大宗商品境外生产基地。加快埃及苏伊士经贸合作区拓展区建设。积极融入“中巴经济走廊”，推动双方在能源、钢铁、轻工等产业领域和开发区运营管理、职业技能教育等方面的合作。

（三）着力实施创新驱动，提升源头供给能力

1. 大力加强基础研究

围绕国家战略需求，依托自身优势，加强数学、化学、医学、生命科学等基础研究，攻克一批重大科学问题。把握世界科技进步大方向，加强在合成生物学、干细胞与组织修复、表层地球系统科学、深海科学等前瞻性部署，取得一批原创性重大成果。着眼当前产业需求，集成跨学科、跨领域、跨单位的优势力量，在信息、航空航天、新能源新材料、精密仪器等领域努力取得突破。

2. 积极推进世界一流大学和一流学科建设

支持南开大学与天津大学建设世界一流大学、市属高校建设高水平特色大学。聚焦优势领域，重点支持数学、化学工程与技术、仪器科学与技术、光学与光学工程、建筑学、中医中药、肿瘤学、食品与轻工纺织等领域相关学科进入世界一流行列。加强学科交叉与融合，重视支持一批非共识项目，培育新兴学科和特色学科。

3. 构筑创新平台，聚集高端资源要素

依托高校、科研院所，建设一批国际一流的科学研究中心。大力吸引海内外顶尖实验室、研究所、高校、跨国公司来津设立全球领先的科学实验室和研发中心。重点打造绿色化学化工、合成生物学等国家实验室。建设一批国家重点实验室、工程中心、企业技术中心等国家级研发平台。组建肿瘤精准治疗、中医针灸诊疗等一批国家临床研究中心。建立大飞机适航审定、纳米颗粒与纳米系统、先进纺织复合材料、碳材料、机构理论与装备设计等一批产业研究中心。建设好未来科技城等科研机构聚集区。

4. 加强创新基础设施建设

加强与中科院等合作共建，积极争取海底观测网、大型地震模拟平台等大

科学设施落户天津。整合提升国家级检验检测平台，建设数字化基础设施，提升超级计算平台性能和服务能力，依托超级计算资源建设大数据中心。打造大型共用实验装置、数据资源等科技基础条件平台。加快智慧城市建设，实现互联网无线 Wi－Fi 全覆盖。整合信息资源，形成大数据、云计算网络体系。

（四）鼓励创新创业，激发全社会创造活力

1. 着力打造众创空间

以支持科技创业、产业创业和就业创业为核心，大力发展众创、众包、众扶、众筹，推进便捷开放的众创空间建设。支持民营企业、创投机构等社会力量投资建设或运营创客中心、创业咖啡、创新工场等新型孵化载体，提高各类科技平台向社会开放程度。支持大学生以创业带动就业，打造环天南大创新创业“十字街区”等。盘活利用闲置商业用房、空置村庄、工业厂房、企业库房等，打造一批专业化的创新创业社区和特色小镇。

2. 鼓励支持科研人员创新创业

支持高校、科研院所、国有企事业单位的科技人员离岗创业，对在津转化科技成果或创办科技型中小企业的，5 年内保留其原有身份、编制和职称，档案工资正常晋升。支持在职科研人员在完成本职工作的基础上，采取兼职兼薪方式创业或服务企业创新。鼓励高校院所承接横向委托项目，劳务收入最高可占项目经费的 70%，有关收入不纳入绩效工资总额。

3. 加快“双创特区”建设

发挥体制特、机制特、服务特优势，加快聚集境内外高端人才和创新机构，把滨海新区中心商务区建设成为全国创新创业示范区。建设海外人才离岸创业试点基地和人才改革试验区，支持发展创业苗圃、孵化器、加速器等创业服务机构。设立“双创”发展专项资金，实施“就业即落户”、创新产品政府首购、保税状态下公共资源共享等政策。建设线上线下相结合的“专家 + 管家”服务平台，构建政府引导、市场服务、要素齐全、安全高效的创新创业服务体系。

4. 加强科学普及和创新文化建设

加强科普场馆、基础设施和信息化建设，开发一批高水平、影响力大的原创科普精品，大力开展科研诚信教育，全面提升公民科学素养。加强舆论宣传，着力培育尊重科学、鼓励创造、追求卓越的创新文化。建立科学有效的容错纠错机制，鼓励创新、宽容失败，着力提升创新的浓度、创业的热度，形成人人崇尚创新、人人勇于创新、人人皆可创新的良好氛围。

（五）发展创新联盟，建设高效协同创新生态

1. 完善产学研用紧密结合的创新机制

健全产学研用相结合的市场化协同创新机制，搭建技术研发、市场融资、人才交流和资源整合的创新平台。落实激励企业研发的普惠性政策，支持企业加大研发投入，建立技术研发机构，掌握核心技术，成为技术创新主体。实施领军企业创新联盟“511 工程”，深化上中下游、大中小企业合作，推进企业与高校、科研院所构建产学研联合体，形成优势互补、利益共享、风险分担的合作机制，建设 100 个领军企业创新联盟，打造 10 个规模超千亿的产业集群。

2. 构建社会化科技中介服务体系

大力发展研发设计、创业孵化、检验检测认证、法律咨询、知识产权服务等各类科技服务业，建设一批科技服务业聚集区。吸纳集聚海内外知名服务机构在津创设新机构或设立分支机构。培育市场化新型研发组织、研发中介和研发服务外包新业态，发挥好行业协会、商会、基金会、科技社团等作用。

3. 积极鼓励创新创业投资

发挥财政资金杠杆作用，引导海内外资本在天津建立种子基金、天使投资基金、风险投资基金、产业并购基金等，强化对创新成果在种子期、初创期的投入，引导社会资本加大投入。允许符合条件的国有创投企业建立创业投资跟投机制。积极探索国有创投基金的尽职免责政策。

4. 创新科技金融服务

发展针对企业创新活动的政府性担保机构，设立政策性担保基金，建立健全担保资本金动态补充机制。推动投贷联动试点，对开展试点的金融机构给予政策支持。设立科技保险公司，支持保险机构开发推广科技企业贷款保证保险、贷款担保责任保险等新型产品。积极发挥融资租赁、信托、保理等在科技型企业融资中的作用。简化知识产权质押融资流程，对符合条件的科技企业发放质押贷款。落实中小微企业贷款风险补偿政策，扩大政策覆盖面。

（六）提升以区域整体生态效益为导向的生态协同治理水平

1. 建设京津冀生态廊道，提升区域生态价值

建设京津冀生态廊道作为区域生态体系建设的重要部分，承担着夯实区域生态基础的重要功能。京津冀区域生态廊道建设将在绿隔建设、中心区绿化、大尺度城市森林建设、新城城镇绿化和山区生态功能提升等五个方面实现“率先突破”。三地应着力推进本区域生态体系与京津冀生态廊道的有机联通、强化生态廊道重要支撑骨架、开展生态廊道建设试点，同时加大科技创新供

给、夯实资源保障体系。

2. 统筹推进水资源保护和利用，提高全流域协同治理水平

三地应加强流域协同治理，统筹规划三地水资源配置，建立水污染防治上下游联动协作机制和统一协同的流域水环境管理机制，以水资源—水污染—水生态“三位一体”协同解决的系统思路为主要技术路线，实施一批大型水环境综合整治工程，带动京津冀核心区（主要是北京、天津、廊坊）水环境质量实现根本性转变。完善区域统一的水污染防治法规、产业准入标准及污染监控网络，实现水资源使用市场化。启动水资源信息网络建设，完善应急协同处理机制，建立跨区域水污染事故应急联动和会商机制，全面提升京津冀流域协同治理水平。探索建立上下游生态补偿机制，三地共同加大地方财政投入力度，同时积极争取中央财政支持，多渠道筹措水污染防治资金。加大对环保服务业的资金与政策支持，引导民间资本进入环保服务业。

3. 强化大气污染协同治理，实现大气污染治理与节能减排双目标

在深入实施《大气污染防治行动计划》的基础上，三地应共同采取强化措施，加强机动车污染治理、加大挥发性有机物综合治理力度、以排污许可证强化“高架源”监管、强化重污染天气应对，同时将 20 个传输通道城市纳入京津冀大气污染防控范围，限时完成重点行业污染治理。梳理节能减排“一揽子”政策框架，推动制订能效“领跑者”制度具体落实方案，深入实施京津冀空气质量区域管理。以生态改善倒逼结构升级为内源动力、以政策架构和基层机制为外源保障，实现大气污染治理与节能减排互为促进。

4. 探索区域生态补偿机制，发挥生态文明先行先试作用

以经济与生态高度依存为基础的京津冀生态补偿需求强烈，亟须通过形成跨区域生态补偿市场化机制，推动三地资源利用、污染治理、生态保护及基础建设协同运作，发挥生态关联地区的重要作用。通过规范市场边界，建立内部行为的总量控制与市场交易制度，将政府行政调控和市场调节结合起来，在保证市场健康运行的前提下，引导市场自发形成价格调整和监管协调机制。

5. 提高区域市场竞争程度，营造生态协同创新市场环境

三地应加大环境规制和科技创新支持力度，延伸区域绿色生态产业链条，鼓励绿色生态产业发展，以科技创新拉动生态效益改善。同时，规范市场竞争秩序，完善技术交易市场，为绿色创新技术成果转化消除障碍，推动形成生态创新协同的市场环境。

（七）推动形成分布合理、共建共享的社会资源配置格局

1. 实现医疗资源均质化，打造区域医疗一体化平台

拆分京津冀超大型医院，重新组建新的独立医院，优化医疗资源布局，充

分发挥与挖掘拆分医院在人才、技术、品牌等方面的优势，促进京津冀医疗资源均等化。组建以产权为纽带的紧密型医院集团，从政策上、国有资产管理上给予更多特殊优惠政策。支持更宽泛的合作办医，支持北京优质医疗机构通过共建、共管、共教等多种方式在津冀开设分院，同时引入专业的管理机构实现医疗资源优化组合。鼓励多种形式、多个层次、多维空间的区域医疗协作与合作，如组建跨区域合作的医联体、医院间业务合作、共建新医院、进行人才进修培训、共同成立医院联盟等。大力发展区域远程医疗，从医保支付制度和医院价格制定上给予远程医疗更宽松的发展空间。

2. 优化区域教育资源布局，提升区域教育整体发展水平

统筹推进三地实现教育资源公平化、人才发展均衡化，从政策和财政上加大区域高等教育倾斜支持力度，促进驻京重点高校本科教育向天津、河北疏解迁移或者建立分校，探索津京冀三地逐步按照统一标准进行高考招生。支持在京中央高校和市属高校通过整体搬迁等方式向天津、河北转移，有效疏解部分北京高等教育功能。支持组建京津冀不同学科类型的高校联盟和职业教育集团，建设北京职业教育服务京津冀课程资源库，促进北京数字学校面向京津冀地区提供公共教育服务。完善名校办分校、优质课程资源共同开发、师资管理干部培训、联合教研、教育质量监测评估一体化、实验实训基地共建、校际之间“手拉手”、名师工作站建设、高校科研机构举办附中附小等多种方式，建立区域基础教育发展一体化有效模式。充分发挥北京优质教育资源的辐射作用，构建优质教育资源全覆盖的区域信息化机制。

3. 加快实现区域交通一体化，提升交通动态智能管理水平

按照网络化布局、智能化管理和一体化服务的要求，以构建轨道交通为骨干、多节点、网格状、全覆盖的交通网络为统一目标，形成海陆空全方位、立体化、多层次、高效率、无缝接驳的区域大交通格局，实现京津冀智能交通“一张蓝图”、交通运输信息共享交换“一个平台”、城市公共交通“一卡通”、交通运输监管应急“一张网”。强化干线铁路与城际铁路、城市轨道交通的高效衔接，着力打造“轨道上的京津冀”。完善便捷通畅公路交通网，打通国家高速公路“断头路”，全面消除跨区域国省干线“瓶颈路段”。推进津冀区域航道、锚地、引航灯资源的共享共用，鼓励津冀两地港口企业跨行政区投资、建设、经营码头设施，构建现代化的津冀港口群。打造国际一流的航空枢纽，形成枢纽机场为龙头、分工合作、优势互补、协调发展的世界级航空机场群。优先发展区域城市公共交通，加强微循环和支路网建设，推进城市公共交通场站和换乘枢纽建设。

深入落实京津冀协同发展战略背景下进一步发挥滨海新区排头兵作用的研究

——以金融创新运营示范区的建设为例

（天津市经济发展研究院　李文增）

《京津冀协同发展规划纲要》确定了天津市在京津冀协同发展中的功能定位：全国先进制造研发基地、北方国际航运核心区、金融创新运营示范区、改革开放先行区。天津滨海新区作为天津改革开放的最前沿和中国经济的重要增长极，理应在京津冀协同发展中发挥排头兵的作用。近年来虽然滨海新区在落实京津冀协同发展战略和实现天津的功能定位过程中发挥了重要排头兵的作用，但从进一步深入落实京津冀协同发展战略和进一步加快实现天津功能定位及进一步发挥滨海新区排头兵作用的角度来看，尚存在着一些有待进一步研究解决的问题。本课题组以金融创新运营示范区的建设为例进行分析研究，并提出建议，供市领导决策参考。

一、滨海新区在京津冀协同发展发挥排头兵作用的重大意义

滨海新区位于天津东部沿海地区，天津滨海新区位于环渤海地区的中心位置，总面积 2270 平方公里，人口 270 万人，内陆腹地广阔，区位优势明显，产业基础雄厚，增长潜力巨大，是我国参与经济全球化和区域经济一体化的重要窗口，是中国北方对外开放的门户、高水平的先进制造业基地、北方国际航运中心核心区、金融创新运营示范区、改革开放先行区、宜居生态型新城区，被誉为“中国经济的第三增长极”。

1994 年 3 月，天津市决定在天津经济技术开发区、天津港保税区的基础上“用十年左右的时间，基本建成滨海新区”。经过天津市十余年自主发展后，滨海新区在 2005 年开始被写入“十一五”规划并纳入国家发展战略，成

为国家重点支持开发开放的国家级新区。

新世纪新阶段的2006年，党中央国务院从我国经济社会发展全局出发，作出了加快天津滨海新区开发开放的重大战略决策。党的十六届五中全会、十六届六中全会、十七大和十届全国人大四次会议、十一届全国人大一次会议都对加快滨海新区开发开放提出了殷切的期望和要求。国务院2006年20号文件对滨海新区改革开放作出了全面部署。坚持改革开放带动、科技创新引领、高端产业支撑、服务能力提升、发展环境保障，滨海新区将努力成为继深圳经济特区、上海浦东新区之后服务中国区域经济发展新的增长极，成为科学发展的排头兵。

2007年12月、2010年3月、2011年4月，时任总书记的胡锦涛曾三次提出：努力使滨海新区成为深入贯彻落实科学发展观的排头兵，为进入全面开发开放新阶段的滨海新区指明了方向。

伴随着滨海新区开发开放步伐的加快，党中央、国务院对滨海新区在改革开放中作用和地位的要求，在不断提升，滨海新区在改革开放中发挥先行先试作用的重要性也越来越大，并且是与经济特区和上海浦东新区并列的。

2006年指出："继续发挥经济特区、上海浦东新区的作用，推进天津滨海新区开发开放。"

2007年指出："继续发挥经济特区、上海浦东新区作用，推进天津滨海新区等条件较好地区开发开放。"

2008年指出："经济特区、上海浦东新区、天津滨海新区开发开放加快推进。"

2009年指出："经济特区、上海浦东新区、天津滨海新区要继续当好改革开放排头兵。"

2011年指出："更好发挥深圳等经济特区、上海浦东新区、天津滨海新区在改革开放中先行先试的作用。"

2012年指出："更好地发挥经济特区、上海浦东新区、天津滨海新区在改革开放中先行先试的重要作用。"

2013年5月14~15日，习近平总书记来到滨海新区视察时曾代表党中央指出："天津要充分利用滨海新区平台，先行先试重大改革措施，努力为全国改革发展积累经验。"并在中央酝酿京津冀协同发展战略的背景下，对天津今后工作提出了"着力提高发展质量和效益、着力保障和改善民生、着力加强和改善党的领导"的重点要求。这表明党的十八大之后，中央继续发挥天津滨海新区的排头兵作用。这让滨海新区乃至天津全市上下倍感振奋。

市委书记李鸿忠在天津上任不久的2016年9月18日到滨海新区调研时指出："滨海新区战略地位极为重要，区位条件突出，拥有多重政策优势，具备对接资源、转型升级的良好基础。天津唱好京津冀协同发展这场重头戏。市委、市政府要更加重视新区，把新区摆在龙头地位、摆在最大增长极地位、摆在未来改革创新方向地位，举全市之力推进新区开发开放。新区要从讲政治的高度谋划京津冀协同发展的滨海实施，把落实重大国家战略作为讲政治是否落到实处、增强‘四个意识’是否落到实处的重要检验，以更加坚决的态度扎实推进，努力成为推进京津冀协同发展的示范区、排头兵。”

总之，发挥好天津滨海新区改革开放先行先试的排头兵重要作用，显示了党和国家对滨海新区的期待，表明国家用新思路、新体制、新机制推动滨海新区不断提高综合实力、创新能力、服务能力和国际竞争力，进而在带动天津发展、推进京津冀和环渤海区域经济振兴、促进国际交流和全国经济协调发展中发挥更大作用。其重大意义在于通过推进天津滨海新区的开发开放，促进这一地区加快发展，可以有效地提升京津冀和环渤海地区的对外开放水平，使这一地区更好地融入国际经济，释放潜能，增强竞争力，有利于实施全国区域协调发展总体战略，成为带动区域发展的新的经济增长极，有利于促进我国东部地区率先实现现代化，从而带动中西部地区，特别是“三北”地区发展，形成东中西互动、优势互补、相互促进、共同发展的区域协调发展格局，有利于探索新时期用新的思路和发展模式推进天津滨海新区的开发开放，走出一条创新驱动，并带动区域创新发展的新模式。

二、滨海新区在京津冀协同发展中能够发挥排头兵作用的主要基础和优势条件

在 2006 年出台的《国务院关于推进天津滨海新区开发开放有关问题的意见》中，明确提出了滨海新区的定位，即“依托京津冀、服务环渤海、辐射‘三北’、面向东北亚，努力建设成为我国北方对外开放的门户、北方国际航运中心和国际物流中心”。同时也指出，在批准滨海新区成为全国综合配套改革试验区后，要按照党中央、国务院的部署，并从天津滨海新区的实际出发，先行试验一些重大的改革开放措施。以此为契机，天津滨海新区不断努力，不断取得进步，尽管此后，滨海新区的功能定位不断与时俱进，不断调整，但其不断取得的进步，使其发挥区域经济发展排头兵作用的基础和条件日臻完善。

（一）拥有较强实力的先进制造业

1. 拥有先进制造产业集群

自从天津滨海新区开发开放纳入国家发展战略，被定位为现代制造业和研

发转化基地之后，经过多年的努力和发展，已形成了有一定集聚规模的先进制造业。包括以海洋工程和高技术船舶、先进轨道交通、高档数控机床、工业机器人、3D 打印等装备为主的临港高端装备制造产业；以国产 CPU、高端服务器、大容量存储、新型智能终端、新一代基站、网络安全、操作系统及工业软件等关键技术和产品等为主的新一代信息技术产业；以干线客机、直升机、无人机、新一代运载火箭、新型卫星、空间站等龙头产品及延伸产业链条为主的航空航天产业；以提升关键零部件配套能力，先进的电池、电机、电控等关键核心技术为主导的国内重要的汽车及核心零部件产业；以重点发展超导、纳米、功能膜、半导体、高分子等功能材料为主导的国家级新材料产业；以针对重大疾病的化学药、中药、生物药新产品、生物制品及保健品为主导的生命健康产业；以发展储能电池、太阳能和风力发电、智能电网等具有较强竞争力的优势产品为主导的绿色能源产业；以产业高端化精细化绿色化发展，并形成完整的产业链条的石化产业；以高性能板线材、核电用管、航空及动车专用铝材等产品为主导的现代高端冶金产业。

2. 拥有先进制造创新支撑体系

拥有以“一区二十一园”为主体的国家自主创新示范区；拥有一批高校科研院所与企业产学研用结合的，集创新研发、孵化转化、产业化于一体的产业公共技术平台，产业创新联盟，中外合作研发中心，国家级研发机构及产业化基地，国家重点实验室、国家工程实验室、国家工程（技术）研究中心、国家级企业技术中心等创新平台；拥有一批低成本、便利化、全要素、开放式的众创空间；特别是在滨海新区中心商务区建设了政策特、体制特、服务特的“双创特区”，打造创新创业集聚地和全国有影响力的创新创业中心。

（二）具有较强实力的港口交通运输业

滨海新区位于京津城市带和环渤海湾城市带的交汇点，这里拥有我国北方最大的综合性港口天津港，具有“三北”辽阔的辐射空间；滨海新区还地处东北亚中心，也是中国和蒙古国签约的出海口岸，还是哈萨克斯坦等内陆国家可利用的出海口，是区域对外开放的窗口和桥梁。目前天津港作为中国北方第一大港，是国内唯一同时拥有三条铁路通往欧洲陆桥的港口，且运距短，而且目前是世界第四大港，年吞吐量超过 5 亿吨。再加上近些年发展起来的天津空港，以及四通八达的铁路和陆路交通网络，使天津的海陆空港交通运输能优势互补，就成为推进天津滨海新区进行经济建设和发挥京津冀等区域经济发展排头兵作用的另一个重要支撑。具体来说如下：

1. 拥有区位优势

即拥有中蒙俄经济走廊重要节点、海上丝绸之路倡议支点和亚欧大陆桥桥头堡的交通区位优势，提升海空两港枢纽功能，构建海陆空立体化交通网络，建设现代化集疏运体系和航运服务体系，打造航运基础设施完善、航运服务功能优良、全球配置资源能力突出的国际航运核心区。

2. 拥有国际一流的枢纽海港

即天津港北部港区拥有现实和未来长远发展的集装箱港和商港；天津港南部拥有条件良好的大宗散货港和能源港区；天津港东部的东疆港拥有 30 万吨级航道，其 30 平方公里的港口正在扩建（增辟东疆二港岛）；大港港区、南疆港区深水原油码头等工程也正在加快建设；正在扩能的天津港主航道，能满足世界最先进船舶进出港和接卸需求。天津海港与世界主要港口都保持着密切联系，已成为参与全球港口资源配置的国际化枢纽港。

3. 拥有门户枢纽航空港

即天津滨海国际机场拥有良好的航空运输基础设施和空域资源等条件，目前正在进一步拓展天津机场空域资源，扩大空域容量，开拓航空市场，加密国内国际干线航班，增加支线航线，拓展全货机航线，实现亚洲重点地区全覆盖、欧美地区直航。不仅如此，还引进了国内外知名货运航空公司、快递和物流企业，建设企业集聚、功能完善的国际航空物流中心。还推进海空铁多式联运，建设国家级海铁联运综合试验区，推动行李直挂和“空铁一票通”“空海一票通”，形成高效便捷的航运物流体系。到 2020 年，港口空间布局和资源配置进一步优化，现代航运设施能级进一步提升，港口货物吞吐量将达到 7 亿吨，机场旅客吞吐量突破 3000 万人次，货邮吞吐量达到 60 万吨。

4. 拥有良好的集疏运体系

即拥有天津良好的铁路网。近年来正在启动津保忻、津石、津承等货运铁路建设；畅通“津新欧”“津蒙俄”大能力货运通道；建设西南环线扩能改造、南港铁路、进港三线、新港北集装箱中心站、大北环铁路；启动豆双、汉周铁路联络线建设，形成集疏港货运环线；建设京滨城际、京唐城际、津保铁路、京津城际延长线、京津城际机场引入线等铁路运输通道，形成完善的高速铁路客运枢纽网络，形成京津冀 1 小时通勤圈。不仅如此，天津还在加快建设市郊铁路，充分利用津蓟线、陈塘支线、李港线、京山线等既有铁路富余能力开行市郊列车，开通北京至蓟县的城际市郊列车，建设综合交通枢纽，推动高铁、市郊铁路、城市轨道“三网融合”。到 2020 年，铁路运营里程将达到 1450 公里，高速铁路与城际铁路将达到 480 公里，市郊铁路将达到 300 公里，铁路枢纽功能和地位将得到显著增强。

5. 拥有通达能力较强的公路网

已经建成京秦、唐廊等高速公路，正在建设津石高速公路，并不断打通高速公路“断头路”，形成了“八横六纵”高速公路网。到2020年，天津全市公路总里程将达到1.74万公里，高速公路将达到1500公里。

6. 拥有良好的国际航运服务功能

目前，天津市正在大力发展航运服务业，加快发展航运保险、航运保理、航运交易、航运咨询、海事登记、海事仲裁等高端服务业。积极推进船代、货代等传统服务业转型升级。集聚航运服务机构。大力引进国内外知名航运公司和分支机构，形成航运总部集聚区。做强国际金融仲裁、海损理算、交易结算、船舶检验等服务机构。争取设立北方（天津）航运交易所，开发运价衍生品、船舶交易、期货交割等产品，提升天津航运指数影响力。完善邮轮母港配套设施，吸引大型邮轮公司设立区域总部，拓展邮轮增值服务，打造邮轮经济聚集区。推进航运服务创新。改革口岸监管服务模式，推行国际贸易单一窗口，实现口岸单位“一站式作业”。发挥海关特殊监管区域优势，实行一线放开、二线安全高效管住。发展国际中转集拼、沿海捎带等业务。创新国际船舶登记制度，开展启运港退税试点。完善符合国际惯例的政策体系，提升航运服务软环境。

（三）拥有以天津自贸区为核心特点的改革开放先行区

坐拥区位优势的滨海新区，产业基础雄厚，增长潜力巨大，是我国参与经济全球化和区域经济一体化的重要门户。在滨海新区开发开放上升为国家战略伊始，党中央、国务院就明确提出滨海新区要从实际出发，可先行试验一些重大的改革开放措施。站上国家战略的风口，标志着从此新区对外开放的深度、广度和力度，都将按照国家战略的功能定位要求，不断地深化和拓展。

十年来，滨海新区在改革创新与开发开放中不断前行，努力建设适应国际化、市场化、法治化要求和贸易投资便利化需求的服务体系。据统计，目前滨海新区已累计吸引了140余家世界500强企业落户，新区年实际利用外资超百亿美元，“一带一路”上的国际经贸合作交流日益频繁。2014年4月21日，天津正式接下自由贸易试验区的“火炬”，也接下了国家赋予的“特殊使命”——在新形势下全面深化改革、扩大开放和加快推进京津冀协同发展战略，滨海新区这片中国发展最具活力之一的区域，正以更加开放的视野和胸怀拥抱新一轮开放发展的“黄金期”。

天津自贸区建立后平均每半小时就有一家企业在天津自贸区注册，每一秒就有1.7万元的资本聚集在这里……来自京津冀乃至全国全球的企业纷至沓来，天津自贸区呈现出令人感到惊艳的聚集效应。聚集效应的背后，显性层面是新区的商机引人，更诱人的内因是改革创新，简政放权、提升效率，让阻碍开放发展的条条框框黯然逝去，最大限度地让营商环境逐步与国际接轨。

“现在在自贸区注册，只需先在网上填写外商企业备案登记表，然后到天津自贸区网上办事大厅直接申报、提交材料，当天就能拿到备案证明书，完成企业登记注册，真是太方便了。而以前外资企业设立时，需要进行审批，办理时间较长。”这是国渝国际融资租赁有限公司负责人的感叹，这家注册在天津自贸区天津港东疆片区的外资企业，深深地感受到自贸区“负面清单”改革带来的便利。

据了解，由于实行了准入前国民待遇加负面清单的外商投资管理模式，外企进入滨海新区发展更加踊跃。统计数字显示，天津自贸试验区自设立以来，进一步拉动和促进了投资贸易便利化水平的显著提升，双向投资规模不断扩大。截至 2016 年 6 月底，自贸区内新设外商投资企业 1112 家，增长 2.6 倍，占全市 59%，其中 95%通过备案方式设立；作为我国对外开放的前沿，滨海新区充分发挥了在贸易与投资自由化、便利化改革上先行先试的作用，也必将进一步提升对外开放水平，更好地融入国际经济，释放潜能，增强竞争力。

贸易便利化水平是吸引越来越多的国内外商品在天津口岸集聚的关键。滨海新区从实际出发，以探索建设高效便捷的口岸体系为目标，实施口岸“大通关”；构筑了“多点报关、口岸放行”“集中审单、集中查验、集中转检”“一次申报、一次查验、一次放行”等全新监管模式，同时也将港口和口岸功能不断向腹地省市延伸，最大限度减少了企业通关时间，降低了通关成本。同时，天津口岸也与内陆省市持续推进“属地报关、口岸验放”的区域通关模式，推进无水港、区域营销中心建设，不断推动港口功能、口岸功能、保税功能向腹地延伸，创建国际一流的口岸运行体制，为内陆地区走向海洋搭建“黄金通道”。

开放空间决定发展空间。在经济全球化的新形势下，滨海新区在开发开放的进程中，也不断用改革创新注入活力和动力。在国务院批复的《天津北方国际航运中心核心功能区建设方案》先行先试的政策支持下，滨海新区以东疆保税港区为载体平台，在国际船舶登记制度、国际航运税收政策、航运金融业务和租赁业务等领域创新探索，将政策优势变为区域优势，不断推进涉外经济体制改革，不断“破题”，吸引了船舶、资本、人流、物流迅速聚集，加快与国际航运中心接轨的步伐。

除了国际贸易外，滨海新区也不断完善机制，扩大对外合作，呈现出深入和多元的特点。中新两国政府合作建设的中新天津生态城便是代表，这项合作旨在共同打造世界人居示范项目。经过多年的发展，目前生态城已经成为贯彻绿色发展理念、转变经济发展方式、建设生态文明的实践载体，成为我国新型城市化和产业化道路的创新试验基地。中新两国合作探讨人类生活方式的世界性命题，彰显出滨海新区开发开放的深度。

在当前中韩自贸区建立的背景下，天津自贸区在京津冀乃至在“一带一路”倡议的重要支点和改革开放先行区的作用都将日益凸显。中韩自贸区战略是中国实施大自贸区战略的重要组成部分。中韩自贸区的建立将能带来巨大的产业效益，有利于实现中韩两国产业结构优化，逐步实现区域内产业分工水平和资源配置效率的提升，有利于两国或多国间商品、资本、劳动等生产要素的便利流动与融合，有助于降低东北亚区域内的生产成本，提高两国或多国消费者的整体满足度和社会福利，提升亚洲价值链分工层次和水平，并进一步助推亚太地区经济一体化的发展。

面向京津冀和东北亚（包括韩国）的天津自贸区是中国北方地区的第一个自由贸易园区，依托天津海空港，与京津冀和“一带一路”倡议叠加运行，将能成为中韩大自贸区在中国北方的先行区。不仅能促使天津滨海新区更好更快地有效发挥融入中韩自贸区战略的作用，而且能带动天津乃至京津冀地区的经济更好地融入“一带一路”倡议，并作为促进京津冀连接东北亚（包括韩国）和国内中西部地区乃至中西亚和欧洲的交汇点之引擎的作用将会更加凸显。

（四）拥有金融改革先行先试的历史积淀

除了历史上天津是中国北方的金融中心，形成了中国历史上南有上海北有天津的金融业发展之历史积淀之外，还有改革开放后，特别是滨海新区开发开放纳入国家发展战略之后，天津滨海新区金融改革先行先试取得的成果积淀，诸如以滨海新区为核心的天津融资租赁业，已占到全国三分之一的市场份额；以滨海新区为核心的天津产业投资基金业，在前期先行先试的基础上，正在通过调整方向，扩大募集基金规模，逐步向京津冀和“一带一路”沿线的相关产业延伸，发挥重要的产业和基础设施建设的投资带动支撑作用，可使潜在的支点作用变成现实的支点作用；国家丝路基金虽已在北京注册成立，但在实施京津冀协同发展战略和建设金融创新运营示范区的背景下，可使天津滨海新区成为国家丝路基金的重要运营中心。其可行性在于：一是历史上就有注册在北京的总部金融管理机构，在天津设立总部运营机构的先例；二是天津近些年拥有大型产业投资基金的运营实践经验；三是在京津冀协同发展规划纲要中天津的重要定位之一是金融创新运营示范区，拥有产业投资基金等金融创新方面先行先试的政策发展环境。因此在天津滨海新区设立国家丝路基金的运营中心，不仅有利于国家级金融机构的投资运营，而且可不断丰富和完善未来天津滨海新区金融创新运营示范区的试验和示范内容，并进一步落实《规划纲要》精神。

不仅如此，在“一基地三区”定位中，金融创新运营示范区在天津市及滨海新区的定位中虽不占居首位，但由于金融是现代经济的核心，就决定了金融创新运营示范区的建设和定位的实现，对天津其他三个定位的实现都至关重要。因此，研究滨海新区及天津的金融创新运营示范区定位的实现，不仅关系到滨海新区及天津金融业的现实和长远发展，而且对于滨海新区及天津的其他三个定位的实现，以及对于滨海新区在京津冀协同发展中发挥好排头兵的作用都有重要意义。

所以本文研究发挥好滨海新区在京津冀协同发展战略中排头兵的作用，以金融创运营用示范区的建设为例，着重通过金融创新运营示范区的历史沿革，金融创新运营示范区定位的基本内涵、基本思路、重点任务，建设的基本情况，存在的主要问题进行梳理分析。

三、金融创新运营示范区定位的历史沿革

天津在历史上是中国北方的金融中心，中华人民共和国成立后的一个相对较长的时间里我国实施了计划经济，使天津在中国北方的经济金融中心地位被削弱了。改革开放后天津的经济金融业发展逐步恢复，进入 20 世纪 90 年代，天津开始探索重建北方金融中心地位，但又面临 1949 年以来北京长期建设中形成的众多总部金融机构集聚的情况，于是探索采取北京发挥全国性金融管理中心作用，天津发挥金融创新运营中心作用的发展方式。最终在京津冀协同发展重大国家战略确立后，天津的金融创新运营中心地位也同时被确立下来，其不仅在滨海新区开发开放纳入国家发展战略后，确立了滨海新区在区域经济发展排头兵的地位，而且对于充分发挥滨海新区在京津冀协同发展中发挥排头兵的作用，都创造了良好的条件。以下对其历史沿革做一梳理和回顾。

（一）1991～1995 年天津开始着手金融创新事宜

20 世纪 90 年代初天津经济进一步加快发展面临着严重的瓶颈，即天津本来主要是作为面对中国北方地区服务的中心城市，却由于长期受计划经济的束缚，发展的空间比较狭窄，此时天津的经济发展相对滞后。在此背景下的 1991 年天津市委市政府在《天津日报》头版开展“认识天津振兴天津”的大

讨论，其中在金融创新方面有中国人民银行的学者的《充分发挥金融中心作用》文章，该文指出，“从历史上来看天津是我国北方的金融中心，这个金融中心是与天津作为北方的工业中心和商业中心等方面相适应的。然而，新中国成立后的一个很长时间里，由于我们受到‘左’的思想影响和计划经济观念的束缚，使我国金融业违背了商品经济的原则，而按行政区域设立银行。于是出现了资金基本上按行政区域的大小，而不是按经济规模的大小和经济发达的程度分配的状况，天津作为工商业等方面较发达、客观上需要资金较多的大城市，自然受到了影响，不仅天津金融及经济中心的作用没能很好地发挥出来，而且自身的发展也受到了影响。”该文还提出建议：“进行一次较大的改革，即彻底改变按行政区域中的地位大小，设置相应金融机构的办法。……天津一旦按经济区域中心城市的地位设置金融机构，其金融中心调节资金的作用就能充分地发挥出来，不仅天津工农商等各业的发展与资金严重不足的矛盾得到缓解，而且经济区域内其他地方资金过剩与不足的矛盾得到调整，资金融通的速度将大大加快。它不仅能对天津、环渤海经济区的经济，而且必将对未来的北方经济以及全国的经济，产生重大影响。”

随着“认识天津振兴天津”大讨论的逐步深入，随着1992年邓小平南方谈话的影响，天津市金融学会、天津市环渤海经济研究会等先后召开学术年会开展研讨，其中人行天津分行金融研究所的同志着重从区域金融创新的体制机制和发展环境上进行思考和研究，交流了《重建天津在北方的金融中心地位之战略构想》一文，产生了一定的影响。

1993年天津的金融创新进入操作层面，其显著的表现就是中国人民银行天津分行作为天津市金融体制改革领导小组办公室，开始进行金融体制改革方案设计，首先建立了拥有三块牌子一套人马的咨询办事机构，即金融体改办、政策研究室、调查统计处。此时开始提出金融改革创新的清单，并由一位同志执笔进行起草，其中包括增设多元化金融机构，扩大金融开放，创造条件开办离岸金融业务等金融改革创新事项。这一年金融体改办的同志还针对当时国内证券市场建设和天津的实际情况，在天津市政府内参发表了《发展天津股票市场可分三步进行》的文章，率先提出了在天津建立纳斯达克式的全国性股票柜台交易市场的建议。该文是国内最早研究争取在中国北方经济中心城市天津建立纳斯达克式的全国性股票柜台交易市场的文章。虽然这个市场未能在天津建立，但却为天津后来争取发展全国性的证券市场，乃至战略性的金融创新提供了新的思路和决策参考。

1994年天津市委市政府提出用十年左右的时间建成滨海新区，与之相适应采取什么样的金融发展战略来促进之，当时时任天津市政协常委、市政府金融顾问、人行天津分行原总经济师的王居庆同志与天津金融体改办的同志进行了沟通，并责成该同志执笔撰写了《加快滨海新区龙头建设的筹资战略分析》一文，为市委市政府提出的进行滨海新区开发开放相适应的金融创新发展战略提供了决策参考。1994 年 9 月 20 日的《天津日报》还将该文节选，以《塘沽应成为天津的“浦东”——兼论塘沽离岸金融中心的建立》为题予以发表。

1995 年 3 月人行天津分行的同志发表了《再论重建天津金融中心地位的战略构想》，都与这一阶段天津的实践探索是相适应的。

（二）1996 年天津的北方金融研究课题组之研究

从 1996 年天津的北方金融中心研究课题组之研究，到 1997 年国务院赋予天津北方重要经济中心的定位，这是天津金融创新研究和发展的一个重要阶段，该课题组由时任天津市常务副市长李盛霖挂帅，并集聚了天津市综合经济管理部门和各大金融机构的骨干研究力量，并吸收了本市大专院校和经济金融研究机构的专家学者参加，还出了系列研究成果，其中有天津银行的学者撰写的《天津建设北方金融中心在宣传上应打好“三张牌”》文章，该文提出了三点建议：一是重建天津北方金融中心的地位；二是实行以京津联合为核心的环渤海地区的联合；三是金融中心建设与滨海新区的开发开放互相联动。为市委、市政府提供了决策参考。这一阶段天津的北方金融中心研究课题组的重要成果也为中央赋予天津新的城市定位——北方重要经济中心，奠定了重要基础。

应该指出的是，北方金融研究中心课题组在当时鉴于多数全国性的总部金融机构聚集在北京的情况，明确提出了北京是全国的金融管理中心，天津是金融创新运营中心。金融创新运营这个概念是此时提出来的，为后来的进一步深入研究拓宽了思路。

（三）2002 ~ 2003 年的天津金融创新事项

2002 ~ 2003 年是天津金融创新比较活跃的阶段，一方面此时正处于新一届天津地方政府换届前的准备和新一届政府上任伊始要大刀阔斧干事的阶段。因此这一阶段提出了较为前瞻性和战略性的金融创新发展建议和事项。

1. 保税区向自由贸易区转型的战略思考与对策建议

2002 年这一阶段已有专家学者研究保税区向自由贸易区转型的文章，而天津市经济发展研究所的同志撰写的《保税区向自由贸易区转型的战略思考与对策建议》一文，除了有共性的方面，还有独特之处，就是从金融创新的角度做了研究，即天津金融业进一步加快发展的重要途径，是通过进一步的金融开放与创新，而进一步的金融开放与创新的重要途径就是开办和发展离岸金融业务，而开办和发展离岸金融业务的重要经济基础是建立和发展自由贸易区经济，而当时不论是天津港保税区还是上海等中心城市的保税区都不是与国际通行做法接轨的自由贸易区，必须通过转型才不仅能促进保税区的经济进一步开放和发展。该文得到了时任天津市长李盛霖同志的肯定。2003 年天津市政府工作报告明确提出“要加快保税区向自由贸易区转型”。

2. 在天津建立金融控股集团的战略构想研究

2002 年天津市经济发展研究所的同志开始结合天津的实际情况进行新的金融创新发展形式研究，写了论文《在天津建立金融控股集团的战略构想》，发表在《天津经济内参》2002 年第 12 期上，时任天津市发展计划委员会常务副主任的郝晓远同志作了重要批示，并责成市计委财金处的同志与其共同做实施方案研究。不久中国人民银行行长戴相龙同志调任天津市担任市长，2003 年年初戴相龙市长布置给天津市计委一些牵头研究的课题之一就是《在天津建立金融控股集团的实施方案》，由于其已在前期做了较好的基础性研究工作，因此比较顺利地完成了在天津建立金融控股集团的实施方案，获得了市政府领导的认可（目前天津已经正式建立了金融控股集团）。

3. 天津发起筹建渤海银行之重要事项

天津被中央定位为北方重要的经济中心之后，此时尚无一家全国性的金融机构，在天津市委、市政府领导向中央争取获得申请之后，正式组成筹建领导小组及其办公室，并开始了筹建报告的起草工作。这是自 1995 年之后中央首次认可一个地方筹建全国性的商业银行，天津市经济发展研究所、人行天津分行、滨海新区及市计委财金处的有关同志作为重要执笔人，参加了筹建报告的起草，筹建报告得到了天津市和中国人民银行总行领导的认可。客观地说，筹建渤海银行是当时天津头等的金融创新大事。

4. 在天津大力发展融资租赁业的建议

2002 年天津市融资租赁业的发展是相当滞后的，具有经营融资租赁业务资格的非银行金融机构（信托投资公司）来看，每年只有 1000 多万元的业务量，从具有租赁业务资格的非金融机构（普通的设备租赁公司）来看，拥有上千万元经营规模的企业屈指可数。这对加快天津经济发展是非常不利的，在此背景下，天津市经济发展研究所的同志经过调研率先撰写了《加快天津融资租赁业发展的对策建议》一文，发表于中共天津市委《财经阅件》2003 年第 13 期，受到了市领导的重视。后来为适应滨海新区开发开放纳入国家发展战略的形势需要，天津市经济发展研究所的同志又在原文的基础上修改和完善，写成《加快天津市融资租赁业发展促进滨海新区现代制造业基地建设》

一文，发表于中共天津市委《对策研究》2005 年第 12 期。目前以天津滨海新区为主体的融资租赁业业务规模已占到全国近三分之一的比重，天津已成为在国内有重要影响的融资租赁业基地。

5. 天津实施三步走战略和五大战略举措

2003 年天津实施了三步走战略和五大战略举措，五大战略举措之首就是海河开发，而海河开发需要大量的资金，据有关方面测算仅海河沿线的基础设施建设投入就需要 1000 多亿元人民币的资金，而当时天津的财政年收入仅有 300 多亿元。如何投融资？显然需要采取多元化的投融资开发方式。在此背景下，天津开展了多元化投融资的金融创新研究和实践探索。天津市经济发展研究所的同志还有幸将自己的研究成果在 2003 年 1 月举办的天津市政协十一届一次会议上做了《多元化投融资开发改造海河的建议》大会发言，所提建议受到了天津市领导的高度重视。

（四）天津市政协金融研究课题组之研究

2005 年初，时任国务院总理温家宝在全国政协的一份关于加快天津滨海新区开发开放的建议材料上作了重要批示："加快天津滨海新区开发开放，不仅关系到天津的现实和长远发展，而且对于振兴环渤海区域经济都有重要作用。"这实际上表明，天津滨海新区纳入国家发展战略的态势开始显现。然而滨海新区能否真正纳入国家发展战略，还需要解决滨海新区先行先试发挥排头兵作用的问题，其中作为现代经济核心的金融改革先行先试的方面至关重要。因此，当时国务院有关部门先后到天津进行考察。与之相适应市政府委托市政协开展调研，因此，在时任主管提案委员会和经济委员会的市政协副主席的组织推动下，由市政协提案委员会和经济委员会两委发起，专门成立了天津市政协金融研究课题组（其中天津市经济发展研究所的一位同志作为天津市政协委员担任了该课题组副组长和研究报告执笔人）。课题组经过数月的调研，十易其稿，最终完成了《加快金融业发展促进滨海新区进一步开发开放》研究报告，不仅被天津市委市政府领导所认可和高度重视，而且被中央顶层设计所认可及其以后的实践所证明。

2006 年国务院颁发了《国务院关于推进滨海新区开发开放有关问题的意见》(国发〔2006〕20 号)，明确提出，"鼓励天津滨海新区进行金融改革和创新。在金融企业、金融业务、金融市场和金融开放等方面的重大改革，原则上可安排在天津滨海新区先行先试。本着科学、审慎、风险可控的原则，可在产业投资基金、创业风险投资、金融业综合经营、多种所有制金融企业、外汇管理政策、离岸金融业务等方面进行改革试验。"天津市政协金融研究课题组的研究所提出的金融改革创新先行先试的建议内容，在该文件中基本上得到了体现。该文件所提出的这种试验既不仅仅是单一的某一金融产品的试验，也不仅仅是为天津局部地区服务性质的，而是带有先行先试，综合性的为振兴区域经济发展服务的特点。因此说是天津战略性的金融创新的开端。

2006 年，在该文件颁布的基础上，国家进一步明确了天津的城市定位，即到 2020 年，将天津市逐步建设成为经济繁荣、社会文明、科教发达、设施完善、环境优美的国际港口城市、北方经济中心和生态城市。

（五）2008 年〔国函〕26 号文的颁布与实践中的问题

2008 年〔国函〕26 号文，即《国务院关于天津滨海新区综合配套改革试验总体方案的批复》，但在贯彻落实文件精神中，出现了曲折。

该文件明确提出："积极支持在天津滨海新区设立全国性非上市公众公司股权交易市场。积极支持在天津滨海新区设立全国统一、依法治理、有效监管和规范运作的非上市公众公司股权交易市场，作为多层次资本市场和场外交易市场的重要组成部分。逐步探索产业基金、创业投资基金等产品上柜交易。"

该文件还提出进行金融改革创新，创建与社会主义市场经济体制相适应的现代金融服务体系。其基本思路是："按照科学审慎和风险可控的原则，以扩大直接融资和增强金融企业综合服务功能为重点，积极推进金融综合配套改革，建设与北方经济中心和滨海新区开发开放相适应的现代金融服务体系，办好全国金融改革创新基地，建立更具活力、更加开放的金融体制，增强对区域经济的金融服务功能。"

从实践上来看，天津按照文件精神先行先试，发起设立了具有全国性证券第三板市场性质的天津股权交易所，但北京还是以"新三板"的形式，建立了中关村代办转让系统，使天津在全国性证券第三板市场的建设中处于弱势地位。其根本的原因在于，京津冀协同发展战略在此时尚未正式形成。

（六）京津冀协同发展规划纲要的酝酿和颁布

1. 从 2013 年开始酝酿到 2014 年的广泛研讨

进入 2013 年，京津冀区域经济金融合作协同发展进入了一个新的历史转折时期，即 2013 年 5 月，习近平总书记在天津市考察时指出，要积极推进京津冀区域合作，谱写新世纪社会主义现代化的"双城记"。同年 8 月，习总书记主持研究河北发展问题，强调要推动京津冀协同发展。习总书记还就推进京津冀协同发展提出七点要求，揭开了京津冀协调发展战略的序幕。

在此基础上，经京津冀三地社科联酝酿，2014 年 5 月在北京召开了以京津冀协同发展的展望与思考为主题的“2014 京津冀协同发展研讨会”。在研讨会上，三地社科界的专家学者畅所欲言，各抒己见，其中就包括对京津两市金融业的协同发展关系及金融创新事宜进行了深入研讨，为中央顶层设计《京津冀协同发展规划纲要》，提供了重要参考。

2. 《京津冀协同发展规划纲要》在 2015 年的正式颁布

2015 年 4 月 30 日政治局会议审议通过《京津冀协同发展规划纲要》，京津冀三地的定位，特别是北京、天津的定位进一步明确，战略上的天津金融创新才走上了较为坚实稳定的发展轨道，才有了一个基本的战略空间。在此基础上，2015 年 10 月 21 ~22 日在天津召开了以京津冀协调发展的目标与路径为主题的“2015 京津冀协同发展研讨会”。在研讨会上，三地社科界的专家学者发表了《京津冀协同发展中金融协调的基本架构及政策措施》《关于发挥天津滨海新区在京津冀协同发展中排头兵作用的研究》等关于天津金融创新运营示范区建设方面的研究成果，为中央进一步推进落实《京津冀协同发展规划纲要》，制定具体的实施方案文件，如《中国人民银行关于金融支持中国（天津）自由贸易试验区建设的指导意见》（简称“金改 30 条”）提供了重要参考。

四、金融创新运营示范区定位的基本内涵、基本思路和重点任务

（一）基本内涵

借重首都优质金融资源，依托自贸试验区金融创新实践，集聚金融机构，创新传统金融，大力发展新型金融，做大做强要素市场和运营平台，集成全球先进金融产品、工具和服务模式先行先试，服务京津冀实体经济发展，打造创新活跃、运营高效、环境优越的金融创新先行先试的引领区。

（二）基本思路

以全面提升金融创新运营能力、增强服务辐射功能、发挥引领示范作用为目标，推动金融机构、金融市场、金融工具及金融业务持续创新，促进各类金融要素集聚运营，形成对实体经济的强大支撑。

（三）重点任务

1. 积极创新传统金融

做大做强传统金融机构。探索金融服务业负面清单管理模式，显著增加外

资金融机构数量，不断丰富民营金融机构类型，到 2020 年，全市法人金融机构超过 100 家。

扩大机构规模。支持各类金融机构在津设立全国或区域总部，引进资金交易结算、支付清算、资产管理和基金投资等事业总部，有序承接电子银行、数据中心、呼叫中心等后台功能。

推动设立有限牌照银行、保险资产管理公司、保险资金运用中心、保险投资基金管理平台等机构。

创新金融业务。支持商业银行开展离岸、租赁、保理、供应链融资等业务创新。

支持保险公司开展融资租赁保险、海外投资保险等业务创新，建立京津冀区域再保险中心。

支持证券期货经营机构开展跨境经纪和跨境资产管理业务，拓展期货保税交割试点品种和仓单质押融资等功能。

发展科技金融。鼓励金融机构设立科技投融资平台，开展投贷保联动试点。促进风险投资产业健康发展，构建多功能、多层次科技金融服务体系。

激发机构活力。探索设立金融产业基金，实施对金融机构的增资扩股和资本运作。

推动地方法人金融机构兼并重组，引进战略投资者，促进跨区域经营联动发展，探索金融业综合化、多元化经营。到 2020 年，确保 3 ~ 5 家地方法人金融机构主板上市或新三板挂牌。

2. 大力发展新型金融

积极发展新型金融业态，建设机构聚集、业态丰富的新型金融发展高地。集聚发展融资租赁。加快国家租赁创新示范区建设，支持租赁企业设立专业子公司和项目子公司，加快设立中国金融租赁资产登记流转平台，开展租赁资产登记、公示、结算、流转等试点。到 2020 年，融资租赁企业超过 500 家，租赁产业水平继续保持全国领先地位。

加快保理业发展。推进商业保理试点，推动商业保理的外汇管理、财政税收、融资等政策创新，打造一批商业保理领军企业。支持银行机构创新金融保理业务。

大力发展互联网金融。建设互联网金融综合服务、创新孵化、监督管理平台，加快培育第三方支付、股权众筹等互联网金融企业。

建设全国动产融资中心。拓展中征动产融资统一登记平台功能和服务领域，面向全国开展动产融资业务。

3. 规范发展要素市场

整合各类要素资源，运用金融大数据，促进互联网与要素市场深度融合，培育在全国具有影响力的金融要素市场。

发展股权交易市场。积极推动天津股权交易所、天津滨海柜台交易市场与上交所、深交所、新三板深度合作，创新业务模式，扩大市场辐射力。支持股权众筹平台与股权交易市场对接，完善股权退出机制，鼓励股权投资基金和创业投资基金等机构投资者参与市场交易。

发展现货交易市场。整合提升大宗商品市场，推进渤海商品交易所规范发展，积极探索非标准化合约、互换合约、期权合约等场外衍生品交易。鼓励大宗商品市场与证券期货机构开展战略合作，促进现货市场与期货市场有效连接。

发展其他要素市场。支持天津产权交易中心、天津滨海国际知识产权交易所、天津农村产权交易所、天津国际矿业权交易所、天津碳排放权交易所和天津金融资产交易所发展，加强与京冀两地市场的业务合作，构建三地统一的交易平台。

4. 加快发展直接融资

充分利用多层次资本市场扩大融资规模，到 2020 年，全市直接融资占社会融资总规模的比重达到 30% 以上，加快推进企业上市。

建立企业上市资源储备机制，加快企业股份制改造，鼓励有条件的企业在境内外资本市场上市融资，引导中小企业通过全国股转系统或区域性股权市场挂牌融资，支持上市公司通过增发配股、资产置换、定向收购等方式再融资。

规范发展投资基金。加快发展天使投资、创业投资、股权基金等私募基金，推动外资股权投资基金和境外投资基金试点。

推广新型融资工具。用好用活短期融资券、中期票据、资产支持票据、企业债、私募债、资产管理计划等融资工具。

积极发展信贷资产、应收账款资产证券化业务。

开展政府和社会资本合作（PPP）等新型投融资。

5. 完善金融业发展环境

加强金融集聚区建设。在于家堡、解放北路、友谊路等重点区域，建设各具特色、互补发展的金融服务聚集区。

推进区域金融市场一体化。推动建立区域统一的抵押质押制度，推进支付结算、异地存储、信贷、信用担保等业务同城化，建立区域统一信贷管理、资金调配模式。

促进金融协同监管，及时监测、评估和防范跨行业、跨市场、跨区域金融风险。

探索在北京大兴、天津武清、河北廊坊设立金融合作综合改革试验区。

加快信用体系建设。完善“一个平台管信用”综合服务功能，建立涵盖政府、企业、自然人、金融机构、社会组织、中介机构等主体的信用服务体系，推进信用信息公开、共享和应用，建立完善京津冀区域信用合作协调机制。

五、滨海新区在落实京津冀协同发展战略和金融创新运营示范区建设的基本情况

（一）在进一步创新融资租赁方面

制定了单机单船等项目公司管理办法，明确了工商注册、税收征管、财政补贴、金融监管、外汇管理、海关监管等综合配套改革措施，简化了行政审批流程。针对飞机、船舶和大型设备租赁业务进行金融服务创新，举办了一系列高水平行业论坛，进一步扩大了天津融资租赁业的知名度和影响力，推动了环渤海区域的融资租赁产业向以东疆保税港区为核心的滨海新区集聚。

业务总量是衡量租赁行业发展的一个重要指标，可在很大程度上反映新区为主体的天津融资租赁业的发展规模和发展地位。截至2015年底，以新区为主体的天津市融资租赁合同余额约为14100亿元，同比增长41%。天津市融资租赁合同余额已占全国44400亿元的31.8%，到2016年底，天津市融资租赁合同余额约为1.91万亿元，比2015年底的14100亿元增加5000亿元，增长35.5%，约占全国融资租赁合同余额53300亿元的35.83%，已占全国三分之一以上的比重，不仅保持了全国的首位，而且已较前些年四分之一的比重有了进一步的上升，也足以表明天津租赁行业在全国发展中排头兵的重要地位。

（二）在创新航运金融方面

通过推进东疆保税港区航运金融试点，加快形成与国际航运核心区相配套的金融服务体系，全面开展自由贸易港区的改革探索。其中鼓励商业银行在东疆保税港区设立离岸业务北方总部，引导有需求的企业开设离岸账户。支持商业银行对具有真实贸易背景的融资筹资需求提供人民币融资便利。推进人民币市场的发展和对外开放，拓宽人民币流入和流出渠道。进行船舶产业投资基金试点，扩大基金规模和资产规模，探索航运资产证券化方式。发展航空产业投资基金，鼓励商业银行、保险公司等机构加快航运金融、物流金融产品创新，扩大船舶抵押贷款、出口信贷、物流质押、船舶保险、航运保险、航空保险等

业务规模。设立航运交易所，建立航运价格指数，探索船舶交易的配套金融服务产品。

（三）在创新基金管理服务方面

完善了基金注册、备案、托管、年检等监管措施，积极吸引私募股权投资基金、创业风险投资基金、天使基金、并购基金、对冲基金等设立发展，重点发展母基金、基金评级机构、机构投资者、有限合伙人及相关中介机构。积极实施支持私募基金发展的政策措施，引导私募基金投资于科技型高成长性企业，初步解决了基金募集、政府跟投、市场退出等问题。深化了渤海产业投资基金、船舶产业投资基金试点，发挥滨海新区创业风险投资的引导基金作用，带动了社会资金加大对电子信息、生物医药、文化创意、新能源新材料等战略新兴产业的投资力度。

（四）在创新建立产业金融集团方面

利用资本市场资源整合功能，通过相互参股、持股和控股等方式，加速了产业资本化扩张。深化金融企业公司治理结构改革，实现了产业金融一体化系统性运作。支持经济实力强、资金雄厚的产业龙头在滨海新区设立财务中心、结算中心、资金调拨中心，实施集团化管理运作企业资金。鼓励和支持商业银行开展企业并购融资，对处于产业集群及产业链中的企业，扩大保理、票据贴现等贸易融资规模，探索开发应收账款质押贷款、订单质押贷款和联保联贷等融资产品创新，延伸了上下游企业供应链融资，促进产业链整合。推进具备条件的国有企业集团组建财务公司、融资租赁公司、贷款公司、融资性担保公司和并购基金等产业金融机构，建立资产轻量化、红筹上市、发行债券、注入资产、分拆上市的持续发展模式。

（五）在创新发展科技金融服务方面

鼓励商业银行创新科技贷款模式，建立科技贷款专营机构，扩大无形资产质押融资规模。建立政府对科技型中小企业融资风险补偿办法，构筑多元化科技型中小企业融资风险补偿机制。支持创新金融产品和服务，为科技型中小企业提供多样化融资选择。发挥股权投资基金和创投资本集聚作用，鼓励科技型中小企业实施股权融资。发展专业化小额贷款公司，创新开展股权投资试点。丰富租赁市场机构主体，发挥租赁的融资融物功能，服务科技型中小企业。拓宽科技保险业务领域，提高保险服务科技型中小企业能力。建立完善担保、再担保体系，提高担保机构的担保能力。发挥多层次资本市场能力，扩大直接融资规模。组建科技金融集团，开展母基金投资、政策支持型投资、投资管理、融资担保、融资租赁、小额贷款、科技资产管理等业务。

（六）在创新外汇资本金意愿结汇试点方面

完善外资股权投资基金外汇试点政策，鼓励境外知名基金管理公司和机构投资者在滨海新区设立基金及管理机构。开展离岸人民币业务试点，实现离、在岸业务联动。扩大跨境人民币业务试点企业范围，推动服务贸易人民币结算和人民币境外投资，支持企业在境外发行人民币债券，推进人民币市场发展和对外开放，拓宽人民币流入和流出渠道。

（七）在创新保险改革方面

探索建立保险改革试验区，积极争取金融资产交易所开展保险产品交易的改革试点，增强保险产品流动性。鼓励保险机构开发保障保险、责任保险、贷款保证保险等新产品，推动保险产品创新，普及意外伤害险和医疗责任险。拓宽保险资金运用渠道，探索发展保险资金债权投资、股权投资方式，支持保险资金投资滨海新区基础设施和产业项目，鼓励保险资金投资产业投资基金、私募股权投资基金及创业风险投资基金，充分发挥保险资金融资功能。

（八）在创新金融产业综合经营试点方面

整合地方法人金融机构国有股权，探索将泰达国际控股集团改革成为国家首批金融控股集团，开展综合经营试点，建立综合经营法人治理机制、选人用人机制、激励约束机制、风险管控制度和金融监管模式，以增强地方金融机构的核心竞争力和行业影响力，提高服务全市和区域经济发展的能力和水平。

六、滨海新区在深入落实京津冀协同发展战略和金融创新运营示范区建设中存在的主要问题

从深入落实京津冀协同发展战略和加快实现天津功能定位及进一步发挥滨海新区排头兵作用的角度来看，尚存在以下主要问题。

（一）全国性融资租赁资产交易市场建设问题

虽然以滨海新区为核心的天津融资租赁业在全国处于龙头和排头兵的地位，但集聚在天津市的融资租赁企业在对普通企业提供融资服务的同时，自身也面临着进一步加快发展的资金来源不足问题。即不论是银行信贷，还是证券

市场融资，都满足不了天津融资租赁企业的发展需要。

虽然天津市向中央有关部门进行了建立全国性融资租赁资产交易市场扩大融资的争取，2015 年中央有关部门也颁布了有关文件，即《中国人民银行关于金融支持中国（天津）自由贸易试验区建设的指导意见》（简称“金改 30 条”），其中业已明确提出支持天津市建立该市场，2017 年初的《天津市政府工作报告》还进一步指出：“加快金融创新步伐，积极推进金融创新运营示范区建设，推进建立全国性融资租赁资产平台”，但该市场至今仍没有落地。在目前上海也在争取建立这一市场的竞争格局下，就使问题显得有些严峻。

（二）国家金融管控部分政策尚未落地问题

截至目前，“金改 30 条”核心内容中，将近 30% 的具体政策措施未落地，尚有受国内外经济金融形势影响的因素，如 2015 年“8. 11”汇改后，人民币汇率出现了大幅波动，国内经济下行压力较大，2015 年底美联储加息，造成跨境外汇资金大规模流出、外汇储备下降，因此，“金改 30 条”资本项目可兑换等部分条款落地的实施受到制约。

（三）京津冀协同发展融入“一带一路”倡议的问题

即目前天津市贯彻落实《京津冀协同发展规划纲要》的措施尚有不完善的方面，例如《天津市贯彻落实〈京津冀协同发展规划纲要〉实施方案（2015～2020 年）》，虽然明确了天津市贯彻落实《规划纲要》的指导原则、功能定位、发展目标和重点任务，但在广泛深度地融入“一带一路”倡议方面，在落实天津四大功能定位的基本思路和重点任务中，只有在改革开放先行区方面得到了体现。例如在改革开放先行区建设的基本思路方面，该实施方案指出：“大力推进滨海新区综合配套改革，高标准建设自贸试验区，加快形成与国际通行做法接轨的制度框架，深度融入‘一带一路’倡议，在更大范围、更广领域、更高层次上参与全球竞争合作，为全面深化改革扩大开放探索新路径，积累新经验，为国家试制度，为地方谋发展。”在改革开放先行区建设的重点任务方面，该实施方案指出：一是高水平建设自贸试验区。二是深度融入“一带一路”建设。三是大力开展试点示范。四是创新协同发展体制机制。这本身没有问题，问题在于还有其他三大功能定位融入“一带一路”倡议没有涉及，特别是金融创新运营示范区这一功能定位若也能深度融入“一带一路”倡议则没有得到体现，这不仅不有利于金融创新运营示范区其本身的功能定位加快实现和作用的充分发挥，而且不利于促进全国先进制造研发基地、北方国际航运核心区功能定位的加快实现，更不利于改革开放先行区作用的彰显。

（四）创新航运金融建设问题

建设发达的航运金融有赖于加快建设国际航运经济的核心区，这是其重要的经济基础，而与国际航运经济核心区建设相适应的是大力发展国际航运中心和国际贸易中心业务。虽然天津市在创新航运金融方面，已采取了一些重要举措，但从已有的有关指导性文件来看，尚存在着不合时宜的概念和提法，例如有关文件指出："加快形成与国际航运中心和物流中心相配套的金融服务体系，全面开展自由贸易港区的改革探索。"这就存在问题。

因为不论是从历史情况上来看，还是从现代国际经济的发展实践上来看，国际贸易中心的功能，都比国际物流中心的影响和作用要大得多。诚然，国际贸易中心拥有较强的经济实力和发达的工业水平，对周边地区和国家能形成集聚和辐射效应，而国际物流中心只需为国际贸易中心提供配套与服务，形成的要件相对简单；国际贸易中心拥有较高的科技水平和先进的科研成果，而国际物流中心不必是研发创新中心，主要是间接应用；国际贸易中心比国际物流中心的产业链要长，创造的附加值更大。

（五）金融创新运营示范区依托天津自贸区运行面临的矛盾问题

按照有关文件精神，金融创新运营示范区是依托天津自贸区自贸区来运行的，并且天津市已将中心城区的解放北路现代金融城和友谊路金融街作为金融创新运营示范区的重要组成部分。然而这两个区域都不属于自贸区的范畴，这就成为当前加快金融创新运营示范区建设中的重要矛盾问题。应该指出的是，如若天津自贸区的于家堡金融区能发挥先行先试的可复制带动作用，将其先行先试可复制可推广的成果，向本市中心城区具备条件的区域进行拓展，那将有利于其在未来更大区域范围的可复制可推广的排头兵作用能更好地发挥。

（六）天津地方金融控股集团建设问题

即上述提到的整合地方法人金融机构国有股权，将泰达国际控股集团改革成为国家首批金融控股集团。目前的关键问题是其缺乏实质性的与金融控股集团发挥作用相适应的运营。例如泰达国际控股集团目前已控股渤海银行、天津银行、渤海证券、北方国际信托投资公司、渤海财产保险有限公司、恒安保险有限公司和渤海产业投资基金等多家金融机构，从形式上来看已成为金融控股集团，但从实践上来看其旗下的各金融机构之间的业务运营联系很少，与国内先进的金融控股集团，如深圳平安集团旗下的平安银行、平安证券、平安保险和陆金所之间运营的密切联系比较，以及发挥区域经济金融排头兵的作用角度来看，尚有一定的差距。

七、深入落实京津冀协同发展战略，在加快金融创新运营示范区建设中充分发挥滨海新区排头兵作用之建议

（一）要建立良好的体制机制促进全国性融资租赁资产交易市场尽快建立

一方面要通过建立良好的体制机制，促进专家学者积极地研究，提出好的发展思路和建议；另一方面要通过建立良好的体制机制，加强天津市地方政府部门落实京津冀协同发展战略重大事项的执行力，例如中央有关部门已明确支持天津自贸区建立全国性融资租赁资产交易市场，可至今已过去两年尚未落地。就需要建立相应的管理机制，责成相关的管理机构，进行跟踪管理。属于天津地方配合做的事情，要求其积极配合做好，属于中央有关部门顶层设计应该做的事情，需要天津市有关领导出面协调的，要积极协调。

为了加快落实，也可将全国性融资租赁资产交易市场的建立列入京津冀协同发展战略重大事项，寻求中央京津冀协同发展领导机构及其专家组的专家帮助研究推进，必要时可邀请天津长期跟踪滨海新区开发开放及金融改革创新先行先试研究的专家参与研究，并列出该市场的正式建立时间表。

其实“金改 30 条”中的支持天津设立京津冀协同发展基金事宜，也应采取这种办法加快落实，要吸取天津市历史上的 OTC 市场建设的历史教训。

（二）要因势利导地推进国家金融管控政策措施的落实

鉴于 2015 年“8. 11”汇改后，人民币汇率出现大幅波动，国内经济下行压力较大，2015 年底美联储加息，造成跨境资金大规模流出、外汇储备下降，致使“金改 30 条”中资本项目可兑换条款落地实施受到制约的情况，建议天津市采取因势利导的办法，推进国家金融管控政策措施的落实。即将推进人民币国际化的试点工作重点，放在人民币走出去的离岸人民币业务上，诸如跨境贸易人民币结算业务，跨境离岸人民币贷款业务，以及离岸融资租赁等业务。因为这种人民币走出去的改革开放与创新，不仅完全符合中国人民银行和国家外汇管理局根据宏观经济形势，成熟一项、推出一项及稳步有序推进的原则要求，而且可避免我国的外汇资金大量外流情况发生。从实践上来看，推进人民币国际化并不一定非得等资本项目完成可兑换后才能进行。因此，当前天津市

可向中央有关部门争取，先进行人民币走出去的离岸人民币业务试点，以稳步推进人民币国际化的先行先试。

（三）完善天津市推进京津冀协同发展融入“一带一路”倡议的相关规划

建议天津市在落实《规划纲要》的过程中，争取将京津双城联动发展为重要内容的京津冀协同发展战略更加广泛深度地融入“一带一路”倡议，即不仅要在改革开放先行区方面的功能定位建设落实上，要深度融入“一带一路”倡议，而且要在全国先进制造研发基地、北方国际航运核心区、金融创新运营示范区这三大功能定位的建设落实上，也能深度地融入“一带一路”倡议。特别是金融创新运营示范区的建设要与国家“一带一路”倡议紧密地联系起来，例如国家实施“一带一路”倡议的重要抓手就是在“一带一路”沿线国家和地区开展大规模的基础设施建设，与之相适应必然会有大规模的工程机械设备等方面的固定资产投资，因此，天津金融创新运营示范区建设中最大的亮点和优势就是融资租赁业，若能很好地融入国家“一带一路”倡议，不仅能对天津融资租赁业的进一步加快发展，而且对国家“一带一路”倡议的进一步深入实施都能发挥重要的推动作用，而且能倒逼全国性融资租赁资产交易市场的加快建立。

再如，在金融创新运营示范区建设方面，若能深度融入“一带一路”倡议，就可更好地借重首都优质金融资源，更好地依托自贸试验区金融创新实践，促进天津市的产业投资基金业成为“一带一路”倡议重要支点，诸如促使天津市的产业投资基金与“一带一路”区域的产业经济发展有机地结合起来，在天津市加快组建新的与“一带一路”倡议相适应的产业投资基金，争取国家丝路基金在津设立运营机构，使天津市成为国家丝路基金的重要运营中心等，更好地发挥滨海新区排头兵的作用。

不仅如此，还要在金融创新运营示范区建设的支撑下，促进全国先进制造研发基地建设方面，也能深度融入“一带一路”倡议，不仅要将低端产业疏解到“一带一路”沿线需要建立和发展的国家或地区，将矛盾逐步化解，而且要腾出发展空间加快发展先进制造业，并使天津市的先进制造业沿着“一带一路”沿线，走出去向外拓展，进而形成更大更优化的发展空间。

还有，在金融创新运营示范区建设的支撑下，在北方国际航运核心区建设方面，深度融入“一带一路”倡议，不仅要充分利用天津海空港的核心倡议资源，充分发挥中蒙俄经济走廊重要节点、海上丝绸之路倡议支点和亚欧大陆桥桥头堡的区位优势，提升海空两港枢纽功能，而且要将天津的港口交通航运业进一步做大做强，进而使滨海新区更好地发挥排头兵的作用，最终使天津市在落实《规划纲要》的过程中取得最大化的成果。

（四）以创新航运金融为契机进一步发挥国际航运核心区的作用

天津的土地资源日益稀缺，必须由单纯的国际物流中心向发达的国际贸易中心方向发展，才能获取更大的附加值，提高竞争力。因此，建议天津今后在制定有关文件和进行有关宣传时，要用国际贸易中心的概念取代国际物流中心的概念，改“加快形成与国际航运中心和物流中心相配套的金融服务体系”提法为“加快形成与国际航运中心和国际贸易中心相配套的金融服务体系”，只有这样的结合与实践，才能更好地实现中央赋予天津市的北方国际航运核心区的定位，国际航运金融的创新才会有更好的经济基础和更大的发展空间，滨海新区对区域经济发展的服务和排头兵作用才会更大。

（五）要抓一下服务于金融创新运营示范区的天津自贸区拓展区的建设事宜

鉴于金融创新运营示范区是依托天津自贸区来运行的，天津市已将中心城区的解放北路现代金融城和友谊路金融街作为金融创新运营示范区的重要组成部分，而这两个区域又都不属于自贸区的范畴，因此建议天津市向中央有关部门争取，将原有的天津自贸区范围进一步拓展，使这两个区域成为天津自贸区的拓展区，以解决这两个区域作为金融创新运营示范区重要组成部分而不是自贸区的矛盾问题。

不仅如此，当前还应着重梳理一下天津自贸区金融创新先行先试可复制推广的重要事项，哪些方面可以复制了，要率先在这两个具备条件的地区进行复制推广，并抓好被复制推广区域的承接工作。抓好这两项工作，不仅有利于率先带动本市的经济金融业加快发展，而且有利于天津自贸区在更大区域范围内的可复制和可推广工作做得更扎实。

（六）要认真抓一下天津泰达国际控股集团的建设

要将其建设成为天津地方金融业的旗舰，为滨海新区和天津地方金融业发挥区域经济金融排头兵的作用奠定基础。当前着重抓的事情应该是天津泰达国际控股集团在搞好法人治理结构的基础上，其旗下的各法人金融机构的资源和业务的有机整合，增强天津地方金融业的集约化发展和对外竞争力。要提出发展战略目标，首要的目标是在规定的期限内达到和超过国内先进的金融控股集团的经营管理水平。

生态系统视角下科技创新驱动天津发展的机制研究

（天津外国语大学　杨　丽）

一、引言

（一）课题研究的背景与意义

党的十八大明确提出“科技创新是提高社会生产力和综合国力的战略支撑，必须摆在国家发展全局的核心位置”，强调要坚持走中国特色自主创新道路、实施创新驱动发展战略。习近平总书记召开中央财经领导小组第七次会议，针对创新驱动战略提出了四点建议。由此可见，创新驱动是天津经济发展的根本思路。

第一，实施创新驱动发展战略，对天津打造“产业创新中心”、增强产业的国际竞争力具有战略意义。改革开放 30 多年来，天津经济快速发展主要依靠于十大传统产业，面对全球新一轮产业技术革命的兴起，天津传统产业优势逐渐丧失，必须实施创新驱动发展战略，打造高端产业，为天津的可持续发展提供强大动力。

第二，实施创新驱动发展战略，对天津提高经济增长的质量和效益、加快转变经济发展方式具有现实意义。科技创新具有乘数效应，不仅可以直接转化为现实生产力，而且可以通过科技的渗透作用放大各生产要素的生产力，提高社会整体生产力水平。实施创新驱动发展战略，可以全面提升天津经济增长的质量和效益，有力推动经济发展方式转变。

第三，实施创新驱动发展战略，对降低资源能源消耗、改善生态环境、建设“美丽天津”具有长远意义。实施创新驱动发展战略，加快产业技术创新，用高新技术和先进适用技术改造提升传统产业，既可以降低消耗、减少污染，改变过度消耗资源、污染环境的发展模式，又可以提升产业竞争力。

（二）区域创新系统的内涵及外延

本课题以天津为研究对象，故须界定区域创新生态系统的内涵及其外延。1992 年，英国卡迪夫大学库克（Cooke）教授在其发表的一篇文章中提出了“区域创新系统”一词。他认为，区域创新系统是指在一定的地理范围内，经常地、密切地与区域企业的创新投入相互作用的创新网络和制度的行政性支撑安排。因此，区域创新系统是创新主体、创新内容、创新环境、创新模式、创新机制、创新方法与手段等创新要素在各层面、各阶段的有机结合与互动，进而相互影响、相互制约，最终形成一个复杂的、动态的系统化过程，即区域创新生态系统。因此，需要从本质上把握和理解区域创新系统的内涵及外延。

1. 广延性

过去，区域创新系统一直注重经济发展，强调人力、财力的大量投入，却忽视了区域发展的质量，区域创新系统则受到这一观念的影响。伴随着当前对经济发展的观念从量变转向质变的过程中，对区域创新系统的理解也更为深刻。从长远目标和全局上看，区域创新系统追求的是包括经济、社会与自然环境的协调发展。从组织架构上来看，区域创新系统不仅包括企业、研发机构、高等院校等创新主体，还包括相关的金融、法律、税收等政策的制定和实施。

2. 系统性

区域创新系统是由与该地区创新所有活动相关的组织、机构以及辅助条件构成的网络体系，涉及技术、经济与社会三个领域，以技术知识为输入，以实物产品为载体，实现经济效益和社会效益的相统一。区域创新系统要依赖于其创新主体进行的组织活动，离不开其吸收养分的创新环境，同时还要协调社会、经济、环境之间的相互关系，使区域创新系统的发展更平衡、更具有持久性。

3. 层次性

区域创新系统实际上是创新系统的一个组成部分。从横向来看，区域创新系统是在企业创新的驱动下，实现的技术创新和产品创新，进而演变成地区产业的创新和区域的创新。从纵向来看，区域创新系统处于微观创新系统与宏观创新系统之间，是微观创新系统的集中体现，也是构建国家创新系统的重要组成部分。

（三）构建天津产业创新生态体系模型构建与路径分析

1. 模型构建

产业创新生态系统是根据生态学理论和方法对区域创新系统的进一步界定，是区域创新系统与生态系统的耦合。产业创新生态体系是指地区创新群落与创新环境构成的相对稳定的、统一的、动态性整体。在这个整体中，创新群落与创新环境借助创新媒介，以市场需求为导向，以企业创新活动为基础，以创新环境为支撑，实现区域内各产业主体的协同，促进区域内投入与产出资源的高效转换，达到创新要素的优化组合。因此，从所含内容上来看，产业创新生态系统包括产业创新生态系统的政策系统、产业创新生态系统的技术演进系统、产业创新生态体系的支撑环境系统、产业创新生态系统的评价系统（见图1－1）。

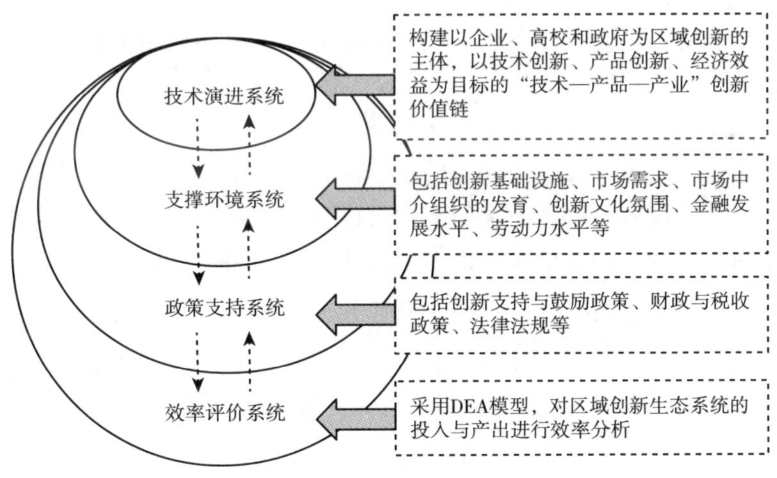

图1－1　产业创新生态体系模型

产业创新生态系统的政策系统是指由政府制定的，一系列影响创新速度、方向和规模，促进创新成果转化和普及等创新活动的相关政策总称。它包括促进创新的政策，如创新经费补助；引导创新方向的政策，如各类产业发展报告和白皮书；加快创新成果转化的政策等。

产业创新生态系统的环境支撑系统包括外部环境和内部环境。其中，外部环境主要是指创新活动所必要的基础设施、市场环境、文化氛围等内容，内部环境是指为区域创新系统内创新主体在研究开发、技术转移、检验检测、创业孵化、知识产权、科技咨询、科技金融等方面提供各种专业化科技服务的第三方服务性组织。

产业创新生态系统的技术演进系统是企业、政府、高等院校及各研究机构依托区域创新环境和相应的政策支持，经历“市场需求—技术投入—产品开发—产业集群—经济效益”的发展阶段，推动创新生态系统的技术由低级到高级、从简单到复杂、从知识理论到实际应用的演进，最终完成创新价值生成的过程。

产业创新生态系统的效率评价系统则是对区域内各种人、财、资源等投入要素与经济效益、社会效益、环境效益等产出要素的衡量，其结果不仅反映投入产出的效率高低，还可以指明未来资源优化配置的方向，从而进行相应调整，达到资源配置优化的目标。

产业创新生态体系模型中各子系统相互作用、相互影响，形成技术链、资金链、政策链、产业链的创新创造的完整链条。一方面，市场状况决定了技术演进系统的方向，进而在政策支持系统和环境支撑系统的辅助下，进行创新系统的效率评价。另一方面，创新系统的效率评价结果影响了政策支持系统的变化，进一步改变了环境支撑系统要素，其影响结果最终作用于创新主体所在的技术演进系统。

2. 路径分析

在以企业、高校和政府为核心的技术演化系统中，科技投入是启动整个系统的引擎。科技投入对创新系统的实现可以有多种路径，这些路径中的要素在系统中又相互影响、相互依赖。创新生态体系中的路径分析如图 1－2 所示。

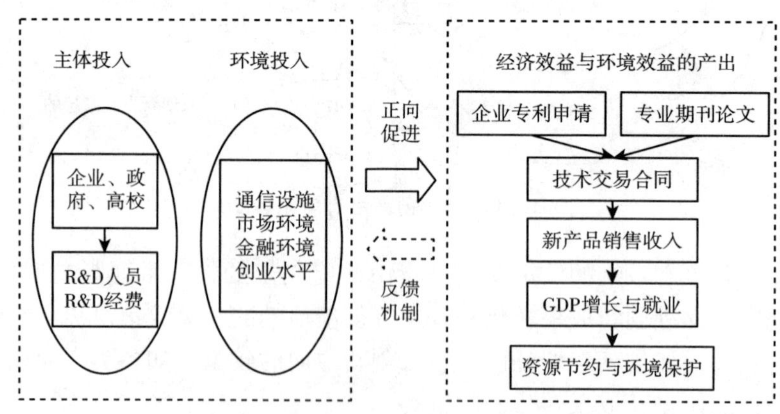

图 1－2　产业创新生态体系评价机制

（四）测度天津创新生态系统的效率

随着创新理论的快速发展，创新已经从熊彼特意义上的由政府或企业研发部门主导完成的线性过程，转变为由政府、企业、高校甚至是消费者多个主体共同参与、彼此互动的非线性复杂过程，而且涉及多种不同量纲的投入和产出变量。结合我国当前区域资源投入与各地区经济发展的非均衡性，如何客观准确地评估区域创新效率就更为重要。

基于对相关文献的梳理，本课题采用可变规模报酬的 DEA 模型进行分析。1978 年，美国运筹学家查尼斯、库珀和罗兹（A. Charness, W. W. Cooper & E. Rhodes）提出了测度多投入多产出的方法——数据包络分析，其模型简称 C2R，用以评价不同部门的生产效率。但该模型的假设条件为生产规模报酬不变，故查尼斯、库珀和罗兹于 1984 年放松了这一假设，建立了规模报酬可变的 DEA 模型。

关于效率的评价，本课题从人力资源和财力资源角度，选取 R&D 经费支出、地方财政科技经费支出、科技经费投入以及 R&D 人员全时当量作为天津创新生态系统的投入变量，专利授权数量、国际三大期刊论文发表的数量、新产品的销售收入、技术合同成交额、万元地方生产总值能耗、人均 GDP、第三产业就业人数占总就业人数比重作为天津创新生态系统的产出变量，以每百人拥有的电话数量作为衡量环境变量中的基础设施的指标，以 6 岁及 6 岁以上人口中大专以上学历人口数来衡量环境变量中的劳动力素质。数据时长为 2002 ~ 2014 年。数据来源为《中国统计年鉴》《中国科技统计年鉴》《天津科技统计年鉴》《天津统计年鉴》。采用 DEAP 软件来计算天津产业创新生态系统效率。

结果显示，2002 ~ 2014 年间，有近一半的时间里，总的创新效率为达到最优状态，在 2003 ~ 2006 年间，天津的创新效率总是处于良好状态，但随着金融危机的逐渐爆发，天津地区的创新效率也在一定程度上存现了隔年好坏的不稳定局面。将创新效率进一步分解为纯技术效率和规模效应，发现 2002 ~ 2003 年和 2006 ~ 2007 年、2013 ~ 2014 年的创新效率低于 1，主要是因为由于纯技术效率导致的，而 2011 ~ 2012 年和 2012 ~ 2013 年的创新效率低于 1，则是因为规模效应导致。

（五）提高天津创新生态系统效率的总体发展战略建议

为进一步优化创新生态系统效率，本课题建议从完善专利质量入手，以最大限度发挥专利的有效作用，并针对天津科技创新产业的发展模式特点，提出借助产业链中以知识创新，加强技术创新，进而形成产品创新的方式，推动天津产业体系的建设，提高天津创新生态系统效率。

在区域产业创新生态系统中，政府的宏观调控角色体现在其对各种制度的制定以及对创新过程的监督管理，为此，政府的主要职责是制度创新，包括人才制度创新、资本制度创新、技术发展制度创新，以及政府的管理组织创新、管理方式创新。为更好地服务于其他两大创新主体，在政府的诸多制度创新中，本课题建议政府从与企业关系更为密切的专利制度着手，通过进一步完善天津市的产业专利制度，以驱动生态系统的效率提升。

企业作为区域产业创新生态系统的竞争性组织，具有自负盈亏、自主经营、自担风险的特点，对只有通过技术创新加强管理才能使企业在激烈的市场竞争中生存下来的认知更为深刻。因此，企业对技术创新和管理创新有着极强的敏感性。而且，企业作为实现从由高校提供的各种理论创新及自身的实际科技成果向产品创新等经济效益转化的关键机构，是形成产业集群化的重要媒介。就产业集群来说，它不仅是区域创新系统中的一大特征，而且还是提高区域创新效率的有效途径。根据天津地区的经济发展特点及未来天津工业布局的总体规划，本课题选取四个战略新兴产业，分析其现存问题，以完善产业链、创新链、服务链和资金链为方向，提出其发展策略。

总之，提高天津创新生态系统效率，就是要促进生态系统中三大创新主体——企业、政府、高校——之间的协同，活泛区域内的生产资源，充分发挥各主体的作用，在其相互促进、相互影响的机制下，最大限度地提高创新活动的产出效率及其所实现的经济效益。本课题认为，在提高天津创新生态系统效率的总体发展战略中，要专注于以政府推进完善天津市的产业专利交易服务体系、建立产业专利情报分析的公共服务体系、专利流转储备体系以及专利融资的公共服务平台等为主线，以加快天津市战略新兴产业发展为途径，辅以高校科研院所的知识积累与人才输送，实现跨部门的资源流动，共同推动天津生态系统效率的提升。

二、以专利制度驱动生态系统创新发展的模式研究

（一）建立天津市的产业专利交易服务体系

1. 建设的目的和意义

建立一整套的专利交易、转让、孵化的全套服务体系。促进专利成果转化，促进专利的有效运用。发挥政府的公共服务职能，规范专利行为，通过专利链接与外围的高等院校、科研机构、政府、金融机构、中介机构等社会组织共同形成产业创新网络，发挥知识创新、技术创新、知识传播和知识应用等重要功能，推动产业升级和竞争力的提升。

一是通过搭建广泛的技术服务网络与交易平台，创新知识产权交易模式，建立全过程、专业化与资本化的知识产权转化机制。

二是通过做市商模式的引入，增强知识产权的流动性，促进科技成果的转化实施，实现知识资产与金融资本有机结合，并建立以市场为导向的产学研深度融合机制，进而促进大众创业万众创新。通过建成国内首家知识产权做市商平台及企业服务平台，发挥天津示范引领作用。

2. 建设原则

企业管理、市场运作。吸取“863”科技成果交易平台、高校科技成果转化中心的教训，通过引入第三方的机构，以纯商业化模式运作平台。

循序渐进、分步实施。第一步，通过政府引导和助力，先将做市商交易平台建成一个信息中心、资信中心和高成长性中小企业知识产权非证券化交易中心。第二步，再将平台建设成为一个实现知识产权证券化，以知识产权股权做市交易为主，附带其他金融创新模式的资本市场，实现市场化运作，政府监管。

注重实效、示范引领。做市商平台建设是构成天津高新区创新体系建设的重要组成部分。通过“一个体系，五个突破”的发展战略，建设天津国家自主创新示范区，并取得实际经济效益，发挥天津高新区示范引领的带动作用。

3. 建设思路

采取“一二三四五”的建设思路。即建设一套完善的技术交易服务体系；建立两个市场——场内撮合竞价的技术交易市场与场外做市商柜台交易的市场；搭建三个子平台——综合信息服务平台、专利流转储备流转平台与知识产权做市商融资平台；完成四个数据库建设——科技资源与成果库、专家库、企业需求库、创新服务资源库；聚焦五类主体——平台运营主体、创新孵化主体、科技金融服务主体、专利服务主体、交易服务主体。

4. 建设内容

（1）建设一个技术交易服务体系。

技术交易服务体系是交易平台建设的基础，建设内容主要包括：技术标准化体系，技术评估体系，统计分析体系。

标准化体系：将对技术交易的各个环节进行深入的定量分析，制定出完整、规范、实用的技术交易流程，包括交易的流程、规则、管理办法，技术项目发布的披露标准以及信息共享规范等。

技术评估体系：组织专家针对不同领域的科技成果项目特点，从技术的先进性、市场前景、资本经营、技术成熟度、技术的生命周期、技术转让的状况、技术的法律状态、技术的垄断程度、技术的转让方式等方面进行研究，提取可通用性的指标和参数，设计技术评估的流程，建立数据模型，开展资本市场的价值评估，探索科技成果的价值发现机制等。

统计分析体系：根据技术合同登记数据，对科技成果交易量、成交额、知识产权、技术领域、应用行业、技术流向、技术输出等环节进行统计分析，制定技术合同统计分析指标体系，建立统计分析模型，为制定相应的促进技术政策提供决策依据。

（2）搭建三个服务的子平台。

①搭建综合信息服务平台。建立科技成果综合服务的门户网站，征集、筛选、加工科技成果信息和企业市场的需求信息，实现信息的快速发布与便捷的线上交易；利用专家系统建立公正权威的评价体系，为项目撮合提供有价值的评估，并将评估报告公布在信息服务平台上；开发项目交易系统，支撑挂牌交易，双向撮合，项目融资交易结算等全过程服务，实现技术交易规范化；利用多媒体会议系统，实现项目的远程对接，异地项目评审，协同合作等互动、交流平台；从而形成集科技成果展示、企业技术需求、融资需求、科技服务、孵化服务、技术交易等方面的资源共享、合作共赢的综合信息服务平台，为高新技术成果转化提供全过程、全方位的服务。

②搭建专利流转储备平台。打造“专利流转储备平台”，重点对自主知识产权成果进行储备入库、梳理分类、分析评估、流程维护、价值增值等操作，在此基础上建设实施一个具备知识产权信息储备、知识产权信息管理、知识产权流转交易的信息化科技平台。做市商介入“专利流转储备平台”，对储备的专利进行评估甄选，并进行做市交易，解决目前专利市场存在供需不平衡现象，减少大量的闲置专利，实现知识产权的流转、交易；并促进校企合作，提升高新区企业自主研发及创新能力，进一步提升高新区知识产权持有量及利用率。

③搭建知识产权做市商融资平台。依托示范区科技金融支撑平台，建立知识产权做市商的融资平台。引导科技银行、基金、信托、风投机构、第三方担保机构等向知识产权做市商提供融资服务。积极推进知识产权证券化，鼓励知识产权回购交易，拍卖交易等新模式，为创造现代做市商制度建立基本条件。做市商的融资风险由高新区知识产权交易平台、资产评估公司、第三方担保机构共同承担，一旦出现不可控因素，三方应充分利用各自资源积极配合对项目进行处置，及时把相关知识产权转让或拍卖，实现对知识产权风险的有效控制。

（3）打造四个数据库。

打造科技资源成果库，将企业、科研机构、大学等各类创新主体完成的、经过鉴定、验收、行业准入、评估，或获得知识产权等评价的科学研究和技术开发结果，按照一定格式要求对科技成果的描述形成科技成果信息，打造成科技成果资源库。

打造企业需求库，将高新区的区内企业的技术需求、融资需求以及其他科技服务需求实现数据采集，并将纳入企业的范围进一步拓展到整个天津市乃至中国北方。

打造专家库，引入各行各业的专家，整合科技部及相关专家库及高新区各行业协会专家，为知识产权交易提供咨询。整合注册资产评估师、相关行业技术专家、相关法律专家等专业资源，为知识产权价值的真实、客观、准确评估以及融资行为的规范化提供专业支撑。

打造创新服务资源库，汇集全市的研发、投融资、科研条件、中试基础条件、孵化器等资源，打造创新服务资源库，为成果转化提供服务。

（4）聚焦五类主体。

平台运营主体：国家信息中心、国家“863”计划成果转化基地、高校科技成果转化中心、滨海国际知识产权交易所；

创新孵化主体：创新孵化机构、天使投资人、风险投资机构、创业团队；

科技金融服务主体：科技银行、担保机构、金融综合服务公司、互联网金融机构；

专利服务主体：专利服务公司、专利代理机构、高校专利代理公司等；

交易服务主体：资产评估机构、提供会计、税务服务的专业机构、法律服务机构、专业咨询机构、经纪代理机构、拍卖机构、创新服务公司等。

（二）建立天津的产业专利情报分析的公共服务体系

1. 建设目的与意义

产业专利分析是专利导航产业创新驱动体系的核心内容。建立产业专利情报分析公共服务体系的目的在于：从相关行业的专利（国内、国外）申请、授权、申请人的已有专利状态、其他先进国家的专利状况、同领域领先企业的专利壁垒等方面入手，充分结合相关数据，展开分析，并得出分析结果。产业专利分析的最终目的在于基于对相关行业技术的发展现状，根据专利申请的方向预测其未来走向，从而帮助企业做好专利预警、研发方向预判、企业生产经营转型等工作。

2. 建设的方法和步骤

（1）搜集专利信息情报。围绕高端产业发展目标所处阶段、特点和专利分析需求，找准专利分析的切入点，订单式选择专利分析模块等，构建专利分析框架，形成围绕产业实际需求且涵盖技术路线、企业发展、产业规划和市场竞争的专利分析报告，为支撑产业技术创新发展提供翔实的专利信息情报。

（2）形成产业专利分析报告。主要采取定量分析的手段，从全球、中国和试验区三个维度，对专利技术发展趋势、专利区域分布、专利主要申请人和专利技术主题进行全面研究，同时还可以围绕各项指标，结合试验区产业发展特点，着重选择某些指标进行综合分析。

（3）搭建专利情报信息分析的网络平台。成立“天津市专利情报信息分析网络中心”，以此为载体建设实施一个具备知识产权信息搜集、知识产权信息管理、知识产权流转交易的信息化科技平台。平台以市场化的方式进行管理运营，政府给予一定的支持。

（4）深入开展专利价值和运用分析。主要采取定性分析的手段，结合专利态势分析的成果，从专利创造、运用、保护和管理等环节入手，针对产业实际情况，着重在专利与标准化、专利联盟与专利池、专利诉讼、专利并购、专利融资以及专利预警和维权等方面展开，突出专利在产业发展中的引导和支撑作用。

3. 建设的具体内容

（1）专利技术发展趋势分析。专利数量统计可以从宏观上显示出专利技术在时间上的活跃度情况，微观上则可以显示出技术发展动向、企业专利布局动向和区域专利发展动向。

（2）专利区域分布分析。通过分析专利在不同区域专利分布情况，可以掌握专利聚集区的国家或地区，在企业进入相应国家或地区时，要根据各国专利法规进行深入的专利分析。

（3）专利主要申请人分析。专利申请人的研究能够反映出某一领域内专利申请人的技术活跃度情况及其专利布局策略。

（4）专利技术主题分析。掌握专利技术主题的变化对了解技术的发展趋势，形成对未来发展的规划判断具有一定指导。在前述专利分析内容基础上，将专利与技术、专利与企业、专利与产业和专利与市场的关系进一步细化，从专利影响力入手进行更加深入的分析。

（5）技术路线演进中关键专利分析。摸清与产业发展相关的技术路线演进中关键专利，化解产业化风险和实现有效专利包围至关重要。

（6）重点技术的专利功效矩阵分析。围绕产业发展的重点技术，绘制包括全球和国内的重点技术专利功效矩阵，能够有效发现专利优势、聚集区、空白点，指导试验区产业后续的专利规划。

（7）新增或衰退技术主题分布分析。围绕产业的发展程度，结合全球相关产业发展状况，对近年来的发展态势进行初步分析，初步判断相关产业未来发展趋势。

（8）重要专利权人专利技术主题分析。围绕产业内重点关注的国内外厂商，结合其专利布局情况和布局重点，开展深度分析，综合获得一手产业竞争情报。

（9）专利布局策略分析。重点突出产业充分利用专利分析成果指导创新驱动发展，对自主技术开发、技术引进后二次开发过程中涉及的国内外同业竞争者的专利开发和专利布局策略进行深入分析，并有效指导企业开展专利部署。

（10）专利运用策略分析。重点突出产业在专利运用方面实现国际化接轨，充分结合产业特色，活用专利许可、专利并购、专利诉讼、专利融资、专利联盟、专利标准化等专利运用模式，实现实验区专利运用效力的最大化。

（11）专利预警和维权分析。重点突出产业专利自我防御性保护和对外权利维护的实施。政府通过建立产业专利情报分析的智囊机构，科学合理的引导产业项目落地，提供资金支持，引导企业跟随产业发展潮流。

4. 专利情报服务体系的应用

主要运用专利情报服务体系进行专利布局。专利布局是在对目标市场或全球领域内与企业核心技术或关键零部件技术、产品进行系统分析后，为构建技术壁垒，限制或阻止竞争对手进入该领域、使用该非专利技术或使同类产品无法取得相应的功能的专利战略。通过对技术方法和路径的详细分析、将所有适于通过专利保护的可能的技术、结构通过专利申请加以保护，并通过尽可能宽的保护范围和尽可能多的权利要求，实现专利保护全覆盖，使其他企业只要生产相同产品，就一定使用专利技术而构成侵权。专利布局有两大特点：一是围绕一个关键技术点可形成一个专利群，二是通过后期产品技术标准的制定，将专利技术纳入标准体系。

——区域专利布局。区域专利布局围绕特点产业，以产业关键、核心技术，产业重大研发项目和未来重点发展目标为对象，通过引导实验区企业、研发机构以及专利的储备运营机构，形成围绕园区重点产业的专利布局，带动实验区产业竞争力的提升。

——行业专利布局。行业专利布局的形式与试验区针对重点产业的专利布局方法相同。全国性的行业布局可以通过产业细分，以重点领域为对象，选择专利分析中确定的重点研发项目，重大核心技术、关键零部件为目标实施专利布局，引导企业成为专利布局的主体，实现全行业创新能力的提升和行业竞争力的提高。

——企业专利布局。企业专利布局是区域、行业专利布局的基础。企业根据市场定位和产品研发、竞争对手专利布局等情况，以关键、核心技术和关键零部件为对象，有计划、有目标地实施专利布局。

专利布局不同于普通专利申请，更多的是从市场控制或与竞争对手分享市场，实现双赢的角度进行产业布局，对专利或专利组合的保护范围、权利要求以及技术和方法的覆盖有更高的技术要求，需要本领域技术专家、专利分析专家和专业专利代理机构的通力合作，才能接近和实现专利布局的目的。

（三）建立天津的专利流转储备体系

1. 建设目的与意义

通过建立专利流转储备体系，帮助天津市的企业提高知识产权信息的管理及维护，促进知识产权的信息公开，搭建依托知识产权进行的科技研发工作开展，解决目前专利市场存在供需不平衡现象，减少大量专利的闲置，实现知识产权的流转、交易；促进校企合作，提升天津市企业自主研发及创新能力，推动天津市科技型企业快速发展，进一步提升天津市知识产权持有量及利用率。

2. 建设的具体内容

结合产业专利分析和技术路线图等，在广泛征求意见的基础上，确定应开展专利储备运营的关键技术领域。面向重点企业，征集和遴选一批产业关键技术领域专利储备运营项目。为产业专利技术储备与流转奠定坚实的基础，促进产业进一步的发展。专利的储备运营工作主要包括专利储备、专利分级、专利运营三个方面。

（1）专利储备。专利储备是根据专利分析的结果、围绕产业规划所确定的重点领域，开展与产业发展相关的核心技术专利、关键零部件专利、企业核心专利及专利组合的储备，其目的是通过关键、核心技术专利的获取，确保产业技术安全，提升产业的竞争优势。专利的储备可从以下几个方面开展工作：

——优质专利培育。根据专利分析结果、实验区产业发展的重点、产业规划中重点攻关的关键技术、重点企业和研发机构的关键技术研发以及科研项目实施情况，对其中有实施价值、商业潜力大，能够形成基本专利、基础专利和核心专利的构思、技术和方案，纳入专利培育计划，专利申请文件撰写时应充分考虑对市场的垄断，尽可能扩大保护范围，对可能的技术方案、技术路线进行仔细研究和分析，在申请文件提交前进行新颖性检索分析，确保专利能够获得授权。通过优质专利培育掌握一批核心技术专利，同时促进试验区、行业和企业专利质量的提高。

——储备专利的组合。专利组合包括两个方面：一是将产业链或产品链中各技术节点的技术、工艺和关键零部件，通过专利申请加以保护，形成围绕产业链、产品链的专利组合，形成对产业链和产品链的主要技术节点进行全方位保护。二是在对关键技术、工艺和零部件进行专利保护的同时，对相应的外围技术、工艺也申请专利，有条件的还可以对配套技术申请专利，以形成对核心技术的全方位保护。与单个专利相比，专利组合保护范围更大、维权作用更好，难以规避和替代，对产业技术安全的保障作用明显，更有利于形成竞争优势。

——专利收储。专利收储是指通过许可或转让的形式，获得对专利的实际使用权。对专利导航产业发展实验区、行业和业内创新需求强烈的领军企业而言，除通过自主创新研发、突破关键核心技术，掌握一批核心技术专利外，还可通过许可、转让的方式获取一批与产业发展相关、围绕未来发展重点以及有可能制约产业发展、产品开发的专利技术，从而形成关键核心技术的专利集中。专利收储的重点：① 专利分析和产业规划所确定重点发展领域的核心技术专利；②高校、科研机构与产业发展相关的核心技术专利；③与产业发展形成关联的核心技术专利；④能够与有关专利形成专利组合的专利；⑤构建“专利池”所需要的专利；⑥其他有储备价值的专利。

专利收储的机制：专利收储需要建立专项资金，用于购买和维持专利。因此，建立专利收储机制有利于工作的长效开展，收储机制主要包括以下内容：①确定收储重点；②对收储专利进行筛选，筛选可通过设立专利价值分析体系完成；③建立合理的收储和放弃机制，及时放弃对产业发展已无作用的专利；④对收储专利进行分类分级管理。

收储专利的运用：收储的目的在于运用，运用形式可包括：①对于具有产业共性的专利可向实验区或行业内的企业开放，通过普通许可的方式支持企业运用；②对个性化核心专利及时向企业推荐，或实施或进行战略储备；③构建领域“专利池”进行许可使用；④对产业化潜力大、市场效果明显的核心专利组织二次开发。

——闲置专利的托管。专利托管是指在专利权不变更的情况下，协助权利人进行权益管理的一种形式。在专利储备运营中，专利的托管重点应为实验区内重点企业的核心专利以及与产业发展相关的其他企业专利。托管主要对专利的权益维护、预警分析和运营提供支持。

（2）专利分级。专利分级管理是专利运营的基础。以发明专利为例，从发明专利所代表的技术或创新方法，就可以分为基础专利、基本专利、核心专利和一般专利，其市场价值有很大区别，从质量的角度，尽管发明专利经过实审获得授权，但如果保护范围很小、权利要求很少，难以对专利技术实施保护，其商业价值同样不是很大，在专利运营中基于专利的分类和评级确定专利应有的价值，是专利运营成功的重要环节。专利分级可包括专利分类、专利评级、专利价值分析、专利筛选与评估等方面。专利分类管理涉及两部分内容：一是按照专利的属性进行分类，二是将专利按照领域进行分类。按领域进行分类比较容易理解，一般科技管理人员均可根据专利文献或中国专利分类方法进行。因此，本指南就发明专利按属性分类进行阐述。由于目前对专利分类方法没有明确定义，本指南中的分类仅供参考，各专利运营机构可依据需求细化和缩小类别。实用新型专利主要保护产品的结构，且未经过实质性审查，一般不通过专利的分类确定其价值。

①基础专利：基础研究成果所形成的专利，更多的是原理类的方法。重大发明的基础性成果，一般离实际应还有一定距离，需进一步产业化开发。基础专利一般属于前沿技术，虽然在技术上尚不成熟，或者配套技术和工艺可能没有解决，但代表了产业发展的趋势，通过二次开发实现产业化后，其作用和影响有可能形成产业创新的巨大潜力。

②基本专利：是指围绕产品和工艺方法的基本原理性专利，无论做多少改进，都以实施基本专利为基础。基本专利是产品生产中无法回避的专利，必须获得许可。成为基本专利有两种途径：成为强制性标准后，在实施标准过程中，必须获得许可的专利，即虽然有可能的替代方案，但如果不符合标准，替代方案也无法实施，除非对标准进行修改；在技术、工艺上无法回避的专利。

③核心专利：核心技术成果专利，代表了重大技术发明或创新中的重要成果。

④一般专利：一般性改进发明。现有专利中绝大多数为一般专利。

专利对于企业的重要性及专利流转不畅的现状，建立专利流转储备中心势在必行。

通过建立知识产权储备流转中心可搭建校企合作平台、活跃专利交易市场、提高专利资产的流动性、促进高校科技成果转化、推动中小企业跨越发展。

（3）专利的流转。成立“天津市专利流转储备中心”，以此为载体建设实施一个具备知识产权信息储备、知识产权信息管理、知识产权流转交易的信息化科技平台。依托天津市知识产权局的鼓励政策，探索建立不同形式的专利转化和交易市场平台，形成开放性、专业化的知识产权交易平台，建设一个立足天津市高新区、辐射全市、影响全国的专利流转储备中心。实现专利技术正常流转，防止有效专利不当流失，帮助企业孕育有效专利，促进高校专利有效利用，改善专利市场供需不畅的现状，从而有效改善天津市专利的数量多、质量中、转化少的问题，确保天津作为“全国首批科技创新示范园区”的领先地位。

（四）建立天津市的专利融资的公共服务平台

1. 建设目的与意义

激励创新最重要的是要有资金的支持，而科技型企业由于是资产轻质化，创新活动面临严重的资金不足，建立知识产权融资平台，能够为科技型企业进行融资。政府要谋划专利质押融资平台，专利租赁，专利权引入风险资本与知识产权证券化的具体实现途径，与相应的制度确立。

2. 建设的内容

（1）推出知识产权股权融资。

——主要概念。知识产权股权证券化的通常定义为：发起机构（通常为创新型企业）将其拥有的知识产权或其衍生债权（如授权的权利金），移转到特设载体，再由此特设载体以该等资产作担保，经过重新包装、信用评价等，以及信用增强后发行在市场上可流通的证券，借以为发起机构进行融资的金融操作。作为一种重要的金融创新，知识产权证券化对于建设多层次金融市场、发展自主知识产权具有重要意义。

——交易流程。知识产权证券化的基本交易流程主要是：知识产权的所有者（原始权益人、发起人）将知识产权未来一定期限的许可使用收费权转让给以资产证券化为唯一目的的特设机构（SPV）；SPV 聘请信用评级机构进行 ABS 发行之前的内部信用评级；SPV 根据内部信用评级的结果和知识产权的所有者的融资要求，采用相应的信用增级技术，提高 ABS 的信用级别；SPV 再次聘请信用评级机构进行发行信用评级；SPV 向投资者发行 ABS，以发行收入向知识产权的所有者支付知识产权未来许可使用收费权的购买价款；知识产权的所有者或其委托的服务人向知识产权的被许可方收取许可使用费，并将款项存入 SPV 指定的收款账户，由托管人负责管理；托管人按期对投资者还本付息，并对聘用的信用评级机构等中介机构付费。

——风险及其防范。资产证券化的应用范围不断在扩大，经历了贷款类资产、应收款类资产、收费类资产等。在这些演变触及知识产权领域前，交易的概念或原理有较大相似性，因为所涉及的资产大都是经济活动中自然产生的财产或权利，容易被观察和掌握。然而，知识产权在很多方面不同于这些人们习以为常的财产或权利。知识产权是国家主权透过法律手段平衡各种冲突目的而制造出来的一种无形权利，其特性与普通资产相比殊有不同。当传统的证券化操作应用于知识产权这种无形的权利时，将引起一些特殊的风险。

（2）推出知识产权债权融资。

2014 年 10 月，国家知识产权局和天津市政府开展了新一轮的知识产权部市合作会商工作，会议确定将以“知识产权支撑美丽天津建设”为主题，推进天津知识产权强市，并推动培育和发展知识产权运营市场，促进天津北方金融创新运营中心建设，会议文件还明确提出要“创新滨海国际知识产权交易所运营模式”，推进滨海国际知识产权交易所专利运营试点工作，通过完善知识产权投融资服务平台建设，开拓企业转型升级和市场扩张的新渠道，为贯彻部市会商协议对天津市知识产权事业提出的新要求，天知所围绕“技术专利化、专利资产化、产权金融化”的工作思路，深入企业和金融机构进行调研，结合自身在知识产权融资领域的经验和优势，在全国范围内率先提出了一种新型的知识产权融资工具：科技债券。

——科技债券思路的提出。科技债券，由政府主导的科技融资平台或科技型企业作为发起人，以知识产权收益权或基于知识产权形成的股权为依托，私募发行的在约定期限内还本付息，有担保且可转让的债券。长期以来，融资难问题一直制约着科技型企业的发展，政府出台的各项政策大力支持，与知识产权融资难的现实之间存在的差距，促使我们需求一条更有效的融资方式。科技债券，一方面利用了私募债券手续简单、条款灵活的特点，另一方面以直接融资实现了知识产权的证券化，对广大中小企业有很好的示范效应。此外，天知所开发的“质（抵）押物处置平台”，能实现知识产权和股权的变现或挂牌变现，也为科技债券可能出现的违约风险提供了退出路径。

——科技债券的发行设计。科技债券的发行要以下几个环节：发起人发起—协商确定债券条款—交易所备案—债券承销—交易转让—违约处理。

①发起阶段。首次发行的科技债券以面向科技型中小企业为主，由政府主导的科技融资平台或企业作为发起人，由一家或多家证券公司作为承销商，发起人与承销商就发行前期事宜协商讨论，并由承销商进行尽职调查，首次发行债券可命名为“科技债 01”。发行企业要以知识产权为核心竞争力，体现出科技型中小企业轻资产、高科技、高风险、高回报的特点，企业来源可参考天津市知识产权局和科委的扶持项目，或者由证券公司推荐。

②协商确定条款。科技债券的首次发行中，发起企业与证券公司共同协商条款，协商内容包括发行规模、票面利率、发行期限、还款付息方式以及担保条款等关键要素。目前，上交所、深交所和天交所发行的私募债，其票面利率

通常在8%～10%，而银行的专利质押贷款的实际利率一般在11%～12%，并还要受到经营情况、企业资产、资金到位时间等多方面的限制，比照同类市场后可知，科技债券有更大的融资优势。

③备案。发行企业需按照天知所要求提交资料。发行企业以知识产权反担保的，应由天知所提供《专利技术鉴定书》，鉴定书涉及价值分析、市场风险、法律状态。天知所自材料齐全之日起10工作日内决定接受备案或者要求重新补充材料，并出具《接受备案通知书》或者《补充材料通知书》。承销商可以通过天知所查询备案核对过程的各项工作进度。私募债券发行人取得《接受备案通知书》后，承销商应当在六个月内完成发行。《接受备案通知书》自出具之日起六个月后自动失效，对于失效后发行的私募债券，天知所将不予办理登记。

④债券承销。科技债券的合格投资者不超过200人。承销商可依托自己的营销网络向合格投资者推介科技债券，主要推介对象包括银行、证券公司、基金、信托、私募投资机构等。

⑤挂牌交易。借鉴各地股权交易中心的经验，科技债券将在天知所平台挂牌转让，转让方式可以采用柜台交易，为扩大投资者受众范围，增强社会影响力。

⑥违约处理。债券未能支付利息时，由担保公司兑付本金和利息。

发起企业以知识产权和股权进行反担保的，在发生违约后，担保方可以依据反担保条款，选择继续持有标的物（知识产权和股权），转为对违约企业的股权投资，也可以将标的物在天知所抵（质）押物处置平台挂牌转让。担保方选择以上两种处置方式时，都需要在天知所网站公告，披露相应信息。

三、天津市科技创新产业模式的研究

全球金融危机给当今世界以深刻启示，包括美国、日本、欧盟等主要经济体在内的世界各国普遍认识到，虚拟经济必须与实体经济协调发展，自然环境必须与经济环境、社会环境相协调，否则将带来灾难性的恶果。后危机时代特别是欧洲主权债务危机的蔓延，以及自然环境的恶化，进一步凸显了经济发展生态性的重要。由此，世界经济重心开始向实体经济回归，同时社会发展注重自然环境的变化，在各个国家和地区纷纷展开了新一轮发展实体经济的抢滩登陆战的同时，由战略性新兴产业的发展带动地区相关产业共同发展则显得更为重要。

从国际看，发达国家纷纷制订战略新兴产业的发展计划。美国启动了

"再工业化"进程，德国推出了"工业 4.0"战略，日本出炉了"新增长战略"，欧盟实施了"2020 战略"，韩国提出了"绿色增长"经济振兴战略，各国力求通过增加知识投入、优化资源利用和鼓励自主创新，实现经济健康、绿色发展和可持续发展。可见，发展战略性新兴产业成了各国共同的战略取向。

从国内看，各省市相继提出了明确的战略性新兴产业发展目标。北京未来 5~10 年内，支持构建"以新一代信息技术为引擎，以生物、节能环保、新材料、新能源汽车为突破，以新能源、航空航天、高端装备制造为先导"的战略性新兴产业格局。上海"十三五"期间将重点发展国务院明确的七大战略性新兴产业，其中浦东新区的战略性新兴产业产值将占全市 50% 左右。深圳将重点扶持生物、新能源、互联网三大战略性新兴产业。苏州围绕新能源、生物技术和新医药、节能环保、物联网、高端装备制造等产业，明确了首批 17 个战略性新兴产业基地，还将形成一批千亿级产业基地。

近几年，滨海新区战略性新兴产业取得显著进步。产值保持 20% 以上增长，高新技术产业占工业总产值比重超过 35%；科技型中小企业总量达到 8 万家，科技"小巨人"企业达到 3500 家；小巨人产值占规上工业产值的比重超过 50%；国家高新技术企业达到 3000 家。创新体系能级不断提升，引进超过 100 家国家级科研院所、海内外高水平研发机构、分支机构及产业化基地；科技"小巨人"领军企业达到 100 家，撒手锏产品达到 300 项；新建企业重点实验室、工程技术研究中心、生产力促进中心各 8 家，国际科技合作基地 80 家。这些新兴产业的发展，不仅需要企业、地方以及科研院所的共同努力，还辅以地区基础设施、市场环境、法律建设、金融支持等相关环境的支持，从而实践了以科技创新来驱动天津发展的基本理念。

（一）加快战略新兴产业发展的理论支撑

本课题认为加快战略新兴产业发展应该立足于围绕产业链布局创新链，围绕创新链完善资金链和服务链。

产业链是产业经济学中的一个概念，是各个产业部门之间基于一定的技术经济关联。产业链的本质是用于描述一个具有某种内在联系的企业群结构，它是一个相对宏观的概念，存在两维属性：结构属性和价值属性。产业链中大量存在着上下游关系和相互价值的交换，上游环节向下游环节输送产品或服务，下游环节向上游环节反馈信息。

创新链是指围绕某一个创新的核心主体（一般是企业），以满足市场需求为导向，以创新性知识供给、技术供给和产品供给为核心，通过技术创新、组织创新和管理创新将相关的创新主体联结起来，以实现技术产业化和市场化过程的功能链接模式，具体包括需求分析、技术分析、提出创新构思、基础研究、应用研究、设计开发、生产制造、市场化、产业化等活动（见图3－1）。具体可分为创意激发、研究开发、知识物化、产品制造、市场实现五大模块。创新主体包企业、高等院校、研究机构、各类研发平台等。

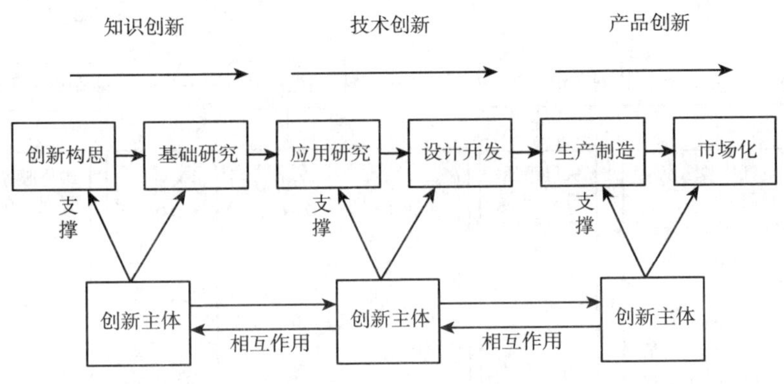

图3－1　创新链结构示意

服务链是以信息技术、物流技术、系统工程等现代科学技术为基础，以满足顾客需求最大化为目标，把服务有关的各个方面，如银行、保险、政府等，按照一定的方式有机组织起来，形成完整的消费服务网络。服务链是由向消费者提供各种服务的企业与机构组成的服务网络，这些企业与机构包括产品生产企业、信息服务机构、咨询服务机构、政府部门、银行、保险公司、维修服务公司、事务代理机构、转让服务机构、废品回收公司等。

资金链是指维系企业正常生产经营运转所需要的基本循环资金链条。现金—资产—现金（增值）的循环，是企业经营的过程，企业要维持运转，就必须保持这个循环良性的不断运转。

（二）高端装备制造业

1. 基于第三次经济普查数据的产业现状分析

据滨海新区第三次全国经济普查数据显示，2014年，滨海新区泰达开发区高端装备制造业总产值达783亿元，同比增长0.5%，滨海高新区高端装备制造产业实现工业总产值200亿元，同比增长10.8%。

滨海新区高端装备产业的特点是“创新链强，产业链强”。

目前滨海新区制造业产品已形成以通用装备制造业为主导，以专用设备制造业、光机电机械及零部件制造业等为支撑，门类较为齐全的装备制造体系，部分领域形成了比较优势，拥有一批在细分领域具有较高的知名度和市场占有率的“小巨人”企业和“撒手锏”产品，形成了福臻工业装备、航天精工、亿美博、优瑞纳斯、建科机械等一批行业龙头。先进制造领域，已经引进了清华大学高端装备研究院、中科院自动化所等一批国家领先的创新平台，搭建滨海新区装备制造产业的研发创新大平台，补充强化滨海新区装备制造产业创新链（见图 3－2）。

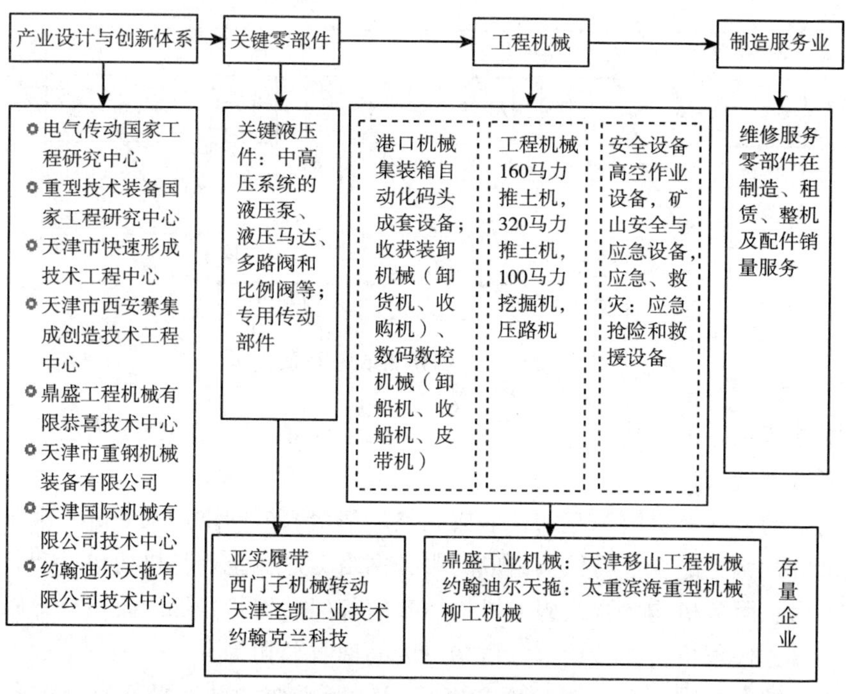

图 3－2　滨海新区高端装备制造产业链

2. 存在问题

天津滨海新区的高端装备制造产业的问题集中体现在：产业发展缺乏内生动力与稳定性，产业生态较脆弱、产业链条不完善、装备产品的智能化、精密化水平不高、工程化服务能力不强、品牌影响力不大。

3. 完善各个产业链条

——完善发展产业链。补强高端装备制造业的关键零部件领域，重点发展制造服务业，使得高端装备制造业实现软化，实现绿化，强化研究设计领域的能力，打造关键环节优势突出，产业链条较为完善的高端装备制造业。

——强化发展创新链。天津滨海新区的高端装备制造业创新链的典型突出特征是缺乏大院大所的支持。天津不仅要依靠本地的高等院校、研究院所，更重要的是要链接外地的大院大所，特别是北京的科研资源。充分利用京津冀一体化的战略机遇，实现京津冀三地产学研的深度融合。

——补充发展服务链。天津滨海新区在战略新兴产业的配套服务发展方面还有待提升。科技服务业相对落后，信息服务机构、咨询服务机构、维修服务公司、事务代理机构、转让服务机构等缺失。尤其是在平台载体建设方面，没有形成支撑企业发展的有效服务体系。

——深化发展资金链。虽然目前的金融服务体系能够为高端装备制造产业提供资金支持，但是渠道相对单一，大多是以银行贷款的方式的进行，缺乏其他金融创新的支持，尤其对于高新技术企业，在没有充足的实物资产作抵押的情形下，缺乏盘活知识资本的有效金融途径。

4. 发展策略：打造高端装备制造产业创新生态

——打造产业创新联盟。充分发挥滨海新区智能机器人产业技术创新战略联盟、滨海新区高端加工技术创新战略联盟作用；围绕大型石油石化装备、智能医疗仪器设备、高档数控机床与基础制造装备、高端机器人研发与应用、轨道交通装备、海洋工程与技术装备、智能制造装备等领域组建专业性产业技术创新战略联盟。

——突破关键技术研发。高端装备制造业正向智能化、集成化、绿色化和数字化的方向发展，滨海新区高端装备制造业实力雄厚，产业优势突出，产业聚集明显，在现代制造业中的地位举足轻重，重点在智能制造共性技术、轨道交通装备、机器人、成套装备、高性能高可靠性基础零部件 5 个方向，着力突破一批先进制造和自动化方面的基础研究和前沿技术，开发一批产业关键技术和共性技术，培育新兴产业。

——打造创新型产业集群。重点面向自创区中的 15 个装备制造相关产业的区域，结合区域基础和规划设计，进行重点布局，落实国家自创区中对天津的定位，提升滨海新区产业聚集区的特色产业建设。成立滨海新区智能机器人产业技术创新战略联盟，实现智能制造领域内信息共享、联合攻关、推动产学研合作、引进资源等。

——搭建产业研发转化平台。整合滨海新区机器人产业资源，建设智能机器人产业研发转化平台，加强工业机器人整机产品及关键零部件研发，提升机器人检测和评定服务水平，形成机器人整机和关键零部件研发、制造和检测服务能力；建设高端装备制造产业研发转化平台，重点突破 3D 打印、超精密加工、表面处理、润滑、密封等领域的关键技术和共性技术，加快在海工装备、轨道交通、液压锻造等高端装备及零部制造领域形成产品研发、转化和技术服务优势；建设自动化先进技术研发转化平台，重点提升高铁列车实时监控检测技术水平，大幅度提升精密加工制造及自动化装备开发能力，形成集设计、加工、制造、检测四位一体的高水平服务平台。

——实施重大科技专项和重大工程。①智能制造重大专项。以机器人为核心，构建智能制造协同创新体系，形成智能制造装备产业新集群；以制造装备智能化技术为关键，在优势行业开展智能制造模式的应用，提升企业智能制造技术水平；以关键基础零部件智能化研发为突破，破解材料与工艺技术，夯实智能制造基础；以“机器换人”和“智能工厂”为抓手，推进智能化、数字化车间建设，促进传统制造的全面升级。②互联网跨界融合创新重大工程。推动物联网、云计算、大数据、移动互联网等技术在工业生产中的应用，推动传统工业基础设施向工业互联网基础设施演进升级；推动大数据、云计算等互联网技术与服务业的创新融合，面向医疗健康、智慧城市、智能环保、公共服务、金融、科技文化服务、农业服务等领域，开展技术集成和模式创新，催生新的增值服务。

（三）航空航天业

1. 基于第三次经济普查数据的产业现状分析

据第三次全国经济普查的数据显示，2014 年滨海新区产值 385 亿元，在国内产业新区中居第四位。航空航天产业初步形成了“三机一箭一星一站”产业格局，聚集了空客、航天科技、航天科工、中航集团等一批龙头企业。滨海新区航空航天产业的特点是“产业链强，创新链弱”（见图 3－3、图 3－4）。

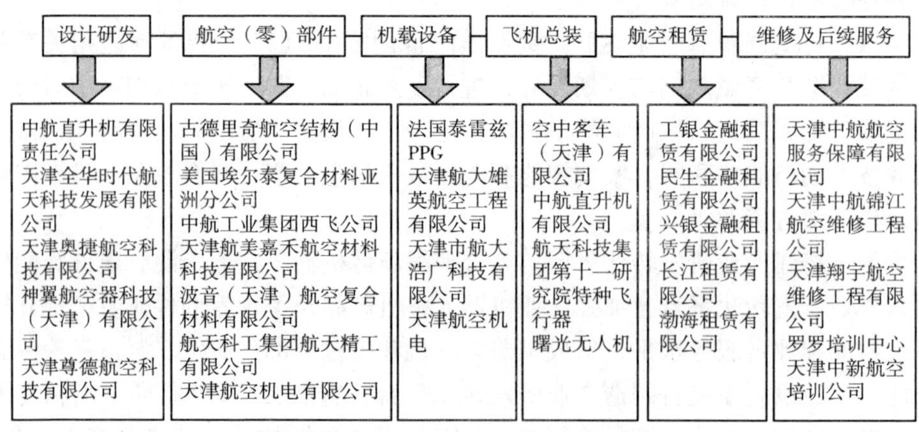

图 3－3　滨海新区航空产业链

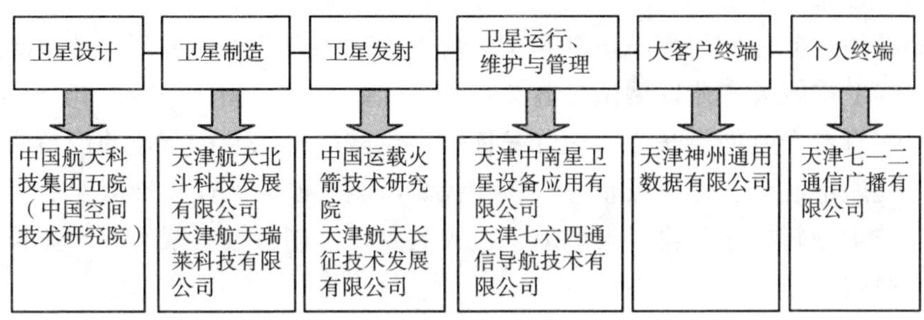

图 3－4　滨海新区航天产业链

2. 存在问题

本地配套企业少，位于价值链低端，拥有自主知识产权和自主品牌的技术和产品较少，科技创新成果转化率低。比如，北京拥有中国航天科技集团、航天科工集团和中航工业集团 3 家大型央企，聚集了大部分航空航天领域的科研资源，3 家企业的附属企业占天津市引进企业的比重相当高，其他中小企业主要是提供零部件，并且份额比较少。

3. 完善各个产业链条

——强化发展产业链。天津滨海新区的航空产业门类众多，但是大而不强，核心的零部件没有实现完全的国产自主。需要进一步依靠国内的科研力量，通过自主创新的方式，大力发展核心零部件环节。而航天领域实现了完整的自主国产，需要进一步推广后端的服务利用环节，如北斗产业的进一步开发。

——完善发展创新链。进一步争取和国外发达国家在航空航天的创新研发方面展开合作，与国际同行交流经验，了解国际航空航天产业发展的前沿。天津滨海新区争取与美国、欧盟、俄罗斯等航空航天强国（地区）的科研机构与大型企业建立合作关系。

——补充发展服务链。滨海新区的航空航天产业的配套服务发展方面还有待提升。在平台载体建设方面，没有形成支撑企业发展的有效服务体系。如北斗卫星的地面基站，相关服务与运营的企业还存在缺失。

——深化发展资金链。虽然目前的金融服务体系能够为航空航天产业提供资金支持，但是渠道相对单一，大多是以银行贷款的方式的进行，缺乏其他金融创新的支持，尤其对于高新技术企业，在没有充足的实物资产作抵押的情形下，缺乏盘活知识资本的有效金融途径。

4. 发展策略：打造航空航天产业创新生态

——搭建公共技术平台。建设 1 个研发中心和 4 个科技服务平台。建立国家级航空航天复合材料研发中心，构建基于北斗新一代空中交通管理的卫星导航运行验证服务平台、构建民用卫星导航检测与系统认证服务平台、构建飞机起落架减震性能分析与测试仿真测试平台、构建航天瑞莱环境可靠性检测技术平台，为航空航天产业发展做好服务支撑。

——打造产业创新联盟。充分发挥数字化城市与无人机产业的创新联盟作用；依托航空航天产业重点企业，新建天津市航空航天产业发展联盟、民航配件产业技术创新战略联盟、天津航空航天装配技术创新战略联盟等产业技术创新战略联盟。

——突破关键技术研发。航空航天产业发展已经进入快车道，蕴含巨大发展空间，天津市在一批龙头项目带动下，航空航天产业迅速崛起，形成了“三机一箭一星一站”的产业格局。重点在直升机与无人机、航空飞机制造、火箭卫星应用、民用航空配套 4 个方向，着力突破一批航空航天科学与技术、开发一批产业关键技术和共性技术，促进新兴产业发展。

——打造创新型产业集群。形成 5 个航空航天产集聚区：空港经济区和高新技术产业开发区西区 2 个航天产业集聚区、滨海新区临空区航空制造业集聚区、以东丽航空产业区、津南双港工业区、宁河现代产业区为补充的 3 个航空航天配套产业集聚区。

——聚集首都资源。引进清华大学、北京航空航天大学、航天科技集团、中航工业等高校和科研机构来津设立总装和配件研发平台。

（四）化工新材料

1. 基于第三次经济普查数据的产业现状分析

据第三次全国经济普查的数据显示，2014 年滨海新区化工新材料领域拥有科技型中小企业 478 家，拥有产值 10 亿元以上的“小巨人”企业 6 家。围绕化工新材料原料和中间产品的基础研究，中间产品的研发设计及中试开发，化工新材料的工程化及产业化应用三大环节，布局了 60 余家创新机构，化工新材料创新链初步形成。拥有元素有机化学国家重点实验室、化学工程国家重点联合实验室、功能高分子材料企业重点实验室等众多国家、省部级重点实验室 11 家，拥有天津市合成材料工业研究所、天津化工研究设计院、天津市橡胶工业研究所以及天津市废轮胎铺面材料技术工程中心、天津渤海化工集团公司技术中心等众多技术创新机构。

滨海新区化工新材料产业的特点是“创新链强，产业链强”。滨海新区化工新材料产业科技创新加快发展，化工新材料产业链已初步形成，产业门类逐步齐全。产业链涵盖上游原料、中游中间产品与下游应用三大核心环节，产业门类齐全。拥有包括中石化、中石油、中海油等众多研发及生产石化产品、三酸两碱原料的大型企业，以及金发新材料、蓝星（天津）化工等一批领先的化工新材料龙头企业（见图3-5）。

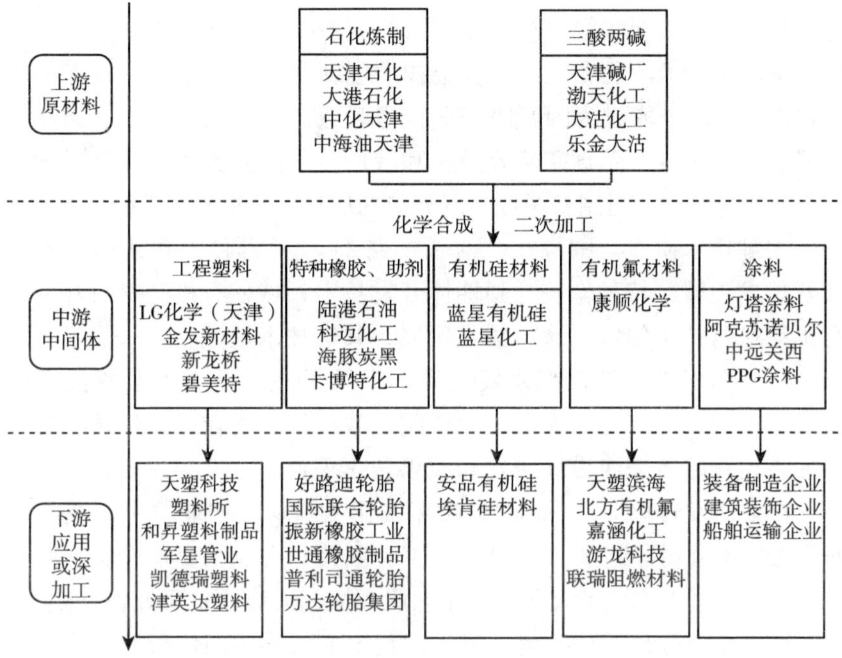

图3-5　滨海新区化工新材料产业链

2. 存在问题

产业整体技术水平不高、产业链层次总体偏低，产品以中低端为主，产品结构性问题突出，产业链企业总体规模偏小，集中度过低等问题。

3. 完善各个产业链条

——强化发展产业链。天津滨海新区的化工新材料主要是传统化工产业，缺乏依靠当代科学技术进行研发的高新技术产品。需要进一步依靠国内的科研力量，通过自主创新的方式，大力发展新材料的核心研发环节。通过科技改造传统的化工产业。

——完善发展创新链。立足天津大学、南开大学现有的研究开发优势，进一步链接国内化工化学以及新材料的高等院所，建立完善化工新材料的创新链条。

——补充发展服务链。滨海新区的化工新材料产业的配套服务发展方面还有待提升。在平台载体建设方面，没有形成支撑企业发展的有效服务体系。

——深化发展资金链。虽然目前的金融服务体系能够为化工新材料产业提供资金支持，但是渠道相对单一，大多是以银行贷款的方式的进行，缺乏其他金融创新的支持，尤其对于高新技术企业，在没有充足的实物资产作抵押的情形下，缺乏盘活知识资本的有效金融途径。

4. 发展策略：打造化工新材料产业创新生态

——打造产业创新联盟。充分发挥微纳制造技术产业的创新联盟、耐磨耐腐耐热金属材料技术产业联盟、铝合金技术创新联盟、纳米产业技术创新联盟等现有联盟作用，争取成为国家级产业技术联盟；依托天津大学、天津工业大学、国家纳米技术与工程研究院等高校和院所，以及膜天膜、环欧半导体、一阳磁材等功能与复合材料制备企业建设天津功能与复合材料产学研创新联盟等。

——关键技术研发。围绕6个领域攻克24项关键技术和共性技术。工程塑料开发技术领域，特种橡胶与弹性体开发技术领域，有机硅材料开发技术领域，有机氟材料技术领域，涂料技术领域，共性技术领域。

——用好和引进一批首都研发资源。积极引进一批高水平的首都研发资源，如清华大学、北京化工大学、中科院化学所等一批在材料领域拥有较强研发实力的高校和院所来津设立研发和成果转化平台。

——产业研发转化平台。筹建滨海新区化工新材料产业技术研究院［由天津渤海化工集团公司、蓝星（天津）化工有限公司等龙头企业牵头，联合天津大学、南开大学、天津理工大学、天津工业大学、天津化工研究设计院等］，围绕化工新材料的中游和下游关键环节成立化工新材料中间体研发中心、化工新材料应用技术研发中心，建立工程塑料工程技术研究中心（依托天塑科技集团）、高端涂料化工工程技术中心（依托灯塔涂料、PPG 涂料等企业）。

——重大科技专项和重大工程。关键材料升级换代。围绕石油绿色炼制及催化、高端精细化工新材料等优势领域，加快橡胶促进剂与防老剂，新型环保塑料增塑剂、稳定剂等制备及应用技术。加强墨粉树脂、涂料、电子塑封及灌封新材料等电子化学品材料的开发；突破中空纤维微滤膜、超滤膜等技术的研究与开发；突破砷化镓材料、碳化硅单晶材料等电子材料研发与生产；建设一批新材料开发、检测、应用、信息等公共服务平台。

（五）新能源与节能环保

1. 基于第三次经济普查数据的产业现状分析

据滨海新区第三次全国经济普查数据显示，新能源与节能环保产业发展基础较好，相关企事业单位数量超过500家，2014年新能源与节能环保产业工业总产值实现500亿元，已经成为滨海新区经济发展重要的新增长点之一。

滨海新区新能源与节能环保产业的特点是产业链较强、创新链较弱。风电产业涵盖原材料生产、风机零部件制造、风机制造、风电运营和电网建设等环节（见图3－6）。天津示范区的风电产业以中游风机零部件制造及组装为主，上下游产业链延伸不足，其中风机零部件以歌美飒、鑫茂鑫风为代表，主要产品包括叶片、风扇、齿轮箱等。风机制造企业以明阳风电为代表，主要产品为成套设备。电网建设环节拥有明阳风电、天大求实等企业。天津示范区在风电发电厂建设，风机维护、检修服务等产业环节存在着缺失。

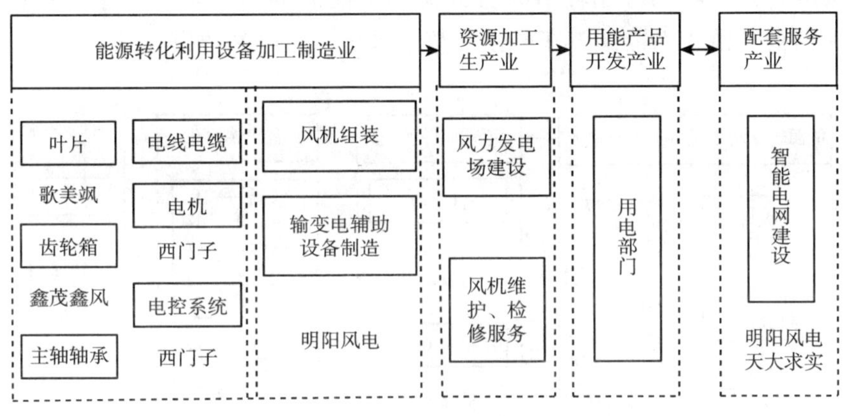

图3－6 滨海新区风能产业链

光伏产业链涵盖硅料、电池片、组件、系统应用等环节，天津示范区的光电产业涉及中下游组件到系统应用环节（见图3－7）。组件环节以英利、津能电池科技和蓝天太阳科技等企业为代表，在系统应用环节仅有永明新能源，智能电网建设拥有天大求实、中建集团等企业。在光电材料，硅片生长、切割、清洗、铸锭等领域存在着缺失，需要进行建链。在晶硅电池、光点发热场、薄膜电池等领域薄弱。

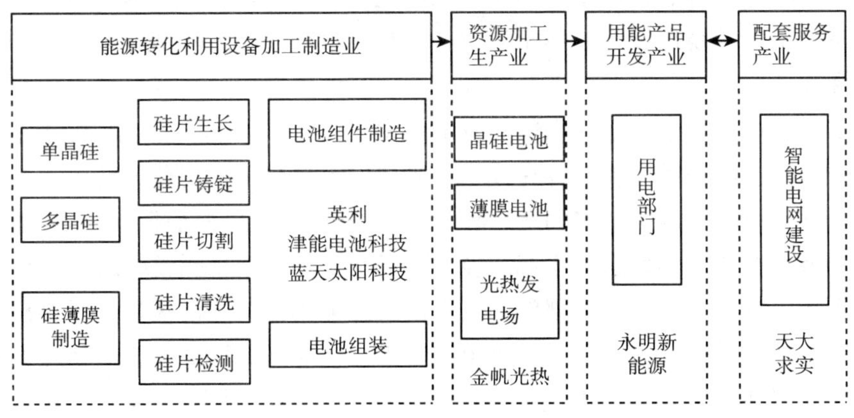

图3－7 滨海新区光伏产业链

储能产业链涵盖原材料、电池组件和电子电路、系统组装及应用等环节（见图 3－8）。天津示范区的储能产业初步形成了以锂电池为核心的储能全产业链体系。巴莫科技是国内最大的正极材料生产企业，也是国内目前唯一给世界前七大锂电池制造商中的四家同时供应锂正极材料的供应商。在系统组装环节以力神为核心，主要产品涵盖锂离子电池、铅酸蓄电池、镍氢环保电池、锰碱电池等。在储能的应用环节有普天海油新能源动力、华泰汽车与中恒汽车等，主营业务涵盖新能源汽车电池、整车系统、充电站建设等。

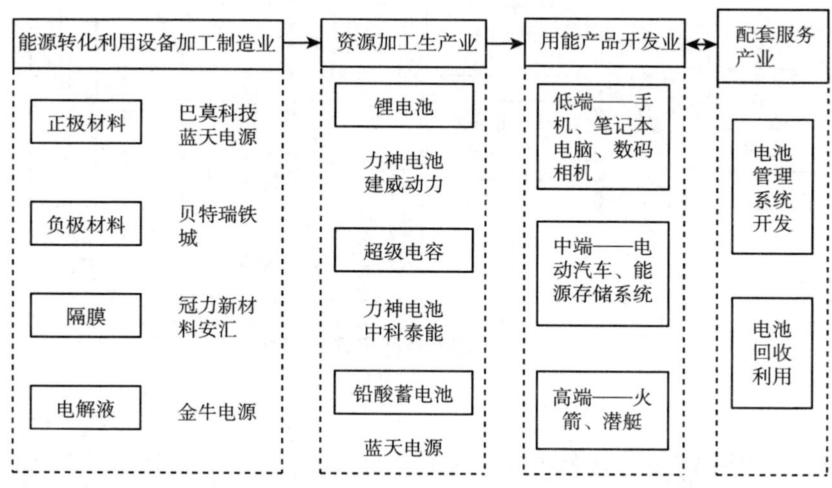

图 3－8　滨海新区储能产业链

2. 存在问题

在光热发电领域，槽式光热电站的整体系统以及聚光、传热、储热等系统的设计、工程建设、运行维护尚未真正掌握核心知识产权，适应先进技术的设备制造、电厂及镜厂设计更属于空白，光热发电核心技术集成创新度还需要进一步深化。

滨海新区乃至全国在太阳能热发电技术研究领域均起步较晚，处于系统示范阶段，产业链条不完善，存在成本较光伏发电高、上网电价不确定、关键设备国产化、系统集成等诸多问题；在光伏发电领域，在并网接入、电厂运营等集成环节企业技术创新水平不高，竞争力不强；在风力发电领域，偏航驱动、控制系统等电机组的关键零部件的技术研发能力不强，下游风场建设维修服务领域专业技术服务能力不足，风机组维护维修专业技术服务能力有待提升；滨海新区在高纯度硅、直流汇流设备、并网逆变器等领域的本地配套率明显不足，龙头企业的带动效应尚未完全显现。

3. 完善各个产业链条

——强化发展产业链。天津滨海新区的新能源与节能环保要进一步依靠国内的科研力量，通过自主创新的方式，大力发展的核心研发环节。通过科技改造传统能源行业。

——完善发展创新链。立足天津大学，南开大学现有的研究开发优势，进一步链接国内新能源与节能环保的高等院所，建立完善新能源与节能环保的创新链条。

——补充发展服务链。滨海新区的新能源与节能环保产业的配套服务发展方面还有待提升。在平台载体建设方面，没有形成支撑企业发展的有效服务体系。

——深化发展资金链。虽然目前的金融服务体系能够为新能源与节能环保产业提供资金支持，但是渠道相对单一，大多是以银行贷款的方式的进行，缺乏其他金融创新的支持，尤其对于高新技术企业，在没有充足的实物资产作抵押的情形下，缺乏盘活知识资本的有效金融途径。

4. 发展策略：打造新能源与节能环保产业创新生态

——打造光电创新产业生态。推进重点项目落地，打造太阳能光热完整产业链。积极发展薄膜太阳能高端装备，推进光伏建筑一体化系统集成等领域的技术研发和生产，加快建设滨海光热项目，打造集太阳盐、集热、储热、换热等项目于一体的全国规模最大、技术水平最先进的光热发电全产业制造基地，扩大产业规模。

——打造风电创新产业生态。加快提升 3MW 以上海上风电机组、全功率变流直驱风电机组等关键零部件的研发制造水平，大力拓展海上风场建设工程施工服务、风机维护、检修、零部件更换等领域。积极开发适应不同国际市场需要的产品体系，推进产业国际化进程。

——打造环保创新产业生态。重点发展大气治理、污水处理、固废处理等领域，示范推广大型焚烧发电及烟气净化系统、中小型焚烧炉高效处理技术、大型填埋场沼气回收及发电技术和装备，推进膜法水处理技术的研究与应用，研发垃圾渗滤液处理技术与装备，大力推广生活垃圾预处理技术装备。

——大力发展节能创新产业生态。大力发展以合同能源管理为主要模式的节能服务业，不断提升节能服务公司的技术集成和融资能力。鼓励大型重点用能单位利用自身技术优势和管理经验，组建专业化节能服务公司；推动节能服务公司通过兼并、联合、重组等方式，实行规模化、品牌化、网络化经营。鼓励节能服务公司加强技术研发、服务创新和人才培养，不断提高综合实力和市场竞争力。

四、总结

本课题以天津为研究对象。首先界定区域创新生态系统的内涵及其外延；其次研究构成区域创新生态系统的组成因素，并提出内部因素一致性模型；再次，构建天津产业创新生态体系模型，包括产业创新生态系统的政策系统、产业创新生态系统的技术演进系统、产业创新生态体系的支撑环境系统，以及产业创新生态体系的评价系统，利用经济普查数据测度天津创新生态系统的效率；最后，本课题以专利建设为导航，以高端装备制造业、航空航天业、化工新材料以及新能源与节能环保产业为例，说明最大限度发挥专利带动产业发展的作用机制，从而推动天津市科技创新产业模式的构建，实现天津产业创新生态体系的协调发展。

天津自主创新示范区政策创新现状、问题与对策研究

（天津市科学学研究所　李晓锋）

建设天津国家自主创新示范区（以下简称“天津自创区”）是国家实施创新驱动发展战略的重大举措，是推动天津经济社会发展的重要引擎，政策创新是国家自主创新示范区建设的实质和根本。目前，天津自主创新示范区已初步形成了以“6+4”政策为主的政策创新体系，为进一步激发自创区创新创业活力、实现功能定位和发展目标，构筑富有活力的创新生态系统，需要进一步对现行政策进行优化、升级，从而提出一批新的、更好的科技创新政策，特开展本次调查研究工作。

一、天津自创区科技创新政策总体情况

（一）创新政策种类较多，涉及面较广

以天津国家自主创新示范区核心区为样本，课题组进行了网络调查，2013～2016年间，共搜集到各类科技创新政策92项，从政策制定部门或层级看，中央部门颁布政策22项、天津市科委颁布政策53项，天津国家自主创新示范区核心区颁布17项。从政策出台的年份看，2013年出台18项，2014年出台19项，2015年出台31项，2016年出台24项。创新政策涉及股权分红、科技成果转化、企业税收优惠、科研经费管理、科技金融、创新人才、研发机构及服务平台建设、产品开发等10余个方面，详见表1－1。

表 1－1　2013～2016 年天津国家自主创新示范区核心区创新政策统计

年　度	2016 年			2015 年			2014 年			2013 年			合计
政策类别	国家	市级	区县	国家	市级	区县	国家	市级	区县	国家	市级	区县	
1. 股权和分红权激励政策				4				1			1	6	
2. 科技成果转化（处置权、收益权、购买科技成果政策）	1			1	1			1					4
3. 支持企业自主创新的税收政策	3	1		4	1			1		4	2		16
4. 科研项目经费管理政策	1	1		1									3
5. 科技金融政策	1				5	1		1	1				9
6. 支持人才发展政策		3	1		4			1					9
7. 研发机构、服务平台建设		4	2		1	2		5		1	5		20
8. 支持企业产品开发政策					2			3	1		2	1	9
9. 海外合作并购		1						1					2
10. 其他政策	1	2	2		2	2		1	2		1	1	14
合计	7	12	5	10	16	5	0	15	4	5	10	3	92
	24			31			19			18			

注：核心区包括华苑科技园、北辰科技园、南开科技园、武清科技园和塘沽海洋科技园，来源于网络统计。

（二）创新政策功能聚焦明显

按照功能进行政策聚焦分析，可分为四种：一是调动科技型中小企业、高等院校、科研机构和创新人才等不同主体创新积极性的分配政策 35 项，占政策总数的 38%，具体包括股权和分红权激励政策 6 项，科技成果转化（处置权、收益权、购买科技成果政策）4 项，支持企业自主创新的税收政策 16 项，支持人才发展政策 9 项。二是鼓励特定科技创新行为的政策 31 项，占政策总数的 34%，具体包括研发机构、服务平台建设政策 20 项，支持企业产品开发政策 9 项，企业海外并购合作政策 2 项。三是支撑条件和环境营造政策 12 项，占政策总数的 13%，包括科研项目经费管理政策 3 项，科技金融政策 9 项。四是其他类科技政策 14 项。综上，可以看出 70% 以上的政策聚焦于前两类，重点用于激励创新主体的创造性和创新性（见图 1－1）。

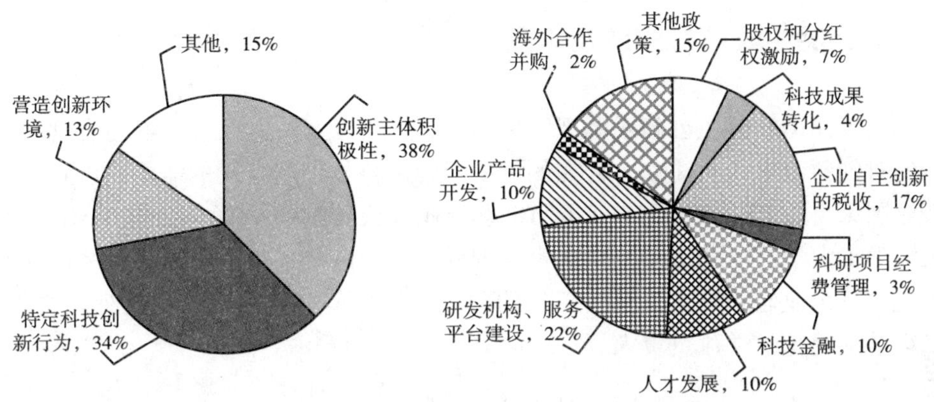

图1－1 不同类别政策占比情况

（三）创新政策支持重点逐渐转移

划分的十大类别中，从总体上看，支持研发机构和服务机构建设方面政策最多，达到22%；其次是支持企业提升自主创新能力方面政策，占比17%；对于支持海外合作并购、科研项目经费管理、科技成果转化方面政策较少，分别占比2%、3%和4%。但是从年度政策出台数量看，每个领域又发生着较大的变化，支持研发机构和服务机构建设、支持企业提升自主创新能力、支持产品开发等相对传统的政策呈现出逐年递减趋势，而总量较少的股权和分红权激励、科研项目经费管理、科技金融、人才发展等政策呈现出逐年递增趋势（见表1－2）。

表1－2 天津国家自主创新示范区核心区创新政策变化情况

创新政策类别	2013年	2014年	2015年	2016年	趋势
支持企业自主创新	6	1	5	4	减↓
研发机构、服务平台建设	6	5	3	6	减↓
产品开发	3	4	2	0	减↓
股权和分红权激励	1	1	4	0	增↑
科技成果转化	0	1	2	1	平→
科研项目经费管理	0	0	1	2	增↑
科技金融	0	2	6	1	增↑
人才发展	0	1	4	4	增↑
其他政策	2	4	4	5	增↑

二、关注政策、问题及需求

以天津国家自主创新示范区“6+4”政策[①]为主，为深入了解各类创新主体的对创新政策的关注点、存在的主要问题及科技创新政策的需求，课题组对天津国家自主创新示范区核心区10家企业和天津科技大学、天津工业大学、天津理工大学、河北工业大学4家高校科研院所进行了集中座谈，具体座谈对象主要是企业老总、主管科技工作的副总、技术负责人、高校科技处负责人、二级学院院长、学科负责人。

（一）企业主要关注政策及特点

通过集中座谈，发现大部分企业对政策的关注点主要集中在自主创新的税收政策、科技金融政策两个方面；高等院校则主要关注科技成果处置权和收益权政策。本着解决主要问题的研究思路，本书重点对以上三方面政策进行梳理，总结创新政策的特点如下。

1. 支持企业自主创新的税收政策

支持企业自主创新的税收政策主要包括《天津市企业研究开发费用税前加计扣除项目鉴定办法（试行）》《有关职工教育经费税前扣除试点政策》《股权奖励个人所得税5年分期缴纳》《有限合伙制创业投资企业法人合伙人企业所得税优惠》《5年以上非独占许可使用权转让所得税优惠》《中小高新技术企业向股东转增股本的个人所得税5年分期缴纳》《天津市市级高新技术企业认定管理办法》等，其中，企业普遍认为研发费用加计扣除政策、高新技术企业认定政策对企业影响程度较高。这些政策通过税收扣除、税收减免等方式激励企业增加研发和职工教育经费投入，降低科技人员股权奖励所得税等方式促进企业创新活动开展，其着力点在于提高研发费用加计扣除、职工教育经费税前扣除、高新技术企业税收减免等税收政策的覆盖范围和激励力度。

2. 科技金融政策

2013～2016年间，天津先后出台了《科技型中小企业股份制改造补贴资

---

① “6+4”政策是指2015年10月以前，六项推广到全国范围内实施的政策：《中央级事业单位科技成果使用处置和收益管理改革试点》《扩大税前加计扣除的研发费用范围》《股权和分红激励》《职工教育经费税前扣除》《科研项目经费管理改革试点政策》《非上市中小企业可通过股权转让代办系统进行股权融资》。四项在天津自创区实施的政策：《股权奖励个人所得税5年分期缴纳》《有限合伙制创业投资企业法人合伙人企业所得税优惠》《5年以上非独占许可使用权转让所得税优惠》《中小高新技术企业向股东转赠股本的个人所得税5年分期缴纳》。自2016年1月起，“6+4”政策已经推广至全国范围实施。

金管理办法》《天津市科技型中小企业信用贷款风险补偿办法》《天津市鼓励股权投资企业投资初创期和成长期科技型中小企业补贴办法》《天津市科技金融对接服务平台认定及考核奖励办法》等政策，科技金融政策通过不断优化科技和金融结合环境，搭建科技金融服务平台，加强信用体系建设，创新服务模式和金融产品，不断引导金融资本和其他社会资本加大对科技创新投入。其政策着力点在于：一是对企业给予信用评级费用补贴、贷款贴息、风险补偿等方面支持。二是采取多种措施推动科技型中小企业金融服务专营机构、小贷公司、知识产权质押贷款机构发展。三是通过奖励、参股、风险补偿、股权激励等方式加大对创业风险投资机构、创业投资人才的支持力度。四是通过对中小企业改制、上市挂牌等不同阶段财政扶持和完善工商登记、优化上市环境、培育上市资源支持多层次资本市场建设。五是通过资信调查费补贴、提高承包额度等方式提高保险机构承包额度和对科技企业提供保费补贴等方式促进科技保险发展。六是通过健全科技与金融相结合的服务平台、完善科技金融信用服务体系、加强对科技金融服务的组织协调等，促进科技和金融结合，多举措推动各类金融中介机构加快金融人才集聚。

3. 科技成果处置权和收益权政策

天津于2015年出台了《关于开展市级事业单位科技成果使用、处置和收益管理改革试点工作的通知》，该项政策主要依据有关法律法规制定的科技成果转移转化从宽下放审批和科技成果处分权限，其政策着力点有：一是扩大事业单位的处置权。各单位可以自主决定对持有的科技成果采取转让、许可、作价入股等方式开展转移转化，不再审批或备案，进一步实现了“谁投资、谁所有”向“谁完成、谁处分”的转变。二是扩大事业单位的收益权。明确对用于奖励科研负责人、发明人、共同发明人、骨干技术人员等重要贡献人员和团队的收益比例不得低于科技成果转化所得收益的50%，科技成果的处置权、收益权相互匹配性有所提高，凸显了制度突破的系统性考虑。

（二）主要问题与需求

1. 创新政策执行力不足问题

通过对企业、高校院校的集中座谈，从政策执行角度看：

（1）企业普遍反映对现有创新政策的知晓度不高。这主要因为对科技创新政策的宣传不够到位，宣传形式单一、缺乏系统性的政策宣讲造成的，目前，政府门户网站仍然是政策宣传的主要形式，但相关部门网站的政策法规信息存在一定滞后性，另外，即使政策公布后，企业负责人也很少能及时关注到相关信息。

（2）企业对创新政策申请的具体渠道不清楚。如，企业研发费用加计扣除政策作为国家普惠制激励政策，调研中发现，访谈企业普遍对该政策的运用不够充分，部分企业还不清楚该项政策的具体申请流程，例如，部分高新技术企业不了解职工教育经费8%税前扣除政策和申报流程，这主要是由于创新政策涉及的政府管理部门较多、申请流程获取途径不明、申请流程复杂等因素造成的。

（3）高等学校普遍反映科技成果推动难、转化难、落实难的问题。这主要是由于与科技成果转化法律法规相配套的政策实施细则还不够明确，例如，关于科技成果的定价，没有明确以什么方式进行，没有明确在合同签订前还是在合同签订后公示等；再是对科研人员的激励力度不足，例如，学术导向的考核评价机制仍是高校对教师的主要考核依据，科技成果转化指标仍未纳入其绩效考核范围。还有是高校教师、科研人员对科技成果转化的运营规则不熟悉，缺乏专业化的技术经纪人队伍。

2. 创新政策自身设计存在缺陷

从政策自身设计角度看，企业普遍反映创新政策的激励力度不大、享受政策的入门条件较高等问题；高校科研院所普遍反映科技成果转化奖励比例低、成果转化所得税税率较高、现行政策对科技成果转化的约束力较强等。

（1）支持企业自主创新税收政策方面。

一是部分创新政策享受门槛条件比较高，大部分企业难以享受。例如《有限合伙制创业投资企业法人合伙人企业所得税优惠》《股权奖励个人所得税5年分期缴纳》政策，优惠政策要求投资对象必须为中小高新技术企业，这就要求申报企业具有一定的研发投入、具有良好的成长性，但目前天津自创区内的创业企业很多都是非高新技术企业，并且也很难符合高新技术企业的认定条件，也就很难享受相关优惠政策。

二是部分创新政策的优惠覆盖面比较窄。例如，《转增股本个人所得税5年分期缴纳》《股权奖励个人所得税5年分期缴纳》政策，调研中发现很少有企业采用以上两种激励手段，企业往往根据实际需求自主选择更为直接的激励方式。另外，5年分期缴纳股权奖励个人所得税意味着奖励人员仍然要在未获得实际收益的情况下先行缴纳相关税款，未来若股票贬值甚至企业破产，已缴纳税款可能大于实际收益。

（2）科技金融政策方面。

一是天使投资机构数量不多，投资额度不大。天使投资机构设立不足，创业投资引导基金规模难以满足初创期科技型中小企业需求，支持创业投资的政策杠杆效应未能充分发挥，引导和促进社会资金对初创期企业的投资力度不大。

二是知识产权质押贷款流程不畅。知识产权质押贷款退出渠道狭窄，知识产权估价、交易问题尚未解决，知识产权融资规模较低。知识产权质押贷款的技术、制度和政策环境还不够完善，一体化知识产权投融资体系远未形成。

三是科技型中小企业信贷融资难度较大。缺少科技型中小企业风险补偿贷款操作细则，科技型中小企业信用评价体系不健全，在自创区内缺少建立科技信贷银行或科技信贷专营机构，并且相关的信用担保机构也较少。

四是对科技保险的引导和激励方式单一、力度不大。科技保险风险分散功能未充分发挥，保险工具开发不多，科技保险内涵不够丰富，保险资金用于基础设施建设、战略性新兴产业培育和重大产业化项目投资方面还未能涉及。

（3）科技成果处置权和收益权政策方面。

一是转化各方存在一定研发目标差异。高校和科研院所注重技术的创新性，研究成果往往过于超前或太理想化。企业注重产品开发和生产，注重研发技术的实用性，双方目标差距较大，很难找到科技成果转化与合作的切合点。

二是科技成果转化奖励比例不够高。虽然修订后的《天津市促进科技成果转化条例》提高了对科技人员转化科技成果最低奖励力度，对现金和股权奖励最低比例从20%提高到50%，但相比国内其他省市，该比例仍然较低，比如，南京规定至少60%，最高95%，湖北省规定不低于70%，最高99%，因此，目前天津40%的奖励力度偏低。

三是科技成果转化奖励的纳税比例过高。奖励给科研人员的报酬需要交纳一定的税费，缴税比例一般在5%～45%之间，常常是40%，高额的税率降低了科技成果转化的积极性。

四是转化奖励纳入工资总额的制度限制了科技成果转化。根据现行政策，目前天津高校、科研院所将科技成果转化所获奖励要纳入工资总额，由于成果转化奖励个人涉及金额较大，纳入单位工资总额基数后，就会大幅度挤占其他教职工的工资性支出比例，整体上限制了单位成果转化热情。

3. 企业创新政策需求

调查过程中，发现80%的受访企业对当前企业自主创新的税收政策表示基本满意，并希望进一步放宽税收政策的享受条件，加大税收政策的激励力度。70%的受访企业对当前科技金融政策表示基本满意，并希望能够简化申请流程和办理手续。4家受访高校表示对科技成果处置权和收益权政策表示基本满意，但强烈希望进一步将创新政策细化，完善政策细节，真正把该项政策落实到执行层面上来。

向被调查企业问及在自主创新活动中最希望政府做哪方面工作时，按照大部分企业关注点排序，依次是税收优惠政策、金融支持政策、专利支持政策、市场开拓帮扶、企业人才引进帮扶政策。向被调查高校问及在自主创新活动中最希望政府做哪方面工作时，大部分高校表示比较关注科研经费管理政策、科技成果转化政策、人才政策、绩效考核与职称评审政策。

三、对策与建议

根据上文对天津自主创新示范区创新政策存在的主要问题以及企业对创新政策的需求，分别从提高政策执行力、改进现行创新政策和加快新政策的制定三个层面提出相关对策与建议。

（一）提高政策执行力

1. 加强宣传

支持科委持续开展科技和知识产权服务“自创区行”等活动，搭建“政策宣讲平台和服务对接平台”，实现送政策、送咨询、送服务，助力自创区企业提升政策知晓和运用力度。发挥中介机构作用，专门针对创新政策适用对象开展多种形式的政策宣传和个性化辅导，例如，组织天津市科技咨询业协会等单位共同开展针对企业关注的税收政策、金融政策、知识产权保护政策等进行系统化的政策宣讲服务。

2. 明确流程

尽快对创新政策制定详细的落实方案和申请流程，涉及多个部门认定的创新政策，建议由发起单位牵头，充分协商相关政府部门，明确具体职责，统一制定落实方案、申报流程、具体要求等事项，并在各自政府网站公布。

3. 提升服务

建议在国税、地税办事大厅设立针对税收政策的专门申请和服务窗口，提高政策解释的准确性，统一政策执行标准，提高企业申请效率。建议政府加强采购中介服务的力度，充分发挥中介机构服务职能，最大限度协助企业申请、享受相关优惠政策。

（二）改进现行创新政策

1. 进一步优化支持企业自主创新的税收政策

建议进一步放宽试点政策实施主体限制，重点取消《有限合伙制创业投资企业法人合伙人企业所得税优惠》《股权奖励个人所得税 5 年分期缴纳》

《职工教育经费税前扣除》政策中，对申报企业要求是高新技术企业的条件限制。

建议加大创新政策的优惠覆盖面。重点取消转增股本个人所得税 5 年分期缴纳、股权奖励个人所得税 5 年分期缴纳政策的时间限制，允许在 5 年末一次性缴纳。对于 5 年内未获得实际收益或者缴纳税款可能大于实际收益的情况，经审计可以减免缴纳所得税。

2. 进一步完善科技金融政策

建议加大财政资金投入，发挥财政资金引导和杠杆作用，通过财政资金引导更多社会资本建立天使投资机构。支持海内外商业基金、商业化科技类股权投资基金落户，引导境外资本建立各类投资基金。

建立知识产权质押贷款风险补偿基金制度。由市政府划拨专项资金，建立知识产权质押贷款风险补偿基金，重点针对知识产权质押贷款银行给予一定风险补偿，在确认贷款无法偿还或者无法全部回收时，弥补银行的部分损失，提高企业质押贷款申请成功率。

建立科技信用贷款风险补偿金制度。对信贷企业给予信用评级费用补贴、贷款贴息，对试点银行发放的科技型中小企业贷款部分不良贷款处置所发生的实际损失，给予风险补偿，进一步降低科技型中小企业信贷融资难度。

加大科技保险的引导和支持力度。设立科技担保基金，给予企业贷款贴息和担保费补贴，给予担保机构担保补贴、损失补偿、落户奖励、购（租）房补贴和财税奖励。探索建立首台（套）科技保险制度，以首（台）重大装备为核心，开发多样化的保险工具，满足多样化的市场需求。

3. 进一步细化科技成果处置权和收益权政策

建议进一步提高天津市科技成果转化奖励的比例。参考其他省市规定，建议天津市对用于奖励科研负责人、发明人、共同发明人、骨干技术人员等重要贡献人员和团队的收益最低比例，由原来的 50% 提高到 70%，转化收益用于人员激励的部分不计入绩效工资总额基数。

探索构建职务发明法定收益分配制度，允许国有企业与发明人事先约定科技成果分配方式和数额。

探索制定针对科研人员科技成果转化奖励的减税或免税政策，进一步降低科技成果转化奖励的纳税比例。

允许高等学校、科研机构既是处级以上职务行政干部又是科研人员的“双职能”干部参与科技成果转化，并允许获取科技成果转化的相关收益。

以科技成果作价入股形式奖励科研人员时，建议科研人员可以享受《股权奖励个人所得税 5 年分期缴纳》政策优惠，并探索完善股权奖励递延缴纳个人所得税办法。

建立市场化的国有技术类无形资产可协议转让制度，试点实施支持个人将科技成果、知识产权等无形资产入股和转让的政策，解决科技成果价值评估难、评估费用高的问题。

（三）加快一批新政策的制定

1. 加快制定支持企业发展的创新政策

（1）制定创新性产品政府首购首用制度。制定天津创新型产品认定办法，对首次投放市场的创新产品实施政府采购首购政策，通过订购及政府购买服务等方式支持创新产品，鼓励采取竞争性谈判、竞争性磋商、单一来源采购等非招标方式实施首购、订购及政府购买服务，同时，研究制定高端智能装备首台（套）突破及示范应用政策。

（2）研究实施“科技创新券”政策。支持市科委探索“科技创新券”制度建设，支持企业用创新券向研发机构、研发人员购买科技成果或研发、设计、检测等科技服务，或者购买研发设备，既能最大限度的满足企业多样化需求，又能充分调动社会化中介服务机构积极性。

2. 探索制定新型科技金融政策

（1）建立面向互联网科技金融服务平台的支持政策。建立风险补偿基金或引导基金，支持国际国内正规的互联网金融服务机构、P2P 网络融资平台、股权众筹机构在本市聚集建设，服务于科技创新。支持建立非营利、低门槛、高宽容、低利率的政策性科技金融专营机构，切实解决种子期、初创期企业融资难问题。

（2）建立科技成果转化专项基金。加强与科技部、财政部的部市会商制度建设，加快推进建立科技成果转化引导基金，并通过设立创业投资子基金、贷款风险补偿和绩效奖励的支持方式，引导和带动金融资本、民间投资参与科技成果转化。

3. 细化落实以增加知识价值为导向的分配政策

（1）加大科研机构、高校的收入分配自主权。加快探索制定推动科研机构、高校自主制定以实际贡献为评价标准的科技创新人才收入分配激励办法，突出业绩导向，科学设置考核周期，避免短期频繁考核，形成长期激励导向；同时，进一步放宽科研机构、高校在岗位设置、人员聘用、绩效工资分配、项目经费管理等方面自主权。

（2）探索制定允许科研人员和教师依法依规适度兼职兼薪的指导政策。围绕允许科研人员在完成本职工作前提下兼职兼薪，出台具有天津特色的引导政策，推动高校科研院所尽快建立科研人员兼职兼薪实施办法，充分释放高校科研院所人员创新活力。

天津市新型城镇化建设与科技创新协同发展研究

（天津财经大学　张　平）

一、新型城镇化的概念及其与科技创新的关系分析

（一）新型城镇化的提出及概念

党的十八大第一次以官方形式提出为百姓所熟知的“新型城镇化”一词，宗旨是在城镇化进程中贯彻生态文明理念和原则，走一条新型城镇化道路，同时新型城镇化将会促进我国经济发展，满足人民日益增长的物质文化需求。“新型城镇化”虽然在人口集中、扩大第二、第三产业规模、扩展城镇空间和转变城镇传统思想认识四个方面与“传统的”城镇化在定义上没有明显不同，但在实现这几个方面的过程上有所差异。实际上，由于各行各业研究方向及工作重心不同，“新型城镇化”仍没有成文的定义。本文参照于莲（2014）提出的概念，将新型城镇化定义为城市、城镇以及农村相互协调，相互补充的一种城镇化。这种城镇化的特点是：城乡统筹、城乡一体、产业互动、节约集约、生态宜居、和谐发展。

（二）新型城镇化区别于传统城镇化的特点

相对于传统城镇化，新型城镇化突出以人为首要基本点，推动城市向现代型、生态型发展，同时农村要实现城镇化，使人口资源流向城镇，促进优势要素禀赋在村镇之间合理转移，以形成产业结构、就业结构、空间结构、基层治理以及文化与观念的转变，加快城乡一体化的协同发展。“新型城镇化道路”在宏观上具有如下特点：高规划起点、多元化途径、较强集聚效应和辐射能力、鲜明个性特征、浓厚人本意识、紧密城镇联系、城乡优势互补。所谓新型城镇化中“新”的意义主要表现在：重视农村与城镇一体化发展；不以破坏

生态环境为成本；根据当地特色发展优良第一产业；一、二、三产业协同发展；农民不仅可以从事第一产业生产，还可以在二、三产业中得到发展；农民也可成为市民，在居住环境和公共服务上和市民享有同等的权利。

走新型城镇化之路，必须转变驱动结构，要将价格低廉的劳动力、土地等要素驱动和通过投资而来的投资驱动舍弃，谋求以创新驱动为主导的发展进程，从而使新型城镇化从重速度和数额向重质量和深层次发展，让科技创新成为我国城镇化发展的驱动力。充分认识科技创新对新型城镇化建设的重要意义，知晓科技创新驱动新型城镇化建设的思路与重点，并且要充分依靠科技创新，主动平稳地推进新型城镇化由规模速度转向质量效益。

（三）新型城镇化与科技创新的关系

中国的新型城镇化，是对西方城镇化的超越，它以人为出发点，以新型第二产业为基石，以科技带动发展，以提高生活质量为主，注重农民权益。

1. 科技创新促进“四化”协同发展

新型工业化、信息化、新型城镇化以及农业现代化这“四化”必须协调并进。其中，工业为城镇化提供经济基础，城镇化为工农业提供现代化场所。城镇化和工业化可以产生经济效应，这种经济效应是以内需增加和经济水平提升为依托的，且可以促进农业现代化的实现。现代化后的农业也会反哺城镇化和工业化。信息化为其他“三化”提供方法和工具。而科技创新可以提高工业的全要素生产率，同时为农业提供多角度的依托。在二者的共同作用下，城镇化得以进一步推进。科技创新有利于大、中、小城市与小城镇共同进步。新型城镇化要求协调各城市规模使其趋于合理，形成大中小城市合理有序的局面。

2. 科技创新有利于增强城镇和农村生活幸福感

新型城镇化不仅要提升城镇常住人口中非城镇户口居民的权益，也要提高农民生活、福利水平。如果中国的城镇化率最终达到70%，意味着有将近10亿人口居住到城镇，这显然是不现实的。因此，如何使农村人口也享有城镇人口相同的生活便利设施，比如教育、网络、基础设施等，才是中国目前最需要解决的问题。科技创新可以解决上述这些问题。在农业方面改良培育方式，通过网络等缩小城乡差距；利用科技创新改善农村环境、基础设施，提升基础教育条件、医疗卫生等，使不论是城镇人口还是农村人口都有相同的满足感，提高幸福指数，构建富有中国特色的城镇化。

3. 科技创新可以破除新型城镇化建设中的障碍

在新型城镇化发展过程中，一定会带来很多新的难以解决的问题。科技创新可以打破传统科技的约束，面对城镇化发展中的难题，提出更有效的科技解决方案。例如城镇化率的不断提高意味着越来越多的人口进入城镇，本来就拥挤的交通状况势必会更加严重，影响居民正常出行，但是科技创新可以帮助构建各种各样的现代化交通网络，新建地铁、磁悬浮列车等，提供更多的方案缓解城镇的交通堵塞问题，提升城镇化的质量。

（四）科技创新与新型城镇化相辅相成，共同发展

科技进步构成新型城镇化的核心力量。新型城镇化是科技创新发展的基石，与科技创新高度融为一体、共同促进相互进步。通过科技创新与新型城镇化建设的合体，既能充分使用科技创新产品，又能在该科技创新产品使用过程中促进城镇化向友好方向发展（见图1-1）。

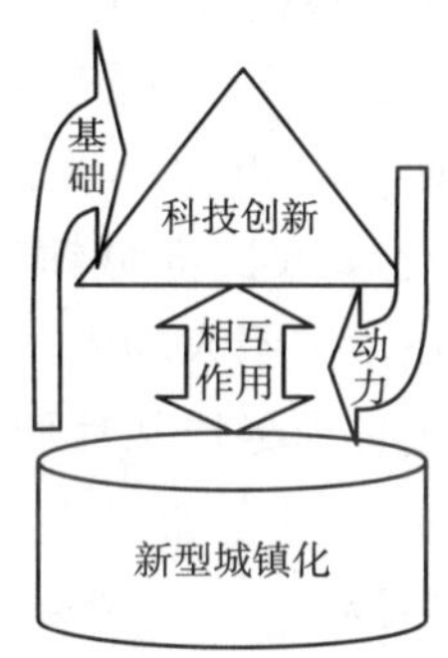

图1-1　新型城镇化与科技创新关系

1. 科技创新是实现新型城镇化的重要支撑

（1）从未来不确定因子对国内城镇化发展影响来看。

之前30年，中国城镇化建设受益于价格低廉的土地、劳动力等禀赋，得到了快速进步。但是这种以廉价“土地红利”和廉价“人口红利”为中心的“禀赋驱动”城镇化发展结构使中国的城镇化面临巨大挑战。“土地红利”的过分利用不仅容易降低城镇和农村的资源配置效率，而且会影响城镇化过程中的居民生活质量城镇化进程等各个方面。过度依靠廉价劳动力所带来的“人口红利”也由于中国老龄化社会的到来不具有可持续性。面对土地、人口等要素的不确定性，中国必须依靠科技创新驱动新型城镇化。另外，改革开放后，来自外部市场的国际需求开启了中国城镇化的进程。国际需求拉动了中国的劳动力市场需求，吸纳了相对多的农村劳动者进入城市非农行业谋职。但国际需求正遭遇全球经济动荡的威胁，所以未来城镇化将面临国际需求的不确定性。作为扩大国内需求的路径，新型城镇化不仅在于盖楼和造城，更在于有可持续发展的产业为居民提供充足的就业，为居民提供教育、医疗、文化服务，为居

民提供各种各样的生活保障和生活便利，而这一切的重要支撑就是科技创新。

（2）从对中国城镇化过程中的失误来看。

中国传统城镇化过多地追求数量，轻视质量，是一种粗放的发展模式。资源、能源消耗巨大，城镇化水平虽不断提高，资源利用效率却十分低下。同时，因为环境污染、资源匮乏、能源紧缺、交通紧张等问题没能得到及时解决，导致城镇化发展与资源、环境的矛盾尤为明显。中国传统城镇化在高速推进的过程中人与自然关系日益紧张，城市的可持续发展受到挑战。因此，新型城镇化必须以可持续发展为重要内涵。有鉴于此，科技创新毫无疑问是新型城镇化的根本支撑。

（3）从国外城镇化进程对我国的启示来看。

依据国家统计局数据，从 1978 年到 2015 年，我国城镇人口数由 1.72 亿人增加到 7.5 亿人，城镇化率从 17.92% 提升到 56.1%，与世界平均水平持平。依据国际城市化的发展规律，城市化率要到 70% 水平上下才稳定。未来 20 年左右，中国社会还将有 3 亿多农民向城镇转移。城镇化的高速发展容易导致一系列经济社会问题。此外，按照人均国民生产总值，我国已步入中等收入国家行列。为此，新型城镇化必须尽快从片面追求速度向质量转变，依靠科技创新的力量提高城乡公共服务质量、加强生态环境保护，避免落入“中等收入陷阱”，促进经济社会健康发展。

2. 新型城镇化为科技创新提供扩散平台

首先，在科技创新中投入的劳动、要素和资金与城镇化发展进程息息相关。生产力水平可以通过新型城镇化得到提升，使要素禀赋日益丰富，加大科技创新投入力度，引进更多从事科技创新的人才，研发更先进的科研技术设备；其次，在科技创新中使用的要素也与城镇化状况和水平相联系。从某种程度来讲，科技创新水平的发展程度主要体现在机器硬件和各种要素技术方法上，而各种要素技术手段与城镇化发展程度联系紧密。新型城镇化是具有以人为出发点、“四化”协同发展、布局合理、生态文明、文化底蕴深厚的特征，使更卓越的要素技术手段为科技创新所使用。最后，城镇化从以前扩大城市规模和空间扩张为工作重心逐渐向着重丰富城市文化以及公共服务过渡，从而将城镇作为拥有高层次和舒适居住环境之地，这就迫切需要加快推进科技创新，为新型城镇化发展创造有利的条件。

二、天津市新型城镇化与科技创新协同发展现状

通过对天津市城镇化率的计算，可以看出天津现阶段城镇化率较高，从

2011 年到 2015 年稳步提升，已达到 80% 以上。经过多年的理论探索和政策实践，天津的城镇化现已摆脱了原有的模式，进入了新型城镇化发展阶段。

（一）构建天津新型城镇化与科技创新协同发展指标体系

与传统城的镇化相比，新型城镇化注重科学发展统筹兼顾，致力于建成集约高效、功能完善、环境友好、社会和谐的城镇化。

目前天津新型城镇化全面推进，其中科技创新成为其核心推动力之一。所谓科技创新是指将科学发现与技术发明应用到生产体系中以创造出新价值的过程。企业和个人自主创新能力的提高，在调整产业结构，促进集约高效发展方面有重大作用，并且可以为社会大众提供更多的就业机会。非城镇人口在转化为城镇人口后，如何为其提供劳动机会和生活来源，让其真正融入城市生活，在城市安家是首要需要解决的问题。城镇化与科技创新的协同发展是今后着重发展的主要领域。

本课题根据《中国新型城镇化发展报告》，结合天津市科技创新现状，基于指标体系构建的全面原则、导向原则、科学原则、可比原则、层次原则、易收集原则和可操作原则，提出了如下指标体系（见表 2－1），来评价新型城镇化与科技创新协同发展现状。

表 2－1　　新型城镇化与科技创新协同发展指标体系

系统层	要素层	指标层
科技创新能力	科技投入能力	科学技术支出（亿元） R&D 人员折合全时当量（人年） R&D 经费支出（亿元）
	科技产出能力	专利申请受让数（件） 专利申请授权数（件） 年末有效专利数（件） 市级科学技术成果登记数（项） 科技论文（篇） 高等院校科技课题开展数（项） 高等院校科技课题投入经费（万元）
	科技转化能力	签订技术合同数（项） 技术合同金额（亿元） 技术交易额（亿元）
	客观条件	高等学校毕业生数（人） 每万人中高等学校在校生数 公众图书馆个数 高中教育毛入学率 第二产业占 GDP 比重 第三产业占 GDP 比重
新型城镇化	人口城镇化水平	城镇化率

1. 科技投入能力

对科技创新投入资金、人员是科技创新能够持续发展的先决保证。因此，我们选取国家财政对科学技术的支出以及 R&D 经费支出来衡量资金的多少，选取 R&D 人员折合全时当量来衡量人员的投入。

2. 科技产出能力

它是反映一个地区科技创新能力的最基本因素。主要包括各项科技成果的产出数量。本课题通过查询《天津统计年鉴》的数据主要列出以下几个指标：专利申请受让数、专利申请受权数、年末有效专利数、科学技术成果登记数、科技论文、高等院校科技课题开展数、高等院校科技课题投入经费。

专利申请受让数反映了天津在一定时间段内科技创新的活跃性程度，也表明随着对科技创新重视程度的提升，人们的维权意识也有所增加。专利申请受权数是指专利中具有较大价值的被批准给予知识产权的专利。科学技术成果登记数是对一个地区科技成果最基本也是最权威的记录。发表科技论文数所表示的是在理论知识层面的成果，发表论文数的高低也间接影响了一个地区长期的科技创新是否能够得到理论支撑。高等院校科技课题开展数、高等院校科技课题投入经费都是衡量区域知识传播、知识显性化能力的指标。

3. 科技转化能力

科技的投入，科技的产出终究只能是量化的产物，而科技转化才是在实际意义上实现科技创新的最终环节，所以科技转化能力不容忽视。本课题采用签订技术合同数、技术合同金额、技术交易额来对科技转化能力进行衡量，从产业化形成的角度评价科技转化能力。

4. 客观条件

客观条件是指现行社会中天津为科技创新所营造的大环境。高等学校毕业生数、每万人中高等学校在校生数、公众图书馆个数、高中教育毛入学率、第二产业占 GDP 比重、第三产业占 GDP 比重，以上指标从政府重视程度和客观经济环境两方面分析了科技创新环境的好坏。居民受教育水平是一个地区科技创新人才储备的基础条件，而第二、第三产业占 GDP 比重则可以从经济发展现有类型中看出科技创新的水平。

5. 人口城镇化水平

城镇化最初的解释即为农村人口向城镇转移城镇人口不断增多，农村人口不断减少。城镇化率一般用一个地区城镇常住人口占该地区常住总人口的比例来表示。

（二）天津新型城镇化建设与科技创新协同发展现状评估

通过对天津市科技发展和新型城镇化水平的相关指标和数据的收集，本课题运用 SPSS 统计软件对数据进行因子分析和主成分分析。从中筛选出对新型城镇化影响较大的几个因素，建立与科技相关的新型城镇化水平指标体系，以期能够从中找出新型城镇化与科技创新协同发展中的核心指标，并据此在后文提出促进天津市新型城镇化与科技创新协同发展的具有实践意义的建议。

因子分析最常用的理论模式如下：

$$Z_j = a_{j1}F_1 + a_{j2}F_2 + a_{j3}F_3 + \cdots + a_{jm}F_m + U_j$$

（j = 1，2，3，…，n，n 为原始变量总数）

可以用矩阵的形式表示为

$$Z = AF + U$$

其中，F 称为因子，由于它们出现在每个原始变量的线性表达式中（原始变量可以用 X_j 表示，这里模型中实际上是以 F 线性表示各个原始变量的标准化分数 Z_j），因此又称为公共因子。

指标之间的相关性检验如下：指标数据之间的相关性检验是构建模型的初步工作，同时也可以检验指标评价体系是否合理，进而判断是否可以构建结构方程模型。SPSS 软件可以自动对数据进行无量纲化处理，所以我们收集了天津市 2011 ~2015 年有关城镇化和科技创新的数据（见表 2 –2）来进行相关性检验。

表 2 –2　　新型城镇化与科技创新协同发展指标体系变量数据

年　份	2011	2012	2013	2014	2015
Y1 城镇化率（%）	80. 5	81. 55	82. 01	82. 28	82. 64
X1 科学技术支出（亿元）	60. 1721	76. 4529	92. 81	109	120. 82
X2 R&D 人员折合全时当量（人年）	74293	89609	100218. 5	113335	124321
X3 R&D 经费支出（亿元）	297. 76	360. 49	428. 09	464. 69	510. 81
X4 专利申请受让数（件）	36258	41500	60915	63422	79963
X5 专利申请受权数（件）	13982	20003	24856	26351	37342
X6 年末有效专利数（件）	40016	52338	68540	83628	103775
X7 市级科学技术成果登记数（项）	2020	2030	2385	2588	2610

续表

年　　份	2011	2012	2013	2014	2015
X8 科技专著及论文（篇）	16913	16922	18115	19946	23122
X9 高等院校科技课题开展数（项）	9543	10236	11116	12173	13007
X10 高等院校科技课题投入经费（万元）	263920. 4	302428. 6	326394	346522	344563
X11 签订技术合同数（项）	11726	13409	15817	15087	12590
X12 技术合同金额（亿元）	171. 59	251. 22	300. 68	418. 11	539. 18
X13 技术交易额（亿元）	113. 99	172. 11	221. 84	279. 15	418. 35
X14 高等学校毕业生数（万人）	10. 87	11. 3	12. 1	12. 35	13. 21
X15 每万人中高等学校在校生数	339	342	340	338	335
X16 高中毛入学率（%）	71. 39	74. 03	75. 04	74. 19	72. 55
X17 第二产业占 GDP 比重（%）	52. 4	51. 7	50. 6	49. 1	46. 5
X18 第三产业占 GDP 比重（%）	46. 2	47	48. 1	49. 6	52. 2
X19 公共图书馆个数	31	31	31	31	31

资料来源：《天津统计年鉴》，相关年份。

如图 2 – 1 所示，KMO 值大于 0. 7，Sig. ≤0. 05，说明样本数据可以做因子分析。

KMO and Bartlett's Test

Kaiser–Meyer–Olkin Measure of Sampling Adequacy.		0.751
Bartlett's Test of Sphericity	Approx. Chi–Square	2216.441
	df	15
	Sig.	0.000

图 2 – 1　KMO 检验

表 2 – 3 为共同性，表示各变量中所含原始信息能被提取的共同因子所表示的程度，根据数据结果，提取的公因子是 X_1、X_3、X_{11}、X_{12}、X_{13}、X_{14}，共计六个。说明科技创新的若干指标中科研经费投入类指标、科技成果转化类指标和科技人才指标对新型城镇化建设的影响和贡献度最高。若在这六个指标方面存在问题将影响新型城镇化建设和科技创新协同发展的效果。今后新型城镇化建设和科技创新协同发展科学路径的选择上也应该多从这六个方面着手探索。

表 2 – 3　　SPSS 软件变量解释

Component	Initial Eigenvalues			Extraction Sums of Squared Loadings		
	Total	% of Variance	Cumulative%	Total	% of Variance	Cumulative%
1	2. 335	38. 917	38. 917			
2	0. 74	12. 338	69. 063			
3	1. 068	17. 808	56. 724	2. 335	38. 917	38. 917
4	0. 681	11. 346	80. 409			
5	0. 652	10. 871	91. 280	1. 608	17. 808	56. 724
6	0. 523	8. 720	100. 000			
7	0. 587	9. 003	96. 523			
8	0. 651	10. 809	91. 896			
9	0. 696	11. 421	85. 478			
10	0. 742	12. 072	68. 687			
11	2. 452	39. 661	39. 661			
12	1. 598	20. 624	70. 152			
13	2. 224	40. 187	51. 216	2. 452	39. 661	39. 661
14	1. 696	22. 265	71. 402	1. 598	20. 624	70. 152
15	0. 702	12. 897	85. 674	2. 224	40. 187	51. 216
16	0. 650	10. 807	90. 189	1. 696	22. 265	71. 402
17	0. 624	10. 045	91. 857			
18	0. 768	12. 995	69. 564			
19	0. 680	11. 242	80. 021			

三、天津市新型城镇化和科技创新协同发展的实践——以西青区杨柳青镇为例

通过对天津市西青区杨柳青镇政府的调研，我们梳理了天津新型城镇化建设实践中的有益经验，也分析了现存的一些问题。天津市西青区杨柳青镇辖区面积 64 平方公里，镇区建成面积 13 平方公里，镇内常住人口 113897 人，农业户籍人口 30491 人，由此计算城镇化率 72. 2%。2015 年该镇农民人均可支配收入 23801 元，截至 2016 年 12 月专利申请数 624，科技立项数 32，每百人公共图书馆藏书数按常住人口计算为 66，按户籍人口计算为 94。杨柳青镇城镇化率目前还低于天津平均城镇化率水平（见表 2 – 2），说明该镇城镇化建设

工作还需进一步加强。2016 年 12 月天津新任市委书记李鸿忠专门到西青区杨柳青镇进行调研，对镇内城镇化的建设提出了新的要求，指示杨柳青镇要按照“城市化”的建设思路去推动新型城镇化建设再上新水平。

（一）镇内支柱型科技创新产业和企业及其对新型城镇化建设的贡献

杨柳青镇科技创新型产业主要分布在镇南杨柳青镇工业园区。支柱型科技创新产业有电梯制造业、电子信息产业、装备制造业以及汽车零部件产业，主要包括天津鑫宝龙电梯集团有限公司、天津市佳利电梯电机有限公司、天津长飞鑫茂光缆有限公司、天津联盈塑料制品有限公司、天津市西青区华兴电机制造有限公司、天津市泰正机械设备安装有限公司等科技型企业。

这些产业和企业依靠科技创新加快城镇健康、快速、和谐发展，切实推动该镇城镇化进程，科技工作成果比较卓著。

一是通过加快科技成果转化和产业化，在促进产业优化升级和经济结构调整中发挥了重要作用，从而推动了镇内工业化水平的提高和城镇化进程加速。引领支撑现代农业建设，推动农业持续稳定发展，促进“三化同步”和城乡统筹与协调发展。

二是依托杨柳青工业园区建设，形成城镇化发展的“创新极”，对打造具有中国特色的技术产业化工作体系和符合市场经济规律的产业技术创新环境，聚集创新资源，起到了引领和带动作用。

三是通过人口健康、资源环境、防灾减灾、公共安全等领域民生科技的发展，对于杨柳青镇城镇发展质量提高、各个村街发展特色的形成、城镇现代化快速推进具有决定性作用。

四是大力推动实施了新能源汽车、太阳能光伏发电、半导体照明、下一代信息网络等一批创新成果应用示范工程，加速科技成果的转化和应用，对杨柳青镇的健康快速发展起到了重要的支撑作用。

（二）镇内促进新型城镇化和科技创新协同发展的有益经验

1. 创新管理模式，促进现代农业发展，带动经济增长

充分依托农业科技力量、产业基础、生态环境和区位优势，突出绿色生态农业、高新农业与休闲观光农业，全力打造国家级现代生态农业示范园。通过近几年的努力，初步建成了农业科研与示范、科普与文化、休闲与体验相结合的发展新模式，成为全市休闲旅游农业的示范样板，取得了良好的经济、社会及生态“三位一体”效益。

（1）高科技与农业有机结合。

杨柳青镇有畜牧、园林绿化、苗木、水产、水果、蚯蚓等产业，在这些产业中，不断更新和引进优良新品种。不断引进优良新品种，如特殊香猪、台湾草莓、早熟津柳红桃树等，并进行推广应用。在稻田中广泛应用太阳能杀虫灯、粘虫板、水溶性替代农药等防治病虫害，在水稻高产创建园引进物流网，经济作物引进喷灌、滴灌等先进的设施技术进行灌溉，应用智能温室大棚等，促进高科技与农业有机结合。

（2）科普与农村文化相结合。

镇内建成的农业菜博园、杨柳青庄园、年画馆、石家大院以及正在建设中的学香果树种植基地、现代农业展示馆将丰富的果、蔬、苗木、花卉资源整合起来，将农耕文化、果树种植文化、年画文化融入其中，充分展现了农机、果树种植等历史演变过程，搭建了一个了解相关农业知识和提高实践能力的科普展示平台。

2. 积极开展农副产品综合利用研究与开发，科技成果再上新台阶

（1）坚持科研立镇，狠抓项目不放松。

杨柳青镇始终把争取项目、做好项目作为工作的重中之重，攻克现代种植、养殖业重大关键技术，加强资源培育与高效利用。2017 年争取区科委、区农委及市科委、市农委等相关部门各类科研项目及科研经费比往年翻一番，实现倍增。

（2）狠抓项目管理，多出科研成果。

认真组织开展项目检查与督导，提高项目执行水平，2016 年镇内通过区科委结项验收项目 1 个，通过区科委申请结项项目 1 个，通过农业科技成果登记 1 个，申请国家发明专利 1 项，实用新型专利 6 项。

（3）推进科企协同创新，促进成果转化。

与旅游公司合作开发大院文化旅游区、杨柳青年画等特色产品，年画产品申报多项国家专利。科研新品种津柳早红桃树、特色香猪养殖等特色产品一经投放市场就深受欢迎，单个产品当年创收超过 100 万元。科研成果有力地促进了企业效益的提高。

3. 运用“互联网 +”推动新型城镇化建设

运用互联网思维推进新型城镇化，不仅为推进新型城镇化提供了一种新思路，同时也为信息化时代解决“三农”问题，提供了一个新的方向。在过去“公司 + 农户”的结构下，农户往往是被公司牵着鼻子走的弱势群体，公司控制农户，与农户争利的一个重要原因就是信息不对称，市场信息大部分掌握在公司的手里。现在农村电子商务呈现“公司 + 农户 + 网络”的结构。农户在自己家中，通过市场化的公共电子商务平台，可以直接对接市场。

在发展新型城镇化的政策导向上，杨柳青镇运用互联网思维来引领新型农村城镇化的发展，把发展农村电子商务和建设“智慧乡村”放在战略优先地位。具体来说，杨柳青镇在用互联网思维推进新型城镇化建设中从以下几个方面着手：

一是建立面向互联网时代的新型城镇化战略。把信息化战略和新型城镇化战略规划统一起来，加强镇内农村互联网信息基础设施建设，缩小城乡之间的“数字鸿沟”，实施“信息下乡”计划，推进惠及小城镇、农村居民的普遍性信息服务。

二是增加资金投入，加强村街信息化网络覆盖。鼓励电信运营商或其他企业积极开展面向村街的主干网络建设和接入网络建设，建设适合杨柳青镇的信息服务基础设施和信息服务体系，实施宽带“村村通”工程。

三是普及互联网知识与应用技能。针对各村基层干部互联网意识薄弱的现状，镇政府联合互联网企业、高等院校对农村基层干部或村官开展互联网知识、应用技能等方面的专业培训。普及互联网知识，引导小城镇居民、农民利用互联网思维改造现代农业，发展互联网农业。

四是大力发展农村电子商务。发挥政府的主导作用，支持、规范和引导农村电子商务的发展，搭建农村电子商务的公共信息服务平台。制定农村电子商务发展战略并出台相关扶持政策，成立农村电子商务协会，协会负责指导、培训以及资源的整合等工作。结合地区特色，发展特色农产品电子商务，培育“淘宝村”，建设农业电子商务产业园。

五是借力互联网金融助推新型城镇化建设。新型城镇化建设必然是包括金融的城镇化、人的城镇化的全面城镇化。互联网金融是指以依托于支付、云计算、社交网络以及搜索引擎等互联网工具，实现资金融通、支付和信息中介等业务的一种新兴金融，是传统金融行业与互联网精神相结合的新兴领域。利用互联网金融为小城镇居民、农民提供多样化的金融服务，大力推广普惠性金融服务，支持他们合理的金融需求。

六是利用互联网思维推进新型城镇化的规划、开发与建设。将新型城镇化建设同信息化、工业化、农业现代化深度融合，信息化与城镇化协调发展。在新型城镇化规划建设过程中，可利用互联网思维和大数据思维建设智能交通，解决交通拥堵问题，建设智慧城市。

（三）杨柳青镇推动新型城镇化和科技创新协同发展的实际效果

近年来，杨柳青镇经济增长强劲，主要经济发展指标已步入全区先进行列。诸多重大骨干项目的落地加快了全镇产业结构调整步伐，打造千亿元产业园的蓝图为杨柳青镇实现科技兴镇、打造现代高新技术产业集群目标提供了充分的施展空间。具体来说，杨柳青镇在新型城镇化实现跨越式发展取得了以下成效：

一是确立了产业定位，拓展了合作空间。杨柳青镇以发展电子信息、新材料和高端装备制造为主导产业，树立自身的产业科技优势，牢牢抓住了科技产业引入、嫁接与合作机遇。

二是区域整体科技资源进一步丰富。杨柳青镇毗邻天津市华苑高新产业区，使得杨柳青镇既具备独特的科技发展环境优势，也为杨柳青镇发展主导产业树立了自身的产业科技优势，获得了有力的产业技术支撑。

三是政策环境日趋优越。天津市鼓励科技创新型企业发展的大环境以及西青区强大的扶持科技型企业发展的财政资金支持与杨柳青镇的产业发展定位相适应，有效促进了镇内企业的迅速发展，推动新型城镇化和科技产业协同发展。

（四）镇内新型城镇化和科技创新协同发展存在的问题

一是科技创新的财政投入不足。由于镇财力有限，镇内还未对科技创新型企业提供大规模的资金扶持。每年只是充分利用区级财政资金对镇区内的科技创新型企业进行扶持。

二是在全国经济下行压力大环境下，杨柳青镇存在园区土地资源不足，新增企业数量少，老企业增长放缓等困难。

三是科技支撑作用不够强，科技成果转化不足，往往一些新的产品技术缺乏有效的融资渠道去实施转化，从而导致一些企业转型升级失败。

四是吸引和激励科技人才的环境有待优化，对产业发展急需的专业人才吸引力弱，引进创新创业类人才难度大。缺乏科技领军人物，现有科技人才潜力和作用没有充分发挥。这种情况制约了镇内科技创新能力和产业技术水平的提高，镇内人才吸引力急需加强。

四、天津市新型城镇化建设与科技创新协同发展的经验、问题及成因

（一）天津新型城镇化建设与科技创新协同发展的成绩

1. 产业结构调整效果明显

在天津城镇化的过程中，天津市产业结构日趋合理。由图 4－1 中可以看

出，从2010年到2015年，一产所占的比重较小且在逐渐下降，到2015年一产的比重仅剩1.3%；二产所占的比重也在减少，从2010的52.4%下降为2015年的46.5%；而三产的所占的比重在逐年增加，从2010年的46.0%增加为2015年的52.2%。从整体上来看，在2010年二产所占的比重最大，其次是三产，而到了2015年三产所占比重最大。从图4－2来看，第二产业对全市GDP增长的拉动从2005年开始逐年下降，到了2015年有小幅度的上扬，其对GDP的拉动为46.23%。三产对GDP的拉动从2004年开始逐年上升，在2010年突然下降，在2015年的时候二产对GDP的拉动有小幅度的下降，但总体来看二产对GDP的拉动作用一直高于三产的拉动作用。

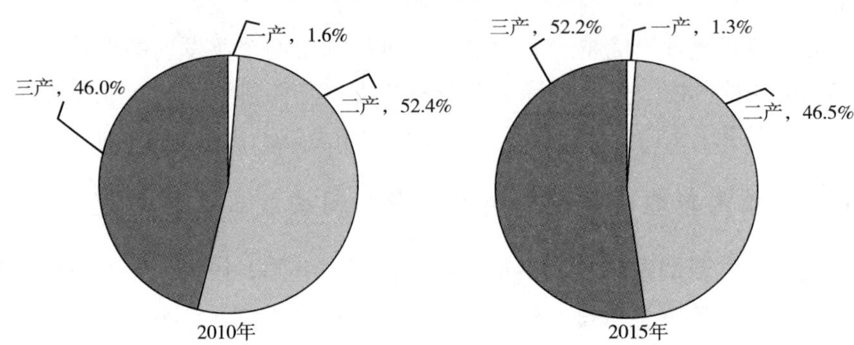

图4－1　2010年和2015年天津市三次产业结构

资料来源：《天津统计年鉴》，相关年份。

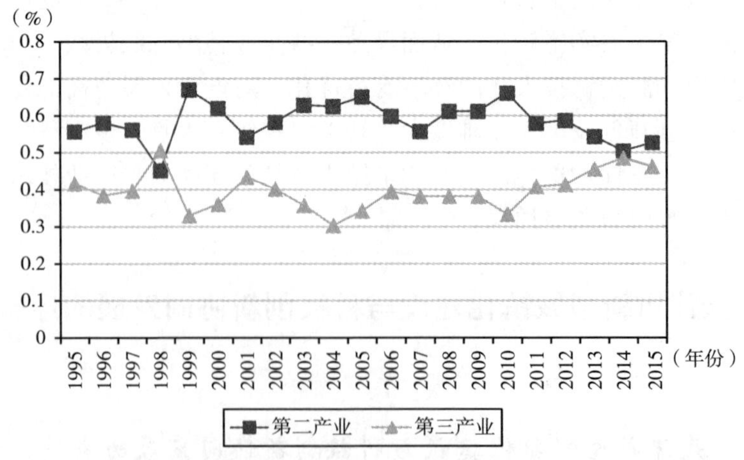

图4－2　第一、第二产业对全市生产总值增长的拉动（1995～2015年）

资料来源：《天津统计年鉴》，相关年份。

2. 就业结构合理

从图4－3可以看出，2011～2015年间，随着新型城镇化进程的快速推进，天津市的就业结构日趋合理。第一产业拉动的就业慢慢减少，从2011年的9.6%下降为2015年的7.4%，年均减少0.44%；第二产业拉动的就业也在逐年下降，从2011年的41.1%下降为2015年的35.7%，年均减少1.08%；第三产业的就业比例呈逐年增加的趋势，由2011年的49%逐渐增加为2015年的56.9%，年均增加1.58%。反映出随着城镇化进程的推进，三次产业所带动的就业结构日趋合理。

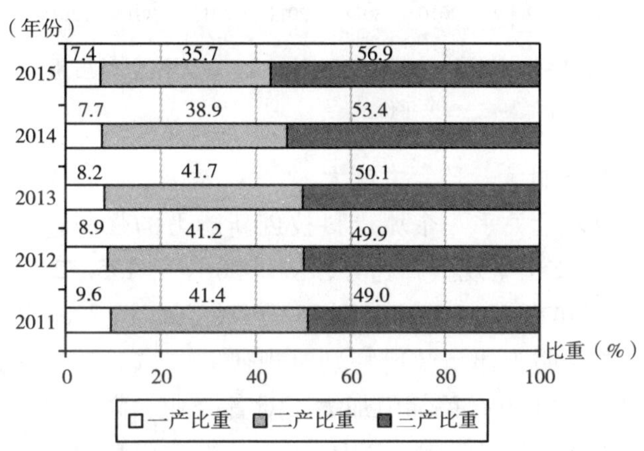

图4－3 2011～2015年天津市三次产业就业结构

资料来源：《天津统计年鉴》，相关年份。

3. 有足够的R&D人员

“R&D人员是指在科学技术领域里运用自己掌握的知识去增加全社会的知识总量的人员，包含着科技研究项目自身的成员，企业里负责科技创造与研究的成员，以及为所研究的项目提供相关服务的成员，主要描述了投身于相关科技创新活动的人员的数量。R&D人员全时当量指全时人员数加非全时人员按工作量折算为全时人员数的总和，为国际上比较科技人力投入而制定的可比指标。”① 从图4－4可以看出从2008年到2014年R&D的全时当量逐年上升，从2008年的48348人年上升为2014年的111318人年，增长了1.3倍。但是在2015年下降到84291人年。R&D活动是科研的核心，在推动科技创新中起着举足轻重的地位，体现着天津的核心竞争力，促进天津的产业结构升级和推动新型城镇化进程的快速发展。

① 《天津统计年鉴》，相关年份。

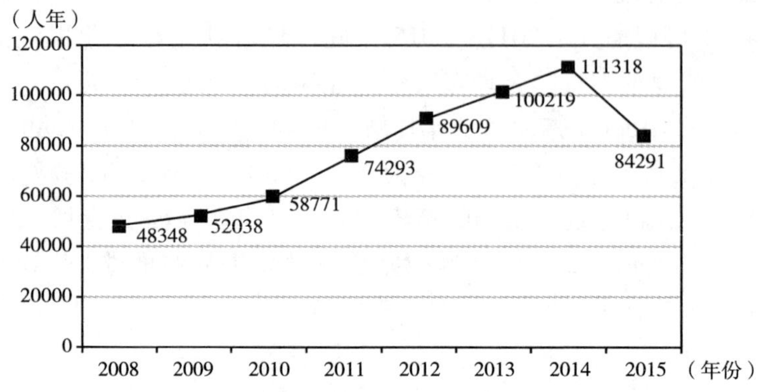

图 4－4　2008～2015 年天津市 R&D 人员全时当量

资料来源：《天津统计年鉴》，相关年份。

4. 科研经费投入量大，监管力度大

科研经费的投入量关乎一个城市科技创新能力的强弱。如图 4－5 所示，天津市的 R&D 经费支出呈现上升趋势，从 2008 年的 155.72 亿元上涨到 2014 年的 464.69 亿元，虽在 2015 年下降到 352.67 亿元，但 2008 年以来整体增加幅度依然较大。这说明天津市政府特别重视研究与试验的经费投入。与此同时，2016 年以来，天津市有关部门加大了对各企业、高校与科技研究院等科技创新主体研发资金使用的监督，2016 年 3 月天津市财政局和市工业和信息化委联合发布《天津市工业科技开发专项资金管理暂行办法》。因此，从经费投入和监管来看，天津市政府对科技创新重视程度较高。

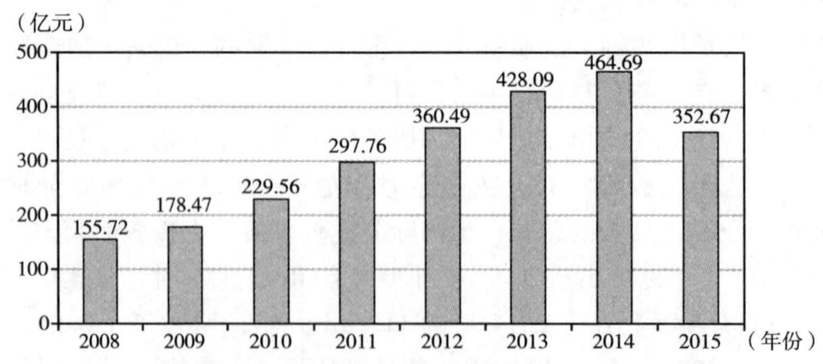

图 4－5　2008～2015 年 R&D 经费支出

资料来源：《天津统计年鉴》，相关年份。

5. 技术市场技术合同成交数和技术合同成交额稳步增长

强调科技创新在推动新型城镇化进程中的作用就必须关注技术市场的情

况。技术吸纳成交数和成交额是评判城市创新能力的重要指标。从图4－6可以看出，在2008～2015年间，天津市技术市场合同的成交数在2010年到2013年增长速度最快，从2010年的9541项增加到2013年的15817项，增加率达到0.66倍。2013年也是一个转折点，之后的两年呈下降趋势。

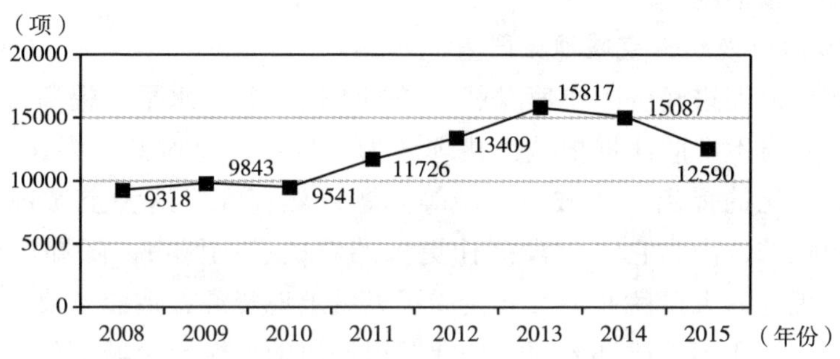

图4－6　2008～2015年天津市技术市场合同成交数

资料来源：《天津统计年鉴》，相关年份。

从图4－7中我们可以看出，天津市技术市场技术合同成交数额每年都在快速增加，由2008年的87.52亿元增长到2015年的539.18亿元。在2015年全国技术合同交易情况排名表中，天津排名第七，但所占份额很大。全国成交额的41.45%都发生在京津冀地区。京津冀地区的一体化发展战略更是需要科技创新和技术创新来支撑。由此看来，天津市目前的科技创新转化发展能力较强，在科技创新推进新型城镇化发展进程中起着较为关键的作用。

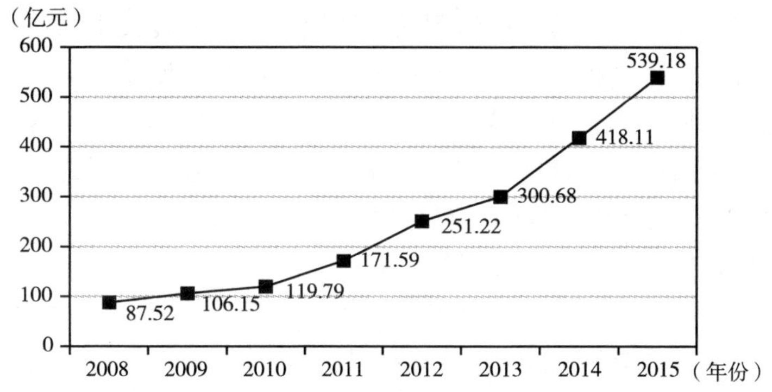

图4－7　2008～2015年天津市技术市场技术合同成交额

资料来源：《天津统计年鉴》，相关年份。

（二）天津城镇化建设与科技创新协同发展存在的问题

天津新型城镇化与科技创新协同发展的虽然已经呈现出较好的效果，拥有了很多相关的有益经验，但是仍然不可避免地在科技创新推动城镇化的发展的进程中积累了较多问题。

1. 造城运动兴起，空城现象严重

城镇化可以促进经济的快速发展，增加人们的收入水平，提高人民的生活水准。但是政府不能肤浅地把城镇化理解为多规划几座城镇，多建几片楼房。随着新型城镇化的提出，造城、空城等问题依然存在。这种空城现象是逆城市、逆城镇化的，因为它不仅没能让更多的农民进入城市，随即产生新的产业，从而实现人的大量就业。反而占用了大量土地资源，造成了浪费。而土地资源的稀缺已经成为天津部分镇，如课题组调研的杨柳青镇城镇化工作中就面临这一重要问题。

2. 忽视城镇化的内容和质量

现在的城镇化是农民被动的城镇化，与城镇化相配套的各种生活设施、道路交通等各种基本公共服务没有跟上，人们的思想观念、生活方式并没有由于城镇化进程的推进而有所改观。只是简单地由居住在农村转变为居住在城镇，生活质量并没有相应的提升。由于现在我们统计的城镇化率 = 城镇常住人口/总人口，户籍城镇化率 = 城镇户籍人口/总人口，所以根据城镇化率的定义，那些没有城镇户口的常年出门务工的人就莫名其妙地为城镇化率做出了贡献，然而由于户籍制度的限制使他们不能与具有城镇户口的人享有平等的社会福利。在城镇化建设中科技创新成果发挥的作用太小主要是因为科技成果向实用技术转变的能力较差，科技发挥作用的渠道较少，对科技成果的使用缺乏科学的规划。随着城镇化进程的加快，城镇人口越来越多而城镇基础设施有限、环境的承载力压力加大。城市内涝、交通拥堵、垃圾围城等现象时有发生，严重影响了人们的生活质量。这些都与科技成果转化率低是分不开的。

3. 专利申请受理量与专利的授权量总体水平低

科技创新是推进新型城镇化发展进程的重要支撑力。专利的申请量和授权量是评价科技创新能力的重要的因素。图 4－8 表明，在 2004～2015 年间，从整体来看，天津市的专利的申请数和授权数呈稳步增长趋势。但是，从横向上来看，专利的授权数还是远远低于专利的受理数，并且虽然两者从 2013 年开始进入快速增长阶段，但是从表 4－1 来看，无论是专利的申请数还是授权数天津市都没有挤进全国的前十，远远落后于先进地区。因此，从专利申请数和授权数情况综合来看，天津市的科技创新环境比较活跃，但是科技创新能力还有待提高，水平还相对比较落后。

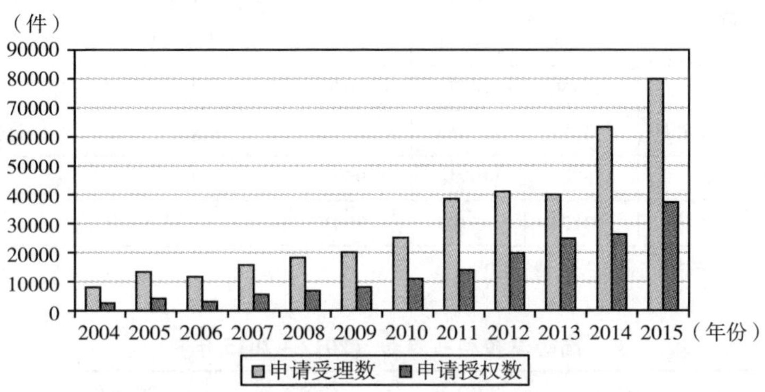

图 4-8 2004~2015 年天津市专利申请数和申请授权数

资料来源：《天津统计年鉴》，相关年份。

表 4-1　　2015 年发明专利省份排行　　单位：件

省份发明专利申请受理量排名			省份发明专利授权量排名		
1	江苏	154608	1	江苏	36015
2	广东	103941	2	北京	35308
3	山东	93475	3	广东	33477
4	北京	88930	4	浙江	23345
5	安徽	68314	5	上海	17601
6	浙江	67674	6	山东	16881
7	上海	46976	7	安徽	11180
8	四川	40437	8	四川	9105
9	重庆	35086	9	湖北	7766
10	广西	30815	10	陕西	6812

资料来源：中国经济网。

4. 科技服务农业不强

从表 4-2 来看，各领域专业技术人员中，农业技术人员的数量从 2013 年到 2015 年总体来说有着小幅度上升，但是从横向来看，农业科技人员的数量与其他各领域相比是最少的。在 2015 年，平均每万人口中仅有农业科学技术工作人员 2 人，比自然科学技术工作人员的平均每万人口 148 人和工程技术工作人员的平均每万人口 77 人要少得多。从表 4-3 可以看出，关于农业科学的专著仅一到两部，远远低于其他领域。说明科技创新未能有效的引领农业发展。科技产业化、服务于农业、科技应用示范工程的推进力度还远远不够。

表 4-2　各领域专业技术人员（2013～2015 年）

项　目	全市			平均每万人口有科技人员	平均每万名城镇单位从业人员有科技人员
	2013 年	2014 年	2015 年		
合计	432460	424271	424050	274	1439
自然科学专业技术人员	234532	227644	228836	148	776
工程技术人员	126741	119716	119694	77	406
农业技术人员	3124	3199	3031	2	10

资料来源：《天津统计年鉴》，相关年份。

表 4-3　高等学校科技专著（2012～2015 年）

项目	单位	2012 年	2013 年	2014 年	2015 年
科技专著	部	75	79	73	43
	万字	2225	1707	1769	541
自然科学	部	17	15	19	7
	万字	610	840	316	73
工程科学	部	34	18	24	13
	万字	931	391	640	266
医学科学	部	23	44	29	23
	万字	674	449	809	203
农业科学	部	1	2	1	
	万字	10	27	38	

资料来源：《天津统计年鉴》，相关年份。

（三）天津城镇化建设与科技创新协同发展面临问题的成因

1. 城镇化进程片面追求形式和速度，脱离地方经济发展的实际

由于地方政府对城镇化的认识存在偏差和对城镇化缺乏科学的规划，造成了地方政府在城镇化进程上的决策失误。政府为了实现加快城镇化建设的目标，片面追求发展的速度，这种粗放的城镇化建设，是一种追求政绩的表现。政府对城镇化规律认识的缺失体现在规划、实施等城镇化过程的各个方面。在城镇化规划上，地方政府制定发展目标和愿景无可厚非，但过于追求发展速度，致使城镇化发展规划与实际发展情况不能吻合，从而导致在实施城镇化发展进程中紧追猛赶，囫囵吞枣，脱离了科学发展的轨道。地方政府一味“低头猛干”，忽略了对发展过程和质量的监督管理。此外，地方政府对城镇化规律认识存在偏差主要是因为地方发展理念未能与时俱进。传统的依靠人口红

利、土地扩张、能源消耗的发展老路早已不可取，而地方政府受限于发展惯性，缺乏创新思维，在政绩的引导下，一手抓形式，一手抓速度，忽视了城镇化发展的质量，脱离了地方经济发展的实际。

2. 户籍制度缺陷

很多长期来城市务工的农民已成为城镇的常住人口，但是由于户籍制度的约束，农村人向城市转移容易落户困难。随着时代的发展，原有的户籍制已经远远滞后于我国经济环境的发展变化。虽然国家出台了多项便于农民工落户城镇的相关政策，但是落实起来有难度。应该加快户籍制度的改革，利用科技创新的成果设计出一套新的户籍体系，缩小城乡居民之间差距，促进社会的公平和效率协调发展。

3. 科技创新助推新城镇化建设中政府的支持力度不够

由于城镇企业的科技创新能力不足，以及面向城镇科技服务体系不健全，使得我国城镇发展的科技支撑能力依然薄弱，特别是支撑智能基础设施、环境、能源、交通以及城镇管理的先进技术的集成应用尤为缺乏。有利于城镇科技创新的政策亟待完善。城镇基础设施的标准可操作性不高，绿色建筑、新能源、环境保护等与城镇化相关的技术和产品的开发缺乏补贴和信贷优惠等措施，在很大程度上制约了新技术面向城镇的扩散应用。

五、支撑天津市新型城镇化建设与科技创新协同发展的指导理念和运行机制

（一）支撑天津新型城镇化建设与科技创新协同发展的指导理念

科技创新在运行的过程有其自身特点，天津市的新型城镇化建设在科技创新固有理念的指导下才能更好结合建设的实际发挥作用，才能和科技创新二者相辅相成协同发展。科技创新引领天津市新型城镇化建设的指导理念主要表现在科技创新引领发展的系统性、动态性和探索性这三个方面。

1. 科技创新引领天津新型城镇化建设的系统性

科技创新引领下的新型城镇化发展是一个系统性的工程，需要各个部门之间的相互协调，而且需要不同政策综合作用，同时也需要不同领域加强合作。科技创新驱动天津市新型城镇化发展的系统性方面，主要是表现在利用科学技术的前沿导向功能，应用科学技术在驱动新型城镇化建设中产生作用，进而促成城镇中各种要素能有序结合并且合理流动。通过在科学技术方面的创新，我们要发挥新型城镇化在支撑、保障和服务等方面的功能，新型城镇化加快经济

社会发展提供保障，并且具有引领的重要的作用。科技创新驱动新型城镇化建设，改善农业，使农业更加现代化，大力提高公共资源配置率，逐步缩小城市与郊区的差距，把新型工业化、新型城镇化和新型农业化合理地、有效地结合起来，从而形成系统、协调、科学发展的局面。

2. 科技创新引领天津新型城镇化建设的动态性

科技创新与新型城镇化协同发展是存在动态变化的，存在时间上的阶段性和空间上的层次性。城镇化发展的阶段不同对科技创新的要求也不同，动态性表现在城镇化过程中建设目标的不断实现，科技创新不断取得新的进展。科技创新带动城镇化发展并不是一次就能完成的，要建立科技创新引领的长期的作用机制。

3. 科技创新引领天津新型城镇化建设的探索性

科技创新支撑天津新型城镇化建设的过程，需要天津在发展的过程中不断地进行探索，没有一成不变的经验可以借鉴。要明确天津市在新型城镇化建设中存在城乡差异，地区差别，不是同步、同时进行的，不同阶段和地区的城镇化建设的任务不尽相同，要实时关注新型城镇化的变化与发展动态，科技创新的带动和引领作用也需要根据任务的变化及时做出相应的调整。

（二）天津新型城镇化建设与科技创新协同发展的运行机制

新型城镇化建设与科技创新协同发展的运行机制，是明确新型城镇化和科技创新之间的相互关系，以实现二者的协调发展。

1. 科技创新支撑新型城镇化建设

在新型城镇化建设过程当中，无论是硬件还是软件的建设都需要科技创新的支持。只有科学技术能及时为城镇化提供技术帮助解决问题，新型城镇化过程中各个方面才能达到既定的目标要求。这几年，天津市政府把越来越重视科技创新地位，坚持依靠科技创新使新型城镇化建设实现跨越式的发展。城市发展的内在动力需要在推进科技创新的过程中充分地激发出来，使新型城镇化又好又快地向前发展。科技创新对新型城镇化发展发挥了相当大的作用，主要是依靠科技创新驱动，加快创建科技农业，促进农业产业化经营，提升农产品的竞争力从而提高农民生活水平和就业水平，从而推动城乡一体化发展。

2. 新型城镇化为科技创新提供动力和平台

在推进新型城镇化的过程中，对城市基础设施建设有一定的要求和规划，城郊居民有便捷生活的期望，节约环保的生活方式也是城郊居民不断追求的。这就对科技创新做出了要求，加快某一领域科技创新的持续的发展，给科技创新提供发展动力。科技创新成果持续更新应该有相应的平台来检验，新型城镇化建设不断向前探索和发展同时带来了技术的不断进步，促进科技成果转变成实用的技术，只有这样才能真正实现科技成果的自身价值。也就是说新型城镇化的发展需求为科技创新成果提供了广阔的实践平台。

六、天津市新型城镇化与科学创新协同发展的路径选择

天津选择了用科技创新来推动城镇化的又好又快发展，不仅仅是因为新型城镇化是顺应时代发展的必然要求，还因为科技创新带来的新成果和新思路能解决城镇化的过程中遇到的新的问题，科学有效地促进新型城镇化。在未来的进程当中，城镇化快速有序发展发展需要科技时时刻刻的支撑与引领。选择切实有效、有可操作性的科学路径对天津新型城镇化的发展十分关键。

（一）高效生态农业

新型城镇化的快速发展离不开农业科技力量、产业基础、生态环境和区位优势这几个因素，大力发展绿色生态农业、高新农业与休闲观光农业，积极建设国家级现代生态农业示范园，推进新型城镇化建设的发展进程。

1. 创新管理模式，促进高效农业发展

新型城镇化进程离不开高效农业，要以创新的管理模式驱动城郊的高效农业的发展，例如天津杨柳青镇将高科技与农业有机结合，将科普与农业文化相结合，整合全镇企业资源的实践经验就给我们提供了一条实现资源的最合理以及优化配置，利用科技创新推动新型城镇化建设的科学路径。

2. 加强农业特色产品综合开发研究与利用

坚持科研立市，重视项目成果。把项目工作摆在天津的重要位置，争取项目并且要把项目做好。认真对待项目管理工作，重视项目的完成水平，加强对项目的检查与指导。以杨柳青镇为例，镇内推进科企协同创新，促进成果转化，与旅游公司合作开发大院文化旅游区、杨柳青年画等特色产品，年画产品申报多项国家专利，科研新品种。科研成果有力地促进了企业在农副产品方面的效益的跨越式提高。

（二）培育先导产业增强企业研发能力

要进一步加快工业转型升级的步伐，就应重视发展先导产业，围绕重要的传统产业链、价值链的高端环节以及战略性新兴产业，着重发展和改善高端装备制造业、节能环保产业等先导性产业，不断提升产业效益。同时，将传统产业改善和升级，推广化工、纺织服装等传统产业的科学发展；培植壮大新兴产

业，要大力发挥新型工业化产业示范基地的模范带动作用。要加强对项目的选择和储备，考虑市场的需求，搞好技术储备与战略谋划，选择项目还要考虑产业结构上的改善，减少高污染和高耗能项目。

促成企业的科技研发机构快速建设与发展，把技术创新平台的建设作为企业的核心工作来抓，引导企业自主建、合作建技术创新的平台，实施并且推广技术创新平台和创新能力提升工程。积极推进产学研合作，创新产学研运行模式，坚持以企业为技术创新主体。大力提高企业科技创新能力和产业核心竞争力，从而促进产学研结合，推动创新成果与产业需求有机衔接。

（三）将“互联网+”运用到新型城镇化建设中去

用互联网思维推进天津新型城镇化建设，需从以下几个方面着手：

一是倡导新型城镇化的互联网化。首先应该加强城镇与农村的关于互联网方面的基础设施的建设；其次运用互联网的信息技术，解决城市与农村信息不对称方面的问题；最后，利用互联网可以进行更方便有效的推广一些便民的服务，同时让农村人口紧随时代潮流，赶上时代发展的脚步。

二是对城镇与乡村网络建设投入更多资金支持，实现城镇网络全覆盖。鼓励电信等网络运营商或其他网络企业“进村化”，让他们在街道中接入主干网络或者面向更多地方接入网络建设，最后实现村村有宽带的局面，追求更完善的信息服务体系，创造更优良的服务。

三是实施互联网教育，掌握互联网技能。应该携手互联网企业和各大高校对基层干部进行互联网应用的专业培训，在加强互联网重视度的基础上，掌握互联网应用。同时，应该宣传互联网知识，让更多的农村居民掌握网络技能并将此与农业生产相结合，推动农业发展。

四是发展农村电子商务。对于加快农村电子商务的进展，离不开政府的帮助。在其发展的过程中，政府应该给予农村电子商务发展以鼓励，站在主导地位支持、规范和引导其发展，并且普及农村电子商务发展的相关知识，搭建一个帮扶平台。要确定农村电子商务发展战略并出台相关帮扶政策。建成农村电子商务协会，协会负责指导、培训以及资源的整合等工作。根据地区的特点，发展具有特色的农产品电子商务，建设适宜当地推广的农业电子商务产业园。

五是借力互联网金融助推新型城镇化的建设。以互联网金融作为媒介为城郊的人民提供便捷的多种服务，为他们提供便利，享受到与城市同等的服务待遇，满足他们多样化的金融服务需求。

（四）利用科技创新的新环境与新机遇

近年来，天津经济增长较为强劲，主要经济发展指标已步入全国先进行列。诸多重大骨干项目的落地加快了全市产业结构调整步伐，新型城镇化实现跨越式发展要利用好以下外部环境：一是要抓住京津冀协同发展与京津双城联动带来新的机遇。相关政策的出台确立了三地的产业定位，拓展了合作空间，天津应加快发展电子信息、高新材料和高端装备制造等主导产业，树立自身的产业科技优势，将高端科技产业引入，嫁接与利用好合作机遇。二是丰富区域整体科技资源。利用好天津各镇地理位置优势，例如杨柳青镇毗邻天津市高新产业园区，就应发展能与高新产业区配套的主导产业，形成镇内与园区之间的产业、科技的融合及配套，为杨柳青的科技发展提供有力的产业技术支撑。三是利用好优越的政策环境，以此推进科技型中小企业发展壮大。天津市鼓励科技创新型企业发展的大环境以及各区强大的扶持科技型企业发展的财政资金支持与各镇的产业发展定位相适应，利用好市镇优惠的政策，有效促进镇内企业的迅速发展，推动新型城镇化和科技产业协同发展。

（五）重视和加强人才培养和人才吸引

加快新型城镇化的科技支撑引领，科技人才是关键，需要以《国家中长期科技人才发展规划》为纲，做好新型城镇化建设各类科技人才队伍建设，加大科技计划项目对新型城镇化建设科技人才的培养支持力度，重视技能型实践人才培养，努力建设高素质发展型城镇规划建设管理和基础设施建设人才队伍。

（六）完善科技成果推广体系，实行科技成果再创新

新型城镇化科技成果转化与推广支撑体系包括新型城镇化科技成果推广转化机构、辅助机构、中介机构以及由此形成的体系和机制。科技成果转化与推广能使科技创新成果真正与新型城镇化建设相结合，转化为现实生产力，从而加快新型城镇化建设进程。以杨柳青镇为例，依托杨柳青工业园区建设，形成城镇化发展的“创新极”，努力建设有中国特色的科技产业化的工作体系和与市场经济规律相适应的产业技术创新的优良大环境，汇总创新资源。积极推广新能源、信息网络、智能交通、适宜居住、绿色环境与资源综合利用等的在新型城镇化发展的运用。加快科技成果的转化和应用的步伐要有示范效应，天津的大步伐城镇化发展要依托于推动实施环保汽车、太阳能光伏发电、半导体照明、下一代信息网络等一批创新成果应用示范工程，从而推进再创新。

天津市新型城镇化建设与产业发展问题研究

（天津市经济发展研究院 王 刚 鹿英姿 魏泳博
周腾飞 黄晓晴）

党的十八大报告提出，坚持走中国特色新型工业化、信息化、城镇化、农业现代化道路。新型城镇化突出的是“新”，即城乡统筹、城乡一体、产城互动、节约集约、生态宜居、和谐发展，是大中小城市、小城镇、新型农村社区协调发展、互促共进的城镇化。经济新常态下，面对复杂严峻的国际国内经济形势，党中央、国务院认识到新型城镇化对于提振经济的重要意义，将新型城镇化作为我国扩大内需的最大潜力所在，作为我国稳增长、调结构、惠民生的重要战略举措。习近平总书记在考察天津工作时指出，天津城乡间关联度高，互补性强，完全有能力、有条件在统筹城乡发展方面走在全国前列。多年来天津市委、市政府高度重视新型城镇化的推进，多次召开城镇化推动会议，全市成立新型城镇化领导小组办公室，推动华明镇、中北镇、蓟县新城纳入国家新型城镇化综合试点，出台了一系列扶持政策和措施，加快推动以人的城镇化为核心的新型城镇化建设。近年来天津市新型城镇化及新农村建设中也出现了一些困难和问题亟待破解，为了找准天津市城镇化建设与产业发展下一步努力方向，有必要理清思路，进一步探索符合天津实际的新型城镇化道路。

一、天津市城镇化发展取得的成绩

自 2005 年启动小城镇建设以来，天津市城镇化进程不断加快，近 70 万农民迁入新居享受到城镇化的发展成果，新增的城镇人口形成 700 亿元的消费需求，小城镇农民居住社区建设累计投资达 2300 亿元，带动农村统筹联动建设投资累计至少 1 万亿元，城镇化建设带动服务业占 GDP 比重提高了 2.3 个百分点，有力地助推了全市经济社会发展。天津市积极探索新型城镇化发展路径，积累了丰富的小城镇建设与发展经验，形成了小城镇建设、农村统筹联动建设、城镇化试点改革和农村金融创新等一整套城镇化综合改革发展思路，建立了符合天津实际的可复制、可推广、可借鉴的大城市周边农村城镇化发展新路子。

（一）城镇化水平快速提升

天津城镇人口稳步提高，城镇化水平不断上升。2005～2016 年天津市城镇人口平均增长 4.7%，高于常住人口平均增长率 1 个百分点。2016 年城镇化率达到 82.93%，比 2005 年提高 7.82 个百分点。

表 1-1　天津市 2005～2016 年城镇化率变化表　单位:%

年份	城镇化率	城镇人口增长率	常住人口增长率
2005	75.11	—	1.9
2006	75.73	3.9	3.1
2007	76.31	4.5	3.7
2008	77.23	6.7	5.5
2009	78.01	5.5	4.4
2010	79.55	7.9	5.8
2011	80.5	5.5	4.3
2012	81.55	5.7	4.3
2013	82.01	4.8	4.2
2014	82.28	3.4	3
2015	82.64	2.4	2
2016	82.93	1.3	1
平均	—	4.7	3.7

资料来源：《天津统计年鉴》，2005～2016 年。

（二）城镇体系不断完善

天津市城镇空间布局加快完善，城市主副中心、新城、中心镇、一般镇的市域城镇体系空间布局持续优化。11 个新城逐步向中等规模城市方向发展，30 个中心镇发展提速，已形成农村区域性经济文化中心。

（三）产业园区加快建设

载体建设日趋完善，产城融合水平不断提高。截至 2015 年底，规划完成

31 家示范工业园区，签约项目总投资达到 1.1 万亿元，农业居民收入持续增长。建成 22 个农业产业园区，设施农业累计达到 60 万亩，农业土地产出率、资源利用率大幅提升（见表 1－2）。

表 1－2　　各区重点示范工业园区发展情况

所属区	园区名称	规划面积（平方公里）	功能定位
东丽区	华明工业区	5.62	航空零部件、重型车辆及输配电设备制造
西青区	天津西青汽车工业园区	25.5	节能型和新能源汽车、汽车关键零部件、汽车新材料、汽车新能源
津南区	天津双港工业园	12.7	高端商务商贸、总部办公、创智经济
武清区	天津汽车零部件产业园	50.0	汽车及零部件制造、高端制造、新材料新能源
宝坻区	天津宝坻节能环保工业区	31.0	节能、环保、新型能源、新型材料等环保产业和商贸物流业
宁河区	宁河现代产业区	40.0	航空航天配套产业和物流业
静海区	天津静海大邱庄工业区	14.3	优质钢材和金属制品制造
滨海新区	天津滨海物流加工区	9.3	仓储、装卸、物流自动化设备生产

（四）城镇化试点改革稳步推进

新型城镇化社区管理体制和运行机制建立并顺利运行，进城后农民身份问题和管理问题得以解决。作为全市试点，武清区下朱庄街 13 个村 10734 名农民转变为市民；津南区双港镇、辛庄镇等 7 个镇完成城镇化试点改革工作，小站和葛沽镇等 12 个村完成股份制改革并建立居委会。

（五）公共服务水平大幅提高

公共设施建设持续推进，农民普遍享受到城市生活。蓟县新城还迁的州河湾社区的第八小学和第五、第六幼儿园已投入使用，新城医院已交付，保证还迁居民就医。东丽区金钟街文体活动中心已建成，中心功能配套设施齐全，可提供排练活动、体质检测、健康培训等服务。

（六）农村金融体系改革持续推进

村镇银行发展势头良好，13 家村镇银行基本实现涉农区新型农村金融机构的全覆盖，注册资本平均 3.4 亿元，资产规模已达到 329.26 亿元（见表 1－3）。投融资机制更加完善，已形成以国开行为主导，以农行、建行、工行等为补充的新型城镇化金融服务体系。

表 1－3　天津新设立 13 家村镇银行

年份	村镇银行	主要发起人
2008	蓟县村镇银行	天津银行
2009	北辰村镇银行	天津滨海农商银行
2010	津南村镇银行	包商银行
2010	东丽村镇银行	山东寿光农商银行
2011	天津西青国开村镇银行	国家开发银行
2012	静海新华村镇银行	马鞍山农商银行
2013	武清村镇银行	莱商银行
2014	宝坻浦发村镇银行	上海浦发银行
2014	滨海惠民村镇银行	吉林九台农商银行
2014	滨海德商村镇银行	浙江德清农商银行
2014	滨海江淮村镇银行	安徽桐城农商银行
2014	天津宁河国开村镇银行	国家开发银行
2014	滨海扬子村镇银行	安徽芜湖扬子农商银行

（七）形成了具有天津特色的城镇化模式

一是按照承包责任制不变，可耕种土地不减，高水平规划建设富有特色和生态宜居的新型小城镇；小城镇建设用地增加与农民建设用地减少挂钩，农民自愿以其宅基地，按照规定的置换标准换取小城镇的一套住房，迁入小城镇居住；原村庄建设用地进行复耕，而节约下来的土地整合后再通过“招拍挂”方式出售，土地收益用于弥补小城镇建设资金缺口。二是以产业政策创新为重点，开展农村统筹联动建设，有力发挥产业发展的集聚效应，实现农民增收和产业增效。三是以户籍、就业、社会保障和管理体制改革为配套，通过农村城镇化三项试点改革，统一农村居民和城镇居民在就业、参保等方面的标准。四是以投融资体制、农村集体经济、农村金融改革为保障，为广大农民和农村发展提供了大量金融支持。天津特色的城镇化模式形成了大城市周边农村城乡一体化的新思路和新途径（见图 1－1）。

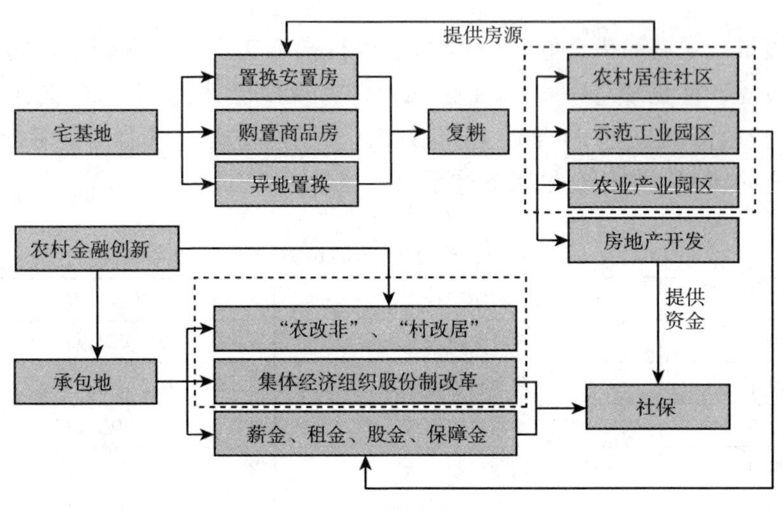

图 1－1　天津城镇化模式

二、天津市促进城镇化建设与产业协调发展的主要做法

天津市为推进小城镇“产城”融合、农村统筹联动建设和小城镇可持续发展，出台了一系列政策措施，包括市政府小城镇建成后五年新建企业税收返还用于小城镇管理支出和市财政每年拿出 7000 万元对公益事业设施建设补贴；示范工业园区建设贷款贴息、农业设施园区补贴政策等；同时天津市就业保障工作率先全国于 2012 年就已经实现城乡统筹的就业服务体系全覆盖。为提高农民技能水平，各级政府部门成立相应的就业服务和培训机构，通过各种渠道开展农民技能培训，从而促进农民多种方式的就业和自主创业。已建成入住的小城镇更是就业工作的重点，各有关部门都在千方百计地促进农民就业增收。具体做法如下。

（一）推动农村统筹联动建设，夯实产业基础

各区把农村统筹联动建设，作为促进区域经济发展的总抓手，不断丰富完善小城镇配套服务功能，合理安排产业布局，加快示范工业园区、农业设施园区建设，大力开拓市、区、镇三级园区的就业岗位，增加就业空间，实现农民“居住在社区、就业在园区、保障在社会”。随着农村统筹联动建设的逐步推进，将为农民和外来人口提供更多的就业机会，以提高农民的收入水平。

（二）加强技能培训，拓宽就业空间

为提高农民技术水平和能力，天津市各级部门不断加强农民职业技能和实用技术培训，组织开展定向、订单式的职业技能培训。在涉农区开展“送政策送技能送岗位”活动，配置相应的实训设备，采取流动培训模式，将培训课堂送到农民身边。通过培训提高职业技能或取得职业资格证书后，农民得到就业机会的概率大幅提高。

市有关部门为鼓励农民参加培训、自主创业，从政策上也给予相应的支持。一是各区农村劳动力可以根据自身需要，在全市范围内自主选择培训机构，按规定享受培训补贴；二是参加目录所列职业和等级技能培训并取得相应职业资格证书的，给予一定的培训费补贴和鉴定费补贴；三是对参加定向就业培训合格的，给予定向就业培训补贴；四是对农民创业，提供小额担保贷款30万元，按规定给予贴息支持，对已经成功创业且带动就业5人以上、经营稳定的创业者可给予贷款再扶持，贷款总额度最高不超过50万元。

（三）完善服务体系，搭建对接平台

通过建立劳动保障服务中心，聘用劳动保障信息员等方式，面向农村劳动者提供就业服务。各街镇劳动保障服务中心多渠道、多途径搞好农民就业服务与企业用工需求的对接。一是加强与辖区内各级园区企业的联系，积极开展企业用工调查，了解企业的招工意向和用人要求，及时发布相关用工信息。二是积极组织就业招聘会，为用人单位和求职者搭建双向对接和选择的平台。三是引导企业合法用工，提升就业质量，维护双方合法权益。四是通过落实各项就业扶持政策，促进农村劳动者就地就近就业。农民考虑自身条件和实际，可选择在园区、社区、物业及公益岗位就业。

（四）扶持集体经济，给予政策支持

随着推进城镇化试点改革工作范围逐步扩大，以及继续加大基础设施投入和财政支持力度，有利于系统解决就业、入学、卫生及社会保障等一系列问题，这些新市民正陆续享受到基本公共服务的便利化和全覆盖，两三年后将打造更多“四金”农民，给农民更多的金融，乃至经济、社会的话语权。天津市已开展的城镇化改革试点，使近30万人成为拥有租金、股金、薪金、养老金的“四金”农民。其中，为打造“四金”农民，千方百计提高农民收入，从2010年开始，小城镇建设规划中陆续给农民建设了长远生计用房，每人配比15～20平方米不等，使得他们有一部分租金收入作为补充。集体经济组织

股份制改革后的公司制企业，对于保障还迁农民长期收益，提高收入，增加就业机会至关重要，为支持新型集体经济组织的发展，鼓励其发展投资型物业经济等服务型经济，保障农民的股金分红，市政府对新型集体经济组织的公司制企业在各类园区投资兴建高收益的多层厂房、商贸设施、商务楼宇、科技楼宇等产业项目，按照不高于 200 万元标准给予财政补贴；各区都制定支持政策，如东丽区为发展壮大集体经济，鼓励新型集体经济组织发展物业经济，引导发展资本经营，支持发展服务型经济，给予贷款贴息、物业补贴、税收贡献奖励、村集体收入奖励、培训补贴、经济薄弱村发展集体经济启动资金补贴等。东丽万新街詹庄、辛庄等 6 个村组织联合体投资 8 亿元，建设 12 万平方米的汇城广场项目，年收入预期达 1800 万元以上。华明街的 9 个村集体投资入股华明村镇银行，每年可以获得稳定的投资收益。金桥街仅一个村办的流芳公司成立物业的服务公司，年营业收入就达到 2000 万元，同时解决了 400 人就业。

三、天津市城镇化建设与产业发展中面临的问题

天津市城镇化建设与产业发展中的问题既是全国性问题的缩影，又兼具强烈的地域性特点，主要表现在以下四个方面。

（一）城镇化建设资金平衡压力大

融资难是所有区的小城镇建设的共性问题，主要原因是：一是小城镇建设除土地出让金收入外，缺乏稳定的、可预见的还款现金流，银行及社会资本参与积极性不高；二是平台公司资本金不足限制其进一步融资，政策性银行的资本金比例要求为 20%，国有四大商业银行的资本金比例要求为 30%，其他银行更高；三是融资渠道较为单一，绝大部分依赖透支政府信用的融资渠道，在严控政府授信的背景下，镇级政府的背书融资举步维艰。拆迁成本上升是导致资金失衡的首要因素：一是直接拆迁成本的上升。随着宏观政策环境变化，包括禁止强拆、百姓诉求提高、征地补偿标准提高，天津市人均安置成本从 30 万元攀升到 70 万 ~80 万元，甚至上百万元。二是间接拆迁成本的上升，主要是拆迁安置缓慢拉长了建设周期，延缓了土地整理出让进度，进而提高财务成本。财务成本上升是资金失衡的主要表现形式：一是政府以及银行贷款审批手续合规性要求更加严格引发的财务成本上升；二是资金错配引发的财务成本，由于建设周期与贷款周期的不匹配，一些城投公司拆借高成本资金归还到期的原先低成本贷款。小城镇建成后，对于社区管理服务投入如物业费的政府性兜底也易造成资金压力。

（二）产城互动应进一步引起高度重视

小城镇规划之初就考虑到产业立镇的需要，在每个小城镇都规划有各类产业园区。2009 年天津市又通过对 103 个乡镇工业园区的整合、改造、提升了一批，批准了 31 个示范工业园区，并且天津市已经安排在小城镇周边再提升一批园区。从统计情况看，每个小城镇都规划市、区、乡镇各级各类工业园区、农业园区、开发区、民营基地的建设。随着天津市农村统筹联动建设逐步展开，产城互动方面取得很大成效，但是应该看到部分小城镇和各类园区仍存在规划、提升和建设在先，招“产”在后的困难和问题，由于当前宏观经济形势影响，企业集聚水平参差不齐，使产业集聚、人口集聚效果不能得到充分发挥。总体来看，已出台支持政策仍有局限性，小城镇和示范工业园区五年返税时间有点短，形成税收后实际才享受一两年，为保障小城镇可持续发展，应给予适当延长。

（三）城镇管理需要进一步加强

随着小城镇陆续建成，可以看到小城镇在创建美丽社区方面还有差距。表现在：物业管理缺乏市场化的运行机制，满足于一般性的小区管理，物业管理水平有待提升，小城镇绿化水平没有按照规划达标。美化净化水平不高，49 个小城镇中，仅有 29 个小城镇编制了环境规划，占比为 59%；市级以上生态镇仅为 24 个，占比为 49%，与“建一个示范镇就是一个生态镇”的要求仍有一定差距。综合执法力度不够、管理还存在漏洞和问题，农民的观念和陋习转变还需一定时间等。个别城镇环境保护设施“三同时”和公共服务配套问题出现不到位的问题。

（四）新型城镇化需要进一步健全体制机制

天津市在推进城镇化过程中，始终将改革贯穿其中，而且后续工作还有很多改革任务，如完善农村集体产权交易市场、农村集体经济发展壮大，促进农村集体资产收益分配公平公正和资产保值增值的监督管理，小城镇基本公共服务均等化，政府公共政策制定如何符合百姓需要等。有些政策需要加大统筹推动和政策落地。目前要推进新型城镇化，全市存在着多头管理、资源和政策分散，各自为战局面，重发展轻改革的问题。各区往往是推动建设的多，坐下来静心搞改革研究的少；重视建设进度的多，重视长效管理的少；重视完成指标任务的多，研究制度性改革的少。按照美丽天津提出的新型城镇化发展目标应该是逐步消除城乡差别，实现人口的自愿合理流动。总的来看，天津市还有一定差距，城镇化质量还不够高，要想进一步实现人的城镇化，应该根据人的需求从衣、食、住、行的满足，到自我实现的满足，最后达到人的全面发展。只有人的城镇化水平提高了，城镇化质量才会提高。

四、天津市推进新型城镇化与产业发展的环境分析

（一）城镇化发展进入质量提升的成熟期

2000 年以来，天津市由于工业化和经济快速发展，带动了城镇化水平持续提升，尤其从 2005 年天津特色城镇化模式政策驱动下，2005～2011 年，城镇化率呈现相对较快的增长。从 2012 年开始，一直到“十三五”末期天津市城镇化水平呈现缓慢增长特点，天津市进入以提升城镇居民生活品质为重点的城镇化成熟期，即将走出一条经济效益好、科技含量高、资源消耗少、生态环境影响小的，以人为核心、集约、智能、绿色、低碳的新型城镇化道路。

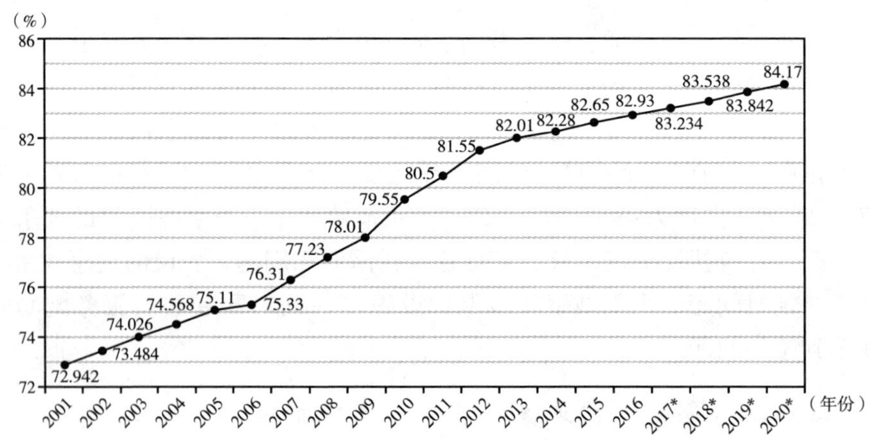

图 4－1　天津城镇化率变动趋势

注：带＊年份为预测数据。

资料来源：《天津统计年鉴》，相关年份。

（二）新常态下天津模式面临较大困难

党的十八以来，习近平总书记和李克强总理提出工业化、城镇化、信息化、农业现代化“四化”协调的新型城镇化战略，要从根本上改变过去传统高投入、高消耗、高排放的、粗放的城镇化模式。天津城镇化模式赖以成功的一些重要条件正在发生改变，2015 年出台的《深化农村改革综合性实施方案》

规定了农村集体建设用地与国有建设用地享有同等权利，集体经营性建设用地可以入市，在制度层面上逐步封杀了利用国有城镇建设用地与农村集体建设用地之间存在的巨大土地级差收益的空间。

长期以来，天津城镇化模式主要依靠以融资平台为主体的城镇化融资模式，地方政府主要通过融资平台公司等方式举借政府性债务，对城镇化建设起到了积极的推动作用。但在全国层面上来看，地方政府性债务规模不断积累带来的问题和隐患已经十分严重，因此中央加强了对地方政府债务的管控，2014年10月国务院出台《关于加强地方政府性债务管理的意见》（国务院43号文件）和《预算法》修订，对地方政府举借债务作出限制性规定，投融资平台融资受到严格限定。同时，随着全国经济增速的放缓，进入经济新常态，全国房地产的库存越来越严重，房地产市场库存主要集中在二、三、四线城市，中央经济会议提出加强供给侧结构性改革，房地产市场去库存任务艰巨，二线以下城市的房地产增值空间减小，土地出让速度放缓。天津市环城四区、远郊五区土地出让价格相当于全国二线以下城市，受经济下行影响以土地出让收益为主要还款来源的城镇化融资模式已无法平衡拆迁等各类土地成本的大幅上升。

（三）城镇化要素变化亟须调整现行政策

1. 外来人口加速流入需要政策合理疏导

按照天津市现有发展条件和“一基地三区”的功能定位，“十三五”经济增速有望保持8.5%左右，为持续提升城镇化水平和质量创造了良好环境。“双自联动”、京津冀协同发展和产业结构的进一步优化将为天津市滨海新区、环城四区以及远郊五区带来新的投资热潮，预计这些区域经济增速均达到10%以上，这将有利于为本地农民和大量外来务工人员提供大量就业机会，为城镇化推进打下坚实基础。2006～2013年天津市常住人口年均增速高达4.4%，超过了北京、上海、深圳，中心城区人口达到特大城市规模。2015年中共中央、国务院发布的《关于加快推进生态文明建设的意见》中明确提出严格控制特大城市规模，增强中小城市承载能力。据测算，天津市2020年常住人口将达到1800万人，其中外来人口特别是外来务工人员增长呈现加速态势，滨海新区、环城四区、远郊五区等将是人口增长较快地区。

未来几年有必要加快户籍制度改革，加速连接环城四区和远郊五区新城与中心城区、滨海新区的轨道交通建设，通过政策引导来优化人口布局，有序疏解中心城区人口，大幅提升滨海新区（大城市）、环城四区和远郊五区新城（中等城市）、小城镇（小城市）等区域的人口吸纳能力，促进有能力有意愿的外来人口在政策倾斜区域实现市民化，形成大中小城市协调发展局面。特别是京津冀协同发展国家战略下，武清、宝坻依托京津城际和正在建设及规划建设的京唐、京滨、津承高铁，交通便利性极大提升，必将在京津“双城记”中成为承接京津大都市区疏解人口的首选地区。

2. 土地集约利用压力迫使小城镇发展思路需要转变

天津模式是以土地为主的城镇化，通过土地出让获得收入解决农民的居住、就业和小城镇的建设等一系列问题。近年来，国家实施了最为严格的控制城镇建设用地规模的政策，《国家新型城镇化规划》中明确城市开发模式以密度较高、功能混用和公交导向的集约紧凑型为主导，人均城市建设用地严格控制在 100 平方米以内。《关于加快推进生态文明建设的意见》中明确提出要科学划定城镇开发边界，从严供给城市建设用地，推动城镇化发展由外延扩张式向内涵提升式转变。当前天津市土地节约集约利用效率提升的压力较大，天津市建设用地总规模占土地总面积的比例已经达到 34.1%，而上海、广州均未超过 25%；天津市人均城镇建设用地达到每人 161 平方米，而上海、北京、广州人均都已下降至 100 平方米以下。

天津市下一步城镇化的开展必须要强化全市域范围土地集约节约利用。预计“十三五”期间天津市剩余新增城镇建设用地规模仅约 34300 公顷，受到土地指标的限制，天津市广泛、大面积推进小城镇、中心镇建设难度较大。这就要求转变以地为主的思路，突出城镇化建设发展重点区域，特别是在增长潜力较大的远郊五区新城，推动新型城镇化高质量建设（见表 4－1）。

表 4－1　“十三五”土地利用预期控制目标

预期控制目标	面积（公顷）
建设用地总规模	409218
城乡建设用地规模	311319
新增城镇建设用地规模	34300
交通水利及其他用地规模	97899

资料来源：天津市“十三五”规划前期研究有关资料。

3. 后工业化阶段产业结构变化有利于提升城镇化质量

经济快速发展是城镇化快速推进的根本动力。日本、韩国、新加坡等国城镇化成功经验表明，城镇化的健康发展必须与经济发展同步，必须与工业化和农业现代化同步，脱离实体经济将出现“过度城镇化”。天津市城镇化发展顺应了经济发展规律，与工业化阶段和产业支撑能力相适应。2010 年天津市人均 GDP 超过 1 万美元，2015 年服务业超过第二产业比重，标志天津市完成工业化进入后工业化时代，预计天津市 2020 年服务业比重将超过 55%，服务业已成为吸纳城镇人口就业的主要力量和城镇化质量提升的主要动力，为新增城镇人口提供稳定充足的就业机会，将为天津市城镇化发展走向成熟阶段提供有力的产业支撑。

日本、韩国城镇化发展经验中很重要一点就是，自始至终重视农业基础地位，积极推进农业现代化，才能够确保城乡统筹发展和城镇化顺利推进；而拉美国家忽视农村和农业发展则使城市贫困聚集、不堪重负，这些正反面经验教训都值得天津市借鉴。后工业化时期，我们所推行的健康的城镇化应是靠农业生产率的提高，解放更多农村富余劳动力进城。因此，天津市要在环城四区、远郊五区以农业现代化为前提，加快农村经济要素重组，盘活农村集体资产，淡化农民的农村根植性，让农民分享土地增值收益，从而为农民创造经济条件能够融入新城和小城镇生产生活中去。

五、天津市城镇化建设与产业发展中的人口统计分析

新型城镇化的核心是人的城镇化，“人”是城镇化的唯一主体，人的身份结构、流向与分布客观上决定了城镇化需求及与之相配套的政策选择。天津市城镇化目标人群包括天津市户籍人口中农业户籍人口和非天津户籍的外来人口两部分。2007～2015 年天津市与人的城镇化相关的人口结构、流向、分布、就业趋势和公共资源倾斜的变化，在政策设计时应重点考虑。

（一）城镇化目标人群内部结构发生性质变化

2012 年外来人口占城镇化目标人群比重开始超过天津市农业户籍人口占城镇化目标人群比重，并且比重呈不断上升态势。2012 年以前适用于本地农业户籍人口城镇化的城镇化模式及相关配套政策体系，在 2012 年后越来越不适宜天津市城镇化形势的发展。预计 2020 年农业户籍人口与外来人口之比将由 2007 年时的 7∶3 倒转为 3∶7。亟须把外来人口城镇化问题考虑进天津市整体的城镇化模式和配套政策设计中，调整既有政策以适应新的形势需要（见表 5－1）。

（二）人口生活就业向城镇高度集中

2007～2015 年间天津市常住人口增量部分的 98.97% 都聚集在城镇生活就业，而且常住人口增量部分的 84.30% 是外来人口大量涌入造成的，外来人口的增量对城镇常住人口增量贡献率在 80% 以上，不断增长的外来人口推动了天津市城镇化率节节攀升，预计 2015～2020 年间这种态势将延续下去。2007～2015

年间天津市社会就业人员增量部分的92.87%在城镇就业；农业从业人员绝对量减少10.81万人，农业户籍人口中从事农业人员比重降低到17.87%，82.13%的农业户籍人口不再参与农业生产；社会就业人员增量部分的83.03%从事服务业。外来人口是城镇人口增量的主体、外来人口拉动城镇化率上升、城镇创造更多就业岗位、更多农村人口不依赖土地生产生活、服务业吸纳更多的新增社会就业，这些态势将会在“十三五”期间延续。为创造更多就业岗位吸纳城镇化转移人口，需要大力发展服务业，而服务业的发展需要更大规模的人口加速向城镇集聚（见表5－2、表5－3）。

表5－1　2007～2015年及2020年天津市城镇化目标人群结构分析

年　份	农业户籍人口（万人）	外来人口*（万人）	城镇化目标人群（万人）	农业户籍人口占目标人群比重（%）	外来人口占目标人群比重（%）
2007	378.76	155.90	534.66	70.84	29.16
2008	380.60	207.13	587.73	64.76	35.24
2009	381.31	248.32	629.63	60.56	39.44
2010	380.43	314.44	694.87	54.75	45.25
2011	382.50	358.14	740.64	51.64	48.36
2012	376.84	419.95	796.79	47.29	52.71
2013	371.74	468.24	839.98	44.26	55.74
2014	371.61	500.15	871.76	42.63	57.37
2015	370.30	520.05	890.35	41.59	58.41
2020**	330.45	734.02	1064.47	31.04	68.96

注：＊外来人口数以常住人口数与户籍人口数之差代替。＊＊2020年数据系据“十三五”有关材料测算得到。

资料来源：《天津统计年鉴》，相关年份。

表5－2　2007年、2015年、2020年天津市人口城乡结构分析　单位：万人，%

项目	2007年	2015年	2020年*	2007～2015年		2015～2020年	
				增量	比重	增量	比重
常住人口	1115	1546.95	1800	431.95	100	253.05	100
城镇人口	850.89	1278.4	1512	427.51	98.97	233.6	92.31
乡村人口	264.11	268.55	288	4.44	1.03	19.45	7.69
户籍人口	959.1	1026.9	1065.98	67.8	15.70	39.08	15.44
外来人口	155.9	520.05	734.02	364.15	84.30	213.97	84.56

注：＊2020年数据系据“十三五”有关材料测算得到。

资料来源：《天津统计年鉴》，相关年份。

表 5 – 3　　2007 年、2015 年天津市社会从业结构分析　　单位：万人,%

项　目	2007 年		2015 年		2007 ~ 2015 年增量	
	数量	比重	数量	比重	数量	比重
社会从业人员	613.93	100	896.8	100	282.87	100
城镇从业人员	447.97	72.97	710.67	79.25	262.7	92.87
乡村从业人员	165.96	27.03	186.13	20.75	20.17	7.13
农业从业人员	76.98	12.54	66.17	7.38	–10.81	—
农业户籍人口中从事农业人员比重	—	20.32	—	17.87	—	—
第二产业从业人员	261.35	42.57	320.16	35.70	58.81	20.79
建筑业从业人员	42.86	6.98	81.09	9.04	38.23	13.52
服务业从业人员	275.6	44.89	510.47	56.92	234.87	83.03

资料来源：《天津统计年鉴》，相关年份。

（三）城镇化目标人群空间分布特征显著

远郊五区是全市推进新型城镇化的核心承压区，也是本地农业户籍人口城镇化的承压区。从 2015 年天津市城镇化目标人群空间结构分析表看出，远郊五区城镇化目标人群占全市比重为 39.04%，推进城镇化任务最重，其次为环城四区占全市比重为 29.01%。远郊五区本地城镇化目标人群占全市本地城镇化目标人群比重最高，达到 71.34%，推进天津市农业户籍人口城镇化任务最重，其次为环城四区占全市比重为 22.49%。环城四区、滨海新区是外来人口城镇化的承压区。环城四区外来人口城镇化目标人群占全市外来人口城镇化目标人群比重最高，达到 33.65%，推进外来人口城镇化任务最重，其次是滨海新区占比为 33.28%（见表 5 – 4）。

表 5－4　2015 年天津市城镇化目标人群空间结构分析　单位：万人，%

地区		城镇化目标人群	城镇化目标人群占全市比重	本地城镇化目标人群占本区域城镇化目标人群比重	外来人口城镇化目标人群占本区域城镇化目标人群比重
全市		890.35	100	41.59	58.41
中心城区	和平区	－6.67		0.00	0.00
	河东区	21.66		0.23	99.77
	河西区	16.45		1.76	98.24
	南开区	28.51		4.10	95.90
	河北区	25.60		0.08	99.92
	红桥区	4.74		5.27	94.73
				本地城镇化目标人群占全市比重	外来人口城镇化目标人群占全市比重
	区域小计	90.29	10.14	0.48	17.02
				本地城镇化目标人群占本区域城镇化目标人群比重	外来人口城镇化目标人群占本区域城镇化目标人群比重
环城四区	东丽区	49.95		22.62	77.38
	西青区	69.59		34.78	65.22
	津南区	72.91		38.11	61.89
	北辰区	65.84		30.38	69.62
				本地城镇化目标人群占全市比重	外来人口城镇化目标人群占全市比重
	区域小计	258.30	29.01	22.49	33.65
				本地城镇化目标人群占本区域城镇化目标人群比重	外来人口城镇化目标人群占本区域城镇化目标人群比重
远郊五区	武清区	94.46		70.33	29.67
	宝坻区	75.14		71.68	28.32
	宁河区	37.50		74.86	25.14
	静海区	65.28		70.93	29.07
	蓟州区	75.25		92.39	7.61
				本地城镇化目标人群占全市比重	外来人口城镇化目标人群占全市比重
	区域小计	347.62	39.04	71.34	16.05

续表

地区		城镇化目标人群	城镇化目标人群占全市比重	本地城镇化目标人群占本区域城镇化目标人群比重	外来人口城镇化目标人群占本区域城镇化目标人群比重
远郊五区				本地城镇化目标人群占本区域城镇化目标人群比重	外来人口城镇化目标人群占本区域城镇化目标人群比重
滨海新区	滨海新区	194.14		10.84	89.16
				本地城镇化目标人群占全市比重	外来人口城镇化目标人群占全市比重
	区域小计	194.14	21.80	5.68	33.28

资料来源：《天津统计年鉴》，2016 年。

（四）公共服务水平区域差异引导人口流向

2007～2015 年间，滨海新区是全市外来人口增长量最大的区域，增量达到 124.78 万人；中心城区是外来人口增长率最高的区域，增长了 3.64 倍。究其原因，很大程度上是因为中心城区、滨海新区是全市公共服务设施水平和服务水平最好的区域，该区域对人口生活安居就业的吸引力更大。相比之下，环城四区、远郊五区的公共服务软硬件水平较低，对人口吸引力不足。环城四区、远郊五区“十三五”期间要按照中等城市规模集聚人口，亟须补齐公共服务的短板（见表 5－5、表 5－6）。

总之，天津市城镇化发展中人口的变动趋势出现了深刻变化，新变化为天津市新型城镇化建设与产业发展提供了下一步的突破点，综合来看：

一是政策针对对象需要重点考虑有能力有意愿在城镇稳定就业和生活的外来人口，外来人口城镇化问题已成为天津市推进新型城镇化的主要矛盾。

二是服务业在城镇化过程中的作用应不断增强。不再务农的农村转移人口主要依靠服务业的蓬勃发展来吸纳其就业，服务业发展需要城镇人口大规模集聚创造出更多生产生活服务需求，城镇人口规模的扩张主要依靠外来人口持续涌入，城镇中外来人口的增长对天津市城镇化率水平提高起决定性作用。

三是远郊五区是全市推进新型城镇化的核心区域。远郊五区、环城四区是本地农业户籍人口城镇化的重点区域。滨海新区、环城四区是外来人口城镇化的重点区域。中心城区人口已达特大城市规模，人口密度过高，不仅不宜再吸纳新增城镇化人口而且要疏散人口。

四是基本公共服务和基础设施水平在决定城镇人口流向上具有重大的影响

力，远郊五区和环城四区作为天津市就地就近城镇化的重点区域，要按照中等城市规模标准来吸纳城镇人口，天津市就必须在公共服务和基础设施资源上给予其更多的资金投入和政策倾斜，提高其对新增城镇化人口的吸引力。

表5－5　2015年天津市医疗资源空间对比　单位：张，人

地区		每千人卫生机构床位数	每千人（执业）助理医师	每千人注册护士
全市		3.63	2.32	2.19
中心城区	和平区	14.3	7.5	9.08
	河东区	3.93	2.24	1.85
	河西区	9.91	4.52	5.67
	南开区	7.66	4.28	4.01
	河北区	4.68	2.79	2.58
	红桥区	5.72	3.28	3.2
环城四区	东丽区	2.24	1.13	0.96
	西青区	3.08	0.99	0.81
	津南区	4.05	2.29	2.23
	北辰区	1.93	1.55	1.12
远郊五区	武清区	3.21	2.01	1.55
	宝坻区	2.94	1.35	1.08
	宁河区	2.55	1.34	1.02
	静海区	2.36	1.61	0.99
	蓟州区	2.15	1.71	1.01
滨海新区		6.55	4.39	4.26

资料来源：《天津统计年鉴》，2016年。

表5－6　2015年天津市教育资源空间对比

地区	普通中学每百个学生专任教师（人）	小学每百个学生专任教师（人）	每十万人普通中学（所）	每十万人小学（所）
全市	9.95	6.68	3.29	5.49
中心城区	11.17	7.17	2.34	3.15
环城四区	8.65	6.43	2.01	4.26
远郊五区	9.56	6.23	5.56	10.69
滨海新区	10.21	7.22	2.96	3.10

资料来源：《天津统计年鉴》，2016年。

六、推进天津市新型城镇化建设与产业发展的思路

（一）总体思路

全面贯彻落实党的十八大和十八届三中、四中、五中、六中全会精神，深入学习贯彻习近平总书记系列讲话精神，遵循城镇化发展的客观规律，坚持五化同步、城乡统筹、因地制宜、产城融合、市场主导，以人的城镇化为核心全面提高城镇化质量，加快转变城镇化发展方式，以新城和小城镇建设为重点，坚持建设管理并举，硬件软件并重，加大制度创新力度，加快推进示范工业园区、农业产业园区、农民居住社区联动发展，形成更多经济增长点，壮大各区经济实力，积极推进集体经济改股份制经济、农村户口改城市户口、村委会改居委会三项城镇化制度改革，使进城农民真正转变为“市民”，主动融入京津冀城市群建设，强化产业、就业和交通基础设施支撑，扩大城市的规模经济和集聚经济效应，促进城乡规划、产业、基础设施、生态环境、公共服务一体化，释放城镇化发展潜力促进经济持续增长和区域均衡发展。

（二）路径优化

推进新型城镇化的路径应为：重点突破，上下联动，点轴并进，特色兼顾。通过以点带线，由线到面，点、线、面相结合，梯次推进，推动全市区域的整体新型城镇化建设与产业发展。

重点突破，即积极扶持新城及新城近郊城镇化建设，按照中等城市标准加快发展武清、宝坻、静海、蓟州、宁河，做大城市规模集聚经济效益，增强新城与中心城区、滨海新区和周边省市特大城市（北京、唐山等）间轨道交通联系及其他主要交通干线联系，加强基础设施建设和公共资源投入，以产业发展提升政府财力，完善城市服务功能，改善投资环境和人居环境，增强经济实力和可持续发展能力，提高对外来务工人员和本地农业转移人口吸纳能力，使新城成为全市涉农各区非农产业集聚中心和人居中心，成为带动全市城镇化的战略高地。

上下联动，即发挥新城承上启下作用，向上接受京津大都市区的辐射，大量承接疏解人口，增强人口梯次集聚能力；强化新城与本区产业园区间就业联系，促进区域职住平衡，提高人口分布与就业分布的协调性；提高新城与小城镇间交通便利性，以新城为中心将小城镇有机连接起来，带动小城镇提质发展。

点轴并进，即依托京津冀区域铁路、轨道交通、市郊铁路等线路设点，引导小城镇在优势资源地区集中布局建设，推动沿线基础条件好、经济实力强、发展潜力大的小城镇向小城市转变，增强对周边小城镇及乡村地区人口与产业的辐射和吸引力。

特色兼顾，即加快小城镇差异化发展，培育一批具有现代农业、工业、旅游、商贸、生态园林等产业、生态特色的小城镇；不适宜发展小城镇地区退出小城镇建设转向新农村建设，全面提升基础设施和基本公共服务水平，共享经济社会发展红利。

七、推进天津市新型城镇化建设与产业发展的对策建议

（一）强化区域统筹

1. 优化空间布局

在京津冀协同发展等国家战略和市场机制的作用下，天津市域人口流动和产业活动不断向优势区位集聚，城镇化的发展呈现出不均衡的空间态势。对外联系的主要方向京津发展轴带（武清）；市域公共资源迁移的主要方向（津南、静海）；京津对接的有利区位（宝坻新城、京津新城和蓟县新城）；人口高度集聚、公共设施资源正在不断丰富的环城四区，成为城镇化推进较快或潜力较大的区域。在城镇化的推进中，应打破行政区划，重点推进这些优势区位的城镇建设。

2. 分类多元推进

在市内六区和滨海新区核心区之外的广大区域，11 个新城、30 个中心（示范）镇小城镇和为数众多的新农村，在城镇化中具有不同的功能和潜力。新城总体上具有较好的历史基础、人口规模、市政配套、公共服务设施和产业园区支撑，是京津对接的主要平台、远郊各区人口的主要集聚载体，需要做大做强，向中等城市发展，形成“以双城为核心载体、区域中等城市为新的增长极、区域特色节点城市为补充”的天津市域城镇空间格局，全面融入京津冀协同发展的战略新格局中。中心镇贴近农村，是本地农村居民城镇化的重要地域载体。部分中心镇因为区位优越、产业支撑有力，发展势头良好，部分因为地处远郊、产业基础较差，发展动力较弱。根据发展潜力调控城镇化推进的力度和节奏，有退有进，不宜齐头并进。今后应重点发展京津发展轴带和交通干线上的梅厂—上马台、潘庄、汉沽港、王庆坨、子牙、唐官屯和中旺等新市镇，形成商贸型、交通型、旅游型等职能特色突出的新型城镇，逐步推动发展

潜力大的中心镇向小城市发展。对于大部分城乡间流动的兼业农民，由于难有较高的收入和稳定的职业，在城镇中扎根，实现完全的城镇化将是一个长期的过程，应加快城乡统筹发展，通过新农村建设、旧村改造、村庄特色保护、农村产业提升等，提升新农村建设水平。

3. 部门协调整合

改变城镇化多头管理的局面，加强对新型城镇化工作的统筹协调。成立由市委、市政府主要领导任组长，由市发展改革委、市农委、市教委、市建交委、市公安局、市民政局、市财政局、市人力资源社会保障局、市国土房管局、市环保局、市规划局、市卫生局、市旅游局等部门组成的新型城镇化工作领导小组。协调有关部门研究、落实《天津市新型城镇化“十三五”规划》《关于促进天津市新型城镇化健康发展的若干政策措施》以及《进一步促进示范小城镇和“三改一化”改革的政策细则》等多项规划和配套政策，推进人口管理、土地管理、财税金融等重点领域和关键环节改革，开展全市的“三规合一”工作。

（二）推进产城融合

1. 产城融合的重点在滨海新区、环城四区、远郊五区的新城和小城镇

在天津市先进制造研发定位、京津冀协同发展、经济服务化趋势、外来人口为主的城镇化的背景下，综合考虑各区域和各类城镇的区位、资源、产业基础、人口集聚趋势，提升基础设施、充实社会资本、引导要素流动、强化区域合作、优化产业布局、提升农村统筹联动、提高土地利用强度。在环城四区、对外联系的主要轴带和公共资源扩散的主要方向，推进产业集聚、市场连接、历史传承，规划培育一批经济实力强、功能集成完善、示范效应明显，具有独特发展魅力的实力小镇。按照“因地制宜、突出特色、创新机制”的原则，发挥市场主体作用，瞄准高端产业和产业高端，差异定位、细分领域、错位发展、有效投资。重点培育中北汽车小镇、华明智能制造小镇、双街先进制造小镇、大邱庄钢管小镇、崔黄口电子商务小镇等 10 个实力小镇。围绕实力小镇的特色优势产业和区位优势，依托制造业等龙头项目，通过纵横联系，或建新链条，或做强链条，或补足链条，或拉长链条，或延伸链条，提高实力小镇的产业化的集聚、配套、融合发展综合实力。

2. 加快特色小城镇建设

充分对接京津冀协同发展等战略机遇，汇集国内外高端要素，承接首都资源扩散，以高端制造业、现代服务业、特色文化产业和历史经典产业为导向，聚焦智能制造、信息经济、生态农业、民俗文化、电子商务、高端旅游、健康养老等优势产业和新兴产业，重点培育一批产业特色鲜明、生态环境优美、人文气息浓厚、体制机制灵活、兼具旅游与社区功能的专业特色镇。联动编制产业、文化、旅游“三位一体”，生产、生活、生态“三生融合”，工业化、信息化、城镇化“三化驱动”，项目、资金、人才“三方落实”的建设规划。重点培育以华明、中北和双街为代表的产城融合示范小镇，以军粮城、张家窝和大王古为代表的先进制造小镇，以团泊、小站和下营为代表的休闲旅游小镇，以双港和青光等为代表的商贸物流小镇，以辛口为代表的现代都市型农业小镇，以咸水沽为代表的科技教育小镇，以北闸口为代表的创客小镇，以子牙为代表的循环经济小镇，以崔黄口为代表的电子商务小镇，以高村为代表的信息产业小镇，以杨柳青和北塘为代表的民俗文化小镇，以南蔡村为代表的自行车小镇和以精武镇为代表的武术小镇。

3. 以远郊五区为重点推进基础设施均等化和轨道交通建设

加大交通、通信、电网、供水、污水、雨水、燃气、供热、生态园林等基础设施和生活配套的建设力度，推进中心城区与滨海新区之间、各区新城之间、各区小城镇之间基础设施均等化和通勤服务一体化。特别是加强城市道路交通基础设施投资，稳步推进 M、B、Z、C 四部分轨道交通建设，并结合铁路系统的客货运改造，探索利用铁路富余能力开行市郊铁路。发挥轨道交通作为市域公共交通骨干和要素优化配置推进器的功能，带动人口和产业向外围疏散、向新城和小城镇集聚，促进产城融合。

4. 合理制定区域产业引导政策

针对天津各区无序过度竞争、服务业发展滞后、内源性经济发展不足等问题，有必要从区域宏观层面，制定有效的产业引导政策。

（1）对重点支持的产业园区，特别是中心城区多样化高端服务产业基地和试点园区提供土地、税收、银行贴息等优惠政策，促进这些重点服务产业园区尽快做大服务产业集聚规模。

（2）合理评估各新城、小城镇发展条件基础上，制定各区的产业发展指引标准和招商引资指引标准。通过严格的产业引导标准，限制各区、各新城之间的重复引进和恶性竞争，诱导各新城、小城镇选择差别化的主导产业和集群发展产业类别，促进新城、各区小城镇之间形成有效的产业分工体系。

（3）鼓励各区新城、小城镇之间互换招商项目，以新城、小城镇间用地指标置换等方式，通过对招商项目一定年限的税收产值统计分成等双赢机制，制定各区招商项目互换促进政策。在互惠互利条件下，引导各区新城和小城镇对不符合其产业指引标准的招商项目向其他区介绍和转换，一方面，招商各区新城或小城镇以其建设用地指标换取在其他区项目落户权力，另一方面，项目招商区新城或小城镇与所在新城、小城镇对项目产值统计和税收实施比例分成。

5. 推进各区工业载体建设

围绕农村统筹联动建设，发展壮大郊区高端优势产业。提升示范工业园区整体水平，加快拓展区规划建设，提高土地投资强度。实施各区开发区二次创业工程，对各区开发区进行扩容改造。高水平提升整合乡镇工业园区。对有条件的提升改造为示范工业园区，对适合发展商贸物流的转型升级为商贸物流园，对于规模小、产出少的向新城周边或重点乡镇整合，原有园区复垦发展农业。

6. 提高土地使用效率

以各类工业园区、农业园区为重点，提高土地开发强度和集约利用水平。在不影响城市环境、景观和安全的前提下，鼓励提高土地利用开发强度，建立完善的土地利用控制指标体系，加强对建设项目投资强度、土地利用强度的监控和管理。

（三）创新融资机制

1. 规范政府投融资平台健康市场化发展

一些公益性、准公益性投资领域，在初期阶段市场化主体缺乏参与积极性，仍要由政府先行投入和政策引导，需要融资平台继续发挥不可或缺的作用。投融资平台从以下三方面对其规范与发展：一是按照现代企业标准建立起完整的法人治理结构，大力完善内控制度、业务操作规程和信息披露机制，建立合理有效的政绩考核与评价机制；二是要将平台资金纳入政府预算管理，提高投融资平台信息透明度，按时公开平台信贷规模、融资来源、资金投向和项目效益，并接受地方人大以及广大投资者和社会公众的监督；三是要推动投融资平台市场化，吸引战略投资者，努力实现投资主体多元化、资金来源多样化、管理手段现代化。

2. 构建新型城镇化金融服务支撑体系

根据天津市城镇化发展的实际情况，构建以开发性金融为基础，城镇建设债券为主要形式，社会资本投资为重要补充，创新新型融资方式和渠道的金融支撑体系。一是充分发挥开发性金融在城镇化过程中主导作用。二是充分利用国家支持城市债发展的政策机遇，明确发债主体、创新发债形式、拓展发债市场、落实还债责任、匹配风险收益，先行先试，发行不同时限的市政责任债券和建设债券，化解现有城镇建设投资平台的资金压力。三是发挥财政投资的引导功能，鼓励社会资本参与城镇化建设。通过财政资金的先期投入、财政补助、资本金注入、信贷贴息等手段，引导民间资本通过直接参与、特许经营、BOT、PPP 等方式参与到新型城镇化建设中来，以弥补建设项目现金流量与还贷能力不足的问题，提高投资项目的财务生存能力，并达到以较少财政资金带动更大规模社会资金投入的放大效应。四是积极探索在城镇化建设中运用多元化的金融创新模式。积极运用金融工程技术，将土地信托、土地基金、资产证券化产品等打造成城镇化融资新渠道，减轻银行渠道的融资压力，减少地方政府对土地出让金的过度依赖。

3. 完善城镇建设投融资创新渠道的配套措施

完善地方财政预算管理、市政债风险控制。强化地方财政预算约束，提高地方财政预算执行的透明度，健全市政债信用评级体系，建立可问责的信息披露体系，构建地方政府债务风险评估预警体系等。不断完善债务借用管还机制，加强金融生态建设和市场信用体系建设，实现发债资金使用合规和安全。推动银行等金融机构将一部分政府平台优质的存量资产证券化。严控证券化的基础资产标准，同时对于成熟的证券化资产类型，简化审批，争取创造条件采取备案制发行。减免交易各环节中的税费方式鼓励创新，推动资产证券化产品的多样性。筛选优质基础资产并开发设计结构优、规模大、流动性强的交易结构。完善信用评级和信用增级体系。评级机构可以尝试通过借助全市或各区资产为实力较弱的区级平台创新增信评级方案。完善资产证券化相关信息披露机制，加强信用调查机构、会计师事务所、律师事务所、评级公司等中介服务机构对其监督。

4. 发挥财税政策对城镇建设投资的引导作用

加快财税体制改革，培育相对稳定、更加规范的政府新税源。按照财权事权相匹配的原则，使财政收入转向收入更加稳定、更加可持续的财产税、城市开发税、地方公共设施税等，以基础设施改善带来的财产增值为主体税源，强化政府税源基础。充分发挥财税政策的对金融、社会资本的引导和保障作用。一是发挥财政资金对金融的引导扶持作用，通过提高贴息水平、减税免税等方式，引导金融机构将民生、基础建设领域作为城镇化业务重点，建立金融支持的长效机制。对支持城镇化融资薄弱环节力度较大的金融机构，实施财政补贴与税收优惠政策，对农业产业园区、工业示范园区基础设施建设贷款给予金融机构贴息支持，引导金融机构将更多信贷投向城镇化。二是通过财政资金杠杆效应引导更多社会资本投入城镇化建设，形成公共投资引领民间投资的新格局，构建可持续的城镇化建设融资机制。政府在制度上一定要创造公平合理的竞争机制，在项目产权上要适当放宽政策，进行制度激励，利用税收等手段为民营企业减负保证企业的利润。

5. 加强新型城镇化建设担保与信用体系建设

完善担保体系与风险保障机制。一是扩大担保范围。完善农业担保、小微担保、政策性保险服务体系，弥补市场发育不足和缺陷，为金融资本与社会资本参与农业产业化、城镇化降低风险。二是各级政府可设立专项风险补偿基金账户，纳入预算管理，接受人大监督，以该基金作为部分银行坏账、发行债券偿付不足的来源。当银行借款、城投债等发生偿债危机时，可向偿债基金提出申请借款，限制在一定的期限内偿还完毕。风险补偿基金可以从市级、区级财政收入中每年按比例注入。建设和完善信用环境和体系。一是加强农村信用体系建设，优化金融生态环境。加快推进企业和个人信用信息数据库建设。同时应强化对失信企业和个人的道德惩戒、法律约束、行政处罚，切实维护信用环境建设。二是加强地方政府信用评估，强化市场约束。通过鼓励各类中介组织发展来培育政府信用评级市场，评级的核心是地方偿债能力和偿债意愿，信用评级有助于提高投资者对地方债的收益与风险认知程度，帮助市场更好地对债券定价，有助于分散风险。三是发展各类信用服务机构，推进并规范信用评级行业发展，培育发展本土评级机构，为资产证券化、土地信托等金融创新工具提供更好的信用评级与增级服务。

（四）加强公共服务

以全市统一标准，统筹全域民计民生和基本公共服务，实现全域全民共享发展成果。基于城市发展利益共享的原则，在民计民生社会事业和基本公共服务配置以及社会保障水平，跨越区层级，均由全市统筹，按照全市统一标准配置。逐步消除“城乡二元”“本外二元”结构，推进农民与市民的融合，推进外来人口与本地人口的融合。按照保障基本、循序渐进的原则，积极向外来人口和农业转移人口提供城镇基本公共服务，稳步推进义务教育、就业服务、基本养老、基本医疗卫生、住房保障等城镇基本公共服务覆盖全部常住人口。

1. 建立农业转移人口市民化成本分担机制

政府要承担农业转移人口市民化在义务教育、劳动就业、基本养老、基本医疗卫生、保障性住房以及市政设施等方面的公共成本。企业要落实农民工与城镇职工同工同酬制度，加大职工技能培训投入，依法为农民工缴纳职工养老、医疗、工伤、失业、生育等社会保险费用。农民工要积极参加城镇社会保险、职业教育和技能培训等，并按照规定承担相关费用，提升融入城市社会的能力。

2. 稳步推进人口市民化

按照分类指导、差异化推进的原则，根据各类城镇的人口规模、综合承载能力和提供基本公共服务的能力，以就业年限、居住年限和城镇社会保险参保年限等为基础条件，制定具体的外来人口和农业转移人口落户标准，引导他们在城镇落户的预期和选择，促进有能力、有意愿在城镇稳定就业和生活的农业转移人口优先落户。完善“三投靠”（夫妻投靠、父母投靠子女、子女投靠父母）落户政策，推动外来人口和农业人口转移由劳动力个体迁移向家庭迁移转变。

（1）实施差异化的户口迁移政策。中心城区、滨海新区应适度保持落户规模和节奏，科学确定各类人才的落户条件，建立阶梯式落户通道；建立积分落户制度，对合法稳定住所（含租赁）和合法稳定职业的范围、年限等做出合理规定，对参加城镇社会保险的年限规定不得超过 5 年；公安部门应尽快研究制定农民工的落户政策。

（2）有序放开各区新城落户限制。在城区人口 20 万～50 万的新城，有合法稳定住所（含租赁）或有合法稳定职业的人员，本人及其共同居住生活的配偶、未成年子女、父母等，可以在当地申请登记常住户口。城市综合承载能力压力小的地方，可以参照建制镇和小城市标准，全面放开落户限制。

（3）全面放开建制镇落户限制。一方面，在全市继续推进城镇化三项制度试点改革；另一方面，在区街道办事处、建制镇镇区有合法稳定职业的人员，本人及其共同居住生活的配偶、未成年子女、父母等，可以在当地申请登记常住户口。

3. 推进城乡公共服务的均等化

依据城镇常住人口空间分布特征和增长趋势，统筹布局教育、卫生、文化、体育和社会福利设施。合理配置各级公共服务设施，强化城市社区公共服务体系建设，推进社区就业服务、社会保障服务、文化与体育健身、养老福利的便民化。加强便民商业服务设施建设，打造城市社区一刻钟服务圈。重点对农村新型社区要引入城市社区服务管理模式和公共服务内容，建设完善城乡一体、布局合理、运作高效、设施完备的公共服务体系，基本实现城乡公共服务的均等化和优质化。

（1）加强义务教育、职业教育。根据城镇居住区规划和居住人口规模，按国家规范配套建设幼儿园、小学、初中，同步规划，同步建设，同步交付使用。加快发展现代职业教育，形成适应发展需求、产教深度融合、中职高职衔接、职业教育和普通教育相互沟通、体现终身教育理念的现代职业教育体系。

（2）健全医疗卫生服务体系。努力打造以国家医学中心为龙头、专病专科医院为特色、市级区域医疗中心为支撑、区级医院为主体、乡镇卫生院和社区卫生服务机构为基础的医疗服务体系；健全基层医疗服务机构、专科医院与综合医院的分工协作、双向转诊的城市医疗服务机制；加强基层医疗卫生队伍建设，通过转岗培训和规范化培训等多种途径培养全科医生。

（3）推进养老服务体系建设。发挥政府引导作用，整合社会资源，加快社会养老服务体系建设，全面建成以居家为基础、社区为依托、机构为支撑，功能完善、规模适度、覆盖城乡的社会养老服务体系；完善城镇“三无”老年人和农村“五保”老年人政府供养制度，探索推进政府为困难老年人购买养老服务、养老服务机构民办公助等；开展基层社会救助，建设社区救助中心，发展社区慈善事业，推进社会福利社会化。

（五）加快农村经济要素重组

1. 深入推进农户承包地确权登记工作

在积极试点、总结借鉴全国试点地区经验的基础上，尽快扩大试点面积。明确“确权确地”和“确权确股”两种土地确权类型的推行条件、程序和适宜区域，并分类推进。

2. 分层次推进土地流转

根据天津村庄社会经济发展水平、区位条件、村级产权制度改革进程、农民非农就业水平等特点，实施多层次、差别化的土地流转制度创新。第一层次，土地直接出租给种植大户、家庭农场、农民专业合作社和农业企业，实现农业土地的机械化、专业化生产；第二层次，以土地股份合作、社区股份合作和农村专业合作为主的新型合作经济组织为依托，长期集中连片地流转农业土地；第三层次，结合土地整理项目，对居住用地、工业用地和农业用地统筹规划，通过基层政府或合作组织将整村土地甚至几个村一同流转，建立现代农业产业园区，实现农用地的园区化；第四层次，建立乡镇层次的合作经济联社。经济联社建立土地银行、土地基金、土地流转信托中心或土地股份合作联社，作为镇域土地整理集中的载体。

3. 完善农村产权交易服务平台

加快发展多种形式的土地经营权流转市场。依托区、乡镇土地流转服务平台，完善农村产权交易平台，健全流转信息发布、价格形成机制、政策咨询等服务。鼓励承包经营权在产权交易平台向专业大户、家庭农场、农民合作社、农业企业流转，推动农村土地承包经营权规模化规范化流转。

4. 搭建金融支农服务平台

按照建设广覆盖、多层次、多渠道的农村金融网络体系的思路，实施银行涉农机构和农村网点建设工程，引导银行设立涉农机构，在农村增设金融网点；实施草根金融机构建设工程，引导组建村镇银行，大力发展兴农贷款公司，实现涉农区全覆盖，并向重点乡镇延伸。实施农村土地承包经营权、林权和农业设施、农房所有权“四权”确权颁证和抵押融资工作；大力推进农业保险普惠工程，开发针对性的农业保险产品，增加保险品种，加强服务网点建设，简化保险理赔手续，提高保险服务水平。

产 业 篇

天津市生产性服务业发展潜力与取向

——基于供给侧结构性改革视角

（天津财经大学　马国旺）

一、天津市生产性服务业发展潜力

（一）天津市生产性服务业的结构布局

根据天津市统计局发布的数据，2016 年天津市地区生产总值为 17885.39 亿元，增长 9.0%，无论是在经济规模还是在经济增速上均处于全国前列，远高于全国平均水平。从产业结构来看，2015 年天津市的第三产业比重首次超过 50%，2016 年第一产业增加值为 220.22 亿元，同比增长 3.0%；第二产业增加值为 8003.87 亿元，同比增长 8.0%，第三产业增加值为 9661.30 亿元，同比增长 10.0%。

可以看出，天津市在经济总量不断增长的同时，产业结构也在不断优化。其中第三产业对经济贡献率不断加大，经济发展已从“第二产业引领”向“第三产业引领”过渡，其经济增长势头在国际经济震荡调整期间仍然保持强劲，经济发展潜力巨大。

从生产性服务业部门内部看，2016 年批发零售业增加值为 2185.72 亿元，同比增长 5.1%；交通运输、仓储和邮政业增加值为 769.87 亿元，同比增长 5.1%；金融业增加值为 1735.33 亿元，同比增长 9.1%。三大生产性服务业总增加值为 4690.92 亿元，占地区生产总值的 26.23%，这充分体现出天津市生产性服务业发展的规模及其在国民经济发展中的重要性和贡献度。

下面以天津滨海新区为例。根据天津滨海新区第三次经济普查数据（2014～2015），按资产总额计算，天津滨海新区的生产性服务业构成如图 1－1 所示。在滨海新区的生产性服务业中，租赁和商务服务业资产最多，占

39%；批发和零售业次之，占 25%；之后依次为交通运输业占 20%，科学研究和技术服务业占 8%，水利、环境和公共设施管理业占 5%，信息传输、软件和信息服务业占 3%，教育行业占 0.0681%。

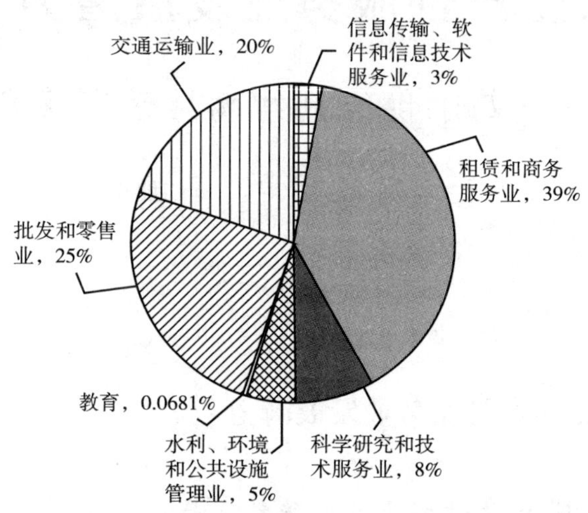

图 1－1　滨海新区生产性服务业的构成

（二）天津市生产性服务业的发展基础、支撑力、动力与前景

1. 天津市生产性服务业发展的基础和支撑力

（1）产业平台高，基础扎实。

根据调研及参考天津市统计局公布的《2016 年天津市国民经济和社会发展统计公报》，可以得出现阶段天津市生产性服务业发展基础的概况。

在经济新常态下，虽然中国宏观经济增长面临下行压力，但天津市经济仍保持了健康、良好的发展势头。2016 年天津市地区生产总值为 17885.39 亿元，同比增长 9.0%。天津经济无论是在规模还是在增速上均处于全国前列，远高于全国平均水平。总的说来，天津市地处京畿要地，毗邻渤海、勾连京冀，正迈向后工业化时期，产业结构相对合理，这些区位优势和结构优势为生产性服务业生长创造了适宜的经济环境，具体表现如下。

产业结构不断优化，三产比重稳步提升。2016 年三次产业结构比重为 1.2∶44.8∶54.0，第三次产业比重超过第二次产业比重，产业转型升级进展顺利，第二、第三产业互动效应不断增强。

市场主体活跃，民营经济快速发展。2016 年全市新注册各类市场主体约 16.93 万户，其中民营主体占比达到 98%。全年民营经济增加值为 8579.87 亿元，占全市生产总值的近半壁江山。特别是2016年天津民间投资增长率达到7.6%，虽比2015年的12.5%有显著下降，但仍处于全国先进水平，民营经济发展相对稳定，为产业结构调整提供了充足的空间和动力。

实体投资稳健，经济转型效果明显。2016年天津市全年全社会固定资产投资额是14629.22亿元，增幅12%。其中第二产业投资为3940.48亿元，增长6.5%；第三产业投资为10376.56亿元，增长14%；实体经济投资为9590.06亿元，增长17.2%。2015年天津市战略性新兴产业投资为365.25亿元，增长15.3%，这使得天津市在新能源、新材料、新一代信息技术和高端装备制造业领域取得显著成效，其增速分别达到25.5%、48.1%、110%和160%。

批发零售市场销售增长势头平稳。2016年天津市全年批发和零售业商品销售额为45887.32亿元，增速7.7%，全市社会消费品零售额达到5635.81亿元，增速7.1%。2015年全市亿元以上批发市场62家，交易额为2154亿元，批发和零售业网上零售额增速为96.2%，达到244.03亿元。

交通运输业货运吞吐量保持平稳。2016年全市货运量为51579.86万吨。其中公路货运量为32841万吨，铁路货运量为8149.16万吨，水运货运量为9514.53万吨；港口货物吞吐量为5.51亿吨，增长1.9%；集装箱吞吐量为1451.90万标准箱，增长2.9%。

邮政电信业业务增长速度加快。2016年全市邮电业务总量为483.85亿元，增长50.5%。其中电信业务总量为86.52亿元，增长51.9%；邮政业务总量为86.52亿元，增长44.1%。快递业务量达到4.10亿件，增长60%。到2016年底，移动电话用户数为1499.82万户，增长6.7%，互联网宽带接入用户为283.90万户，光纤宽带接入用户为263.60万户。

金融市场改革创新发展成效显著。2016年全市金融业增加值为1735.33亿元，增速9.1%。具体表现在以下四个方面。一是存贷款余额保持高速增长。全市金融机构本外币各项存款余额为30067.03亿元，较年初增加1917.66亿元。各项贷款余额为28754.04亿元，比年初增加2759.37亿元。二是金融改革创新不断深化。融资租赁、商业保理等新兴业态集聚发展，融资业务规模稳居全国前列。全年新增上市公司和新三板上市公司83家，天津股权交易所成交量达28065.59万股，成交金额为7.31亿元。天津铁合金交易所成交量为115.68万吨，成交额为61.90亿元。天津渤海商品交易所成交量为27696.80万吨，成交金额为15296.53亿元。三是证券市场有所降温。2016年年末证券账户数为438.96万户，增长16%，全年各类证券交易额43811.79亿元，下降34.6%，股票交易额26160.21亿元，下降48.9%，债券交易额为15702.39亿元，增长 19.9%，基金交易额 1926.83 亿元，下降 30.3%，期货市场交易额 60286.78 亿元，下降 55.5%。四是保险市场增势良好。2016 年全市保险保费收入为 529.49 亿元，增长 32.9%；赔付支出为 117.67 亿元，增长 27.3%。

教育科技事业不断取得丰硕成果。天津市拥有多层次的人才培养教育体系。截至 2016 年底，全市共有普通高等学校 55 所，中等职业教育学校 104 所。2016 年度，天津市研究生在校生有 5.45 万人，毕业生 1.70 万人；普通高等本专科学校在校生为 51.38 万人，毕业生 13.79 万人；中等职业教育学校在校生为 12.29 万人，毕业生 3.70 万人。他们成为天津市未来发展的重要人才储备。2016 年，全市有 12 项科技成果获国家科学技术奖，其中发明奖 2 项，科技进步奖 10 项，涉及装备制造、生物医药、新材料等领域。全市完成市级科技成果 2622 项，其中 80 项达到国际领先水平，390 项达到国际先进水平。全年签订技术合同 13060 项，合同成交额为 602.32 亿元，增速 11.7%，技术市场交易额为 435.70 亿元，增长 4.1%。

自主创新示范区建设跨上新台阶。根据国家自主创新示范区发展规划纲要，天津稳步推进“一区二十园”建设，2015 年全市众创空间达到 106 个。全社会研发经费支出占生产总值比重 3%，新增科技型中小企业有 1.38 万家。截至 2015 年底，全市共有国家级高新技术企业 2309 家，市级高新技术企业 860 家，拥有国家重点实验室 12 个，国家部委级重点实验室 49 个，国家级工程（技术）研究中心 36 个，国家级企业技术中心 45 个。2015 年全市有效专利有 10.38 万件。

环保力度加大，生态环境改善。严格落实“控煤、控尘、控车，控工业污染、控新建项目”的“五控”治理模式，实现 2016 年全年环境空气达标天数 226 天，比 2014 年增加 6 天。PM2.5 浓度均值下降 1.4%，生态环境有了稳步改善。

（2）有来自制造业的强劲支撑力。

在天津产业布局中已经形成了制造业与生产性服务业之间良性互动机制。拥有国内先进的产业集群和高科技园区，享有国家综合改革先行区和政策倾斜等重大发展机遇，这为天津生产性服务业发展提供了重要支撑。天津市作为中国北方最总要的港口城市，北京的“津卫”，从清朝开始就作为洋务运动和对外通商的重要城市。中华人民共和国成立后，天津市逐渐形成了一定的工业基础，海鸥手表、飞鸽自行车、牡丹缝纫机曾一度享誉国内。改革开放以后，天津一直是中国最重要的对外开放城市之一，1984 年 12 月 6 日国务院批准在天津成立天津经济技术开发区，是中国首批国家级经济技术开发区之一。1988 年天津市建立了天津滨海高新技术产业开发区，1991 年被国务院批准为首批国家级高新技术开发区。2008 年，天津东疆保税区获批成立，同年滨海新区开发开放被列为国家发展战略。2014 年 12 月 28 日全国人民代表大会常务委员会授权国务院在天津设立中国（天津）自由贸易试验区，这标志着天津市对外开放进入新时代。2015 年 2 月，中国（天津）自主创新示范区获批，这是中国第七个国家级自主创新示范区，标志着天津市在自主创新方面处于全国领先地位，是自主创新、转型发展的一个里程碑。

在过去的 36 年间，天津市已经形成了国内较为科学合理的产业结构和先进的产业集群。譬如，这里先后云集了摩托罗拉、丰田汽车、大众汽车、三星电子、长征火箭等一大批高技术、尖端化的大型企业，在航空航天制造、汽车制造、石油化工、新能源和新材料等领域处在全国领先水平，装备制造、精细化工、生物制药等高端制造业集群正在迅速发展。

发达的制造业集群构成了生产性服务业发展的沃土。近年来，融资租赁、大数据等新业态相继在天津落点。2009 年 5 月，国家超级计算天津中心获批建设，目前拥有千万亿次计算性能的"天河一号"超级计算机、百万亿次计算性能的天河·天腾系统、天河·天翔系统以及天河·天驰系统。它们可提供面向不同领域的高质量、高性能的计算服务以及云服务。相关服务主要应用领域包括油气勘探、生物医药、新材料、新能源、高端装备设计、航天航空、天气预报和气候预测、海洋环境、仿真、动漫与影视渲染等。目前，天津市"制造业带动生产性服务业，生产性服务业反哺制造业"的良性循环机制已经形成。

2. 天津市生产性服务业发展的新动力和新前景

（1）来自"五大战略叠加机遇"和供给侧结构性改革的新动力。

"五大战略叠加机遇"和供给侧结构性改革构成现阶段天津市生产性服务业发展的新动力。首先，天津经济发展面临"五大战略叠加机遇期"，即滨海新区开发开放、京津冀协同发展、"一带一路"建设、自贸区建设、国家自主创新示范区建设五大战略机遇叠加期。五大战略叠加机遇期为天津市生产性服务业新发展创造了巨大的潜力和动力。其次，供给侧结构性改革也为天津市生产性服务业注入新的发展潜力和动力。2015 年 12 月 21 日闭幕的中央经济工作会议提出了关于经济结构改革的"五大任务"：去产能、去库存、去杠杆、降成本和补短板。其中，"去产能""去库存"主要涉及工业部门，需要生产性服务业促进工业部门转型升级；"去杠杆"涉及金融部门，不仅需要金融部门自身的发展，还需要其他生产性服务业部门和金融业的良性互动实现；"降成本"和"补短板"主要涉及经济体制和产业政策创新，涉及政府职能转变。这五大任务为生产性服务业的发展提供了新的发展空间。

（2）来自区位优势的新前景。

《京津冀协同规划纲要》把天津市定位为“全国先进制造研发基地、北方国际航运核心区、金融创新运营示范区、改革开放先行区”。落实京津冀区域协同发展是今后一个时期内重要的国家战略。这一战略为天津市勾画了一个美好前景：“全国先进制造研发基地、北方国际航运核心区、金融创新运营示范区、改革开放先行区。”这个美好前景同样也为天津市生产性服务业新发展提供难得的历史机遇。这是因为“全国先进制造研发基地”一定离不开与之配套的一流的生产性服务业体系；“北方航运核心区”“金融创新运营示范区”本身就属于生产性服务业发展的内容；而“改革开放先行区”则意味着天津市生产性服务业驶向“蓝海”，享有极大的产业创新空间。

（三）天津市生产性服务业发展的优势与劣势比较分析

为了客观的、科学的评价天津市生产性服务业的发展状况，这一部分将在横向比较分析基础上阐述天津市生产性服务业发展的优势与劣势。

1. 与国内先进省市生产性服务业的比较

这里，我们选取了生产性服务业发展情况较好的 8 个省份进行比较，即北京、天津、上海、江苏、浙江、福建、广东和重庆。主要方法是依据衡量生产性服务业发展水平的 71 个指标，并从国家统计局获得了它们 2014 年的数据进行因子分析和主成分分析，通过比较阐述这 8 个省份生产性服务业的发展状况。

表 1－1 描述了这 71 个指标及其在我国《生产性服务业分类（2015）》中的类别划分情况。考虑到各省市的经济总量与人口之间存在较大的差异，在选取指标的过程中，为了排除因省份之间人数与经济总量的不同造成模型结论不准确的不利影响，对各指标进行处理，采取人均量和 GDP 平均量，以使数据结构更加合理。

表 1－1　　生产性服务业分类与指标体系

生产性服务业类别划分	指标名称（单位）
研发设计与其他技术服务	规模以上工业企业 R&D 人员全时当量（人年）
	每亿元规模以上工业企业 R&D 经费（万元）
	规模以上工业企业 R&D 项目数
	每单位 GDP 平均技术市场成交额（元）
	每亿元规模以上工业企业利润的平均新产品项目数（项）
	每亿元规模以上工业企业利润的平均新产品研发经费（万元）

续表

生产性服务业类别划分	指标名称（单位）
研发设计与其他技术服务	每亿元规模以上工业企业利润的平均新产品销售收入（万元）
	每亿元规模以上工业企业利润的平均专利申请件数（件）
	每亿元规模以上工业企业利润的平均发明专利申请件数（件）
	每亿元规模以上工业企业利润的平均有效发明专利数（件）
	亿元 GDP 平均国内发明专利申请受理量（件）
	亿元 GDP 平均国内实用新型专利申请受理量（件）
	亿元 GDP 平均国内外观设计专利申请受理量（件）
	亿元 GDP 国内发明专利申请授权量（件）
	亿元 GDP 国内实用新型专利申请授权量（件）
	亿元 GDP 国内外观设计专利申请授权量（件）
货物运输、仓储和邮政快递服务	人平均铁路运营里程（公里）
	人平均铁路货运量（吨）
	人平均铁路货物周转量（万吨公里）
	铁路运输就业人数（人）
	人平均公路里程数（公里）
	人均公路货运量（吨）
	人平均公路货物周转量（万吨公里）
	公路运输就业人数（人）
	人平均水运货物量（吨）
	民用机动运输船数量（艘）
	民用机动船净载重量（吨）
	民用驳船数量（艘）
	民用驳船净载重量（吨）
	水上运输业就业人员人数（人）
	人平均内航航道里程（公里）
	水运货物周转量（亿吨公里）
	航空运输业就业人数（人）
	管道运输业就业人数（人）
	装卸搬运和其他运输业服务就业人员（人）
	人均邮政业务量（万元）
	邮政业就业人员（人）
	人平均快递业务量（件）

续表

生产性服务业类别划分	指标名称（单位）
信息服务	固定电话年末用户普及率（户/人）
	移动电话年末用户普及率（户/人）
	互联网上网人数普及率（%）
	人均互联网域名数（个）
	万人人均互联网网站数（个）
	万人互联网宽带接入端口数（个）
	互联网普及率（%）
	农村宽带接入用户数（万户）
	开通互联网业务的行政村比重（%）
金融服务	货币金融服务法人数（个）
	资本市场服务法人数（个）
	保险业法人数（个）
节能与环保服务	万元 GDP 平均废水排放量（吨）
	万元 GDP 平均废水排放量倒数（1/吨）
	每亿元 GDP 平均治理废水项目完成投资（万元）
	每亿元 GDP 平均二氧化硫排放量倒数（1/吨）
	每单位 GDP 平均氮氧化物排放量倒数（1/吨）
	每单位 GDP 平均烟尘粉尘排放量倒数（1/吨）
	每亿元 GDP 平均治理废气项目完成投资（万元）
人力资源管理与培训服务	中等职业学校招生数（人）
	每亿人平均中等职业学校在校学生人数（人）
	中等职业学校毕业生数（人）
	普通高等专科学校招生数（人）
	每亿人平均高等专科学校在校生人数（人）
	普通高等专科学校毕业生人数（人）
批发经纪代理服务	限额以上批发业法人企业单位数（人）
	限额以上批发业企业年末从业人员（人）
	限额以上批发企业总资产（亿元）
	限额以上批发企业主营业务利润（亿元）
	限额以上零售企业总资产（亿元）
	限额以上零售企业主营业务利润（亿元）
	亿元以上商品交易市场个数（亿元）
	亿元以上商品交易市场摊位个数（个）

资料来源：指标分类来自国家统计局《生产性服务业分类（2015）》，数据来自国家统计局网站。

通过因子分析方法，可以找出 8 个虚拟变量代表上述 71 个指标的 100%的信息，其中包括信息从多到少的 6 个主要虚拟变量可依次用来衡量：①创新环境（包括技术市场成交量、企业新产品销售额、发明专利的申请与授权、信息化相关服务、生态环境以及配套铁路和公路的里程数等）；②企业研发强度（包括企业的研发投入、人力资源与资本市场服务三个方面的指标，与企业主体的科研密切相关）；③区位因素（主要是与水运有关的变量，可衡量是否靠近港口）；④研究转化与营商环境（包括实用新型专利的申请与授权、外观专利的申请与授权、亿元以上商品交易市场情况等）；⑤船只保有量和水运能力；⑥货物运输周转能力。

从创新环境来看，如图 1－2 所示，北京市的创新环境遥遥领先，上海市位列第二，广东位列第三；浙江、天津、江苏、福建和重庆分别位列第四到第八名。可以看出，天津市的创新环境低于北京和上海两个超级城市以及广东和浙江两个东南沿海经济强省，但是高于江苏、福建和重庆，大体处于中间水平。

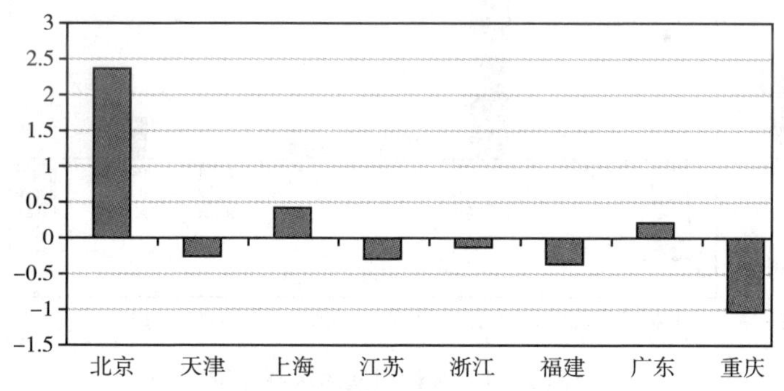

图 1－2　创新环境的区域评价

企业研发强度指标包括企业的研发投入、人力资源与资本市场服务三个方面的指标，与企业主体的科研密切相关。从企业研发强度来看，如图 1－3 所示，广东省的企业创新强度遥遥领先，其次是江苏、浙江位列第二名、第三名。福建、北京、重庆、天津、上海分别位列第四至第八名。可以看出，天津市在企业研发强度上的表现并不十分理想，在全国创新优势省市中处于较差水平。

从区位因素（主要依据港口优势来衡量）来看，如图 1－4 所示，上海的港口优势最为明显，其次是广东；江苏、浙江、天津、重庆和福建分别位列第三至第七名。须指出，北京市因其辖区内没有港口，可以不考虑下面排名对它的经济意义。可以看出，天津市虽为中国北方第一大港口城市，但是和东南沿

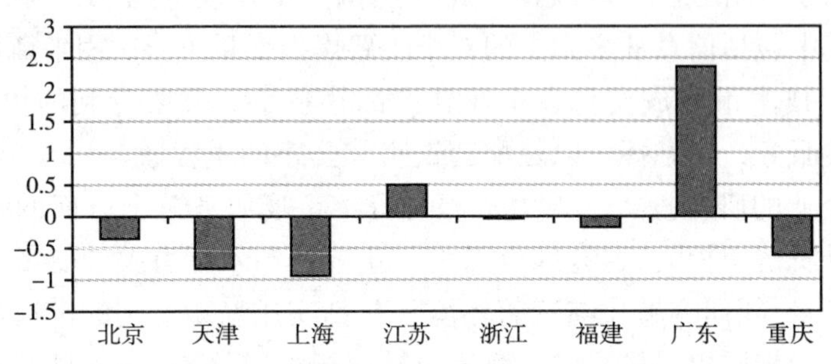

图 1-3　企业研发强度的区域评价

海的港口城市相比还有较大差距。这种差距很大程度上来自天津市的营商环境不如东南沿海，贸易总量不及东南沿海。当然，作为中国北方第一大港，天津港为天津市创造的区位优势依然不可小觑，其中为生产性服务业发展孕育巨大潜力。

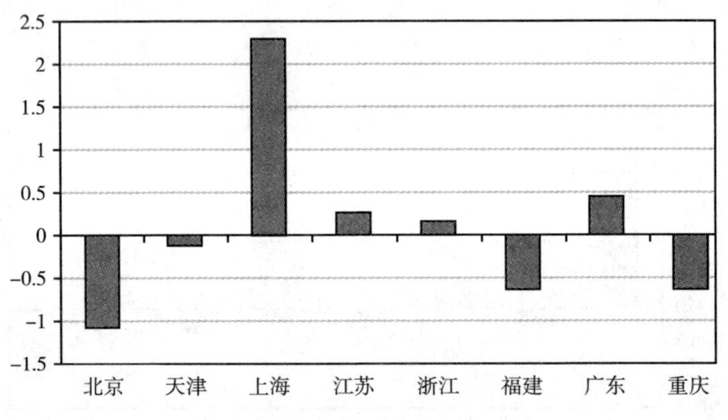

图 1-4　区位因素的区域评价

对研究成果转化与营商环境的考察主要参考实用新型专利的申请与授权、外观专利的申请与授权、亿元以上商品交易市场情况等主要指标。从研究成果转化与营商环境方面看，如图 1-5 所示，浙江省处于全国最领先的水平；江苏、重庆和北京分别位列第二至第四名；天津、广东、上海、福建分别位列第五至第八名。可以看出，在研究成果转化与营商环境方面，天津处于全国生产性服务业领先区域的中等水平。天津市生产性服务业在京津冀协同战略过程中应着力提高自身研究成果转化与营商环境能力。

从货物周转能力来看，如图 1-6 所示，重庆处于全国领先水平，体现了其作为中国西部重镇的地位和优势。福建、广东、江苏、天津、北京、上海和浙江分别位列其后。天津仍处于全国先进省市的中间水平。在货物周转能力方面，天津优于北京，体现出了天津在京津冀协同中的禀赋优势。

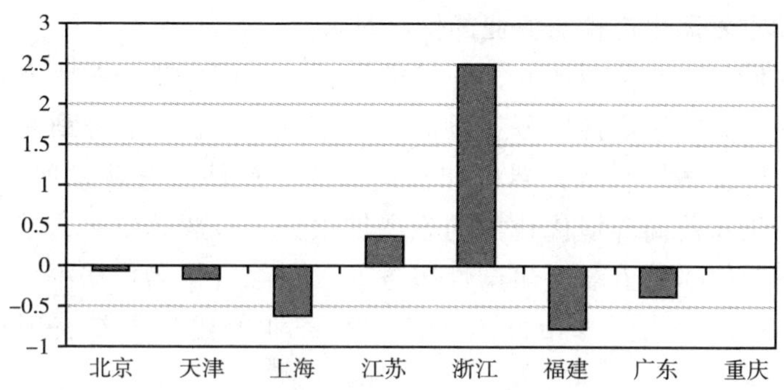

图 1-5　研究转化与营商环境的区域评价

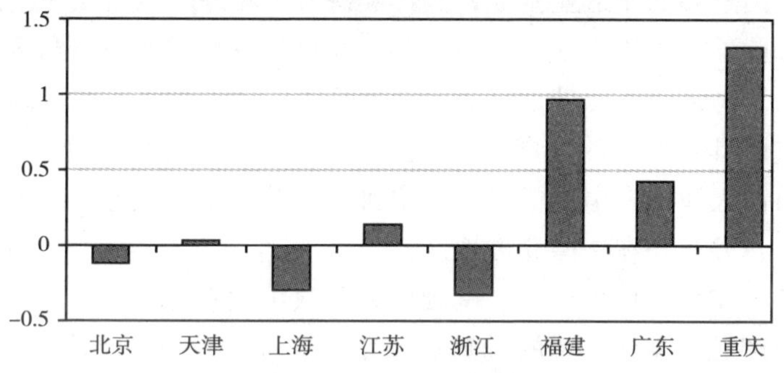

图 1-6　货物周转能力的区域评价

综合 8 个生产性服务业发展的因子并依据其重要性赋予权重，我们得到了生产性服务业在这 8 个省市中的综合排名，如图 1-7 所示。可以看出，在全国先进省份中，生产性服务业发展水平排名依次是广东、北京、江苏、浙江、上海、天津、福建和重庆。通过与国内优势省份的比较分析，我们认为天津市生产性服务业发展并不具有显著优势，甚至其生产性服务业发展状况不容乐观，其资源禀赋没有被充分挖掘出来。

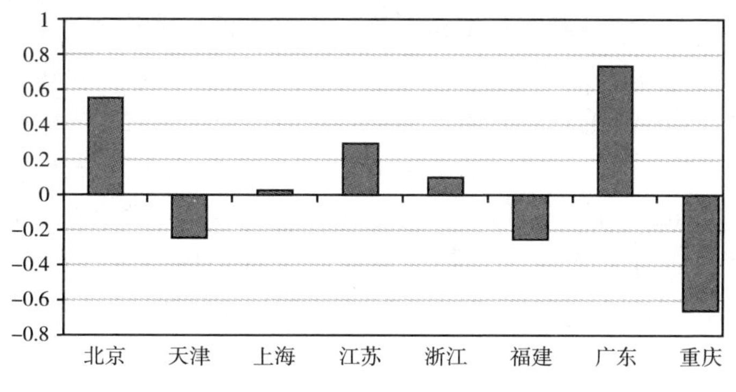

图 1-7　生产性服务业发展的区域比较

2. 天津市发展生产性服务业的优势与劣势

在上述 8 个生产性服务业领先省市中，天津市处于中等水平。其中能够改善创新环境类的生产性服务业发展位居第五名，提升企业研发强度的生产性服务业发展位居第六名，港口和水运类的生产性服务业发展位居第五名，科技成果转化和营商环境优化类的生产性服务业位居第五名，货物周转类的生产性服务业位居第五名，生产性服务业水平综合排名位居第六。依据上述分析结果，我们认为天津市发展生产性服务业的优势主要表现在以下三个方面。

首先，天津市生产性服务业发展基础较好，进一步提质增效的潜力巨大。天津市是我国重要的制造业基地，实体经济实力雄厚，具备发展生产性服务业的支撑力。此外，天津市处于渤海之畔，与日、韩形成商贸三角区，将是未来中日韩自由贸易区的支点城市之一，在从日本、韩国引进高端制造业和生产性服务业等方面具有巨大的发展潜力，这会极大地刺激天津生产性服务业的发展。虽然目前天津市在全国优势省市中排名中等，但其生产性服务业仍处于全国领先水平，尤其是在中国北方地区。

其次，天津市的地理位置、基础设施和政策倾斜有利于生产性服务业健康发展。天津市是中国最重要的港口城市之一；是“一带一路”倡议的重要城市；是京津冀协同发展的核心城市；是中国北方重要的水路、陆路和航空交通枢纽；城市规模庞大，基础设施条件优越，科技基础设以及智慧城市建设已见成效。滨海新区开发开放纳入国家发展战略已十年，投资营商环境优越。此外天津市还拥有中国首批自由贸易试验区和国家自主创新示范区，走在了我国改革创新的前沿。

最后，长期出口导向型经济和招商引资形成了高端化的产业集群和产业结构有利于生产性服务业的发展与升级。天津市近些年来的经济发展以出口导向为主，通过政策优惠招商引资，形成了高端化的产业集群。在汽车制造、航空航天、精细化工、装备制造、生物医药、新能源和新材料等产业集聚了许多国际顶尖的跨国公司。外部经济则可以降低企业成本。越是专业化、尖端化的产业，它们对外部设施的配套要求就越高，目前，天津市大部分的招商引资区域能够满足“九通一平”的基础设施环境，现代服务业尤其是生产性服务业已初具规模。例如，在滨海新区中心商务区中就汇集了大量的律师事务所和其他有关的生产性服务业企业，为制造业企业进行集中服务。开发区还设立了“一站式”服务大楼，驻区商户可以在同一栋大楼内办理审批业务、金融服务等生产性服务业务。

我们认为天津市生产性服务业发展也存在如下一些瓶颈与劣势。

首先，未能充分利用自身的禀赋优势，不擅长开拓新资源。从衡量生产性服务业发展的区位因素、船只保有量和水运能力以及货物运输周转能力等指标来看，天津市同全国先进省份相比处于中等水平。对于长期以外向型经济为主、产业结构处于全国前列的天津市而言，这一点能够说明天津市尚未对目前的禀赋优势达到充分利用程度。如果能够充分挖掘目前潜在的发展能力，生产性服务业发展的效率将能够大幅度提升，而生产性服务业发展效率的提升又能够进一步促进产业转型升级，形成良性循环。此外，天津市生产性服务业发展还没有完全超越粗放型发展模式，没有真正改变“靠港吃港、靠水吃水”的发展观念，创新能力不足。

其次，科技性基础设施建设有待增强，科研主体不活跃，技术交易和研发成果转化有待提升。从衡量生产性服务业发展的创新环境、企业研发强度以及研究转化与营商环境等虚拟指标来看，天津市处于全国先进省市的中间水平。造成这一情况的主要原因有三。一是长期以来外资企业造成技术吸收进程缓慢。例如，丰田汽车入驻天津已近 20 年，但其中的研发中心效率低下，目前在天津市丰田汽车的厂房仅能独立生产前大灯以及部分非核心部件。二是科技性基础设施建设不足。新结构经济学认为企业主体的基础性科研动力不足，因此需要政府在科技性基础设施上进行大力投资。例如，台湾新竹工业园的工业技术研究院就是在政府支持下设立的，旨在以台湾地区的产业利益为目标，扫描跟踪全球科技发展的前沿，通过技术联合开发或授权来进口技术，而后进行吸收、消化并给予岛内企业进行应用，相关举措取得了巨大的成功。可见，科技性基础设施是企业创新的重要前提，特别是对本土企业、民营企业以及科技型中小企业而言。随着近年来国家超算天津中心等落户，天津市的科技性基础设施建设有了长足发展，还应继续追加投资，以形成科技性的禀赋优势，助力生产性服务业的发展。三是创新主体培育不力，金融支持实体创新力度不够。企业是创新的主体，是创新动力的不竭源泉。因为天津市的外资比重过大，挤压了民族企业（尤其民营企业）的生存空间，而外资企业一般不会将核心技术放在中国研发，导致天津市创新主体培育不力，创新活力不高。目前最重要的问题仍是金融支持实体创新的力度不够。金融服务是生产性服务业最重要的行业之一，只有支持实体经济和科技创新发展金融服务业才能显示出其对经济发展的重要推动力量。金融服务一方面在募集资金，另一方面在使用资金。目前天津市的金融服务对实体经济的支持，特别是对创新活动以及科技型中小企业的支持仍显乏力，这也是导致创新主体活跃性不足的主要原因之一。

二、天津市生产性服务业的产业功能和发展取向

（一）天津市生产性服务业与工业的联动效应评价

1. 生产性服务业与制造业的联动机制

生产性服务业与工业的联动机制可以通过对工业增加值和典型的生产性服务业的面板时间序列回归模型看出。基于中国国家统计局网站公布的 2005 ~ 2014 年的年度数据，以北京、天津、河北、上海、江苏、浙江、福建、广东、重庆的工业增加值为因变量。以批发和零售业增加值，交通运输、仓储和邮政业增加值，金融业增加值为解释变量的固定效应变截距面板时间序列模型的估计结果来看，用 C 表示公截距，INDU 表示工业增加值，SALE 表示批发和零售业增加值，TRAN 表示交通运输、仓储和邮政业增加值，FINA 表示金融业增加值，有下列估计方程：

$$\widehat{INDU} = 5360.41 + 0.906\widehat{SALE} + 3.055\widehat{TRAN} + 0.598\widehat{FINA} + 0.895\ \widehat{AR(1)}$$

$$\text{t-stat}\ (2.438)\ (2.879)\qquad (4.981)\qquad (2.570)\quad (23.700)$$

$$D.W. = 2.086 \quad R^2 = 0.997 \quad adj\text{-}R^2 = 0.997 \quad F = 2419.6$$

可见，在这 9 个省和直辖市中，批发零售业，交通运输、仓储和邮政业，金融业对工业的促进作用均为正向且显著的，整体来看，批发零售业增加值每增加 1 亿元，工业增加值增加 0.906 亿元；交通运输、仓储和邮政业增加值每增加 1 亿元，工业增加值增加 3.055 亿元；金融增加值每增加 1 亿元，工业增加值增加 0.598 亿元。

2. 天津市生产性服务业发展与制造业升级

进一步地，通过面板时间序列的变系数模型可对批发零售业，交通运输、仓储和邮政业，金融业对工业的促进作用在不同地区的区别进行考察，结果如表 2 - 1 所示。

从表 2 - 1 中可以看出，批发零售业对工业的系数在天津、上海、江苏、福建、广东为正且显著，说明这些省市的批发零售业对这些省市工业的促进作用明显。而批发零售业对工业的系数在重庆为负且显著，说明在重庆批发零售业的发展对工业有替代性。具体而言，每增加 1 亿元批发零售业增加值能导致天津、上海、江苏、福建和广东的工业增加值分别增加 1.138 亿元、2.021 亿元、0.603 亿元、0.812 亿元、2.171 亿元和 1.596 亿元，会使重庆的工业增加值减少 6.306 亿元。

表 2－1　面板时间序列变系数模型估计结果

	批发和零售业增加值 SALE	交通运输、仓储和邮政业增加值 TRAN	金融业增加值 FINA
因变量	工业增加值		
系数	（样本容量：90）		
控制变量	TRAN、FINA	SALE、FINA	SALE、TRAN
截距	－209938.3***	2422.493**	579.305
北京	－0.825	0.9126	－0.314
天津	1.138***	6.2412***	1.752***
河北	0.613	4.23739***	0.905
上海	2.021*	－1.400	－0.359
江苏	0.603*	4.108***	0.738
浙江	0.812***	1.401	1.470***
福建	2.171***	7.372***	2.841***
广东	1.596**	5.558***	1.195**
重庆	－6.306**	－8.814**	0.739
模型检验			
D. W.	1.955	2.084	2.017288
R2	0.998	0.998	0.998
ADJ-R2	0.998	0.997	0.997
F	1294.874	1192.812	1199.282
F-prob	0.000	0.000	0.000

注：* 为在 0.1 水平上显著，** 为在 0.05 水平上显著，*** 为在 0.01 水平上显著。

资料来源：根据国家统计局网站发布的数据整理。

交通运输、仓储和邮政业对工业的系数在天津、河北、江苏、福建、广东、重庆的系数显著，其中在天津、河北、江苏、福建和广东体现出对工业的促进作用，而在重庆体现为对工业的替代作用。具体而言，每增加 1 亿元交通运输、仓储和邮政业增加值会使天津、河北、江苏、福建和广东的工业增加值分别增加 6.412 亿元、4.237 亿元、4.108 亿元、7.372 亿元和 5.558 亿元。在重庆，每增加 1 亿元交通运输、仓储和邮政业增加值，则会使工业增加值减少 8.184 亿元。金融业对工业的系数在天津、浙江、福建和广东的系数为正且显著，说明金融业在这些省市对工业能够起到促进作用。具体而言，金融业增加值每增加 1 亿元，天津、浙江、福建和广东的工业增加值会分别增加 1.752 亿元、1.470 亿元、2.841 亿元和 1.195 亿元。

综上，天津市在批发和零售业，交通运输、仓储和邮政业以及金融业方面对工业的边际促进作用明显且较大，虽然目前天津市生产性服务业在全国优势省份的排名中处于中间水平，但是天津市生产性服务业的效率高，发展潜力大。

（二）天津市生产性服务业对天津产业转型、升级的促进路径

1. 生产性服务业促进天津市产业结构转型、升级的路径

生产性服务业主要由以下五大路径促进天津市产业结构转型和升级。

第一，科技信息服务业深度融合改造制造业，实现“中国制造 2025”的宏伟蓝图。党的十八大政治报告提出：坚持走中国特色新型工业化、信息化、城镇化、农业现代化道路，推动信息化和工业化深度融合、工业化和城镇化良性互动、城镇化和农业现代化相互协调，促进工业化、信息化、城镇化、农业现代化同步发展。“中国制造 2025”中又明确提出要推动信息化和工业化深度融合。鼓励物联网、大数据、云存储、超级计算机、智能机器人、智能工厂等新业态，助力天津市制造业转型升级，引导天津市雄厚的制造业基础改造成为世界顶尖的高科技产业集群。不仅可以充分挖掘天津市经济发展的潜力，还能够中和级差地租上升以及劳动力要素成本提高的不利影响。

第二，金融服务业积极将社会资金引向实体，探索金融支持实体经济发展的有效机制。积极引导金融资金投向实体经济，充分发挥天津市产业基础，增强天津市城市竞争力。这是天津经济增长的潜在动力和引擎。发挥天津市在融资租赁、资金募集、金融交易市场等方面的比较优势，构建实体经济和金融投资良性互动的体制机制。通过制度安排和政府引导拓宽投融资渠道，规避金融泡沫，促进产业健康发展和转型升级。

第三，人才服务业坚持创新与实用并重，培养结构合理的多层次人才。构建多层次的人才—产业联动培养机制。在这方面天津市已经做了许多有益的探索，例如南开大学泰达学院、滨海金融协同创新中心、天津化学化工协同创新中心等。着力提高人才教育的实用性，让学校所学和社会所需结合起来。不仅要培养适合产业发展的实用性人才队伍，还应培养具备应用能力的高端创新人才、高级管理人才和高级技术工人等。

第四，节能环保业深度融合制造业和其他生产性服务业，提高转型发展效能。响应习近平总书记“既要金山银山，又要绿水青山”的号召，主动承担京津冀协同中天津市在节能环保服务方面应尽的义务。着力推进节能环保服务业同产业以及其他生产性服务业深度融合，健全环保与节能监督机制，落实违规单位的问责机制。打造宜居环境，为经济转型升级发展提供环境保障和效能

支持。

第五，批发与零售业深度融合互联网，物流运输业加强与电商的配合。天津市是中国重要的制造业基地，其制造品具有区域辐射性，产业发展具有鲜明的外向性，批发零售行业积极通过网络销售商品，依托天津港口优势和自贸试验区政策，发展跨境电商，打造全国跨境电商的重点城市。一方面将中国好的制造品销售到全国、全世界，另一方面将好的外国商品引进，倒逼制造业转型升级。

2. 生产性服务业促进天津市供给侧结构性改革的路径

2015 年 11 月 10 日，在中央财经领导小组第十一次会议上，习近平总书记指出："推进经济结构性改革，是贯彻落实中国共产党的十八届五中全会精神的一个重要举措。"2015 年 12 月 21 日闭幕的中央经济工作会议明确提出了供给侧结构性改革"五大任务"：去产能、去库存、去杠杆、降成本、补短板。天津市产业结构优化方向与供给侧结构性改革的要求是一致的。根据《2015 年天津市国民经济与社会发展统计公报》，在 2015 年天津市生产的主要产品中，天然原油、新能源汽车、平板显示器、光电子器件等产品分别增长了 13.7%、580%、27.6% 和 13.4%；而水泥、平板玻璃、生铁、粗钢等产量分别减少了 23.7%、4.4%、10.5% 和 9.5%。通过以下四个途径，天津市生产性服务业发展能够对供给侧结构性改革做出更大贡献。

第一，通过鼓励科技研发、科研成果转化、新产品研发和生产以及加强相关的配套的金融服务，天津市就会在打造优势产业、特色产业等方面更上一个台阶；通过生产性服务业升级促进制造业升级，改善制造业增量，提高产品国际竞争力，从源头避免产能过剩，达到去产能的目标。

第二，利用好五大战略叠加机遇，促进互联网和批发零售业融合，促进快递物流和交通运输行业发展，大力发展跨境电商，开拓本国产品"走出去"的商业渠道，全面化解存量产能和堆积库存。

第三，在金融服务业领域，一方面，积极引导社会资金流向实体经济，拓宽实体投资渠道，探索金融资金扶持实体经济的新体制、新机制，从而为融资租赁项目创造更多的落地机会，譬如科学发展股权众筹、P2P、P2C、C2C、O2O、B2C、B2B 等金融新业态；另一方面，加大监管和规制力度，全面降低区域金融杠杆率，减小金融风险，将系统性金融风险和"黑天鹅"金融事件的发展概率降至最低。

第四，通过全面推进体制、机制改革，破除有碍于创新发展的体制、机制束缚。利用国家自主创新示范区、自由贸易试验区等政策红利，全面降低制度成本，构建有利于转型升级、创新发展的体制、机制；借助精简审批程序、降低制度成本、推进金融改革等措施，降低附加在各类市场主体头上的不合理的成本负担，提升经济发展和创新活力。

总之，充分发挥天津生产性服务业的禀赋优势和产业优势，通过强化其与制造业的正反馈机制，促进天津市更快、更好地完成供给侧结构性改革。

（三）天津市生产性服务业对就业的促进作用

1. 天津市生产性服务业对劳动就业的影响

生产性服务业为天津市提供了大量的就业岗位。根据中国国家统计局网站数据，分行业看，2014 年交通运输、仓储及邮电通信业城镇单位（城镇单位不含私营企业，下同）就业人数为 14. 34 万人，信息传输、计算服务和软件业城镇单位就业人数为 3. 85 万人，批发零售业城镇单位就业人数为 17. 27 万人，金融业城镇单位就业人数为 8. 91 万人，租赁和商务服务业城镇单位就业人员 6. 66 万人，科学研究、技术服务与地质勘查业城镇单位就业人数为 10. 69 万人，水利、环境和公共设备管理业城镇单位就业人数为 4. 07 万人。2014 年天津市全部城镇单位就业人数为 295. 51 万人，其中生产性服务业城镇单位就业人员占比为 24. 87%。图 2 – 1 反映了近三年天津市城镇单位就业人数，其中生产性服务业的就业人数及其所占比例。可以看出，近三年来在城镇单位中生产性服务业吸纳的就业人数占全部城镇单位就业人数的比重在不断提高，尽管受 2014 年经济“新常态”的影响就业总量有所回落，但生产性服务业的占比却有了较大幅度的增长。

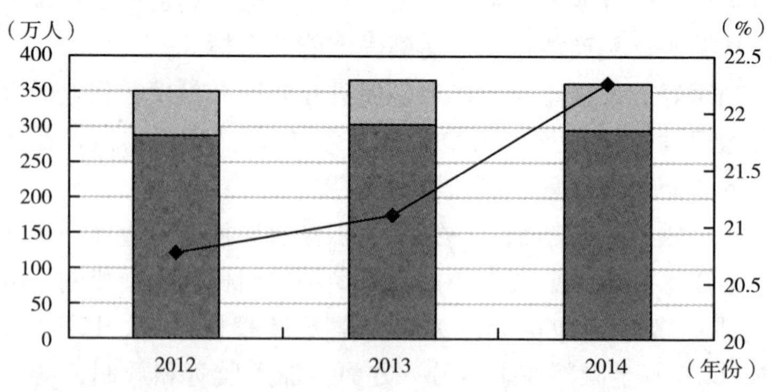

图 2 – 1　天津市生产性服务业城镇单位就业人员及比例

注：（1）柱体代表天津市城镇单位就业人员，与左边的纵轴对应；（2）柱体顶端的浅灰色部分代表其中生产性服务业就业人员；（3）折线代表生产性服务业就业占比的变化趋势，与右边纵坐标对应。

资料来源：根据国家统计局网站发布的数据整理。

图2－2反映了私营企业和个体就业人数，其中生产性服务业的就业人数及其占比情况。在私营企业和个体就业中，从2012年到2013年有过10%的较大幅度的回落，这可能部分是非私营城镇产业部门和农业部门的替代作用造成的（在这一阶段爆发了较为严重的“民工荒”和“用工荒”）。但2013年到2014年，在生产性服务业中的就业人员占全部私营企业和个体就业人员总量的近30%，这反映出在天津市产业结构升级过程中生产性服务业对劳动就业发挥出重要的吸纳功能。

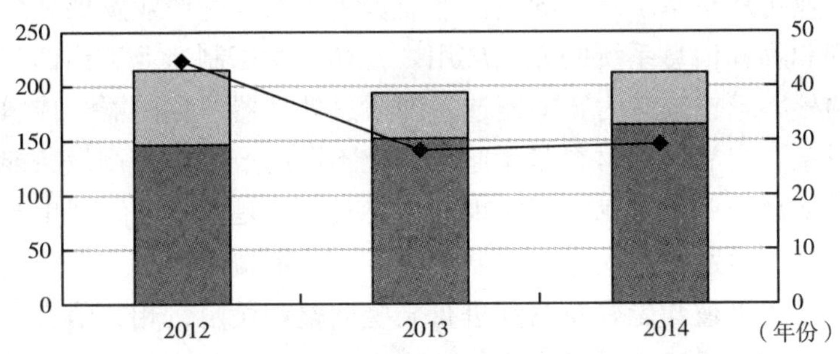

图2－2　天津市私营企业和个体就业人员人数和比重

注：（1）柱体代表天津市私营企业和个体就业人员，与左边的纵轴（单位万人）对应；（2）柱体顶端的浅灰部分代表其中生产性服务业就业人员；（3）折线代表生产性服务业就业占比的变化趋势，与右边纵坐标（单位%）对应。

资料来源：根据中国国家统计局网站发布的数据整理。

2. 天津市生产性服务业对吸附高端人才的影响

第一，生产性服务业的发展会引致对高端人才的需求，增强天津市对高端人才的吸附能力。只有当生产性服务业发展到达一定程度，对特定的生产性服务业人才岗位需求才会出现，对特定高素质人才的需求才会被挖掘出来，而正是在这一发展阶段，发达的生产性服务业和制造业集群才能对高端人才形成强大的吸附能力。生产性服务业先进国家的经验表明，生产性服务业发展越发达，它对高端人才的需求就越大。这类情形在科技研发、法律咨询、金融投资、信息化网络化、大数据、物联网、云技术等领域尤为突出。

第二，生产性服务业有助于促进传统工业特别是制造业的升级，驱使其向产业链上游运动，进而增强天津市工业特别是制造业对高端人才的需求和吸附能力。生产性服务业对传统工业尤其是制造业能起到改造作用，促使其不断升级。一方面生产性服务业提供了工业特别是制造业发展的一系列软件和硬件基础；另一方面生产性服务业又是有利于工业特别是制造业发展的制度环境的重要的有机组成部分。生产性服务业的发展同时会引致在工业特别是制造业部门对高端人才的需求和吸附能力。

（四）国际视域中的天津生产性服务业发展取向

1. 德国工业 4.0 对发展天津生产性服务业的启示

工业 4.0 被德国首次提出后旋即在全球引起轰动。天津生产性服务业如何抓住第四次产业革命历史机遇，走在中国 2025 战略规划的发展前沿，德国工业 4.0 为我们提供了宝贵的前瞻性视角。

德国工业 4.0 是基于发达的实体产业提出来的一种产业发展理念，其特点是对物联网和物理信息系统的充分应用。譬如，德国制造业巨头西门子公司把工业 4.0 的核心思想定义为智能制造，即通过处理器、存储器、传感器和通信模块，把设备、产品、原材料联系起来，让不同的产品与生产设备能够实现互联互通并交换命令。工业 4.0 将实现两个突破。一是通过网络把生产车间和消费者连接起来，通过模块化生产定制产品。一个消费者可以用自家的电脑下订单，按照自己的兴趣和爱好对商品进行某些调整和设定，相关信息会通过互联网发送给厂商，然后厂商通过模块化的生产线生产定制化的产品，原来仅能生产一种产品的标准化生产线被改造为可以生产多种个性化产品的生产线，并且随着生产技术的革新，次品率和成本都能被降得更低。二是通过物联网实现生产机器之间的信息交流，进而实现无人工厂。例如，德国博世伊门斯塔特工厂将其生产的每一个汽车刹车零件都配备一个唯一的射频识别码。零件进入生产线的任何一个阶段，生产线上的机器人会读取射频识别码上的信息，确定自己该进行什么操作，譬如切割、焊接、旋转等操作。不同的射频识别码中包含的信息不同，对应的采取的操作程序也不相同。产品会告诉下一工序的机器应该做什么，由机器按照程序指令自行确定该怎么做，这样的生产车间不仅大幅提高了劳动生产效率，而且大幅精简了工人的数量，仅在质检等少数环节需要少量工人。

可以看到，德国的工业 4.0 意图实现的是互联网、物理信息系统以及传统制造业的深度融合，而这一融合又离不开德国先进的科技研发以及金融的帮助。在德国工业 4.0 的宏伟蓝图中，生产性服务业和制造业将有机地融合为一体，互相促进：首先是金融体系对实体制造业和生产性服务业的支持；其次是互联网联系客户与工厂，使二者能够实现充分沟通；最后是强调科技升级对制造业的改造作用，让科技进步与制造业升级形成互助提升的良性关系。德国工业 4.0 的兴起是自下而上的，当德国制造业发展到一定程度时，它自然而然地对生产性服务业发展以及对生产性服务业与制造业的融合产生了需求。

德国的工业 4.0 给天津市生产性服务业发展带来三点启示。

首先，通过制造业的高端化培育生产性服务业的自主创新品牌。目前，天津市高端制造业不仅整体水平有限，而且其外资比重较大，在高端制造业中外资占比更大。跨国公司一直把天津市当作资源廉价的制造基地而非技术密集的研发基地，这导致天津市对各项生产性服务业的配套需求不高，不利于生产性服务业的发展与升级，同时这也阻碍了制造业本身的发展。因此，当务之急是扶持和发展本土的高技术制造业企业，鼓励本土的生产性服务业发展，催生和强化制造业与生产性服务业相互支撑的良性循环机制。

其次，基于天津市生产性服务业的特色和优势，发挥生产性服务业对制造业转型升级的带动作用、改造作用。

最后，天津市在发展生产性服务业过程中应注重区域性协同发展，即抓住京津冀一体化战略发展自身，并吸纳国内其他先进省市的溢出效应，使天津生产性服务业在多层次的协同发展中不断实现升级。

2. 美国的生产性服务业发展经验与启示

与德国相比，美国本土的产业基础显得相对薄弱。这主要源于美国20世纪80年代以后的“去工业化”现象。20世纪80年代由于美国的币值被高估，涉外经贸部门面临严重的困难，汽车、钢铁、纺织和农业的产品在国际上的竞争力因其产品相对价格上升而急剧降低，大量的美国工厂倒闭。美国跨国公司开始逐步将不再具备比较优势的制造业向国外转移，本土则保留高端产业和工业设计、研发、金融、信息服务等生产性服务业。这一举措不仅使得美国跨国公司能够在全世界寻找最廉价的生产资料和劳动力，而且使美国本土工业处于产业价值链的上游，在全球价值分配和产业链分工中占据绝对的主导权。当然，“去工业化”和“全球化”在给跨国公司带来丰厚利润的同时，也给美国带来巨大的失业压力。根据美国官方最新报道，美国的实际失业率仍在10%以上。

从奥巴马提出“再工业化”到特朗普以保守主义路线赢得总统大选，这些都证明美国在反思“去工业化”和“全球化”的不利后果。美国在探索一种有别于德国的“再工业化”道路，即通过互联网、大数据、云存储、3D打印等新业态重塑制造业。例如，2009年美国政府颁布了《重振美国制造业框架》，2011年6月启动抢占制造业上游控制权的“先进制造业伙伴计划”，2012年3月颁布了“国家制造业创新网络计划”，同年8月成立了“3D打印机制造创新研究所”。此后，在美国陆续成立了“轻型和当代金属制造创新研究所”“数字制造和设计创新研究所”“新一代电力电子制造研究所”“复合材料制造研究所”等。2013年1月，美国政府公布了《国家制造业创新网络初步实施方法》，计划出资70亿美元建立美国制造业创新网络（NNMI），通过技术手段（如数字化、新能源、新材料等）实现制造业创新，并将此创新队伍打造成为拥有先进制造能力的创新集群。后来由通用电气牵头，在政府主导下成立了工业互联网联盟（IIC），汇集了通用电气、思科、IBM、英特尔、AT&T 等企业，采用开放机制，对许多核心数据进行共享。云存储、人机互联、大数据等都是 IIC 的研究课题。可以看出，IIC 旨在通过 IT 技术合作，实现 IT 激活制造业，让物理世界和数字世界实现融合。

从上面可以看出，与德国不同，美国的思路更加强调政府的积极引导。首先，通过产业政策及其他配套措施促进生产性服务业发展以及生产性服务业与制造业的融合。其次，更加重视发挥自身互联网领域的优势，通过互联网改进传统产业。再次，依托雄厚的科研服务实力，制定合理的产业政策，鼓励新技术的应用，鼓励企业研发投入。最后，鼓励在生产性服务业中的大企业联合，重视生产性服务业企业发起的产业链整合并购。

美国的经验告诉我们，首先要突出政府在生产性服务业发展中的积极作用。其次要树立产业链思维，强调产业集群培育，注重产业链条不同环节，尤其是生产性服务业环节和制造环节的互相配合与互相促进的作用。

3. 日本的生产性服务业发展经验与启示

面对第四次技术革命来袭，日本突出机器人的应用和人工智能的发展。日本选择这一发展方向，也是顺应自身比较优势的结果。2012 年，日本机器人年产值约为 170 亿元，占全球近 50% 的市场份额，尤其是在机器人的主要零部件领域，日本甚至占据高达 90% 以上的市场份额。2015 年 1 月日本制定了“机器人新战略”的国家级战略，并从以下三个方面加以落实。

一是由政府推动建立“产、官、学”结合的具有世界领先水平的创新平台。日本成立“机器人革命促进会”，负责协调产业界、政府以及学术界不同机构的职责分配，推进机器人新战略实施。机器人革命促进会还负责起草技术应用及国际合作的实施方案（如日美在自然灾害应对机器人共同开发的国际合作方案）。不仅如此，日本机器人革命促进会还能够提供最前沿的实验环境，开展国际研发合作等，切实促进创新成果的产生。

二是通过技术优势和产品竞争力来占据世界市场。日本的机器人因技术尖端、质量好而广受好评，在世界范围内有广阔的应用市场，涵盖了制造业、服务业、自然灾害应对、医疗、基础设施、大型工程建设、农业生产等领域。特别值得一提的是日本机器人在医疗领域取得的成绩。如 Fasotec 公司利用 3D 打印机打印出了能够供医学研究的仿真器官，如仿真肺叶，其血管脉络、质感等方面和人体的“肺”几乎相同；东京大学医学系附属医院利用 3D 打印技术和基因工程技术成功开发了能在短时间内批量生产的可移植人体皮肤、关节等。

预计未来五年内，日本政府将出资 25 亿日元资助 5 个科研组织开发可移植人体组织器官的 3D 打印技术。可以说，日本以机器人研制为核心的高新技术产业在国际市场上赢得了较好的声誉。国际市场对日本相关产品需求的不断增加将为日本经济发展注入新的活力。

三是加强网络互联，积极发展人工智能。通过大数据、云计算和互联网技术，机器人将不再依靠一个集中的控制系统控制，进而控制中心被非中心化的控制单元取代，这使得单独行动的机器人具备了发展人工智能的条件。日本在机器人新战略中格外强调人工智能，要求机器人要具有传感系统、智能控制系统、驱动系统等，并且智能化水平不断增强。

我们可以把日本的产业发展经验概括为如下两点。一是找准自身禀赋优势，培育具有世界领先地位的机器人和人工智能产业；二是构建“产、官、学”良性互助的研发平台并加速研发成果向应用转化。

日本的生产性服务业发展经验告诉我们，首先，应寻找自己的发展优势。日本选取机器人这一有前途的领域是基于其本国的禀赋优势。天津市应审视自己发展的现状，着重培育有自己特色的优势生产性服务业。其次，应着手构建类似日本的产—官—学研发平台，这一平台将研发工作从传统的微观企业层面提升到公共经济管理层面，技术溢出效应更大，效果更好，更能促进生产性服务业对实体经济的促进作用。

4. 德美日三国生产性服务业发展小结

生产性服务业的发展在当前新一轮技术革命时期格外重要。首先，科技性生产性服务业能够直接提高全要素生产率，教育培训业能够提高劳动生产率，进而提高每单位要素投入所带来的产出。其次，各类信息服务、仓储、运输、邮政、商务服务等生产性服务业等能够减少资本周转时间，加快资金流转效率，对生产活动起到强促进作用。再次，金融业能够为生产以及技术改造升级提供资金融通，扶持企业创立和发展，支持创新，为经济增长注入活力。最后，环境保护类生产性服务业能够在经济发展的同时兼顾生态环境，能够响应习近平总书记“既要金山银山，也要绿水青山”的号召。

在应用生产性服务业助力新技术革命时代的创新发展中，美国、德国和日本模式各有特色，也有共性，其共性主要体现在以下三个方面。首先，都注重依托本国优势制定适合本国国情的产业发展规划，突出强调生产性服务业和制造业的协同作用，如德国的工业 4.0 是基于其先进的制造业基础。美国的再工业化是基于其优势的技术、金融、知识储备和人才资源，日本的机器人发展战略是基于日本在智能技术方面已取得的世界领先地位，而在这些规划中，生产性服务业和制造业互为关键支撑。其次，政府在创新引领新经济增长中起到积极作用，直接通过产业政策等参与产业规划的制定和实行。德国的工业 4.0 中政府直接为企业创新站台，美国的再工业化战略中政府提供的各类优惠政策也功不可没，日本则由政府直接制定《机器人新战略》。最后，生产性服务业的发展不能离开生产性活动。美国次贷危机的爆发和德国经济近年来的出色表现给予世界一个警醒，即生产性服务业不应脱离实体制造业，一旦实体经济与虚拟经济脱离，生产性服务业中的金融业及其相关产业将畸形膨胀，而其他生产性服务业和制造业一起发展受阻，要避免这种情况的发生，就要政府积极干预经济，规制生产性服务业平衡发展并充分支持实体制造业，同时鼓励实体制造业不断转型升级以获得新的增长动力。

5. 天津市生产性服务业发展取向

（1）建成全国领先的生产性服务业集群。生产性服务业与制造业之间具有极强的相互促进关系。因此，天津市在发展制造业集群过程中，应大力发展生产性服务业。为此，通过多渠道引导社会资金投向生产性服务业，鼓励民营生产性服务业发展，鼓励生产性服务业 PPP 项目，争取在 2020 年建成全国领先的生产性服务业集群。

（2）瞄准尖端，找准定位，发展有特色的、高端化的生产性服务业。德国、美国和日本的发展政策表明，夺取第四次工业革命制高点的竞争序幕早已拉开。我们必须充分认识自身优势，扬长避短才能在本轮技术革命的激烈竞争中取得先机。为此，瞄准尖端，找准定位，发展有特色的、高端化的生产性服务业是最基本的战略取向。

（3）借力供给侧结构性改革发展生产性服务业。供给侧结构性改革将推动中国产业结构转型和升级，它不仅为生产性服务业发展提供新取向、新机遇，而且为生产性服务业发展提供新动力、新领域。

三、发展瓶颈与政策建议

（一）天津市生产性服务业的发展瓶颈

1. 外向型经济结构易受国际经济环境影响

天津市经济以外向型为主，受世界经济震荡调整的影响严重，天津面临从外向型向内向型经济转型的路口，工业特别是制造业部门内部逐渐分化，高技术产业发展向好，低技术产业逐渐淘汰，倒逼生产性服务业升级。根据《2015 年天津市国民经济与社会发展统计公报》，2015 年全年天津市外贸出口总额 1143.47 亿美元，下降 14.6%，其中进口 631.64 亿美元，下降 22.3%，出口511.33亿美元，下降2.7%。在出口商品中机电产品出口360.36亿美元，占全市出口的70.4%；高新技术产品出口197.09亿美元，占全市出口的38.5%。这说明在全球经济不景气的大背景下，高端产业才能有更大的生存空间，生产性服务业必须升级配套高端产业才有发展前途。

2. 相关体制、机制有待完善

官—产—金—学—研的良性互动体系尚未建立完善，有利于创新发展的制度环境有待完善，实体经济和金融体系的相互支持机制有待增强，多层次的实用创新型人才的培育及其对产业的支持和匹配作用有待加强，各类市场主体的科技研发热情有待激发，科技金融业有待进一步发展。官—产—金—学—研体系是一个封闭的回路，其原理如图3－1所示。一个能够不断向前健康创新型发展的经济需要官、产、学、研各主体的通力配合，政府是这一机制的设计者和维护者，而健康的金融乃至整个生产性服务业体系则是有效的润滑剂，可以让官、产、学、研各主体互相促进的作用更加明显。

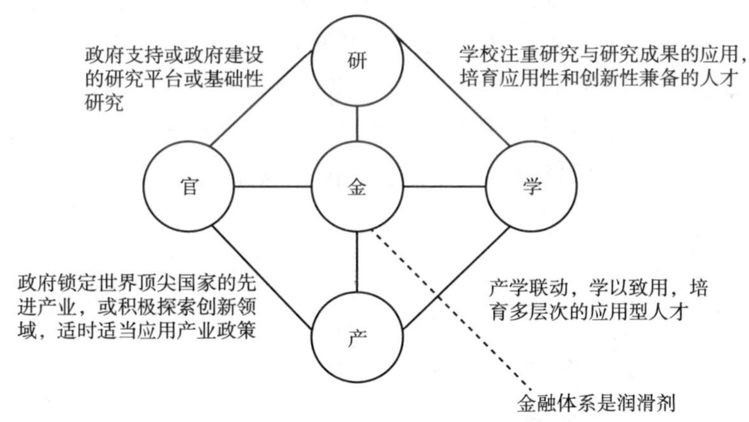

图3－1　官—产—金—学—研互促机制

3. 工业领域的外资占比过大且内资盈利能力不强

在工业领域中，外资占比较大且盈利能力较强，内资盈利能力较差，这会使工业基础受国际经济环境不确定性冲击的风险增大。根据天津滨海新区第三次全国经济普查数据（下同），2013年工业部门内资资产总额为8482.8932亿元，外资资产总额为3612.6270亿元，港澳台资产总额为1831.0027亿元。盈利状况上2013年工业部门中内资营业收入为8258.0227亿元，外资营业收入为5973.9982亿元，港澳台资营业收入为2324.7078亿元。以每单位资产营业收入衡量资产效率，内资仅为0.97元，港澳台资稍好，为1.27元，而外资为1.65元，遥遥领先，如图3－2所示。

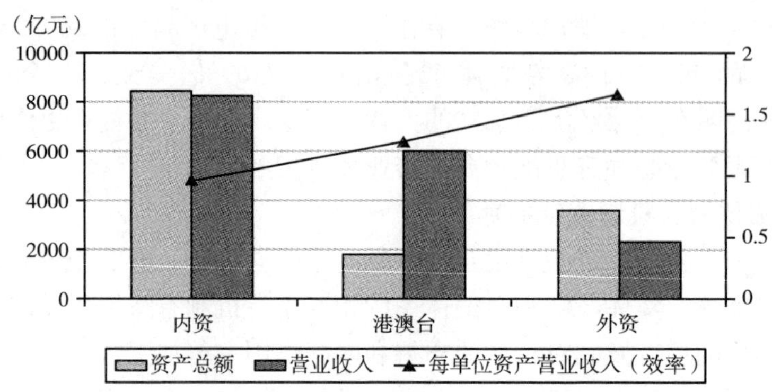

图 3－2　工业部门内资、港澳台和外资经济体量与绩效

资料来源：天津滨海新区第三次全国经济普查数据。

在生产性服务业方面，情况则相反，内资为主要的贡献力量。以交通运输业为例，2013 年行业内资营业收入 1231.5658 亿元，港澳台资为 118.5359 亿元，外资为 144.5392 亿元；资产总额上内资为 3990.91 亿元，港澳台资为 423.3428 亿元，外资为 302.7323 亿元，可见无论从资产总额上还是从营业收入上，在交通运输业中内资均占据了最大比重且遥遥领先。但是内资在交通运输业的效率上却不高，从每单位资产的营业收入看，内资为 0.309 元，港澳台资为 0.28 元，但低于外资的 0.477 元。如图 3－3 所示。

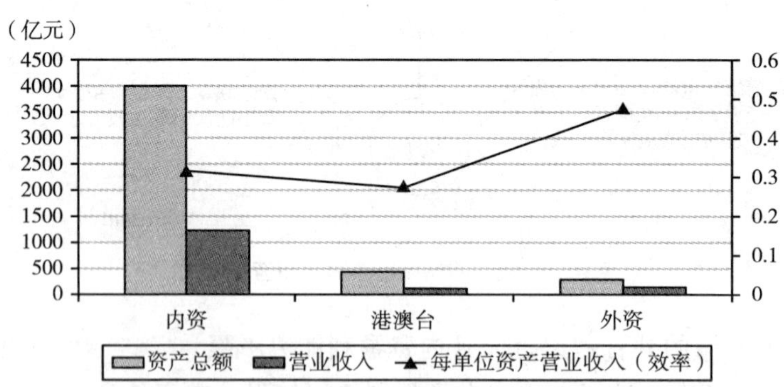

图 3－3　交通运输业内资、港澳台和外资经济体量与绩效

资料来源：天津滨海新区第三次全国经济普查数据。

从科研活动来看，2013 年滨海新区规模以上内资企业 777 家，其中有 R&D 活动的企业有 292 家，占 37.58%，有专利发明的 206 家，占 26.51%，有研发机构的 143 家，占 18.40%，有新产品的 268 家，占 34.49%。港澳台资规模以上企业数 149 家，有 R&D 活动的企业数 30 家，仅占 20.13%，有专利发明的有 16 家，仅占 10.74%，有研发机构的只有 14 家，占 9.40%，有新产品的29家，也只占19.46%。外资规模以上企业数488家，有R&D活动的86家，仅占17.62%，有发明专利的47家，占9.63%，有研发机构的42家，占8.61%，有新产品的81家，占16.60%（说明外资主要依靠母国研发），如图3-4所示。可见，内资企业的研发活力和创新能力是最高的，中国的科技创新和产业升级不能寄希望外资有所作为。

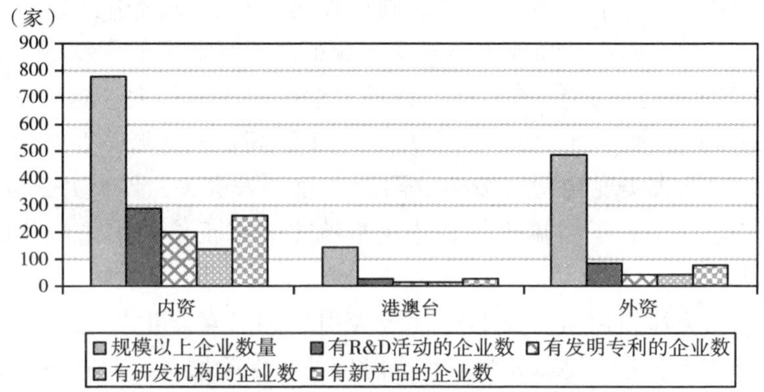

图3-4　科技研发强度的内资、港澳台和外资企业状况比较

资料来源：天津滨海新区第三次全国经济普查数据。

批发零售行业中，从营业收入看，内资营业收入为13268.0139亿元，港澳台资为509.2111亿元，外资为941.3615亿元。从资产总额来看，内资为5203.0093亿元，港澳台资为269.7619亿元，外资为446.9499亿元。可见，在资产总额和营业收入上，内资占批发和零售行业的主导。即使从资产效率来看，每单位资产内资营业收入为2.55元，超过港澳台资的1.89元和外资的2.11元，说明内资在资产效率上也是最高的。如图3-5所示。

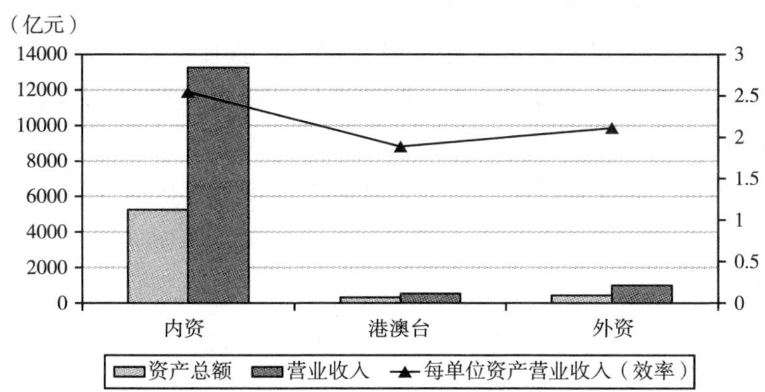

图3-5　批发与零售业内资、港澳台和外资经济体量与绩效

资料来源：天津滨海新区第三次全国经济普查数据。

上述分析表明，从长远看，如果过于倚重外资和外向型经济，势必会抑制本国资本在制造业方面的技术创新和产业升级潜力，进而会抑制生产性服务业向价值链高端发展的能力。

（二）发展天津市生产性服务业的政策建议

（1）依托天津市相对成熟的软、硬件设施，更多地吸引世界上先进的制造业企业，特别是那些已经位于第四次产业革命浪潮潮头的创新型大企业来天津设厂。制造业越是高端，它对生产性服务业的需求就越大，高端或尖端制造业可以促进生产性服务业发展。在低端产业集群固化的区域，注意积极引导制造业升级；对无法实现转型升级的夕阳制造业，采取关、停、并、转的策略，“腾笼换鸟”。一个趋于高端化的制造业基地才能真正培育出高端化的生产性服务业集群。

（2）利用天津自由贸易试验区优势吸引全国乃至全世界优秀的生产性服务业落地，尤其重视发展商务服务、金融信托、保险服务、科技咨询、生产性法律服务、数据分析服务、跨境电商等中高端生产性服务业；培养与国际接轨的先进的生产性服务业集群。

（3）在京津冀协同发展中，充分利用北京市发达的科技和文化环境，承接其生产性服务业的转移，引进其科研、信息、科技金融等高端生产性服务业，从整体上提升天津市生产性服务业水平。

（4）通过金融服务业特有的市场功能和机制创新，为天津市生产性服务业发展构建一个“官—产—学—研”平台；通过发达的金融体系为高端人才培养、科技研发、科研成果转化与应用、高技术企业的发展扶持、科技性基础设施和外溢性基础科研提供资金，提高“官—产—学—研”体系的运行效率，形成产业升级和经济发展的内生动力。

（5）应当充分认识到内资才是支撑天津生产性服务业可持续发展的关键性力量。为此，通过一系列供给侧结构性改革，降低内资企业的税负、融资成本和管理体制上的成本，切实加大对内资生产性服务业的支持，增强其在市场竞争中的影响力、活力和控制力，避免被跨国公司定格在价值链低端。

天津市生产性服务业发展研究

（天津市经济发展研究院　周腾飞　李　李　黄晓晴）

一、研究背景和意义

（一）研究背景

1. 大力发展生产性服务业符合天津城市定位

“十三五”时期，天津市生产性服务业发展面临新的机遇和挑战。京津冀协同发展、自由贸易试验区建设、国家自主创新示范区建设、“一带一路”建设和滨海新区开发开放等五大战略机遇叠加，为天津生产性服务业发展既带来新机遇也提出了新要求。

目前，天津在京津冀协同发展中的功能定位为：全国先进制造研发基地、北方国际航运核心区、金融创新运营示范区、改革开放先行区。这一全新定位给天津带来了重大机遇，在此机遇推动下，近年来天津经济发展速度逐年提高。天津市的产业已经形成了“三二一”型结构。2016 年生产性服务业占 GDP 的比重为 37.6%，远远低于世界上已建成经济中心的大都市。目前，京津冀协同发展战略是我国最重要的国家战略之一，京津冀一体化成为各方关注的焦点。加快协同发展步伐，提升综合竞争力，有利于加快形成京津冀增长极，打造我国经济增长和转型升级的新引擎。在上述背景下，大力发展生产性服务业是天津加快实现城市定位、促进产业结构优化升级的重要基础。

2. 三产融合趋势加剧，生产性服务业地位显现

国际经验表明，制造业发展到一定阶段后其附加值和市场竞争力的提升更多的是靠生产性服务业的支撑。生产性服务业与制造业互动发展有助于促进产业向价值链高端攀升，提高产品质量和降低产品生产成本从而使附加值更高，实现服务业与农业、工业等在更高水平上有机融合，并通过技术和设计的创新

和新型商业模式的不断推出使产业结构得到优化升级。随着生产专业化程度的不断提高和生产过程的社会化发展，企业在生产经营中的联系日益紧密，因此，在生产过程中对生产性服务的需求量急剧上升。

生产性服务业具有中间投入性的特点，因此，生产性服务业具有较强的产业关联性。产业关联是产业间以各种投入品和产出品为纽带的技术经济联系。在生产过程中，一个产业部门不是被动地接受其他相关部门的产品或者服务，而是依据本产业部门的生产技术特点和产品结构特性，对所需相关产业部门提出各种工艺、技术标准和质量等特定要求，以保证本产业部门的产品质量和技术性能，正是这一要求使得产业之间的生产工艺、操作技术等方面存在必然的联系。

生产性服务业具有为其他产业提供中间服务、中间需求率在 50% 以上、与其他产业关联度较高，以及被其他产业直接消耗的系数水平也较高等一系列特点，说明在生产性服务业的发展中由其他产业生产过程中所产生的中间需求因素是更为重要的影响因素。此外，根据其服务内容的衍生和拓展情况来看，生产性服务业本身就是企业或产业生产活动分工深化拓展的直接结果。

目前，我国生产性服务业没有形成独立的专业化产业，因此难以满足先进制造业的需求。由于本土生产性服务业专业化不强，许多外商投资企业就不得不采取自带生产性服务的方式以满足生产的需求。制造业升级主要包括流程升级、产品升级、功能升级和部门升级四个层面。可见，制造业为生产性服务业发展创造需求空间，生产性服务业水平的高低决定了制造业专业化水平的高低。生产性服务业应以服务于制造业为立足点，针对产业集群内企业提供社会化、专业化的生产性服务。

（二）研究意义

1. 符合经济发展的一般规律

一般来讲，在初级产品生产阶段，以发展住宿、餐饮等个人和家庭服务等传统生活性服务业为主；在工业化社会，与商品生产有关的生产性服务迅速发展。生产性服务业作为现代经济发展水平的一个重要标志产业，是经济发展阶段的产物。国际经验表明，制造业发展到一定阶段后，其附加值和市场竞争力的提升更多的是靠生产性服务业的支撑，制造业对服务业的需求越来越大。

在工业化后期，随着制造业企业规模的扩大、国际市场竞争加剧，特别是高新技术的发展，企业内部的服务项目不断分离出来，广告、咨询调查、中介、营销等商务服务业发展较快。同时，生产性服务业的内部结构调整加快，研发设计、电子商务、移动增值等一些新型业态开始出现并迅速发展。目前，天津正处在工业化后期阶段，生产性服务业对城市经济发展的带动作用凸显，生产性服务业的主导地位开始显现。

2. 促进天津产业机构升级，实现可持续发展

大力发展生产性服务业，能够促进天津产业升级，提高经济发展的质量和效益。发展生产性服务业，能够很好地解决城市制造业外迁后的产业接续和产业替代问题，有助于占领产业发展的高端，提高产业结构中高端、高效、高附加值产业的比重，推动产业结构优化升级。另外，生产性服务业能够与高技术产业、现代制造业等其他产业形成良好的融合与互动，对高技术产业、现代制造业等产业的发展产生渗透作用，不断提高城市经济发展的质量和效益。

生产性服务业有助于增强天津的自主创新能力。生产性服务业以其高知识、高技术含量占据产业链高端环节，对创新资源有较强的控制力，能够很好地将创新资源转化为创新成果，营造城市创新氛围。生产性服务业对知识创新和服务创新都具有直接和主导性的作用，对技术创新也具有间接性的促进作用。发展生产性服务业对城市创新能力的提升有着重要的意义。同时，生产性服务业对其他产业的渗透和支撑作用，也将推动创新成果在各个领域的产业化应用，提升创新对各行业领域的促进作用。如研发服务业通过将高技术领域创新成果的产业化，推动高技术制造业和现代制造业行业的技术创新。

生产性服务业有利于推动天津经济可持续发展。首先，生产性服务业能够为新型工业化提供高水平的生产性服务中间投入，占领产业价值链的中高端环节，不断挖掘经济效率提高的源泉。其次，生产性服务业的发展，有利于加快现代信息技术成果在整个社会再生产过程的应用，促进产业技术进步，更好地实现以信息化带动工业化。最后，经济发展方式转变，更强调生态建设、环境保护，处理好经济发展与人口、资源、环境的关系，走资源消耗低、环境污染少的道路。以知识和信息密集为特征的生产性服务业，将大大降低经济增长对资源投入的依赖，提高资源利用效率，有利于建设资源节约和环境友好型经济，实现经济可持续发展。

二、生产性服务业的内涵和结构

（一）生产性服务业的内涵和外延界定

1. 生产性服务业内涵

按照服务活动的主要功能属性，服务业可划分为生产性服务业、消费性服务业和公共服务业三大类。生产性服务业是指以人力资本和知识资本作为主要投入，直接或间接为三次产业的实物生产和服务生产过程提供中间服务的行业。这些行业提供的服务不直接提供给消费者用来满足最终需求，而是提供给其他商品和服务的生产者用来满足中间需求，发挥中间功能，具有经营性和可贸易性的特点。农业、制造业和服务业的发展都需要生产性服务，但在工业化阶段，生产性服务业的主要服务对象是制造业。

2. 生产性服务业外延界定

生产性服务贯穿于一项产品或服务的生产与提供过程的诸多环节，其范围包括金融、保险、法律、会计、研究开发、管理咨询、通信、现代物流等。国家统计局将生产性服务业分为五大类：一是流通服务（交通运输、仓储、邮政、批发业）；二是信息服务（电信和其他信息传输服务业、计算机服务业、软件业）；三是金融服务（银行、证券、保险、其他金融活动）；四是商务服务（租赁业、商务服务业）；五是科技服务（研究与实验发展、专业技术服务业、科技交流和推广服务业、地质勘探业）。考虑到数据的可得性，本文主要参考《北京市生产性服务业统计分类标准》，将生产性服务业按照业务活动的特点划分为流通服务、信息服务、金融服务、商务服务和科技服务 5 类。共涉及《国民经济行业分类》（GB/T4754—2002）中的交通运输、仓储和邮政业，信息传输、计算机服务和软件业，批发与零售业，金融业，租赁和商务服务业，科学研究、技术服务和地质勘查业 6 大行业门类（见表 2 - 1）。需要说明的是，上述 6 大行业门类所提供的服务并非全为生产性服务，如金融业也提供面向消费者的服务，交通运输业中的旅客运输业、批发与零售业中的零售业主要也是面向消费者，但受数据资料所限，一般直接利用上述 6 大行业门类的数据作为生产性服务业的统计数据。

表 2 - 1　　生产性服务业类别及涉及的行业分类

生产性服务业类别	涉及的行业门类
流通服务	交通运输、仓储及邮政业（F），批发和零售业（H）
信息服务	信息传输、计算机服务和软件业（G）
金融服务	金融业（J）
商务服务	租赁和商务服务业（L）
科技服务	科学研究、技术服务和地质勘查业（M）

（二）生产性服务业特点

生产性服务业属于服务业的核心构成，必然有着服务业的一般属性，即非实物性、不可贮存性以及生产和消费在时空上的高度一致性。同时，生产性服务业还具有区别于传统服务业的自身独有的特点。

中间投入性。作为生产性服务业最本质的属性，中间投入性可使生产性服务业与其他消费性服务业进行有效的划分。企业、政府或其他组织为了创造出更高的附加值，将在生产者服务市场之中购入的有关中间投入产品，投入后续的生产流程中。生产性服务业位于生产流程的中间环节，而并非属于直接针对最终消费者的行为，提升企业的实际生产效率并带来更多的价值是其目标。

产业关联性。生产性服务业是服务于生产性企业的，其投入为中间投入，因此其必然要与其他产业保持紧密的联系。一方面，生产性服务业是从制造业中分离出来的，是产业内企业提升专业化效率后剥离的辅助功能，故而仍与原产业有千丝万缕的联系。另一方面，其他产业从需求和供给两方面对生产性服务业有显著的作用，即其他产业不仅在需求端为生产性服务业提供市场和业务，同时也在供给端给其提供对应的资源以及人才。因此，其相对于其他类别的产业而言存在着较为紧密的关联，自身无法单独存在。

知识、资本、技术密集度高。和服务业之中的其他服务对比，此类服务还具备着一项较为显著的特性，就是对知识、技术和高素质人才非常依赖。生产型企业将自己生产与销售环节的辅助性功能剥离出来作为单独产业，进而成为生产性服务业之后，必定需要其供给的产品和服务相对于独立之前具备更为理想的质量以及效率，这使得其有着较高的专业化要求。所以此类产业需要依托于配套的知识和技术，以及具备更高素质的人才。

外部化趋势。在生产型企业的发展过程中，逐渐增大的规模和日益激烈的市场竞争促使企业将原本自己完成的、但不擅长的和不愿意花费精力的辅助性服务功能剥离到自身以外，外包给其余专业的企业，演变为一种独立化的产业，该流程就属于外部化。同时生产性服务业企业随着发展也会将业务更加细分，将部分业务剥离，进行又一轮的外部化，使得有关行业更为细化且更为专业化。而等到其细化到一定程度后，单类业务的产品和服务范畴会依托于技术的成长而不断拓展，最终的成果就属于有关的企业服务范围扩展到全球。

地理聚集性。一方面是向城市聚集，与城市规模的扩大相辅相成，主要是由于城市基础设施完善、人口密集、资金集中，且拥有大量工业企业和科研机构，为生产性服务业提供了广阔的市场、便利的交通、充足的资金和高素质的人才，使得生产性服务业获得更好的发展条件；另一方面是同产业聚集，促使生产性服务业企业在地理区位上逐渐集中的原因是聚集经济效应，这种效应来自于生产性服务业企业聚集后相互交易带来的外部性溢出。在世界经济联系日益紧密的今天，这种聚集效应愈发明显，在世界范围内产生了许多产业聚集的标志性地区和城市，例如纽约、伦敦、香港形成了金融中心，聚集了大量金融保险业机构；班加罗尔和硅谷则依靠软件开发和计算机服务等企业的聚集成为信息服务产业中心。

三、国内外大都市发展生产性服务业的经验

（一）国内外典型大都市生产性服务业发展的路径和特点

1. 纽约

纽约是美国人口最多的城市，也是城市规模最大的城市。得益于在金融、物流等生产性服务性领域所取得的巨大的成就，纽约确立了全美乃至全球首屈一指的经济实力，并在长期发展中，发展成为全世界最为著名的大都市。

纽约特有的地理位置优势和空间布局是其成为美国中心城市的重要基础。位于哈德孙河河口的纽约毗邻大西洋，可以通过多条内陆河与大西洋实现无缝联结，而 1825 年伊利运河的通航，更使得纽约成为另一个美国早期的经济中心区域——五大湖区的出海口，这也使得早在 18 世纪，纽约就已经成为美国东部最为重要的交通枢纽，进而实现了经济资源在纽约的大量聚集，最终推动了纽约经济的飞速发展。

伴随着交通中心纽约经济的发展，纽约开始利用金融市场为其经济赖以发展的伊利运河、伊利铁路、太平洋铁路等交通中枢筹集资本，当这些交通行业证券在纽约证券交易所以早期的蓝筹股的身份而进行密集的交易和市场炒作之时，纽约证券交易所以及 20 世纪所建立的纳斯达克股票交易所，就成为引领纽约都市金融发展的主要驱动力。

通过证券市场、外汇市场、资本市场的长期发展，到次贷危机发生之初的 2008 年，纽约资本市场已经掌控着全球超过 40% 的资本，纽约证券交易所和纳斯达克是全球证券交易金额和股市市值排名前两位的两家证券交易所，联邦储备银行纽约分行掌控着美国政府的公开市场交易，仅金融业雇佣的雇员数就达到近 35 万人，其收入总额大致占纽约全市总收入的 35%，更是凸显了金融业在纽约的超然地位。

纽约与周边的中小城市、集镇，形成了非常完整的产业价值链条。一方面，纽约借助于高达发达的金融业，从周边地区大量吸纳社会资本，充分发挥资金和资源的集聚，进一步支撑了纽约的金融业的飞速发展。另一方面，纽约经济的高速发展，持续提升了纽约的产业运营成本，又通过市场化手段，迫使制造业产业和就业人口，逐步从纽约向周边地区扩散，纽约高度发达的金融、物流等生产性服务业产业基础，又为周边地区的经济发展提供了强大的资金、

技术、物流、专业服务等经济支撑。因此，围绕纽约地区，自然形成了发达的经济网络，纽约恰恰成为联结这一经济网络的核心要素。

通过与周边区域的密集的资源流动机制，在纽约的周边区域，费城、波士顿、华盛顿等城市，包括更为遥远的五大湖区的芝加哥、底特律、克利夫兰都在不同制造业产业，甚至独具特色的专业服务领域形成专业化的分工机制，从而在纽约周边，形成众多各具产业特色和地域优势的二级乃至三级区域经济中心，最终形成了分工明确、区域协调的大纽约地区区域经济网络。

经过多年的发展，纽约已经形成了以金融和物流为核心，信息服务、文化、教育和专业服务业支撑的现代生产性服务业经济体系。尽管金融中心一度成为纽约最为闪亮的名片，但是，除此之外，纽约还是美国乃至全球最为重要的航运中心、文化中心、信息中心和时尚中心，而这一切都必须归结于由于独特的地理位置所决定的纽约在区域经济中的特殊作用和协调的区域分工机制的形成，而纽约的服务经济体系，更成为全球各大主要城市所学习与模仿的主要模板。

2. 香港

香港是亚洲和世界知名的贸易中心、金融中心、航运中心和信息中心。长期以来，特别是在金融与贸易领域，香港的经济对于珠三角地区，甚至包括整个大陆地区的经济发展都做出了极为突出的贡献。

作为整个中国，乃至亚洲最早开放的城市，香港的经济发展当然强烈地依赖于港口经济的发挥，以及长期的自由、开放的经济政策，实现的国际贸易的突出发展。即使在今天的香港经济之中，国际贸易对于 GDP 的贡献度也超过五分之一，同时，近 20% 的就业人口从事进出口贸易。

从整个产业发展思维来看，近几年香港的经济发展一方面依赖于大陆的庞大市场空间，而另一方面，通过建立在技术创新和高素质人才的集聚基础之上，减少传统制造业对于资源和资本的需求。香港通过为大陆区域提供专业的生产性服务业服务，建立起以香港为核心，广州和深圳为区域分中心的区域产业价值链，实现对于珠三角地区的经济辐射，引领珠三角经济的发展。

在香港的服务经济体系中，金融服务业是最为重要的行业之一，香港也成为仅次于纽约和伦敦的全球第三大银行中心城市，拥有最为完整的金融业产业价值链和金融产业体系，并通过向大陆地区提供金融服务，摆脱了狭小的区域市场对于自身的发展的限制，实现了金融业的突飞猛进。除此之外，借助于金融与贸易的领先发展，物流、专业服务业零售等生产性服务业也得到了极大的推动，由此建立起发达而完整的香港服务经济体系。

随着现代经济活动的日益复杂化和国际分工的日趋细化，在经济全球化的推动下，每一个国家都被紧紧地纳入庞大的全球经济价值链，并通过相互合作与科学分工，实现彼此之间的价值分配。作为全球最为庞大的中国市场与世界经济的桥梁，多年以来，香港经济的发展获得了任何其他全球经济中心都难以获得的庞大的市场需求和经济支持，而改革开放以来，加工制造在中国南方各省份的普遍建立，更使得在发展金融、专业服务等领域拥有先发优势的香港拥有了更为庞大的价值链后端支持，这才最终推动了生产性服务业在香港的突出进步，建立了更具特色的香港服务经济体系。

3. 北京

北京是全国的政治、经济、文化中心，拥有独特的首都功能优势、丰富的科技人才资源和发达的专业服务体系，总部经济、文化创意产业和信息产业是重要的产业部门，在全国服务业发展中具有重要的地位。在发展生产性服务业方面，北京特别注重总部经济、文化创意产业以及信息产业的发展。

总部经济，是指某区域由于特有的资源优势吸引企业将总部在该区域集群布局，反映一个城市或地区经济辐射力、影响力，对区域产业转型升级具有重要的引擎作用。北京聚集了一批国内外大型企业总部，总部资源优势明显高于其他城市。北京的商务环境高端化趋向也很明显，大量的金融、商务、信息等企业集聚，商务楼宇、酒店等配套设施条件优越，商务环境持续优化完善。

文化创意产业已经成为北京服务业的重要组成部分和推动经济发展的重要力量。文化创意产业作为首都经济新的增长点，展现了良好的发展基础和巨大的发展潜力，已经成为首都经济增长的支柱产业。2016 年文化创意产业增加值达到 3570. 5 亿元，占北京市 GDP 的 14. 3% 。

北京的软件与信息服务业居全国首位，是中国的“软件之都”。2016 年，北京市信息传输、软件和信息技术服务业增加值达到 2697. 9 亿元，同比增长 11. 3% ，占全市 GDP 的比重达到 10. 8% 。《北京市“十三五”时期软件和信息服务业发展规划》提出，到 2020 年，北京将成为国家新一代信息技术创新中心、先行示范基地和应用辐射之源，成为具有世界影响力的软件创新名城。

4. 上海

上海作为中国国家中心城市，中国的经济、金融中心，繁荣的国际大都市，形成了以金融业、现代物流业和文化创意产业为代表的生产性服务业结构。

金融业。2016 年上海市金融业实现增加值 4762. 50 亿元，上海证券交易所总成交额 283. 87 万亿元，上海期货交易所总成交额 84. 98 万亿元，中国金融期货交易所总成交金额 18.22 万亿元，上海黄金交易所成交额 17.44 万亿元。资本市场、期货市场等规模能级居全球前列，各种功能性金融机构和新型金融机构发展势头良好，创新金融工具和产品不断推出，有力地支撑了经济的平稳较快增长和社会的全面发展，金融业调节经济运行、服务经济社会发展的功能不断增强。

物流业。上海口岸每年货物贸易进出口约占全国的四分之一，高效便捷的口岸物流既是现代物流发展的内在需求，也是上海国际竞争力与服务“长三角”、服务全国的重要体现。2016 年，上海货运总量 8.87 亿吨，港口货物吞吐量 7.02 亿吨，集装箱吞吐量 3713.31 万 TEU。

文化创意产业。上海是我国创意产业的首发地。从 20 世纪 90 年代中期自发形成了四行仓库、田子坊等一批上海最早的创意产业集聚区开始，到 90 年代后期出现了八号桥、张江高科技园等一批新型都市产业园。目前上海形成了一批国家文化产业基地、80 个创意产业集聚区和 15 个文化产业园区共吸引了 8200 多家文化创意企业。2010 年上海成功加入全球“创意城市网络”，被联合国教科文组织授予“设计之都”称号。

（二）国内外典型大都市生产性服务业发展的经验概括

1. 金融业的核心地位

在现代经济兴起之初，各大中心城市基本都是依赖于现代工业经济而发展起来的。工业化的过程必然依赖于发达的资本市场的支持，为制造业提供生产性服务的金融机构由此获得极大的发展契机，从而推动了生产性服务业与制造业的互动发展，最终使得各大制造业中心往往也会突出的成为服务业集聚的商业中心或金融中心。

制造业经过一定程度的发展往往会给城市带来人口与交通的压力，环境的破坏，限制了城市的进一步发展。而中心城市的发展，通常会带来劳动力成本和土地价格的持续提升，又反过来制约了制造业增长的可持续性，最终促使制造业更多地向城市周边区域扩散。

在现代大都市中，伴随着制造业的持续外移，留在城市中的往往是处于区域产业价值链高端环节，具有更高的利润水平的服务业产业，特别是诸如金融、物流等生产性服务业，使得生产性服务业在经济中心城市的经济结构中的地位持续上升，经济中心城市往往成为服务业中心城市。

在经济中心城市的现代服务产业体系中，出于对于区域产业价值链的掌控的考虑，经济中心城市往往会突出金融业的率先发展，纽约、香港和上海等现代大都市中，金融业都具有核心的地位，从某种程度上而言，金融业在服务业经济体系中，甚至城市产业结构中处于核心地位，已经成为很多经济中心城市的基本标准。

2. 掌控区域价值链

经济中心城市能够串联起整个区域经济，进而主导区域产业价值链的发展。现代区域产业价值链已经被明显的拉长，区域内部不同企业，不同产业之间的联系变得更加紧密。经济中心城市必须通过发展与周边区域的产业协作，实现区域经济的协同发展。

一般而言，在区域经济之中，经济中心城市往往通过发展物流、金融、营销、研发、专业服务等生产性服务业，从而牢牢占据区域产业价值链的两端环节，而由经济发展水平略逊的周边区域承担原料、零配件、工业制成品的生产与制造等工作。这也就导致在城市定位、产业布局与经济职能方面，经济中心城市与周边区域表现出明显的差异性，而从根本上而言，经济中心城市在区域经济中的核心作用的发挥恰恰发挥为区域中心城市对于区域产业价值链的掌控，或者说对于区域产业价值链的高端环节的占领。

区域中心城市通过发展区域产业价值链，把区域内部更多的经济主体纳入自己所主导的区域产业价值链之中，从而利用区域产业价值链，实现对于其他经济主体的俘获与领导，从而实现对于区域经济的领导作用。

3. 因地制宜，发挥自身优势

在现代全球经济之中，经济中心城市往往重视发展生产性服务业产业体系，借以建立起在区域经济之中的协同发展的新型产业结构，然而，不同的城市依据其经济环境和产业基础，会选择完全不同的产业发展思路。因此在面对不同的经济中心城市时，需要细致分析城市的自身特点，寻找它们的独特优势，建立出能够充分发挥这些竞争优势的，更具特色的发展生产性服务业的思路。

对于像巴黎、伦敦、东京这样的首都城市，作为政治中心，它们往往拥有其他城市所无法比拟的强大政治权势。即使在绝对的市场经济环境中，首都城市所拥有的政治优势，也能够对外部空间的经济资源形成足够的吸引力，吸纳更多的经济资源的注入，实现自身的领先发展。

然而，对于更多的城市而言，它们不可能获得首都城市所拥有的资源吸引力，也就根本不可能复制它们的成功经验，那么，对于这些差异性的城市而言，如何在区域经济之中，实施差异化发展，确立并着重发挥自身在区域经济之中，其他城市所无法形成的竞争优势，才是这些都市赢得发展的关键因素。

四、天津市生产性服务业的发展基础和主要问题

（一）发展基础

天津市高度重视生产性服务业发展，在项目建设、产业布局、政策支持、深化改革上狠下功夫，生产性服务业取得很大突破。

1. 总体规模不断壮大

2016年全市生产性服务业增加值为6716.85亿元，比2010年翻了一番；占服务业的比重达到69.5%，占全市生产总值的37.6%，分别比2010年提高1.3个和6.3个百分点。“十二五”期间年均现价增速达16.3%，分别高于全市生产总值、服务业现价增速3.9个、1.1个百分点，逐渐成为支撑和拉动全市经济快速发展的主要力量。

2. 内部结构不断优化

2016年金融、科技服务、信息服务和商务服务等知识密集型服务业占生产性服务业比重达56%，比“十二五”初提高14个百分点。其中，金融业发展壮大，2016年增加值达到1735.33亿元，占生产性服务业的25.8%；信息服务、租赁商务和科技服务逐渐成为新增长点，2016年增速分别达27.9%、14.5%和11.6%。

3. 载体建设不断完善

2016年生产性服务业城镇固定资产投资完成3895.63亿元，占全市城镇固定资产投资的26.7%，同比增长74.4%，其中科学研究、技术服务业和租赁商务服务业增速分别达41.4%和58.5%。“十二五”期间，天津市共推出了7批140个重大服务业项目，约有87%集中在中心城区和滨海新区核心区，双城集聚态势初显。以友谊路、中心商务区等为支撑的金融，以武清、两港、陆路港等为重点的物流等一批主业突出、与生产相配套的生产性服务业集聚区初见成效。

4. 新兴业态不断涌现

新业态、新模式、新产业不断涌现，信息化、专业化和标准化水平明显提高。融资租赁、商业保理、融资担保等新金融发展迅猛，2016年全市融资租赁企业达到1174家，注册（认缴）资本达到4941亿元，租赁资产规模位居国内前列。基于互联网、云计算、物联网、大数据等新一代信息技术服务日益创新，截至“十二五”期末，全市信息消费规模达4000亿元，电子商务交易额9000亿元左右，并成功获批国家跨境电子商务服务试点城市。

（二）主要问题

1. 产业能级不高

2016 年，天津工业生产总值为 7238.70 亿元，占全市总产值 40.5%；生产性服务业增加值为 6716.85 亿元，占 GDP 比重为 37.6%。北京工业生产总值为 3884.9 亿元，占全市总产值 15.6%；生产性服务业增加值为 14291.4，占 GDP 比重 57.4%。天津制造业体量和占比远超北京，但生产性服务业总量和占比却低于北京，表明天津市生产性服务业还有非常大的发展空间。

在生产性服务业的内部结构中，天津市批发与零售业占比达到 32.5%，远高于其他五大行业，交通运输、仓储和邮政行业占比为 11.5%，排名第二。除金融业外，其他知识密集型服务业如商务服务、信息服务、科技服务三个生产性服务业占比均较低，信息服务业甚至仅占 5.2%。同时，外资制造业与本地生产性服务业关联程度较低，且服务业区域发展不平衡，缺乏有效分工和协作机制。天津市服务业仍以传统服务业为主，为制造业提供服务的生产性服务业发展明显滞后，整体能级水平较低，对制造业的支撑作用有限。

2. 产业融合程度较弱

生产性服务业与高端制造业的融合机制有三种：信息技术提升、技术创新、分工与专业化深入。一是天津市产业的自主创新能力、信息技术的应用和普及、技术创新都有待提升，生产性服务业和高端制造业的融合机制不够完善。

二是天津市高端人才缺乏，自主品牌缺乏，也在很大程度上阻碍了高端制造业和生产性服务业的融合。与北上广相比，天津市高级专业人才缺乏，对高端制造业与生产性服务业专业人才的需求大大超过供给，制约高端制造与服务业的进一步融合。同时，高端制造与生产性服务业自主品牌缺乏，如深圳有比亚迪、华为、腾讯等高端制造业与生产性服务业知名自主品牌。

三是天津市“二三联动”方式尚未健全，制约了高端制造业和生产性服务业的融合发展。天津市服务业企业同质化现象严重，缺乏核心服务能力，不能完全满足企业专业化的需求，制约了制造业发展。同时，制造业对服务业的“拉动”也不足。相对而言，制造业产业链条有待进一步延伸，具有优势的产业集群尚未普遍形成，发达区域与周边地区经济联系比较松散，区域产业配套能力也不强，制约了生产性服务业的跨区和溢出功能的有效拓展与发挥。

3. 质量效益不高

天津市生产性服务业税收贡献总量较小，这与当前生产性服务业发展不足有关。2015 年，北京生产性服务业增加值为 12160.3 亿元，税收规模约为

1900 亿元；而天津生产性服务业增加值为 6142.96 亿元，税收规模仅为 597.5 亿元。与北京相比，天津市生产服务业增加值占比在接近 1/2 的情况下税收占比却不足北京的 1/3，表明产业税收贡献度仍然较低。

从吸收就业来看，天津市生产性服务业就业人数较少。2015 年，北京生产性服务业法人单位从业人员为 570.8 万人，占服务业比重为 67.45%；天津生产性服务业从业人员为 307.86 万人，占服务业比重为 60.31%。京津两地生产性服务业从业人员占比相差不大，但受制于天津服务业整体发展水平落后于北京，因而就业拉动绝对值较低。从生产性服务业内部结构来看，北京六大生产性服务业就业人员占服务业总就业人员比重，除金融业占比为 6.01%，交通运输、仓储及邮政业占比为 7.89% 以外，其他四个行业均高于 10%，而天津生产性服务业就业拉动效应差异较大，批发和零售业就业人员占服务业总就业人员的比重为 28.16%，而其他生产性服务业就业占比均低于 10%，金融业和信息服务业占比分别仅为 3.68% 和 2.9%，这也显示出生产性服务业的就业“拉动”效应较低。生产性服务业多为人才知识密集型行业，这一情况恰好与天津生产性服务业能级较低，结构偏传统的特征相吻合。

五、天津发展生产性服务业的方向和重点行业

（一）发展方向

1. 三次产业融合发展

强化生产性服务业关联性，将融合互动作为发展主线。推进生产性服务业与先进制造业深度融合，主动对接“中国制造 2025”发展战略，围绕十大先进制造产业集群，推动生产性服务业与制造业融合发展。推进生产性服务业与农业深度融合，加快农业物联网平台开发应用，加强农业科技研发和推广，积极发展农业电子商务，打造农产品物流中心区，推动建立绿色、高效的现代都市型农业。推进生产性服务业与城市深度融合，推动产业园区由单一生产型向综合服务型升级，努力探索以产兴城、以城带产、产城融合发展的新道路。

2. “互联网 +”提升发展

加快互联网技术向生产性服务业领域拓展，推动产业转型升级和提质增效做优存量，培育新兴业态和新增长点做大增量。促进“互联网 +”金融健康发展，鼓励互联网与银行、证券、保险、基金的融合创新，积极满足实体经济投融资需求。推进“互联网 +”物流高效发展，鼓励大数据、云计算、物联网在物流领域的应用，加快建设物流信息服务平台，建设智能仓储和配送调配

体系，提升物流运转效率。推动“互联网+”电子商务创新发展，大力发展农村电商、行业电商和跨境电商，普及网络化生产、流通和销售。

3. 产业价值链优化发展

聚焦生产性服务业重点领域，聚集国际国内高端生产服务要素，完善产业链条，完善产业功能，丰富产业形态，打造一批具有标志性的特色生产性服务业集群，实现规模化效益。把握京津冀协同发展、“一带一路”建设、自由贸易试验区等战略机遇，推进生产性服务业领域开放合作，提高生产性服务业境外投资便利化程度，鼓励设立境外投资贸易服务机构，支持生产性服务业企业“走出去”，提升生产性服务业的辐射带动能力。

（二）重点行业

1. 研发设计产业

（1）大力发展设计服务产业。

全面发展工业设计、工程设计、时尚设计、建筑设计、展览展示设计等产业，形成与城市定位相适应的设计产业形态和功能特色鲜明的设计产业基地。大力发展工业设计，加快建设国家级工业设计中心，鼓励发展面向汽车、IT产品、医疗设备、机械装备等工业设计服务，推进工业设计向涵盖市场分析、产品设计和市场营销等高端综合设计服务转变。大力发展工程设计，做优轨道交通、市政工程、石油化工、材料等设计领域，做大建筑、港口航运、新能源与环境等设计行业，推进传统工程勘察设计向咨询、勘查、规划、建设、项目管理、总承包一体化的工程总承包（EPC）模式转变。

（2）重点发展研发服务产业。

立足先进制造研发基地，打造一批国家重点实验室、国家工程实验室、国家工程（技术）研究中心、国家级企业技术中心等研发创新平台。发挥行业骨干企业的主导作用和高等院校、科研院所的基础作用，建设一批产业创新联盟，开展政产学研用协同创新。鼓励企业和研发机构实施重大科技项目攻关，着力研发人无我有、人有我优、人优我特的“撒手锏”产品。积极培育市场化新型研发组织和研发服务外包新业态，鼓励民办官助、国有新制、行业联盟等多种所有制研发机构发展，支持科研院校面向市场提供第三方研发服务，鼓励制造业企业将研发中心剥离成为具有科技研发功能的服务企业。

（3）促进研发设计成果转化。

积极探索知识产权运营、工程中心、生产力促进中心、孵化器等服务型联盟组织，建设一批集创新研发、孵化转化、产业应用于一体的高水平创新平台。对接首都资源，推动区域大型科研仪器设备、重大科技基础设施、重大科学工程和科技信息资源等共享共用，促进研发技术跨区域流动。加强科技成果转化服务体系建设，建立技术市场体系和技术经纪人制度。完善科技成果转化激励机制，推动事业单位科技成果使用、处置和收益管理改革，健全科技成果科学评估和市场定价机制。

2. 融资租赁产业

（1）完善融资租赁服务体系。

加快国家租赁创新示范区建设，引导金融租赁公司和融资租赁公司集中集聚。全面提升飞机、船舶、工程机械等融资租赁业务，大力推广智能制造、生物医药等先进制造业融资租赁业务，鼓励开展城乡基础设施设备融资租赁。支持发展离岸、单体项目公司、跨境租赁、出口设备保税租赁等业务新模式，推进发展杠杆租赁、经营租赁、转租赁和回租赁等新业态，积极开展租赁资产托管、风险控制、残值处理和价值维护等专业租赁资产管理新服务。发挥银行融资主渠道作用，鼓励股权投资基金、创业投资基金和保险资金等各类资金进入。

（2）推动融资租赁创新先试。

创新融资租赁公司业务发展模式，支持融资租赁公司设立单机、单船、大型设备等项目子公司和功能创新平台公司，支持融资租赁企业开展主营业务相关的保理业务和福费廷业务，在自贸试验区内设立的子公司不设最低注册资本限制。探索设立中国金融租赁登记流转平台和中国天津租赁平台，逐步开展金融租赁资产登记、公示、查询、存管、结算、流转业务试点。支持租赁业境外融资，探索推进各类租赁公司扩大跨境人民币资金使用范围，支持租赁企业开展跨国公司外汇资金集中运营管理。加强租赁进出口通关便利化，探索融资租赁货物海关异地监管模式。

（3）优化融资租赁发展环境。

全面落实国家税收优惠政策，推行东疆保税港区融资租赁货物出口退税政策试点经验。规范融资租赁企业行政许可审批事项、办理程序和办结时限。建立运转高效的租赁物与二手设备流通市场，完善融资租赁资产退出机制。加快融资租赁中介服务机构发展，为融资租赁业务提供政策咨询、资产评估、资产交易等配套服务。建立健全融资租赁行业信用体系，完善承租企业信用数据库，积极推进接入中国人民银行企业征信系统试点。完善融资租赁政策法规，建立行业风险评估和风险防范机制。

3. 科技服务业

（1）完善信息基础设施建设。

大力推进“宽带中国”示范城市建设，实施“宽带天津”战略。推进以

IPv6 为代表的互联网建设，推动以 4G 网络为代表的无线城市建设。实施智慧城市示范应用工程，提升公用基础设施智能化水平，构建宽带、融合、安全、泛在的下一代信息基础设施。促进“三网融合”发展，建设“三网融合”基础业务平台，全面完成广播电视网络的双向化改造，推动交互式数字电视、手机、IPTV 等融合型业务发展。做强开发区电子信息国家级新型工业化产业示范基地，推进云计算产业基地、清华紫光科技园等重点园区建设。

（2）拓展信息技术应用。

实施“互联网 +”行动计划，推动“互联网 +”设计、物流、商务等示范工程，建设互联网创新创业基地。实施物联网专项行动，构建感知、超算、芯片、解决方案、系统集成等产业链，推动在食品安全、节能环保、设施农业等领域的深度应用。推动工业云创新服务试点城市建设，加快云服务器等核心产品的研发与产业化，做大云感知、云计算、云存储、云方案等云产业。实施“两化”融合行动，开展“两化”融合管理体系贯标和认证试点，加强企业在研发、制造、营销等环节的信息化应用。推进大数据服务产业化，围绕数据存储、数据处理、数据服务和数据安全等优势领域，打造国家级数据集聚区和大数据产业基地。

（3）强化信息安全服务。

建设信息安全服务平台，着重推进天津国家信息安全产业基地、天津滨海信息安全产业园建设。强化信息安全技术自主创新，重点突破安全芯片、国产密码算法应用、网络安全综合监控、嵌入式控制系统安全等关键技术，加大对可信计算、密码应用、病毒与攻击检测及预警、无线网络与移动通信安全关键技术的应用，发展加密复印机、打印机、传真机、笔记本等信息安全产品。

4. 现代物流产业

（1）培育物流市场。

加强与京津冀、环渤海、东北区域之间物流合作，努力拓展区域第三方物流市场。积极培育社会化物流需求，引导大型企业通过流程再造、服务外包、资产重组等方式释放物流业务，鼓励生产制造型企业引入物流供应链管理。鼓励重点企业进行资产重组，整合运输、仓储、加工、装卸、配送等物流基本功能，培育形成大型第三方物流企业。引进国内外知名第三方物流企业来津设立分支机构。鼓励中小第三方物流企业创新服务模式，提升网络组织和经营业态。

（2）加快大物流体系建设。

完善以天津港为出海口的物流网络，探索“东北亚—天津港—大陆桥—中西亚和欧洲”的双向物流联运，探索建设中蒙俄物流大通道。加快物流功能区建设，统筹协调大宗商品交易市场、物流基础设施节点、重点物流园区、中转联运枢纽建设。优化城市配送网络，建立高效、绿色、便捷的“物流园区—配送中心—社区集散点”城市配送服务网络，推进农村物流服务体系建设。探索建立区域共同配送中心，新建和改造一批危险化学品、农副产品、医疗器械和药品、冷链物流等专业物流配送中心。推进两岸冷链物流合作试点项目，加强津台两地冷链物流产业实施标准对接工作。

（3）推动第三方物流现代化。

完善天津物流服务平台，提升物流信息发布、在线交易、数据交换、智能配送、智能分析等功能。支持第三方企业运用大数据、云计算、物联网、北斗导航等现代化信息技术开发物流信息管理系统，建设智能化管理调度中心、智能化物流配送中心、智能化监控与感知引导平台等。鼓励第三方物流企业运用甩挂运输、集装箱运输和多式联运，采用厢式货车、专用车辆和专用设备，应用新能源汽车、太阳能发电仓库、托盘共用系统等。引导第三方物流企业完善企业法人治理结构，提高企业经营管理水平。

5. 电子商务产业

（1）壮大电子商务市场。

鼓励大型骨干生产企业发展供应链电子商务，引导中小企业借助自建网络平台或第三方平台开展网络营销业务。引进和扶持一批年交易额超十亿元的电子商务企业，培育和壮大本地龙头电子商务企业。探索跨境贸易电子商务新模式，发展直邮、集货和保税备货等业务，推进武清区、空港经济区、东疆保税港区、东丽航空商务区等跨境电子商务创新试验区建设。推进农村电子商务发展，鼓励农产品电子商务企业与传统农产品批发、零售企业对接。积极发展基于新一代信息技术的移动电子商务。探索研发设计、检验检测等高技术服务领域电商新模式。

（2）建设电子商务载体。

加快建设综合性大宗商品电子商务交易平台，鼓励支持渤海商品交易所、贵金属交易所、天津港散货交易市场、粮油商品交易所、天物大宗等发展大宗商品电子商务，力争形成具有定价影响力的“天津指数”。建立和完善电子商务公共服务平台，引导重点行业信息服务平台向集交易、支付和信息服务于一体的电子商务平台发展，支持企业集团电子商务平台向第三方行业平台转化。引导电商企业集中集聚，加快电子商务产业园区建设，分类建设电子商务示范基地。

（3）完善电子商务支撑体系。

完善银行机构、支付机构、支付清算组织等共同参与的支付体系，打造一批功能完善、特色突出、安全易用的电子商务在线支付平台。围绕电子商务交易、加密与电子认证、在线支付、信用管理、供应链管理、系统集成等关键环节，大力推动电子商务技术、模式、服务创新。推动电子商务与物流快递协调发展，加强电子商务与快递物流公共信息系统建设。加快电子商务诚信体系建设，建立电子商务信用服务数据共享机制，构筑便捷、诚信、安全的电子商务服务环境。

6. 节能环保产业

（1）大力发展节能服务业。

鼓励节能服务公司联合重组，支持科研院所、节能服务公司、金融机构等单位建立节能服务产业联盟。培育一批从事能源审计、节能量审核、节能评估、清洁生产审核、节能环保产品认证、技术咨询等专业化服务机构。大力推广合同能源管理，探索开展节能量市场化交易。支持节能服务公司以节能效益分享型、节能量保证型、能源费用托管型等方式与用户合作。积极打造节能服务平台，为中小用能单位进行用能诊断，提供节能咨询服务。

（2）着力发展环保服务业。

推进环保技术咨询、清洁生产审核、环境管理体系认证、环境影响评价、环境工程监理、污染防治设施运营维护、环境规划编制等服务发展。加快发展生态环境修复、环境风险与损害评价、排污权交易、绿色认证、环境污染责任保险等新兴环保服务业。推广系统设计、成套设备、工程施工、调试运行和维护管理等环保服务总承包新模式。推广环境污染第三方治理试点。积极引进国内知名环保集团公司，带动环保服务市场规模化和规范化发展。

（3）促进资源循环利用。

全面推广循环经济模式，积极开展园区循环化改造和生态工业园区建设。推动绿色供应链体系建设，建立亚太经合组织绿色供应链合作网络天津示范中心。推动再制造产业示范基地建设，加快重点行业全流程绿色化改造，以废弃电器电子产品、汽车零部件、机床、电机等为重点，推进协同资源化处理产业废弃物项目建设。建设再生资源回收体系和废弃物逆向物流交易平台，建立再制造旧件回收、产品营销、溯源等信息化管理系统。

7. 商务咨询产业

（1）壮大商务咨询服务主体。

鼓励一批有实力、有品牌、有信誉的商务咨询机构向综合型、规模化、国际化发展。引导一般性商务咨询服务企业向“专、精、特、新”方向发展。围绕商务咨询龙头企业和优势企业，推进商务亿元楼宇等载体建设，鼓励商务咨询服务集中集聚发展。鼓励商务咨询机构通过联合、兼并、重组等多种形式进行整合，积极引进国内外知名的商务咨询企业和机构，引导行业协会商会、科研机构、高等院校及社会性服务机构参与商务咨询服务体系建设。

（2）拓展商务咨询服务业务。

大力发展信息技术咨询服务，开展研发设计、集成实施、运行维护、测试评估、应用系统解决方案和信息安全等咨询业务。着重发展科技咨询服务，开展技术交易、成果转化、知识产权、创新创业服务等咨询业务。加快发展信用咨询服务，积极开展信用调查、信用评级和信用管理等咨询业务。引导商务咨询机构大力发展战略规划、营销策划、市场调查、管理咨询等咨询服务，积极发展资产评估、会计、审计、税务、法律、勘察设计、工程咨询等专业服务，探索开展专利、品牌、商誉、版权、特许经营权、企业家价值等无形资产评估服务。

（3）优化商务咨询服务环境。

健全商务咨询标准化体系，推动产业发展战略、市场调查、勘察设计、工程咨询、风险评估等咨询服务的标准化建设。建立商务咨询信息数据库，提供信息查询、发布、推荐、披露等服务。依法健全商务咨询服务的职业评价、认证制度和信用管理体系，加强执业培训和行业自律。积极开展商务咨询国际合作，充分借鉴国际知名商务咨询企业的发展经验和模式，推动商务咨询服务国际化发展。

六、天津发展生产性服务业的对策建议

（一）优化生产性服务业发展环境

1. 完善制度环境

良好的制度环境可以为生产性服务业发展提供更加广阔的生长和发展空间。为加快促进天津生产性服务业的发展，必须进一步解放思想，转变观念，研究制定天津服务业放宽市场准入的相关政策，加快制定和完善合理的市场主体资质条件、市场准入条件和服务质量标准，积极探索和引入市场竞争机制，改变部分服务业行业垄断经营、透明度偏低的现状，建立公开透明、管理规范和全行业统一的市场准入制度，形成有效竞争的市场结构和市场竞争主体，废除不合理的带有歧视性的规定。加强对服务业市场依法监管，整顿规范服务市场秩序，营造公开、公平、公正，竞争有序的制度环境。

2. 加快建立服务质量体系标准

总量不足、质量不高是天津生产性服务业发展面临的两大问题，其中，质

量不高的问题更加突出。标准化是生产性服务业发展重要的技术支撑手段，也是进行市场监督、质量认证、资质审查等工作的重要依据。服务标准中一系列指标的确定是提高、保证服务质量的重要基础和条件。应加强服务质量工作的统筹协调，由质检系统着力开展服务业质量管理制度和模式研究，探索建立具有天津地方特色的服务业质量体系，做好综合协调、统筹规划，推动服务业行业主管部门强化服务质量监管，研究解决和协调处理重大质量问题。开展重点行业满意度统计监测，建立部门通报和社会公开制度，加强服务质量测评指标和方法研究，建立服务质量综合评价体系。同时，要积极培育企业在标准化工作中的主体意识，形成以企业为主体参与生产性服务业标准化工作的新机制。充分发挥行业协会的作用，引导行业和企业采用国家标准或国际标准，积极参与国家标准或国际标准的制修订工作。在重点服务业领域开展“质量提升”活动，建立服务质量标杆对比数据库，遴选和公布一批服务标杆，引导服务企业开展标杆企业对比，总结推广服务标杆单位优秀服务模式，建立面向社会的服务质量提升公共平台。

（二）深化财税制度改革

1. 加大财政扶持

加大市、区（县）两级财政投入力度，尝试建立天津生产性服务业发展引导和扶持基金，综合运用资本金注入、贷款贴息、融资担保和成果奖励等多种方式，增加对生产性服务业人才培养、研发设计、技术引进、市场开拓、新兴服务业孵化器等方面的资金投入。政府部门投资主要应集中在弥补“市场失灵”的领域，投入到正外部性较强的行业和一些新兴行业，其性质应是补贴性资金，在一些“市场失灵”领域起到示范引导作用，从而达到拓宽这些领域的融资渠道，促进这些领域快速发展。在天津探索设立战略性新兴产业发展特别资金，实施高技术服务业专项工程。在各种政府采购项目中，增加购买服务力度，将研究咨询、业务培训、会议服务、信息管理、投资促进、检验检测等多种服务内容纳入政府采购范围。制定生产性服务业财政投入规划和制度，每年按 GDP 的百分比确定财政预算，使天津生产性服务业发展的财政资金投入制度化、规范化，为生产性服务业可持续发展提供稳定的政策支撑。

2. 加大金融支持力度

鼓励天津金融机构在多领域开发适应生产性服务业发展的金融产品，为生产性服务业企业提供融资咨询、项目评估、融资设计等特色服务。引导金融机构适应金融市场的发展趋势，研究服务企业个性化信贷需求特征，加快开发面向服务企业的多元化、多层次信贷产品。鼓励商业银行大力发展针对生产性服务业企业客户的电子银行业务，优化对生产性服务业企业的结算服务，提高其资金运转效率。针对天津许多生产性服务业企业资产的特点，允许生产性服务业企业灵活采取应收账款质押、股权和经营权质押、专利质押、知识产权质押等多种形式的短期质押、担保贷款。积极探索投融资改革的新路子，建立投资、信贷之间相互融合、相互协调的新机制。

鼓励金融机构积极开展制度创新，建立适应生产性服务业发展的信用评级、业务流程和风险控制等规章制度，从业务处理、运作程序和服务手段等方面，制定支持天津生产性服务业发展的切实可行的信贷政策，建立高效的信贷管理体系，提高金融服务的程序化和标准化水平。提高对信贷风险的识别能力和对企业还款能力的分析水平，侧重企业的市场终端和行业影响力等具有较强延续性和较高稳定性的无形资产，对经过审查评估，确认资信良好、确能偿还贷款的企业，可适当发放信用贷款。

大力发展直接融资，努力拓宽天津生产性服务业融资渠道。生产性服务业具有成长性好、附加值高的突出特点，有望成为创业板上市企业的主力军。基于生产性服务业企业普遍存在资产规模较小、行业风险较大的特点，探索研发生产性服务业企业联合债券、应收账款资产支持债券等新型直接融资工具。完善中小企业债券信用评级制度和信用担保制度，积极支持经营效益好、偿还能力强、成长性好的中小生产性服务业企业集合发行短期融资券，降低企业财务成本。

健全金融组织体系，加快推进天津民间资本融入生产性服务业领域。充分发挥小额贷款公司、产业基金、风险投资基金等新型金融组织对生产性服务业企业的资金支持作用。鼓励民间资本通过小额贷款公司、私募基金等渠道合法流向附加值高、成长性好、风险较低的现生产性服务业企业，推动天津民间资本合法、合规、有序流动，发挥其对生产性服务业的支持作用。

积极发展各种新型产业投资基金，为天津生产性服务业加速发展提供融资服务。积极发展各种风险资本，支持中小型高新技术生产性服务业发展。稳步建立一些生产性服务业战略性项目发展基金，为生产性服务业提供融资政策支持。

（三）加强人才培养和集聚

1. 创新人才培养模式

鼓励天津各类大中专院校和社会培训机构，完善学科专业建设和培训内容，积极与生产性服务业企业联合建立实习实训基地，积极培养适应社会需求的生产性服务业紧缺人才。引入国际国内知名的职业资格证书培训项目，结合天津生产性服务业发展的特殊需求和实际情况，有计划地组织实施生产性服务业人才能力培训工程。由于天津生产性服务业的快速发展，服务形式和服务内容不断发生变化和调整，因此，对于天津生产性服务业的专业人才还需加强再培训和再教育。

加强与教育主管部门合作，探索建立天津生产性服务业学科体系，扩大人才培养规模。引导天津有条件的高等院校，加强生产性服务业学科建设和人才培养，为生产性服务业发展提供更多的高层次复合型专门人才。积极落实《国家中长期人才发展规划纲要》，完善生产性服务业科技专家库，为生产性服务业人才培训提供支撑。以提高人才素质、促进人才快速成长为目标，支持天津高校、科研院所、企业、联盟联合培养创新人才，在有条件的高等院校和高科技现代服务企业，建立一批生产性服务业科技人才培养基地，开展试点工作，探索高素质生产性服务业创新人才培养的新路子。

2. 强化人才集聚

营造良好的人才发展环境，培育、引进各类生产性服务业创新创业领军人才和创新创业团队，探索适合新兴生产性服务业各类人才发展的激励机制。可采取的政策措施主要有：一是继续大力引进海外高层次人才，以人才引领创新创业。根据人才的层次和紧缺程度分门别类实施人才计划和人才工程，积极引进和聘用海外高层次服务业人才，加强人才引进与产业发展的协同与统筹。二是加大对生产性服务业企业的扶持力度，使企业真正成为引才、用才的主体。三是优化高层次人才创新创业的环境。继续放宽股权激励政策，构建灵活开放的体制机制，加大对高层次人才创新创业的支持力度，促进科技成果的产业化。四是完善高层次人才的评价、考核、激励机制，对高层次人才、团队创业及项目进展提供全方位服务。

天津新金融业态发展现状与问题研究

（南开大学金融学院　王　博）

一、新金融业态的内涵及天津金融业态的演化和发展

（一）新金融业态的内涵

新金融业态，是相对传统的银行、证券、保险等商业性金融或政策性金融而言，为弥补传统金融服务局限性而日益兴起的新的金融机构类型、准金融机构，或者某类金融子市场或创新金融服务工具、模式及标准等。因此，新金融业态是社会经济发展到一定阶段的必然产物，其与传统金融有效互补，是对传统金融业态的发展和延伸，代表了金融业创新发展的新趋势。大力发展新金融业态，不仅可以增强金融市场活力，拓展完整金融产业链，而且可以支持、反哺传统金融机构的盈利能力及竞争力，进一步提高金融业整体附加值，支持并服务于经济转型。

新金融业态具有如下特征：（1）新金融业态是对传统金融业态的有效补充，其出现具有完善金融市场结构、增强金融市场活力、推动经济增长的作用。（2）与传统金融相比，新金融业态与实体经济的结合更为紧密，更符合实体经济发展和社会的需要。（3）新金融业态可以更精准且敏锐地察觉到产业发展的新方向。

（二）天津金融业态的演化和发展

从 1978 年开始，中国的金融改革已历经 30 多年风雨，金融业取得了前所未有的发展。天津的金融业态伴随着金融体制的改革不断丰富完善。总体来看，在过去的 30 多年间，天津金融业持续发展壮大、金融机构和从业人数都大幅提高、金融市场日臻完善、金融创新不断涌现、金融规模明显扩大，形成

了相对完善的业态格局。具体而言，主要体现在以下方面：

1. 金融体系日臻完善

改革开放前，中国金融业以银行业为主，经营范围狭窄，管理高度集中。当时实行的“大一统”银行经营模式和“大财政、小银行”的宏观管理体系是与社会主义计划经济体制相适应的。1978 年开始的金融体制改革打破了单一的金融制度，自此，天津市金融体系不断完善，逐渐形成了以银行业为主体，证券、期货、保险、信托、金融租赁、财务公司、产业基金、资产管理公司等非银行金融机构蓬勃发展的多元化、多层次金融机构体系。

2. 金融行业规模迅速壮大

自 1978 年以来，天津金融业取得了巨大发展，表现为资产规模从小到大、创新产品从无到有、业务种类从少到多、金融服务从浅到深、金融占比从轻到重。天津金融机构数量大幅增加，种类日趋丰富，结构日益完善。天津金融业增加值占天津 GDP 的比重逐年上升，金融业在天津经济发展中起到越来越重要的作用。

3. 金融市场活力逐步增强

推进金融改革创新先行先试，建设与北方经济中心相适应的现代金融服务体系和金融改革创新试验基地，为天津金融业发展注入了新的活力。其活力的增强表现在两个方面：

（1）直接融资渠道不断拓宽。天津市完善基金体系建设，努力促进基金与产业项目对接。2006 年 12 月，我国第一只契约型人民币产业投资基金在滨海新区发起设立。此外，天津大力发展私募股权投资基金。2007 年 9 月，发起设立我国第一家股权投资基金协会——天津股权投资基金协会，促进股权投资基金业的健康稳定发展。目前，天津市已经成为我国股权投资基金相对集中的城市，在全国形成了影响力。

（2）资本市场建设进程加快。为增加金融市场活力，完善金融市场结构，天津积极建立各种创新型交易市场。先后成立天津股权交易所和滨海国际股权交易所，为基金与企业提供投融资信息等服务，探索基金退出渠道；成立排放权交易所，财政部和环保部批准天津市开展排放权交易综合试点，探索开展主要污染物有偿使用与交易；设立天津滨海国际知识产权交易所、铁合金交易所等新型交易平台，进一步增强了区域经济活力。2015 ~ 2016 年，天津充分利用多层次资本市场，加大上市挂牌工作力度，不断完善上市挂牌扶持政策体系，同时推广应用各类直接融资工具，包括公司债、各类票据、短期融资券等，改善企业融资结构。

4. 金融环境不断优化

1978年以来，天津在加大金融改革创新先试先行力度的同时，积极推进各项政策的制定工作，致力于提升社会信用环境，吸引金融人才大规模流入，保证金融运行的安全稳定，为天津金融业的平稳健康可持续发展提供有力保障，更为其他地区的金融发展模式提供了借鉴和示范。

（1）金融政策环境持续优化。天津政府积极推进金融市场培育、金融知识培训、金融人才培养工作。市政府出台《天津市促进企业总部和金融业发展优惠政策》《关于优化商务环境促进投资融资的意见》《关于推进天津滨海新区保险改革试验区发展的意见》等促进金融业发展的各项优惠政策，促进天津金融业全面发展。

（2）金融发展环境不断优化。金融发展环境的优化主要表现在以下方面：首先，营造金融发展舆论环境，加强宣传与沟通。其次，营造金融发展服务环境，为金融机构提供服务。天津于2008年成立天津国际经济金融仲裁中心，为各类金融机构、工商企业及投资者提供规范的法律纠纷解决机制；建立六个专项工作协调机制，全方位保障金融运行的安全。最后，营造金融人才发展环境，培养高水平、高质量的金融人才。

（3）金融信用环境不断优化。社会信用体系建设是金融系统安全平稳运行的有力保障。近十年来，天津市多措并举，全面推进金融信用环境建设。为了更好地掌握企业信息，特别是民营中小企业信用信息，天津引进国内有影响力的资信评级机构，建立金融信用信息基础数据库；印发《天津市社会信用体系建设规划（2014～2020年）》。

（4）天津金融影响力进一步扩大。天津金融改革创新受到国内外主流媒体的密切关注。新华社、人民日报社、《中国新闻周刊》、《经济日报》、中央人民广播电台等中央媒体，以及地方各大新闻媒体纷纷把视角聚焦到金融改革创新先行先试上来。天津金融改革创新的影响力日益增强，吸引着全国乃至世界关注天津的金融发展。

5. 天津自贸区引领金融改革创新

2015年4月，中国（天津）自由贸易试验区（简称“天津自贸区”）正式挂牌成立，这是当时中国北方首个自贸区也是唯一的一个自贸试验区。2015年12月9日，中国人民银行正式发布《中国人民银行关于金融支持中国（天津）自由贸易试验区建设的指导意见》（简称“金改30条”），“金改30条”不仅涵盖了上海自贸试验区的金融改革政策，而且增加了融资租赁、京津冀协同发展等方面的天津特色政策支持。同年12月18日，国家外汇管理局天津市分局发布《关于印发〈推进中国（天津）自由贸易试验区外汇管理改革试点实施细则〉的通知》，即“金改 30 条”实施细则，这意味着天津自贸区金融改革创新已迈出关键一步。

6. 金融创新运营示范区建设步伐加快

在京津冀协同发展规划纲要中，金融创新运营示范区是国家赋予天津的区域功能定位之一。2015 年出台的《天津市金融改革创新三年行动计划（2016 ~ 2018 年)》明确提出利用三年时间基本建成金融机构聚集、金融业态丰富、金融市场活跃、金融人才汇集、金融服务完备、金融生态友好、金融监管到位、辐射功能突出、引领作用明显的金融创新运营示范区。

二、天津创新型金融机构业态的现状与问题

（一）融资租赁业态

1. 天津融资租赁业发展现状

在国家政策扶持及天津市政府规划发展下，天津发挥自身区位优势，目前成为我国融资租赁业特点鲜明、模式多样、政策灵活、配套完善的重要产业聚集地。

天津自贸区中东疆保税港区作为国家租赁创新的示范区，通过持续推动租赁改革创新，租赁产业已经领跑全国，目前在国内已经完成 30 多种业务模式创新。截至 2016 年底，天津自贸区各类租赁公司达到 1754 家，租赁飞机累计超过 600 架，约占全国的 90%，租赁船舶达到 80 艘，约占全国 80%，集聚效应十分明显。

2. 天津融资租赁业的特点

（1）政府规划明确，大力支持融资租赁业发展，2006 年以来在国家和天津政府推动下天津融资租赁业业态环境得到快速发展。

以地方政策支持、司法保障支持方面为例。在地方政策方面，天津市政府除了加大对辖内金融租赁公司的财税倾斜力度外，还将金融租赁公司纳入天津市中小微企业贷款风险补偿范围，对发生的不良融资租赁项目给予本金实际损失的 50% 的补偿。同时监管部门严禁租赁资金投向“两高一剩”行业，截至目前（2016 年 7 月），天津辖内金融租赁公司的不良率在 1.2% 左右，拨备覆盖率也维持在 180% 的高位。司法保障方面，针对租赁资产的确和登记等核心问题，天津在全国率先统一了审理租赁物权权属争议的法律适用原则，目前，天津市金融租赁公司约 4500 亿元租赁资产已基本完成租赁资产权属登记工作。天津融资租赁业逐步形成从区域规划政策、业务领域政策、财税补贴政策、保

税区政策到法律环境、行业组织、人才引进等多方位的业态环境。

（2）天津融资租赁呈现产业集聚效应。根据天津银监局公布的数据显示，经过10年的发展，天津辖内金融租赁公司9家（其中，已开业运营8家，批准筹建1家），行业总资产突破5200亿元，年复合增长率37%，资产规模占到全国金融租赁行业的近30%。天津依靠区位优势及政策支持，成为我国融资租赁业重要产业聚集地。东疆保税港区成立于2008年，利用国务院对东疆核心功能区发展融资租赁业务的优惠政策，发挥临近天津港口、临近空港的优势，以飞机租赁和船舶租赁为重点，着力打造中国融资租赁业研发基地和国际航空租赁中心，成为天津的一张金融名片（见表2-1）。

表2-1　全国融资租赁企业十强排行榜

排名	企　业	注册年份	注册地	人民币（亿元）
1	天津渤海租赁有限公司	2008	天津	150.00
2	中金国际融资租赁（天津）有限公司	2016	天津	148.46
3	远东国际租赁有限公司	1991	上海	114.42
4	工银金融租赁有限公司	2007	天津	110.00
5	国银金融租赁有限公司	1984	深圳	95.00
6	郎丰国际融资租赁（中国）有限公司	2016	珠海	94.50
7	平安国际融资租赁有限公司	2012	上海	93.00
8	建信金融租赁有限公司	2007	北京	80.00
9	山东晨鸣融资租赁有限公司	2014	济南	77.00
10	浦航租赁有限公司	2009	上海	76.60

资料来源：《2016上半年中国融资租赁业发展报告》。

3. 天津融资租赁业存在的问题

（1）业务模式有待优化：在融资租赁业发达国家（以设备渗透率为标准），联合租赁、委托租赁、转租赁、杠杆租赁、项目租赁、风险租赁、结构式参与租赁、混合性租赁等被普遍采用，其中杠杆租赁占是发展最快的租赁方式。而我国融资租赁企业业务模式目前普遍以售后回租为主、直租为辅，业务模式比较单一。

（2）部分融资租赁企业业务拓展中"租长、租大、租集中"现象较普遍，客户集中于大型企业，造成行业资本消耗加速、业务同质化严重、集中扎堆特定行业、同业竞争加剧等问题较突出。行业面临业务细分，提供专业化服务的转型要求。

（3）法律税收等体系建设有待完善。这是全国租赁业面临的重大问题。

我国到目前为止并没有专门的融资租赁法和特定的税收优惠政策。融资租赁有四大支柱：法律、监管、会计、税收。这关乎行业规范和健康发展。

（二）股权投资基金业态

1. 天津市股权投资基金业发展现状

近年来，天津市的私募股权投资基金快速发展，尤其是在“大众创业、万众创新”的背景下私募股权基金交易十分活跃，而且天津市大力扶持私募股权投资基金行业发展，为行业发展提供了良好的环境。天津是最早有意建立股权投资基金的城市，国家也在政策上支持天津市发展股权投资基金。2006年，国务院批准天津滨海新区作为全国综合配套改革试验区，随后 2008 年 5 月，国家发改委发布了《关于在天津滨海新区先行先试股权投资基金有关改革问题的复函》，为天津市股权投资基金的发展提供了政策支持。2006 年 12 月 30 日，国内首只人民币产业投资基金——渤海产业投资基金在天津正式设立。渤海产业投资基金总规模 200 亿元，首期募集 60.8 亿元，这是天津市金融改革创新的结果。2007 年，天津市推动成立了国内第一家全国性股权投资基金协会——天津股权投资基金协会。协会成立以来采取多种措施大力推动行业的发展，促进金融创新，为基金管理机构提供全方位的服务。

2009 年随着创业板市场的开启，天津的股权投资基金得到了迅猛发展。2009 年到 2011 年间，在天津市注册的私募股权投资基金公司从 291 家增加到 2413 家。行业规模的扩大也给市场带来了很多投资乱象。

从 2011 年 9 月开始，天津市加强对该行业的监管，加大对非法的集资的整顿力度，PE 行业正经历一个由量变到质变的过程。2011 年 7 月天津市 PE 监管部门发布《天津股权投资企业和股权投资管理机构管理办法》，随后 2012 年又相继出台了一系列政策来加强对 PE 行业的监管力度。2014 年 8 月，《私募投资基金监督管理暂行办法》实施，私募基金受到国家层面监管，监管力度进一步加强。2015 年基金业协会又发布《私募投资基金募集行为管理办法（试行）》等文件，沉重打击非法私募活动。

自 2006 年至今，天津市股权投资基金行业经历了“大发展大繁荣—清理整顿—平稳发展”三个阶段。根据数据显示，截至 2016 年 5 月底，注册在天津市的股权投资基金已达到 2970 只，金额超过 5200 亿元。其中，注册在滨海新区的股权投资基金占据了绝大多数份额。

可以说，天津市的股权投资基金行业已经发展到全新的时期。

2. 天津市股权投资基金业特点

（1）天津市政府为 PE 行业的发展提供了制度支持。针对 PE 行业出现的阶段性问题天津市发布一系列政策进行管制，同时对股权投资企业注册门槛不断提高，基金注册资本从1000万元提高到1亿元。此外，对个人投资者的出资额也提出要求，开始落实合格投资人制度。

（2）天津市采用政府调控下的基金引导与驱动模式给予股权投资基金和基金管理机构大量优惠政策，如对合伙制基金企业实行“先分后税”的税收优惠，对聘用的高层次金融人才给予优惠人才政策，对合伙制基金企业实行“先分后税”的税收优惠。

（3）天津市将股权投资基金与当地产业发展相结合，将其用于发展重点优势产业，为相关企业提供融资服务。

3. 问题

（1）PE与实体经济结合不够全面和紧密。天津PE设立的数量与PE投资企业数量是不匹配的，且PE产业对天津的经济发展规划并没有起到实质性的作用。

（2）优质投资项目相对匮乏，PE投资偏离实业。优质项目的缺失导致基金管理人将资金纷纷转投外地，优质实体经济项目丰富的城市利用其优势，对天津在PE行业的地位构成较大的威胁。还有由于优质项目的匮乏，使基金管理人因无法找到中长期的投资目标而纷纷去追求短期利差，导致资源没有得到合理的配置。

（3）募资、投资行为不规范，投资者缺乏理性。很多私募基金并未采取合理的销售途径，通过互联网、手机短信等方式向不特定对象宣传推介，并未对投资者进行风险识别能力和风险承担能力的审查。

（4）退市机制不健全。目前在我国资本市场上私募股权投资基金的退出渠道比较单一，大多集中于IPO退出。近年来并购市场、资产证券化等纷纷而起，仅处于发展阶段的资本市场无法满足PE退出的需求。

（三）天津小额贷款公司业态

小额信贷指向低收入群体和微型企业提供的额度较小的持续信贷服务。天津市自2008年成立第一家小额贷款公司以来，一直在不断发展。根据数据统计报告，天津市的机构数量不断增多，规模逐渐增大，在2010年至2013年迅猛发展，数量增长较快，2013年后稳定下来，2010年底天津仅有19家小额贷款公司，到2015年底已经增加到了110家，实收资本由2010年的12.76亿元增长到2015年的130.07亿元，在全国小额信贷公司的占比也不断增大。截至2016年上半年底，天津共110家小额贷款公司，从业人员达到1455人，实收资本有130.1亿元，贷款余额达到134.7亿元，总体运行状况良好（见图2－1）。

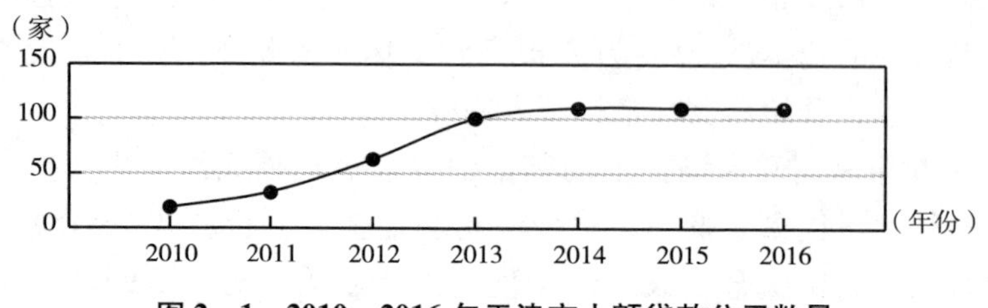

图 2－1　2010～2016 年天津市小额贷款公司数量

小额贷款公司最大的特点是贷款期限短、额度小、办理速度快。天津小额贷款公司贷款期限从 1 月到 1 年不等，贷款方法灵活，支持中小微型企业的作用突出，业务经营模式较为规范，符合相关规定，内控机制比较健全，贷款质量普遍比较优良。

天津小额贷款公司在发展过程中也存在着诸多问题：

（1）法律地位不明确。根据《关于小额贷款公司试点的指导意见》，小额贷款公司是由自然人、企业法人与其他社会组织投资设立，不吸收公众存款，经营小额贷款业务的有限责任公司或股份有限公司。因此他的性质只是一般的工商企业，并不是金融机构，所以小额贷款公司被排除在了正规的金融体系之外，虽然从事金融业务，但是不能享受相关的税收优惠、财政补贴，在同业拆借、法律诉讼方面也难以享受与金融机构的同等待遇。

（2）政策优惠环境欠佳。国家虽然已经提出要对小额贷款公司实行财政补贴政策，但还没有相关实施细则，不仅如此，小额贷款公司由于不属于金融机构，也不能享受国家对农村金融和小企业的优惠政策。在税收方面，因为不属于金融机构，不能享受给农村金融机构的税收优惠，而要缴纳大量的企业所得税。

（3）融资难。小额贷款公司由于不是金融机构，不能采用同业拆借方式，而只能采取工商企业贷款的方式从银行获得融资，而小额贷款公司并不具备充足的抵押和质押财产，从而增加的融资的成本，不仅如此，银监会和中国人民银行规定小额贷款公司从银行业余金融机构获得融入资金的余额不得超过资本净额的 50%，单一自然人、企业法人、其他社会组织及其关联方持有的股份，不得超过小额贷款公司注册资本总额的 10%。银行再融资和股东增资扩股是小额贷款公司获得资金的主要渠道，受限于此，这两种方式很难满足小额贷款的公司的融资需求。由于融资成本高，进而小额贷款公司的利率较高，这就影响了小额贷款公司对小微企业和“三农”的支持效果。

（4）运行不够规范．小额贷款公司目前的法律地位比较模糊，导致其经营行为处于法律监督的空白状态，会有一定的法律风险，同时法律保护也不足，风险较大。

（5）业务种类少，服务人员参差不齐。小额贷款公司经营范围除了贷款业务，经营担保、咨询、票据贴现、贷款项下结算和贷款转让等业务，但是实际运作中基本只经营贷款业务，品种单一增大了经营风险。小额贷款公司工作人员素质良莠不齐，由于公司规模小、风险大，难以吸引优秀的人才，难以突破大公司的信贷操作理念，不能根据小额贷款客户的特点配备相应的经营管理人员和信贷操作人员。

（6）信息不对称。征信系统是我国金融市场信息共享、资源开放的必要平台。目前很多小额贷款公司的业务操作与客户资信信息并未列入该系统，加大了小额贷款公司的信用风险。

（四）财务公司业态

1. 天津财务公司发展现状

截至 2016 年 11 月，天津共六家财务公司，分别是天津港财务有限公司、津渤海集团财务有限责任、天津物产集团财务有限公司、天津天保财务有限公司、中国石化财务有限责任公司天津分公司、天津医药集团财务有限公司。较 2012 年新增 4 家。

2. 财务公司发展特点

财务公司组建开业需银监会审批通过，审批依据是《企业集团财务公司管理办法》和《中国银监会非银行金融机构行政许可事项实施办法》等有关规定。财务公司一般具有以下特点。

第一，资金来源于集团，服务于集团，和集团公司联系紧密。财务公司自成立以来就始终与产融结合息息相关，在帮助企业集团集中管理资金、降低成本、提高效率、控制风险、减少操作风险和损失等方面有着特殊优势。

第二，业务范围较广，大多数服务于成员单位。天津财务公司业务一般涉及：①对成员单位办理财务和融资顾问、信用鉴证及相关的咨询、代理业务；②协助成员单位实现交易款项的收付；③经批准的保险代理业务；④对成员单位提供担保；⑤办理成员单位之间的委托贷款；⑥对成员单位办理票据承兑与贴现；⑦办理成员单位之间的内部转账结算及相应的结算、清算方案设计；⑧吸收成员单位的存款；⑨对成员单位办理贷款及融资租赁；⑩从事同业拆借。

天津港财务有限公司业务更为广泛，除了以上业务，还可以涉及：①办理成员单位之间的委托贷款及委托投资；②经批准发行财务公司债券；③承销成员单位的企业债券；④对金融机构的股权投资；⑤有价证券投资，投资范围仅限于银行间市场国债、央行票据、金融债、短期融资券、企业债、货币市场基金、新股申购。

第三，受到集团公司和银监会的双重监督。由于财务公司是服务于企业集团的金融机构，且其控股股东多为企业集团成员企业，因此必然受到企业集团监督。另一方面财务公司从事金融活动，直接受银监会监管。

第四，积极探索新服务模式。《中国证券报》报道，目前已经有 5 家公司开展延伸产业链金融服务，帮助成员单位在产业链上的核心企业地位及对上下游的影响和控制，帮助集团获得业务聚集优势，提升整个产业链的竞争力。但风控、评级及监管细则还处于探索阶段。

3. 财务公司发展存在的问题

（1）受到来自利率市场化的冲击。财务公司一方面存款利率既要保持市场竞争力，另一方面需要服务于成员企业，贷款利率不可能太高。以信贷为主的模式下，利率市场化的放开可能带来的息差扩大，使财务公司面临着非常严峻的经营和盈利压力。

（2）互联网金融的冲击。互联网金融本意是解决小微企业融资难融资贵问题，但一些大的互联网金融公司也在推对公产品，逐渐向大中型企业推出融资服务。使得财务公司的优势区域面临冲击。

（3）经济下行期因部分行业和企业集团效益下滑对财务公司可能产生风险。例如钢铁、煤炭、有色金属等受经济形势影响效益下滑严重的行业。

（五）担保公司业态

个人或企业向银行借款时，银行为了降低风险会要求借款人找到第三方为其作为担保，担保公司会根据银行的要求对借款人进行审核，替借款人进行担保，收取服务费用，担保公司在解决中小企业融资问题上发挥了重要作用。天津担保公司主要从事融资性担保业务和合同履约担保、诉讼保全担保等非融资性担保业务，融资性担保业务以传统的贷款担保为主；多数担保机构与商业银行开展了业务合作，而银行更倾向于与政策性担保公司合作。

天津市政府及相关部门也出台了一些政策来对担保公司进行支持和监管，使担保业更加繁荣稳定。在政府支持方面，2009 年 1 月出台的《关于建立完善天津市融资担保体系的实施方案》规定，为鼓励担保机构开展担保业务，对经认定的担保机构给予担保业务三年营业税减免政策；担保机构实际发生的代偿损失，可按照规定在企业所得税税前扣除；对当年贷款担保业务达到一定规模的担保机构，给予适当资助；担保机构办理代偿、清偿和过户等手续费用，登记部门按国家有关规定予以减免。在监管方面，2010 年 9 月发布的

《天津市融资性担保公司管理暂行办法》对天津融资性担保公司的准入、退出、日常监管和风险处置进行了规定，在规范担保公司经营上起到了重要作用。

担保公司不是以自有资金放贷，而是为企业信誉做担保，由银行贷款。一些中小企业在银行资信度达不到贷款标准，可以找担保公司担保，由担保公司承担其中的风险；银行因为小额贷款的管理成本高，但收益并不明显，所以银行倾向于与担保公司合作，担保公司可以针对不同的客户需求提供个性化的服务，简化中小企业融资的流程，减少银行直接贷款的成本，既方便了银行又方便了客户。

天津小额贷款公司在发展过程中也存在着诸多问题：

（1）担保客户集中导致风险较高。一是对某一个客户的担保金额过高，一旦违约造成代偿，将会产生巨大的损失；二是担保客户行业集中度过高，一旦这个行业低迷，那么就有可能有很多客户同时违约，损失将会更大。

（2）存在股东或者关联公司占用担保资金的问题，这会严重影响公司资产的流动性，一旦客户发生违约，公司有可能没有足够的资金去代偿。

（3）公司自有资金使用不当，根据《融资性担保公司管理暂行办法》规定，融资性担保公司以自有资金进行投资，限于国债、金融债券及大型企业债务融资工具等信用等级较高的固定收益类金融产品，以及不存在利益冲突且总额不高于净资产20%的其他投资。但一些担保公司为了利润进行了一些高风险投资，不但违反了相关规定，一旦出现问题，那么影响的是公司本身。

（4）有些企业未按照规定提取到期责任准备金和担保赔偿准备金问题。《融资性担保公司管理暂行办法》规定，融资性担保公司应当按照当年担保费收入的50%提取未到期责任准备金，并按不低于当年年末担保责任余额的1%提取担保赔偿准备金。但是有些企业并没有达到要求，风险隐患很大。

（5）担保公司人员的风险管理经验不够，特别是一些政策性担保机构，人员基本为政府公务人员兼职，并不是专业人员。

（6）银行对合作的担保公司要求的注册资本金较高，且优先选择政策性担保公司合作，所以一些担保公司难以取得银行的认可，另外银行会向担保公司收取担保金额10%～20%的保证金，这些保证金也只会支付存款利率的利息作为补偿，导致担保公司的可用资金减少，降低公司的盈利能力。

（7）银行与担保公司不能建立平等的协作关系，银行与担保公司合作应该是风险共担，银行承担少部分的担保责任，但是现在大多数担保公司在担保业务中都承担了100%的担保责任。

（六）保理公司业态

保理，即保付代理，是指将企业赊销产生的应收账款转让，并由保理机构提供资金融通、进口商资信评估、信用风险担保、销售账户管理、账款催收等业务的综合金融服务。现代市场贸易中，买方市场逐渐形成，赊销成为主流贸易结算方式。这给供应商带来了买方信用风险和资金回流速度慢的问题，保理服务恰好能够解决这两个问题。按照经营主体不同，保理行业又可分为银行保理和商业保理两个部分。

1. 天津保理公司发展现状

我国商业保理行业在 2012 年之前发展缓慢，但在 2012 年之后，由于市场需求的不断增加以及主管部门政策的出台，国内商业保理业开始快速发展。

天津是商业保理聚集地，而天津滨海新区是“商业保理之都”，在行业发展上发布了许多优惠政策，以吸引商业保理公司前来入驻。2015 年底，滨海新区累计设立试点商业保理公司 230 余家，新增数量达 109 家，产业聚集度不断提高。

2015 年天津自贸区运营及“金改 30 条”正式实施后，进一步助力了商业保理业发展。如“负面清单”，对商业保理外资企业注册采取备案制，设立程序更加简单便利，对外资商业保理公司具有很大的吸引力；同时在“金改 30 条”中，明确出台了包括允许融资租赁公司兼营与主营业务有关的商业保理业务等多项利好政策，这也使得越来越多的融资租赁企业开始开展商业保理业务，促进了整个行业快速发展。

2. 保理公司发展的特点

（1）从国外保理行业的总体看来，非银保理商在财务、经营上具有以下共同特点：与其自身业务规模相比，注册资本相对较小，资产负债比率较高（通常在 95% 以上）。我国商业保理公司也呈现国外非银保理商轻资本的财务特点，商业保理专业委员会资料显示，截至 2014 年 12 月 31 日，全国共有 1129 家内、外资商业保理公司，总计认缴注册资本金全折人民币约为 1004 亿元，平均注册资本金约为 8895 万元人民币。因此如果没有外部资金支持，商业保理公司只能靠自有资金做业务很难发展起来。

（2）我国保理公司业务体系以融资为核心。我国商业保理行业总体呈现出重融资、轻担保的情况，保理公司倾向于经营风险较低的有追索权保理业务；由于外汇管制原因，国际保理业务开展有限，通行于国际的双保理模式应用不多，我国主要以单保理模式为主。

3. 保理公司发展存在的问题

（1）法律制度尚需完善，正式监管政策尚未落地。迄今我国还没有一部专门的法律来规范保理行业业务，厘清围绕应收账款转移出现的各种问题。目前法院在处理保理业务时，常常遇到应收账款质押的优先顺序、转让通知方式、转让后债券确认以及在央行征信系统账款质押登记的法律效力等方面无法可依的问题。

（2）外部融资成本偏高。由于商业保理行业的融资属性在中国尤其重要，保理商业务发展的快慢往往同公司的融资能力息息相关。股东资金是最为重要的资金来源，银行授信、资产证券化以及互联网网贷平台是三种最主要的保理公司融资渠道。但总体来说，保理商的融资成本是比较高的。

（3）社会征信体系不健全，信用审查有难度。我国现在尚未建立覆盖所有公民、企业的社会征信体系。加之央行征信系统没有向商业保理公司开放，这导致保理商难以获得有效信息，合理评估买方公司的支付信用。同时，中国企业长期以来缺乏信用交易传统，企业不遵守合同随意拖欠款项也属常态，这为商业保理公司风险管控提出了难题。

（七）消费金融业态

1. 天津市消费金融业发展现状

近年来，我国经济快速增长，已经超越日本，成为全球第二大经济体。但经济新常态下，我国的经济增长已经呈放缓趋势，由高速增长转为中高速增长，产业结构也有待优化。长久以来，投资、出口和消费一直是推动我国经济增长的“三驾马车”，但随着国内经济下行以及外围市场动荡，投资放缓外贸出口渐显乏力，拉动消费、扩大内需已经成为我国经济转型的一个关键要素。我国政府一直着力促进国内需求，而建立新型消费金融业态是有效满足“多元化、多层次”的金融消费需求。

2009 年 7 月，银监会发布《消费金融公司试点管理办法》，天津与北京、上海、成都一并成为首批消费金融公司的试点。2010 年初，银监会相继批准了北银、中银、四川锦程和捷信四家消费金融公司，奠定了我国消费金融行业雏形。而在天津滨海成立的捷信消费金融公司是国内首家外商独资消费金融公司。2013 年 11 月，银监会再次发布《消费金融公司试点管理办法（修订稿）》，并宣布新增 10 个城市参与试点工作。2015 年 6 月，国务院放开市场准入，将消费金融公司试点扩大至全国。2016 年 3 月，《2016 年政府工作报告》再次强调消费金融，“在全国开展消费金融公司试点，鼓励金融机构创新消费信贷产品”。国家鼓励消费金融领域的创新发展，在政策上给予了其很大的支持，积极促使消费拉动经济的增长。

经济的增长促使人均收入水平得到很大提高，加之城镇化进程让年轻一代迅速崛起，人们传统的消费观念逐渐改善，越来越注重物质和精神层面的消费需求。互联网的发展和征信体制的完善，也让消费金融业的效率得到很大程度的提高。我国的消费金融行业在政策支持、互联网驱动等多层因素下仍存在着巨大的发展空间。

2. 特点

（1）天津市政府给予了大量的政策支持。消费金融是符合“惠民生”下的普惠金融，为尚未享受到传统金融服务的弱势群体提供信贷类金融服务，提升资金跨期配置效率，有效促进天津市经济发展。

（2）相较于传统商业银行来说，捷信公司准入门槛低，灵活便利，为普通民众提供了更多可选择的消费信贷渠道。

3. 问题

（1）消费金融相关的法律法规不完善。国内消费金融发展仅八年时间，政府相关的立法还比较滞后，与消费金融相关的法律还一片空白。《个人住房贷款管理办法》和《汽车消费贷款管理办法》等相关行业规范的出台在一定程度上填补了此片空白，但由于没有正式立法，缺乏相应的法律约束力，因而对人们的威慑力不大。

（2）本地居民消费金融认知度低。天津市居民大多数仍将资产存入银行等机构，家庭中拥有的股票、基金、债券和保险等金融理财产品所占份额较小，对进入市场的消费信贷产品认知度低。

（3）个人征信体系不完善。国内尚未建立起一套完备的个人征信体系，对全社会个人信用情况缺乏行之有效的管理模式。金融机构对借款者的信用状况等了解不深，增加了不确定性，导致一系列复杂的审批工作，致使成本增加。

（4）消费金融产品单一化。金融机构创新力度不够，产品结构单一，与消费者消费需求的多样化不匹配。虽然近几年市场上推出一系列消费金融产品，但同质化程度高，金融机构服务专业化欠缺。

（八）互联网金融业态

1. 互联网金融发展现状

2013 年以来，互联网、通信技术等信息技术的迅速发展，互联网金融呈现爆发式增长，打破了传统的金融的局限性。目前互联网金融包括互联网支付、网络借贷、股权众筹、互联网保险、互联网理财与互联网消费金融六种模式。天津作为北方的经济中心，市政府积极发展互联网金融，但整体规模相较于北京、上海相差甚远。截至目前，中国人民银行发出了 8 批共 270 张支付牌照，除去三家因违规被注销，总计有 267 张支付牌照。并且在 2015 年 7 月以后，央行收紧发放新牌照。在这 267 家中天津只有渤海易生、城市一卡通等 4 家，相比北京 57 家、上海 51 家，数量和规模都不在一个水平上。同时在互联网金融前 16 强中，天津无一企业在列，参与的互联网金融业务较低。同时现阶段的天津互联网金融行业准入和经营范围限制不够宽松，促进其互联网金融业发展的政策制定迟缓。

2015 年 7 月，天津自贸区内首家互联网金融平台——“添金融”与“添金投”正式宣告上线，该平台由天津股权交易所投资设立。其中“添金融”为股权融资平台，“添金投”为固定收益产品平台。“添金融”与“添金投”创新性采用 P2F2B 模式（个人 to 交易所及金融产品 to 企业），开创国内互联网金融领域先河。2016 年 4 月，天津首个外资互联网金融平台“美联投”在天津自贸试验区机场片区上线，该平台将借助自贸优势，利用美国和中国国内资金共同为天津涉农小微企业解决融资难题。

互联网金融正处于当下金融创新的最前沿，据数据统计，2016 年第二季度中国第三方互联网支付交易规模达到 4.6 万亿元，同比增速 61.9%。同期，第三方移动支付交易规模达到 9.4 万亿元，环比增速 52.1%。天津市政府“金改 30 条”的落地实施，对大力发展互联网金融等新金融业态有着促进作用。

2. 天津互联网金融发展的特点

（1）金融产业集聚，形成良好的金融创新氛围。滨海新区云集了国家超级计算天津中心、腾讯数码、58 同城等一批大数据、云计算行业的领先企业，还吸引国美、京东等大型商贸、电子商务企业。

（2）天津市政府对互联网金融行业发展出台的措施较为细致，政策目标精准度高。

3. 天津互联网金融发展存在的问题

（1）天津市互联网金融企业数量少、规模小，缺少领军企业，且未与本地优势产业紧密地联系。

（2）互联网金融产品创新力度不够。目前互联网金融产品在关键环节同质化现象严重、恶意竞争较突出，未能依据自身特点、市场需求和客户偏好创新出差异化程度高的金融产品，实现差异化竞争。

（3）金融监管体系不完善。我国目前实行分业经营、分业监管，监管部门对互联网金融业务的界定相对模糊，并且尚未出台具体的监管原则。监管体制的修正滞后于互联网金融的发展。

三、天津创新型交易市场业态

（一）天津股权交易所

天津股权交易所是经天津市人民政府批准设立的公司制交易所，2008 年 9 月在天津滨海新区注册营业，是首家区域股权交易所，是国内首个开展“两高两非”公司股权和私募股权基金交易的市场。其中“两非”指的是非上市非公众公司，“两高”指国家级高新技术产业园区内的高新技术企业。

1. 天津股权交易的目标定位

天津股权交易所致力于充分利用市场优势、政府制度支持优势，在借鉴国内外金融市场的先进理念、技术和管理经验的基础之上，从“两高两非”公司股权和私募基金份额两产品交易起步，通过市场组织、交易产品、交易制度、交易形式等进行分阶段、分层次创新，逐步建成包括多层次、多品种、多交易方式、面向全国的统一市场体系，构筑中国多层次资本市场体系的重要基础层次。

2. 天津股权交易所的现状

从覆盖区域上，天津股权交易所最为广泛，覆盖 23 个省市，从投资者限定上看，天交所允许一般自然人股东参与，从交易制度上看，天交所采取多元化策略，引入竞价和协商交易机制，而且是唯一引入做市商制度的市场。

截至目前，在天津股权市场挂牌的公司多达 848 家，私募发行 275 期，市场总市值约 1261.21 亿元，注册投资人 43020 户，注册服务机构 217 家。

3. 天津股权交易所的特点

（1）非公众化、非公开化。天津股权交易所致力于为“两高两非”企业股权和私募股权基金提供服务，并且不公开面向社会群体。

（2）以市场为基础。天津股权交易所立足在有效防范风险和满足有效市场需求的条件下，对产品的交易条件、市场准入条件、交易形式以及经营管理等作市场化的制度做出合理安排。

（3）以服务为核心。天津股权交易所的核心功能是中介服务，可以通过一系列市场工具和市场机制帮助投资者在最短时间内以最低的成本找到更适合自己发展的投资项目。

（4）门槛较低。天津股权交易所的参与成本较低，使得中小企业投资者也可以参与市场，成为市场的主体。

（5）补充证券市场。天津股权交易所与证券市场既不存在竞争关系，也不存在并行关系，而是为证券交易市场不断培育筛选优质合格的上市资源，因而，可以作为证券交易市场的补充。

4. 天津股权交易所存在的问题

（1）主要由政府监管，存在弊端。天津股权交易所由天津产权交易中心、天津开创投资有限公司等机构共同发起组建的公司制交易所，由天津市政府监督，缺乏市场化元素，并地方政府干预容易导致不良后果，使市场配置资源的能力不能得到充分的发挥。

（2）缺乏相应的法律法规。我国整体的场外交易市场都缺乏具体的法律法规来进行监管，只由政府进行监管，容易产生监管漏洞，在政府监管不到的地方，只能完全依靠市场规律发展，风险过大，阻碍了它的健康发展。

（3）存在一定的局限性。天津股权交易所针对的是“两高两非”企业，就会导致错失业绩优秀、实力较强的非“两高两非”公司的股权、债券交易机会，不利于它的整体发展。

（二）天津滨海国际股权交易所

天津滨海国际股权交易所（简称股交所）是天津市政府为认真贯彻落实国务院《关于推进天津滨海新区开发开放有关问题的意见》中在滨海新区进行金融改革先试先行的精神，在天津市政府与全国工商联及美国企业成长协会成功合作举办了多届经国务院批准的“中国企业国际融资洽谈会”基础上，在融洽会组委会直接推动和领导下，依托其在国内外直接融资领域中强大资源、网络优势，以及已经为200多家企业成功融资的专业服务经验的基础上，打造的一个融洽会常态化的直接投融资平台，推动滨海新区金融改革创新的又一重要成果。

1. 天津滨海国际股权交易所的功能定位

滨海国际股权交易所是我国第一家专业从事国际企业股权投资、融资信息交易的第三方服务平台，同时也是国内第一家专业从事为拟融资的企业通过出让部分股权，进行直接融资的信息交易场所。与此同时，滨海国际股权交易所依托与全国各地多家商业银行、担保公司、信托企业、金融租赁公司等各类重量级金融机构建立的战略合作伙伴关系，为挂牌企业提供多种形式的简介融资服务。

2. 天津滨海国际股权交易所的现状

目前，已有来自世界6大洲20多个国家及地区的近300家主流的投资机构和知名中介机构，以及分布在国内20多个省、直辖市的300余家经纪公司成为股交所会员，国内 200 余家金融机构构成股交所的战略合作伙伴。

3. 天津滨海国际股权交易所存在的问题

（1）目标市场定位广泛。目标市场的细分在企业经营发展的过程中至关重要，好的市场细分有利于企业及时发现自身的优势，取长补短；有利于及时发现需求方的需求特性，提高自身的竞争力；有利于及时发现市场机会，获得市场主动权。而滨海国际股权交易所主要目标是帮助我国企业解决投资、融资问题，但是没有具体定位是哪部分企业，目标市场定位过于宽泛，不利于其长期的经营发展。

（2）服务类别覆盖过广。滨海国际股权交易所提供的融资方式包括股权融资、债券融资和股权债权结合融资三种方式，覆盖了所有的融资方式，但是，这三种方式并不一定全部是它的强项，因此，它需要找出自己的核心竞争力，把资源用到更有价值的地方。

（3）组织构架有待进一步完善。滨海国际股权交易所中的部门数量较多，且各个部门之间关系复杂，结构烦琐，信息流通不畅，反应缓慢，资源浪费现象较为严重，工作效率低下，有待进一步的优化。

（三）天津滨海柜台交易市场

天津滨海柜台交易市场股份公司是天津滨海柜台交易市场（简称天津 OTC）的建设和运营主体。公司成立于 2010 年 8 月 12 日，是根据国务院批复同意天津滨海新区综合配套改革试验总体方案，“要为在天津滨海新区设立全国性非上市公众公司股权交易市场创造条件”的精神，经天津市政府批准，由中信集团、中银投资、华融资产、东方资产和泰达国际等五家股东发起设立，注册资金 3 亿元人民币。

1. 天津滨海柜台交易市场的功能定位

天津滨海柜台交易市场的功能定位是：在天津滨海新区设立全国统一、依法治理、有效监管和规范运作的非上市公司股权交易市场，作为多层次资本市场和场外交易市场的重要组成部分，主要为股权、债权、创新型金融产品的交易及其他融资工具等提供交易场所、设施和服务。作为场外交易市场的重要组成部分和全国股权市场重要的有机层次，与上海证券交易所和深圳证券交易所的场内市场一起，构成我国多层次资本市场体系。

2. 天津滨海柜台交易市场的现状

天津滨海柜台交易市场是天津市唯一一家实力雄厚且受市委、市政府直接管理和鼎力支持的交易市场，唯一未被列为天津市清理整顿范围的交易场所，截至 2016 年 5 月 18 日，天津滨海柜台交易市场已经迎来了 100 家挂牌企业，目前天津滨海柜台交易市场拥有企业会员965家，投资机构会员186家，中介机构会员120家，融资资金64.75亿元。

3. 天津滨海柜台交易市场的特点

（1）融资方式灵活，交易主体多样。天津滨海柜台交易市场不仅提供股权融资、债权融资和创新融资服务，还可以对股权融资的企业提供一系列的服务。

（2）参与主体广泛。天津滨海柜台交易市场采用开放式交易，实行网上注册批准制，企业和机构可以通过登录网上平台，然后经批准就可以成为会员。

（3）信息公开化。天津滨海柜台交易市场对企业的信息披露较为全面和及时，并且为参与其中的各类机构提供服务推介，在企业和机构之间成功地形成了双向信息的对接。

（4）服务功能齐全。天津滨海柜台交易市场为企业提供企业展示、政策咨询、评级优选、融资征信、融资对接、上市培育等综合服务。

（5）政府支持。天津滨海柜台交易市场与市政府主要职能部门和各区县政府建立了协作工作机制。

（四）天津金融资产交易所

1. 天津金融资产交易所发展现状

天津金融资产交易所有限责任公司（以下简称为天金所）于2010年5月21日在天津滨海新区于家堡中心商务区注册成立，是全国首家正式成立的金融资产交易所。天金所是由长城资产管理公司与天津产权交易中心共同出资成立，注册资本1568万元人民币。成立初期，天金所主要借助长城资产管理公司进行不良金融资产的收购、经营与管理，同时利用天津产权交易中心的平台建设、交易网络等优势，结合全国资源，为自身发展提供强大保障。

随着金融环境的发展，天金所不断探索新的交易品种，逐步形成了包括不良金融资产、金融企业国有资产、保险资产、信贷资产、信托资产、基金资产、租赁资产、小企业贷款、金融企业股权、司法资产和委托债权投资计划等10大类金融资产的交易方式，并在此基础上开发标准化金融产品和金融衍生产品的交易模式。

此外，2015年11月，天金所顺利引进浙江蚂蚁小微金融服务集团、中国东方资产管理公司、中信信托有限责任公司战略入股，为公司注入了新的活力，也标志着公司发展迈入了新的阶段。天金所充分利用各方股东优势，加强业务整合与协作，不断探索线上、线下交易，将传统金融与创新金融相融合，继续探索“互联网 +”的无限可能性。

截至目前，天金所已累计成交达 1.224 万亿元交易额，与 2013 年相比增长 22.4%。拥有超过 44 万家机构会员（是 2013 年数量的 2 倍）、409.1 万注册投资者，网站访问量突破 8900 万人次，与 2013 年相比增长 27.1%。

2. 天津金融资产交易所特点

（1）产品结构丰富，注重产品与交易模式创新。

天金所的成立对后续金融资产交易所的成立起到了模范带头作用，但是同业之间的竞争不断加剧升温。天金所不断进行金融基础市场建设的创新和金融产品的研发，以两大交易产品①为基础，不断设计开发新的交易品种、丰富活跃交易活动。其中，诉讼资产交易业务便是天金所金融产品创新的有力代表。同时，天金所在做好基础金融资产交易的同时，积极研究创新型金融产品，不断形成标准化的金融产品和金融衍生产品。

另外，在近几年的发展中，天金所已经将原有的线下市场逐步转化为线上市场。而且由于蚂蚁金服等股东的加入，使得天金所能够发挥不同股东的优势，充分运用技术、数据与风险管理对接优质金融资产，在原有交易形式的基础上，推动线上 C 段客户的销售，不断对其交易模式进行改进。

（2）以全国作为服务范围，推动中国直接融资市场发展。

天金所的发展目标是“建立一个全国性的金融资产交易平台”，经过努力，天金所已经实现了“市场覆盖全国、专网覆盖全国、投资者覆盖全国、项目覆盖全国、机构覆盖全国②和结算覆盖全国”的“六覆盖”。

同时，天金所以“直接融资，信用天下”作为公司愿景，为广大中小企业提供便捷、高效、低成本的直接融资服务，致力于推动中国直接融资市场的发展。通过创新型金融产品与全国金融资产交易市场所搭建的金融资产交易平台，为中小企业和其他公司产业融资困难开辟了一条新的道路。

（3）培育生态圈，助力经济转型升级、结构调整与服务社会。

天金所首创“金融资产交易生态圈”概念，以“共创平台、共建生态、共享资源”为战略目标，凝聚在产品研发、平台搭建、系统运营、渠道服务、功能孵化、信用转换、品牌打造等方面的合力，吸引更多的市场主体参与，从而使其市场规模不断扩大，让更多的中小企业和普通投资者可以在追逐梦想的

---

① 不良金融资产交易、金融企业国有资产交易。

② 1 家子公司、3 个地区总部、28 个交易服务部（包括香港地区），机构网点遍布除西藏自治区、港、澳、台外的全部省市。

道路上感受到金融服务的力量。

3. 天津金融资产交易所存在的相关问题

（1）监管主体模糊，缺乏有效监管。

天金所与普通金融机构不同，由于其交易业务跨度大，线上、线下属性重叠，很难界定相应的监管主体。从天金所的交易品种上来看，包括了传统的资产管理、挂牌登记、托管等。同时，随着交易品种的不断创新，天金所也发展了保险、信贷、信托、基金、租赁等多种交易业务品种，这些交易过程都对应了不同的监管主体，很难找到一个统一的监管部门对天金所的开展的业务进行标准化的监管。

近年来，“一行三会”针对金交所的核心业务——非标资产出台了相应文件予以规范，但是其监管对象仍是以银行为主的传统金融机构，并没有从金交所的角度给出相关的监管办法。同样的，2016 年 10 月 13 日，国务院印发的《互联网金融风险专项整治工作实施方案》也仅仅强调了 P2P 与股权众筹平台，却没有提及从事设计泛资管业务和类 P2P 业务的金交所。

（2）C 端销售金融产品，放大系统性风险，产品与投资者风险不匹配。

随着近几年互联网金融的发展，天金所将线下交易逐步向线上交易发展，涉及了 C 端理财的相关业务。2015 年 11 月，天金所引入蚂蚁金服的主要目的也是为了解决 C 端销售的问题。C 端销售确实是天金所交易方式的创新，但是通过互联网向 C 端大众销售金融产品后，其系统性风险被进一步放大。C 端业务并没有做到将产品与投资的风险相匹配，由于 C 端金融资产的销售既可以面向个人投资者，也可以面向机构投资者。因而，个人投资者很有可能购买将不良资产等高风险债权打包而成的理财产品，从而承担了与其自身风险承担能力不匹配的潜在风险，扩大了个人投资者的风险敞口。

（五）天津滨海国际知识产权交易所

1. 天津滨海国际知识产权交易所发展现状

天津滨海国际知识产权交易所（简称天知所）于 2011 年 6 月 11 日正式揭牌成立，注册资本为 1000 万元，是国内首家专业化、市场化的公司制知识产权交易服务机构，旨在为专利或技术发明所有者、企业经营者以及资金投资者提供技术与资本的对接通道，破解专利融资瓶颈。

目前，天知所的交易范围①（品种）包括专利权、著作权、商标权、植物新品种权、集成电路布图设计专有权以及基于知识产权的衍生品权益等，设立

① 根据《天津滨海国际知识产权交易所有限公司知识产权交易规则》相关内容整理得到。

了“生物医药、新能源新材料、现代制造、信息工程、现代农业、文化创意、移动互联及城市创新”等专业服务平台。天知所以知识产权为主体，以市场需求为导向，吸纳海内外各类资金和政府引导基金，投入知识产权的再开发和成熟技术的商品化。通过资本运作为专利项目融资，为具有自主知识产权的重大创新成果转化提供资金保障。

天知所的合作伙伴包括中信银行、招商银行、中国农业银行、中国银行、浦发银行、兴业银行等，会员机构包括倚天机构、四方君汇、中天横平、青叶浩勤、中新天津生态城等。

2. 天津滨海国际知识产权交易所特点

（1）具有广泛的经营范围。

天知所不仅从事中外知识产权（包括专利权、著作权等）的交易，而且还为以知识产权为主要载体的有限责任公司或为上市股份有限公司的股权进行交易。同时，天知所也从事与知识产权相关的衍生产品的交易，为上述的交易提供交易的场所、设施、技术支持以及相关的配套服务。此外，也为知识产权的价值评估、拍卖、质押、托管、培训、认证、鉴证等项目提供信息发布及相应的结算服务。

（2）具有不同的交易平台。

天知所针对不同领域的行业特点，设立了不同的专项业务平台。通过对业务平台的细致划分，有利于整合优质资源，从而加快新产品的研究开发以及深度挖掘委托项目知识产权的价值。不同的业务平台针对不同的合作对象，有着不同的业务流程，为客户提供不同的配套服务。其中，生物医药平台、移动互联平台、现代制造平台和信息工程平台都是以该领域内的科技创新为导向，聚焦知识产权权属价值，助力产业升级和发展的。而新能源新材料平台、文化创意平台以及现代农业平台则是为与之相对应的产业开展具体对象的知识产权交易，并为之提供相应的服务。

（3）具有强大的信息服务与中介功能。

天知所具备很强的知识产权项目的采集能力和信息的储备能力，能够及时掌握不同产业的发展动态和发展需求，及时掌握相应行业的研发方向及未来发展趋势。依托现实的企业技术需求，推动知识产权的交易，解决知识产权商业化过程中所遇到的瓶颈问题。此外，天知所还为企业规划知识产权战略，为行业、企业进行专利的技术分析，提供规划分析报告。

3. 天津滨海国际知识产权交易所面临的问题

（1）成交量小，项目挂牌时间长。

从天知所官方网站上的“成功案例”可知，自天知所成立以来，基本没有什么成交量，做成的项目只有4笔。但是，这4笔业务中，并不都是知识产权的上市交易。只有齐河天泰塑木材料有限公司的“塑木材料”专利属于真正意义上的知识产权交易，而其余的三者均与股权融资相关。而且，这些项目从挂牌到最后的完成几乎都超过了9个月，项目挂牌时间过长可能会导致项目的价值降低，使得企业依靠天知所的平台为专利（知识产权）进行融资的效果减弱。

（2）专利转化率低，交易所经营萧条。

在现行知识产权保护的背景下，传统一对一的产权交易方式很难做大做强，即便我国拥有庞大的专利申请量，但是大多数的专利都停留在论文和证书里，并没有把它们转化为实际的生产力，能够拿到交易所上进行变现的更是少之又少。

而且，现在市场上私下交易流通的专利很多，但这些私下交易的目的并不是将这些专利当成商品进行交易，而是一些企业利用它较快申报高新技术企业，从而享受税收、资金扶持等方面优惠。从而使得这些企业对于专利的需求并不在意其优劣，而仅仅取决于其价格。市场的私下交易的价格通常要比交易所的便宜，而且交易流程更加方便快捷。因而，这种地下交易的扩大与发展使得交易所的经营显得捉襟见肘。

（六）天津铁合金交易所

1. 天津铁合金交易所发展现状

天津铁合金交易所于2009年7月9日正式注册成立，注册资金为1亿元人民币，于2010年1月18日正式交易。天津铁合金交易所是全球唯一的一家专业性的铁合金产品交易所，交易所主要以现货中远期和即期电子交易业务、现货物流配送业务、现货信息资讯业务和仓单质押融资业务为服务重点，组织引导国内外的铁合金交易商通过现代科学的营销方式进行铁合金的采购和销售，提升中国铁合金行业的大国地位并提升中国铁合金行业企业的市场竞争力。

目前，交易所已在天津、江苏、山西、内蒙古设立了14个指定交收仓库，在无锡、太原、银川、南宁设立了办事处，未来计划在全球设立更多的交收仓库，以形成覆盖全国主要的铁合金产区和销售区的仓储物流配送体系，为铁合金企业提供全球范围的物流配送服务，形成下游制品企业和中间贸易企业采购、仓储和物流配送的“一站式”服务体系。

另外，天津铁合金交易所注册企业主要有铁合金的上游生产企业、钢厂铸铁厂及金属镁生产企业、交易贸易商三种类型。交易所的主要交易品种是铁合金，其他交易品种还有硅铁、硅锰、锰铁、烙铁、金属镁等，未来还将持续推出更多交易品种，从而覆盖全部铁合金产品和生产用矿产品。

2. 天津铁合金交易所特点

（1）全电子化交易和资金银行托管。

天津铁合金交易所配备了具备世界先进水平的电子商务系统，采用全电子化、网络化交易模式，使得全世界的铁合金企业连接交易所的交易系统均可参与交易。

同时，交易资金也交由银行进行托管。天津铁合金交易所与国内各大银行（中国工商银行、交通银行和兴业银行）合作，开通交易资金银行托管业务，通过各家合作银行实现对交易所资金与交易商资金的分账户管理。交易商只需在客户端或者银行网银上输入指令，即可实现资金的查询、实时划转和交易，进一步实现了资金管理明朗化，解决了交易商所担心的资金安全问题。托管银行在整个过程中对全部的交易资金进行托管，为交易商提供专业的服务，确保资金的及时查询和安全划拨。

（2）规避价格风险，锁定生产成本。

企业在生产过程中应该尽可能地摆脱市场价格的非理性波动，保证自己处于较小的风险敞口之中，因而企业可以根据自己已有的生产计划提前锁定在远期所购买的原材料的价格。通过天津铁合金交易所的电子交易平台寻找自己所需的原材料并衡量其价格是否在自己的生产计划之内，确定后企业可以分批或集中采购相应计划期内的货物，从而锁定价格，锁定企业的采购成本，使自己从价格波动的被动承受者转变为价格风险的主动控制者。

（七）天津排放权交易所

1. 天津排放权交易所介绍

天津排放权交易所是按照《国务院关于天津滨海新区综合配套改革试验总体方案的批复》中关于“在天津滨海新区建立清洁发展机制和排放权交易市场”的要求设立的中国首家综合性环境能源交易平台，由中国石油天然气集团公司和天津产权交易中心共同出资，同时引入境外投资者——芝加哥气候交易所以知识产权出资设立，是利用市场化手段和金融创新方式促进节能减排的国际化交易平台。2008 年 9 月 25 日，交易所在天津经济技术开发区挂牌成立。同日，财政部和环境保护部发出《关于同意天津市开展排放权交易综合试点的复函》。天津排放权交易所为温室气体、主要污染物和能效产品提供安全高效的电子竞价和交易平台，为合同能源管理（EPC）项目及节能服务公司提供推介、融资、咨询等综合服务，为清洁发展机制（CDM）项目以及区域、行业、项目的低碳解决方案提供咨询服务。

2. 建立天津排放权交易所的意义

随着经济全球化快速发展和环境污染的进一步恶化，保护环境、节能减排成为关系国计民生的热点话题。排放权交易在这种形势下应运而生，并迅速发展。它是一种创新，为解决环境污染问题，减少温室气体和污染物排放提供了一条新的思路，它的创新集中体现在引入了市场化的减排机制，可以实现单靠行政手段难以达到的节能减排效果。市场化排放权交易原理是由于排放配额总量的限定，一些企业的排放指标不够用，而有些企业排放指标又没有用完，基于此，排放权交易所可以为他们提供一个买卖排放指标的公平、公正、公开的交易平台，使买方实现了排放不超标的目的，而卖方通过节能减排获取了经济利益，双方在节能减排的同时，也达到了效用的最大化。在排放权交易市场的调节下，企业必然会努力提高技术节能减排，这样也有利于推进整个行业生产水平的提高。

目前，中国已有 7 家相关的排放权交易所，除去天津排放权交易所，其余的 6 家是广州碳排放权交易所、深圳排放权交易所、北京环境交易所、上海环境能源交易所、湖北碳排放权交易所和重庆碳排放权交易所。但是相比于国内巨大的减排潜力，排放权交易市场在未来必将拥有广阔的发展机遇，而天津排放权交易所要想在同质化的竞争中脱颖而出，就必须在掌握排放权交易的市场规律的基础上，敢于创新，大胆实践，借鉴国内外的成熟经验，努力发挥自己的比较优势，走出一条有天津特色的新路子。

（八）天津融资租赁资产交易所和金融租赁资产交易所（筹建中）

1. 天津融资租赁资产交易现状

融资租赁业是天津重点发展的优势产业。2016 年上半年，天津 GDP 增速达到 9.2%，金融业增加值占 GDP 比重第一次超过 10%，已经成为地方国民经济重要的支柱行业。这其中，租赁业的发展在金融业中尤其突出。截至 2016 年 6 月底，天津总部型法人租赁公司有 983 家，比去年同期增加 599 家；总部型公司的总资产超过 8200 亿元，约占全国总量的十分之一；注册资本达到 4051 亿元，比 2015 年增加 2540 亿元。近年来，不止是在天津，整个中国的融资租赁业务都在飞速发展，但是与发达国家相比，我国的融资租赁市场尚有巨大的发展空间。据统计，中国的融资租赁渗透率大约为 4%，而欧美部分国家和美国则保持在 20% 到 30%。制约中国融资租赁业发展的瓶颈是融资租赁资产的流动性严重不足，尽管我国的融资租赁公司持有大量长期优质资产，但这些资产只有经过标准化才能在市场上流通，而标准化的合约又需要专业性很强的登记托管和结算系统，实时登记交易过户信息。于 2010 年注册成立的天津金融资产交易所已经开展了许多务实的工作，而后成立的天津金融资产登记结算公司所开发的租赁资产登记结算系统，对促进租赁资产的流转交易，进一步推动融资租赁资产统一市场的建立有着积极意义。

2. 天津建立融资租赁资产交易所的必要性

随着行业规模的扩张，过去传统的不断新增资本金、银行融资等模式已经远远不能满足租赁业发展的需要，融资租赁资产的市场化交易是融资租赁业未来健康发展的一个必要保证。天津的融资租赁业发展迅速，在全国处于龙头战略地位。但天津融资租赁资产交易的业务发展呈现相对的短板，制约着天津融资租赁业的进一步发展。为进一步加快天津乃至全国融资租赁业的发展，在滨海新区及条件较好的天津金融资产交易所的基础上建立全国性融资租赁资产交易市场势在必行。

融资租赁的资产的流动，不仅对于融资租赁机构有很重要的作用，对中国的金融市场改革和发展来说也将产生长远的影响，对整个金融市场功能的拓展以及更加有效率地配置金融资源的都会有突出的效果。通过建设专门的全国性的融资租赁资产交易市场，可以为众多租赁公司建立稳定，匹配和可持续的资金供给市场，可以提高天津乃至全国的融资租赁业的发展效率；在天津滨海新区建立自贸区的同时，建立融资租赁资产交易市场，将进一步发挥滨海新区改革开放的政策推动和服务辐射全国的作用，逐步实现与国际接轨，逐步扩大天津滨海新区的国际经济金融影响力，促进滨海新区和天津经济获得进一步快速发展。

四、结论与天津发展金融新业态的对策

天津市一直重视加快金融创新和发展新型金融，并提出了“十三五”期间“加快金融改革创新，基本建成金融创新运营示范区”的工作任务。然而，挑战与机遇并存。在国际经济不确定性增强、中国经济增速放缓背景下，天津在建设全国金融创新运营示范区的过程中面临诸多理论和现实挑战：如何制定符合天津经济发展优势的金融创新发展之道？如何利用金融创新促进天津产业结构优化，推动经济良好发展？如何发挥新型经济业态与传统金融的协同作用？如何构建新型金融业态，打造完整的金融生态？这些都是需要学术界和政策制定者深入思考研究的问题。

本课题从产业转型升级层面，从新金融业态的内涵和演进规律出发，从创新型金融机构和创新型金融市场两个维度分析了天津新金融业态的发展现状、

特点和可能存在的问题，进一步鼓励传统金融产业和融资租赁、保理、PE 和互联网金融等新兴业态融合发展，实现边际扩张，最终共同促进天津市金融产业的升级转型。提出既应当注重对天津市现有金融体系实施结构优化和存量扩张策略，以大力发展金融产业“集群化”为导向，努力打造具有比较优势的产业集群和产业链；也注重优化市场主体行为，推进体制创新，为创建金融示范区提供有力的制度保障。

天津发展新金融业态方面，有几个较为重要的突破点。首先，如何推进发展新金融业态的体制机制改革和经验示范问题研究。包括如何进一步培育天津金融产业发展的市场机制，探索相应的市场主导、政府有效监管的运营模式。在系统稳定的背景下，如何鼓励金融企业按照市场规则进行适度竞争有利于激活整个金融系统的活力，形成产前、产中、产后等完整的金融产业链。其次，如何优化金融结构体系方面，注重盘活存量机构体系和区域金融市场体系，与多渠道引入大型金融资本并重，尤其注重边际外新型机构、产品业务和新型金融市场体系的建设问题。有必要在区域空间上实施天津金融业的非均衡发展战略，塑造金融租赁、保理业务、财富管理、PE 和互联网金融等新兴业态作为“推动性节点”，强化其在金融体系中的“增长极”的角色，通过其增长或创新来达到诱导和牵引其他金融部门增长。最后，体制创新是区域发展最根本的内在动力，但是由于创新活动的复杂性，如何以金融体制创新为新金融业态发展提供有效的体制保障也是本课题的研究重点所在。一旦形成有益的可复制可推广经验，如何通过有效路径加以“输出”，提升体制改革的应用价值需要更深入地研究。

创建具有天津特色的全国金融创新运营示范区，并大力发展新型金融业态也有现实梗阻和难点问题，值得下一步工作高度重视。首先，天津金融业的市场运行机制存有梗阻。突出表现为金融市场活力不足，资源配置效率亟待提高。在金融机构体系方面，也缺少“领袖”级的金融航母企业，传统金融机构“众而不强”，未达到规模经济。如何实现存量规模的扩张值得深入挖掘。其次，要研究如何在这种困局下，紧抓京津冀一体化的新机遇，以及给予天津新的优惠政策，在协调发展和竞争合作中实现突破式发展。最后，有一套特色鲜明的金融体系和生态化的金融系统。重点在于有效激活分割的要素与企业投融资需求市场，形成金融生态链的路径实现及其配套改革措施。

深化金融改革　推动天津新金融发展

（天津市经济发展研究院　韩　璐）

2016年是“十三五”规划的开局之年，是进一步全面深化改革、加快建设美丽天津的关键之年，是全面建成小康社会的决胜之年，也是推进供给侧结构性改革的攻坚之年。“十二五”时期，天津国民经济整体发展水平和综合实力不断提升，经济运行总体平稳，产业结构优化升级。目前，国内外压力错综复杂，经济下行的压力依旧存在，天津市国民经济发展过程中始终坚持稳中求进、改革创新，抢抓京津冀协同发展和“一带一路”倡议机遇，主动适应经济发展新常态，推动天津经济新发展，实现新跨越。随着三次产业结构的不断调整，天津市已经形成“三二一”的产业结构。2014年，第三产业增加值在全市生产总值中比重首次超过第二产业；2015年，第三产业增加值在全市生产总值中的比重首次超过50%，达到52.2%；2016年第三产业增加值占全市GDP比重为54%，第三次产业对国民经济增长贡献率为57.9%，均达到历史新高。在新的历史阶段，改革是国民经济发展的根本，为了更好地服务于实体经济，第三产业特别是金融业的发展尤为重要。推进天津市金融业的不断发展离不开改革创新，只有加快金融业创新步伐，发展新型金融业态，才能拓宽金融业的广度、提升金融业的深度，才能积极有效地推动天津市实体经济的发展，增强经济综合实力。因此，天津市发展新型金融业态具有重要的现实意义。

《天津市国民经济和社会发展第十三个五年规划纲要》（以下简称《规划纲要》）也指出，天津经济要实现跨越式发展，应大力发展现代服务业，而金融业作为现代服务业中重要一环，具有举足轻重的地位。《规划纲要》中指出天津应积极建设金融创新运营示范区，在发展传统金融业基础上，鼓励金融机构开展业务创新。创新发展新型金融业，特别是要加快国家租赁创新示范区建设，发展融资租赁业，创新融资租赁业政策和业务；推进商业保理试点，打造商业保理领军企业；发展互联网金融，开展互联网金融平台、产品和服务创新。

一、天津市金融业整体运行情况

（一）总体规模和质量明显提升

“十二五”时期，天津市认真贯彻落实中央各项宏观调控政策措施，积极推进经济转型发展，适应经济新常态，金融业的发展取得明显成绩。2016 年，全市金融业增加值 1735.33 亿元，是“十一五”时期期末的 3 倍，是“十二五”时期期末的 1.1 倍，与 2015 年同期相比增长 9.1%，在全市生产总值中比重为 9.7%，与 2010 年末相比提高了 3.49 个百分点（如图 1－1 所示）。金融业总体规模和在国民经济中的地位稳步提升，天津市金融业发展逐渐成熟，对经济的稳定增长发挥了重要作用。

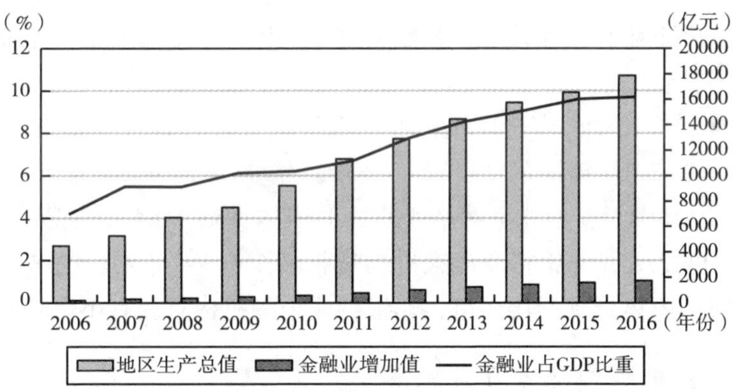

图 1－1　2006～2016 年天津市金融业增加值占地区 GDP 比重

资料来源：《天津统计年鉴》，相关年份。

2006～2016 年，天津金融业增加值年增长率均高于全市生产总值年增长，年均高于 GDP 增长率 4 个百分点（如图 1－2 所示），金融业的发展与天津市实体经济的发展相一致，并对 GDP 的增长起到了带动作用，金融业已经成为天津市国民经济的重要支柱产业。

（二）存贷款余额保持平稳增长

2016 年，天津市中外资金融机构本外币存款余额为 30067.03 亿元，比 2015 年同期增长 6.81%，增幅与 2015 年同比降低了 5 个百分点，是 2010 年末的 1.8 倍。全年金融机构本外币各项存款新增 1917.66 亿元，同比少增 1051.47 亿元。其中，新增非金融企业存款 604.66 亿元，新增住户存款

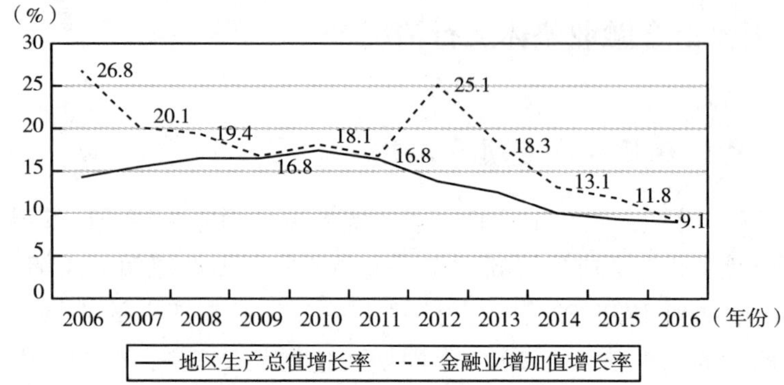

图 1－2　2006～2016 年 GDP 与金融业增加值增长率比较

资料来源：《天津统计年鉴》，相关年份。

464.63 亿元，新增政府存款 666.83 亿元，新增非银行业金融机构存款 91.95 亿元。非金融企业存款和政府存款减少较多，住户存款与非银行业金融机构存款有小幅增长。

2016 年，全市中外资金融机构本外币贷款余额为 28754.05 亿元，同比增长 10.6%，是 2010 年末的 2.1 倍；全年新增贷款 2759.37 亿元，同比多增 94.45 亿元。其中，新增非金融企业及机关团体贷款 1184.07 亿元，新增住户贷款 1494.48 亿元，非银行业金融机构贷款减少 0.74 亿元。住户贷款与非金融企业及机关团体贷款同比多增，非银行业金融机构贷款有小幅降低。①

（三）金融机构体系日益完善

“十二五”以来，天津加快推进本市法人金融机构增资扩股，完善企业法人治理结构，加快分支机构建设，引进多元化的新金融业态，形成以银行、保险、证券、期货、信托为主体，金融租赁、财务公司、基金公司、消费金融公司、货币经纪公司等为补充的较完备的金融机构体系。截至 2016 年，全市持牌金融法人机构已经突破 60 家，并计划三年内超过 75 家，成为国内为数不多的拥有金融“全牌照”城市。

（四）金融市场保持健康发展

天津市金融市场总体运行平稳，社会直接融资比重上升，货币市场利率总

① 中国人民银行天津分行：《2016 年 12 月天津市金融统计数据》，中国人民银行网站，2017 年 1 月 13 日。

体下行，票据融资保持稳定。2016 年全市社会融资规模增量 3594. 4 亿元，比上年少增 879. 6 亿元。其中，对实体经济发放的人民币贷款 2821. 13 亿元，同比增加 129. 13 亿元；对实体经济发放的外币贷款折合人民币减少 216. 61 亿元，同比降幅缩小 65. 61 亿元；委托贷款 1120. 03 亿元，同比多增 335. 03 亿元；信托贷款 99. 2 亿元，同比减少 13. 8 亿元；未贴现的银行承兑汇票减少 1296. 74 亿元，同比减少 1206. 74 亿元；企业债券净融资 890. 95 亿元，同比增加 94. 95 亿元；非金融企业境内股票融资 71. 74 亿元，同比减少 178. 26 亿元。

从结构看，2016 年对实体经济发放的人民币贷款占同期社会融资规模的 78. 5%，同比提高 18. 3 个百分点；对实体经济发放的外币贷款占比 –6%，同比低 2. 6 个百分点；委托贷款占比 31. 2%，同比高 13. 7 个百分点；信托贷款占比 2. 8%，同比高 0. 3 个百分点；未贴现的银行承兑汇票占比 –36. 1%，同比低 34 个百分点；企业债券占比 24. 8%，同比高 7 个百分点；非金融企业境内股票融资占比 2%，同比低 3. 6 个百分点。

（五）金融生态环境建设成效显著

出台金融改革创新重点工作方案，组织实施金融改革创新重点工作，制定出台金融配套支持政策。印发《天津市社会信用体系建设规划（2014 ~ 2020 年）》，开展基层社会信用环境建设工作综合考核评定。健全金融安全防范机制，构建立体化、网络化金融风险防范体系。全市超过 20 家小额贷款公司和融资性担保公司试点接入金融信用信息基础数据库。支付体系建设进一步完善。金融人才集聚和培养的步伐加快。搭建热线投诉电话、邮箱等多维度金融消费权益保护基础设施，金融消费权益保护成效显著。

（六）金融业改革创新不断深化

机构创新方面，全国第一批、天津首家民营银行，全国首家民营金融租赁公司，以及天津首个金融资产管理公司获批筹建。业务创新方面，发行全国首单小城镇私募债券，全国首支资本市场公开交易的资产证券化产品、工银租赁完成国内首笔运用国外担保的飞机租赁业务，天弘基金与阿里巴巴合作创新货币基金销售方式。制度创新方面，外商投资企业资本金意愿结汇试点扩大到整个滨海新区。中新生态城获准开展跨境人民币创新业务试点。人行征信中心在天津市建立并运行服务全国的动产融资及应收账款流转统一登记查询平台。陆续出台《天津市金融业发展“十三五”规划》《天津市金融改革创新三年行动计划（2016 ~ 2018 年）》，加速融资租赁、商业保理、互联网金融等新型金融业态发展进程，融资业务规模继续位居全国前列，新增上市和新三板挂牌企业 52 家，金城银行、渤海人寿保险等金融机构投入运营。

天津市金融业虽然发展基础坚实，但中外资金融机构本外币存贷款余额在全国所占份额过低，分别为 1.6% 和 2.1%；银行业在金融业中所占比重过高，非银行业所占比重偏低；社会融资中直接融资比例过低，金融杠杆过大等问题。与北京、上海等先进地区以及天津金融业整体目标定位相比仍存在一定差距，金融业在国民经济中的影响深度有待提升。2016 年，北京、上海金融业增加值分别为 4266.8 亿元和 4762.5 亿元，在 GDP 中所占比重分别是 17.14%、17.34%，分别高出天津 7.44 个百分点和 7.64 个百分点（如图 1-3 所示）。2016 年北京、上海的社会融资规模增量分别为 13446 亿元和 11466 亿元，分别是同期天津的 3.74 倍和 3.19 倍，北京、上海金融业的发展规模和深度明显高于天津。天津市在金融业的改革创新的力度和深度方面仍具有巨大的潜力和空间。

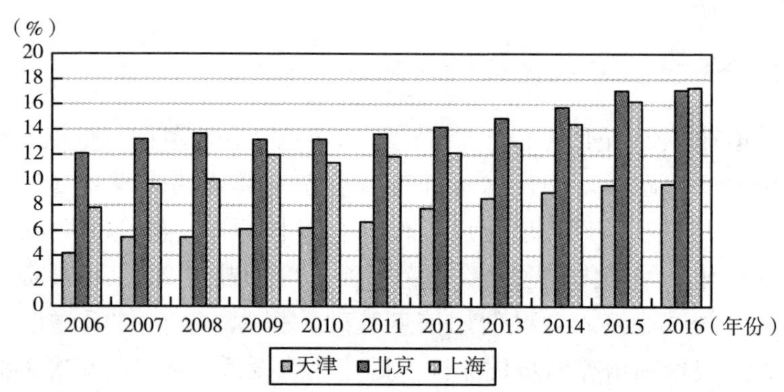

图 1-3　2006~2016 年天津、北京、上海金融业增加值占地区生产总值比重对比

资料来源：国家统计局：分省年度数据，国家统计局网站。

二、天津市新金融业态发展现状

（一）新金融的内涵及特征

1. 新金融的内涵

“新金融”是随着经济社会发展、科技水平进步而产生和发展的，是一种区别于银行业、保险业、证券业等传统金融业、不吸收公众存款的新型金融业态。从广义来说，新金融涵盖了包括传统金融业在内的整个金融系统中正在成长、发育的新业态、新机构、新工具、新服务，是传统金融业改革与创新的产物。金融创新是新金融的本质，也是新金融发展的根本动力。

随着我国实体经济资金的多元化需求提升，金融业改革进一步深化，新金融业态形式多样，根据新金融与实体经济间关系紧密程度可以将我国的新金融业态大致分为两类：一类是以融资租赁、信托、债券、基金等为代表的基础类新金融；另一类则是以互联网金融、科技金融、航运金融、农村金融、绿色金融以及跨境人民币结算业务等为代表的应用类新金融。基础类新金融是在传统银行类金融业基础上，创新金融业务和机制，通过设立产业发展基金、信托基金、开放传统金融机构投资范围、拓展融资业务等方式，为实体企业尤其是中小企业的生产运营拓宽融资渠道，提供资金支持。应用类新金融则是将金融产业与农业、科技、航运等产业相结合，是三次产业相融合发展的结果，应用类新金融的产生有助于为新兴产业发展提供靶向性资金支持，进一步优化产业结构，提升经济效益。

针对天津市金融业运行的特点，依托天津自贸试验区，重点发展以互联网金融、融资租赁和商业保理为代表的新型金融业态，以及小额贷款、跨境人民币结算、天交所等金融服务新模式，实现新金融的集聚发展。

2. 新金融的特征

新金融是传统金融业的发展和延伸。新金融的产生和发展基于传统金融业，是一种体制内的创新成果，因此，新金融业态在金融服务上与传统金融具有同质化特征，与银行的传统金融业务存在交错和重叠。与传统金融相比，新金融在资产持有形式上更加多样，资产杠杆化程度提高，资金利益链延长，业务服务效率较高。

新金融具有鲜明的现代化特征。新金融是一种集知识化、信息化、科技化为一体的新型金融业态。21 世纪是知识经济时代，是科技信息技术飞速发展和全球经济一体化的时代，是一个崭新的时代，金融业的改革和创新不仅仅取决于人力、物力、财力的物质资源，更重要的是取决于金融工具和新型产品的研发以及能够将新工具和产品迅速应用于金融市场的能力。高科技的使用不仅加快了传统金融业务流程的改造和升级，也使新金融能够借助信息电子化的广泛应用，与互联网相融合发展。互联网金融以信息科技为基础，受空间和时间影响程度弱，具有较强的交互性和便利性，发展前途远大，将成为新金融业态中的主要发展模式。

新金融与实体经济紧密结合。与传统金融业相比，由于新金融具有网络信息的便捷性，能够以私募基金、小额贷款、融资租赁、互联网金融等多样的融资方式及时地为高成长性科技型中小企业提供充足的资金支持，并为企业发展提供专业性判断。新金融作为传统金融的补充形式，有效地弥补了实体经济企业资金不足的难题，调动了市场经济的活力，完善金融产业链。

（二）天津市新金融业态发展现状

目前，天津市新型金融业态持续健康快速发展。截至 2016 年 12 月 31 日，全市小额贷款公司 110 家，实收资本 130.7 亿元，贷款余额 131.7 亿元①。通过和正在年审的融资性担保机构超过 40 家，注册资本超过 100 亿元。

新型金融机构发展迅猛。"十二五"期间，包括信托投资公司、金融租赁公司、第三方支付公司、小额贷款公司、融资租赁公司、保理公司等机构在内的非银行类新型金融机构数量增加了 613 个，增长了 81.84%（如表 2－1、表 2－2 所示）。其中，保理公司发展最快，从 2013 年的 53 家公司增长到 2015 年的 205 家，增长了 2.87 倍；融资租赁公司发展规模最大，2015 年内外资融资租赁公司在新型金融机构总数中占 51%，共计增加了 484 个，与 2013 年相比增加了 2.4 倍，其次是小额贷款公司，机构总数增加了 11.8%。

表 2－1　　2013～2015 年天津市各类金融机构情况　　单位：家

项　目	2013 年	2014 年	2015 年
总计	4511	4878	5558
银行类	2909	3011	3240
中央银行	2	2	3
政策性银行	13	13	13
商业银行	2837	2939	3167
外资银行	57	57	57
非银行类	1602	1867	2318
保险公司机构	605	621	643
保险中介机构	102	118	123
保险资产管理公司	1	1	1
证券经营机构	111	131	148
基金管理公司	1	1	1
独立基金销售机构分公司	—	2	3
证券投资咨询公司	1	1	1

① 中国人民银行：《2016 年小额贷款公司分地区情况统计表》，天津市金融工作局网站，2017 年 2 月 22 日。

续表

项　目	2013 年	2014 年	2015 年
证券信用评级公司	1	1	1
期货经营机构	31	35	35
信托投资公司	2	2	2
金融租赁公司	5	5	7
汽车金融公司	1	1	2
财务公司	4	4	6
货币经纪公司	1	1	1
消费金融公司	1	1	1
金融资产管理公司	4	4	4
货币兑换公司	3	5	5
第三方支付公司	20	33	32
小额贷款公司	161	178	180
融资性担保机构	124	100	55
典当公司	169	176	172
内资融资租赁公司	10	15	18
外资融资租赁公司	191	315	672
保理公司	53	116	205

注：非银行类金融机构自 2013 年起含新兴金融机构。
资料来源：《天津统计年鉴》，相关年份。

表 2-2　　2015 年主要新型金融机构情况　　单位：%

	在新型金融机构中所占比重	2015 年比 2013 年同比增长
小额贷款公司	13.22	11.80
内资融资租赁公司	1.32	80.00
外资融资租赁公司	49.34	251.83
保理公司	15.05	286.79

资料来源：《天津统计年鉴》，相关年份。

（三）天津市新金融主要发展模式

1. 融资租赁业

“十二五”时期，天津市市委、市政府将融资租赁业放在新兴金融业态发展的突出位置，积极推动融资租赁业务创新和发展，现如今天津市融资租赁业在规模和效益上已经实现由小变大、由弱变强的跨越式发展。融资租赁业在产业集聚、政策领先、制度保障和服务创新等方面取得了显著成效，是天津市新金融业中的主要模式，在全国范围内起到了示范引领作用，现已成为国内最大的融资租赁聚集区。本文所讨论的融资租赁业包括金融租赁公司和融资租赁公司。其中，金融租赁公司指中国银监会监管的金融租赁公司，融资租赁公司指商务部监管的内资融资租赁试点企业和外商投资融资租赁公司。

（1）融资租赁业发展现状。

业务规模发展壮大，形成集中集聚高地。2015 年，天津市融资租赁产业加速聚集，经营效益显著，融资功能多元化，已设立的总部型法人融资租赁公司 697 家，约占全国融资租赁公司总数的 16%。其中，银监会监管的金融租赁公司有 7 家，商务部监管的内资融资租赁试点企业 18 家，外商投资融资租赁公司 672 家。全市金融租赁公司注册资本 3345 亿元，是 2010 年末的 13 倍，年均增长率在 65% 以上。金融租赁公司境内外总资产超过 7600 亿元，是 2010 年末的 5 倍以上。金融租赁公司境内总资产 4846 亿元，占全国金融租赁公司总资产的 30%；融资租赁公司总资产约占全国融资租赁公司总资产的 25%。

2016 年，总部型法人融资租赁公司达到 1193 家，与 2015 年相比新增 496 家，其中新增金融租赁公司 2 家，新增内资租赁公司 12 家，新增外资租赁公司 482 家（如图 2 - 1 所示）。全市融资租赁业注册资本 5019 亿元，与 2015 年同期相比增长 87%，占全国注册资金总量的 20%（如图 2 - 2 所示），机构数量和资产规模快速发展，连续多年保持全国领先。渤海租赁增资至 150 亿元，成为全国金融租赁业中注册资本最大的公司。

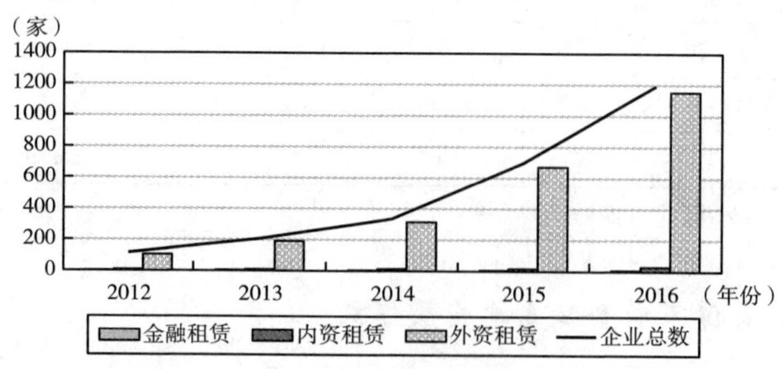

图 2 - 1　2012 ~ 2016 年天津市融资租赁企业数量

资料来源：《天津统计年鉴》，相关年份。

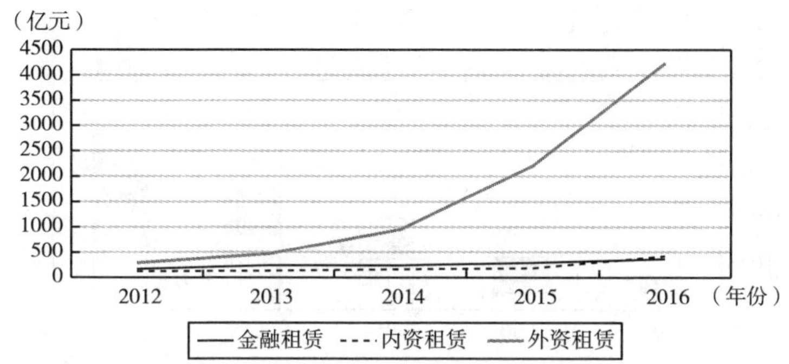

图 2-2　2012~2016 年天津市融资租赁细分行业注册资本额

资料来源：《天津统计年鉴》，相关年份。

随着天津自贸试验区的试点运行以及全国各地对融资租赁业发展的重视程度不断加强，2012~2016 年，天津市融资租赁业继续保持了全国领先水平，融资租赁合同余额增长了 5.2 倍，保持年均 50% 左右的高速增长率。截至 2016 年，全行业融资租赁企业合同余额 19100 亿元，占全国比重的 35.8%。其中金融租赁合同余额 7800 亿元，内资租赁 5400 亿元，外资租赁公司 5900 亿元，分别占全国比重的 38.2%、33.3% 和 35.3%（如图 2-3、图 2-4 所示）。合同余额在三类市场主体基本呈均匀分布，金融租赁所占比重略大，考虑到金融租赁公司数量远小于外资租赁公司，因此天津市金融租赁公司平均的业务竞争能力更为强大。目前，天津市设立租赁项目公司（SPV 公司）超过 1000 家。飞机、国际航运船舶和海工平台租赁业务分别约占全国总量的 90%、80% 和 100%。融资租赁龙头企业纷纷落户天津，其中既包括工银金融租赁、民生金融租赁、兴业金融租赁等由传统银行业务发展而来的新型金融业态，也包括华云金融租赁等民营金融租赁公司，这都为天津市融资租赁产业的发展奠定了基础。

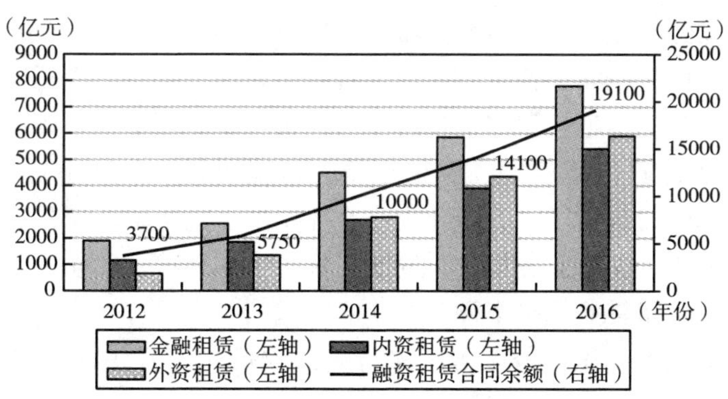

图 2-3　2012~2016 年天津市融资租赁企业合同余额

资料来源：《天津统计年鉴》，相关年份。

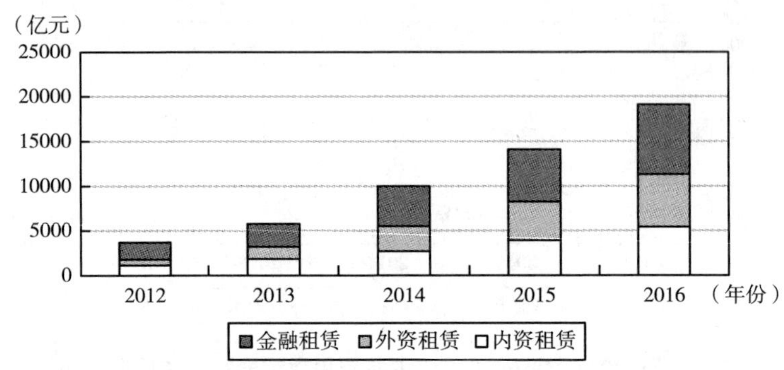

图 2-4 2012~2016 年天津市融资租赁细分行业合同余额占比

资料来源：《天津统计年鉴》，相关年份。

目前，天津市正在积极推动设立全国性融资租赁资产平台。举办融洽会租赁论坛、租赁业国际竞争力论坛、航空金融论坛、海事金融论坛等活动，提升天津市租赁业影响力。积极推动融资租赁支持企业装备改造升级工作，出台了《融资租赁机构参与支持企业装备改造升级及公示平台管理办法》，搭建“天津市融资租赁机构公示平台”，并从政府层面多次开展政策宣讲和对接活动。目前，第一批 28 项租赁项目已经市政府审定，总投资 13.6 亿元，设备融资租赁额 4.9 亿元。

融资租赁业产品服务不断创新，与实体经济结合紧密。融资租赁业是推动天津市经济结构转型升级的强大动力，在充分利用外资、引进先进技术设备、延伸中小企业融资渠道、推动三次产业优化升级等方面成效显著。作为区别于传统金融机构信贷、资本市场之外的一种新型融资方式，天津市融资租赁将金融业务服务的领域从传统产业延伸到高端装备、新一代信息技术、航空航天、节能环保、轨道交通等战略性新兴产业，极大地支持了实体经济的发展。目前，天津市已经在全国率先开展租赁物权属登记查询、租赁公司贷款风险补偿、租赁物增值税抵扣、租赁物出口退税、租赁物海关异地委托监管、租赁公司外汇资本金意愿结汇、租赁交易跨境人民币结算和租赁专业硕士学位教育等创新试点。完成了 SPV 租赁、保税租赁、跨境租赁、离岸租赁、转口租赁、联合租赁、基础设施租赁、批量化中小企业租赁、租赁资产交易、租赁资产证券化等数十项租赁创新业务模式，同时形成了全国飞机、船舶和海工平台租赁业务中心，融资租赁业成果丰硕。

抢抓政策机遇，积极争取国家先行先试政策。先后获国务院《关于天津北方国际航运中心核心功能区建设方案的批复》和《国务院关于印发中国（天津）自由贸易试验区总体方案的通知》，推动天津市东疆保税港区融资租赁业务开展，逐步从产品和服务创新向政策制度创新过渡，加快国家租赁创新示范区的建设以及与国际接轨的步伐。国家部委对天津市融资租赁的改革创新提供了支持和保障，商务部支持由天津市在合规前提下自主审批设立内资融资租赁试点企业和外商投资融资租赁公司，允许融资租赁公司兼营保理业务。财政部、海关总署、国家税务总局印发《关于在天津东疆保税港区试行融资租赁货物出口退税政策的通知》，准予融资租赁货物出口退税，极大促进了天津市出口租赁业务的发展。海关总署支持天津市开展保税租赁业务试点，对租赁资产试行"入区退税、进区保税"政策，并率先在天津市开展租赁物异地委托监管。国家税务总局批准在天津市实行融资租赁增值税差额扣除政策。国家发展改革委支持天津市开展借用中长期国际商业贷款切块管理试点。

（2）天津市融资租赁业发展中存在的问题。

行业认知度有待提高。就目前天津市企业经营理念而言，普遍存在对融资租赁业认识和理解不足的情况，企业在大型生产设备投资中的融资租赁业务所占比重过低，绝大部分企业并未将融资租赁作为设备引进的主要方式。租赁业在天津市企业开展业务的比例不高，行业认知度和市场渗透率也有待提升。

经营管理水平有待提升。目前，天津市拥有超过 700 家租赁公司，但其中总资产超过 100 亿元的租赁公司数量仅为总数的 3% 左右。据统计，多数租赁公司内部经营管理混乱，没有建立起一个系统、完善的业务管理、财务管理、资金管理、风险管理、人才管理的有效机制，导致公司在成立后的发展动力不足，业务开展进程缓慢，甚至出现"空壳"企业。另外，企业在经营中存在重投放、轻管理的现象，在业务上存在租长、租大、租集中等问题，集中体现在企业的专业化服务能力不足，不能及时有效地满足不同层次客户的特定需求，以及有针对性地提供特色租赁服务和资产管理。

业务模式较为单一。天津市融资租赁业务的主要形式是售后回租，这与银行抵押贷款业务相类似，但直接租赁、经营租赁、转租赁等具有租赁业行业特色的业务在业务总量中所占比重较低，租赁业务同质化现象明显。在产品租赁领域方面，较多集中于船舶、飞机等大型制造企业，在中小企业以及生活服务领域产品集中度较低，专业化优势不明显，在满足企业的实际生产需求方面能力较为薄弱，在参与跨境投资、国际产能以及高端装备制造合作方面的作用发挥不够充分，服务全市实体经济能力有待提高。

外部发展环境有待完善。尽管近年来融资租赁业发展环境极大改善，但天津市融资租赁业与发达国家相比，在专业立法、管理手段、业务监管、纳税负担、跨境投融资和资金流动、人才培养等方面的外部环境仍不够完善，特别是租赁立法、监管模式和管理政策有待规范统一，推高了租赁公司外部经营成本，降低了租赁公司国际竞争优势。

2. 互联网金融

随着互联网技术和信息通信技术不断取得新突破，互联网与金融间融合加速的发展趋势，2015 年 7 月，中国人民银行等部门联合发布的《关于促进互联网金融健康发展的指导意见》中指出：互联网金融是传统金融机构与互联网企业利用互联网技术和信息通信技术实现资金融通、支付、投资和信息中介服务的新型金融业务模式。据此可以将互联网金融分为持牌金融机构利用互联网从事的金融活动和非持牌互联网企业的线上金融活动两类。

（1）天津市互联网金融发展现状。

互联网与金融深度融合是大势所趋，将对金融产品、业务、组织和服务等方面产生更加深刻的影响。互联网金融对促进小微企业发展和扩大就业发挥了现有金融机构难以替代的积极作用，为大众创业、万众创新打开了大门。促进了互联网金融健康发展，有利于提升金融服务质量和效率，深化金融改革，促进金融创新发展，扩大金融业对内对外开放，构建多层次金融体系。

天津市作为历史上的亚洲金融中心，具备金融发展的历史厚度和底层基因，作为环渤海经济中心城市和国际港口，拥有航空航天、石油化工、装备制造、电子信息、生物医药、新能源、新材料、国防工业等八大新兴支柱产业。已有 150 家世界 500 强企业在天津设立了分公司和办事处，是中国发展潜力最大、势头最好、风头最劲、前景最大的城市。

产业资源雄厚。天津拥有全国三分之一的保理牌照，一半以上的融资租赁牌照，在互联网支付、网络借贷、众筹、互联网基金销售、互联网保险以及互联网信托和互联网消费金融等六大模式方面均有涉猎，聚集了腾讯数码、超算中心、惠普、五八同城、搜狐视频、爱蜂巢等一批在互联网、大数据和云计算行业的领先企业，同时兼备自贸区、国家自主创新示范区和滨海新区先进先试的政策优势和先发机遇，具有加快互联网金融产业发展的现实需求和良好基础。

互联网金融初具规模。以第三方网络支付平台为特色的互联网金融快速发展。目前共有荣程网络科技、城市一卡通、快钱金融服务等 20 多家第三方支付机构平台，其中总部 4 家、在津分公司 23 家。电商小贷平台已取得突破，已有 58 同城、国美集团等互联网企业设立小贷公司，成为天津市间接融资体系中有益的尝试和补充。金融产品信息服务平台除众所周知的天弘基金和支付宝合作“余额宝”等外，普兰（天津）金融服务公司以银行承兑票据经纪信息服务为主营业务，完成票据直转贴经纪量 2500 亿元。众筹融资平台发展较快，如“天使汇”累计已有 21000 个项目入驻，创业者超过 79000 人，1900

多位认证投资人，总融资额约 10 亿元人民币，在业界形成较大影响。

金融基础设施取得进展。中国人民银行征信中心已在天津市设立的动产融资统一登记平台和应收账款融资服务平台，注册用户已超过 1 万家，覆盖全国 31 个省、自治区和直辖市，20 多万借款人获得融资。全市共有 26 家创新型交易市场，其中含大宗商品类 3 家，权属类 4 家，其他类 1 家（排放权）。

产业发展环境明显改善。市委、市政府出台了《关于加快发展现代服务业的若干意见》，明确提出了金融创新发展的措施。天津国家自主创新示范区（“一区二十一园”）建设，搭建了天津市互联网金融发展的服务平台。市金融局已出台了《关于支持电商企业在天津市设立小额贷款公司开展网贷业务有关问题的通知》等系列文件，制定专项奖励补贴办法，为金融机构注册登记、选址入驻、开展业务、后勤保障提供延伸服务，金融服务保障机制初步形成。

（2）互联网金融发展中存在的问题。

企业数量少，规模小，整体实力不强。天津市互联网金融与北京、上海、深圳等城市相比，存在企业数量少、规模小，缺乏领军企业，整体实力较弱，涉足互联网金融业务的企业数量较为有限等问题。在中央银行颁发的第三方支付牌照中，天津仅有渤海易生、城市一卡通等不超过 10 家上榜企业。而与之相比，北京有超过 60 家，上海有 52 家、深圳有 17 家，天津市互联网金融企业在数量和规模上都与之相差甚远。在搜狐金融发布的互联网金融企业 16 强中，北京 8 家，占据半壁江山，上海 3 家，深圳 3 家，杭州、成都各 1 家，而天津无一企业在列，参与互联网金融业务程度较低，在全国范围的行业影响力也非常有限。

行业政策缺乏灵活性。之前，我国部分地方政府对小额贷款公司的业务经营范围都有所规定，不允许小额贷款公司在本地区域之外进行跨区经营。但在 2014 年，上海政府分别在京东和百度两家公司设立网络小额贷款公司，并及时对政策进行了修订。经政府重新修订的政策放款了小额贷款公司业务经营范围的地域限制，允许上海本地的小额贷款公司向全国范围内的电商卖家发放小额贷款，极大地拓展了小额贷款公司的业务领域，推动了小贷公司的后续发展，更成功吸引了小额贷款公司纷纷在上海落户。而与之相比，天津市互联网金融行业的准入条件和业务经营范围限制仍然不够宽松，缺乏行业发展支持政策，政策调整缺乏弹性。

3. 商业保理业

商业保理是债权人将其与债务人订立的货物销售（服务）合同所产生的应收账款转让给商业保理公司，由商业保理公司为其提供贸易融资、应收账款管理与催收等综合性商贸服务。天津作为商业保理试点城市，在全国范围内最早登记注册成立商业保理公司，先后成立了我国第一家商业保理公司、第一家外资商业保理公司、第一家商业保理行业协会，是全国商业保理的发源地。

（1）天津市商业保理业发展现状。

商业保理业发展势头强劲。“十二五”期间，天津市累计注册设立商业保理机构达到205家，与“十一五”期末相比增加了152家，是2013年保理公司总数的近4倍，成为我国保理机构最为集中的城市之一。由方正国际商业保理有限公司作为原始权益人、恒泰证券股份有限公司作为管理人的“方正保理一期资产支持专项计划”已于2015年末完成一期募集，总规模为5.57亿元，成为天津自贸区内首单以保理融资债权为基础资产的资产证券化项目，也是国内迄今为止单笔资产规模最大的资产证券化项目。方正保理的创新，是自贸试验区试点正式获批后天津商业保理业发展的一个缩影。作为天津商业保理行业发展的聚集区，中心商务区的发展见证了天津商业保理的迅速扩张。到2015年，商务区商业保理企业累计注册超过50家，其中外资注册资本超过25亿元；内资注册资本超过29亿元。

商业保理业发展潜力巨大。科技型中小企业作为商业保理的重要服务对象，近几年发展势头强劲，为推动科技型中小企业做大做优做强，天津市委、市政府出台了一系列支持政策和措施，实施中小企业发展战略。2016年，全市全年累计新增科技型企业14737家，已完成全年任务的147.37%，全市科技型企业总数达到88012家；新增规模过亿元的科技型企业473家，完成全年任务的157.67%，规模过亿元的科技型企业累计达3902家①。科技中小型企业加速发展的态势，为商业保理公司提供了大量潜在客户和目标客户，科技型中小企业已成为天津市保增长、促转型的生力军，在支撑引领科技与新型金融业发展中发挥重要作用。

国家政策大力支持。2005年，天津市成为全国首个获批保理外汇划转及进出口收付汇核销的城市；2009年，明确办理保理业务有关外汇划转及进出口收付汇核销的具体操作流程；2011年，进一步扩大了异地注册公司在天津的商业保理业务范围；2012年，天津滨海新区商业保理试点正式获批；同年，天津市制定了《天津市商业保理业试点管理办法》，这是我国第一部由地方政府出台的促进商业保理行业发展的规范性文件。2013年对其进行修订（如表2-3所示），先后在滨海新区开发区、保税区、滨海高新区、东疆保税港区、中心商务区、中新生态城、临港经济区七个经济功能区内开展试点工作。

① 资料来源：《2016年1~12月份各区科技型企业认定进展情况》，天津市科委网站，2017年1月4日。

该《办法》中对天津市商业保理定义、商业保理企业的设立、业务范围和经营等方面做出了明确要求，这些新规的制定，更加细化和修订了之前管理办法中的不足之处，进一步规范了天津市商业保理业的发展，为推进天津市商业保理业持续健康发展，做好滨海新区商业保理业试点工作，健全商贸信用服务和融资体系，促进商贸流通进一步发展起到了重要作用。表 2 – 3 为天津新旧规定对比情况。

表 2 – 3　　《天津市商业保理业试点管理办法》新旧规定对比

修改条目	修改内容	原文（2012 年颁布）	修改后（2013 年颁布）
拟定单位	拟定单位范围	将拟定单位“市商务委、市金融办、市财政局、市工商局、市国税局、市地税局、中国人民银行天津分行、国家外汇管理局天津市分局、天津银监局”删除。	
第八条	批准单位	设立商业保险企业，应当经滨海新区商务委员会初审同意，报市商务委批准后，办理工商登记手续。	设立商业保理企业，应当经滨海新区人民政府批准后，办理工商登记手续。
第十五条	报送单位	商业保理企业应当向市商务委、市金融办报送月度业务情况表、季度财务报表和经中介机构审计的年度财务报告及经营情况说明书，并对报告材料的真实性、准确性完整性负责。	商业保理公司应当向滨海新区人民政府报送月度业务情况统计表、季度财务报表和经中介机构审计的年度财务报告及经营情况说明书，并对报告和资料的真实性、准确性、完整性负责。
第十六条	检查单位	每年 4 ~ 6 月，市商务委会同相关部门对商业保理企业上一年度保理业务开展情况进行检查。	每年 4 ~ 6 月，滨海新区人民政府对商业保理公司上一年度保理业务开展情况进行检查。
第二十四条	监督部门	市商务委是商业保理行业主管部门，市金融办是商业保理业务监管部门。	滨海新区人民政府负责商业保理公司的审批与监管。市商务委、市金融办等部门按照各自职能对滨海新区商业保理试点工作进行指导。

资料来源：《天津市人民政府办公厅关于修改天津市商业保理业试点管理办法的通知》，（津政办发〔2013〕103 号），2013 年 12 月 20 日。

（2）商业保理业发展中存在的问题。

资金缺乏，融资渠道不畅。尽管天津市商业保理取得了较快发展，公司数量居全国前列，但在资本融资、市场等方面仍受到约束。目前，天津市约有 80% 的商业保理公司面临资金问题，公司普遍面临资金规模不大、平均注册资本过低、水平参差不齐，融资成本过高等问题严重制约了天津市商业保理的发展速度和质量。

保理专业人才短缺。商业保理业务，特别是国际商业保理业务是一项综合性较强的金融服务，对从业人员的要求较高，从业人员不仅需要熟悉相关的国际惯例、国际贸易规则和习惯，还要具备丰富的金融专业知识和法律知识。而天津市商业保理公司中大部分从事保理业务的工作人员没有接受过专业的商业保理业务培训，知识储备和经验先对不足，影响了业务的进一步开展。

行业协会作用有待进一步发挥。2008 年，成立国内第一家保理行业协会组织——天津市保理与贴现协会；2015 年 1 月，成立全国首家省级商业保理行业自律组织——天津市商业保理协会，天津市行业协会的成立为促进商业保理公司发展、交流、业务推广等方面起到积极作用。但由于商业保理行业在我国起步较晚，行业制度有待完善，协会与政府、会员之间互动机制有待健全，商业保理行业协会的协调作用有待进一步发挥。

4. 小额贷款公司

2016 年 12 月 1 日，天津市金融局印发了《天津市小额贷款公司监督管理暂行办法》，明确了小额贷款公司的业务划分和管理流程。该《办法》中指出：小额贷款公司是指天津市由企业法人、其他社会组织及自然人经批准投资设立，不吸收公众存款，经营小额贷款业务的有限责任公司或股份有限公司，且公司注册资本金不得低于 5000 万元人民币。

2016 年，天津市小额贷款公司数量达到 110 家，占全国总数的 2% 左右，“十二五”期间累计向中小企业和“三农”发放贷款超过 1000 亿元；小额贷款公司从业人员数量为 1455 人，是 2010 年期末从业人数的 7.9 倍，“十二五”时期年均从业人员增长率为 21%；实收资本为 130.07 亿元；贷款余额为 131.7 亿元，同比减少 2.9%（如图 2－5 所示）。

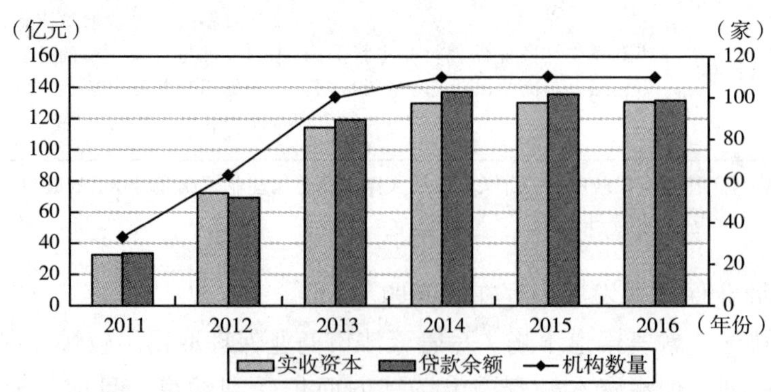

图 2－5　2011～2016 年天津市小额贷款公司情况

资料来源：中国人民银行：《小额贷款公司分地区情况统计表》，中国人民银行网站。

在与国内主要城市的横向比较上，在京津冀地区中，天津市小额贷款公司的贷款余额和实收资本要低于河北省，高于北京市。但由于天津市小额贷款公司数量要远高于北京、上海，因此，天津市小额贷款公司的运营效益优于河北省，但与北京、上海等金融业发达城市相比存在较大差距（如图2－6、图2－7所示）。

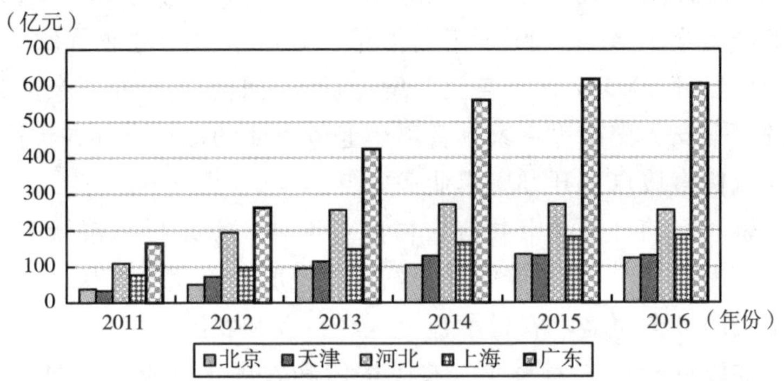

图2－6　2011～2016年小额贷款公司实收资本比较分析

资料来源：中国人民银行：《小额贷款公司分地区情况统计表》，中国人民银行网站。

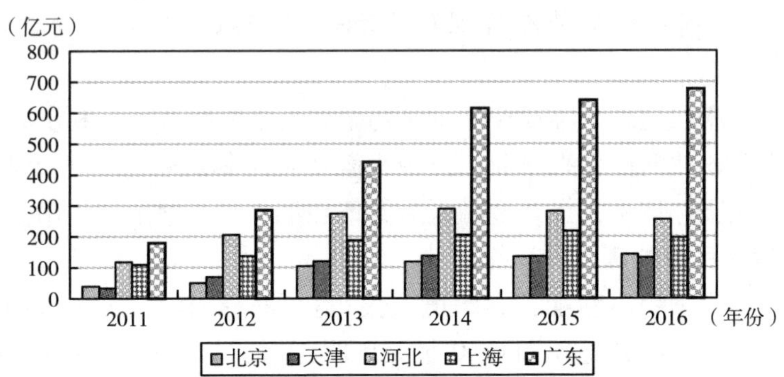

图2－7　2011～2016年小额贷款公司贷款余额比较分析

资料来源：中国人民银行：《小额贷款公司分地区情况统计表》，中国人民银行网站。

5. 产业金融

天津市高度重视金融与产业的联动发展，并积极为区域先进制造、航运物流等高端产业提供创新型金融服务，产业金融取得重大突破，金融服务实体经济水平显著提升。

科技金融。目前，天津市滨海国家自主创新示范区和天津银行列入全国首批“投贷联动”试点，同时积极推动国家开发银行、中国银行、恒丰银行等金融机构来津设立投资子公司并组织有关部门与试点银行签署合作协议、开展投贷联动业务。截至 2016 年，累计设立 4 家科技支行和 346 家科技型中小企业专营机构，推广专营机构、专业团队、专属产品、专有流程、专享政策的“五专”服务模式。

航运金融。围绕北方国际航运核心区的功能定位，天津市现已初步建立了银行贷款、航运保险、航运租赁、债券和股权融资、资金结算、交通产业基金全面发展的航运金融体系。2016 年上半年，全市水上运输业贷款余额 606 亿元，航运保险保额 4003 亿元，各类金融租赁公司船舶租赁业务余额 288 亿元。浦发、招商、平安、交通等 4 家具备离岸业务资质的银行全部在天津自贸试验区设立分支机构直接自主开办离岸业务。

农村金融。目前，天津市共有农村商业银行 2 家，村镇银行 13 家，涉农银行网点超过 1300 个，农村金融服务站和便民服务点超过 6700 个，实现千人以上村庄金融服务全覆盖。农村承包土地经营权和农民住房财产权抵押贷款有序推进。建立以种植业、养殖业、农民房屋和农民家庭财产“四险统保”模式为主体的政策性农险体系，为天津市农业发展提供保障。

绿色金融。围绕美丽天津建设，加大金融对“四清一绿”、循环经济、绿色经济、生态环保等重点工作的金融支持力度。截至 6 月末，全市绿色信贷余额 2540 亿元，其中包括节能环保项目和服务贷款，占全部贷款余额的比重 8.61%。

加快发展产业金融，推动产业资本与金融资本的结合，有利于天津市传统优势支柱产业、战略性新兴产业以及中小微企业的资金融通，对天津市加快建立实效性金融服务体系，提升金融服务实体经济水平起到重要作用。

6. 跨境人民币结算

金融国际化进程不断加快，跨境人民币业务保持较快增长。2015 年，全市办理跨境人民币结算业务 3111.0 亿元，同比增长 30.8%，占全年银行代客跨境收支总额的 25.7%，较 2014 年增加了 6%。共有 4000 余家企业办理跨境人民币业务，同比增长 54.1%。目前，天津市已与 130 个国家和地区发生跨境人民币结算业务往来。天津生态城 10 余家企业与 6 家新加坡的银行机构签订了跨境人民币贷款意向协议，贷款合同金额累计超过 15 亿元，实收金额超过 9 亿元。天津生态城企业在新加坡成功发行人民币债券，是全国首支以境内企业为主体在新加坡发行的人民币债券。天津市开展跨境人民币结算的创新型业务，进一步开拓了国际进出口市场，拓宽了企业融资渠道，降低了进出口企业运营成本；同时提升了本土企业和金融机构的国际化经营水平，增强了人民币的国际影响力。

三、天津市新金融业态发展面临的机遇和挑战

（一）机遇

1. 经济增长动力结构持续优化

经济总量保持平稳增长。“十二五”时期，全市生产总值年均增长率12%，经济运行总体保持稳定增长趋势。2016年，实现生产总值17885.39亿元，与2015年同期相比增长9%，是2010年的1.9倍。其中，第三产业增加值9661.30亿元，增长10%，稳中求进的经济增长态势为天津市新金融的发展提供了良好的宏观经济环境。

“三二一”产业格局形成。2016年，三次产业增加值占全市总产出比重分别为1.2%、44.8%和54%，第三产业占比超过第二产业近10个百分点，创历史新高，天津市经济发展动力由工业主导向服务业主导转变。服务经济的快速发展，保证了金融业的整体稳定运行。

中小微企业发展势头较好。在“十二五”时期“一助两促”活动带动下，2016年，全市规模以上工业中，中型企业和小微企业工业增加值增长率分别为10.6%和19.1%；实现工业增加值占全市工业的49.2%，拉动全市工业增长8%，对全市工业增长的贡献率为85%。中小微企业快速发展，对资金需求的增加，为天津市融资租赁业、小额贷款公司提供了潜在客户和服务对象。

2. 自贸试验区金融创新成效显著

中国（天津）自贸试验区自获批成立以来，“一行三会”等国家有关部委相继出台了《中国人民银行关于金融支持中国（天津）自由贸易试验区建设的指导意见》（简称“金改30条”）等一批支持政策，“金改30条”除囊括其他地区自贸区的金融支持政策之外，还增加了京津冀协同发展、融资租赁等特有支持政策，凸显天津优势和特色。目前“金改30条”政策核心内容的21条54项金改政策中，有37项已落实，已落实政策占比近70%。

目前，天津自贸试验区已基本形成以扩大人民币跨境使用、深化外汇管理改革、扩大金融业开放、提升租赁业发展水平为重点，以做好金融风险防控为前提，以推动京津冀金融市场一体化为方向的金融制度创新。截至2016年第三季度末，自贸试验区内各持牌金融机构达到131家，累计新开立本外币账户2.7万个；办理跨境收支661.2亿美元，结售汇254.4亿美元，跨境人民币结算1469.5亿元，跨境人民币创新业务试点政策已由中新生态城扩展到全市范围。自贸区金融创新改革取得的显著成效，丰富了企业融资渠道，大幅降低了

融资成本，推动了融资租赁业创新发展，为新金融业态向全市推广提供了依据。

3. 资产保值增值需求日益扩大

自 2015 年以来，全球资本市场出现剧烈震荡，我国金融市场的流动性风险和系统性风险也逐步显现，集中表现在国内股票市场出现异常波动。股市价格下跌幅度大、速度快，导致企业资金流失严重，特别是在传统制造业企业中尤为凸显。企业为应对金融市场波动，对资产保值增值的需求日益扩大，这为天津市融资租赁业的发展提供了潜在市场。企业通过融资租赁方式降低资产负债率，同时提高企业资金的使用效率，实现资产的保值增值。

4. 贷款利率市场改革加速深化

自 2003 年起，我国开始人民币贷款利率市场化改革进程，2004 年 10 月，中国人民银行实行对贷款利率上限放开，下限管理，不再对金融机构的贷款利率设定上限。“十二五”时期，天津市金融机构人民币法定贷款基准利率共下调 11 次，平均下调 1.5 个百分点，1 ~3 年贷款利率下调幅度最大，累计下调 1.71 个百分点（如图 3 -1 所示）。

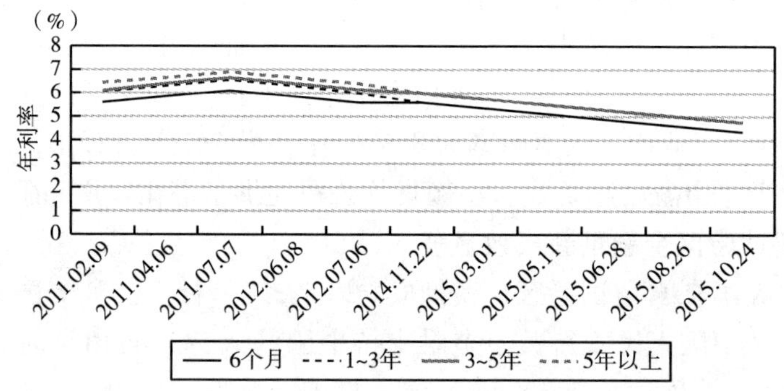

图 3 -1 “十二五”时期（2011 ~2015 年）天津市金融机构人民币法定贷款基准利率调整情况

资料来源：《天津统计年鉴》，相关年份。

贷款利率的市场化改革，降低了企业融资成本，提升了金融服务水平，为金融机构扩大规模和创新金融产品创造了条件，加大了金融机构对企业，尤其是中小微企业的支持，融资变得多元化，促使金融更好地支持实体经济发展，也有利于经济结构调整，促进经济转型升级。

5. 京津冀区域金融协同化发展

随着京津冀协同发展进程加快，天津承接非首都核心功能，借助北京经济辐射优势，逐步探索区域金融合作，建立京津冀协同发展金融服务体系，搭建统一的融资服务平台，将有助于吸引互联网金融公司、小额贷款公司等新型金融机构来津落户。

（二）挑战

1. 工业生产存在下行压力

金融业务的发展有赖于工业企业的整体运行情况，当前国内外经济环境复杂，经济发展进入新常态，天津正处于增长速度换挡、结构调整阵痛和前期刺激政策消化“三期叠加”时期，工业生产下行压力不减。2015 年，天津市工业增加值增长 9.2%，与上年相比降低了 0.8%；制造业采购经理人指数（PMI）总体下滑，在第四季度低至荣枯线以下，经济形势不容乐观。工业生产持续下行主要表现在：一是动力转换有待加快。传统行业支撑作用依然突出，但部分行业增长乏力。新兴产业虽然加快成长，但短期内难以弥补部分传统行业回落带来的影响。航空航天、汽车、生物医药、新能源、新材料、环保六个产业增加值合计占全市工业的 20.4%，比上年提高 3.3 个百分点，但整体规模依然偏小，拉动作用有限。二是新增项目贡献减弱。在部分产能过剩、市场需求不足以及生产经营成本偏高的形势下，一些实体项目回报率不高，致使企业投资意愿不强，投资增长后劲不足。实体经济投资增长缓慢，2016 年制造业全社会固定资产投资额为 3309.3 亿元，与上年同期相比下降了 23.2%，新增规模以上工业企业规模也有所减小。三是企业面临多重困难。企业产品需求不足、订单量大幅减少，影响了企业的正常生产经营。

新兴产业生产规模偏小，中小企业订单量不足，经济效益降低直接影响到企业的融资能力和对新型金融服务的有效需求，经营收益的持续下滑更严重制约了企业的偿债能力，加剧了金融机构资本回笼的风险，阻碍了新金融业的进一步发展。

2. 外贸出口形势不容乐观

当前国际经济形势不振，发达国家“再工业化”和发展中国家竞争压力不断加剧，天津市外贸面临劳动力成本上升、出口机构转型等问题，外贸出口额自 2015 年 9 月开始由增转降，出口额出现负增长，2015 年全年累计下降 2.7 个百分点，外资企业出口支撑乏力。外商及港澳台商投资企业出口占全市的 62.8%，出口下降 4.6%；民营企业出口下降 3.1%。

2016 年外贸出口额持续下降，全年累计下降 13.4 个百分点（如图 3－2、图 3－3 所示）。从出口方式看，一般贸易出口 210.42 亿美元，占全市出口的 47.5%；加工贸易出口 202.28 亿美元，占全市出口的 45.7%。从出口市场看，对部分“一带一路”沿线国家出口增长，对俄罗斯、泰国和印度尼西亚出口分别增长1.5倍、11.3%和15.0%。以外贸综合服务企业、跨境电子商务为代表的新型贸易业态快速发展。但受外贸出口总体形势的不利影响，以加工贸易为主的中小企业国际市场订单量减少，企业主营业务收入和利润下滑，负债问题逐渐显现，应收账款质量下降，坏账风险上升，导致天津市商业保理公司业务量锐减，发展动力不足。

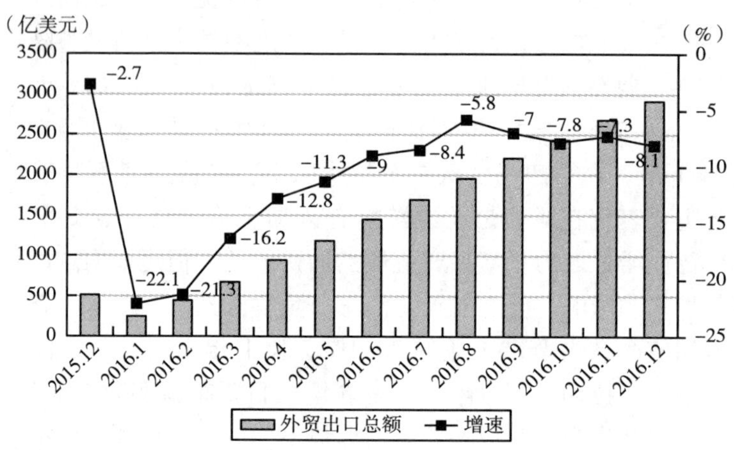

图3-2　2016年天津市外贸出口总额累计增速

资料来源：天津统计信息网。

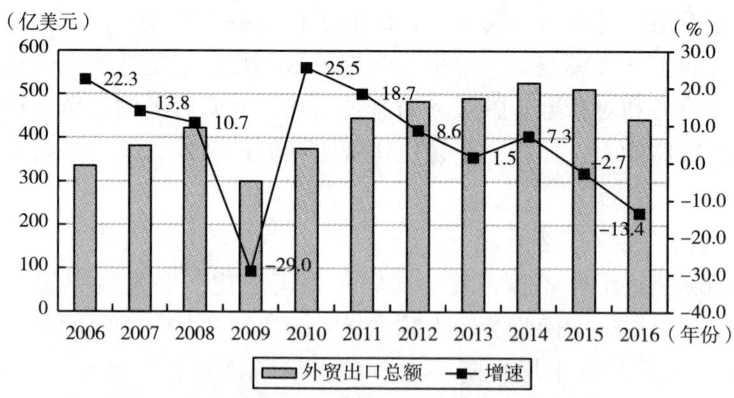

图3-3　2006~2016年天津市外贸出口总额累计增速

资料来源：《天津统计年鉴》，相关年份；天津统计信息网。

3. 行业监督管理更加严格

新金融业态的产生和发展是传统金融改革和创新的必然结果，为适应金融改革创新，加强新金融业的监督管理，规范行业行为，国务院、银监会、保监会、天津市人民政府以及天津市金融局陆续出台了相关政策和法律法规（如表3－1所示）。2010～2016年，出台相关政策近30项，天津出台地方性政策法规13项，其中包含了对天津市小贷款公司、互联网金融、网络借贷机构、融资担保公司和商业保理公司等新金融机构的监督和管理办法。对机构的设立、审批、业务范围、人员任职条件、监管部门等方面的提出明确规定，行业监管更加严格，这为新金融业的发展提出了新要求和新挑战。

表3－1 关于新金融业管理监督法律法规情况

发布时间	发文字号	标题
2016年12月1日	津金融局〔2016〕75号	市金融局关于印发《天津市小额贷款公司监督管理暂行办法》的通知
2016年10月13日	国办发〔2016〕21号	国务院办公厅关于印发《互联网金融风险专项整治工作实施方案》的通知
2016年8月24日	银监会令〔2016〕1号	网络借贷信息中介机构业务活动管理暂行办法
2016年5月13日	银监发〔2016〕24号	中国银监会关于《规范商业银行代理销售业务》的通知
2016年4月14日	保监发〔2016〕31号	互联网保险风险专项整治工作实施方案
2016年4月13日	银监发〔2016〕11号	P2P网络借贷风险专项整治工作实施方案
2016年1月22日	中证协发〔2016〕11号	融资担保公司证券市场担保业务规范
2016年1月15日	国发〔2015〕74号	国务院关于印发《推进普惠金融发展规划（2016～2020年）》的通知
2015年12月28日	中国人民银行公告〔2015〕43号	非银行支付机构网络支付业务管理办法
2015年9月8日	国办发〔2015〕69号	国务院办公厅关于《促进金融租赁行业健康发展》的指导意见
2015年8月13日	国发〔2015〕43号	国务院关于《促进融资担保行业加快发展》的意见
2015年7月18日	银发〔2015〕221号	关于促进互联网金融健康发展的指导意见
2015年5月12日	津政办发〔2015〕29号	天津市人民政府办公厅转发市金融局关于《进一步促进天津市融资性担保行业发展意见》的通知
2015年3月3日	银监办发〔2015〕30号	中国银监会办公厅关于《做好2015年农村金融服务工作》的通知
2015年1月28日	津政办发〔2015〕2号	天津市人民政府办公厅关于《加快天津市融资租赁业发展》的实施意见
2014年12月31日	津金融局〔2014〕32号	市金融局关于印发《天津市小额贷款公司融资性担保机构董事监事及高级管理人员任职资格管理细则》的通知

续表

发布时间	发文字号	标　　题
2014 年 12 月 31 日	津金融局〔2014〕31 号	市金融局关于印发《天津市小额贷款公司融资性担保机构非现场监管工作指引》的通知
2014 年 7 月 11 日	银监办发〔2014〕198 号	金融租赁公司专业子公司管理暂行规定
2014 年 3 月 28 日	银发〔2014〕93 号	中国人民银行关于《使用融资租赁登记公示系统进行融资租赁交易查询》的通知
2013 年 11 月 27 日	津政办发〔2013〕103 号	天津市商业保理业试点管理办法
2013 年 7 月 27 日	津政办发〔2013〕60 号	天津市人民政府办公厅转发市金融办关于《建立健全地方金融监管体系意见》的通知
2011 年 11 月 2 日	津金融办〔2011〕87 号	关于做好融资租赁登记和查询工作的通知
2011 年 8 月 22 日	津金融办〔2011〕51 号	天津市小额贷款公司审批监管暂行细则
2011 年 8 月 1 日	津政办发〔2011〕70 号	天津市小额贷款公司管理暂行办法
2010 年 10 月 21 日	津政发〔2010〕39 号	关于促进天津市租赁业发展的意见
2010 年 9 月 17 日	津政发〔2010〕35 号	天津市融资性担保公司管理暂行办法
2010 年 8 月 2 日	津政办发〔2010〕86 号	关于加强和完善中小企业融资工作的意见
2010 年 6 月 13 日	国发〔2010〕19 号	国务院关于《加强地方政府融资平台公司管理有关问题》的通知

资料来源：天津市政府信息公开专栏；中国银行业监督管理委员会—政务信息—政策法规专栏；中国政府网—政策专栏。

四、推进天津市新金融业态发展的政策建议

（一）创新融资租赁业务，巩固全国行业领先地位

融资租赁业作为集融资与融物、贸易与技术更新于一体，与实体经济结合最为紧密的新型金融业态，融资租赁业的健康发展有助于天津市促进产业转型升级、优化资源配置、拉动社会需求、完善金融市场、促进中国制造“走出去”和国外先进技术装备“引进来”。

1. 构建多元化架构体系

建立全国领先的融资租赁平台，吸引大型工业企业的优质资本在天津市设立融资租赁公司。建立统一共享的综合信息统计分析体系，搭建“专家 + 管家”式综合服务平台，构建租赁业创新服务基地。开展集咨询、评估、管理于一体，具有较强综合性的专业服务，推动融资租赁体系多元化发展。

2. 创新经营管理模式

支持融资租赁公司借助自贸试验区政策优势和改革成果加快发展，创新与各类金融服务机构合作模式，拓宽融资渠道。利用物联网、云计算、大数据等技术，完善业务的风险评估，提升金融服务和经营管理水平。满足企业的资金多元化需求，通过开展租赁物和二手设备交易、资产管理等方式增加融资租赁公司营业收益。

3. 创新产品和服务

发展创新型融资租赁产品和服务。巩固离岸租赁、保税租赁、联合租赁等优势业务，积极开展经营租赁、联合租赁、转租赁等新型租赁服务，探索融资租赁与风险投资相结合的风险租赁业务。提升融资租赁业对实体经济的支持力度。通过风险补偿、奖励、贴息、出口信用保险等政策工具，引导融资租赁公司加大对产业转型升级、外贸进出口、科技型企业、中小微企业、民营经济等重点领域的支持力度，鼓励企业通过租赁方式购买和提供公共服务。

4. 加快国际化步伐

引进国外租赁公司的先进管理模式、产品服务和优秀的专业人才，吸引国际知名融资租赁公司在天津市设立分支机构。引进国外的先进技术和装备，推动天津市铁路、能源、通信等基础设施建设。积极与海外基础设施建设企业取得合作，借助“一带一路”倡议优势，为沿线国家提供设施设备等配套服务。

（二）规范互联网金融发展，开展产品服务创新

1. 推动产业融合发展

促进金融业依托互联网转型升级。支持建设创新型互联网平台开展网络证券、网络保险、网络基金销售和网络消费金融等业务，鼓励渤海银行、天津银行等本地金融机构率先转型升级。对设立新兴互联网平台的金融机构和总部型互联网金融企业给予政策和财政支持。拓宽互联网企业进入金融领域渠道。将互联网金融作为全国金融创新运营示范区、国家自主创新示范区、天津自贸区建设的重要内容，支持符合条件的互联网企业申请互联网金融经营资质，设立互联网金融机构，开展互联网金融业务。鼓励互联网企业开展互联网保理、互联网租赁等业务，加速互联网与金融产业相融合。发展互联网金融产业链联盟。支持互联网金融企业与金融机构、创业投资机构、产业投资基金深度合作，设立产业基金、并购基金和风险补偿基金，从而整合资源优势。支持银行、证券、基金等传统金融机构依托互联网企业联合开展合作，开发新产品和服务，拓宽金融产品销售渠道，实现传统金融业务的转型升级。

2. 推动机构创新发展

培育和引进一批具有行业影响力的互联网公司，发展壮大第三方网络支付、网络借贷、网络保险等互联网金融业态。支持第三方支付机构与金融机构共同搭建安全、高效的在线支付平台，开展在线支付、跨境支付、移动支付、基金销售支付等业务。引导网络借贷机构采取由第三方托管资金、设立风险保障金以及引入第三方担保、基金担保、保险担保主体等措施，健全风险控制体系，规范稳健运营。支持互联网保险机构开展网络安全、电子商务、网购消费者权益保护、社交网络等与互联网相关的财产保险业务，创新与互联网金融特点相适应的履约保证保险或其他担保模式，大力发展网络健康险。

3. 推动资源聚集发展

建设互联网金融示范区。围绕天津市总体发展布局，用足用好天津自由贸易园区、自主创新示范区等发展机遇，积极争取互联网金融试验区试点；利用互联网和大数据技术，采用新型的管理方式，开展信用中介、资金中介和风险中介等业务活动，推动示范区内互联网金融产业的集中发展。打造一批互联网金融重点示范项目。支持有条件的本地企业整合各类金融资源，开发、引进并形成具备自主风险控制技术和能力的互联网金融产品和服务，切实降低小微企业融资成本，支持实体经济发展。完善互联网金融服务体系。利用天津融资信息网平台为中小微企业提供 24 小时在线融资信息发布、产品对接、在线交易等综合金融服务，打造线上投贷保联盟，整合创业投资、科技银行、担保、小贷、科技保险等投融资机构，实现小微企业线上线下融资新模式。

（三）推进商业保理试点，打造中国商业保理之都

积极推进天津市商业保理试点管理，规范发展商业保理，将外汇管理、融资渠道创新作为商业保理的创新重点。及时制定和落实配套财政税收政策，保障商业保理业的持续健康发展。扩大商业保理应收账款的融资服务平台，合理扩大保理公司的融资规模和抵押类型。引进和培养优秀专业人才，积极引进国际先进保理公司的经营管理经验，打造天津商业保理试点，及时将成功经验向全国推广，打造中国商业保理之都。

（四）健全监督管理机制，规范新金融业市场秩序

建立行业信用体系。充分利用中国人民银行征信中心在天津市设立的动产融资统一登记平台和应收账款融资服务平台，积极推动符合条件的商业保

理公司、互联网金融公司、融资租赁公司等新兴金融机构接入人民银行征信系统。鼓励企业使用信用报告，建立信用记录，各区（县）对使用信用报告发生的相关费用给予一定的补贴支持。完善全市企业信用信息基础数据库，优化系统设计，建立系统和商业银行、保险机构等的网上业务接口，实现网上供需信息和产品的实时对接。鼓励有条件的从业机构依法申请征信业务许可，支持具备资质的信用中介组织开展互联网金融企业信用评级，增强市场信息透明度。

引导企业增强合规经营意识。明确经营“底线”、政策“红线”，健全风险管理、信息披露、纠纷处理等方面的内控机制。提升企业自身风险防控能力，提升信息技术水平与信息安全防护能力，强化对企业金融数据和客户信息的安全保护。

（五）完善教育培训体系，吸引集聚专业领域人才

充分发挥天津市金融业研究机构作用，进一步深化与国内外相关领域研究机构合作，积极合作开展行业前沿动态研究课题。鼓励高校顺应经济形势设立融资租赁、商业保理、小额贷款等对口专业，开设相关专业课程，培养多层次、宽领域、复合型金融创新人才。加强高校与企业间联系，设立专业实训基地，鼓励学生在校期间到金融企业参与实践，提升学生实际工作能力，注重培养学生将理论与实践相结合的能力。设立博士后科研流动站，加强新金融领域科研投入，集聚专业高端人才，培养后备力量。

加强人才队伍建设，制定引进专业领域高端人才奖励措施。采用政府公开招聘、校园招聘、社会招聘、定向招聘等方式，引进行业领军人才，为高级管理人才和专业人才在居住证等落户手续办理方面提供绿色通道。

（六）加强行业协会自律，引导行业健康规范发展

支持建立行业协会和行业联盟组织，鼓励行业协会制定自律公约和行业标准，加强对会员单位从业行为的监督和管理。监督和规范行业协会的运营管理机制，加强行业自律管理和相互交流，充分发挥行业协会作为政府和企业间的纽带作用。组织专业技能培训，提升从业人员的专业技能，及时满足客户需求。争取在天津市设立全国性的行业协会组织和研究机构，鼓励设立航空航天、农业、飞机船舶以及大型机械设备等多元化的租赁行业组织，推动天津市产业金融的发展。

天津特色旅游产业发展研究

（天津市经济发展研究院　姚晓东　韩　璐　崔　坤）

天津市经济社会快速发展，为旅游业发展奠定了坚实的基础。以高速铁路、高速公路为骨干的综合交通体系初步建立，天津邮轮母港已经建成并投入使用，进一步凸显了天津作为国内外旅游集散地的作用和地位。为加快天津市现代服务业发展，发挥旅游业作为新常态下经济转型升级的驱动产业，扩大内需、拉动消费的潜力产业，脱贫致富、改善民生的幸福产业和生态文明建设的引领产业作用，本文通过对特色旅游理论的研究和国内外特色旅游产业发展经验的比较，认真梳理了天津特色旅游资源优势，分析了天津旅游产业发展的特征和存在的问题，提出了发展天津特色旅游产业的路径、建议和实施方法，为天津旅游产业的转型提质，增强旅游业的创新能力和发展活力，提供了建设性的思路。

一、特色旅游的内涵和特征

（一）特色旅游的形成机理

1. 特色旅游的含义

特色旅游也称特种旅游、专题旅游，是指依托当地特色旅游资源和民俗文化背景，内容丰富、形式多样、参与性强、主题鲜明，限于某种具有共同爱好、习俗和愿望的特定群体所开展的一种新兴的旅游形式，同时兼具某种特殊的意义。特色旅游产业包含的内容十分丰富，目前在旅游学界尚无统一的定义，近年来我国专家学者对此进行了很多研究，但因视角不同对特色旅游产业的定义各有不同的表述，但普遍认为归纳如下。

特色旅游产业是一种新兴的旅游经济发展形式，它集合了观光旅游和度假旅游等多种形式，将这些常规旅游形式进一步提升和精炼，是对传统旅游的发展和深化，是一种更高级别的旅游经济发展模式。

2. 特色旅游的收入乘数效应

乘数概念起源于 1931 年英国经济学家卡恩首先提出了乘数理论。其后，凯恩斯又将这一理论进一步加以完善。乘数（multiplier）又译作倍数，主要指经济活动中某一变量与其引起的其他经济量以及经济总量变化的比率。乘数理论说明，在经济活动中，一种经济量的变化可以引起其他经济量的变化，最终使经济总量的变化数倍于最初的经济变量。在经济活动中，之所以会产生乘数效应，是因为国民经济的各个行业是相互关联、相互促动的。

旅游收入的乘数效应是指旅游目的地对旅游行业的投入引起各个经济部门的连锁反应，导致本地区经济总量的成倍增加。旅游收入通过初次分配和再分配，对地区经济发展产生三种传导方式。一是直接传导。即旅游者在旅游目的地的各项消费，将资金直接注入了各个核心旅游企业和部门，饭店、旅行社、餐厅、商店、景区、交通及通信部门在旅游收入的初次分配中获得了一定量的收益。二是间接传导。即旅游核心部门和企业在再生产过程中向有关部门和企业购进生产和生活资料，各级政府把从旅游核心企业收缴的税金又投资于其他企事业项目，使有关部门和企业在旅游收入的再分配中获得了收益。三是扩大传导。即旅游企业在再生产过程中购进大量的生产资料和生活资料，从而促进了更多部门和企业的发展。旅游收入正是通过多次分配与再分配，对经济不断产生着连带作用和综合效益。

目前，一般用营业收入乘数、政府收入乘数、就业乘数和居民收入乘数等乘数模式来分析旅游收入对社会经济各个方面的影响。乘数效应取决于边际消费倾向，各地区各不相同，但一般在 4 ~6 倍之间。根据旅游收入的乘数效应，可以全面衡量旅游业发展对经济的影响，更加科学地确定旅游业的发展战略。

特别是在经济转型时期，将一个地区的特色资源转化为特色旅游产业，是一种行之有效的发展方式“转换器”、产业升级“助推器”。旅游业作为绿色产业、朝阳产业、黄金产业，与其相关的行业超过 110 个；旅游收入每增加 1 元，可带动相关行业增收 4 ~6 元；旅游投资每增加 1 元，可带动其他行业投资 5 元，产生经济增长的乘数效应，对第三产业发展和经济结构调整有着重大的引领和带动作用。

3. 旅游生命周期理论

加拿大学者巴特勒（R. W. Butler）根据产品生命周期概念，提出旅游地演化经过六个周期：探查阶段、参与阶段、发展阶段、巩固阶段、停滞阶段、衰落或复苏阶段。一个地区因特有的资源、项目或产品所产生的旅游产业在不同生命周期阶段表现出不同的特点和规律（见图 1 -1、表 1 -1）。

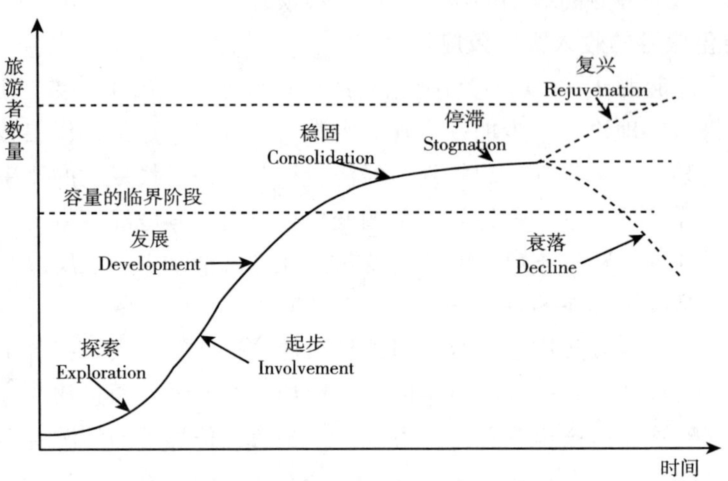

图 1－1　旅游地产品的生命周期模型

表 1－1　　　　巴特勒旅游产品生命周期理论

阶段	阶段特征
探查阶段	只有零散的游客没有特别的设施其自然和社会环境未因旅游而发展变化。
参与阶段	旅游者人数增多，旅游活动变得有组织、有规律，本地居民为旅游者提供一些简陋的膳宿设施，地方政府被迫改善设施与交通状况。
发展阶段	旅游广告加大旅游市场，开始形成外来投资骤增，简陋膳宿设施逐渐被规模大、现代化的设施取代，旅游地自然面貌的改变比较。
巩固阶段	游客量持续增加但增长率下降。旅游地功能分区明显地方经济活动与旅游业紧密相连。常住居民中开始对旅游产生反感和不满。
停滞阶段	旅游地自然和文化的吸引力被“人造设施”代替旅游地良好形象已不再时兴市场量的维持艰难。旅游环境容量超载相关问题随之而至。
衰落或复苏阶段	旅游市场衰落进而房地产的转卖率很高，旅游设施也大量消失，最终旅游地将变成名副其实的“旅游贫民窟”，另一方面旅游地也可能采取增加人造景观、开发新的旅游资源等措施，增强旅游地的吸引力从而进入复苏阶段。

因特色资源开发形成的特色旅游产业，一般是处于旅游地的探查阶段或参与阶段，也就是处于旅游产业发展黄金期的前夜，因此设计好一个地区特色旅游产业的发展方向和发展路径，对本地区旅游业乃至经济的发展十分关键。

（二）特色旅游产业的发展模式

特色多样的旅游资源必然带来旅游开发区发展模式的多样性。就国内外不同的旅游目的地而言，并没有一条放之四海而皆准的发展模式存在，但几乎每一处成功旅游目的地都存在着符合自身发展的动力模式，如表 1 - 2 所示。与之相对照，天津特色旅游产业属于需求导向型，强化旅游设施建设，发挥都市经济优势，休闲旅游、度假旅游需求应为可行的发展导向。

表 1 - 2　　特色旅游产业发展动力模式

旅游产业类型	旅游产业特征	动力因素	辅助因素	代表目的地
资源丰富型	强吸引力的自然与文化景观	自然、文化资源的独特性和综合性	人文环境、地域接待能力、基础设施建设等	海南、云南、西藏等
经济吸引型	经济联系广泛、现代景观居多	以资金、人员流动为导向的综合活力	景点建设、旅游服务、综合能力	沪宁杭地区、广东沿海带等
需求导向型	经济相对发达、需求旺盛、旅游资源匮乏	休闲旅游、度假旅游需求导向	景区建设、基础设施建设、旅游相关服务配套	超级城市及大城市郊区及卫星城镇范围，如天津
综合推动型	高等级景区聚集、广泛的经济文化和社会背景	景点的可持续性与美誉度	综合环境、旅游服务	北京、西安等

（三）特色旅游产业的特征

特色旅游作为一种新兴的旅游形式，它是观光游和度假游等常规旅游形式上的一种提高和提升，是对传统旅游形式的一种发展和深化。基本特征为：因地域文化而产生的内容丰富、形式多样、主题鲜明、参与性较强的旅游形式。

具有突出的个性与主题。个性是旅游地形象塑造的生命，没有个性的旅游形式就没有生命力。特色旅游唯有充分挖掘本地与众不同的风采、独特个性、特有文化内涵和底蕴，才能将其特色形象具体鲜明地映入旅游者心中，在旅游市场上形成独特的销售主张，产生巨大的旅游吸引力、诱惑力和感召力。如水乡周庄，以其独特的水镇一体、以河为街、街桥相连的“小桥流水人家”特色，还有凤凰古镇以其独特的风景文化吸引了众多国内外游客。

具有丰富的内容与形式。旅游者的文化背景、种族传统、兴趣爱好、身份地位、性别角色、经验经历、受教育程度等的不同，导致旅游者旅游需求的差异性，这种差异性突出地表现在旅游地点、时间、内容、方式、规格的选择等方面。特色旅游正是面向不同的目标市场、有针对性地开发出丰富多彩的旅游产品，推出花样翻新的旅游形式以满足不同旅游者的需求。比如法国开设了五花八门的学艺旅游，游客可以在旅游地学习制陶、雕塑、绘画、织壁毯、淘金等技术，意大利针对女性游客开设了购物旅游等。

具有市场导向和资源依托。特色旅游往往是针对某一特定的旅游市场而开发设计的，具有强烈的市场导向性。因此必须注意对市场和潜在客源的调查研究，了解游客市场的心理需求和偏好，从旅游者的角度去透视和设计特色旅产品。特色旅游产品是资源依托型的，旅游者所以来此观光旅游完全是为本区域所独具、所垄断的旅游资源或旅游产品吸引的结果。离开了本区域特有的环境背景、文化传统、资源条件而凭空创造的所谓资源脱离型“旅游产品”往往不会引起旅游者的兴趣。因此，特色旅游的开展必须从特有的资源条件出发，以自身优势为依托，开发具有新奇、有内涵、有品位的旅游产品。如苏州旅游业定位在以周庄、同里为代表的江南水乡和宋元明清四朝古代园林；辽宁旅游突出努尔哈赤皇族早期活动为代表的女真文化，都是特色旅游以资源为依托的典型代表。

具有科技能力和创新意识。现代科学技术的发展为旅游业带来了巨大的变化和机遇，各种新材料、新技术、新工艺等不仅为旅游供给提供了便利条件，使各种旅游景观和设施的建造成为可能；同时也刺激了旅游者的旅游需求。现代科技或者对旧的旅游产品重新设计、包装，或者干脆人工创造或“凭空而建”，丰富和发展了旅游产品的形式和内容。所以离开了高科技手段，某些特色旅游是不可能产生和发展的。美国迪士尼乐园、好莱坞环球影城，我国华侨城、万达乐园缩微景观等人为创造的特色旅游产品所吸引的游客丝毫不比天然旅游产品所吸引的游客少。

二、国内外发展特色旅游产业的启示

（一）注重特色旅游资源保护与可持续发展

法国是欧洲面积最大的国家之一，旅游业是法国的支柱性产业之一。2015 年仍是全球接待游客最多的国家，接待外国游客总数为 8450 万人次，并明确了超过 1 亿人次的发展目标。[①] 法国发展特色旅游主要经验之一就是注重资源

① 法国旅游发展署。

保护和可持续发展。

自然资源的保护及旅游形象塑造。如在著名滑雪胜地阿尔卑斯山地区，保护政策既有综合性政策，也有专门性政策。内容不仅涉及山区传统产业的保障和补偿，还包括旅游产品、高品质的农建产品、乡村旅游、交通设施，还有一些高科技产业和特定的服务门类（如保健产业）等。《阿尔卑斯山公约》是欧洲大陆第一个保护山区的国际公约，涉及以下方面：能源、山区农业、山区林业、自然保护和景观保护、区域规划和可持续发展、土壤保护、旅游业和交通等。为了更好地贯彻该《公约》，阿尔卑斯山地区还成立了“年度阿尔卑斯山小城镇”协会，从 1997 年至今已有 11 个小城镇获得“年度阿尔卑斯山小城镇”称号，这些小城镇都实施了至少两个可持续发展项目，并在项目中很好地协调了独特的阿尔卑斯山自然景观、经济活动以及城市生活。

旅游对环境产生的影响及其解决策略。法国地中海沿岸地区目前每年吸引数以亿计的旅游者，游客数目都在以每年 10% 以上的速度逐年增加。旅游业的发展在带来巨大经济效益的同时，也对环境构成了巨大的威胁。如淡水资源不足、渔产滥捕等。为此，法国在地中海地区采取了“低水经济”策略。主要是在水需求和可获得水资源平衡被打破地区发展“低水经济”，也就是减少水资源的浪费和提高各种可获得水源的使用效率，具体包括海水淡化和污水回收再利用等。

加强对人文旅游资源的保护。法国文化灿烂，名胜古迹比比皆是。尽管城市规划和商业规划方面存在很大的困难，但法国仍是十分重视历史文化遗产的保护。从 19 世纪末开始，法国政府就不断在建筑、城市与风景历史遗产保护立法方面做出努力并加以实施。最初的历史遗产保护只是针对文物建筑，但在一个世纪的发展中，这个最初的界定已被打破，最单纯的文物建筑保护扩展到城市与乡村的整体保护。历史遗产的判定方法与保护管理的办法也日趋成熟，人们有责任对其进行保护和管理。在法国建筑、城市与风景历史文物保护分为三个层次：文物建筑周围区域；历史保护区；建筑、城市与风景历史遗产保护区域。目前，全国有 4 万个受国家保护的文物建筑，保护区域面积也占到了法国国土总面积的 6%。对于保护建筑，未经文化部门批准，任何拆除、建设和改造行为都是违法。同时规定不得在保护建筑的相邻地区建造任何其他的建筑。

优质管理保证法国旅游业持续发展。法国之所以一直能够保持着世界第一大国际旅游国地位，除了凭借着所拥有得天独厚的自然和地理条件、丰富多彩的旅游景点和资源，也与其在日常经营过程中坚持不懈地改善和提高旅游服务质量密切相关。一是政府牵头宣传旅游业。法国政府旅游部下属专门负责拓展旅游的“法国之家”在世界各国设立代表机构，并通过在各地建立“法国文化中心”、鼓励推动旅游展览会来宣传法国旅游。二是实施“旅游质量品牌”计划。“旅游质量品牌”的参考标准由 96 项条款组成，包括信息和通信、工作人员的态度、工作人员的能力、相关地点的环境状况和舒适程度、相关地点和设备的洁净和维护、设备装置、安全信息、食品、当地旅游资源的增值状况等。这些条款涉及旅游企业为了吸引、接待和满足顾客需要而所提供全部各种服务。为了确保整个“旅游质量品牌”的发放体系的可靠性，法国政府委托一些专业性公司对于已经获得“全国旅游质量标志”的企业进行抽样复查。如果不符合发放标准，则相关企业将会被剥夺使用“旅游质量品牌”的资格。目前，法国国内大约有 15000 家旅游企业已经获得“旅游质量品牌”。

（二）注重开发具有特色的旅游路线和产品

成都是我国最具特色的旅游目的地，其成功经验是围绕丰富多元的历史文化、温润的气候条件、优良的自然风光，辅之以时尚慢生活＋美食特色，开发出特色旅游路线、产品和品牌。成都三圣乡的“五朵金花”、郫州的农科村等一批具有代表性的全国农业观光示范点，已经被培育成高品位、多功能、各具特色的现代化农家乐庄园，被人们誉为“没有围栏的公园，鲜花盛开的村庄”；通过打造“春熙坊”“宽窄巷”“井里”等特色古街古巷区，在周边开发平乐古镇、洛带古镇、黄龙溪古镇等古镇集群，构筑起成都古城古镇古街古巷文化旅游全域发展的格局；开发川西、入藏旅游产品和设施，建设“西部自驾枢纽”；都市休闲、农业休闲、乡村旅游、温泉养生、会议会展等业态的创新发展，形成了独具特色的发展模式。成都在大旅游产业战略思想指引下，大力整合区域旅游资源，深入挖掘品牌价值，整体打造“熊猫之乡”“美食之都”“休闲之都”“会展名城”等城市品牌，构建多元化的细分市场品牌形象组合和品牌产品体系，同步拓展国内国际旅游市场。

美国利用其发达的公路网和庞大的汽车保有量，发展壮大乡村旅游。以项目、事件、节庆日推销特色农场旅游，增加了如野外宿营、乡村音乐会、“珍稀动物展览”等类型的项目，极大地丰富了旅游在旅游过程中的经历。例如各种各样的“南瓜节”等节庆事件，比比皆是的牛仔特色农场配以文化表演，赶羊群、挤牛奶、蔬果采摘、园艺培训等游客参与项目，都逐步显现出其品牌效应吸引大批游客。

（三）注重通过特色旅游带动相关产业发展

美国迈阿密是最具盛名的邮轮母港，拥有世界上最先进的管理设施系统、最规范的业务流程设置，以及力求便捷的服务。在发展邮轮旅游的同时，迈阿密更注重带到其他周边产业的发展。迈阿密邮轮码头位于市中心海滩的黄金地段，距机场仅有15分钟车程，离市中心最近的大型购物、宾馆、餐饮区仅有几分钟车程。服务形式多种多样。迈阿密邮轮母港拥有天然的海边浴场，舒适宜人，距邮轮出入口仅10分钟路程。面对不同的客源市场，迈阿密开发不同特色的丰富旅游产品。如针对邮轮游客，为使游客能够充分利用登轮前和下船后的时间体验当地旅游特色，推出包括佛罗里达大沼泽地、丛林岛、迈阿密儿童博物馆、迈阿密水族馆和时尚南海滩、世界闻名的装饰艺术区等景点。针对喜欢购物的游客，迈阿密打造了贝赛德市场旁的购物一条街，以及以奢华品牌店闻名的巴伯港商店街和梅里克公园村，林肯路和珊瑚区的更是遍布各式精品商店。西方学者估算，迈阿密的“邮轮母港旅客旅游乘数”的取值范围在2.8至4.5之间。这也就是说，乘坐邮轮的旅客每消费1元，会给当地带来1.8元至3.5元的额外GDP贡献，邮轮母港每接待10名游客，就会给当地创造一人次的就业机会。

张家口市凭借“申奥”机遇，以冬季特色旅游为突破口，带动“大旅游”发展目标。一是以点带面推行旅游产业化，把崇礼冰雪旅游、张北草原音乐节、蔚州民宿文化旅游、怀来葡萄酒文化旅游、“草原天路”等打造成了特色品牌。二是培育多元发展的新业态格局，形成了滑雪、温泉、草原、水景、山林、文化和特色农业等七大产业互为依托、互为补充的发展格局。同时，重点发展乡村旅游、特色工业旅游，以体验游、购物游、休闲运动游为重点，培育新业态。三是创新发展文化旅游产品。深入开发“口菜”等特色餐饮文化，做好剪纸、杂粮杂豆、鲜食玉米、葡萄等旅游商品认定和农产品转化，打造培育大型音舞诗画《大好河山》、张北草原音乐节等文化演艺剧目，提升城市文化魅力。

（四）注重对特色旅游资源的创新再开发

近代历史街区都是上海的特色旅游资源之一。在现代化城市建设中，上海在新天地历史街区对独特旅游资源进行了改造和开发。以上海近代标志性建筑——中西合璧的石库门建筑群为基础，在保留石库门建筑的外观的同时改变内部的居住功能，创新地赋予其商业经营功能，开设适合现代都市生活方式的国际画廊、时装店、主题餐馆、咖啡酒吧等，成为“上海时尚潮人的聚集地”和中外游客领略上海传统文化和新纪元生活的最佳地点。上海衡山路历史街区，修复开发保留了大量老建筑，对建筑内部进行了现代改造，加强了街区的休闲功能，成为上海都市夜生活的标志地段和外国人的聚集地。多伦路历史街区改造兼顾了对历史物质形态和文化内涵的保护和利用，使原有的历史风貌在现代文化休闲业的发展中得到保护和进一步的体现。

香港在特色旅游资源并不具备比较竞争优势的情况下，凭借文化创意产业打造了现代旅游业的神话。一是香港策划、实施了一系列精彩的旅游节庆活动，为塑造和宣传香港旅游目的地的品牌形象创新旅游产品。除了利用一些传统的中西方节日举办活动，例如中国传统的春节、中秋节、端午节，西方的万圣节、圣诞节等，还通过香港购物节、香港缤纷冬日节、国际电影节、香港艺术节、大型体育赛事等丰富多彩的商业、文化节庆活动将香港打造成为“亚洲盛事之都”。二是产品追求标新立异，以新形象、新产品、新形式试图给旅游者“耳目一新”的感觉，以达到吸引旅游者、占领目标市场的目的。如香港旅游协会曾根据不同地区的游客设计不同的特色形象：针对西方游客香港定位为“神秘的东方色彩和传统的中国文化”；针对日本游客设计“亚洲最便捷、最健康的旅游目的地”的形象；针对东南亚游客提出“购物天堂、美食好去处”的形象；相对中国内地游客，香港则表现为“动感香港，魅力之都”。三是旅游主题形象创新，“动感之都，就是香港”展示出一个充满机会和活力、东西方文化汇聚的都市形象，“爱在此，乐在此”主题形象宣传很好地塑造了香港作为国际性都市的健康美丽新形象。

上海和香港在对特色旅游资源的开发中，既兼顾了对历史物质形态和文化内涵的继承和延续，又加入了文化创意的元素；既注重文化内涵的深度挖掘，又强化建构高效的组织体系、适时调整多元化发展策略，依照自身历史资源的特色，来探索街区历史文化表现的新形式。天津应该借鉴上海的开发经验，寻找历史的优势，精心改造近代历史街区，使其成为天津都市旅游的靓丽风景。

三、天津特色旅游资源优势

近年来经过多次市容环境综合整治，天津初步形成了大气洋气、清新靓丽、中西合璧、古今交融的独具特色的城市格调，城乡面貌发生重大变化，城市旅游环境得到显著改善，天津深厚的历史文化底蕴、独特的自然风貌和都市现代化气息已展现在中外游客面前。

（一）天津旅游产业发展过程

1. 旅游产业发展观念转变

天津旅游业发展经历了从 20 世纪 80 年代以接待入境游客换取外汇为主的模式，到 90 年代中期国内旅游开始形成一定规模。随着我国经济的快速发展和人民生活水平的不断提高，借助黄金周制度的有力推动，我国国内旅游和出境旅游市场得到快速发展，旅游已经从“国计”转向“民生”，成为居民生活的日常选择。国民大众成为旅游经济运行的消费主体。大众旅游时代的到来，散客化、休闲化特征明显，旅游已从观光旅游为主发展到观光、休闲、度假并重的发展阶段。大众旅游的泛旅游产业特征明显，除传统景区资源外，旅游已融入城乡居民生活、文化、商业、交通、农业、体育、娱乐等各领域，传统旅游要素供给已远不能满足旅游消费的新需求。

2. 旅游产业发展要素增长

在旅游产业发展方面，“十五”末，天津市A级旅游景区共28家、星级饭店112家，“十一五”末分别达到55家和115家，“十二五”末分别达到112家和97家，旅游业增加值占GDP比重从2005年的4.6%，增长至2010年的5.8%。从旅游项目开发方面，“十五”期间重点进行了海河综合开发改造、市中心都市观光区、滨海旅游区、西青民俗旅游区及蓟州山野名胜旅游区开发建设，打造了“渤海明珠、近代缩影”的旅游形象；“十一五”期间，围绕12个文化旅游板块，重点打造了古文化街、五大道、意式风情区等一批特色旅游街区以及杨柳青民俗大院、极地海洋世界等重点旅游项目，建成了国际邮轮母港和一批五星级饭店，“近代中国看天津”文化旅游核心品牌效应日益凸显。借助2008年天津作为奥运会协办城市的机遇，城市环境得到大大改善，助推天津旅游业得到繁荣发展；“十二五”期间，旅游业推出“33641”行动计划。即旅游收入达到3000亿元，新建欢乐谷、方特欢乐世界、天山海世界·米立方等旅游大目30个，培育6大旅游品牌，按照五星级标准建成饭店达到40家，引进扶持旅游企业集团10家，“十二五”末整体计划基本得到实现（见表3-1）。

表3-1　天津市旅游业发展主要经济指标

项类		2005年		2010年		2015年
		数据	年均增长（%）	数据	年均增长（%）	数据
入境游客	接待量（万人次）	74.01	17.5	166.07	14.4	326.01
	收入（亿美元）	5.09	22.8	14.2	18.3	32.98
国内游客	接待量（万人次）	5013.4	12.9	9206.5	13	17058.7
	收入（亿元）	541.98	16.3	1151.9	17.6	2588
总人数（万人）		5087.41	13	9372.57	13	17384.7
总收入（亿元）		584.23	16.4	1248.4	14.7	2794.25

资料来源：《天津统计年鉴》，相关年份。

3. 旅游产业发展方式转变

在“十五”“十一五”期间，旅游业发展主要处于集中开发整合旅游资源阶段，旅游公共服务设施和软环境建设没有放在主要位置；“十二五”期间，在注重旅游景区、酒店、旅行社建设开发和质量管理的同时，把提高旅游公共服务体系建设作为一项重要的工作来推动。2015 年，天津服务业增加值占 GDP 总额达到 51.5%，首次超过第二产业，形成“三二一”的产业结构。旅游业作为服务业的重要组成部分，积极发挥产业拉动强的作用，商贸物流、住宿餐饮、交通运输、娱乐文化等服务业实现了持续增长。

天津市旅游业实现三个转变。一是发展方式转变，由粗放型向集约型转变，由数量扩张型向素质提升型发展的转变，加快产业集群化、业态多元化、服务国际化、服务信息化进程，大力提升旅游产业素质，提高旅游业科学发展水平。二是实现旅游发展思路的转变，由单一旅游部门同相关部门齐抓共促旅游业发展思路的转变，实现旅游业与相关产业的良性互动发展，把天津市旅游业尽快培育成为国民经济的支柱产业。三是实现旅游管理职能的转变，由单纯地靠行政管理机制向市场、法律法规等综合管理转变，由抓单一旅游市场向注重旅游公共服务设施建设的转变，全面提高旅游服务质量和管理水平，为游客提供更加丰富、优质和高效的服务。

（二）天津旅游产业发展现状与问题

1. 天津旅游产业发展现状

一是产业规模不断扩大。通过滨海旅游、蓟州旅游、西青旅游等重点区域引擎的拉动，天津欢乐谷、航母主题公园、方特欢乐世界等重大项目的建设，酒店、景区、旅行社等产业要素的完善，带动了旅游产业蓬勃发展。2016 年，接待旅游总人数 1.91 亿人次，同比增长 10%，旅游总收入 3129 亿元，同比增长 12%。其中，接待入境游客 335 万人次，同比增长 2.8%；外汇收入 34 亿美元，同比增长 3%。2015 年，全市接待境内外游客总人数 1.74 亿人次，是 2005 年的 3.5 倍；旅游总收入 2794 亿元，是 2005 年 4.5 倍（见图 3-1）。

二是旅游载体日益丰富。截至 2015 年底，全市 A 级旅游景区达 112 家，星级饭店和国际知名品牌酒店 120 多家，旅行社 427 家，工业旅游示范点 52 家，全国生态旅游示范区 3 个，国家级休闲农业与乡村旅游示范县 3 个，全国休闲农业与乡村旅游示范点 15 个，市级旅游特色村 200 多个。国家海洋博物馆、妈祖文化经贸园等重点旅游项目进展顺利。文化旅游、工业旅游、乡村旅游、红色旅游和康体旅游等旅游融合发展不断深化；邮轮游艇旅游、房车露营旅游、通用航空旅游等新兴业态不断涌现。

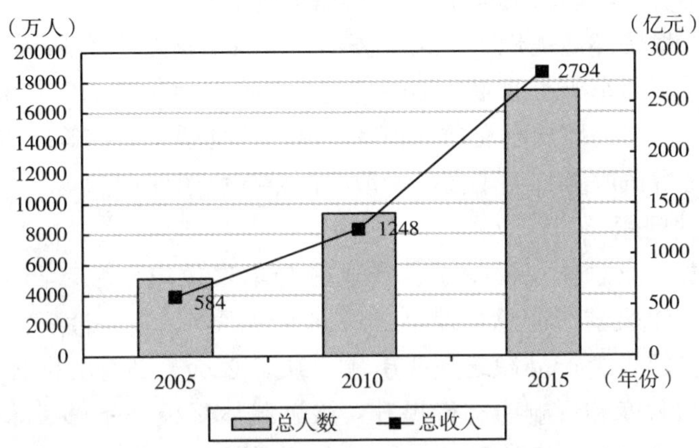

图 3－1　2005～2015 天津旅游产业增长趋势

资料来源：《天津统计年鉴》，相关年份。

三是产业空间布局形成。“一带三区九组团”的旅游发展空间格局已基本形成，目的地格局初具规模。一带：海河旅游观光带，推出“由河入海、由海入河”的旅游新线路，“海河风光游”已成为天津旅游的靓丽名片和旅游品牌。三区：市中心都市旅游区、东部滨海旅游区、北部山野旅游区，已经形成不同程度的旅游产业集群，成为天津市旅游目的地的三大核心支撑。九组团：随着一系列重大项目建设完成，九个组团已初步形成。

四是特色旅游持续推进。全力推进文旅融合、商旅融合、体旅融合、工旅融合、农旅融合等融合发展，开发了文化旅游、工业旅游、农业旅游、红色旅游、科普旅游、修学旅游和康体旅游等新项目。全市推出了一批工业旅游示范点、休闲农业与乡村旅游示范镇、休闲农业与乡村旅游示范点、200 个市级旅游特色村等，旅游产业融合发展不断深入。邮轮游艇旅游、房车露营旅游、通用航空旅游和旅游装备制造等新兴业态发展势头强劲。邮轮接待量从 2010 年的 40 艘次增加至 2016 年的 142 艘次，接待量从 2010 年的 9.5 万人次增至 2016 年的突破百万人次。武清运河驿站、滨海东疆沙滩、团泊湖光合谷、乐乐岛等房车露营地初具规模；滨海新区开通了低空飞行旅游线路。

五是旅游品牌影响力扩大。“天天乐道，津津有味”被评为中国十佳旅游口号之一，已经形成城市品牌宣传效应。打造了“近代中国看天津”、都市博览游、海河风光游、滨海休闲游、山野名胜游等旅游品牌。已成功举办了七届的中国旅游产业博览会，为旅游装备制造业搭建了展示交易平台；五大道文化旅游节、意大利风情旅游节、黄崖关长城国际马拉松、天津妈祖文化旅游节、古文化街民俗文化旅游庙会、杨柳青民俗文化旅游节、七里海文化旅游节等百余项特色旅游节庆活动，促进了旅游市场繁荣兴旺。

六是旅游发展环境优化。公共服务不断完善。海陆空交通体系不断优化；旅游观光车、直通车等交通服务不断完善；“旅游厕所革命”工作不断推进；旅游咨询点、高速公路旅游交通标识牌、城市旅游地理系统等旅游服务体系不断完善；旅游资讯服务日益丰富，为散客出游提供了便利。

2. 存在的问题

一是旅游产业总体规模偏小，产业融合集聚效应不强。与北京、上海、重庆相比，天津旅游产业总量偏小，载体规模不够，独特性、大体量、震撼性的旅游项目较少，产品缺乏龙头引领，缺乏必玩、必看的标杆性景区。现有重点景区知名度和影响力有待提升；旅游载体规模还不够，未能满足大众旅游市场和高端旅游市场的需求。旅游产品同质化严重，产品之间呈竞争状态。滨海海洋及河流水系资源、文化资源、民俗资源、会展资源、乡村旅游等开发挖掘力度不够，尤其海文化衍生的旅游产品需要加强优化；旅游产品与相关产业间的融合不够，文化、农业、商贸、体育等产业融合发展集聚效应不强（见图 3－2）。

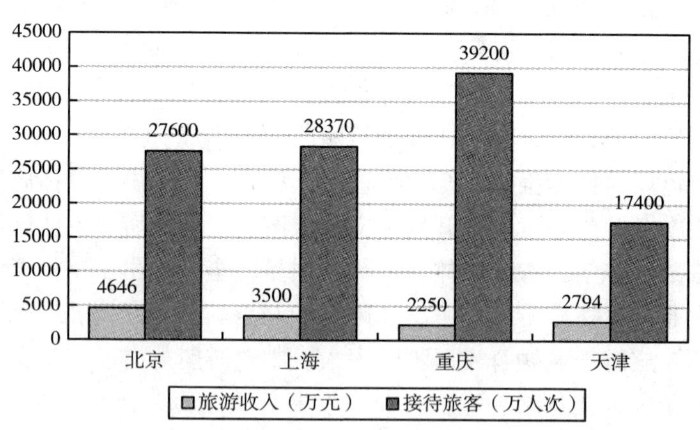

图 3－2　2015 年主要城市旅游收入与接待旅客人数比较

资料来源：国家旅游局网站。

二是旅游产业要素不够完善。旅游综合载体功能较弱，游览、娱乐、购物等旅游消费比重较低，旅游产业要素亟待完善提升。旅游产业要素供给和需求不匹配，主要表现在旅游交通还不够便捷、住宿设施需多元化、旅行社经营活力不足、特色旅游商品有待开发、旅游线路有待丰富、夜间娱乐消费缺乏、特色餐饮需提升等方面。各空间组团之间交通便捷性不强，主要景区之间的公共交通连接不顺畅，房车上路等政策问题突出；旅游商品同质化严重，特色化、高品质商品较少，旅游购物有待丰富；夜间娱乐消费不足，特色街区的夜间商业业态不丰富，特色演出较少，不能满足过夜游客的需求。对接国际旅行社规模和质量有待培育加强，本地一日游、两日游的线路还不能满足客源市场的需求，滨海游、家庭游、研学游、休闲游、美食游等线路有待丰富。旅游要素的丰富度影响到游客在津的停留时间，直接影响了游客在津的总体消费（见表3－2）。

表3－2　四大直辖市主要旅游载体数量

	天津	北京	上海	重庆
A级旅游景区（家）	112	235	98	198
5A级旅游景区（家）	2	8	3	7
星级饭店（家）	97	527	247	232
五星级饭店（家）	15	64	68	27
旅行社（家）	427	1847	1276	587
出境社（家）	43	590	134	73
国家级旅游度假区（2015全国共评定17家）	—	—	—	1
全国休闲农业与乡村旅游示范县	3	5	3	8
全国休闲农业与乡村示范点	20	21	19	23
国家生态旅游示范区	3	3	4	4
全域旅游示范区创建单位	3	3	3	5
全国研学旅游示范基地	1	1	1	1

资料来源：《中国旅游资讯大全2015～2016》、国家旅游局网站、农业部网站。

三是城市公共服务水平尚待提高。市统计局发布的《游客满意度调查报告》显示，天津在旅游交通标识、景点周边公共交通、出租车服务等方面游客满意度较低。针对自助游、自驾游、房车露营地等服务设施有待完善。旅游公共服务水平影响了游客的满意度，影响到游客对天津城市的口碑形象和重游意愿。

四是影响旅游业发展的政策问题突出。郊野公园、房车露营、乡村旅游等旅游用地不足，成为阻碍旅游加快发展的瓶颈。过境免签政策有效性不足，影响了天津市入境旅游市场的发展。

（三）天津特色旅游资源的分类和特征

天津是中国四大直辖市之一，是沿海开放的国际港口城市，也是中国北方最大的经济贸易中心，既是一座中国历史文化名城，又是一座资源丰富、内涵深厚的旅游城市。特色旅游资源包括以下几个方面。

一是人文旅游资源丰富而且具有其独特性。看近代史到天津。天津市中国近代史的缩影，有许多珍贵历史遗迹、名人故居和多国风格的建筑，这些历史遗迹真实地记录了天津乃至中国社会发展演变的轨迹。二是天津特有的民俗风情、杨柳青年画、泥人张、津味食品、津腔戏曲、天津人的热情好客，无不吸引着国内外游客。三是天津濒临渤海，具有人工浴场、游乐园、度假村等旅游资源，又是北方重要的港口，以及多样性的海岸线，海洋生物资源比较丰富。四是天津北部自然旅游资源较为丰富，盘山国家级风景名胜区、黄崖关长城、九龙山国家级森林公园、八仙山国家级自然保护区、翠屏湖风景区等景点，点缀着天津的北大门。五是海河风景线也为天津市增添了国际大城市的风采，通过对海河开发，对原有的旅游资源、文化遗存的保护、修缮以及堤岸、公园、雕塑等新景观的建设，目前已形成老城津韵、杨柳古镇、溥仪旧居、欧陆风韵、小站练兵、津卫摇篮、意奥风情、大沽烟云八大旅游板块（见表3－3）。

表3－3　天津特色旅游资源

类型	代表性旅游资源
人文历史	平津战役纪念馆、周恩来邓颖超纪念馆景区、大悲禅院、玉佛寺景区、国际精武总坛旅游度假区、小站练兵观光园
民俗民风	天津鼓楼（福乐鼓楼相声茶馆）、民俗博物馆（天后宫）、静园、天津瓷房子博物馆、天津古文化街旅游区（津门故里）、戏剧博物馆（广东会馆）、天津市老城博物馆、荐福观音寺杨柳青年画馆、葛沽文化风情集聚区
海洋港口	天津港邮轮母港、滨海航母主题公园、中心渔港滨海休闲旅游区、海昌极地海洋世界、国家海洋博物馆、东疆港休闲度假基地、海滨浴场康体旅游区、塘沽海河外滩公园、天津欢乐海魔方、中新生态城方特欢乐世界、天津东疆湾景区
都市旅游	五大道风貌区、意大利风情区、法式中心公园、和平路—滨江道步行街、武清威尼斯—佛罗伦萨小镇、天津凯旋王国主题游乐园、米立方海世界、天津天塔湖风景区、水上公园、宁园旅游景区、天津动物园
生态休闲	盘山风景名胜区、天津黄崖关长城风景游览区、蓟州独乐寺、梨木台自然风景区、七里海湿地公园、热带植物观光园、团泊湖、鸭淀水库旅游风景区、天津宝成北石林园、大港水库湿地生态园、南湖绿博园风景区
水运文化	海河风光游、三岔河口、“天津之眼”摩天轮、古文化街、水西庄、塘沽海河外滩公园、北塘特色旅游区
节庆会展	达沃斯夏季论坛、中国旅游产业博览会、邮轮产业发展大会、中国国际矿业大会、津洽会，五大道旅游节、妈祖文化旅游节、杨柳青民俗文化节、渔阳金秋旅游节、中国天津曲艺文化嘉年华

（四）天津旅游市场的客源特征

1. 客源市场分析

国内旅游。依据天津市统计信息咨询服务中心发布的《2015年天津市国内旅游调查报告》显示，2015年天津市接待国内旅游人数达1.71亿人次，游客来自全国各地，主要以周边省市及高铁沿线交通便捷城市为主，河北、北京、山东、辽宁、山西游客占天津市国内旅游人数的57%。同时，依据通信运营商的数据统计显示，2016年上半年来津的客源市场以河北、北京、山东、辽宁等省份为主，与抽样调查数据结果基本一致（见表3-4）。

表3-4　2015天津市国内旅游接待主要外埠人数及构成

排　名	省　份	接待人数（万人次）	比例（%）
1	河北	2270.72	20.89
2	北京	1534.87	14.12
3	山东	1162.27	10.69
4	辽宁	690.57	6.35
5	山西	524.36	4.82
6	黑龙江	457.38	4.21
7	浙江	446.36	4.11
8	内蒙古	420.65	3.87
9	河南	361.18	3.32
10	广东	347.48	3.2
11	上海	302.95	2.79
12	江苏	261.99	2.41
13	四川	254.18	2.34
14	吉林	250.48	2.3
15	安徽	206.02	1.9

资料来源：天津市统计信息咨询服务中心：《2015年天津市国内旅游调查报告》。

2015年，一日游游客占天津市国内旅游人数的2/3，收入约占国内旅游收入的1/3。其中，外埠一日游游客为5982万人次，占52.5%；本市居民一日游游客为5422万人次，占47.5%；北京一日游游客达1048万人次，占9%。过夜游客占比为33.1%，相对比重较小，比重不合理。在河北、北京居民偏好的前十名出游城市中，北京、天津、青岛、上海排在前列，其中北京、天津比例较高，分别占20%、12%，不难看出，天津紧随北京已经成为京津冀地区重要的旅游城市。

入境旅游方面。依据《天津市旅游局关于2015年接待入境游客情况的分析报告》，2015年天津市接待入境旅游者326万人次。其中港澳台同胞25.5万人次，占7.8%；外国人300.5万人次，占92.2%，增长速度都在逐年下降。日本、韩国、新加坡为天津市的主要入境客源市场。入境游客旅游目的主要以商务、观光休闲为主，过夜游客逐渐减少，一日游游客比重占73%，二者比重不合理，需要增加过夜游客比重。旅游消费以长途交通费、购物费、住宿费为主，分别占比38.8%、19.6%、11.5%；餐饮、娱乐和游览消费三项占比16%，比重偏低，有待提升（见表3-5）。

表3-5　　2015年天津市入境游客情况

<table>
<tr><th></th><th>客源地</th><th>人数
（万人次）</th><th colspan="2">所占比重
（%）</th><th>同比增长
（%）</th></tr>
<tr><td rowspan="3">港澳台
游客</td><td>香港</td><td>7.79</td><td>2.4</td><td rowspan="3">7.8</td><td>5.2</td></tr>
<tr><td>澳门</td><td>2.00</td><td>0.6</td><td>7.2</td></tr>
<tr><td>台湾</td><td>15.67</td><td>4.8</td><td>8.8</td></tr>
<tr><td rowspan="6">外国
游客
前六位</td><td>日本</td><td>115.13</td><td>38.3</td><td rowspan="6">80.7</td><td>10.8</td></tr>
<tr><td>韩国</td><td>52.39</td><td>17.4</td><td>12.7</td></tr>
<tr><td>新加坡</td><td>26.14</td><td>8.7</td><td>7.8</td></tr>
<tr><td>美国</td><td>20.60</td><td>6.9</td><td>4.2</td></tr>
<tr><td>马来西亚</td><td>19.72</td><td>6.6</td><td>8.6</td></tr>
<tr><td>英国</td><td>8.35</td><td>2.8</td><td>5.1</td></tr>
</table>

资料来源：天津统计局网站。

2. 旅游消费倾向分析

本地游客消费倾向。参与抽样市民的市内活动偏好排序是游景点、泡温泉、吃海鲜、滨海游、农家乐、购物、逛都市、听相声。本地游中多为周末家庭游、短途休闲游，因此观光、水疗、品美食等活动普遍受市民欢迎。调查数据显示，最受本地市民喜爱的前十名景区依次是：蓟州盘山、佛罗伦萨小镇、古文化街、天塔、欢乐谷、梨木台、独乐寺、黄崖关长城、周邓纪念馆、滨海航母主题公园。不难看出，主题性景点与自然风景区最受天津市民喜爱。本地居民优先推荐外地亲友游玩的景区，主要是围绕海河、滨海、蓟州、温泉、风情街、航母、海鲜等，可将其归类为建筑类、蓟州类、海文化类、温泉类、主题公园类、民俗文化类等内容。其中33.2%会推荐建筑类景区，22.9%推荐蓟州内景区景点。前十名景区分别是：蓟州盘山、五大道民园体育场、天塔、黄崖关长城、海河、古文化街、滨江道、梨木台、欢乐谷、蓟州独乐寺。

外地游客消费倾向。一是钟情“海文化”。客源市场来天津排名前三的旅游活动是游景点、吃海鲜、滨海游，其综合平均得分分别是5.5分、5.2分、5.1分。天津拥有滨海、海鲜等资源，海文化元素成为吸引周边城市游客的热门，海文化衍生的旅游产品比较打眼，成为外地游客争相体验的焦点。二是体验民俗文化，最具代表性元素与外地游客印象深刻的天津要素，都集中于民俗文化，如听相声、逛都市、狗不理包子和十八街麻花等。三是近程购物、休闲旅游，天津佛罗伦萨小镇等成为热点。四是主题观光，根据《2015年天津旅游客源市场调查报告》外地游客到天津旅游最热衷的前十名景区为：天津欢乐谷、五大道、古文化街、滨海航母主题公园、“天津之眼”摩天轮、天津海昌极地海洋世界、米立方海世界、天津海河游船、天津热带植物观光园。其中欢乐谷、五大道、古文化街、航母公园最受欢迎，分别占比35.9%、27.6%、25.8%、25%。从统计结果来看，排名靠前的最受欢迎景区多为主题性景点，游客多以主题性观光活动为主。

入境游客市场消费倾向。天津入境游客主要特征是，以日韩为主的客源比重较大，其他国家客源分布广泛。二是商务旅游客源呈上升趋势，2016年中国旅游产业博览会期间，有来自日本、韩国、意大利、美国、俄罗斯、德国、马来西亚、越南等近20个国家及港澳台地区参展，参展参会和采购人员超过2万人次。三是入境游客人均停留时间较短，消费程度较低，主要消费项为长途交通费（占38.9%）、购物费占（19.5%）、住宿费（占7.3%），本地化的娱乐费（占4.7%）、游览费（占3.9%）比重不高。

四、天津特色旅游产业发展路径

从全国来看，旅游对经济和就业的贡献率越来越大。天津正在从工业城市向商贸城市转变，服务业开放发展的空间和潜力巨大。在国际、国内经济面临下行压力的形势下，旅游业作为新常态下经济转型升级的驱动产业，扩大内需、拉动消费的潜力产业，脱贫致富、改善民生的幸福产业和生态文明建设的引领产业，必将成为天津市经济转型升级和服务业发展的重要载体和助推引擎。

（一）天津特色旅游产业发展机遇

1. 京津冀协同发展机遇

京津冀协同发展纲要实施，将形成“一核、双城、三轴、四区、多节点”空间布局，在交通、环保、产业三大重点领域率先突破。天津发挥特色旅游优势，依托协同发展政策，长城与运河等协同发展资源，以及机场、高铁、高速等协同交通，先行先试，进行整体线路打造、旅游协调管理、旅游联合营销、示范区共建等方面全方位合作发展。特别是借助北京非首都功能疏解的契机，与北京互为目的地、客源地，积极配套旅游产品，针对北京客源，组织精准营销、联合营销，扩大影响力和知名度，吸引更多的北京游客到天津旅游休闲。

2. 扩大开放的机遇

国家积极推动"一带一路"倡议，天津可充分发挥海陆两港支点的优势，充分发挥首都门户、邮轮母港的作用，借势发展，并有望在创新旅游政策、打造国际航线、通关便利化、带动国际购物、联动区域营销、强化人才交流等方面实现跨越式发展。天津自由贸易试验区作为国家四个自贸区之一，享受众多服务业发展的优惠政策。借助自贸试验区政策，可大力发展休闲购物、国际商务会展、低空游艇、国际康体、国际演艺等旅游新业态。

3. 交通带动的机遇

依托天津机场、高铁、港口、高速等交通基础，海陆空立体化交通网络已逐步形成。陆运交通是京津冀旅游一体化核心支撑。目前已形成京津冀区域四通八达的高铁网和高速网，尤其津保高铁的建成通车，大大"缩短"了天津与西部的距离，对盘活天津通向西北西南交通网起到了关键性作用；航空方面，天津滨海国际机场将成为连接世界的空中廊道，尤其借助首都新机场，将进一步提升天津在京津冀地区的交通地位。

4. 天津发展的机遇

"十三五"天津提出建设高质高效、持续发展的经济发达之都，充满活力、竞争力强的创新创业之都，生态优质、环境优美的绿色宜居之都，文化发达、社会文明的魅力人文之都，共有共享、安全安定的和谐幸福之都，把天津建设成为经济更繁荣、社会更文明、科教更发达、设施更完善、环境更优美的国际城市，建成全国先进制造研发基地、北方国际航运核心区、金融创新运营示范区、改革开放先行区，这为天津打造国际旅游目的地和集散地目标提供了强有力的支撑。

（二）天津特色旅游发展方向

1. 天津特色旅游产业发展目标

认真学习贯彻习近平总书记在天津考察时"三个着力"的重要讲话精神，坚持创新、协调、绿色、开放、共享的五大发展理念，全面落实《国务院关于促进旅游业改革发展的若干意见》，以特色旅游产业发展"着力提高发展质量和效益""着力保障和改善民生"为目标，以"强国际港口之枢纽、建世界休闲之都会、立天津文化之根本、塑北国水都之特质”为布局，坚持特色引领，创新发展，品牌提升，区域合作的发展路径，确保天津“建设国际旅游目的地、集散地和旅游装备产业基地”目标如期实现。

2. 天津特色旅游产业发展重点

充分利用天津市的自然历史文化资源，突出津派文化、北国水都、国门港城、国际都会等特色，整合已有产品基础，打造近代中国缩影，文化创意体验，运河、海河、湖泊、温泉休闲康体度假，滨海邮轮、游艇休闲度假，自然生态休闲养生，时尚购物消费等特色产品，形成观光、休闲、度假并重的创新发展格局。

一是突出都市旅游特色。依托旅游服务设施与休闲文化氛围，丰富休闲娱乐产品，大力培育晚间旅游消费市场，尤其推出特色夜间产品，形成以城市休闲、购物消费、旅游综合服务功能为三轮驱动发展模式的津门水岸休闲生活方式，成为展示天津都市风貌的重要窗口。

二是突出滨海旅游特色。以“海陆双向辐射”为发展模式，构建以邮轮母港旅游区和旅游装备产业基地为两大核心驱动，集聚邮轮游艇产业、旅游装备产业、滨海旅游度假产业、滨海娱乐产业、海洋文化休闲产业、海洋科技体验产业、国际会议会展产业、休闲购物产业的滨海旅游产业集聚区。

三是突出文化旅游特色。以文博史馆、演艺场所、文化街区及国家级产业园区为主，以“产业基金＋产业集团＋产业园区”为发展模式，与科技产业、传媒产业、动漫影视制作产业等相结合，打造具有鲜明天津文化符号的旅游产品，开发旅游线路，成为京津冀协同发展战略布局中旅游文化产业发展的新亮点。

四是突出生态旅游特色。依托运河—海河、潮白河等水带，集聚两岸农田、乡村等资源，开发生态农业、休闲农庄、湿地休闲等多种业态、多重消费方式的产业集聚区，同时建设多点集散服务小镇，构建“休闲水带、旅游区、服务小镇”的发展形态，形成区域产业的集聚发展，打造生态型水岸经济旅游发展示范区。

五是突出商务旅游特色。依托梅江国际会展中心、滨海国际会展中心、国家会展中心等基础设施，加强统筹协调、优化会展业发展环境；加强宣传推动，借势造势举办招商招展活动，以举办达沃斯论坛、中国旅游产业博览会、津洽会、中国矿业大会等为龙头，大力发展商务会展旅游。

六是突出旅游装备制造业集聚特色。依托雄厚的装备制造业基础，以中国旅游产业博览会、中直博览会等展会为平台，催生旅游装备全链条产业。通过旅游装备的发展，创新旅游新方式，推出旅游装备展示、销售和体验新产品。

（三）天津特色旅游产业发展措施

1. 发展都市旅游产业

打造“休闲之都”。以市内及周边区域为核心，集都市休闲、文化体验、交通集散、综合服务等功能于一体，以民俗文化、异国风情、娱乐休闲、特色购物、会议会展为主要内容，对现有 14 片历史街区提升完善服务设施，丰富旅游业态，打造独具天津特色的“近代中国看天津”历史文化旅游集聚区。精准提炼“天天乐道、津津有味”品牌统领下的“四乐天津，五味津门”具体内涵，其中“四乐天津”突出曲艺相声逗乐、生态环境享乐、异国建筑游乐、乡土民情欢乐，“五味津门”突出津派文化韵味、北国水都趣味、国门港城海味、国际都会洋味、特色餐饮美味。

旅游购物。整合天津 50 种游客必买的“天津礼物”系列旅游商品，在和平路—滨江道、古文化街等特色旅游商业街区，车站、机场等候区等区域设立“天津礼物”专营店。发挥天津作为老工商业城市的底蕴和特色，开发天津制造、天津创造等高品质、特色化系列产品，打造天津本地特色纪念品牌。传承并弘扬老字号品牌和非物质文化遗产，加大对老字号纪念品的开发力度。研发以木版年画、泥人张彩塑、剪纸、刺绣以及创新旅游纪念品等具有民俗特色的旅游商品。

特色餐饮。大力发展“津味”特色餐饮，塑造天津“吃”文化特色。在弘扬狗不理包子、十八街麻花、耳朵眼炸糕等特色产品的基础上，开发风味美食、名酒饮品、海鲜美食、地方小吃、土特产品等天津老字号系列。在古文化街、五大道西餐街、意风区酒吧街、西青民俗餐饮街、滨海鲤鱼门海鲜街、南市食品街、辽宁路小吃街等餐饮街区，集中提升改造一批特色餐厅。

休闲娱乐。充分发挥天津戏曲、相声等曲山艺海的文化特点，依托天津文化中心、广东会馆、老城博物馆、曹禺剧院、名流茶馆等剧场以及东方环球影城等重大项目建设，促进休闲娱乐、民俗文化旅游产品的发展。打造一场以“近代中国看天津”为核心内容的大型演艺节目，提高观赏性，扩大城市吸引力和影响力。

“24 小时不夜城”。丰富夜间旅游项目，在古文化街、文化中心、津湾广场、鼓楼步行街、五大道、1902 酒吧街、意式风情区等区域，大力培育晚间旅游消费市场。充实餐饮、民俗表演、茶馆相声、风味食品等经营项目，营业时间延长至夜间，增加广场演出、酒吧演出、街头演出和游客参与类项目，形成晚间消费场所。

2. 发展海洋旅游产业

建设滨海休闲度假旅游区。塑造滨海旅游和海洋文化形象，以滨海旅游区和东疆港区为核心，依托国家海洋博物馆、滨海航母主题公园、妈祖经贸文化园等打造国家海洋文化展示区；以极地海洋世界、东疆湾沙滩、北塘古镇、大沽口炮台遗址、大沽船坞遗址、中心渔港、国家海洋博物馆、妈祖经贸文化园等，打造海洋文化旅游产品；依托航母主题公园、大沽口炮台、大沽船坞遗址等发展国防教育旅游产品；依托东疆湾沙滩、方特欢乐世界、海魔方、龙达生态园等发展休闲娱乐旅游产品。推进邮轮母港旅游区、游艇俱乐部等高端旅游业及交通、餐饮、购物、休闲娱乐等配套服务设施建设，提升天津海洋旅游的知名度和承载力。

建设国际邮轮母港旅游区。在邮轮母港现有基础上，整合资源，完善功能，创建我国最具特色的国际邮轮母港旅游区。依托邮轮母港，借鉴国际邮轮母港发展经验，创造“空海联运、港陆联动”交通模式；通过成立邮轮旅游公司，开辟热点航线，建立邮轮旅游销售中心，积极拓展邮轮旅游市场。邮轮母港作为始发地和旅游目的地，要以邮轮旅游为核心，丰富国际购物、滨海娱乐、特色餐饮等旅游业态，提供丰富的滨海特色旅游产品；围绕食、住、行、游、购、娱等要素，不断完善旅游服务功能，增加游客在母港内的过夜人数，打造中国北方国际邮轮旅游中心和东疆旅游聚集区。

3. 发展文化旅游产业

突出都市文化景点串联作用。依托天津丰富的近代历史文化，整合相声小品等天津传统艺术形式，主要以城市中心区为核心，通过特色绿道、地铁、公交以及观光车专线等特色交通方式，整合提升五大道、意风区、文化街区等重要文化旅游载体，整体打造周恩来邓颖超纪念馆、平津战役纪念馆、天津博物馆、老城博物馆、金融博物馆、邮政博物馆、曹禺故居纪念馆、梁启超纪念馆等博物馆、纪念馆集群，形成天津文化的核心体验区，整体打造“城市文化公园”，成为展示天津中西合璧历史文化风情、承载都市文化休闲的重要集聚区。

突出海河旅游观光的带动作用。以海河为载体，完善“近代中国看天津”系列产品，包括大沽烟云、小站练兵、莱茵小镇、洋务溯源、欧陆风韵、金融名街、东方巴黎、意奥风情、老城津韵、津卫摇篮、溥仪旧居、杨柳古镇 12 个旅游文化板块的深化打造和文化挖掘。整合海河两岸历史人文景观，丰富商业业态，充实海河沿岸休闲观光等服务设施，增加海河沿岸的演艺活动。完善海河上游两岸灯光控制，桥梁开启实行统一管控，在旅游旺季延长两岸灯光照明时间，继续打造海河风光游，成为龙头产品；开发海河中游旅游产品，在津南区段，以国家会展中心、华盛寺、北石林等项目为依托，形成会展、休闲新的消费区；尽快提升和完善海河下游彩带公园游艇、游船等旅游项目，并继续向海上延伸，衔接滨海旅游发展。

突出运河文化的挖掘作用。以世界遗产大运河为核心载体，涵盖北、南运河，连接武清、北辰、河北、红桥、南开以及西青、静海等。整合运河沿线的生态、民俗文化、历史遗址、漕运文化、历史村落等旅游资源，在保护运河生态的基础上，以北运河桃花堤、北辰郊野公园、武清运河驿站、运河小镇、南运河杨柳青古镇、静海运河博物馆、西汉古城遗址等项目为支撑，与海河风光带错位、联动发展，打造运河旅游观光带，带动运河沿岸休闲度假的发展。同时，借势世界遗产大运河品牌优势，与沿线城市开展联合营销。

突出民俗文化的促进作用。整合运河文化、红色文化、大院文化、民俗年画文化等文化资源，结合创意文化产业，打造文化创意集聚区。创建杨柳青古镇国家5A 级旅游景区，建设以东方环球影城、热带植物观光园、精武门·中华武林园、乡村休闲等为支撑的文化旅游休闲集聚区。重点构建“民俗文化、创意文化、尚武文化、时尚文化和生态文化”等五大旅游产品。

4. 发展生态旅游产业

蓟州生态旅游区。依托盘山景区、黄崖关长城、独乐寺、八仙山、梨木台等生态文化旅游资源，重点发展避暑度假、乡村休闲、山地运动、房车露营等旅游产品，不断完善区域旅游公共服务体系建设，形成大盘山复合旅游区、“京东休闲旅游示范区”核心区。

七里海—光年城生态休闲组团。以七里海古海岸与湿地资源为依托，突出古、野、绿、水、文的特点，以生态休闲功能为核心，配合蓟运河和潮白河滨水景观带发展，建设光年城国际文化旅游度假区、七里海牡蛎礁博物馆、齐心庄园等休闲旅游项目，打造以生态旅游为核心的旅游集群。

东丽湖生态科技娱乐休闲中心。以东丽湖温泉度假旅游区为中心载体，以华侨城欢乐谷、恒大温泉中心、航空科技为项目支撑，配合文化演艺、休闲农业、赛事会展项目，推进建设东丽湖生态旅游度假区、航空科技体验城、欢乐谷二期项目、东丽区郊野公园等。

宝坻温泉生态城。依托潮白河、青龙湾河生态资源以及地热资源，打造以温泉康体为核心，集林地休闲、水上娱乐、农业观光、人文体验于一体的京津高品质养生度假地。开发完善京津新城帝景温泉度假村、潮白河国家湿地公园、箭杆河文化旅游集聚区、青龙湾运动休闲旅游集聚区，发挥大觉禅寺、玉佛宫佛教文化优势，形成佛教旅游文化综合体。

团泊湖生态运动基地。以 2017 年第十三届全运会主办地为契机，依托规划建设的团泊健康产业园、团泊湖运动休闲度假区、独流古镇、西汉古城遗址博物馆、光合谷生态园、团泊湖房车营地、运河博物馆等，大力发展休闲体育文化旅游。

5. 发展高端商务旅游产业

开拓会展旅游。提高会展产业链配套协同能力，推进梅江会展中心、滨海国际会展中心等展馆资源优势互补，吸引国际会展行业组织和国际知名会展企业落户天津。持续办好夏季达沃斯论坛、津洽会、融洽会、国际矿业大会等大型会展活动。大力培育会展市场主体，建立以大型专业会展集团为龙头、中小型专业化服务企业为重要组成部分，专业化分工合作明确的会展市场主体群落。

开发会奖旅游。会奖旅游以其产业链长、成长性强、产业带动能力大等特点，正成为主要旅游城市竞相争夺的重要市场。据《2016 年度中国会奖旅游城市吸引力大数据指数》报告显示，2016 年中国会奖城市国际吸引力指数排名中，天津仅排名第九位，潜力很大。未来，建议采取“政策带动、平台推动、服务拉动”等一系列举措，培育与开拓会奖旅游市场。在重点客源市场举办国际推广活动，培育天津国际商务及会奖旅游品牌。

培育高端旅游业态。增加以天津港的国内外知名邮轮公司航线，拓展邮轮旅游市场发展前景广阔。与北京互动，以点串线、以线带面，形成交通集散型、景区型等类型多样的汽车露营地，建设国际星级汽车营地集群，打造京津汽车露营基地，推动北辰、西青、津南等郊野公园汽车露营地建设。开通滨海窦庄机场低空飞行、盘山低空旅游项目，成立飞行俱乐部；精举行武门·中华武林园轻型飞机嘉年华，设立低空飞行起降落点。

打造购物旅游氛围。发挥武清佛罗伦萨小镇紧邻北京、天津的区位优势，承接首都经济圈购物休闲功能外溢，吸引北京等周边城市高端消费，促进旅游、餐饮、娱乐多种休闲业态集聚发展，并延伸发展现代服务、服装定制、文化创意产业链条，打造一站式商业旅游综合体；以中心商务区为依托，以 SM 滨海第一城、空港欧贸城、环球购项目为基础，完善五大道文化旅游区、龙达生态园、国展中心等购物环境，大力发展“进口商品直营”购物业态；依托天津滨海机场口岸进境免税店优势，促进旅游购物消费；推进相关商业街区形成特色商品集聚区，成为天津“国际都会”旅游新业态。

6. 发展旅游装备制造产业

依托国际邮轮母港，配套发展各种物品加工制造、物流配送、维修养护、人才供给；依托游艇产业，发展进口销售、码头建设、制造维修、游艇服务、俱乐部活动等；发挥航空航天及大飞机制造优势，发展通用航空产业，带动通用飞机进口销售维修、托管服务、驾驶培训、运营基地建设等低空产业链的形成。同时，发挥港口优势，成为进口房车集散地和国产房车制造基地。

五、加快天津特色旅游产业发展的建议

（一）突出特色品牌，塑造整体形象

突出特色旅游，扩大“天天乐道、津津有味”品牌影响力。一是加强传统媒体旅游宣传。在原有的“近代历史看天津”文化游、都市博览游、海河风光游、滨海休闲游、山野名胜游等五大旅游品牌基础上，整合旅游资源，推出世界文化遗产和生态宜居之旅、民俗文化之旅、美食文化之旅、都市文化之旅——近代中国看天津“四个之旅”。持续在央视一套、天津卫视等投放天津城市形象和旅游宣传片，在航《人民日报》海外版、《天津日报》等刊登旅游软文、旅游专版。二是加大网络和新媒体宣传，建设并运营天津旅游官方微信、微博公众平台、天津旅游移动终端、自媒体管理系统、O2O 电商平台、海外社交媒体脸书和推特、微景应用系统、720 度全景旅游展示平台。通过现代网络营销手段，建立天津旅游宣传营销的长效机制。三是开展公共营销。充分利用节庆活动、重大赛事、焦点新闻、影视作品等公共营销手段推广天津城市旅游形象。通过延续《五大道》天津历史纪录片、借势全运会重要大型赛事、发挥霍元甲等天津名人效应、深化事件节庆活动，加强天津旅游公共营销的力度。

（二）针对目标市场，制定营销策略

根据天津国际国内旅游市场的特点，针对主要目标客源市场，实施精准营销。一是针对市场集中的京津冀及环渤海区域，天津城市地标、天津文化、主题娱乐、滨海旅游成为重点关注点，在“一张网”“一张图”“一张卡”的基础上，持续推进京津冀旅游协同发展；重点做好自驾车市场、家庭旅游市场突破；加强对旅行批发商的营销，及时向各大旅行批发商传递天津最新旅游信息，保持与主流媒体的畅通联络渠道，邀请主要媒体来天津考察，重点推销文化旅游和滨海旅游、休闲度假、曲艺演出等产品。

二是针对环渤海、长三角及高铁沿线市场，大力宣传“乘高铁、游天津”的宣传推广工作；开展双城互动宣传活动；在互送旅游团队、互换宣传版面、互通旅游信息等方面履行与兄弟省份的旅游合作协议。积极组织各区旅游管理部门和旅游企业参加重要旅游展会和交易会，提高天津市旅游知名度。

三是针对入境旅游市场，加强港澳台地区市场营销力度，通过参会参展、邀请踩线、邀请参展、广告投放、文化交流、设立形象店等方式加强和旅游业界、涉旅媒体的交流与合作。重点开发日韩市场，委托第三方机构进行针对性市场开拓；以邮轮为载体，加强港口合作，大力宣传天津旅游形象；加大东南亚地区的宣传促销，利用当地主流媒体加大旅游宣传，巩固传统的交流合作渠道；借势“一带一路”国家政策，积极参加“一带一路”旅游宣传推广活动，讲好“天津故事”，传递天津声音。完善入市游奖励政策，宣传天津城市旅游品牌。

（三）建设旅游载体，丰富特色产品

推进旅游项目建设，培养特色旅游主体，拓展旅游要素，打造旅游新业态。一是建立旅游项目库，加大旅游基础设施、公共服务设施、旅游新业态等旅游项目建设，对符合条件的旅游项目积极申请国家层面的贷款贴息补助。二是鼓励天津旅游集团、泰达投资集团、天房集团、仁爱集团、滨旅投资公司、蓟州旅游集团等做大做强。鼓励七里海镇、杨柳青古镇、渔阳古镇等一批历史文化悠久、产业特色突出的小镇建设，创建全域旅游示范镇。三是拓展特色旅游要素，发展工业旅游、红色旅游、养生旅游、康体旅游、情感旅游、研学旅游等特色产品，丰富休闲度假、文化体验、主题游乐、生态旅游、乡村旅游、自驾车房车露营地等业态，为旅游市场提供丰富的、多样化的旅游载体。四是丰富节庆活动，活跃特色旅游市场。通过扩大中国旅游产业博览会的国内国际影响力，做大做强五大道旅游节、妈祖文化旅游节、黄崖关长城国际马拉松、杨柳青民俗文化节、渔阳金秋旅游节、中国天津曲艺文化嘉年华、“5·19 中国旅游日”等特色旅游节庆活动，打造知名活动品牌，繁荣旅游市场。借助夏季达沃斯论坛、邮轮产业发展大会、第十三届全运会等大型活动、展会和体育赛事，推广天津城市旅游新形象。

（四）加强区域合作，推动协同发展

推动京津冀旅游合作。树立京津冀大旅游目的地观念，明确功能定位，发挥各自比较优势，强化互补性、差异化旅游发展格局。推进“四个一体化”建设，在产品打造、市场营销、交通集散、管理协调、示范区建设等方面创新跨越发展。

推动环渤海、东北亚旅游合作。依托港口优势，推进港口合作，实施航线串联；联合北方十省市与东北亚城市建立合作关系，共推国际游线，加强东北亚区域的邮轮旅游合作。

推动“一带一路”等境外旅游合作。借助“中蒙俄经济走廊”“海上丝绸之路国际旅游港”，以邮轮度假为突破，带动出入境旅游及滨海旅游的跨越式发展，使旅游成为互联互通的先行者、经济发展的新引擎、多元融合的软纽带。深化与“一带一路”沿线国家、蒙俄、欧洲、北美、中国港澳台、东南亚等地区的旅游交流与合作。

（五）规范旅游管理，提升服务质量

促进天津旅游产业要素进行系统提升。

一是按照国际化、市场化要求，鼓励旅行社创新经营。积极培育天津地接旅行社规模和质量，引导培育旅行社地接能力，尤其是国际游客地接能力，为来津游客提供优质的接待服务。推行服务质量标准化，依据《天津市旅行社质量等级划分与评定标准》开展旅行社的评定工作，进一步扩大旅行社整体数量。鼓励旅行社推出天津本地特色精品旅游线路，鼓励品牌信誉度高的旅行社和旅游车船公司在天津连锁经营。加强对旅行社的监督管理，规范旅行社经营行为。

二是扩大高等级 A 级景区规模。重点推动杨柳青古镇、五大道文化旅游区、小站古镇、黄崖关长城、航母主题公园创建国家 5A 级旅游景区。引进综合性、震撼性大型旅游项目，努力创建大盘山旅游区、中新生态城等国家级旅游度假区，丰富旅游载体功能。

三是提升引进国内外著名经济型连锁酒店、青年旅社品牌，鼓励发展特色化、主题型酒店，支持城市商务酒店、度假酒店/度假村、主题酒店、经济型酒店、青年旅社、汽车旅馆、露营地、民宿（家庭旅馆、农家乐）等多种旅游住宿接待设施的建设，引导形成多元住宿业态，满足市场需求。对星级饭店施行不定期复核检查，强化质量监督。加强对在线旅游经营商的监管力度，加强饭店行业从业人员培训力度，通过硬件达标，软件管理，提升饭店服务质量。

（六）加强规划引导，争取政策支持

加强协调。进一步完善政府主导、旅游牵头、部门配合、社会参与的大旅游发展体制。制定天津市旅游产业发展的中长期规划，强化全市相关部门在跨行业规划的协调衔接，推动旅游业与相关产业融合发展。落实《国土资源部、住房和城乡建设部、国家旅游局关于支持旅游业发展用地政策的意见》要求，结合天津市实际情况，制定切实可行的、多途径解决旅游用地政策，解决旅游发展用地的瓶颈问题。

拓宽投融资渠道。特色旅游产品开发需要大量的资金投入，资金短缺往往成为制约区域旅游业发展的重要瓶颈。因此，通过多元化的融资方式，增加可用于旅游产品开发的资金数量对于开发天津特色旅游产品有重要意义。可以采取政府专项资金投入以启动特色旅游产品开发方式，但更多的后期所需资金应来自社会融资，如银行贷款、发行股票、发行债券、股权置换、旅游产业投资基金、TOT 融资等。

探索先行先试政策。实行开放、便利的出入境管理措施，增加入境免签、落地签的国家数量。在空港 72 小时过境免签政策基础上，联合京冀积极争取 144 小时过境免签，争取将 144 小时过境免签服务延伸至京津冀腹地。研究符合条件的旅游企业发行企业债券的投融资政策。研究制定邮轮旅游出入境便利化政策，争取在天津试行境外旅客购物离境退税的具体办法和离港旅客免税购物政策的可行性。

天津市房地产发展现状与问题研究

（天津市经济发展研究院　袁进阁　穆瑞章）

一、天津市房地产行业的基本社会经济背景

（一）天津市地理位置简介

天津市是中国四大直辖市之一，中国北方最大的沿海开放城市，地处华北平原东北部，海河流域下游，东临渤海，北依燕山，西靠首都北京，是海河五大支流南运河、子牙河、大清河、永定河、北运河的汇合处和入海口，素有“九河下梢”“河海要冲”之称。天津市总面积 1.19 万平方公里。现辖 16 个区。分别是中心六区：和平区、河东区、河西区、南开区、河北区、红桥区；滨海新区；环城四区：东丽区、西青区、津南区、北辰区；远郊五区：武清区、宝坻区、宁河区、静海区、蓟州区。其中，中心城区面积 173 平方公里，占天津市总面积 1.45%；滨海新区 2270 平方公里，占天津市总面积 19.07%。天津市处在东北亚经济区的中心地带，是我国北方地区进入太平洋走向世界的重要通道，地缘优势突出；我国华北、东北和华东三大区的结合部，是城市群、港口群和产业群最为密集的区域之一，是我国经济由东向西扩散、由南向北推移的纽带。

（二）天津市总体发展定位

自 21 世纪（“十五”）以来，天津先后制定了四个五年规划，规划进一步明确了天津城市的性质定位和发展重点，并对天津城市发展、主导产业、建设与管理等多方面有了更新的理解。纵观 4 次五年规划，每次修改都是进一步调整和提升了天津的城市定位，明确了今后天津在全国总体发展格局中所处的地位以及战略重点和发展方向。

在“十五”和“十一五”期间，规划确定的天津城市性质是现代化国际港口大都市和我国北方重要的经济中心，“十二五”期间规划确定的天津城市性质是建设国际港口城市、北方经济中心和生态城市，增加了建设“生态城市”的发展目标。这在国务院批复的天津城市定位中，是第一次把建设生态城市作为天津的发展目标，也是对天津实现全面协调可持续发展提出的更高要求。

近年来的实践证明，上述两个版本的规划都较好地适应了当时天津发展的经济和社会背景，为天津未来的长足发展打下了一个坚实的基础，为天津市建设与发展提供了重要保障。随着天津经济社会的快速发展，五年规划的一些目标已经提前完成，而且全国经济发展也进入了新常态，这种形势的发展要求对天津市的定位做出新的调整。为此，从 2016 年开始执行的“十三五”规划，天津市定位有较大调整。“北方经济中心”以及“环渤海地区的经济中心”的提法已经去掉，改为提出了“一基地三区”——全国先进制造研发基地、北方国际航运核心区、金融创新运营示范区、改革开放先行区的新定位。

相比于之前北方经济中心的提法，“一基地三区”更为具体，也与天津自身的优势结合得更加紧密。天津发展工业条件好，制造业有较雄厚基础；此外还具有优良港口，位于环渤海中心区域，交通优势明显，同时紧邻北京，有发展金融等现代服务业的政策信息优势，所以新定位可以更好地指导天津进一步发展。

（三）天津主要经济指标

1. 人口变化情况

根据天津市统计局统计公报，2016 年天津市常住人口总量为 1562. 12 万人，与 2010 年相比增加 262. 83 万人。其中，外来常住人口 507. 54 万人，与 2010 年相比增加 207. 1 万人。2016 年，天津常住人口自然增长率为 1. 83‰，出生率为 7. 37‰，死亡率为 5. 54‰。自 1979 年以来，天津市人口变化情况如表 1 –1 所示。

表 1 –1　1979 ~2016 年天津市人口变化　单位：万人,‰

年份	常住人口	户籍人口	人口出生率	人口死亡率	人口自然增长率
1979	724. 27	—	15. 47	6. 26	9. 21
1980	748. 91	—	13. 30	6. 05	7. 25
1985	804. 80	—	13. 98	5. 80	8. 18
1986	814. 97	—	15. 02	5. 72	9. 30

续表

年份	常住人口	户籍人口	人口出生率	人口死亡率	人口自然增长率
1987	828.73	—	17.07	6.08	10.99
1990	870.46	866.25	15.62	5.79	9.83
1991	—	872.63	—	—	—
1992	—	878.97	12.5	6.0	6.5
1993	928.02	885.89	10.71	6.20	4.51
1994	935.28	890.55	10.98	6.19	4.79
1995	941.83	894.67	10.23	6.23	4.00
1996	948.19	898.45	10.09	6.53	3.56
1997	952.59	899.80	9.98	6.95	3.03
1998	956.64	905.09	9.89	6.49	3.40
1999	959.48	910.17	9.68	6.73	2.95
2000	1001.14	912.00	7.72	6.17	1.55
2001	1004.06	913.98	7.58	5.94	1.64
2002	1007.18	919.05	7.49	6.04	1.45
2003	1011.30	926.00	7.14	6.04	1.10
2004	1023.67	932.55	7.31	5.97	1.34
2005	1043.00	939.31	7.44	6.01	1.43
2006	1075.00	948.89	7.67	6.07	1.60
2007	1115.00	959.10	7.91	5.86	2.05
2008	1176.00	968.87	8.13	5.94	2.19
2009	1228.16	979.84	8.30	5.70	2.60
2010	1299.29	984.85	8.18	5.58	2.60
2011	1354.58	996.44	8.58	6.08	2.50
2012	1413.15	993.20	8.75	6.12	2.63
2013	1472.21	1003.97	8.28	6.00	2.28
2014	1516.81	1016.66	8.19	6.05	2.14
2015	1546.95	1046.60	5.84	5.61	0.23
2016	1562.12	1054.58	7.37	5.54	1.83

资料来源：根据《天津统计年鉴》，相关年份整理。

从表 1 -1 中可以看出，天津的人口出生率呈逐年下降趋势，从高峰期的 15.47‰下降到近年的 8‰左右，值得注意的是，近两年人口出生率在开放二胎政策的情况下出现了一定程度下降。这显示，天津的老龄化问题在进一步加剧。国际上老龄化的形成标准是，当这个地区60岁以上老年人口占人口总数的10%，或者说总人口的7%都是65岁以上的老年人时，就代表这个地区已经步入了老龄化社会。而天津早已超出这个标准，处于老龄化社会，并有进一步加重的趋势。

2. 经济发展情况

2016年天津市经济稳中有进、稳中向好，发展质量效益进一步提高。生产总值（GDP）比上一年增加9.0%，达到17885.39亿元。全市居民人均可支配收入34074元，增长8.9%。居民消费价格涨幅2.1%。全年新注册市场主体16.93万户，其中个体工商户7.35万户；全市新增就业48.9万人，城镇登记失业率为3.5%。财政收支增势平稳，全年一般公共预算收入2723.46亿元，增长10.0%。其中，税收收入1624.18亿元，增长12.1%，占一般公共预算收入的59.6%。投资保持较快增长，全年全社会固定资产投资14629.22亿元，增长12.0%。总的来说，天津市经济发展平稳，社会事业不断完善，人民生活水平持续提升。

二、房地产行业在天津经济发展中的重要作用

（一）房地产业是国民经济发展的基础产业

房地产业是进行房地产投资、开发、经营、管理、服务的行业，属于第三产业，是具有基础性、先导性、带动性和风险性的产业。与之相对应的，建筑业属于第二产业，它们之间既有差异性，又有相互联系性。它们的性质各不相同，建筑业属于生产性质，房地产业则带有服务性质。房地产业目前已成为国民经济发展的重要载体，随着中国的不断现代化、工业化以及城市化的进一步加速，房地产业逐步兴起，反过来，它又有力地推动了中国的现代化、工业化以及城市化进程，两者相辅相成，缺一不可。从投入产出影响来看，房地产业的产业链长度长，关联度大，不论是用影响力系数还是用感应度系数来衡量，它都处于国民经济各产业部门的前列。据统计，在我国，受到房地产投资增加影响，不论是直接相关还是间接相关，而被带动的产业有60多个，可以说，房地产业的繁荣有力地促进中国国民经济的健康和可持续发展。

房地产是经济活动的主要场所和基本构成要素，是人民工作、生活、娱乐的载体，是不可替代的基础性产业，是国民经济必不可少的组成部分。房地产业是基础性产业主要体现在以下几方面：房地产业的存在为社会大部分产业部

门提供了必不可少的物质空间条件，是居民进行社会经济活动的物理前提，是国民经济健康可持续发展的重要保证，是社会产业部门的基本组成要素。在固定资产投资中，房地产也是其中的重要组成部分，它不仅参与价值生产，也参与了价值实现的经济过程。随着经济的飞速发展、城市化进程加快、人口素质的提高，这些都需要房地产业作为相应的基础条件。房地产是现代人生活的必需品，也是消费品，是人类工作生活，包括进行学习、研究、娱乐以及社交等活动，创造价值、享受价值的场所。可以说，房地产不再只是一个简单地生存空间，而是一种居住者运用和发展智力、发展和享受资料、体现自己的社会价值的重要场所。房地产业是城市现代化的重要保障，它有力地促进了城市经济发展。房地产业作为一个城市的外观，会给这个城市的来访者带来这个城市的第一印象，可以说，房地产业是一个城市的形象基础，更是代表一个城市的文明水准的基本标志。房地产业为社会创造大量的社会财富。房地产商通过对特定土地的开发经营，把科技、资金和社会需求和土地恰当地结合起来，建造了满足各行各业，各种需求层次的不同物业种类，进而实现了在土地自然价值的基础上进行增值，创造出了更好的经济效益和社会效益。所以说，房地产业是基础产业，实现房地产业的可持续发展，对于实现全面建成小康社会的目标，加快建设社会主义现代化具有非常重要的意义。

（二）房地产业已经成为天津经济发展的支柱性产业

要判断一个行业是否是支柱产业有以下几个标准：①具有非常广阔的市场；②在或地区或城市的总投资中占有相当大的比例；③拥有较长的产业链，可以拉动上下游多个产业；④在国民经济中占有较高的比重；⑤长远来看具有发展潜力。

下面分别从以上几个方面分析天津的房地产业。

首先，天津近十年国民生产总值高速增长，居民生活水平已经进入富裕型阶段，居民将有更多的资金进行住房消费。近年开始的大规模城市改造和住房刚性需求的释放也带动了改善型需求市场的繁荣，天津房地产市场进入了大发展阶段，未来滨海新区的进一步建设、京津冀城市一体化进程的提速等利好消息更加使得天津房地产市场非常广阔，并且具有可持续发展的潜力。

其次，在国民经济中，以资本形成总额对经济增长的拉动最大，年均拉动系数为 56.3%，其中固定资产形成总额占主导地位，对经济增长的平均拉动系数为 51.7%，而房地产投资作为固定资产投资的重要组成部分，投资比重不断加大，已成为拉动经济增长的重要增长点。2000 年到 2016 年天津的房地产投资额占全社会固定资产投资额的比重一直维持在 10% 以上的较高水平。

2016 年天津市房地行业固定资产投资额为 2300.01 亿元，占全市固定资产投资的比重为 15.7%。房地产吸纳了大量的直接从业人员。从稳增长和保就业的角度出发，需要维持房地产销售面积和投资金额保持稳定的趋势，确保整个行业维持稳定发展的态势。再次，房地产业上下游有十几个产业，产业链较长，房地产的健康发展可以带动很多相关产业的发展。与房地产直接相关的钢铁、水泥、工程机械、金融等行业的增加值占 GDP 的总比重超过了五分之一。最后，房地产的相关税费包括了土地出让金、土地增值税、土地使用税、营业税、所得税等。房地产的相关税收入是地方政府收入的主要组成部分。房地产市场尤其是一级市场的适度景气有利于维持天津市政府的良性运转。

从以上的分析我们可以看出天津的房地产行业已经基本具备了成为全市支柱产业的条件，目前，天津的房地产行业对全市国民经济的贡献率已经达到 15%，随着其继续快速健康发展，房地产行业作为天津市支柱产业的作用会更加明显。

三、天津市房地产市场的发展现状

（一）天津市房地产发展的现状

自 2015 年以来，从中央到地方采取了一系列的去库存措施，包括降息降准、松绑限购、全面二孩等，释放出了希望促进房地产提振经济发展的信号。在此背景之下，天津房地产业告别了 2013 年、2014 年两年的相对低迷，正式走出了属于自己独立行情，在整个中国房地产热点城市中也占有一席之地。据天津市统计局统计，2015 年全年，房地产业增加值 795.78 亿元，增长 17.5%；房地产开发投资 2300.01 亿元，增长 22.9%；商品房销售面积 2711.08 万平方米，增长 53.1%；销售额 3478.22 亿元，增长 94.3%；全年存量房交易面积 1829.9 万平方米，增长 41.9%；交易额 2210.1 亿元，增长 71.3%。

在经历了 2015 年的火爆之后、天津房地产市场 2016 年持续高温运行，整个天津房地产市场 2016 年销售面积、金额均创历史新高。可以说、天津楼市的房地产市场回暖速度超过人们的预期值，不论新房、还是二手房的交易量都大幅增长。

（二）天津市房地产的市场状况分析

1. 房地产去化周期下降

截至 2016 年 12 月末，天津全市新建商品住宅存量约 1033.96 万平方米，环比下降4.51%，按照近6个月的销售情况，库存去化周期为5.64个月，比11月份出现了环比下跌，下降了0.11个月，创下了天津近5年去化周期新低。这说明天津去库存的速度在加快。由于近期市场销售较为火爆，天津库存压力已经处于历史低位，这也就意味着后期天津房价必然会继续上涨。

另据房天下网站数据显示，截至2016年10月末，滨海新区存量仍然最大，为543万平方米，占到全天津市的38.98%，去化周期也最长，为11个月；远郊五区存量达358万平方米，占全市的25.69%，去化周期最短，为5个月；环城四区存量为307万平方米，面积占全市的22.04%，去化周期为6个月；市内六区存量最小，为185万平方米。占全市的13.28%，去化周期为7个月。

从以往数据来看，滨海和远郊五区一直是高库存的重灾区，但2015年以来，库存压力在逐步走低。尤其是天津自贸区、京津冀一体化等利好政策的推出，极大地刺激了天津楼市，促使滨海和远郊成交量表现良好。这在一定程度上对缓解库存压力起到了很大的促进作用。甚至目前部分区域已出现库存不足，无房可卖的迹象，这种现象值得警惕，可能会带来房价暴涨的风险。

2. 商品房均价同比涨幅较大

据天津市我爱我家集团报告显示，2016年全市新建商品住宅成交234264套，成交面积2559万平方米，同比增幅高达75%；全市新房成交套数排行中，滨海和武清居前两位。与楼市成交量出现大幅增长相伴随的是，天津房价在过去一年里也出现了快速上涨。报告显示，新房成交均价为13662元/平方米，相较上一年涨幅分别为16%。区域成交均价排行中，南开区最高，均价为35486元/平方米，比上年同期上涨39%；和平区排第二，均价为34730元/平方米，比上年同期上涨28.9%；河西区位居第三，均价为31066元/平方米，比上年同期上涨32%。市内其他区域成交均价都在3万元/平方米以下，环城四区的新房成交均价在11000~15700元/平方米之间。

总体而言，2016年新房市场主要呈现以下特征：一是新盘购房难：首次开盘的房地产项目较难购买，相对来说，首次开盘价格较低，有更高的涨幅预期，市场上追涨的消费者也较多；二是改善型消费者比例较高：在2016年的房地产消费群体中，改善型顾客占较大比例，这部分消费者出售旧房，以满足购置新房的更高成本，同时追求更高收益，而市区的原地升级，及环城区域的进城购房，是市区追涨的主要力量。

商品房均价快速上涨的主要因素表现在以下四方面：一是天津市在近年来不断加大并推进了旧城改造以及天津新区建设的力度，从某种意义上来说，这一途径扩大了天津市的购房群体，使得商品房销售价格在这一作用力下受到了拉动不断上扬；二是地价在上涨的同时带动了房价的上涨；三是房地产开发商改变了以往的投资理念，投入主要集中在改善楼盘功能、使用新型、环保的建筑材料、改善开发的小区中居民的生活环境上，虽然这些途径使得开发成本显著提高，但是商品房的销售价格也被拉高了很多；四是“买涨不买跌”的观念影响消费者的心理，使得本应该是在未来的需求变为提前出现的购买力，使得购买力变强，直接推动了高房价的产生。总的来说，目前天津市商品房价格的增长速度较快，甚至具有部分泡沫的特征。当综合天津市的经济发展水平以及城乡居民的收入水平，不难发现目前天津市房地产市场中的房价整体水平处于一个相对不合理的区间。

3. 二手房市场量价同增

2016 年的天津市的房地产市场中，受契税优惠等政策驱动，二手房市场持续升温。2016 年天津市二手房签约成交量为 188724 套，同比增长 51%；成交均价为 12354 元/平方米，同比上涨 19%。其中，学区房在中心城区二手房中需求量最大。学区房价格年末与年初相比涨幅在 20% ~50%之间；户型方面，50 平方米以下房源占比超过 5 成，其次为 50 ~ 80 平方米。市中心学区房价格仍以和平区为最高，均价在 50000 ~ 100000 元/平方米之间；其次为河西区，单价集中在 40000 ~ 50000 元/平方米。此外，二手房市场也以改善需求的客户为主，这类客户需求的面积多集中在 90 ~ 140 平方米的两室、三室房源。从趋势看，二手房成交已经完全走出了 2014 年中的低迷时期，整体趋势一路走高，二手房市场已经由逐步回暖走向过热。

4. 土地市场出现高溢价率

土体和房价常被人形象地比喻为“面粉”与“面包”的关系。在“面粉”与“面包”同价，甚至超过“面包”原有价格的市场经济带领下，2015 年、2016 年两年的土地市场出现了高溢价率，中心城区内的地价涨幅较高，以和平区为例，在 2016 年共拍出 2 块高价用地，1 月末拍出的“和田道地块”成为该区域内连续 4 年首出的一块“住宅”性质用地，楼面价为 38976 元/平方米，溢价率约为 132. 4%；6 月份，和平区的大沽北路地块，也被天房集团以 102 亿元的高价（预估成交价为 70 亿元）竞得。甚至在 2016 年 10 月调控政策发布后，天津市土地市场的仍呈现激烈竞争的格局。11 月 9 日，南开区的双峰道地块开拍，经过激烈竞争，最终由金地旗下天津中惠房地产信息咨询有限公司以 47. 4 亿元总价拿下，楼面价 56095 元/平方米，创下了天津有史以来的最高纪录。据天津我爱我家城市集团 12 月份发布的报告显示，2016 年天津市共成交规划建筑面积 1420 万平方米，同比增长 63%；土地出让金达 1250 亿元，同比增长 150%。土地市场完全摆脱了低迷，基本恢复到 2012 年的成交水平。价格方面，2016 年天津全市居住用地楼面价为 8798 元/平方米，同比增长 53%。

5. 新房交易多集中在环城四区及远郊五区，客户外溢

由于新建商品房源多集中在环城四区及远郊五区，故而中心城区中的成交占比仅为其他区域的 1/2 左右，中心城区可售的住宅用地逐步减少，导致中心城区内可入市的新盘数量也越发稀缺。高昂的价格，优越的地理位置，完善的交通网络以及健全的生活配套，都标志着中心城区新建商品房源价格的未来走向。中心城区客户的外溢性也在不断的加强，形成了一种不断向外扩张购房以解决刚性需求的趋势。

6. 二手房交易多集中在中心城区

相对于新建商品房源可供应的数量有限，二手房源的存量使得供应较为充分，并且多集中在中心城区。所以二手房在选择空间上要远大于一手房。可以提供的区域位置、配套设施和周边交通环境情况等也有更多选择，在价格上的选择也更为多样，但在部分供应不足的热门区域，出现了一、二手房价倒挂的现象，值得政府部门关注。

7. 房屋收入比、租售比偏高

国际上一般认为，合理的房价收入比取值范围为 4～6。若计算出的房价收入比高于这一范围，则可认为其房价偏高，房地产业可能存在泡沫。以天津 2016 年的户均人口数、家庭人均可支配收入、人均住房建筑面积、住宅年平均销售价格计算出的房价收入比为 10.0，超过了合理的取值范围。房屋收入比偏高。国际上用来衡量一个区域房产运行状况良好的租售比一般界定为 1∶300～1∶200。如果租售比低于 1∶300，意味着房产投资价值相对变小，房产泡沫已经显现；如果高于 1: 200，表明这一区域房产投资潜力相对较大，后市看好。租售比无论是高于 1∶200 还是低于 1∶300，均表明房产价格偏离理性真实的房产价值。根据天津城房产中介的出租房抽样样本资料显示：成套出租住宅每平方米使用面积的月租金约 31.1 元，2016 年商品住宅每平方米成交均价 13662 元，租售比为 1∶439。表明房产泡沫已显现。

（三）天津市消费者特点

1. 外地客户接近四成

据新浪乐居 2015 年的统计，来天津购房的消费者来自多个省份，构成了庞大的外地客户群体。从图 3－1 中我们并不难看出，有多个周边省份的居民都来到天津安家置业，2015 年除去天津本地人购买了约 66% 的房产之外，河北与山东两省的客户在津购买房产最多，其次为黑龙江省、河南省及山西省客户。值得注意的是，排名靠前的省份中并没有北京市，但这与天津近两成房地产被“北京人”购买的说法并不矛盾，原因在于在天津购房的“北京人”大部分来自于外地省份，仅仅是在北京工作，无法在北京落户的他们退而求其次选择了天津，也为天津楼市贡献了不小的消费力。总的来说，天津楼市是一个对周边省份的外地客户极具吸引力的市场。

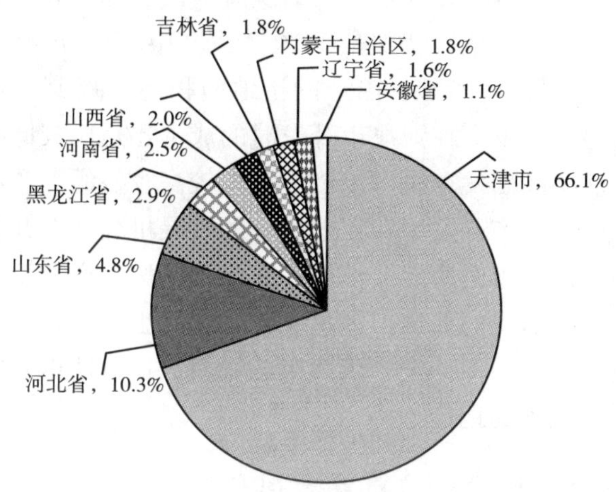

图 3－1　2015 年天津市房地产客户来源

资料来源：新浪乐居网站。

2. 90 平方米以下户型最为畅销

据新浪乐居调查，在天津的购房者当中，影响最终决定的主要考虑因素除了地域以外，还有年龄与户型。根据新浪乐居公布的数据，天津销量最高，最受欢迎的是 90 平方米以下的户型，但随着天津人民生活水平的提高以及二孩政策带来的家庭结构变化，居民的居住偏好也不断发生变化，90～140 平方米大小的三室、四室得到了越来越多 30～40 岁的中青年群体的青睐，并且这种趋势还逐步向 30 岁以下人群蔓延。据统计，在小于 90 平方米房源中，主要的购房者为 30～35 之间的群体，排名第二多的是 25～30 岁之间的客户群体。

四、天津市房地产市场存在的问题分析

（一）天津市房地产发展的机会与风险

近年来，在高速的城市化发展进程下，天津市作为北方最大的港口，经济、教育、文化较为发达的地区，其对住宅的需求不断增加。但鉴于天津市不

论是经济实力还是房地产发展水平，都跟一线城市存在一定的差距，所以房地产项目的设计理以及营销策略等方面都还有很多不足。天津市房地产业的开发运作模式也大部分都是复制北上广深等一线城市的项目，尚未形成自己的特色。因此对与天津的房地产商来说，应当从天津市的实际情况出发，形成更适合天津的房地产开发模式。

在前些年，天津市政府在环城四区、滨海新区、远郊五区为房地产开发商提供了较多可供开发的土地，特别是 2010 年到 2014 年，每年土地供应面积都超过 1000 公顷。但是近些年来，出让的土地面积逐年减少。但总体上来讲相比一线城市，房地产开发商在天津市开发时的成本还是比较低的。只要开发商能够审时度势、从实际出发，就可以创造获得较高收益的资产项目。

尽管天津市的房地产开发中存在这一定的发展机会，但并不是所有的房地产开发商都能适应天津市的房地产市场，天津市的房地产市场还存在一些变数和风险。包括天津市居民的住房习惯、文化观念和生活方式差距，导致在别的地方行得通的营销方式并不一定合天津市的销售，这也使得开发商开发的房地产项目有时会处于被动的地位。

（二）天津市房地产发展存在的问题

随着天津市城镇化进程的加快，其房地产业也取得了突飞猛进的发展。反过来房地产业的发展和城镇化的推进是相互影响、相互促进的，不仅如此，房地产业的发展为地方政府的财政收入和经济发展起到了不容置疑的作用。与此同时，天津市的房地产业也产生了大量的新问题和新矛盾，影响了房地产企业在天津市的健康稳定和可持续发展。目前天津市应当积极应对房地产也出现的问题，采取积极主动的措施应对房地产业的各种问题。立足天津市的房地产发展的现状，深入分析天津市房地产业的各个方面，总结出天津市房地产业存在的问题。

目前天津市房地产业存在的问题如下。

1. 天津市房地产供求的结构性矛盾突出

天津市房地产供求的结构性矛盾突出。虽然天津市的消费群体相对集中，但现存的消费者对商品的需求结构存在很大的差距。目前天津市的住宅供应尚无统一规划，使得供应的住房结构缺乏合理性。虽然很早就开始实施安居工程、经济适用房建设和限价房等一系列的保障性住房政策，但提供的保障性住房远远满足不了低收入家庭的需求。总的来说，矛盾有以下几方面：一是商业用房投资过多，造成大量空置；二是高档住宅供应过多，而中低价位住宅供应数量则大幅下降；三是限价房等社会保障型住宅数量有限，多数低收入家庭不能受益；四是部分炒房者囤积新房，造成房源有效供给不足；五是二手房房主惜售，使得二手房源不能充分释放；六是近年来城市进行大规模改造，带来了大量的被动需求，这部分也是刚性需求，这些需求的增长带来了房价的上涨。

2. 天津市的房地产发展不平衡

由于天津市的整体发展不平衡，导致地区间的房地产差异加大。目前，在天津市房地产政策好、经济基础好的地区房地产发展的速度明显高于其他地区。除此之外，天津市的中心城区和其他地区的房地产差距很大，主要表现在商业建筑面积、销售面积及销售均价和住宅建筑面积、销售面积及销售均价两个领域的三个方面。中心城区的商品房成交活跃，建造和销售面积一直保持在较高的水平，在中心城区商业建筑的销售价格也有较大幅度的增长。但天津市除中心城区以外的其他区域房地产开发市场开发还维持在一个较低的水平，有潜力进入蓬勃发展期。

3. 房地产市场监管不严、开发经营不规范

目前，天津市存在各种层次、结构的房地产开发商，不完整的资金结构、各种开发经营的风险。同时，开发商预收的房款及其他融资获得的资金比例远大于房地产开发商的自有资金比例，使得房地产开发和经营中的风险增大。各种违规销售的期房加剧了社会的不稳定，部分房地产企业在不满足商品房预售许可相关规定下进行商品房的预售，违法收取房款，并制造供不应求的现象，同时，还导致了购房者的利息负担加重、银行的阶段性风险加剧等不稳定因素的产生。

4. 配套体系不完善、品质低下

天津市现有的一些房地产开发企业规模较小，导致开发层次较低。同时，已经开发完成的房地产项目虽然满足相关房地产法律法规及条例规定的“三通一平”“五通一平”和“七通一平”，但是居民对商业网点、绿化、医疗、学校和停车场等基础设施的需求并未得到充分满足。还有目前天津市的一些小区的物业管理工作难以正常开展，究其原因主要是部分天津市居民对物业管理观念的比较落后。

5. 房地产开发过分依赖银行贷款

天津市房地产开发资金来源结构单一，过分地依赖银行贷款。房地产公司在购地过程中大量向银行贷款，而且银行的贷款业务也过于依赖房地产业，比重偏高。银行贷款过多的放给房地产行业，挤压了实体经济的资金，会影响包括制造业等行业的正常运转，而房地产商大部分的资金来源并非是自有资金，而是银行贷款，一旦房地产行业出现危机，银行就会出现亏空，最终形成经济危机。

6. 房地产市场体系还需进一步完善

目前，天津市房地产市场体系初步形成，基本具备了房地产市场体系中所必需的土地市场、开发市场、住房二级市场、住房租赁市场、房地产金融市场、中介服务市场等。但从总体上来看房地产市场体系还未成熟，各个市场发展程度差别较大，有的还十分薄弱。配套服务市场落后于主体市场的发展。在中介服务市场，不论是交易的中介服务还是评估、经纪、咨询服务，还不十分规范，无法满足日益增长的住房消费需要，需要进一步完善。

五、天津市房地产发展的影响因素分析

房地产业已经成为我国国民经济发展举足轻重的产业部门，它为国家和地区的经济发展提供了大量的财政收入。促进天津的房地产事业的发展对促进天津经济的健康、稳定和可持续发展有着重要的意义。与此同时，房地产业也是一个关联性很强的行业，影响房地产发展的因素很多且彼此相关、互相影响，前人在针对不同问题的研究中也选择了多种影响因素。此外由于房地产具有的特殊的固定属性，一旦生产只能完全存在与某个城市存在的具体位置，不能改变，继而开发商不能将建好的商品房出售到其他城市。由于房地产市场存在着这样的客观事实，随着经济的发展和房地产市场在中国的发展，不同的城市房地产市场的发展是完全不同的，这种显著性的差别驱使我们对影响天津房地产市场的因素必须进行具体分析。本文将分四方面对天津市房地产业发展的影响因素进行分析，影响因素来自房地产经济系统内部和外部，分别涉及城镇化发展水平、经济发展水平、人口基数和人口结构、宏观调控政策与政府行为。

（一）城镇化发展水平对天津市房地产的影响

我国的城镇化率由 1949 年的 10.6% 提高到 2016 年的 57.35%，不难看出改革开放以来我国城镇化飞速发展，城镇化率迅猛提高，城乡二元经济结构变得越来越明显。城镇化的历史进程对天津市房地产市场的影响主要表现在以下三个方面：①大量农村的劳动力及农村人口不断转移到城市中，增加了城市的人口数量；②随着农村人口、劳动力的转移，第二、第三产业不断地向城市中聚集，从业人员对住房的需求增多；③城市生活方式的诸多方面也对房地产业产生影响，其主要表现在城市意识、城市文明等对房地产需求的影响。

城市人口在短期内剧增，使得城市的房地产供应速度远小于城镇化的增长

速率。当城市人口过度增加时就会导致房地产的需求量增长，致使住房紧缺的现象出现。从某种程度上来说，城镇化推动了住房的需求，既扩大了天津市的房地产用户群，又增加了房地产的需求量。日益增长的城镇化率使得天津市不仅要满足当地居民的住房需求，还要为外来人员提供住房（外来人员的购买力有限，可能更多采取租房的方式）。

（二）经济发展水平对天津市房地产的影响

天津市快速发展的经济状态为其房地产市场的健康、稳定发展提供了良好的条件。改革开放以来，天津市的经济取得了飞速发展，天津市的经济实力不断壮大。近年来，天津市的产业不断发展壮大，实现了天津经济的健康、全面、快速和可持续发展。经济发展对天津市的房地产业发展产生的影响主要表现在以下几方面：①天津市用于固定资产方面的投资总额的提高，改善了天津市的基础设施状况，使得投资于房地产方面的投资额也有所增加，吸引大量外地投资开发商进驻天津市。②日益增长的第三产业的比重为天津市房地产业的发展提供了广阔的空间。天津市改变了过去以工业为主的经济发展模式，实现了产业结构的优化调整。第三产业从业人员的增加扩大了房地产的有效需求，实现房地产经济的快速发展。③天津市居民的收入水平变化间接影响了其对房地产的预期需求，主要体现在房屋面积、结构和类型等方面。④根据联合国人居中心的报告，当 GDP 增长率大于 8% 的时候，房地产行业处于高速发展阶段，天津市近年来的 GDP 增长率都接近 9%，所以说，天津市房地产行业目前正处于高速发展阶段（见表 5－1）。

表 5－1　房地产行业与 GDP 增长率的相互关系

GDP 增长率	房地产发展阶段
小于 4%	萎缩
4% ～5%	停滞甚至倒退
5% ～8%	稳定发展
大于 8%	高速发展
10% ～15%	飞速发展

资料来源：https：//wenku. baidu. com/view/00c412d433d4b14e85246856. html。

（三）人口基数和人口结构对天津市房地产市场的作用

改革开放以来的中国，人口流动性日益增强。但大多数的流动人口将比较发达的大城市作为其搬迁、移动的首选，这使得国内的城市人口基数在不同城市表现出截然不同的状况。类似北京、上海、天津等大城市的人口基数往往是采用千万级来计量的。人口因素对房地产市场的影响最直观的是消费者对住房的总需求是不同的，尽管天津这种大城市拥有大量的总供应量，但其总需求量也相对较大。考虑到土地资源的有限性，在不久的将来将会出现房屋需求量远远超过房屋供应量。这种总需求可以通过房屋的销售速度来反映。在天津，地理位置优越、价格公道、户型合理的居民的小区，商品房的销售速度可能会远超一般中小城市。因此决策者在制定相关决策时也应当依托天津的现实状况，从大城市客户的需求角度出发，以适应客户群总量大、销售速度快的特点。大城市往往拥有相对连续和稳定的房地产需求客户。其收入水平、审美观点等有着明显的层次性，对房地产表现出不同层次的需求，高端别墅以及普通地段的商品房都有其需要的客户群。因此，在天津房地产市场的供应方面也要考虑这些因素。

（四）宏观调控政策与政府行为对天津市房地产的影响

2004 年以前，天津的地产开发主要集中在货币化安置、旧城拆迁改造这些方面。房地产行业的快速发展使得天津城市面貌焕然一新，也为政府融资投入基建提供了便利。2004 年，天津房地产市场启动，标志性的事件包括大牌开发商的进入，成交量暴涨，2004 年、2005 年两年天津商品房库存几乎接近于零。这种情况下，中央指出：地产行业发展过快。于是开启了接下来三年的严格调控，从个人信贷到开发商资金链全方位进行了一轮改革，但是正如大家所见，抑制房价上涨的效果并不明显，相反在 2007 年房地产市场成交量与成交均价创下历史高位。

2008 年下半年金融危机与随后经济刺激政策的出台让房地产市场进入了一个全新的时代，2009 年，天津出台蓝印政策，这一政策对房地产业的拉动成果显著，当年 1300 万平方米的成交量直到 2015 年才被超越。2010 年、2011 年政策再度收紧，销量随之下跌，到 2012 年采取了降准降息的量化宽松政策，2013 年，成交量恢复上涨，政府采取了差别化限购与信贷政策收紧等措施。其后的 2014 年、2015 年，刺激政策出台，为购房者提供了较低的购房门槛，地产市场开始回升，且发展过热。这种情况下，2016 年 10 月 1 日，天津实施区域性住房限购，强化差别化住房信贷政策：拥有 1 套及以上住房的非天津户籍居民家庭，暂停在市内六区和武清区范围内再次购买住房，包括新建商品住房和二手住房。2016 年 11 月 29 日，天津进一步调整差别化住房信贷政策，对居民家庭申请商业性个人住房贷款购买首套住房的，最低首付款比例为 30%；对拥有 1 套住房且相应购房贷款未结清的居民家庭，为改善居住条件再次申请商业性个人住房贷款购买住房的，最低首付款比例为40%；但对非本市户籍居民家庭，在市内六区和武清区范围内购买首套住房的，贷款最低首付款比例为40%。2017年4月1日，天津进一步加强了房地产限购措施：对在本市拥有1套及以上住房的非本市户籍居民家庭、拥有2套及以上住房的本市户籍居民家庭、拥有1套及以上住房的成年单身（包括未婚和离异）人士，暂停在本市（滨海新区除外）再次购买新建商品住房和二手住房。

总的来说，政府调控手段和相关政策改变了房地产市场的运行轨迹，有一句话说：房地产市场一放就热，一管就死。市场的成交量涨跌就在管与放之间。随着2016年末的调控政策出台，新的紧缩周期自然会出现，销量也会下降。鉴于2016年的成交量已经创下新高，类似于2009年强行刺激的表现，因此，结合调控历史来看，未来两到三年内，天津市房地产市场的成交量很难超越2016年。

从天津市房地产发展的历史来看，虽然在政策的刺激与收紧之间，房地产市场的成交量会有很明显的涨落，但是成交价格却是一路上涨，甚至在某些调控的时段，价格也会出现线陡然升高的局面。但大多数情况下，在调控后大概率是房价企稳，短期内很难向上突破，也较少下跌。从历史水平来看，除了2003年出现略微的价格下滑之外，价格长期维持向上趋势，这是个很自然的现象，具体原因包括地价上涨、流动性充分以及高价房地产项目的不断突破。每次刺激必然伴随有两种特征：地价的上涨与货币政策的宽松。所以，在这两个基点不变的情况下，房价下跌的可能性较小。但是从另外一个角度来看，2014年到2015年，2015年到2016年，价格涨幅与上涨绝对值都远高于历史水平。这个标准下，调控措施也异常激烈，从2016年10月开始，调控力度也在不断加大。再结合目前房价均价已在高位运行的情况，市场需要一个合理的消化过程。因此，未来一段时间重演2015年、2016年的价格疯涨已经不具备市场条件与政策条件。

六、天津市房地产发展的前景分析与对策建议

（一）天津市房地产市场的发展前景

1. 天津市房地产市场供给分析

2015年房地产开发投资1871.55亿元，增长10.1%。商品房销售面积1771.07万平方米，增长9.8%；销售额1790.01亿元，增长20.4%。存量房交易升温，全年交易面积1289.6万平方米，增长61.7%；交易额1290.4亿

元，增长 78.6%。

2016 年房地产业增加值 795.78 亿元，增长 17.5%。房地产开发投资 2300.01 亿元，增长 22.9%。商品房销售面积 2711.08 万平方米，增长 53.1%；销售额 3478.22 亿元，增长 94.3%。全年存量房交易面积 1829.9 万平方米，增长 41.9%；交易额 2210.1 亿元，增长 71.3%。

从以上的数据我们可以看出，近两年来房地产开发投资增长较快，销售面积增长更是惊人。这两年天津市的商品房平均销售价格增长较快，并且根据链家等房地产网站的统计数据，各价位梯次的商品房供应量和成交量的结构已悄然发生着变化和结构调整。已呈现出了由向中高端的发展趋势，低价房在市场的供给量逐渐下降。并且随着土地市场的进一步升温，初始楼面价也不断攀升，由这些现象我们可以做出这样的推断，未来，更适合大部分中低收入家庭的中低价位房地产产品供应会逐步下降，高价房在市场的供给量会逐渐上升。这将会是未来一段时间房地产市场最主要的矛盾。

另外从土地供给来看，天津市的土地供应量也在逐年缩小，2015 年天津市土地供应 770 公顷，相对于 2014 年同期减少了 400 公顷，2016 年的土地供应有进一步下降，降低为 650 公顷。同时根据国土局的供地计划，未来三年的土地供应将进一步缩小，可见未来几年内，房地产的供应量会明显地减少（见表 6－1）。

表 6－1　2007～2019 年天津市土地供应情况

供地年份	住宅用地供应（公顷）	备　注	同比(%)	商服用地供应（公顷）
2019	540	—	－1.8	—
2018	550	—	－1.8	—
2017	560	—	－13.8	—
2016	650	含保障房和商品房	－15.6	300
2015	770	含保障房和商品房	－34.2	450
2014	1170	含保障房和商品房	－12.4	500
2013	1336	含保障房 313 公顷	21.9	600
2012	1096	含保障房 399 公顷	－49.4	500
2011	2165	含保障房 809 公顷	43.1	812
2010	1512	含限价房	49.2	334
2009	1013	含保障房、限价房 308 公顷	5.5	235
2008	960	无保障房、限价房等	－13.2	440
2007	1160	—	—	254

资料来源：新浪乐居网站。

2. 天津市房地产市场需求分析

2016 年的天津房地产市场在经济快速增长及“京津冀协同发展”的拉动下，出现了前所未有的繁荣与发展。但天津的房地产发展仍处于相对较低的发展阶段，与天津市直辖市的地位及特大城市的人口规模及城市的综合实力不太相称，随着天津经济的进一步发展，房地产市场会进一步发展，在未来几年内，人们对房地产的需求也会有进一步的增长。

需求增长原因如下：一直以来，天津市人均居住面积低于全国平均水平，若要达到全国平均水平，按现在天津市的 1500 万的人口规模，人均增长 1 平方米，市场总的需求量会增加 1500 万平方米左右。同时外来人口大量流入，2016 年的天津的外来常住人口已经达到了 507. 54 万人，约占天津市总人口的三分之一。这些外来人口对天津的房地产市场构成了有力支撑。另外随着海河的开发及地铁、轻轨的建设，沿线的拆迁也带来了大批的被动买房客户，近百分之百的货币化补偿，也将会产生不小的住房需求。天津市的三级市场发育良好，二级、三级市场联动，还会带动人们在出售旧房的基础上置换新房，进一步增加市场需求。在“京津冀协同发展”和“2017 全运会”的拉动下，会吸引国际上和国内各类投资机构来天津投资，抢夺商机，进一步拉动天津市房地产市场的相关需求。另外，还存在投资性需求。因为房价上涨，商品房屋的转让和出租收入已成为天津市居民财产性收入的重要来源。只要货币流动性过剩和通胀预期等客观因素存在，投资性需求就存在空间。

3. 天津市房地产发展的前景分析

通过以上对天津商品房市场的需求量、供应量、商品房整体价格水平的未来发展情况的预测分析，本文尝试对天津市房地产未来的前景做以下展望，可以得到以下几点结论：

一是价格上涨将持续。天津商品房整体价格 2016 年出现了快速上涨的态势，不论是一手房、还是二手房，上涨幅度都超过了 30%。这种报复性的上涨是一种“补涨”，因为从横向对比来看，在调控的影响下，天津市商品房价格长期处于低估状态。随着天津经济水平的继续高速发展，人民生活水平的提高，购买力的增强，整体价格的这种上涨趋势是要继续延续下去的。

二是天津房地产市场未来的供给量可能会出现不足。根据天津市国土局的供地计划，未来三年的土地供给会逐年减少，再结合目前天津平均库存不足 5. 64 个月的现状，未来新房的供给量可能会出现一定的不足，在严厉的调控影响下，甚至会出现一、二手房价倒挂的现象，目前这一现象已在部分区域显现，值得引起相关主管部门的注意。

三是天津房地产市场未来的潜在需求是旺盛的。天津经济近年来发展迅速，人均 GDP 位于全国第一位。又兼具了京津冀协同发展、自由贸易试验区建设和滨海新区开发开放等政策性机遇，这使得天津市居民生活水平迅速提高并带来了外来人口的大量流入，生活水平的提高带来的改善性需求和外来人口大量涌入带来的基本居住需求叠加，共同构成了天津住宅市场大量的刚性需求。

四是调控将起到一定作用。商品房的价格在 2017 年涨幅较 2016 年、2015 年有所滑落。由于价格的过快速度上涨会给房地产市场的健康发展留下隐患，为了防止价格泡沫的出现，国家和天津市政府已经出台了相关的政策来稳定房地产的价格，主要是在控制刚性需求的同时加大中低档商品房的供给。

（二）天津市房地产发展的对策建议

1. 加强土地市场管理

土地是房地产发展的基础，加大对土地资源的管理，监督检查土地资源的利用情况，避免不按照批准的用途进行房地产开发现象的出现。进一步规范土地供应程序，实现土地供给的透明化、市场化、制度化及规范化，实现房地产行业的高度集中化。将土地供应计划的制定与城市基础设施建设更好地协调起来，形成城市基础设施配套与土地供应结构相互协调、相互同步发展的格局。科学合理制订土地年度供应计划，进一步完善土地市场动态监测和监管机制；定期发布土地市场分析报告，合理引导市场；严格执行经营性用地“招、拍、挂”出让制度，促进土地市场公平竞争。参照全国其他城市棚户区改造和旧城改造的经验，系统制定天津市棚户区改造和旧城改造的政策和优惠措施，引导开发企业参与城中村改造。加强相关部门协调配合，建立闲置土地监测预警系统，实现对建设用地开发建设的实时监控；进一步加大对限价房、经济适用住房用地的违法违规案件的查处力度。加强对已通过招、拍、挂方式合法取得土地开发权的项目在征地、拆迁工作上的支持力度，促使项目按期动工。合理确定单宗土地供应规模，合同约定建设开发周期原则上不超过三年。增加普通住房建设用地有效供应，提高土地供应和开发利用效率，推进土地供应向多元化方向发展，切实增加普通商品房、经济适用房及公共租赁住房多层次土地供应体系。

2. 加强房地产市场管理

合理引导住房消费，加大对居民首次购买自住房的信贷支持，严格二套住房购房贷款管理。进一步激活存量房市场，大力发展住房租赁市场，制定优惠政策，扩大租赁住房供给和需求，促进房地产二、三级市场联动发展。进一步整顿和规范房地产市场秩序。加大对捂盘惜售、一房二卖、假按揭、广告不实、扰乱市场秩序等违法违规行为查处力度；加强商品房预售活动的动态监管，取得预售许可的房地产项目严格按照申报价格，明码标价对外销售；健全商品房预（销）售合同网上即时备案系统和存量房合同网上登记备案系统，完善房地产交易信息公示制度。充分发挥政府综合协调作用，加强市场预警监测分析。进一步完善天津市房地产市场预警预报工作机制，强化房地产工作联席会议制度，加强各部门协调配合，积极研究对策措施；建立房地产专业化研究机构，加强房地产业发展战略研究和趋势分析。加强舆论的导向作用，继续稳定市场预期，促进房地产开发投资和住房消费增长。完善房地产统计和信息披露制度，增强房地产市场信息透明度，准确、及时发布市场信息。强化房地产信贷风险管理，严格执行信贷标准，防范信贷资金违规进入房地产市场；在规范房地产信贷的同时，构建多元化房地产市场融资体系，扩大直接融资比例，从单一的银行贷款向多元化方面发展；鼓励企业进行资源整合，优化企业资源配置，通过重组、并购、联合等方式有效提升综合实力。

3. 加强房屋中介市场管理

提高中介行业的整体形象和行业水平，对规模大、投诉少、诚信度高、效益好、运作规范的中介企业进行各种表彰和奖励，以便提升中介行业的整体形象。加强监管和培训，对中介从业人员进行多层次的培训和考核，提高中介行业从业人员素质。建立和完善天津市中介行业的行业规范，发挥市民监督作用，使中介行业企业和从业人员有规范可学、有规范可依，逐渐提高天津市中介行业的规范水平。加强宣传，转变重开发轻中介的理念，在房交会等一系列活动中扩大中介房源展示；在条件许可的情况下，专门举办存量房的房交会，扩大存量房市场的影响力。不断提高产权交易中心的服务水平和服务规范，为中介行业创造更好的市场环境。

4. 稳定房价，规范土地市场

深入贯彻中央经济会议精神“房子是用来住的，不是用来炒的”，适时推出更全面、更具针对性、更有力度的保障策略，有力地保障人民群众的刚性住房需求，减轻购房者的负担，提高消费者的购买力，促进并稳定房地产行业的发展。同时，加快保障性住房的建设，以满足低收入家庭的住房需求。加强房地产调控的力度以确保市场向着规范有序化发展。而房地产市场可以通过自我调节来调整供给与需求、价格趋势以及信息反馈之间的关系，但这种调节是被动的、滞后和有限的。鉴于此，天津必须积极主动、及时调整房地产市场，主要措施包括：控制房地产总量，保证天津房地产市场供需平衡；优化房地产结构，生产适销对路的住房，考虑到多层次的社会住房需求，实现商品房的有效供给；建立和完善配套政策和措施，保证市场的公平性。进一步加大监管力度，促进市场规范发展。

5. 严控金融机构对房地产的放贷

严控房地产金融业务风险，严格执行房地产贷款业务规制要求和调控政策。一方面，对房地产企业的放贷要加强管理，实行不同等级、不同类别的贷款政策，收紧银根，审慎开展与房地产中介和房企相关的业务。规范各类贷款业务管理，严禁违规发放或挪用信贷资金进入房地产领域。加强理财资金投资管理，严禁银行理财资金违规进入房地产领域，加强房地产信托业务合规经营。另一方面，加强对购房者贷款的审核，切实解决真实购房者的贷款需求，抑制投资房地产者的投机需求，坚决制止加杠杆的放贷行为，真正发挥贷款的杠杆作用。

6. 树立正确的舆论导向

树立正确的舆论导向，纠正人们对解决住房问题不正确的心理预期，减少人们对解决住房标准过高过急的要求，从而有效地缓解当前房地产市场供求的矛盾，有效地减轻政府所承受的压力，以利于政府正确的政策措施出台和实施。树立正确的舆论导向，首要问题是关于对“居者有其屋”的理解。现在有许多媒体报道、学者文章甚至政府红头文件都把“居者有其屋”，理解为所有的人都应该拥有属于自己的住房，否则就不能算是“居者有其屋”，这其实是一个很大的谬误。在今天，“居者有其屋”不仅包含有“购房居住”的内容，而且有“租房居住”的内容，并且后者是其重要的组成部分。例如目前经济发达国家，居民的住房自有率仅为50%左右。美国的住房自有率仅为65.5%，英国为56%，瑞典为42%，其余的家庭都靠租房入住，政府只是对低收入者提供含有房租补贴的廉租屋。此外，法国人的租房比例高达50%，而瑞士更有70%的居民是租房。树立正确的舆论导向，尤其是纠正人们对“居者有其屋”的认识误区，不但对政府是有利的，对个人和家庭也同样有利。如果人们认识到租房同样是“居者有其屋”，那么对于许多家庭和个人来说，买房将不再成为他们成家立业和结婚生子的必要前提，他们的生活压力就要小得多，生活内容就要丰富很多，心态也要平和、乐观很多。

7. 加大科学引导，打造天津特色

科学引导市场进行调整以支持优质的房地产企业做大做强。目前，无论是从天津还是从国家宏观层面来分析经济发展水平，不难发现提高转型质量，提升城市的经济发展的角度已经成为不可转变的趋势和潮流。经过多年的快速发展，天津市房地产市场已经到了升级的状态。在确保市场的适当支持部分优质企业做大做强的同时，通过自然选择规律的基础上，逐步淘汰基础相对薄弱的、缺乏竞争力的房地产企业。加强舆论宣传引导，使消费者树立理性消费观念，通过既有的公共信息和意见引导购房者逐步向合理和理性的心理预期转变；进一步引导公众树立住房消费的科学发展观，促进天津市房地产市场的健康、稳定和可持续发展。建立城市特色意识，创建特色品牌。一个城市的魅力在于其特色，一旦城市形成了自己的特色，就创造了属于自己的免费广告效应。因此，在今后的房地产开发和建设中，要加强质量意识，建立起天津宜居、有文化、有特色、有气氛的现代城市形象。

推进天津促进都市农业产业发展研究

（天津市经济发展研究院　魏泳博　王　刚
韩　璐　黄晓晴）

都市农业是以生态绿色农业、观光休闲农业、高科技现代农业为标志，以高科技武装的园艺化、设施化、工厂化生产为主要手段，以大都市市场需求为导向，融生产性、生活性和生态性于一体，高质高效和可持续发展相结合的现代农业，是城市农业发展的必然结果。

《中华人民共和国国民经济和社会发展第十三个五年规划纲要》指出推进农业现代化，加快转变农业发展方式，着力构建现代农业产业体系、生产体系、经营体系，提高农业质量效益和竞争力，走产出高效、产品安全、资源节约、环境友好的农业现代化道路。加快发展都市现代农业。推进农业产业链和价值链建设，建立多形式利益联结机制，培育融合主体、创新融合方式，更多分享增值收益。积极发展农产品加工业和农业生产性服务业。拓展农业多种功能，推进农业与旅游休闲、教育文化、健康养生等深度融合，发展观光农业、体验农业、创意农业等新业态。健全农产品贸易调控机制，优化进口来源地布局，在确保供给安全条件下，扩大优势农产品出口，适度增加国内紧缺农产品进口。积极开展境外农业合作开发，建立规模化海外生产加工储运基地，培育有国际竞争力的农业跨国公司。拓展农业国际合作领域，支持开展多双边农业技术合作。

《天津市国民经济和社会发展第十三个五年规划纲要》指出加快转变农业发展方式，构建现代都市型农业产业体系、生产体系、经营体系，提高农业质量效益和农产品安全保障能力，重点推动农业结构调整、提升农业科技水平、创新农业经营方式、保障农产品质量安全、增强基础设施支撑能力。促进农业“接二连三”融合发展，大力发展农产品精深加工和营销配送，拓展观光农业、体验农业和创意农业等新业态，推进农业由单一生产型向生产、生活和生态型多功能转变。

一、天津都市农业发展基础

（一）设施装备水平位居前列

“十二五”以来，天津加快实施设施农业工程，形成了工厂化、标准化农业生产体系，在京津冀都市农业圈及北方地区位居前列。一是农机化水平快速提高，位居全国前列。2016 年预计全市农机化综合作业率达到 87%，比 2010 年提高 10.9 个百分点。其中，小麦已经实现了全程机械化；玉米机收率 88.7%；水稻机插率 90%，机收率 95%；全市深松作业 85.12 万亩。二是设施农业提升工程顺利推进。“十二五”期间，加大力度开展农业设施化建设，实施了设施农业提升改造工程，建成 60 万亩高标准设施农业、23 个现代农业园区、155 个畜牧和水产养殖园区；提升改造 15.4 万亩种植业设施、89 个养殖园区，建成工厂化水产品养殖车间 4.2 万平方米，改造池塘 3.1 万亩。目前，天津市设施蔬菜播种面积占全市蔬菜播种面积近 70%，渔业工厂化水产养殖面积在全国占比超过 15%，农业设施化水平在全国居于前列，为农业经济持续稳定增长打下坚实基础。三是实施规模化节水灌溉工程。“十二五”期间，天津市加大农田水利设施建设，加快推进节水灌溉工程建设，全市灌溉面积达到 489.92 万亩，农田有效灌溉面积达到 463.31 万亩，节水灌溉面积达到 301.49 万亩，节水灌溉率达到 65.01%。农田水利设施日趋完善，为天津市农业经济提质增效提供了必要保障。四是高标准基本农田建设持续推进。各区县按照土地整治规划和实施方案，以土地整治项目为载体，打造土地整治和高标准基本农田建设示范项目。

（二）农业科技成为重要支撑

天津市把农业科技作为现代都市型农业发展的重要支撑，农业科技创新、推广和应用水平不断提高。一是农业物联网区域试验工程高效推进。2016 年，新建农业物联网实验基地 10 个，涉及设施蔬菜、种羊、种猪、海淡水鱼等种类，采用物联网技术和设备，集成应用远程智能控制系统。二是种业发展成果显著。全市有多项农业技术成果获全国农牧渔业丰收奖一等奖和天津市科技进步奖一等奖，在动植物新品种选育、新技术新品种新设施研发、农产品贮藏加工及农村生态环境建设等领域取得科技成果。三是农业技术推广能力和成效提高。全市大力加强农业科技园区和现代种业基地等农业科技推广转化平台建设，形成了完整的农业、畜牧兽医、水产、农机、林业五个专业三级推广网络。宝坻、武清和蓟州区被列为国家农村产业融合发展试点示范区。天津滨海农业科技园区建设扎实推进，生猪良种繁育基地、奶牛良种繁育基地和脱毒马铃薯繁育基地等农业种业基地建设和发展取得了重要成果。四是农民培训成效明显。在全国率先出台《天津市农民教育培训条例》。累计培训农民 37.47 万人，13.6 万农民取得了国家颁发的职业资格证书，平均每年从农业中转移出劳动力 1 万人以上。

（三）质量安全状况持续向好

“十二五”以来，以安全生产为目标，减少农产品投入，降低化肥、农药残留，进一步扩大农产品抽检频次，保障了农产品质量安全。一是农产品质量安全水平稳中有升。从天津市农产品质量安全监测情况来看，2016 年蔬菜合格率为 99.4%，畜禽产品合格率为 100%，水产品合格率为 100%。二是基层监管机构逐步完善。健全市—区县—乡镇—放心基地四级监管网络，启动了基层兽医站纳入公益性职能改革工作。在主要涉农乡镇农业技术推广机构加挂基层监管服务机构的牌子，进一步落实了基层监管人员和工作经费，保障了基层监管机构有效监管。三是农业执法检查不断强化。农业行政管理部门对农药、兽药、饲料等投入品采取了更加严格的审批、经营备案管理。每年开展春秋两季全市农资大规模打假活动，每年开展专项行动打击农产品质量安全违法行为。四是放心农产品生产能力进一步增强。2016 年，全市建成“放心菜”生产基地 234 个，食用农产品质量监测合格率达到 99.8%，保持全国领先水平。五是农产品市场监测进一步加强。拓宽农产品信息采集渠道，丰富信息采集内容，在原有金钟等农业部定点批发市场的基础上，扩大了信息采集点的数量和覆盖面，新增多个农产品田间信息采集点和农贸市场价格信息采集点，建立了从生产环节、流通环节和销售末端全覆盖的信息采集体系，涵盖蔬菜、畜产品、水产品、粮食等主要农产品。

（四）新型经营主体逐渐形成

依托农业现代化发展优势，不断增加农村就业机会，加快培育农业新型经营主体，解决农业生产经营中存在的问题，不断提高农民就业、创业水平。培育发展了 6694 家农民合作社、2044 个家庭农场，特别是培育了一批涵盖农业生产、流通加工、科技研发、功能拓展等各领域的农业产业化龙头企业。企业为主体的特色农业生产经营模式初具规模。一是新兴农业经营体系建设加快。创建了国家级农民合作社 56 家、市级农民合作社 403 家，市级农民合作社示范社 84 家，引导组建了 37 家土地股份合作社，累计入股 11 万多亩，扶持发展示范性家庭农场30家，培育区县级以上农业产业化龙头企业451家。二是土地流转和规模经营进一步发展。2015年，全市土地流转率达到40%，高于全国近10个百分点。全市经营耕地面积在100亩以上的农户超过了1000户，畜禽养殖大户超过1万户。完成土地确权登记110万亩，累计建成131个农村土地承包管理和流转服务平台。三是直供直销加快推进。全市已有合作社与社区对接开展试点，涵盖滨海新区和市内六区。进入社区经营的合作社，目前运行情况基本良好，价格低于市场价或持平，直供直销进社区得到了社区居民的欢迎和认可。

（五）产业链不断延伸完善

近年来，在政府扶持和市场推动下，天津市积极挖掘农业加工、文化、休闲、生态等功能，取得显著成绩。一是农业与第二产业不断融合。依托京津冀协同发展、“一带一路”倡议、自贸区建设、滨海新区开发开放、自主创新示范区等多重战略机遇，积极发挥天津市区位优势、港口优势，充分借助国际和国内两个市场，天津市形成了以食品加工制造业为主体的城乡一体化格局。截至2015年，规模以上农副产品加工业企业达到167家，主营业务收入达934.42亿元。蒙牛、伊利、光明、宝迪、众品、雨润、中粮、京粮等一批国内知名农产品加工企业已经在天津落户。传统农产品加工企业不断转型发展，有效带动了天津地产农产品加工增值。二是农业不断向第三产业拓展。全市休闲农业直接从业人员超过6.7万人。蓟县郭家沟、蓟县常州、北辰双街、静海西双塘、武清南辛庄等5个村已被农业部认定为中国最美休闲乡村；蓟县团山子梨园、蓟县白庄子湿地、宝坻八门城水稻景观和宝坻黄庄洼水稻景观等4处景观被农业部评为中国美丽田园；滨海新区大港崔庄子枣园被农业部评为中国重要农业文化遗产；滨海新区大港四季田园生态园和蓟县穿芳峪镇小穿芳峪村等20个村点被农业部认定为全国休闲农业与乡村旅游示范点。

二、天津都市农业发展优势

从天津市整体经济社会发展形势看，天津以京津冀协同发展战略为契机，重点发展农业科技输出和休闲观光为主的都市型农业，大力发展沿海都市型农业，城市规模日益扩大，农村城镇化水平逐年提高，农业产业化水平不断提升，农村道路和通信等基础设施不断完善。天津都市型农业主要面向京津冀地区，在资源、劳动力、市场、三次产业融合以及政策等方面有着显著的优势。

（一）自然资源优势

天津地处华北平原下游地带，地势广阔。农林牧渔资源丰富，基本农田保有量在京津冀中居于首位，拥有丰富的渔业资源，适合发展复合系统都市生态农业。天津种植业和渔业产值在农业总产值中所占比重最高，在全市农业发展中占有重要地位。天津在畜禽养殖业与种植业方面已经实现由“粮食作物—经济作物”的二元结构向“粮食作物—经济作物—饲料作物”的三元结构转化，养殖场既能够提供充足的饲料，又为种植业提供了优质的有机化肥资源，提升土壤肥力。天津市滨海新区的农牧复合型都市农业生态农业模式最为典型。宁河区、蓟州区等地利用水田土地等自然资源优势，将水稻种植与渔业相结合，形成了农渔复合型的农业模式，合理使用水资源，发展优势渔业。

天津是一个拥有悠久历史的城市，旅游资源丰富，丰富的农村文化也为现代都市农业的发展奠定了基础，适合发展休闲观光都市生态农业。早在 1994 年，天津便出现了以休闲观光为主的都市型生态农业。休闲观光都市农业是以绿色、生态的自然景观为基础，经过专业设计和改造，突出农业的休闲观光、寓教于农的特点。天津的各类现代农业园区和自然保护区拥有丰富的生态花木、水库山水等景观，近郊生态农园、森林公园、湿地公园等旅游休闲资源丰富，能够满足游客亲近大自然的游玩体验和回归自然的心理需求，例如天津蓟州区九山顶风景区、七里海湿地生态公园等。凭借丰富且独具特色的旅游资源优势，天津近郊区县特色旅游村多以果蔬采摘、休闲垂钓、养生健身、民俗文化等新颖的休闲旅游活动为主。在景区周边发展农家乐、渔家乐、生态农庄、温泉会所等，能够根据游客的消费需要为其提供私人专属型小果园、菜园，以及干净舒适的客房和完备的基础服务设施。例如北辰万源龙顺度假庄园、宁河亨达庄园、西青杨柳青庄园以及东丽区的东丽湖温泉度假旅游区等。

（二）人力资本优势

截至 2016 年，天津市乡村常住人口 266.65 万人，人均可支配收入为 20076 元，人均生活消费支出 15912 元（见表 2－1）。近些年，户均常住人口和劳动力没有太大变化，人均收入和消费呈上升趋势。人均可支配收入和人均消费支出的增加，农村劳动力向城镇劳动力的转化，为天津都市农业的发展奠定了消费基础。

在农村劳动力素质方面，近年来天津农村居民的文化素质不断提升。2015 年农村居民中初中、小学以下文化所占比重减少，高中、中专、大专以上学历所占比重超过 20%，农村居民文化水平不断提升。2015 年，全市农业技术人员3031人，其中受过高等专业教育的有2428人，受过中等教育的有517人，拥有中高级职称以上人数有1570人，占农业技术人员总数的52%，与2011年相比，中高级职称以上人数所占比重增加了6%。

表2-1　　天津市农村收入消费　　单位：元

年份	农村人均可支配收入	农村人均消费支出
2011	11891	6725
2012	13571	8337
2013	15353	12491
2014	17014	13739
2015	18482	14739
2016	20076	15912

资料来源：《天津统计年鉴》，相关年份；《2017天津统计摘要》。

随着天津都市型现代农业的发展，农民培训工作持续进行，按照相关部门的规划，未来两年，天津市将继续全面实施新型职业农民培训、农村剩余劳动力就业教育、农民成人学历教育、农民教育培训体系能力提升等五项工程。预期累计将有7.5万农民取得职业资格证书，1.5万农民取得成人大、中专证书，认定1万名新型职业农民，完成20万人次农业实用技术培训。总体来看，天津农村劳动力丰富且文化水平、专业技能不断提升，这为天津都市农业的发展提供了人才保障。

（三）区位交通优势

天津地处华北平原东北部，太平洋西岸环渤海湾，北靠燕山山脉，东临渤海，是位于京津冀城市带和环渤海城市带的结合点。紧邻首都北京，是华北、西北地区的货物出运港口，是中国北方对外开放的中心地带，地理优越。天津紧邻首都北京，天津都市型现代农业的产生和发展是基于大都市特殊地域和社会经济环境背景条件下，依托北京强大的工业装备、科技成果、经济辐射力和社会文化对农业的渗透，服务于北京、天津、河北城市带的高层次、多形态的绿色产业需求，体现都市与农业的相互依赖、相互补充、相互促进的一体化关系。

天津海空两港优势明显。天津港航运网络覆盖180多个国家和地区的500多个港口，集装箱航线119条，拥有通向满洲里、二连浩特、阿拉山口（霍尔果斯）的3条过境通道，承担了京津冀地区70%以上、华北和西北地区45%左右的外贸海运物资运输；天津机场是华北地区第二大国际机场，通航城市 94 个、航线 157 条；京津冀 1 小时通勤圈的建成，为农产品供应流通提供了重要保障。借助航空、港口公路、铁路优势，加快发展壮大农产品流通业，优化提升农产品交易市场环境，积极吸引北方地区以及周边国家农产品向天津集聚，把天津建成南北、东西农产品集散物流中心。

（四）产业科技优势

近几年，天津凭借自身的经济、政策以及丰富的旅游资源、雄厚的加工业基础等有利条件，充分发挥市场机制优化资源配置的作用，加快推进第一、第二、第三产业链间的交叉和延伸，加大农业科技支撑力度，都市农业规模、质量不断提升，特别是在多功能性农业、设施农业、创意农业、农产品加工业以及观光休闲农业等方面。天津农业在部分领域中已经实现与第二、第三产业相融合发展，主要表现为农业与文化、旅游等第三产业交叉推动的休闲农业发展壮大，以及产业链后向延伸带动的农产品加工业的快速发展。天津依托广阔的消费市场和要素供给市场，农村、农业在发展中与旅游、文化等第三产业之间联系日益紧密，逐步形成从田间到餐桌、从原料到成品、从生产加工到消费的产加销一体化经营、一二三产业融合发展的都市圈都市农业产业体系。现代生产要素开始在产业间自发地进行优化配置和流动，主要体现在：一是农业与加工业、物流业、旅游业等服务业紧密联合在一起；二是农业内部结构渐趋合理，不断由数量型农业向效益型农业转变，蔬菜及食用菌、瓜类及草莓等产业发展良好，供给量比较稳定。

发挥天津示范区全国先进制造研发基地的比较优势，与北京科技创新中心、河北全国现代商贸物流重要基地开展互动与合作，农业产业科技支撑水平逐渐提升，已经成为天津农业现代化的支撑力量。现代种业、生物农业等高科技产业成为新增长点，形成了杂交粳稻、小麦、黄瓜、花椰菜、生猪、肉羊等优势品种，科技对农业贡献率达到 64%，高于全国 10 个百分点。建成了国内首个省级农业物联网综合应用平台，切实推动了农业物联网技术在农业智能化生产、农产品质量安全追溯、农产品电子商务领域的示范应用，经农业部专家组鉴定，天津农业物联网平台处于国际先进水平。

（五）政策先行优势

随着京津冀协同发展步伐加快，京津冀都市圈建设进程不断推进，京津冀都市农业协同发展作为京津冀一体化发展的重要环节，为天津都市型现代农业的发展提供了政策保障。习近平总书记在 2014 年京津冀协同发展座谈会上就曾强调指出，实现京津冀协同发展，是面向未来打造新的首都经济圈、推进区域发展体制机制创新的需要，是探索完善城市群布局和形态、为优化开发区域发展提供示范和样板的需要，是探索生态文明建设有效路径、促进人口经济资源环境相协调的需要，是实现京津冀优势互补、促进环渤海经济区发展、带动北方腹地发展的需要。国家“十三五”规划纲要中也对农业重大工程项目作出了明确规划，目前，天津已经形成集农业科技输出和休闲观光为一体的都市农业格局。

三、天津都市农业发展存在的问题

（一）区域辐射力带动力不够强

为更好融入京津冀协同发展和“一带一路”大格局，天津市现代农业的区域辐射带动仍有较大提升空间。一是农产品贸易流通辐射能力较弱。天津海、空两港综合物流枢纽和自由贸易试验区等优势尚未充分发挥，虽然与美国、加拿大、澳大利亚、欧盟、菲律宾、新西兰和中国台湾等地有合作，但国际农产品贸易规模偏小。在京津冀农产品流通体系中的作用不突出，与农产品物流中心的定位存在差距，优质农产品在北京市场占有率不高，环京津 1 小时鲜活农产品物流圈仍待完善，区域性农产品资源配置能力有待加强。二是农业载体项目功能不完善。区域辐射型一级农产品批发市场武清环渤海和静海海吉星物流园区仍处于市场培育阶段，综合服务能力不强。本地二级批发市场农产品交易大多停留在原始对手交易、现金交易等低端阶段，运用互联网、大数据等现代技术进行创新的能力不足。三是农业技术推广应用能力有待提升。优势种业和生物技术输出能力不足，农业物联网区域试验工程仍在起步阶段，尚未形成覆盖、辐射京津冀的农业高新技术产业体系和技术高地。

（二）现代农业结构效益有待提升

天津市农业发展面临结构水平低、效益不高、新优产业发展慢、优势产品比重小等难题，是天津现代都市型农业必须解决的问题。一是农业产业结构水平整体不高。粮食种植面积过大，高附加值经济作物比重较小，与先进地区相比有较大差距。地产农产品供给的品种、时空结构与需求不匹配，生产淡季需要依靠外地供应。现代农业的多功能性价值尚未有效认识和开发，生态、文化、民生、社会稳定价值没有引起足够重视。二是农业效益低且不稳定。由于农业劳动力、土地、机械、化肥等生产要素成本在上升，农业地均产出水平偏低，种植业土地产出率仅为 3956 元/亩。自然风险较大，市场价格周期性波动较大，收入预期不稳定。除了粮食作物、规模化养殖场等机械化水平较高外，其他农业生产对手工劳动、人力的依赖较大，农业劳动生产率远低于工业，也低于北京、上海等地。

（三）农业组织化品牌化水平不高

农业组织发展面临主体连接不紧密、产出强度低、规模水平不足等问题，企业生产经营困难增多。一是产业各环节、各主体链接不紧。产销衔接不畅，农产品生产者与加工商、运销商、服务商等产业链的其他主体缺乏实质性深度合作。二是新型农业经营主体质量不高。合作社数量迅速增长但整体不规范，国家级农民合作社、市级农民合作社、市级农民合作示范社仅占6%。尚未有在沪深股市公开上市融资的本土种养业及农产品加工、种子研发等农业机构（北京农业上市公司10家）。缺乏具有全国影响力和国际竞争力的总部、平台型及跨国型龙头企业。三是农业经营品牌化水平不高。天津获得地理标志和原产地认证的农产品34种，但市场认可度较低，缺乏有影响力的天津农产品品牌。

（四）体制机制束缚仍然较大

总体来看，阻碍天津市农业持续健康发展的根本原因依然是体制机制问题。一是农村土地制度改革仍需加快。土地承包经营权的退出进展缓慢，2010～2013年天津农户户均家庭承包地4.95亩、4.65亩、5.1亩和3.9亩，低于全国平均（约7.5亩）。二是金融体制还不适应现代农业发展需求。金融机构服务能力不强，农业资金外流与融资困难并存，新型融资方式不能满足现代农业发展需要，金融机构农业贷款难以满足规模化新型主体发展需求，在创新服务“三农”方面存在严重的“口号式”应付，在土地承包经营权、设施设备抵押贷款等方面远落后于其他先进地区，金融创新的试点不能落地。

四、国内外都市农业发展经验

（一）国外都市型现代农业的发展经验

1. 美国都市型现代农业发展经验①

一是市场化和专业化经营。以增强经营活动能力和提高农产品的市场竞争

---

① 吴德慧：《国外都市农业发展经验研究》，《世界农业》2012年第4期。

力为目标，农业行业分工越来越细化，资金密集型经营已成为其主要经营方式。比如大力推广农业旅游业，在为广大市民提供休闲娱乐的同时，吸引了大量城市居民前去观光、度假和采购，给农业带来了巨大的经济效益。

二是农业现代化生产。在市场经济规律的推动作用下，各类工业企业主体联合农场开展多种形式合作，用先进的农业机械和农业技术去改造传统农业，突破了生产方式和经营方式上的界限，形成产供销一体化的农业经济体系，提高了农业劳动效率，造就了大量的农业综合企业，提供了更多健康、安全、效益高的优质农产品。

三是大力发展市民农园。居住在城市的白领来到农村的耕地，种植自己喜欢的蔬菜。这些蔬菜平时由农夫照顾，社区居民自己安排时间去田里浇水、施肥。这种模式在农产品生产单位与消费者之间搭起一座桥梁，城市居民可以与农园的生产者共同承担生产风险、生产成本、经营利润，农园则会为市民提供健康、安全、新鲜、低于市场价格的优质农产品，建立了农产品的固定销售渠道，形成了互惠互利的局面。

四是因地制宜进行农业布局。美国的都市农业规划体现了整个国家对农业的顶层设计。乳畜带分布在美国东北部五大湖附近，小麦区、玉米带分布在美国中央大平原，棉花带分布在美国的南部，畜牧和灌溉农业区分布在美国西部山区。大西洋沿岸以波士顿、纽约、费城、巴尔的摩、华盛顿五大都市圈形成了“巨型带状都市”，农业如网络一样分布在城市群之中，形成了独特的都市农业。

2. 德国都市型现代农业发展经验①

市民农园是德国都市农业的代表，产品总产值占到全国农业总产值的三分之一。1919 年，德国制定了《市民农园法》，成为最早制定市民农园法律的国家，1983 年重新修订。近年来，市民农园经营方向也由生产向农业耕作体验与休闲度假转变，旨在为市民提供农家生活体验，使久居都市的市民享受田园之乐。主要做法有：

一是政府为市民农园提供保障。市民农园的土地是镇、县政府统一管理的公有土地或者居民提供的私有土地。承租户依政府公告条件申请，才能出租给没有农地的市民。承租人与政府订定租赁契约，并由承租人组织管理委员会负责园区域内的管理。承租人可以向管理委员会提出中途退出或转让，并从其他申请人中选出递补者。

二是市民农园禁止销售。市民农园由承租人自主经营，政府不干涉市民如

① 刘长运：《国外都市农业发展经验对我国的启示》，《世界地理研究》2006 年第 15 期。

何经营，但其产品不能出售，只能分赠亲朋好友享用。这是与美国都市农业中市民农园的区别。

3. 日本都市型现代农业发展经验

一是设施型农业，即运用现代科技与先进的农业技术，建立现代化的农业设施，生产无公害农副产品。日本的农业耕作面积比较小，生产手段向全自动化、设施化、智能化发展，注重高科技的推广应用，田间作业靠机器人控制，逐渐淘汰效益低、成本高的农产品。大力发展有机农业，为都市居民提供安全健康的农产品，大量生产绿色保健品，各种洁净的时令鲜果菜一年四季都可生产，尤其是蔬菜、水果。

二是观光休闲农业，即设立菜、稻、果树等田园，吸引游人参观体验，主要包括观光农园和渔村。日本的很多农场对于城市人口极具魅力，优雅环境和美丽景色吸引游客们来观光、采摘、体验农耕生活，享受风俗人情，而且可以度假、娱乐、休养生息。日本养老服务市场巨大，很多景色宜人的农村大力发展自然修养村。修养村非常注重建筑与环境的和谐统一，强调安静与优雅、软硬件配合和动静结合。

三是体验农业。日本特别注重鼓励儿童参与农耕体验，把体验农耕生活和农业环境作为教育儿童的重要部分。为推行体验农业，日本更是将其办理单位遍及乡镇公所、行业协会和民间企业。不少地方政府将体验农业列为学校的教育内容，国家层面更是倡导举办全国性的农村农业教育恳谈会，推动农园教育、森林旅游等体验形式的制度化。

4. 韩国都市型现代农业发展经验

一是政府推动农业发展。20 世纪 60 年代，韩国步入城市发展快车道，都市农业发展起源于“新农村运动”。为了支持农业发展，按照“政府为主、农民自主”的模式，实施了一系列农业开发项目。直到 90 年代，政府开始转变思路，通过规划、协调和服务来推动都市农业发展，实施了诸多举措，包括鼓励农业经营、加强资金保障、探索土地交易、健全农业生产加工制度等。

二是大力发展绿色观光农业。绿观光农业是以农业资源为基础，以生态旅游为主题，利用田园景观和农村特有的人文景观，包含新型农业技术实践的一种旅游形式，对于防止农业人口流失和增加农业居民收入意义重大。韩国绿色观光农业主要发展渔业来促进农业园区发展，为城市居民提供了休闲的机会。1983 年和 1990 年，韩国政府专门设立农渔村收入来源促进法来鼓励绿色观光农业发展，之后拓展了地方政府实施农业政策的方案。

（二）国内都市型现代农业的发展经验

1. 北京都市型现代农业发展经验

北京是国内较早开展都市农业项目的城市之一，北京市的都市型现代农业已形成三大特点：

一是生态环保化。都市农田、水、林木不仅具有生产功能，而且也是首都生态系统的重要组成部分，更是宜居城市重要的生态空间，郊区已成为北京市重要的环境保护屏障。目前在北京周边已形成三个环境保护带：与城市地带相互交叉的大量作物、林木提供了环境保护障的平原地带。通过田地、林地、池塘等形成田间防风固沙带的远郊平原地带。通过发展防风固沙林、封山育林等方式来保持水土，保护生物多样性及城市水资源，并起到调节城市气候的外层远郊山区。

二是产业专业化。随着北京经济和社会结构的转型和调整，北京农业发展进入一个重要的转型升级提质增效阶段，产业化组织不断壮大，呈现出产业组织数量多、行业覆盖面广、带动能力强等特点。北京农业产业化组织多元化，包括龙头企业带动型、中介组织带动型、专业市场带动型、其他类型（不包括农村经纪人和专业大户）。其中，中介组织是主要类型，包括各类农村专业合作组织、供销社以及农民合作社等。龙头企业在提升科技研发能力、提升北京农业的核心竞争力、推进北京市农业现代化进程中发挥了重要作用。专业合作经济组织在产业化经营进程中也发挥了重要的推动作用。

三是服务城市化。北京农业的发展与旅游、文化等活动的联系越来越紧密，产业之间的交叉领域逐渐延伸，北京都市型现代农业正在建立从田间到餐桌到消费休闲的经营一体化、产品多元化、文化内涵丰富的特色产业体系。21世纪以来，北京利用地缘优势大力发展农业的观光、体验功能，形成了观光农业、体验农业等业态形式，农业观光园和民俗旅游等新的农业发展形态迅猛发展，建设了垂钓乐园、森林公园、观光牧场、租赁乐园、民俗观光村、民俗度假村、少儿农庄等，提供休闲场所及修建农产品集散基地等为市民提供更完善的公共服务。

2. 上海都市型现代农业发展经验

上海作为巨大人口数量和发达的经济水平的国际化大都市，具有独特的优越条件，巨大的市场容量为农业的发展提供了空间，强大的现代化技术装备为农业发展提供了良好的技术支持，四通八达的交通网络和先进的通信网络为上海的都市型现代农业发展提供了良好的条件。上海作为经济发达、市场化程度高的城市，通过市场的引导作用，规范的企业化管理模式，走上了可持续发展的循环农业之路。

一是形成农业全产业链。上海利用农业基础条件好、市场流通体系健全、设施装备水平高等优势，延长农业产业链条，大力发展农产品精深加工，促进一、二、三产业融合发展，增强都市现代农业的影响力、带动力和服务能力。按照市场规律，对产业进行整合、重组形成农资供应、种苗供应、农产品加工、产品销售、技术提供等全产业链，提高资源和劳动生产率，推动了农业产业化的水平。

二是完善技术推广和技能培训体系。为了弥补生产成本的劣势，发挥科技竞争的优势，上海通过推广先进的农业生产技术装备，逐步改造成科技引领型农业。利用“长三角”地区的开发开放条件，引进先进农业科技的载体，开展高、新、尖的农业技术贸易。发挥上海资金、会展等方面的优势资源，将农业高新技术展示、农业技术贸易以及职业技能培训结合起来，形成农业科教产业，打造成了技术推广、培训和辐射基地。利用市场程度高、科技人才多、企业发展水平高的优势，大力发展种苗、肥料、农药、兽用制剂等科技含量高的农资产业，配套现代农业的设施装备，打造农资产品产业化基地。

三是形成农业新业态。上海作为一个国际大都市，借鉴国内外各地发展都市农业的成功经验，形成符合上海的城市定位的都市农业新业态。结合当地良好的交通、住宿、旅游工艺品开发等优势，以生态农业为基，以创新创造为径，将休闲农业发展与现代农业、美丽乡村、生态文明、文化创意产业、农民创业创新融为一体，注重科学规划、合理布局、集聚发展，注重丰富类型、内涵提升、规范建设，注重农旅结合、以农促旅、以农强旅，注重市场营销、公共服务、加强监管，注重丰富内涵、文化发掘、氛围营造，形成了完整的农业生态休闲娱乐等新业态。

3. 成都都市型现代农业发展经验

成都是全国统筹城乡综合配套改革试验区，也是农业部确定的首批国家现代农业示范区，制定《关于大力发展都市现代农业加快建成农村全面小康的意见》，启动实施“10 个粮经产业新村建设成片推进综合示范基地”和“成新蒲”都市现代农业示范带建设。成都都市现代农业较快发展，积累了大量发展经验。

一是强化顶层计划。着力推进农村产权制度改革，完成农村集体土地所有权、集体建设用地使用权、农村房屋所有权、林权实测确权和登记颁证，基本完成集体资产股份量化。建立向土地规模经营业主核发农村土地经营权证的制度。设立全国首家农村产权交易所和农村产权仲裁院，构建县乡三级农村产权交易服务体系，开展土地经营权、农业设施、花木仓单抵质押等试点。建立耕地保护组织和耕地保护基金，制定和实施耕地保护条例。

二是延伸产业链。按照“以工促农、以贸带农、以旅助农”的都市现代农业发展思路，加快发展高端现代种业、有机绿色农业、设施农业、农产品深加工等产业，大力发展农机租赁、粮食烘干、仓储营销、冷链物流等经营性服务，推进产业高端化，形成“农工一体化、服务一条龙”的都市农业产业体系。加强工业支撑力度，形成“产＋销”循环模式，打造“做得好，卖得出”的良好局面；以“龙头产业”为纽带，做深做广“产业农业”；以乡村娱乐为突破口，做精做优“休闲农业”，发展现代都市农业项目。

三是加强政府扶持力度。加大财政投入力度，将设立农业基础设施专项资金，用于农村道路、水利设施、公共设施建设等农业基础设施投入，完善农村基础设施条件。转变财政资金投入方式，加强涉农资金整合，扶持农产业龙头企业、农村合作社、家庭农场、涉农行业协会等新型主体发展，有效发挥了财政资金效益。在发展中不断完善农业公共服务体系，推进粮食统储、农资配送、农机租赁、劳务服务等农业社会化服务，强化农技推广、疫病防控、质量安全、农村信息、农业气象等农业公益性服务。扩大政策性农业保险品种和范围。

（三）启示

深入贯彻落实党的十八大和十八届三中、四中、五中全会精神，以马克思列宁主义、毛泽东思想、邓小平理论、“三个代表”重要思想、科学发展观和习近平总书记系列重要讲话精神为指导，按照市委的部署和要求，以创新、协调、绿色、开放、共享为理念，以京津冀协同发展为契机，积极适应经济发展新常态，立足天津农业资源条件和比较优势，重点加强农产品流通体系建设、构建合理农产品产业体系、深化农业体制机制改革、加强新型农民队伍建设，打造绿色高效的现代都市农业高地。

一是发挥规划的先导作用。从诸多都市农业先进城市的发展情况来看，规划均被置于城市发展纲领性文件的地位。不谋全局者，不足以谋一隅。要从战略和全局的高度，做好规划的顶层设计。都市型现代农业的发展都是在城市规模急剧扩张，根据经济、社会及生态的需要进行规划设计。既要注重于国家总体农业布局紧密结合起来，又要体现天津都市农业的地域特色。全面总结“十二五”时期的天津都市农业发展经验，深入分析今后农业发展趋势，准确把握所处的发展阶段和前进方向，根据天津市的自然资源条件、社会状况、经济发展水平等，因地制宜地规划发展具有特色的都市型现代农业，切实提高规划的科学性和可操作性。要按照“有所为、有所不为”的方针，突出重点领域、重大项目，科学论证规划的主要目标任务。

二是强化科技创新动力。实现发展现代农业目标，离不开现代科学技术的强力支撑。综观国内外都市农业发展历程，无论是种植还是养殖，品种和技术、信息和装备都极为关键。科技兴农，良种先行、技术领航、信息导航、装备护航。近年来，天津农业科技发展势头良好，但也存在一些问题。如何提升农业科技创新能力、厚植农业发展新优势，是农业“转方式、调结构”的关键所在。以关键技术、关键领域为引领天津都市农业科技创新的切入点与着力点，实施一批农业科技创新重大攻关工程，力争关键领域有突破，有效把品种和技术领域的攻关优势转化为实实在在的生产优势和竞争优势。农业科技创新涉及多个学科、多个领域与多个行业，仅依靠自身的力量很难有所突破，必须整合资源、借力借智。全面落实创新驱动发展战略，加快天津都市农业由资源密集型向知识驱动农业转变，使知识科技创新和应用成为农业主要增长的重要动力，农业资源利用效率大幅度提高，农业劳动者的科技水平大幅度提高，农业制度创新红利充分释放。

三是延伸农业产业链条。经济与社会发展进入新阶段后，现代都市农业的发展空间不断扩大，由单一型农业向多功能农业加速转型。新业态意味着新的增长点，是转变发展方式和推动都市农业产业结构迈向中高端的新引擎。近年来，虽然天津新型经营主体快速发展，传统种养业仍为限制农业劳动生产率提高的重要因素。新业态发展仍然是软肋，新兴特色农业大多数处于摸索阶段，一般规模都较小，难以达到农业产业化龙头的实力。把握都市农业融合创新发展新趋势，转变发展方式，形成新兴业态破土新渠道，实现由生产导向向消费导向转变，从规模速度型粗放增长转向质量效益型集约增长，促进产业升级和跨越发展。运用“接二连三”的新理念、新思维，突出“生产、生活、生态”功能，融合工业、旅游、创意、文化、商贸、娱乐等产业的相关产业与支持产业，形成多功能、复合型、创新性都市农业产业经济结合体。通过完善产业链配置，形成具有产业互补、功能互动的农业综合开发项目，产生具有强聚集效益和强辐射能力，最终发挥农业产业功能载体和农业区域经济中心的作用。

四是强化人才的支撑作用。农业技术人才包括科技推广人才和科技实用人才，是现代都市农业发展的决定性因素。现代都市农业对劳动者素质的依赖不断增强，对农业科技人才队伍建设也提出了更高的要求。高质量的农产品的研制和开发，必须依靠创新型的农业科技人才。从都市农业的发展需求来看，既熟悉农业专业知识、又能熟练运用国际规则的复合型人才、一专多能复合型人才越来越重要，高精尖人才成为争夺的焦点。虽然天津农业技术推广人才队伍建设逐步加强，但因机构萎缩、流失严重、非专业技术人员比例过高、技术人员知识断层与老化、“最后一公里”不畅通等问题还没有解决。农业科技人才培养引进、选拔使用、待遇保障等方面还远不能适应天津市建立现代都市农业发展的需要。随着天津都市发展规模和水平的不断提升，农业科技人才的国际化水准也必须不断提高。

五是加强政府扶持力度。国家高度重视农业结构调整，增加财政对“三农”的投入，重点农村重大改革、农业科技创新、农业结构调整、农业可持续发展，为实现“农业增效，农民增收”奠定了坚实的基础。但是也存在一些问题，例如扶持农业项目资金推动的作用不明显，呈现“撒辣椒粉”的现象。因此，要以涉农项目为“引子”，采取“滚雪球”的方式，广泛吸纳各种项目资金。农业补贴向新型农业经营主体倾斜，加大对专业大户、农民合作社、龙头企业、农业社会化服务组织的扶持力度。健全财政补助的持有和管护机制，着力强化资金监管，确保优惠政策落地生根。

五、天津促进都市农业发展重点方向

（一）加强农产品流通体系建设，打造农产品物流集散中心

1. 加强农产品流通网络建设

抓住重要战略机遇，着力加强与京冀农业产业对接，实现京津冀农业协同发展，服务辐射环渤海区域。依托天津港口、区位交通和基础设施优势，在更大范围内配置农产品供给流通，加强对北京及区域内城市供给，打造京津冀农产品物流集散中心。提升农产品物流园区的综合服务能力，提升农产品分销、大宗农产品集散功能，提高环渤海、海吉星等一级批发市场的进口农产品分销、大宗农产品集散和服务京津冀消费能力；提升金钟、红旗等二级批发市场供给能力，完善农产品交易展示、分拣加工、电子结算、检验检测功能，推进金元宝滨海农产品交易市场升级改造等项目建设；提升大沙河、当城等产地市场对生产基地的产销服务水平，加强与一、二级批发市场对接。建立“物流园区—配送中心—社区集散点”城市配送服务体系，建设一批大型专业性农产品配送中心。建设农产品物流中心区，农产品电子商务、直营直销形成规模。

2. 加快农产品跨境贸易发展

面对国际和国内两个市场、两种资源，利用天津自贸区政策环境和条件，打造农产品物流发展带，建设国际农产品进出口基地。完善跨境电商农产品流

通供应链体系，使跨境电商农产品流通从最初单一的国际快递、国际物流服务向跨境物流产品化发展，提高进口农产品线上服务功能。鼓励国内外大型批发零售企业建设进口商品直营中心及免税专卖店，开设境外旅客离境退税商店，形成进口商品从“港口分销—零售专卖—消费终端”的快销渠道，支持东疆进口商品直营中心壮大规模。大力发展以进口商品分销为基础的各类新型交易中心，建设冻品、乳品、蔬菜、水果、肉类等进口基地、分销中心和展示交易中心。采取“优先接单、优先核单、优先计税、优先放行”通关措施，允许企业提前办理舱单手续。

3. 推进农产品冷链物流发展

发挥天津市是北方最大的台商投资区的优势，与台湾在农业冷链物流、特色名品展销等领域积极开展合作，加强两岸冷链物流试点城市建设。加强津台两地试点企业合作，引进有实力的冷链物流企业入驻，支持华锐物流发展（天津）有限公司重点项目建设。加快东疆保税港区冷链物流园区、中心渔港北方冷链物流集散中心等载体建设，打造“北方水产品加工集散中心”“生鲜食品国际采购和分拨中心”和“跨区域冷链物流配送中心”。开展农产品冷链示范工程，培育建设一批重点品种农产品集散、配送和处理中心，推动冷链食品物流配送项目、进口活畜屠宰加工及物流基地项目、食品集团冷链物流改扩建项目等载体建设。完善农产品冷链“最先一公里”和“最后一公里”，建设一批产地预冷、保鲜加工、保鲜运输、销地冷藏等基础设施。

（二）构建合理农产品产业体系，塑造高端精品都市农业

1. 推进农业结构调整

在稳定和提高农业综合生产能力的基础上，因地制宜地加快农业结构“一减三增”调整，调减粮食作物种植面积，推动农业结构优化，提高农产品附加值。压缩小麦种植等粮食作物占地面积，加大强筋小麦等优质品种引进力度，增加蔬菜、水果、花卉、优质牧草等经济作物和经济林、生态林比例。按照“畜禽良种化、养殖设施化、生产规范化、防疫制度化、粪污处理无害化”的要求，稳定畜牧业发展规模，合理布局畜禽养殖，重点发展养殖自动化、良种繁育、优质畜禽精养以及特色畜禽养殖，建设现代畜牧业产业园区，提高区域优质畜产品供给能力。以池塘标准化改造为突破口，完善基础设施、配备物联网智能化控制系统和生态循环水处理系统，做大做强种源渔业和设施渔业，大力发展海珍品工厂化养殖，提高优质水产养殖比例，开发休闲垂钓、稻田观光等形式的休闲渔业，积极发展远洋渔业。以武清、宝坻、蓟县现有农产品生产基地为重点，整合京津两地国家农业综合开发、农业部菜篮子产品生产基地

等项目，建立京津冀“优势、精品、安全”的菜篮子产品供给区的品牌形象。

2. 加强农业科技引领

培育壮大农业高新技术产业，推进农业技术推广体系建设，打造农业科技创新高地。完善辐射京津冀的良种、农业物联网等农业高新技术产业体系，加大新产品、新技术向河北乃至全国的推广范围，建设京津“种业硅谷”。推动农业科技服务“走出去”，积极参与国际研发合作。支持农业“引进来”，巩固与以色列、日本、加拿大等国家和地区合作，加快中以合作示范园等项目建设。做大做强现代种业，巩固黄瓜、菜花、粳稻、肉羊等优势，实施现代生物种业集成创新工程，选育具有自主知识产权的新品种，提高产量、改善品质、增加抗性。围绕冷水鱼、南美白对虾等苗种繁育，开展大宗淡水鱼类、海水珍稀鱼类、虾蟹类的遗传改良和品种选育，提升海淡水种苗供种能力。加快发展生物农业，保持兽药、生物饲料等生物农业规模。加快农业物联网区域试验工程，加强物联网等现代信息技术在规模生产经营主体中的应用。

3. 优化农业产业布局

按照“强一接二连三”的发展思路，推进农业由“单一生产型”向“生产、生活、生态多功能”转变、“生产导向型”向“消费导向型”转变、“全面保障”向“重点突出”转变，积极发展高附加值农产品产业。根据加工产品需要调整产业产品结构，完善农业生产加工转化体系。围绕粮油、肉食、奶制品、水产品、果蔬、调味品 6 个主导产业，培育农产品加工领军企业。发挥特色农业资源优势和农村传统文化优势，大力发展现代农业展示、休闲度假娱乐等休闲农业模式，构建以采摘体验、休闲垂钓、花卉观赏、市民农园和休闲庄园为主的休闲农业体系。注重专业群体休闲需求，如民俗文化、科普教育、生态观光、康体养生、时尚运动等产品，建立多功能休闲农业。积极发展新业态农业，实施休闲农业升级发展工程、节庆农业创新发展工程、会展农业培育壮大工程、电子商务农业培育工程等四项工程。

4. 打造农业产品品牌

大力发展有机、绿色、品牌农业，筛选一批有发展潜力的扶持发展对象，积极培育成为地方特色品牌，支持地方和地理标志农业走出津门。大力发展“三品一标”，形成一批以品牌价值为核心的现代农业企业。提升蓟县特色果品、宝坻“三辣”、宝坻黄庄大米、津南小站稻、静海台头西瓜、宁河七里海河蟹、北辰山药、西青沙窝萝卜、大港冬枣、汉沽茶淀葡萄等 100 个市级“一村一品”“一镇一业”影响力，把具有区域特色的农产品注册成地理标志产品。依托京津冀各自地域特色的乡村旅游资源，加强农村自然资源、文化资源开发，统一谋划农业一体化发展，打造一批具有天津特色的休闲农业集聚区。恢复和增加农业品牌建设专项基金，支持获得地理标志农产品、农业部优质农产品、特色农产品品牌建设。

5. 保障农产品质量安全

以农产品安全生产为目标，拓展“放心农产品”工程实施范围，减少化肥、农药使用量，实现全市种植和养殖基地无公害化，有条件的地区实现绿色、有机农业生产。加强农产品生产全程标准化控制，巩固放心菜基地、放心肉鸡基地成果，建立和完善农产品质量安全可追溯体系。按照农业部“关于加快推进农产品质量安全信用体系建设的指导意见”的要求，发挥信用体系的保障作用，加快实施农产品质量安全信用体系建设行动计划。以“互联网+农产品安全”为着力点，整合信息资源，建立天津农产品质量安全综合信息平台和综合监管平台，加强与北京、河北在农产品质量检测体系、监管体系、产品认证体系和质量安全追溯等方面互联互通。

（三）深化农业体制机制改革，激发现代都市农业活力

1. 加快农村产权改革

发挥市场在资源配置中的决定性作用，推进农业经营体系创建、农村产权、土地、金融制度改革，激发农业发展内生动力。根据自身资产资源存量、成员构成及经济发展水平等情况，借鉴全国试点先进经验，加快推进村集体资产、经营性土地资源和农民宅基地确权工作，推进宅基地、集体经营性建设用地使用权的改革。按照“保障所有权、稳定承包权、放活经营权”的思路，落实土地集体所有的支配权力。规范有序开展集体产权股份合作制改革，建立产权清晰、权责明确、保护严格、流转顺畅的集体产权制度，允许进城落户农民在本集体经济组织内自愿有偿退出或转让宅基地。在完善土地承包经营权、林权、农业设施“三权”抵押融资相关配套办法基础上，拓展抵押融资产权范围，确保农民能够自主、合理的处置自身合法权益。

2. 推进农村土地制度改革

加快推进农村土地制度改革试点工作，推动承包土地经营权向规模经营主体集中，提高农业规模化水平。根据工商企业、合作社、经营大户的不同性质和各种流转方式的特点，约束农业用地经营主体的行为，引导规范土地承包经营权流转和城市资本下乡。充分发挥天津市农村土地流转信息网功能，统筹规范建设全市统一规范的流转交易市场和土地流转制度，争取发展成为服务京津冀乃至全国的重要市场。加强对工商资本租赁农地资格审查和项目审核，控制工商资本租赁农地的规模和时限，建立区县、乡镇土地流转分级备案制度。

3. 推进农村金融体制改革

推进农村金融体制改革，针对不同层次、不同客户群及不同特点，完善农发行、国开行等政策性开发银行，村镇银行、小额信贷公司等新型金融机构，农民资金互助社、资金互助联合社等民间金融机构服务体系，建立政策性、商业性、合作性结合的普惠金融体系。按照“政府引导、市场运作、多管齐下、多措并举”的思路，加大对信用良好的农业经营主体、农业大户、农业产业化龙头企业融资补贴力度。推进农业金融载体建设，加快天津市农业投资担保平台、天津涉农银行电子商务平台建设，尽快制定有关的细则或运行机制与制度，开展融资担保。探索农村承包土地经营权质押贷款、大型农机具融资租赁试点。扩大农险覆盖面，适应农业成本、物价、灾害等因素形成的保险新需求。

（四）加强新型农民队伍建设，提升农业专业化程度

1. 培育新型农民队伍

以不断提高农民收入、改善农民生产生活条件作为现代都市农业发展的出发点和落脚点，满足农民不断增长的物质和精神需求。全面掌握农业劳动力状况，以生产经营型职业农民作为重点对象，根据不同类型新型职业农民从业特点及能力素质要求，科学制定教育培训计划，建设一支“数量充足、结构合理、素质优良”的新型农民队伍。针对农机、病虫害、生产技术等农业关键方面，采取“就地就近”和“农学结合”等灵活的方式开展教育培训，实施新型职业农民培育工程。构建和完善以农业广播电视学校、农民科技教育培训中心等农民教育培训专门机构为主体，中高等农业职业院校、农业科研院所、农业大学、农业企业和农民合作社广泛参与的新型职业农民教育培训体系。充分考虑不同产业、不同情况等因素，建立职业农民资格认定制度。

2. 强化创新经营主体

在农业家庭经营基础上，推动农民合作社、农业企业、家庭农场等新型经营主体发展。壮大农民合作社规模，支持发展合作联合社。在农业设施、规模化养殖、农业科技创新等领域，引导有实力的企业进入发展现代都市农业。推动龙头企业与农户建立紧密型利益联结机制，形成“公司 + 合作社 + 农户”“公司 + 家庭农场”等多种适宜的发展模式。在合作社、龙头企业、批发市场经营者、农业企业中选拔培养一批培育优秀农民企业家队伍，注重经营管理、市场开拓、企业家素质培训。采取请进来培训、送出去学习、安排创业辅导员帮助等形式，重点扶持辅导回乡务农创业的大学生、青壮年农民和退役军人成为现代新型职业农民的领头羊。

3. 鼓励各类人员创新创业

深化政府机构改革、农业行政改革、农技推广体系改革，在基本待遇、保障不变的条件下，鼓励农业技术推广人员、行政事业单位人员创业。吸引农业院校特别是中高等农业职业院校毕业生回乡务农创业，为他们量身定做创业项目、创业指导、融资扶持，扶持创办、领办家庭农场、合作社、农业企业等。按照政府搭建平台、平台聚集资源、资源服务创业的要求，扶持一批服务功能齐全、示范带动作用强的农业企业、合作社、小康村、农产品加工和物流园区为基地，为农民提供见习、实习和实训服务。依托行业协会和社会中介组织，开展技术推广、市场拓展等行业服务以及政策、资金、法律、知识产权、财务等专业化服务。总结经验做法，开展示范试点，积极探索资金链引导创业创新链、创业创新链支持产业链、产业链带动就业链的农民创新创业新模式。

综 合 篇

天津临空经济发展研究

（天津市经济发展研究院　燕中州　李　李
辛　宇　袁进阁）

经济发展到一定阶段，航空运输、交通区位、基础设施和各种服务设施的便利性增强了机场周边地区对产业和人口的吸引力，随着大型机场（尤其是国际枢纽机场）大规模的开发建设和运营，随着相关产业和公共服务的发展成熟，机场周边地区成为区域经济增长的发动机和具有城市功能的新空间。国际机场协会（ACI）调查数据显示，每年100万航空旅客运输量相当于产生1.3亿美元的经济效益和2500个就业岗位。

一、临空经济内涵、发展阶段与模式

（一）内涵

麦金利·康威（Mckinley Conway，1965）在《临空概念》（The Fly-in Concept）一文首次提出临空经济概念，认为临空经济发展对产业区设计以及城市和大都市区规划产生深远影响。约翰·卡萨达（John Kasarda，1992）认为航空运输是继海运、天然运河、铁路和公路运输之后对区域经济发展的第五冲击波，机场地区成为区域经济发展增长极。多加尼斯（Doganis，1992）发现成功运营的机场非航空业务服务（酒店餐饮、休闲购物、商务服务等）收入超过了航空业务。韦斯布罗德（Weisbrod，1993）建立了经济影响预测和空港地区土地开发规划模型体系，阐述了新建或扩建空港对地区发展的经济影响和规划构架。史蒂芬·J. 亚波德（Stephen J. Appold，2006）通过分析美国25个主要机场200年数据，确认机场已成为区域经济新增长极。

临空经济概念可以从空间和产业两个维度进行解析。空间研究维度：刘武君（1999）从功能角度将航空城分为核心区、中心区和一般区。曹允春、踪家峰（1999）提出临空经济区发展一般要经历航站区、航空港区、临空经济区三个阶段。李晓江（2001）定义了空港区、紧临空港区、空港相邻地区及空港交通走廊沿线高可达性地区、都会区或地区内的其他区位等与空港相关的四种区位类型。产业维度：欧阳杰（2005）把临空型产业分为直接为航空运输业服务的产业、高时效性高附加值相关产业和临空延伸发展产业（商务贸易、旅游博览、办公会务、文化娱乐、教育科研）。邹建军（2008）提出临空产业发展的 5 个条件：一定规模的客货流量，丰富的区域资源，良好的客户关系，政府的支持，高效的综合运输体系。薛振海、练振中（2011）则将临空经济发展的动力归结为创新、集聚经济、政府、市场以及产业链分工等因素。

综上，临空经济是指在机场及其临近地域空间范围内，依托大型机场的集聚效应和扩散效应，按照一定规律和作用形成的以航空运输及相关产业和具有明显航空枢纽指向性产业所组成的区域经济系统。

这个概念包括四层含义。一是大型机场是临空经济产生的核心和依托。二是机场及其相邻区域对资源和要素具有集聚和扩散功能。三是临空产业发展具有极强的航空枢纽指向性，是由核心产业、关联产业和衍生（引致）产业共同组成的产业圈层。四是临空经济本质上是新型区域经济体系，整体上呈现立体、多层、辐射的态势。

临空经济具有圈层分布规律。内圈层：机场周边 1 公里范围内，分布航空运输服务、航空公司、机场运营等功能区域。第二圈层：机场半径 1 ~ 5 公里范围内，分布仓储、海关、临空加工制造、后勤居住等功能区域。第三圈层：机场周边 5 ~ 10 公里范围内，主要分布商务办公、休闲娱乐等功能区域。

相应地，临空产业可以分为：核心层、外围层或关联层和衍生层（引致层）。核心层包括航空运输（客运、货运）、民机制造、通用航空制造、航空运输保障等直接相关产业。外围（关联）层包括航空用品制造、具有明显航空运输指向性的高新技术制造（电子信息、精密仪器、生物医药、汽车零部件等）、航空租赁、航空培训、航空旅游等。衍生层包括以研发和管理为主的总部经济、商务服务、会展、信息服务、中介服务、娱乐休闲等产业（见图 1 – 1、表 1 – 1）。

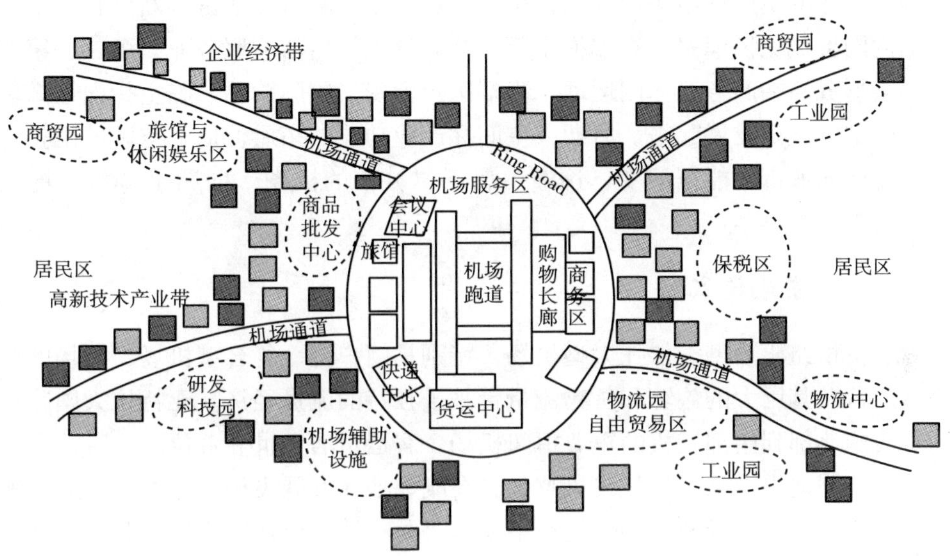

图 1－1　临空经济产业布局示意

资料来源：赵巍：《北京新机场在新国际航空枢纽中能否胜出》，《中国民用航空》2014 年第 7 期。

表 1－1　按临空指向性强度的产业分类

产业层次	代表产业	临空指向性强度
核心产业	航空运输服务、民机制造、通用航空制造、航空运输保障	强
关联产业	航空用品制造、具有明显临空指向性的高新技术制造、航空租赁、航空培训、航空旅游	较强
衍生产业	总部经济、商务服务、会展、信息服务、中介服务、娱乐休闲	一般

（二）发展阶段

临空经济发展一般经历三个阶段，各阶段产业发展特征各异。

形成阶段。发展初期，依托机场形成同心圆型空间结构。初期由于机场客流量和货运量较小，机场客货运输的规模优势和航线网络的范围优势尚未充分体现，机场周边产业整体临空指向性和产业集群效应偏弱，对区域经济的贡献较小。

成长阶段。随着机场客货运输规模逐步增加，航线网络逐步扩展，机场影响进一步强化，产业集聚效应和扩散效应相应增强。临空指向性快速增强，高附加值制造业、航空物流等现代服务业及高新技术产业加速发展，临空产业在临空区域占主导地位。

成熟阶段。临空指向性进一步强化，智能精微制造业、高新技术产业、面向区域服务的生产性服务业开始在机场周边集聚。临空产业链不断延长，依托机场内圈形成免税消费、高端俱乐部、酒店餐饮等生活型服务业，第二、第三圈层会形成高端商务、休闲运动，高端医疗消费、国际购物、临空指向性高端制造等都会逐渐发展起来。后期，空间和产业功能的拓展促使临空区域由独立的功能区向城市功能区演变，逐渐由属于“城市的机场”向属于“机场的城市”过渡。

（三）发展模式

航空枢纽驱动型。依托大型机场，特别是门户型、复合型机场，机场的综合性运营及其巨大的旅客和货物流量带来了独特的流量经济。亚特拉大国际机场是美国北部到南部转机的重要枢纽机场，客运量居于世界首位。

航空制造主导型。依托飞机总装，在毗邻地区发展飞机制造配套产业。法国图卢兹和美国西雅图分别依托空中客车公司、波音公司的飞机总装，最终形成了飞机总装制造为主导产业的临空经济。

航空物流主导型。依托机场发达的航空物流业，特别是依托著名物流、快递企业的国际转运中心、国际分拨中心形成临空经济。孟菲斯机场依托联邦快递（FedEx）功能强大的转运中心形成了发达的航空物流业，带动了高技术产业、信息、通信科技、生物医药、科研教育、网络零售等产业发展，共同构成航空物流主导型临空经济。

现代服务业主导型。众多著名的国际机场都是现代服务业为主的航空港，例如，伦敦希斯罗机场以物流业、商务办公、商业、会展、电子信息服务业等现代服务业为主导，新加坡樟宜机场以休闲旅游、会展、航空物流等服务业为主导。

综合型。主要依托机场发展高技术产业、先进制造业、现代服务业，部分机场附近还发展特色农业。典型代表是史基浦机场，主要有物流、商务、工业三大类型园区。周边的阿斯梅尔花市是郁金香展示和交易场所，形成特色花卉产业。

二、国内外临空经济发展的经验借鉴

1959 年爱尔兰利用地处北美与西欧航线中转集结点的地理优势，成立了全球第一个空港产业园区——香农国际航空港自由贸易区，利用国外资金和原料发展加工贸易。此后，临空经济伴随世界各地社会经济的持续发展和大型机场的纷纷兴建而不断发展。进入 21 世纪后，荷兰的史基浦机场、德国法兰克福机场、韩国仁川机场以及北京首都机场、广州白云机场等大型机场及周边地区空港经济发展已较为成熟，推动了所在区域经济的发展（见表2－1）。

表2－1　　国内外著名机场主要指标对比

名称	距市中心距离（公里）	通航地区（个）	客运量（万人次）	货邮量（万吨）	主要产业
法兰克福机场	18	304	6079	213	航空物流业、高技术产业、汽车电子、会展
史基浦机场	20	251	6360	166	物流、航空科技、商务金融、创意工业、信息通信技术、生物工程及医疗保健研究
仁川机场	15	122	5776	256	物流、贸易、休闲、医疗、研发
孟菲斯机场	12	—	395	434	空港货运物流业、娱乐、零售
首都机场	25	244	9439	194	电子信息、汽车配件等临空高技术产业、物流业、会展业、商务服务业
白云机场	28	136	5973	165	航空制造业、现代服务业、临空高新技术产业、临空农业

资料来源：国际机场协会：《2014年世界机场运输报告》，http：//www. ufsoo. com/news/detail－73ed60aa－658d－4488－9894－86aeecccd37c. html；《2016年全国机场生产统计公报》，http：//news. carnoc. com/list/392/392535. html。

（一）国内外临空经济发展概况

1. 法兰克福机场临空经济

法兰克福是德国重要的工商业、金融和交通中心。法兰克福机场拥有2座航站楼、4条跑道和其他航空设施。目前，机场共开辟航线304条，入驻航空公司112家，能够抵达106个国家的266个城市。2016年旅客吞吐量达6079万人次，2014年货邮吞吐量达213万吨。

主导产业。航空物流业、高技术产业、汽车电子和会展业。法兰克福临空经济区周围聚集着大量以出口为主的高科技公司。例如，赫希斯特、德固赛和吕特格尔斯等企业的化工新材料、医药在全球影响力巨大，威迪欧是世界汽车配件和汽车技术电子操纵控制仪表第二大制造商。航空运输与法兰克福会展业互动发展，法兰克福每年举办的各类展会超过50个，其中有15个展会是行业规模最大的世界级展会。

2. 阿姆斯特丹史基浦机场临空经济

史基浦机场距阿姆斯特丹市中心约 20 公里。2016 年机场旅客吞吐量 6360 万人次，货邮吞吐量 166 万吨。半径 1000 公里以内高能力消费人群不少于 3 亿，为临空经济发展提供了极佳市场腹地。从空间布局来看，机场周边用地大致遵循圈层模式，各类园区混合布局，复合化程度高，极大增强了机场区域活力。航空、公路、铁路（含地铁）和水路等相结合的运输方式，进一步扩大了机场的辐射影响范围。

主导产业。机场周边集聚了航空制造与维修、航空物流、航空科技、商务金融、创意、信息通信技术、生物工程及医疗保健研究、时装产业等多种类型产业。已开发 7 处商务园区、8 处工业园区以及 1 处物流园区，吸引了近 600 家与航空服务业有关的企业设立总部或办公室，超过 1400 家国际企业设立总公司或欧洲地区分公司。仅飞机零部件生产、航空机械维修保养及航空教育培训等产业每年就为荷兰带来超过 1100 亿欧元的收益和约 6 万个就业岗位。机场东南边有一处占地 10 平方公里的高尔夫球场和全球最大的鲜花交易市场——阿斯米尔鲜花拍卖市场，交易量占全球花卉产品交易的 80%。

3. 韩国仁川机场临空经济

韩国仁川机场距离仁川市中心约 15 公里，距离首尔约 45 公里。2016 年旅客吞吐量达 5776 万人次，2014 年货邮吞吐量达 256 万吨。航班 3 小时以内可到达 61 个人口超过 100 万的大城市。仁川机场周边划定了 169.5 平方公里的自由经济区，自由经济区的三部分相互独立，依靠快速便捷的交通网络连通仁川和首尔市中心。

主导产业。机场周边产业结构呈现高端性和服务经济特征，形成以国际商务贸易、国际物流、IT/BT 尖端产业和全球旅游休闲等四大产业。国际商务贸易产业主要是引进国际级企业运营总部，打造松岛国际业务区、会议中心、青萝金融中心等项目。国际物流产业充分利用仁川国际机场与仁川新港湾，打造 Sea&Air 复合物流系统和自由贸易区。IT/BT 尖端产业是在物流产业的引擎带动下，形成世界最佳的 IT/BT 基础设施及事业基础，包括 U－IT 星团、知识信息产业区、高新生物区等。全球旅游休闲产业依托龙游舞衣观光园和青萝地区休闲观光功能，引进世界级标准的酒店和休闲设施（见表 2－2）。

4. 美国孟菲斯机场临空经济

孟菲斯机场距孟菲斯市中心约 12 公里。1993～2009 年连续 17 年机场的货邮吞吐量全球第一。此后，货邮吞吐量位居世界第二，与香港差距微乎其微。2016 年孟菲斯国际机场的货邮吞吐量约 434 万吨。机场在飞行时间 3.5 小时内能到达北美洲南部的大部分城市。

表 2-2　　仁川自由经济区发展计划一览

地　区	永宗岛	青萝自由贸易区	松岛自由贸易区
开发面积（平方公里）	98.3	17.8	53.4
规划人口（万人）	29.8	9.0	25.2
发展定位	航空和物流中心、世界级旅游休闲中心	兼具观光休闲的国际商业、金融中心	国际商业中心、高知识经济产业复合区、研发中心
开发计划	永宗航空城 复合物流中心 自由贸易区 国际商务中心 医疗保健中心 休闲旅游区	国际商务城 汽车开发研究区 主题休闲运动区	国际业务区 知识信息产业区 高新生物区 IT 聚集区 国际学术研究区 国际化复合用地区 仁川新港

孟菲斯机场以空港货运物流业为核心，是联邦快递公司（FedEx）的世界枢纽及联邦快递的总部所在地，拥有世界最大的邮件处理中心。UPS 和 DHL 公司也有相关设施。孟菲斯机场附近有 5 条一级铁路、3 个国际自由贸易区、1 个大型仓储配送区，孟菲斯港是全美第四大内陆港口。区域可通过交通集散条件的提升支持多式联运的发展，同时逐渐扩散航空运输的腹地资源，使孟菲斯国际机场发展成为大型货运枢纽。孟菲斯机场是全球第一个明确提出按照约翰·卡萨达教授的空港都市区理念发展的机场，采取典型的圈层发展模式。目前，航空当局还与私营企业联手对机场附近的土地进行系统开发，吸引写字楼、仓库、物流中心、零售店、娱乐设施、廉价汽车旅馆、公寓的设施进驻，构建以机场为经济引擎的综合性空港都市区。

主导产业。机场周边乃至整个城市发展都以航空物流业为重心，孟菲斯市内约 1/4 就业岗位直接或间接与物流业有关。环球运输网络带动了机场周边很多产业的发展，如国际物流、纺织、汽车及货车零部件生产、健康保健和医疗设备等，并融合了科研、加工及制造、仓储、物流及商务等高端产业链。这种产业发展新模式融合了信息科技、航空港及快递业务三者及其所提供的服务网络，进一步扩大了机场的货运市场需求。

5. 北京首都机场临空经济

首都国际机场位于北京市顺义区，距天安门直线距离约 25 公里，是我国规模最大、运输最繁忙的大型国际航空港，2016 年旅客吞吐量和货邮吞吐量分别突破 9000 万人次和 155 万吨。

北京临空经济核心区总规划面积 178 平方公里。起步规划区面积约 56 平方公里，由原北京天竺空港经济开发区、原北京空港物流基地和原北京国门商务区三个功能区组成。核心区内有 6 条高速公路、4 条快速路，2 条城市轻轨。

主导产业。区内航空产业、战略性新兴产业、现代服务业融合发展，形成了以首都机场、国航股份、空中客车、顺丰速运等为代表的航空产业；以天地图、安泰科技、科园信海、迈恩德等为代表的战略性新兴产业；以华夏基金、国开创新资本等为代表的金融产业；以雅昌彩印、长城华冠、新国展等为代表的文化创意产业。

6. 广州白云机场临空经济

白云机场距广州市中心直线距离约 28 公里，是我国三大复合型门户枢纽机场之一。2016 年旅客和货邮吞吐量分别达 5937 万人次和 165 万吨。按照机场规划，2025 年的旅客吞吐量将有望达到 1 亿人次。航线通达国内外 200 多个城市，保障机型近 30 种，是中国南方航空公司、深圳航空公司、九元航空公司和龙浩航空公司等基地机场。

广州空港经济区周边有 6 条高速公路，地铁 3、9、14 号线贯穿全境。未来将重点推进 3 条城际轨道建设，通过穗莞深（在建）、广佛线（规划）、广清城际（规划）直达佛深莞清，实现 1 小时覆盖珠三角、粤北主要城市。同时谋划建设机场高铁站，新增多条高铁，空铁联运辐射全国，实现 3 个小时内到达泛珠主要城市。

主导产业。广州空港经济区依托白云机场，全力建设国际航空枢纽、生态智慧现代空港区、临空高端产业集聚区和空港体制创新试验区。国家发展改革委、国家民航局联合下发的《关于支持广州临空经济示范区建设的复函》要求该区域引导和推进临空指向性强的现代服务业、高端制造业集聚发展，构建以航空运输为基础、航空关联产业为支撑的产业体系，推动产业与城市融合协调发展。白云国际机场周边的产业及空间布局，遵循典型的圈层影响模式。采用“集群发展、组团布局”的模式，发展 5 类产业，17 个临空产业组团。即航空类产业（包括航空运输服务业和航空制造业）、现代物流业、现代服务业（包括总部经济、航空金融、跨境电商、酒店住宿、商务旅游等）、临空高新技术产业（包括光电子等节能环保产品制造）、临空农业。

（二）国内外临空经济发展经验

国内外临空经济发展的实践表明：开放经济条件下，临空经济已经成为一个城市、一个区域乃至一个国家在集聚高端要素，夺取全球竞争战略制高点的战略选择。空港与其周边相关支撑区域是全球高端资源要素及其产品服务的聚集中心、处理中心、配送中心和控制中心。发展临空经济既要提高机场航空运营能力，也要加快周边区域开发，进而推动城市功能升级。机场作为空港经济的核心载体和动力源，一般以构建健全高效的复合型交通体系为支撑，结合机场运营和服务的改革创新为制度保障。临空产业一般以现代农业、先进制造业、高新技术产业以及现代服务业等高端产业为主导，以临空产业园为空间开发载体。以机场运营相关配套产业为院落，培育和集聚临空指向性强的相关产业形成群落，群落聚集和辐射能力进一步增强产生相关衍生产业，衍生产业和产业群落紧密结合形成产业聚落体。产业聚落以产业园区为载体，与区域及城市互动日益明显，推动区域由单一功能区域向城市复合体转变，形成一个相对独立的航空都市区。

1. 综合交通网络完善便捷

由于时间价值敏感的特性，交通体系是发展临空经济必不可少的元素，也是其向外延伸的重要支撑。各大机场均积极建设与空港紧密连接的、四通八达的交通网络，力求最大限度地发挥和提高空港的辐射带动作用，扩大影响范围，尤其是多模式联运的综合交通枢纽的构建，能够形成强大的引擎。法兰克福地区拥有飞往世界及德国各主要城市的空中客运航线、四通八达的货运航线，密如蛛网的地面交通网。仁川机场有覆盖全球的航线网络、实力强大的基地航空公司、便捷的机场设施以及立体的交通体系。跨海大桥、海底隧道、双优快速铁路、快船码头形成了集海、陆、空为一体的立体交通枢纽。

2. 产业发展高端化、精细化、多元化、智能化

临空经济区作为高端生产要素集散中心，发展的重点产业一般是电子信息、计算机制造、生物制药、电子机械、精密仪器、光学仪器、软件开发和医疗器械等高端产业。香农自贸区成功引进了日本富士通电气公司，达拉斯依托德州仪器等核心企业。枢纽机场由于其强大的客货集散能力和全球易达性，使得物流、培训、金融、咨询等生产性服务业环节聚集在临空经济区。韩国仁川的临空产业中，金融、商务、研发、总部、会展等产业功能十分突出，规划有专门的金融业发展区域。香农机场自由区、孟菲斯都设有多处培训机构，香农机场自由区也布局了多家咨询公司。史基浦机场发展精致农业（花卉产业等）。

3. 临空经济是速度经济、流量经济与开放型经济的复合体

航空运输具有较高的时效性与便捷性，可最大限度集聚国际高端资源要素。枢纽机场作为客货中转站，天然的区位优势和强连通性使其成为国际贸易发展的最佳场所。从世界上枢纽机场周边经济行为的演进来看，贸易经济是贯穿临空经济发展的主线。香农自由区最早设立的目的是吸引外资，发展外向型企业，目前区内企业已从最初的制造贸易产品制造为主发展到今天的贸易服务为主。新加坡樟宜机场凭借其在东南亚的枢纽运营及遍及欧美非的航线网络，打造了机场自由区，发展转口贸易产业。荷兰致力于将史基浦机场打造成世界级空港，为国家贸易的发展提供更大便利。

4. 空间开发模式与城市发展战略深度融合

机场及其周边地区的发展演变趋势是：航空运输区—临空产业区—空港城—临空都市区，伴随着附加功能和空间的增长，机场对周边地区影响逐步深化。史基浦机场和孟菲斯机场处于第三阶段。韩国仁川机场从机场的功能、产业联结的多元化、到机场范围和自由贸易区范围的设定，充分展现由机场建设转变为与机场协同的航空城都市区发展过程。上海市打造“一市两场，双核多点”机场体系，对上海城市功能建设，并对其国际航运中心、自由贸易区建设提供了强有力支撑。

5. 政府主导与市场运作互动协调

在全球化时代新的竞争环境下，政府的主导扶持对于利用临空资源作用愈显重要。政府将其作为参与国际竞争的抓手，给予相应的优惠支持政策。在国内，政府的主导作用和政策扶持更是贯穿临空经济发展的全过程。政府自上而下的控制与市场自下而上的诉求往往存在一定冲突，需要在发展过程中寻求政府主导与市场运作的互动协调。

三、天津临空经济发展现状与问题

我国临空经济起步于 1992 年成都成立的航空港经济开发区。随后，北京、上海、广州、厦门等数个城市，相继启动了临空经济发展规划和建设。2010 年，随着国内民航运输业规模突破 500 亿吨公里，临空经济进入百花齐放的快速发展阶段。2013 年，郑州航空港经济综合实验区被确立为“以航空经济为主题的国家级新区”，标志着临空经济发展上升为国家战略。如今，国内旅客吞吐量在 1000 万人次以上的机场所在地均规划了临空经济区，旅客吞吐量在 500 万 ~1000 万人次的机场所在地区也纷纷推进，初步形成了以北京、上海、广州为中心，以成都、昆明、重庆、西安、深圳、杭州、武汉、沈阳、天津等省会或重点城市为骨干，以其他城市为支撑的临空经济基本格局。目前，全国 62 个城市，依托 54 个机场，已经规划了 63 个临空经济区。此外，还有多个城市的临空经济区正处于规划阶段（见表 3 - 1）。

随着经济发展模式的变化和航空运输业的发展，企业由运费指向、供给指向、市场指向而逐渐发展成时间价值指向，以节约研发时间、新产品以最短的时间进入目标市场的柔性化生产方式为特征，时间价值成为影响企业的成本与收益的重要区位因素。中国临空经济区发展呈现出航空产业、航空物流业、高轻产品制造业、国际商务会展业、康体娱乐休闲业为主的五大产业向机场周边聚集的态势。

表 3-1　我国部分城市的临空经济区规划

临空经济区名称	起步时间	面积（平方公里）	主导产业
北京临空经济区核心区	2006 年	56	航空产业、战略性新兴产业、金融产业、文化创意
上海虹桥临空经济区	2009 年	5.14	信息服务业、现代物流业、金融服务业、总部经济
上海浦东临空经济区	2006 年	18	航空物流、航空器制造及维修、文化旅游、电子信息等高技术产业
天津临空产业区	2005 年	102	航空物流、航空培训、融资租赁、航空设备制造与维修
石家庄空港临空经济区	2010 年	14.4	商务商贸、国际物流、临空高技术产业
南京禄口临空经济区	2007 年	97	航空物流、航空服务、航空制造
杭州萧山空港经济区	2009 年	89.6	航空物流、商务贸易、特色旅游、航空技术服务、临空制造业
青岛胶东临空经济示范区	2005 年	149	航空制造、航空运营维修、航空物流、航空新材料、航空培训、空港休闲健康
福州临空经济区	2012 年	174.48	临空制造业、临空总部经济、临空保税物流、创意产业和临空配套服务业
广州空港经济区	2007 年	116.07	航空类产业、现代物流业、航空金融、临空高新技术产业、临空农业
珠海航空产业园	2007 年	99	航空制造、航空物流、航空维修、飞行培训、航空展览
武汉临空经济区	2006 年	62	航空运输、临空型高新技术产业、临空型现代制造业、临空型现代服务业
郑州航空港经济综合实验区	2007 年	415（138）	航空设备制造维修、航空物流、商务商业、航空金融、科技研发、创新型产业

续表

临空经济区名称	起步时间	面积（平方公里）	主导产业
成都双流临空经济区	2009 年	60	航空物流、现代商贸、临空商务、高端娱乐、运动休闲
西安西咸新区空港新城	2011 年	144.18	航空物流、飞机维修、总部经济、文化创意和临空农业

资料来源：根据各临空经济区网站搜集整理。

（一）发展现状

近年来，天津市临空经济发展迅速，已经具备了加快发展的基础和条件。自空客 A320 系列飞机总装线开工建设以及我国直升机研发制造基地落户以来，天津航空航天产业实现快速发展，初步形成了航空航天制造业与相关服务业联动发展的产业格局。在国家实施京津冀协同发展战略的大背景下，着力提升机场发展水平和能级，依托龙头项目做大做强航空产业，带动临空经济加快发展，对早日实现“一基地三区”功能定位具备重要意义。

1. 航空航天制造业初具规模

天津市具有持续发展能力的航空航天产业体系正在形成完善，航空航天产业形成了以大飞机、直升机、无人机、火箭、卫星为一体的“三机一箭一星”产业格局。在空间布局上形成了以开发区西区、滨海高新区、空港经济区为核心的航空航天产业集聚区，一个具备航空航天研发、运营、交流、交易、国际合作等多功能的产业发展平台逐渐显现。2016 年，航空航天制造业产值增长 19.8%，产业规模位居国内前列。预计到 2020 年，航空航天产业规模将达到 1700 亿元。

航空产业。围绕龙头企业以及大飞机、直升机、无人机等领域，聚集了空客（天津）总装有限公司、西飞机翼、古德里奇发动机短仓、佐迪亚戈航空座椅、索纳卡缝翼、泰雷兹雷达等一批知名航空零部件制造企业，形成了涵盖飞机研发、零部件与机载设备制造、部附件组装、总装、维修在内的航空制造产业链。空客 A320 系列飞机总装线生产速率达到 4 架份/月的设计产能；空客 A330 宽体飞机完成和交付中心项目已开工建设，预计 2018 年可达到月产两架的稳定生产速率，届时天津市将成为继法国图卢兹、德国汉堡和美国西雅图之后，全球第 4 个能够同时生产单通道和双通道飞机的城市。国航、东航、厦航等基地航空公司都设立了自有维修基地，罗尔斯—罗伊斯、海特高新等第三方维修企业在津开展机体、发动机及部附件维修等领域航空维修服务。中航直升机研发制造基地建设取得重要进展，具备年产70架三型直升机的总成能力并建立了军民一体化直升机保障体系。航空产业的创新能力不断提升，天津大学联合航天十一院等单位自主研制的轻型航空发动机试飞成功并应用于“彩虹3”无人机，打破了国外在该领域的技术垄断。

航天产业。在新一代运载火箭等项目带动下，聚集了航天机电、航天瑞莱、航天睿特等10余家高技术企业，以航天材料研制、宇航产品总装测试试验、航天零部件制造、航天技术应用转化的航天产业链已初步建立，形成了长征五号火箭、长征七号火箭、空间站等知名品牌和明星产品，建立了新一代运载火箭产业化基地、超大型航天器制造及其应用产业化基地等国内领先的航天产业高端制造基地，具备年总装、测试和试验6至8颗超大型航天器的能力，将满足我国未来15～20年的载人航天、探月等任务需要。围绕航天产业集聚了一批科技研发机构，参与载人航天、探月工程、二代导航、大型飞机等国家航空航天领域重大工程研制，在空间电源、惯性制导、卫星通信导航、复合材料等领域形成了创新优势。

2. 临空服务业实现快速发展

临空服务业初步形成了航空运输、航空租赁、航空培训和航空会展等重点领域，整体规模不断扩大。

航空运输。天津滨海国际机场可满足包括A380在内的各类大型飞机全载起降，目前有50多家航空公司运营航线165条，通航城市127个；有15家航空公司开展全货机运营，全货机通航城市22个，货运定期航线15条。2016年旅客吞吐量累计超过1600万人次，达到1687万人次，货邮吞吐量23.7万吨。引进了中外运物流基地、圆通快递枢纽、韵达快递等一批重点航空物流项目。

航空租赁。天津东疆保税港区通过创新金融方式，改善投融资环境，打造航空租赁聚集区，创新探索出单机租赁公司、保税租赁、离岸租赁等“东疆租赁模式”和大飞机租赁资产交易、飞机租赁资产交易“交付监管”模式，开创了我国飞机租赁领域资产交易先河。东疆飞机租赁业务规模增长迅猛，截至2017年3月底，东疆保税港区累计完成874架飞机租赁业务，其中包含各类运输飞机660架，约占中国民航运输飞机机队规模的五分之一。

航空培训。中国民航大学是国内民航学科专业门类最为齐全的高等学校，以培养民航高级工程技术和管理人才为主，建有航空器维修执照考管中心、飞行签派员培训中心、工程技术训练中心、ICAO飞行英语培训中心等多个国际、国内授权培训和考试机构，承担民航机务、空管、飞行、机场、运输、乘务等各种岗位资格培训。此外，还有面向特定航空产业和企业的培训机构，主要有空客公司培训、天津中德职业技术学院以及天津经济开发区职业技术学院等。

航空会展。中国天津国际航空航天贸易展洽会吸引 450 余家行业重点单位参展，跻身世界一流水平专业性展洽会行列。中国天津国际直升机博览会是目前我国唯一由国务院批准的国际直升机专业展会，也是国际上唯一进行飞行表演的直升机专业展会，主要开展国际直升机及相关设备设施综合展示、技术交流、学术研讨及商贸洽谈等活动。两大展会成为中外航空航天企业交流合作的重要平台和展示天津形象的重要窗口。

（二）存在问题

1. 产业链关键环节和配套水平有待加强

目前航空制造业主要以整机组装及相关零部件制造为主，机体及关键零部件研发设计等高端增值环节相对缺乏，影响其整体实力和效益的提升，同时也与国家民用航空产业基地的发展定位差距明显。产业配套水平相对落后，配套产品主要处于产品供应链低端，除西飞机翼外，能够为空客 A320 飞机总装线配套的本地化企业，主要是提供油漆、粘合剂、航空仪表和航空夹具等产品，缺少大部件以及一级、二级集成产品供应商，这在一定程度上制约着临空产业结构调整以及产业竞争力的提升。航空维修、航空培训等重点领域的发展有待加强，企业数量和项目质量有待充实和提高。

2. 人才资源较为短缺

我国航空产业人才主要分布在北京、上海、陕西、成都和沈阳等航空研发和制造基地，天津市航空产业人才，特别是中高端研发创新人才相对缺乏，高层次人才主要来自于机构的搬迁，本地人才匮乏。同时，天津以外（合）资航空企业为主的航空企业格局在客观上也导致了航空产业高级管理人才、高技能人才不足的局面。另外，航空租赁等新兴产业所需的金融、法律和国际贸易等专业知识的复合型人才严重缺乏。

3. 配套政策需要进一步完善

航空产业发展的政策体系不健全。一是国家航空产业相关一些关键政策尚未出台，比如低空空域尚未全面开放、外商投资民用航空尚有限制规定，严重制约了航空产业发展。二是缺乏促进产业发展的财政、税收、金融、外汇等针对性政策措施。比如，航空租赁不良资产的处置和退出，加速折旧等财税支持政策等相关政策还不健全。目前航空航天制造企业的科研经费更多是来自中央财政资金支持，地方财政支持偏少。

此外，区域临空经济发展竞争激烈。现在运行的首都机场、天津滨海机场、石家庄正定机场外，北京新机场计划在 2019 年建成，“十三五”期间，河北省的民用机场将达到9个，除了正在投运的5个外，承德机场顺利通过民航华北地区管理局行业验收及使用许可审定，基本具备通航条件，邢台机场立项已批复，衡水、沧州两地的机场也已提上建设日程。“十三五”期间京津冀可以供民航使用的机场数量就将达到12个。区域临空经济发展很不均衡。从临空经济的核心机场运营水平来看，京津冀三地差异很大。2016年，京津冀地区共保障了893240架次，其中北京保障共计645588架次，占比72.27%；天津保障143822架次，占比16.10%，河北保障103820架次，占比11.62%，三者差距明显。未来五年，天津航空市场面临区域航空市场竞争激烈，如何破解“北京吃不动，天津吃不饱，河北没得吃”的问题，在首都机场、新机场强大的虹吸效应下破解协同发展难题需要时间检验。

四、天津临空经济发展思路与定位

（一）发展思路

围绕京津冀协同发展、“一带一路”倡议和滨海新区开发开放国家战略，坚持全球视野和全产业链思维，深化落实中欧航空产业战略合作，加快发展通用航空产业，提升天津机场发展能级和水平，创新监管体制机制，着力推进航空制造业和临空服务业融合发展，形成布局合理化、产业集聚化、方式集约化的具有综合竞争力的现代临空经济体系。

（二）发展定位

依托空客总装项目提升产业研发和本地配套水平，发挥机场引擎作用做实航空物流，大力发展航空指向性较强的现代服务业，促进航空研发制造、航空维修、航空金融、航空物流、商务会展、科教培训等全面发展，将临空经济区打造成空客亚洲制造中心、全国航空金融中心和北方航空货运中心。

空客亚洲制造中心。依托空客总装项目，负责A320和A330系列飞机的总装生产、飞机交付、市场开拓以及客户支援；推动更多供应商来天津设立实体，加强在飞机客改货、客舱装配、模拟机生产、维护维修等方面合作；逐步形成空客在亚洲的全产业链和全价值链，将天津打造成为集飞机生产、维修、改装、交付和服务为一体的空客的亚洲中心。

全国航空金融中心。立足东疆港保税区航空金融基础优势，推进建设以飞机、发动机等重要航材的交易和租赁业为主的航空金融聚集区，重点发展各类融资租赁业务，吸引银行、保险、基金、信托、保理等相关产业集聚发展，开展航空金融创新，增强金融资源配置能力，构建并完善涵盖飞机租赁、交易、融资、保理、保险等功能业务的航空金融体系，建成全国航空金融中心。

北方航空货运中心。加快推动天津滨海国际机场融入京津冀协调发展和“一带一路”大局，开拓国际国内航线，提升机场航空货运能力，构建完善航线网络。完成航空物流区的规划建设，健全航空物流区的功能体系，吸引处于行业龙头地位的航空公司、航空物流和快递运营商入驻，提升航空物流效率，促进航空物流跨越式发展，成为国际物流中心的核心区。

（三）发展战略

依托临空经济发展基础和优势，按照确定的发展思路和定位，重点实施“龙头带动、链式集聚、创新驱动、融合发展”等四大战略。

龙头带动。以大飞机、直升机和通用飞机整机制造为龙头，大力培育机载、零部件制造和航空维修等产业的发展，实现航空制造业的协同。以滨海国际机场为核心，做实区域枢纽机场地位，积极完善航线网络，扩大航空运输产业规模，带动临空服务业快速发展。

链式集聚。借重空客 A320 及后续 A330 项目，以“大项目—产业院落—产业聚落—产业群落”模式，形成几何级“链式集聚”效应，以项目集聚带动产业集聚，实现飞机与发动机、制造与维修服务、主机与零部件配套以及其他航空服务业上下游协同聚集发展，提升产业竞争力。

创新驱动。着力推进航空科技创新，攻克和掌握一批关键核心技术，结合国家科技创新项目，支持科技创新人才队伍建设，提升自主创新能力，促进产业发展从要素驱动向创新驱动转型。充分利用国际资源，积极开展国际合作，大力引进先进技术和项目，扩大合作规模，提升合作水平。

融合发展。按照港（空港）产（临空产业）城（居住区）发展要求，注重航空制造业与航空服务业各重点领域融合，注重整体空间布局的融合，注重人口与产业的融合，实现三者共融、共生、共长，形成航空都市区。

（四）发展路径

围绕发展战略，实施集聚共生、品牌带动、有序推动、三力合一等四大路径，促进临空经济科学发展。

集聚共生。扩大空客项目和机场服务等优势突出的产业“院落”的作用能级，通过示范和引领，壮大市场规模，建立分工协作体系，形成具有示范效应的产业“聚落”，再通过增强辐射延伸效能，逐步发展成水平产业链、垂直产业链共生互补的具有一定竞争力的产业“群落”。

品牌带动。依托国际品牌，引导国内企业品牌建设，争创国际知名商标和名牌产品，打造营销和宣传平台，依托品牌企业打造品牌产业集群，最终发展成为临空区域品牌。

有序推动。大力引进和培育航空制造与服务重点企业和重大项目，弥补产业链关键缺失环节。通过培育重点领域和项目示范，带动临空产业整体提升。

三力合一。发挥政府引导、企业主体和市场配置“三力合一”的作用，争取国家和市级扶持政策，制定和落实区内各项促进政策，创新服务机制，改善服务环境，促进企业提质增效和整体产业提升。

五、天津临空经济发展主要任务与产业发展重点

（一）主要任务

1. 深化总体设计

进一步深化和强化临空经济的总体设计，从整体上进一步做好临空经济的规划建设和总体开发，向多功能、多层次、综合开发模式转变，提高园区的综合效益。细化产业功能分区，重点做好机场西部、南部和北部的无缝衔接，进一步统筹区域发展，放大空港带动效应。严把产业入区标准，突出临空产业的特点和对空运资源的利用，制定相关政策和目录，严格控制入驻企业的标准，重点引进航空产业链上的高端龙头企业，同时加大对产业链下游厂商的招商，特别是围绕航空总装加大对航空产业一级与二级的系统和分系统供应商的招商力度，避免与临空产业不相关的企业或低质企业入园，与其他开发区域形成产业互补、错位发展。

2. 优化发展布局

从国内外航空城、航空产业基地建设的经验看，航空产业空间布局一般是以机场为中心、在空间上呈圈层式向外扩张。从滨海新区地理区位、土地利用及产业基础来看，临空经济主要布局在空港经济区和东疆保税港区。

空港经济区作为临空经济发展的综合性区域，对其发展具有核心引领作用。主要发展民用飞机总装制造以及对机场依赖强度大的航空服务业。重点是开展大型民用飞机总装、大中型直升机制造、飞机大部件及核心零部件制造、航空标准件生产、飞机维修、航空快递、航空物流、科技研发、航空培训、航空会展及总部经济等。

东疆保税港区作为天津市航空产业发展的创新性区域，主要是完善航空金融产业体系，为航空产业发展提供金融服务。主要发展飞机租赁、交易、保险和保理等。重点是开展大型民机、直升机、通用飞机以及航空器材租赁与交易。

3. 搭建三大平台

航空科技研发转化平台。建立包括产学研合作、集成专利信息、技术转移、人才交流和科技服务等子平台。通过平台建立技术供应链，推动航空企业、科研院所等围绕航空技术的开发、应用进行紧密合作，带动大量相关科技型中小企业的创新创业。加大对航空产业相关的教育、科研机构的扶持力度，加快促进天津直升机设计研究院、中国民航产业化基地、天津大学航空航天研究所、中国民航大学等科研机构创新能力建设，支持国内外其他航空领域科研机构来津设立研究中心、技术开发中心等，整合创新资源，建立完善航空航天技术与产业化公共服务平台，提供产品设计、技术开发、试航、认证、检测、培训和技术展示等全方位、专业化服务，提升设计制造、零部件生产和维修服务水平。

航空产业发展平台。以空客 A320 总装项目为龙头，抓紧实施外引、内联、转轨和整合的策略，构建产业集群。实施外引策略，深化同国际航空产业发达城市和先进企业的合作，力争引进大项目、大投资，承接高技术、高标准，创建产业集群，实现跨越式发展；实施内联策略，加强同国内航空集团和工业企业的合作，借助政策和地理优势，集聚各种航空产业资源，包括技术共享、成果转化、专业人才以及配套能力，打下航空产业发展的基础；实施转轨策略，制定特殊政策鼓励和支持本地军工企业和科研院所向民用航空产业转轨，充分利用全市现有的科研力量和技术设备；实施整合策略，通过一系列政策制定、体制改革和设施建设，来综合配置国际、国内和全市的各种资源，力求达到效用最佳。

航空物流监管平台。以京津冀海关通关一体化为契机，协调关、检、汇、税等部门，推动包括海关管理、税收管理、检验检疫、外汇管理等在内的关、检、税、汇一体化互相协调配套政策的制定和实施，提供公共服务平台支持，高效落实贸易便利化政策、跨部门信息化沟通等工作措施，推进“一次申报、一次查验、一次放行”通关模式的实施，实现航空物流园区大通关功能与快速报关功能。

4. 提升机场发展的能级和水平

临空经济外向型的特点使其更依赖于全球价值网络，而地方根植性较弱。一旦地区航空枢纽地位遭到挑战或航空运输业的发展落后于其他地区，则临空产业也容易向其他地区转移。培养临空产业集群的本地根植性，形成锁定效应是推动临空经济持续发展的首要和关键问题。

加强与国家民航局等部门沟通。积极参与京津冀地区民航运输协同发展实施方案的制订，协调解决天津机场发展中面临的困难和问题，力争在航权、时刻、全力推动京津机场分流工作，吸引外地旅客经天津进出北京。

支持机场加强航空市场开拓和航线网络建设。支持国内外航空公司开通以天津为中转地的国际客货运定期航班；增开由天津始发的国际客货运直达定期航班；支持国内外航空公司、航空物流企业采用“一票到底”的联程经营模式，开通由天津经停国内其他城市的国际货运航班；支持国内外航空公司增开已开通国际直飞航线的航班密度；重点支持国内外航空公司增开东南亚、南亚、北美直达客货运航线。

提高机场航空货运能力。鼓励国有资本、社会资本以参股、合资等形式，设立股份制航空公司，吸引大型航空公司来津设立基地，与 UPS 等大型物流集团公司组建以天津机场为主基地、面向国际国内的货运航空公司，扩大货运规模，加速形成区域性枢纽机场和地区航空货运与快件集散中心，满足区域航空运输需求。

5. 加强航空物流载体建设

加快航空物流园区建设。一是借鉴国内外“港区一体化”经验，加强与海关等监管部门的沟通协调，积极争取空港综合保税区政策的同时，探索特殊监管区域监管体制机制创新，建立区内各特殊监管区的联动机制，实现政策叠加，结合保税区在税收、监管等政策优势与机场在空运、中转、装卸等交通便利的区位优势，增强空港对跨国公司、国际贸易商和大型物流公司的吸引。二是建设与航空物流发展相匹配的物流功能平台、信息平台、商务支持平台，为航空运输与物流企业提供信息交换、金融、清关等一站式服务。三是优化空港物流园区功能分区及布局，按照“货运区—物流区—产业区”供应链关系，强化物流资源整合，注重航空物流公共服务平台建设。四是加快推进空港保税物流中心建设，完善口岸功能，实行货物便捷通关，大力发展保税物流、国际物流。五是加快发展多少联运服务，协调航空公司、旅游、会展等部门，联合推进空铁联运、空陆联运、空海联运等一体化航空客运产品。大力发展“卡车航班”，集中机场优势资源，将运量稳定、份额较大的国际货运航线打造为精品航线，创建北方机场货运品牌。

6. 加快配套设施建设

机场设施建设。加快机场货机坪、货站及配套设施建设，着力提高机场货邮保障能力。加快先进货物装卸设备的引进，完善与现代物流相匹配的物流设施。按照“客货分离、快速疏解”的原则进行物流作业流程再造，强化机场内外衔接能力。完善机场公务航空设施，以现有设施为基础高标准建设公务机基地，加快改造公务机航站楼、机库，合理布局机坪机位。规划建设通用航空专用机场，完善配套服务，发展飞行俱乐部和飞行服务站，支持开展空中应用、私人飞行、空中游览等通航业务。

交通设施建设。强化多式交通一体化发展，协调搞好与天津机场相连接的铁路、公路、地铁建设，提升机场周边道路的集疏运能力。加快推进机场二期地下交通中心及二号线延长线建设，确保与二期航站楼同时投入使用。推进京津城际机场联络线建设，早日实现机场与北京之间高铁、地铁的快速便捷连通。加快完成京津高速二线与天津机场的连接。改善成林道、津汉路与外环线等周边道路通行环境，完成外环线辅路从津汉路到津塘公路段的建设，打通航空货运专用通道。

（二）产业发展重点

大力发展民机制造、通用航空制造、航空金融、航空物流和航空培训五大核心产业，提升航空物流服务能力的航空物流价值链功能，承接机场场内外溢产业功能的航空保障服务空间拓展，培育新兴临空产业增长点的生产性服务业配套协作，完善航空制造产业链为代表的航空制造业产业链和创新链，形成竞争力强大的临空产业体系。

1. 民机制造

全力实施 A320 项目二期合作，飞机交付范围延伸至亚洲，总装 A320neo 系列飞机，扩展轻中型、首型机生产能力；加快 A330 项目建设运营，完成全部设施建设。依托空客二期和 A330 宽体机项目，构建和完善产业发展链条，形成重要原材料和零部件供应体系，建设集飞机生产、维修、改装、交付和服务为一体的空客亚洲中心。

2. 通用航空制造

壮大民用直升机业务，完善现有产品谱系，构建全系列直升机产品，尽快形成和提升产能，扩大市场份额。推进轻、中型直升机的规模化生产，积极发展航拍、电力巡线、海洋监测、环保监控、物流配送等系列无人机，壮大产业规模。鼓励直升机研发设计、总装改进，发展发动机及零部件、螺旋桨、起落架、机载系统及设备引进生产与维修。积极发展高通信导航监视、座舱显控、综合处理与网络、光电探测、综合惯性导航、飞行控制等通用航空电子系统，大力发展飞行监视与管理、飞行服务系统等通用航空保障设备。

3. 航空金融

鼓励不同类型和层次的飞机租赁企业设立分支机构，不断扩大飞机租赁业务规模；支持飞机租赁公司利用政策优势，创新并开展多种形式的租赁业务，完善飞机租赁服务体系。推动设立飞机租赁产权登记机构，建立飞机产权交易中心，开展涵盖客机、货机、公务机、直升机及相关航材等资产在内的产权交易活动，扩大飞机产权交易规模。拓展航空保险、保理等业务，支持成立专业的飞机租赁保险公司，形成有效的飞机租赁保险体系；支持租赁业与信托业的合作，开展委托租赁、通过信托计划向社会发债等业务；支持商业银行和资产管理公司开展飞机租赁保理业务，鼓励设立专业的飞机租赁保理公司。建立健全与飞机租赁行业发展配套的资产评估机构、合同争议调解和仲裁机构等中介服务机构，为飞机融资租赁企业提供全面和专业的服务。

4. 航空物流

积极引进 DHL、FEDEX、TNT、UPS 等国际知名航空物流企业落户，以天津为基地设立运营中心、转运中心、分拨中心，加快形成航空服务产业链。研究制定做大做强基地航空公司及培育壮大航空物流市场主体的政策措施，鼓励和支持基地航空公司根据客货运量和市场需求壮大机队规模，增加飞机数量，增开直飞航线；加强机场与基地航空公司在货站等基础资源上的共享与整合，避免重复建设，促进航空物流集约发展；鼓励基地航空公司适时引入全货机，加入国际航空货运联盟，全面提升货运业务经营能力。

5. 航空培训

发挥中国民航大学等院校和机构的基础与优势，开展技术研发、学术交流及教育培训等活动，重点开展飞行技术培训、机务维修培训、通用服务培训，通过提升民航培训的能力和服务水平，将天津打造成国内专业化最突出、培训覆盖面最广、门类较为齐全的民航培训中心区。

支持具有一定基础和条件的院校和机构建设机务工程技术训练中心、空管试验及培训中心、航空机电技术试验平台。围绕工程实践能力培养需要，建设飞机结构与系统、发动机、航空材料、飞机电子电气、通信导航、安全技术、信息网络、交通规划与管理等专业实验教学平台。开展面向民航经济管理、空中交通管制、飞行标准与运行管理、机场运行与现场管理、航空安全等领域重点开展高层次技术和管理人才培训。

六、天津临空经济发展保障措施

（一）创新临空经济开发管理体制

着眼于临空经济发展大局，通过体制创新、整合资源，用统一协调管理模式替代当前分散的开发模式。在规划、政策、产业布局、重大项目、宣传等方面实现统筹协调，提升临空产业在全国层面的影响力、树立品牌，形成合力，实现一个声音对外、一个形象对外。创新合作开发机制，采用“政府主导、多方合作、市场运营、利益共享”的开发模式，探索实现股份合作等方式，使得机场与临空经济区真正形成双向互动发展关系，利益一体同沾。

（二）注重人才引进和培养

引进国际、国内航空产业领域的中青年高级人才，支持和鼓励航空企业和科技人员的专利发明和技术攻关。鼓励技术人才和管理人才交流、培训，为高级人才提供更多的境外学术交流的机会。支持、调整、完善、整合天津市内相关教育资源，建立航空教育培训机构，为航空产业发展输送高级技术人才。以合作办学、专题培训等方式，大力培养飞行、空管、机务、管理、物流等方面的急需人才。对小型机场人才引进，在工资待遇、住房、职称评定等方面给予优惠。

（三）拓宽融资渠道

推动多层次资本市场发展，引导航空产业中重点企业通过发行债券，开展资产证券化等方式进行融资，拓宽融资渠道。创新金融模式和合作方式，以政府资金为引导，通过项目资助、贷款贴息、股权投资、风险补偿等方式引导社会资金投向航空产业，吸引新区航空产业龙头企业作为主发起人，联合各类风险投资等社会资本广泛参与发起设立航空航天产业发展基金，采用市场化、专业化运作模式，以资金为纽带构建产业、技术与资本融合平台，促进产业集群化发展。

（四）完善相关政策扶持

整合政策资源，对符合条件的企业，在土地、财税、住房和人才等方面重点给予支持。

设立滨海新区航空产业发展专项资金。由新区政府每年安排资金，主要用于航空产业项目的引进、技术研发、贷款贴息、人才培训等方面。

加强项目落地支持。鼓励航空服务、金融及总部型、研发设计类企业入区发展。租用滨海国际机场核心区土地的飞机维修、改装、整机制造、总装、航空物流企业，以及在园区配备 10 架（含）以上训练飞机、年飞行活动不少于 200 天的飞行培训学校，给予租金及有关费用减免的优惠。对投资项目给予“一站式”的跟踪服务，加快项目审批，安排专职人员全程跟踪，协助办理申报、注册手续等相关事宜。特别对于投资项目设备、货物通关由海关开设绿色通道，提高通关效率。对于有重大影响和特殊推动作用，投资金额大、产业关联度大、技术含量高、创税能力强的大型投资项目，可按照“一事一议、特事特办”的原则，具体磋商更加优惠的政策措施。

制定特殊行业发展的量体裁衣式发展政策。针对飞机租赁，给予投资抵免、加速折旧等优惠政策，允许同一租赁公司（集团）内的租赁主体盈亏互抵、合并纳税。针对航空维修业，支持综合保税区内企业选择包括航空产业项目在内的高技术含量、高附加值的项目开展境内外检测维修业务，并给予其急需零配件以通关便利条件。针对航空培训业，给予航空培训企业在综合保税区内使用的飞行模拟机等培训设备免除进口税收的待遇。

（五）共建区域协调联动发展机制

临空经济区的发展需要和总体发展战略，区域发展规划相协调，在京津冀协同发展战略布局下，要想实现三地机场的协同发展，必须打破行政区划，建立协同共建发展机制，成立跨省市的管理组织机构，以政府引导和市场配置原则为主导，积极发挥市场资源配置作用，实现对空域资源管理，机场功能定位，航线航班配置等方面的市场优化，同时完善综合交通系统，扩大财税政策优惠与支持，充分发挥区域协调联动，共同推动京津冀临空经济区协同发展。如京津冀三地政府和民航管理部门可以共同介入机场的协同发展，在航权协议、航线增辟和代码共享等方面进行直接谈判，以协调改善机场条件，共同降低机场费用等，以最终实现资源共享互利共赢的良好局面。

天津民营经济发展现状与问题研究

（天津市经济发展研究院　鹿英姿）

经济新常态下，面对国内外复杂严峻的形势，天津经济下行压力开始凸显。然而，与外资、国有经济相比，近年来天津民营经济却呈现快速发展态势，成为天津经济发展新亮点。本研究在深入挖掘近年来天津民营经济新特点的基础上，找出发展中存在的问题和不足，结合民营经济发达地区的经验与启示，提出了在面临供给侧结构性改革、京津冀协同发展和“一带一路”的三大新机遇下，如何保持天津民营经济持续、健康发展势头的对策建议，为未来天津经济发展、率先全面建成小康社会发挥更大支撑作用。

一、经济新常态下民营经济成为天津经济发展新亮点

近年来，民营经济发展迅速，规模效益、经济贡献、创业创新、转型升级等方面都取得突破性进展，经济指标大幅超过全市平均水平，成为天津经济发展的最大亮点。

（一）规模实力大幅增强

2011 年以来，天津民营经济进入发展快车道。特别是 2013 年市委、市政府出台的《关于进一步加快民营经济发展的意见》（27 号文件）后，天津民营经济发展势头愈加迅猛。2016 年，天津民营经济市场主体累计达到 79.33 万户，其中，新注册民营市场主体 16.59 万户，占全市新注册市场主体的比重达到 98%。民营经济增加值 8579.87 亿元，占全市生产总值比重高达 48%，同比增长 13.2%，高于全市平均水平 4.2 个百分点。[1] 规模以上民营工业企业

① 《2016 年天津市国民经济和社会发展统计公报》，http：//www.stats－tj.gov.cn/Item/26706.aspx。

实现总产值13735.78亿元，同比增长13.5%，高于全市平均水平7.8个百分点。规模以上民营工业增加值增长16.7%，高于全市平均水平8.3个百分点（见图1－1）。[①] 限额以上民营商品销售额16271.74亿元，同比增长20.7%，高于全市平均水平13个百分点。一大批总部级民营企业落户天津，如神州租车总部、紫光集成电路版块运营总部、京东电子商务自贸综合配套基地及贸易结算中心、搜房网区域总部、1号店综合网上购物中心等一批大项目、好项目均已建成运营，整体经营状况良好，为天津民营经济发展注入新的生机和活力。中华全国工商业联合会发布的“2016中国民营企业500强”榜单中，天津13家民营企业荣登榜单（见表1－1）。

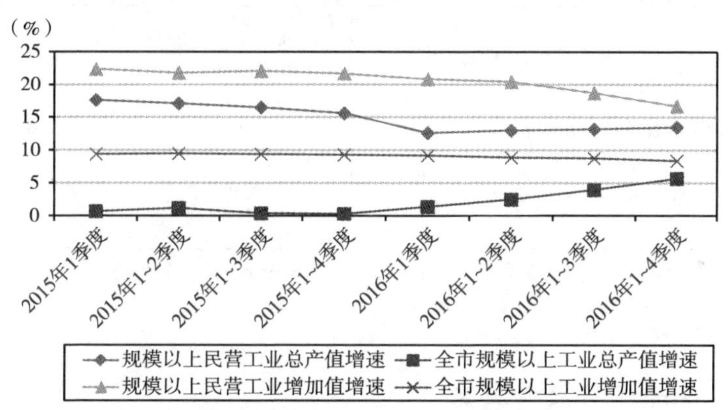

图1－1　全市和民营经济规模以上工业总产值、增加值增速对比

资料来源：天津市统计局编：《天津统计月报》，2015（3）（6）（9）（12）；天津市统计局编：《天津统计月报》，2016（3）（6）（9）（12）。

表1－1　　2016年天津市民营企业进入中国民营500强排行榜

排名	企业名称	所属行业	营业收入（万元）
57	天津荣程联合钢铁集团有限公司	黑色金属冶炼和压延加工业	5503839
75	长城汽车股份有限公司天津哈弗分公司	汽车制造业	4743797
80	天津宝迪农业科技股份有限公司	农副食品加工业	4560140
127	天狮集团有限公司	食品制造业	3320985
173	天津友发钢管集团股份有限公司	金属制品业	2616643

① 《2016年天津市民营经济主要情况》，http：//www.stats－tj.gov.cn/Item/26624.aspx，天津统计信息网。

续表

排名	企业名称	所属行业	营业收入（万元）
189	天士力控股集团有限公司	医药制造业	2411444
203	天津塑力线缆集团有限公司	铁路、船舶和其他运输设备制造业	2267043
262	天津俊安煤焦化工有限公司	批发业	1771240
310	天津亿联投资控股集团有限公司	房地产业	1560600
381	天津华北集团有限公司	有色金属冶炼和压延加工业	1312469
409	天津恒运能源集团股份有限公司	石油加工、炼焦和核燃料加工业	1231115
421	天津现代集团有限公司	房地产业	1201765
453	天津市恒兴钢业有限公司	有色金属冶炼和压延加工业	1106514

资料来源：中华全国工商业联合会发布：《2016 中国民营 500 强企业榜单》，http：//www. acfic. org. cn/web/c。

（二）经济贡献更加突出

民营经济在拉动投资、增加税收、稳定就业、扩大出口等方面发挥了更为突出的作用。2016 年，民间投资 8167. 98 亿元，增长 7. 6%，占全社会投资的比重为 55. 8%。民营经济实现税收 1322. 22 亿元，同比增长 18. 73%。前三季度，民营企业新增就业 20. 1 万人，增长 10. 3%，占全市新增就业比重 55. 1%。天津民营企业出口 113. 82 亿美元，同比增长 2. 45%，占全市出口的 25. 7%，比上年提高 4. 0 个百分点。共备案核准民营企业赴境外投资 195 家，中方投资额 228. 76 亿美元，分别占全市赴外投资企业总数的 89% 和 87. 33%（见图 1 –2）。①

① 《关于 2016 年全市民营经济发展工作的总结报告》，http：//www. smetj. gov. cn/testIndex/disp. jsp? id = 64，129&leixing = ju&zixuns = 23，中国中小企业天津网。

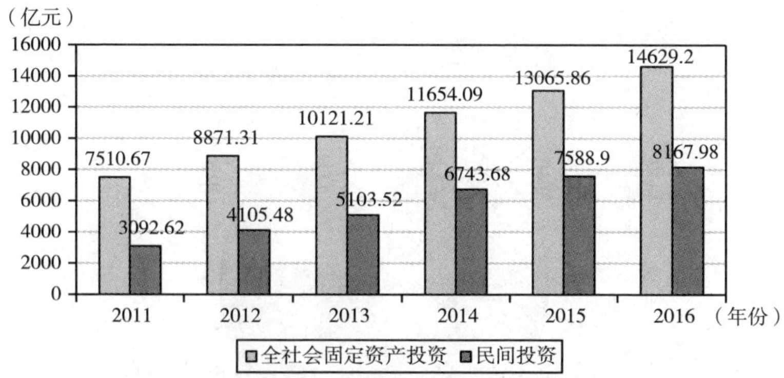

图 1－2　2011～2016 年天津市全社会固定资产投资和民间投资

资料来源：《天津统计年鉴》，相关年份；《天津统计月报》，相关年份。

（三）产业结构趋于优化

民营经济“三二一”产业格局基本形成。2016 年，民营经济增加值达到 8579.87 亿元，其中第三产业增加值 4707.26 亿元，比重已达 54.9%。休闲观光、绿色生态型的现代都市农业发展明显加快，航空航天、生物技术与健康、节能环保等战略性新兴产业，金融、物流、科技服务、文化创意、总部经济、楼宇经济、电子商务、服务外包等现代服务业的民营成分不断壮大。民营经济实现了“非禁即入”，经营领域涉及基础设施、政府工程、学历教育、医疗卫生、金融行业（见表 1－2、图 1－3）。

表 1－2　　2016 年各季度民营经济产业增加值比重　　单位：亿元，%

时间	全市民营经济增加值		产业类别						
			第一产业		第二产业		第三产业		
	绝对值	增速	绝对值	增速	绝对值	增速	绝对值	增速	比重
2015 年 1 季度	1633.00	13.7	22.74	2.4	809.43	18.7	800.83	8.9	49.0
1～2 季度	3659.35	13.7	88.57	2.0	1713.03	18.0	1857.75	9.9	50.1
1～3 季度	5749.27	13.9	137.76	2.5	2629.01	18.4	2982.50	9.5	51.9
1～4 季度	7781.42	13.5	209.25	2.5	3344.68	18.3	4227.49	9.4	54.3
2016 年 1 季度	1820.21	13.0	25.67	2.6	846.68	17.8	947.86	9.0	52.1
1～2 季度	3969.03	13.2	96.14	2.7	1676.33	18.0	2196.56	9.9	55.3
1～3 季度	6352.19	13.5	143.52	2.7	2857.34	16.9	3351.33	11.1	52.8
1～4 季度	8579.87	13.2	218.9	3.0	3653.71	14.9	4707.26	12.4	54.9

资料来源：天津市统计局编：《天津统计月报》，2015（3），2015（6），2015（9），2015（12），2016（3），2016（6），2016（9），2016（12）。

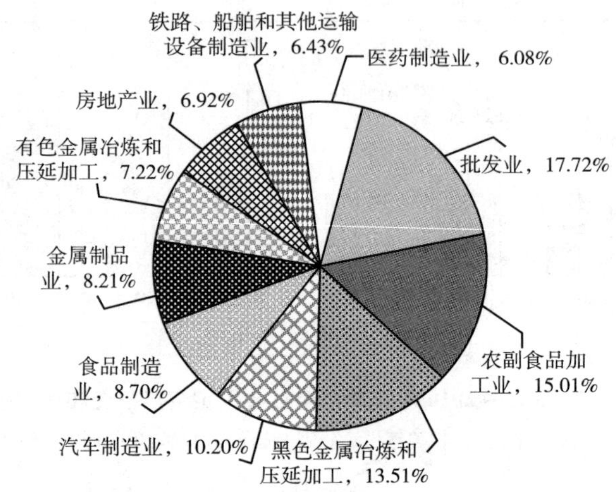

图 1－3　2015 年天津市民营企业分行业营业收入总额占比

资料来源：《2015 中国民营 500 强企业榜单》，中国产业信息网，http：//www. chyxx. com/top/201512/369826. html。

（四）集聚效应逐步凸显

各类工业园区和商务楼宇等载体建设不断加快，设施功能不断完善，成为民营企业经营和民间项目投资主阵地，涌现出一批主导产业明确、生态环境良好、经济效益突出、带动作用显著的示范工业园区，产生了一批物流楼、金融楼、科技楼、创意楼、律师楼等特色楼宇，促进了民营企业集群发展。截至 2016 年 9 月底，31 个示范工业园区民营注册企业 1. 49 万家，其中，驻区生产经营企业 4354 家，园区累计完成工业总产值 3520. 1 亿元，同比增长 21. 01%；实现营业收入 3677 亿元，同比增长 28. 35%；实现利润总额 241. 74 亿元，同比增长 12. 67%；上缴税金 162. 44 亿元，同比增长 23. 9%；拥有从业人员 42. 29 万人，同比增长 32. 9%。2016 年底，天津运营商务楼宇达到 785 座，实现税收 698. 1 亿元，税收超亿元楼宇达到 209 座。

（五）创新水平不断提高

通过健全产学研公共服务平台，完善民营企业技术创新和服务协作体系，实施知识产权培育工程，支持各类民企设立院士专家工作站、博士后工作站、重点实验室等国家和市级研发机构，全面提升民营企业创新能力。实施万家民企转型升级行动。一方面，加强对传统产业企业的分类指导，引导这些企业通过开展科技创新、商业模式创新、引入先进技术和工艺实施改造提升，加快向先进制造业、现代服务业和战略性新兴产业转型升级步伐；另一方面，大力实施精益管理创新工程，通过流程再造、管理提升，帮助民营企业建立科学、高效的现代企业管理制度，提升企业综合效益。2016 年底，民营科技型企业新增 1. 38 万家，累计达 8. 3 万家，占全市科技型中小企业的 95%，其中产值规模过亿元的民营科技企业新增 380 家，累计达 3310 家，占全市规模过亿元科技型企业 85%。

二、天津民营经济存在的问题

尽管经过近几年的发展天津民营经济取得了突破性成绩，但仍存在一些短板与不足。

（一）民企实力需要进一步壮大

天津民营企业大多是中小微企业，有规模、有品牌知名度、有影响力的大企业仍然较少，“小富即安”，不敢冒险，追求稳定的观念仍然存在，民营经济发展水平、规模、活力与全国发达地区相比还有一定的差距。如 2016 年中国民营企业 500 强天津仅有 13 家民营企业入榜，而浙江多达 134 家，广东达到 50 家；同时天津民营规模最大的民营企业荣程祥泰投资控股集团有限公司仅排在全国民营 500 强中的 55 位，缺乏像华为、苏宁、联想这样的“巨无霸”民营企业。

（二）产业结构需要进一步升级

天津民营经济的工业占比偏大，产业链条较短，传统加工制造业占比较高，传统制造业约占 85%，处在产业中低端环节，战略性新兴产业和高端制造业发展不足；传统的批发零售等商贸企业在第三产业比重较大，总部经济、创意经济、现代物流、电子商务等现代服务业明显不足，转型升级步伐需要加快。

（三）创新水平需要进一步提升

多数民营企业科技投入和研发能力不足，产品科技含量和附加值较低，产学研一体化和科技协同发展力量不强；大众创业的行业领域还不够宽，大众创业覆盖面不足，天津市经过认定的民营科技企业孵化器仅 110 家，小企业创业基地仅 78 家，特别缺乏具有核心竞争力的高新技术与高端产品。与民营发达城市相比，天津缺乏像腾讯、阿里巴巴、百度、华为这样的创新高科技民营企业。民营企业人才素质亟待提升，创新人才、高端人才紧缺。

（四）融资难题需要进一步破解

融资难融资贵问题仍需要解决。超过 70% 的民营企业通过商业银行贷款来解决资金问题。抵押贷款是银行贷款的主要形式，但大多数的民营企业都存在规模小、负债大、固定资产不多等情况，银行在给民企贷款时顾虑较多。而部分民企信用观念淡薄，违约率相对其他类型企业高得多，严重影响了民营企业整体信用形象。民营企业银行贷款与国有企业利息不是一个标准，往往超出许多。比如国有企业银行融资成本 8% 左右，而民营企业在农村信用社或者小额贷款公司借款年利率则为 15% 以上，加上评估、公正、担保等费用，往往达到 20% 甚至更高，使得企业不堪重负。

（五）发展环境需要进一步优化

对民营企业服务意识不强，有些部门重政策制定、轻宣传和落实，服务意识不够，有的存在“门好进、脸好看、事难办”和“弹簧门”“玻璃门”现象，有的存在不作为、慢作为、乱作为和办事效率低下问题。民营相关扶持政策有待完善和健全，政策的衔接上需要部门之间协调配合，民营企业经营成本高的问题仍然存在，民营经济投资热情有待进一步释放。

三、天津民营经济面临的新机遇

供给侧结构性改革、京津冀协同发展和“一带一路”倡议将为天津民营经济带来转型升级的动力、联动发展的活力和广阔的市场潜力。

（一）供给侧结构性改革为天津民营经济带来转型升级的动力

供给侧结构性改革，重点是解放和发展社会生产力，用改革的办法推进结构调整，减少无效和低端供给，扩大有效和中高端供给，增强供给结构对需求变化的适应性和灵活性，提高全要素生产率。供给侧结构性改革是我国适应、把握、引领经济新常态的主要抓手，这为民营经济的发展带来了利好。供给侧可以理解为企业侧、生产侧、生产要素侧。企业是产品和服务的供给主体，只有做强企业，充分激发企业的活力，才能提高市场的供给能力。从这一角度来看，民营企业就是供给侧的主体。结构性，即结构性改革、深化改革，是供给侧结构性改革的关键字和本质属性。因此，民营企业转型升级是当前供给侧结构性改革的核心问题之一，在供给侧改革攻坚中具有举足轻重的地位。

1. 创新驱动战略培育民营经济发展潜力

实施供给侧结构性改革就要摆脱传统粗放发展模式的路径依赖，培育新的增长动能，那就要将创新驱动战略贯穿始终，要从科技创新与制度创新两手发力。创新是决定民营经济未来发展的关键，民营企业机制灵活，富于创新，未来科技创新要向智能化、绿色化、服务化、低碳化与高端化方向引领。创新驱动战略实施与双创活动全力推进，对天津民营经济加速创新创业和产业优化升级必将产生前所未有的驱动力。制度创新是民营企业的原动力，制度创新有助于引导民营企业在产权制度、组织结构等方面探索新路子，有利于建立现代企业制度，推动民营企业实现结构战略性调整。

2. 发展混合所有制经济撬动民营经济发展动力

供给侧结构性改革涉及推进国有企业改革，提升国有经济效率，其中必不可少的就是推进混合所有制改革，这为吸引民营经济积极参与国企改革，努力实现国有资本与民营资本交叉持股、相互融合、共赢发展创造了良好契机。“两个毫不动摇”与“三个没有变”彰显了民营经济的重要地位，在稳增长、扩就业、促创新等方面作用凸显。因此，民营企业要敏锐地把握住混合所有制改革及市场出清带来的兼并重组、债务重组、破产清算等低成本扩张机遇，把握住降低实体经济成本行动带来的减税减负、轻装上阵的机遇，把握住扩大有效供给带来的培育新产业新业态、加快技术改造和装备更新、动能转换的机遇，打造一批体制机制创新、商业模式活、竞争力强的混合所有制企业将成为民营经济发展的新动力。

3. 制度性红利释放激发民营经济活力

释放制度红利，能够为民营企业的发展清障除碍，更加完善民营经济发展的政策环境。在激发民营经济发展基础活力上，制度红利就是要体现充分竞争，行政体制改革中下放审批权，让民营经济充分参与到市场竞争中，创造更多的效率与效益。明晰民营企业产权、规范管理民营企业、确立有效监督机制，将促使民营企业在提质增效、创新驱动的道路上走得更为长远。政府承担更多的服务职能，实施全面深化改革，减少行政干预，将给予民营经济更多实质有效的政策支撑，进一步完善市场环境，以制度红利的释放，激发民营经济发展的活力。

（二）京津冀协同发展战略为天津民营经济带来联动发展的活力

京津冀地区是我国经济最具活力、开放程度最高、创新能力最强、吸纳人口最多的地区之一，推动京津冀协同发展，是适应我国经济发展进入新常态，应对资源环境压力加大、区域发展不平衡矛盾日益突出等挑战，加快转变经济发展方式、培育增长新动力和新的增长极、优化区域发展格局的现实需要，意义十分重大。推动京津冀协同发展，也是探索改革路径、构建区域协调发展体制机制的需要。

1. 天津民营经济在协同发展中要发挥示范作用

推进京津冀协同发展、京津联动发展，是天津加快实现城市定位、服务首都、服务区域发展的重大机遇。天津民营经济作为最具发展活力的经济形态，不仅创新活力强、体制机制灵活，而且具有极强的环境适应能力，天津民营经济要借助天津的产业、公共服务、研发等独特优势，在承接首都高端制造业和生产性服务业大项目好项目的同时，更要辐射带动服务河北省发展。在拉动京津冀区域经济发展、提升区域市场竞争力中发挥重要作用。

2. 天津民营经济迎来协同创新的新动力

习近平总书记指出，必须“通过创新驱动来打造协同发展的新亮点”。天津市委、市政府把推进京津科技创新合作作为京津冀协同发展的重要内容，充分利用产业、区位和政策优势，无缝对接位于北京的国家部委、科研院所和高校资源，取得了阶段性成果。对于天津民营经济而言，紧紧抓住京津冀协同发展的战略机遇，增强民营企业创新活力，提升京津冀民营经济官产学研用金协同创新能力，加快民营企业转型升级步伐，有助于开创天津民营经济创新发展的新局面。

3. 天津民营经济迎来做大做强的新动力

三地民营经济在产业对接、信息互动资源共享、人才交流等多领域交流推动全方位互利合作，可使天津民营企业与北京和河北的民营企业扩大合作，为天津民营经济做大做强做优提供新的发展机遇。

（三）“一带一路”倡议为天津民营经济带来广阔的发展空间

当前，经济全球化深入发展，区域经济一体化加快推进，全球增长和贸易、投资格局正在酝酿深刻调整，建设“一带一路”（“丝绸之路经济带”和“21 世纪海上丝绸之路”），是以习近平同志为核心的党中央主动应对全球形势深刻变化、统筹国内国际两个大局作出的重大战略决策。它对推进我国新一轮对外开放和沿线国家共同发展意义重大。“一带一路”倡议构想的提出，契合沿线国家的共同需求，为沿线国家优势互补、开放发展开启了新的机遇之窗，也为天津民营经济发展开启了新的机遇之窗。

1. “一带一路”开拓民营经济市场空间

基础设施互联互通是“一带一路”建设的优先领域，未来将构建沟通欧亚非的经贸和交通网络，其中铁路、公路等交通运输网络，以及电力、通信、油气管网将成为基础设施建设重点，为天津民营经济相关工程、设备类企业带来巨大的市场。此外，“一带一路”也有助于天津其他优势行业的民营企业开拓境内外两个市场，获得广阔的市场空间。

2. “一带一路”助力民营企业“走出去”

“一带一路”倡议的推进实施为民营企业“走出去”提供一个大平台，加快民营经济“走出去”步伐，大大改善民营企业在沿线国家和地区的经营环境、增强自身经营能力、推进国际化进程、学习跨国经营理念，产生巨大的经济效益，在国际化大舞台上获取更大的成长空间。天津民营经济要主动作为，紧紧抓住这一机遇，与沿线国家和地区开展先进技术合作，推动优势产业走出去。

3. “一带一路”推动民营企业结构升级

“一带一路”倡议的推进实施，有利于民营企业将外部发达市场的先进技术、品牌渠道与天津本土强大的制造力和低成本相结合，若能把握好这一机遇，有利于促进天津民营经济结构升级，提升产品质量和技术含量，增强产业竞争力。

四、民营经济发达地区的经验借鉴

（一）江苏省吴江市

1. 突出企业主体，优化人才服务环境

民营经济的发展长期受困于人才这一局限。一方面，民营企业急需各类高素质的人才，另一方面，即使得到高素质人才后，也很难有效的留住人才并使其发挥最大潜能。民营经济在发展初期存在很多自身的固有弱点，所以仅仅凭借其自身的能力去解决繁杂的人力资源问题，会有很大的难度。地方政府在促进民营经济人力资源发展中能起到不可替代的作用。

（1）提供多样化的人力资源服务。

加强大企业高层经营管理团队和技术领军人才队伍建设，改变相当一部分企业由于缺乏高层管理人才，仍然是以中型企业管理模式在应付大型企业运作的被动局面。加大力度引进与培育适应新要求的企业实用人才，如采取厂校挂钩办法，定向培养企业急需中高级技术工人。加强人力资源管理的猎头功能，并不断加强企业员工培训工作，提高企业全员素质。建立市领导与优秀人才联系制度，成立博士联谊会、科技领军人才俱乐部、人事经理协会等组织。筹建人力资源服务产业园，以优惠的政策，积极吸引国内外知名人力资源机构进驻。

（2）选才用才对接企业需求。

一是人才选拔对接主导产业。一方面引进海内外高层次人才携带产业化项目，与地方民营企业对接，促成新产品研发，改善企业人才结构；另一方面鼓励企业与相关高校优势学科加强联系，深入开展产学研合作，吸引集聚一批主导产业、重点领域的高层次人才。二是人才服务要对接重点项目。以产业园区为平台，进一步集聚各类高端人才，打造高端人才增长极。三是企业发展要对接人才需求。加强工作创新，着力解决创业支持、融资贷款等人才发展中的突出问题，形成人才、政策、资金、项目四位一体的工作机制。发挥领军人才服务中心、海外人才服务中心的作用，切实把各种服务功能整合起来。不断提高人才对吴江的融入度和认同感，让更多的人才乐居在本地。

2. 改善投资环境，打造行政服务新干线

民营经济的发展，离不开行政服务的发展，只有为民营经济创业营造良好的环境，实行低门槛进入，低成本扩张，为企业提供保姆式服务，才能打造高水平的政府服务和低水平的商务成本的区域竞争优势。大力推进“大部制”行政服务改革，进一步深化行政管理体制改革、建设服务型政府。按照“一门受理、提前介入、同步审批、集中回复、信息共享、公开透明、限时办结”的要求，打破以往按行政职能部门设置窗口建置格局，而是按内、外资企业投资项目审批链来组合，将所涉及的行政服务事项集中进驻一个综合窗口。每一个综合窗口由一个主要部门牵头负责，相关部门协同理顺审批链业务衔接、精简办事环节、编制办事流程、设定办事岗位、建设高效流水作业线，按照“首问负责、同步并行”的原则实行并联审批。着力删减在同一部门办理不同事项重复提交的材料，实行同一部门“一个项目一档制”。推进“大部制”行政服务改革，能有效整合行政资源、转变服务方式、规范服务行为和清理服务职责，搭建行政审批服务的新平台，优化行政服务的目的，为民营经济发展搭建低成本平台。

3. 引导民营工业经济的结构调整与产业升级

国际国内金融环境的不景气等因素，把民营工业经济的结构调整与产业升级这个问题又推到了风口浪尖。针对融资成本上升、用工成本上升、节能减排费用上升、工业经济效益下滑的新情况，民营经济必须面对现实迎难而进。确立以转型升级、苦练内功、加强管理的途径来化解矛盾，克服困难。

（1）把握发展主动权。

深入分析当前的经济形势，从大方向来说，虽然我国经济增速出现回落，但我国的市场经济仍旧处于一个发展的战略机遇期。吴江市坚定不移地鼓励地方民营企业从事实体经济，牢牢把握经济主动权，不断做大做强企业。首先是不放松企业战略发展方针与实施战略项目措施，特别是优势产业抢抓机遇，充分利用国家稳增长、调结构的发展政策，加大力度打造特大型企业。其次是关注投资潜力大的新领域和战略性新兴产业，着力培育一批新兴产业项目，形成新增长点，与此同时，也注意新兴产业产品的市场预测调查，防止新兴产业形成的产能过剩。最后针对传统产业的市场变化趋势，做好克服困难的准备，认真审视在建项目和准备投入项目的市场变化状况、资金落实情况与项目上马后各项生产要素落实情况，以稳扎稳打的方针，有保有压，合理科学地稳中求进。

细化分解全市工业经济转型升级目标任务，把各项目标任务落实到部门，落实到个人，加强指导、真督实查，确保完成时序进度。严格把握能耗准入门槛，以倒逼机制加速淘汰落后产能，大幅降低单位 GDP 能耗。引导企业强化创新和品牌意识，把改造提升传统产业与培育发展新兴产业结合。引导传统产业加大技改投入，提高技术含量增加产品附加值。引导新兴产业加大科技研发掌握核心技术，引导企业与创投机构对接实现跨越发展。在市场的发展上注重规划和转型，与城市总体规划、土地利用规划相衔接，与重点产业发展规划相协调，降低企业竞争成本，提高企业竞争能力。

（2）加速开拓国内外市场。

从国内市场来讲，一是着力帮助企业争抢订单，采取多种方式帮助企业抢抓订单、留住客户，防止企业因为暂时没有订单而丧失活下来的机会、丧失调结构的机会、丧失新一轮发展的机会。二是引导企业探索灵活多样的营销方式，以外发加工的方式，从单一的大生产格局中脱离出来，更集中精力搞研发做贸易，提高产品的质量和吸引力。三是引导并支持企业千方百计巩固老市场，开拓新兴市场，不断攻城略地，扩大销售范围。针对国内的新形势，采取新措施新手段，先发制人占领市场。依托互联网平台，打好网络销售攻坚战，网店的模式灵活多样，中间环节少，能有效地扩大销售范围。

从国外市场来讲，一是奖励外贸出口重点企业。对出口额大、上缴税收多、就业贡献大的重点民营企业要加大奖励力度，鼓励加工贸易龙头企业转型升级、打造出口名牌。加大企业进出口展会参展费用的支持力度，提高对进出口信用保险的扶持力度，鼓励企业培育境外销售网点承接境外总承包工程。二是把握当前国际经济局势，引导企业购买欧美优质资产，掌握境外高新技术。商务等部门紧盯欧美金融态势和人民币汇率、利率动态，做好信息收集和研判，为民营经济占领国际市场提供前瞻性对策建议，确保企业更好地应对全球经济波动，更好地开拓市场。三是加快“走出去”步伐。在引导企业巩固老市场的同时，深入开拓南美、非洲、俄罗斯、中亚等新兴市场，优化国际市场布局。推进跨境人民币结算，帮助企业更好融入全球化。坚持投资主体留在本地，低端生产环节全球布局。

（3）出好政策用好政策。

一方面针对能源、铁路、金融、市政、教育、医疗等领域的投资逐步向民营开放市场，鼓励有实力的民营企业做好准备，捷足先登进入战略性投资领域和民生惠民工程，发展壮大民营企业实力。另一方面利用国家减免税负政策倾向鼓励支持实体经济。制造业实体经济尤其是小型微型企业，就业型企业和从事服务业企业要振奋信心快速反应，充分借助政策效应，以提升企业竞争力。另外，帮助有条件的民营工业企业认真研究把握中央和地方政府扶持工业经济转型升级的有关政策，主动做好企业项目的相关申报工作，借助政府扶持政策措施，创建民营企业新的竞争优势。

4. 完善民营企业融资服务体系

民营企业绝大多数为中小微企业，普遍存在融资成本高、获得银行贷款难的困境，即使民营企业获得贷款也以短期为主，一旦宏观经济形势发生变化难以展期或续贷就会导致资金链断裂等问题。地方政府应帮助中小微民营企业积极寻找出路。

（1）加快建设小型金融机构。

一是加强对担保公司规范化管理。完善担保机构风险控制和资金补偿、奖励机制，鼓励担保机构进一步扩大担保业务。认真开展担保机构信用评价工作，鼓励有实力、素质好、业务广、信誉高的担保机构，延伸发展小贷公司、村镇银行，发挥优势，更加有效地服务于民营企业。二是稳步发展小贷公司。要引导企业确立长远发展、多元化运营的工作理念，结合自身特色，培植适应自我生存发展的客户群体；加强业务合作，借助金融的力量来提升经营层次；适度把握利率，树立良好的社会影响和品牌形象；深化市场调研，不断寻求和积极探索新业务空间。三是大力培育村镇银行。要引导村镇银行突出本地化，更多地吸收当地企业和个人参股；实施战略导向监管，确保坚持服务“三农”和中小微企业的市场定位。四是筹建民间借贷服务中心。建立民间借贷服务中心的必要性在于能够为民间资本提供一个合法、阳光的平台，为借贷双方解决信息不对称的问题。五是设立转贷应急服务基金，为发展前景好、生产经营稳定的中小微民营企业因偶然原因、资金周转临时短缺的短时间困难，提供为时一周左右的转贷应急基金，帮助这部分企业缓解一时的转贷难题。

（2）完善中小微民营企业信贷服务体系。

一是建立专营机构。按照“专业化、集约化”经营原则，设置各商业银行中小企业专营机构，构建中小企业专营服务体系，确定中小企业专项信贷规模，配备专业管理部门、管理人员和专职客户经理队伍，提供“一站式”服务。二是优化信贷流程。建立涵盖中小企业的行业准入、客户准入、贷前调查、贷时审查、贷后管理以及众多金融产品在内的信贷制度体系，整合“评级、授信、评估、审查”，实现审批四合一，提高效率。三是创新金融产品。为中小微民营企业的特殊信贷要求，要量体裁衣，提供个性化的金融服务与产品，可以是不同币种、期限、额度的全面组合等。根据企业生命周期各个阶段的不同特点，为企业度身定做一系列的信贷品种：在创办的初级阶段，可以开发小企业抵押贷款业务等；在企业进入正常的运转后，如果因为缺少抵押和担保而贷不到款，则可以创新贷款担保抵押方式等；在企业进入发展阶段，需要外购技术设备，可推出设备融资租赁服务；在拓展海外市场后，可开办押汇、国际保理等。四是拓展营销联盟。银行要加强同实力强的担保公司、小贷公司、资产监管公司、融资租赁公司、保险公司等中介机构合作，建立多元化的合作联盟，积极试行小企业年度授信、企业联保小组取保贷款、“银行＋担保＋保险”等多种方式营销，从而有效化解中小微民营企业担保难与信贷抵押难的矛盾。五是建立健全金融联席会议制度。在市政府金融办的协调下，每季度对全市资金流转使用情况进行分析、研判，加强对各商业银行、小贷机构、担保公司及相关金融部门运营情况的监管，维护正常金融秩序，发现苗子性问题及时有效地化解在萌芽状态。

5. 腾笼换凤提高土地利用率

我国土地管理政策日趋严格，土地储备不足成为制约项目引进，进而制约地方经济发展的瓶颈之一。通过“腾笼换凤”实现围墙内增长，淘汰低效益项目，引进“亩产效益”高的技术项目，提高土地利用效率，可以有效推进招商项目的落实，推动产业结构的调整。

（1）盘活存量土地提高利用产出率。

要按照积极盘活存量建设用地、提高现有建设用地利用率的原则，合理确定“腾笼”的范围。对建成后经营困难甚至停产的项目，要按照相关政策规定，以租赁或者买断等方式把土地、厂房转让出去；征地入驻以后迟迟不能开工建设且短时间内开工无望的项目，可以按照相关政策规定，引导企业间转让或者通过政府回购等形式收回，进而引进投资能力强、环境污染轻、技术含量高的项目入驻；对占地面积大而建筑面积小的项目，要重新评估企业需要，要求企业根据实际需要加大投入，提高土地利用率和产出率，或者将多余地块转让给新的项目。当然，在“腾笼”的同时，政府要兼顾好业主的合法利益，起到一个合格的中间人的作用，为需入驻和需迁出的项目提供优质的服务，解决可能产生的问题和矛盾，确保转让工作顺利进行。

（2）政府统一规划盘活土地利用储备。

研究出台鼓励存量土地再利用的激励机制，鼓励各区回购、储备土地，通过多种方式加快企业结构调整，盘活闲置的土地，激活低效的土地，用好回购的土地。把各地盘活存量土地的能力与给予土地增量的指标相互挂钩，同时，进一步优化存量土地再利用的相关程序和手续，对产业结构调整和存量土地利用工作做得较好的，在安排土地指标时给予适当倾斜。对企业在转型升级调整中符合条件的盘活存量土地的行为，按规定给予一定的税费减免。鼓励和引进新企业租用或购买闲置厂房，挖掘用地潜力，企业之间转让土地厂房的，如果新上项目符合本地产业发展的方向且投资强度和土地利用效率符合规定的，可以考虑在土地房产转让的税收方面给予一定的优惠。推动企业并购，通过并购提升原有企业的产业层次，促进企业转型发展。引导现有重点民营企业尤其是加工贸易企业转型升级，向研发、销售和总部经济方向发展。对现有企业用地进行效益分析和评估，单位面积投资强度不够的企业，要适当给予增容、加压，对重点发展的产业和企业，按照产业链和产业集群关系集中布局，鼓励增资。加大对企业厂房改造的资金扶持力度，鼓励现有企业提高厂区土地利用率，如厂房加层，改、扩建，适当提高容积率等，政府要出台相应的扶持政策。

（3）优化招商选资避免二次“腾笼”。

对新引进的“凤”要全面考量，腾出的“笼”应该首先提供给低耗高效的企业，这是保证产业转型提升的根本。在招商选资过程中，要重产业结构调整、优化升级和产业链培育，把招商引资重点放在引进资源节约型、科技创新型、产业带动型、生态环保型项目上。科学合理地设置准入条件，并通过制定项目评价体系，逐步提高“门槛”，有选择地引进科技含量高、投资规模大、经济效益好、污染程度低的项目，在土地再次利用时严格投资强度、土地产出率、建筑容积率、建筑密度等标准，从土地利用、土地产出和土地效益各方面发挥用地在产业结构调整中的作用。另外，对工业项目在实施及运营阶段的进展情况进行评估，即对工业项目用地批而未征、供而未用、用而未果及实际用地效益等情况进行评估，保证土地有效利用。

（二）浙江省

1. 减轻企业负担

一是全面落实国家对企业的各类税收优惠政策，包括营业税改增值税、出口退税、高新技术企业企业所得税优惠等，积极落实小型微利企业所得税减免政策、研发费用加计扣除政策等，使税收优惠政策真正落到实处。二是为民营企业提供服务解决困难，确立就业工作优先地位。允许困难企业在一定时期内缓缴社会保险费。使用失业保险基金帮助困难企业稳定就业岗位。支持困难企业通过开展职工在岗培训等方式稳定职工队伍。鼓励和引导职工与企业依法平等协商，采取多种措施共渡难关。

2. 缓解民营企业融资难问题

一是创新金融产品，拓展民营企业多元化融资渠道。积极推动一批成长性好的民营企业上市，拓展民营企业多元化融资渠道，推进无形资产质押和农民住宅产权、林权抵押贷款改革。二是不断加强民营企业信用担保体系建设，提高民营企业的融资服务功能。稳步推进小额贷款公司规范发展，完善民营企业金融服务体系。加大财政投入，引导资本流动，促进产业升级。安排省级小企业贷款风险补偿资金，推动金融机构增加小企业贷款。通过引导基金等形式，加强省市联动，通过参股、融资担保等方式扶持股权投资企业的设立和发展，引导民营资本直接投资创新企业，促进产业升级。

3. 扶持民营企业自主创新驱动转型升级

一是强化和完善技术创新体系、动力激励机制、市场导向的倒逼机制和产学研合作机制。加大中小企业技术改造投入，制定出台相关政策和标准，加快转型升级。加大技术改造工程和龙头骨干企业技术赶超计划实施力度，省级财政安排专项资金支持龙头企业技术改造，以此带动中小企业和块状经济转型升级。对企业研发资金补贴，帮助企业申请国家重大科技项目资金。省财政设立了转型升级专项资金，用于扶助重点产业、重点企业和重点技术改造项目。二是着力推动制造业转型升级。浙江省委、省政府以《关于加快工业转型升级的实施意见》为总纲，制定出台了9项配套政策，11+1个重点产业转型升级规划。省政府还请来国内顶尖专家，举办了纺织、汽车等9个专题的工业转型升级系列报告会。建立首席专家制度，针对不同行业的特点和区域特征，组建专家组，加强智力支撑。制定出台了《浙江省限制和淘汰制造业落后生产能力目录》，逐步建立科学统一的落后生产能力界定标准。

4. 加强要素保障和协调推动

完善土地、环保、规划等投资项目审批联动机制，加快项目前期审核报批、政策处理和组织实施等工作。建立土地、资金等要素保障机制。省级有关部门和金融机构建立了重大项目的土地、资金等要素保障协调机制，着力解决建设用地空间结构和占补平衡问题。实施政府主导性重大建设项目计划，实施农房改造和保障性住房建设。加强政府对企业生产要素方面存在问题的服务和解决。

5. 及时介入企业破产重组

浙江各级政府建立健全政府、司法、金融等部门共同参与的经济金融风险预警和处置机制，采取综合措施预防和化解企业债务危机。积极处置区域性龙头企业资金链断裂事件，并及时介入企业破产重组，帮助企业重新生产经营，化解因行业龙头企业资金链断裂而造成众多中小企业乃至该行业陷入资金和经营危机。

6. 支持企业大力拓展市场

一是加大财政对外经贸发展的扶持力度，加快出口商品结构调整。加强企业品牌建设，鼓励企业开拓国内外市场。大力发展国际服务贸易，加快出口退税进度。努力稳定外贸出口，及时足额办理企业出口退税，鼓励广大企业参加国内外各类展会。二是省级财政安排外贸发展资金，同时安排信用保险风险基金，扶持企业拓展海外市场。鼓励广大企业参加国内外各类展会，对企业参加的境外重点展会，给予展位费全额补贴，对企业自行参加的其他境内展会给予70%补贴，对自营出口企业投保出口信用保险给予50%的保险费补贴。三是实施“万企电子商务推进工程”，完善交易、支付和商品配送等保障体系，引导支持企业利用电子商务开拓市场。

五、促进天津市民营经济发展的对策建议

面对新机遇，借鉴民营经济发达地区发展经验，未来天津民营经济的发展要以做大做强做优为基础，以转型升级为核心，以科技创新为动力，以解决融资难题、助推“走出去”、政府优化环境为补充，使民营经济成为“十三五”时期天津经济增长的新主力，开创天津民营经济发展活力新局面。

（一）做大做强做优民营经济

1. 深入实施民营大企业大集团战略

加快培育民营龙头企业。坚持“主体自愿、市场运作、政策引导”的原则，继续推进实施百户民企集团培育发展行动。优选100多户诚信好、实力强、潜力大的民营企业，纳入重点培育计划，构建企业动态数据库，健全“包户帮扶”工作机制，组织开展个性化咨询诊断服务，引导企业通过资本运作、创新改造等途径，扩规模、提质量、增效益。加快培育一批营业收入超5亿元、10亿元、50亿元、100亿元的民营大企业大集团。引导企业通过兼并等方式组建企业集团，实施大企业多元化发展战略，通过配套协作延伸产业链，带动中小民营企业发展，发挥民营企业产业集聚的效应。

2. 加快推进民企上市步伐

按照“辅导一批、股改一批、挂牌一批、上市一批”思路，加强分类指导和跟踪服务，积极辅导民营企业股份制改造和挂牌上市。完善企业上市资源储备机制，在摸清企业底数和了解企业意愿基础上，以市场前景好、发展潜力大民营科技小巨人企业和主业突出、竞争力强民营企业为重点，制定上市后备企业名录和帮扶清单，重点搞好股改辅导，全程做好跟踪服务。积极推动挂牌和上市民营企业再融资。支持“新三板”挂牌企业提高做市率，帮助符合条件民营企业转板，加快并购重组、转型升级和提质增效。引导上市企业积极利用增发、配股、优先股、公司债、可转债等工具再融资。

3. 引导民营经济参与混合所有制改革

发展一批民营资本、国有资本交叉持股和相互融合的混合所有制大企业大集团。加强民企、国企项目信息对接沟通交流。加强国企改革信息公开，及时发布国企改制重组、招股招商信息，以及国有投资项目清单。支持民营企业与国有企业通过投资入股、联合投资、并购重组等方式，进行股权融合、战略合作、资源整合。支持民营投资主体通过出资入股、收购股权、认购可转债、股权置换等方式，参与国有企业改制重组或国有控股上市公司增资扩股以及国有企业经营管理。支持发展潜力大、成长性强的民营企业吸引国有资本入股，借助国有资本运作平台，在公共服务、高新技术、生态环境保护和战略性产业等重点领域加大投资。

4. 加强京津民企合作

充分发挥京津两地工商联、商会协会等桥梁纽带作用，探索建立跨区域的商会、协会联盟，通过搭建合作平台、加大招商力度，努力争取一批北京及周边各类知名民企总部落户天津市。用足用好滨海—中关村科技园、未来科技城京津合作示范区等重大合作载体。

5. 提升人才与品牌的竞争力

提升竞争力最重要的是人才队伍的建设，注重人才的专业化、市场化与标准化，最后形成规模化。企业的竞争归根到底是人才的竞争，对于民营经济做强、做大的竞争关键不仅依靠设备的先进与技术的领先，更要培养高素质的人才资源。这就需要民营企业实现科学的现代化管理模式，改变用人观念，把握企业的核心人才优势，才会提升企业综合竞争力。品牌就犹如企业的形象，树立品牌意识，实施品牌策划战略，形成具有民营企业自身的经营理念与价值观，不断提升品牌竞争力，维护企业形象，既是企业的无形资产，也是民营企业经营与发展的推动力，更是民营经济企业软实力的凸显。

（二）加快民营经济转型升级

1. 实施转型升级行动

通过改造提升、产业转型、关停重组、载体升级等路径，推进民营企业向新技术、新工艺、新设备、新材料、新业态“五新”方向转型升级，减少无效和低端供给，扩大有效、中高端、绿色供给，打造一批具有国际竞争力的产业集群。引导传统民营企业创新营销模式和服务方式，加快机械、轻纺、汽车等行业企业生产设备的智能化改造。

2. 优化升级民营产业结构

构建以服务经济为主体、先进制造业为支撑、都市型农业为补充的现代产业新体系。加速传统民营产业转型升级，引导企业创新营销模式和服务方式，加快机械、轻纺、汽车等行业企业生产设备的智能化改造。支持民营经济大力发展高端装备、新一代信息技术、航空航天、节能与新能源汽车、生物医药、节能环保等战略性新兴产业，促进物联网、云计算、大数据等创新技术广泛应用，引导民企发展可穿戴设备、网络信息安全、3D 打印等新兴业态。推进民营经济发展现代物流、服务外包、航运服务、现代金融、跨境电商等高端生产性服务业，支持民营企业发展文化创意、绿色低碳、休闲旅游、养老服务等生活型服务业，开发线上线下有机结合的服务产品。

3. 推动民企绿色低碳循环发展

加快淘汰落后产能，整治“三高两低”（高能耗、高污染、高排放、低效益、低产出）民营企业，彻底关停环境污染严重、安全隐患突出的企业，大幅减少废水、废气、废渣排放。推动钢铁、有色、建材、石油化工、造纸、印染等重点行业民营企业节能减排，对节能量较大的改造项目给予奖励。大力培育绿色民营企业，鼓励企业生态设计，开发绿色产品，推行产品全生命周期绿色管理，引导传统企业绿色转型。推进循环低碳发展，加快推进民营企业走资源循环高效、能源梯级利用、水资源循环利用、废物交换利用的循环经济发展之路。支持民营企业积极发展资源综合利用和再制造、海水淡化、污水处理等循环经济产业。

（三）促进民营企业创新创业再创造

1. 培育民营企业创新能力

围绕先进制造领域，加大研发投入，开展重大科技攻关，突破一批核心关键技术，开发一批人无我有、人有我优、人优我特的拳头产品，提升企业核心竞争力。支持民营企业研发拥有自主知识产权的技术和产品，增强对知识产权创造、运用、保护和管理的能力，支持民营企业参与国家、市级的重大科技计划。加大民企创新产品的政府采购规模，促进民企创新产品研发和规模化生产。加速民营创新要素集聚，面向全球引进高端科技领军人才和高层次创新型人才，积极引进首都大院大所、科研机构来津聚集。落实科技企业孵化器、大学科技园、研发费用加计扣除、固定资产加速折旧等税收优惠政策。

2. 培育企业创新主体

打造一批“专精特新”民营企业，专业化是民营企业的核心，引导民企走专业化、精细化、特色化、新颖化发展之路。大力培育和发展民营科技型企业和高新技术企业，优化政府公共服务、技术平台服务、科技金融服务和园区服务，实施“高企成长路线图”计划，建设智能工厂/数字化车间，以智能制造、机器替代、自动控制为重点，加快推进智能制造和互联网、云计算、大数据产业化发展进程。促进制造企业向柔性、智能、数字生产转变。

3. 培育产学研创新联盟

支持民企与国内外高校、科研院所、研发机构等联合建立一批高水平的院士专家工作站、博士后工作站、实验室、工程中心、跨境研发中心等。加强与高职院校合作，培养具有“工匠精神”的高技能人才。开展专利消零和专利强企行动，推行订单研发，开展协同创新和关键技术联合攻关。鼓励科研机构利用仪器设备、自有房屋、土地等资源，与民营企业共建科技企业孵化器。促进高校融合与协同创新，提升天津高校科技创新水平与成果转化效率，建设以民营科技型企业为龙头，上下游企业、高校科研院所、行业协会、中介机构等多方参与的产业创新联盟，使用优质的科技创新资源。

4. 激发创业创新活力

提振民营企业家信心，借鉴江苏、浙江外地经验，全面激发以民营企业家为主导的全社会创新创业活力。落实鼓励创业政策，支持企事业单位工作人员、科技人员、留学回国人员、高校毕业生、农民、复转军人、失业人员和残疾人、个体工商户等更多有梦想、有意愿、有能力的各类人才创办民营企业。大力吸引境内外人才来津创业，对领军人才、高端人才给予特殊奖励，落实配偶就业、子女入学、医疗、住房、社会保障等政策。建立重点产业、行业、企业人才需求动态监测体系，促进创业人员与岗位需求对接。加快完善创业创新教育体系，将创业创新课程纳入学分管理，建立在线开放课程学习和学分认定制度。培育创业载体，推进“雏鹰计划”，支持双创小微企业基地建设。打造一批低成本、便利化、全要素、开放式的高水平众创空间。鼓励发展众创、众包、众扶、众筹运营模式，实施众创空间示范工程。建设一批研发设计、科技中介、金融服务、中试孵化、成果交易、认证检测等具有较强专业化服务能力的众创服务平台，为创业者提供“一站式”创业服务。

（四）完善民营经济融资服务体系

1. 拓宽民营企业融资渠道

优化信贷结构，搭建融资平台，全力支持民营经济的发展。多方面增加对民营企业融资支持，完善商业银行信贷管理办法，鼓励商业银行扩大对民营企业的信贷服务，成立服务于民营企业的商业银行和投资公司。同时，构建有效的民营企业自主创新融资平台，引导民间投资以多种形式参与民营企业资本运营，构建多层次资本市场满足民营企业吸纳资金的需要。

2. 推进民营企业信用制度建设

民营企业加强产品质量管理，构建现代企业管理模式，落实质量主体责任，完善自律机制，保证资金的顺利借贷流转，提升企业的资信度和诚信度，提高民营企业的信用水平。明晰民营企业产权制度，加强对民营企业的信用监管，建立完备的民营企业信用机制，以完善企业信息库为切入点，健全信用发展的保障机制。构建民营企业征信的中介机构，形成信用产业链，规范民营企业信用行为，加强民营企业信用建设，促进民营企业的可持续发展。

3. 加快融资担保体系建设

建立完善的民营企业信用担保制度，增加融资担保机构，有效解决民营企业、创新创业的资金难题。民营企业信用担保体系逐渐向政府引导、市场主导转变，充分利用商业化担保和民间互助性担保的优势，健全信用担保机构准入规则、风险控制等内容的法律法规。构建“一体两翼”的民营企业信用担保体系，即以政府为主体，支持商业性担保和民间互助担保为信用担保的联合体，完善信用担保风险补偿机制，探索新型信用担保运作模式。拓宽民营企业融资渠道，建立民营企业的信用担保基金，加强信用基础建设，完善民营企业的信用担保环境，促进民营企业融资的良性循环。

（五）实施民营企业“走出去”战略

1. 深度融入“一带一路”建设

民营经济是参与“一带一路”建设“走出去”的生力军，随着国家“一带一路”倡议规划的深入实施，民营企业具有风险研判与承担、在体制机制的灵活性等方面具有天生的优势，要加大对民营企业参与“一带一路”建设的支持力度。鼓励民营企业抓住“一带一路”和中韩、中澳自贸区建设的重大机遇，利用自身比较优势，在铁路桥梁建设、油气管道、通信设备、工程机械、健康医疗、清洁能源、新金融等领域和行业加大投资和开展深度合作。推动民营企业在沿线国家和地区对外投资，占据主动，实现产业转移和产能合作，推动中国品牌与产品国际化，促进民营经济与世界经济的深度融合。

2. 提高民营企业跨国经营能力

民营企业在国际化人才瓶颈和跨国经营能力上还存在不足。民营企业在国家实施鼓励“走出去”的政策下，享受到相应的金融支持与税收优惠等政策，但是从自身的制约因素出发，仍然需要依靠核心竞争力，才能保持民营企业的活力与生命力。借鉴江苏、浙江“走出去”的丰富经验，开拓跨国战略思维，加强专业技术人才队伍建设，建立国际化人才的管理体系，形成人才梯队，制定激励人才机制的措施，释放人才能量，激活民营企业的活力。在国际竞争中，提高对境外投资风险的预估能力，注重法律与经济安全的风险防范，提高民营企业跨国经营的综合能力。

3. 完善境外投资服务平台

借助工商联、商会等民营企业服务平台，获取法律、知识产权等专业服务，及时了解国内外经济形势、投资政策与行业标准信息，争取中介合作机会；依托平台，借助大型民营企业的主力军作用，协助民营企业产业链协同发展；通过服务平台的培训交流，学习与借鉴民营企业“走出去”的案例与经验，渗透先进的投资理念与管理机制，分析对比民营企业自身优劣势，借助服务载体与平台，提高民营企业走出去的组织化程度，获取更多民企助力保障。扎实推进境外投资咨询服务平台、苏伊士合作区和市级境外产业园区建设，为天津民营企业提供良好的对外投资发展空间。

（六）强化政府服务职能

1. 继续实施简政放权

巩固拓展“十个一”改革成果，坚持放管结合，推行负面清单制度，减少行政权、弱化审批权、规范决策权、监督执法权，强化事中事后监管。执行国家市场准入等负面清单，破除不合理的行业准入限制。政府除审批或核准关系国家安全和影响资源环境的项目外，其他由投资者自主决策，从制度上杜绝“玻璃门”“弹簧门”现象。打破“信息孤岛”和“数据烟囱”，提升政府效能，建立网上办事厅为龙头，市、区、镇（街）为基础的三级政务服务体系，提供“一站式服务”“一个窗口对外”工作平台。提高行政审批效能，规范行政审批权，探索试行“多项合一、多证合一”改革，试行简易注销程序，推进商事登记便利化。

2. 构建“亲”“清”新型政商关系

政府部门要坦荡真诚同民营企业接触交往，特别是在民营企业遇到困难和问题情况下更要积极作为、靠前服务，对民营企业家多关注、多谈心、多引导，多沟通、多交流，帮助解决实际困难；同民营企业家的关系要清白、纯洁，不能有贪心私心，不能以权谋私，不能搞权钱交易。政府部门要多引导民营企业家加强自我学习、自我教育、自我提升，洁身自好，做到诚信守法办企业、光明正大搞经营，维护好自身社会形象，积极践行社会主义核心价值观，做爱国敬业、守法经营、创业创新、回报社会的典范，为天津经济持续发展做出更大贡献。

3. 降低民营企业成本

降成本已成为供给侧结构性改革的核心环节，要贯彻落实好国务院印发《降低实体经济企业成本工作方案》。降低制度性交易成本，形成民营经济的成本优势，清理规范中介服务。降低外部物流成本，推进流通体制改革，提高流通效率，创新与健全物流标准体系、城市物流配送体系，发展运输多式联运、甩挂运输和无车承运新模式。降低企业内部物流成本，在企业内部挖掘降低物流成本的潜力，创新物流模式，加快供应链管理模式转型升级。降低企业税费负担，实施涉企收费清单制度，规范清理不合理收费项目，推行收费项目公示制度，加强监督检查和问责。全面实施“营改增”，确保所有行业税负只减不增，降低民营制造业增值税税率。研究降低社会保险费、精简归并“五险一金”。降低民营企业融资成本与环境成本，鼓励企业绿色生产，支持企业走绿色低碳循环经济发展道路，设立提升改造专项基金，支持民营企业进行工业生态改造。

4. 健全公共服务体系

进一步转变政府职能，健全完善融资、创业、技术、培训、信息、质量等服务平台，为民营经济发展营造更加良好的发展环境。建立互联互通的民营经济公共服务平台网络，为企业发展提供快速、准确、及时的人才、技术、市场、融资等全面、高效、优质的信息和政策导向；建立和完善民营经济统计核算体系和动态监测指标体系。培育和发展社会中介服务组织，制定行业评价方法、标准及考核机制，规范发展社会中介服务市场。建立以产业集群为依托推进技术支持服务平台建设，整合社会培训资源建立中小企业培训基地，组织企业参与各类展览展销、贸易洽谈、产品推介等活动，助推企业提高产品市场占有率。建立和完善创业服务平台。加大创业辅导力度，利用社会各种资源，组织创业辅导和创业培训，依托和引导一批中介机构，开展政策、管理等方面的咨询服务，对创业者创办企业进行全程服务。建立和完善质量服务平台。大力推进管理创新，积极指导和帮助企业建立完善产品质量监测管理制度，强化国际标准、ISO 质量体系的建设和人员培训；大力实施名牌战略，帮助重点企业争创名牌产品，为企业以优质产品占领和拓宽市场服务；推进民营征信体系建设，融合金融、税务、海关、市场监管、建设、环保、安监、公安等相关部门的信息资源，建立市场主体信用信息档案，形成完善的失信惩罚和守信激励机制。

5. 拓宽民营投资领域

推进重点领域投融资机制体制改革，大力推广 PPP 模式，鼓励和支持社会资本特别是民间资本参与建设运营。推进政府和社会资本合作，及时发布有关信息。充分调动民间资本的积极性。支持民间资本以独资、参股、控股等多种形式进入政府投资行业、基础产业、新兴产业、现代服务业。鼓励民间资本投资社会事业。创新社会力量办学机制，鼓励民间资本通过独资、合资、合作等多种方式举办民办教育，探索发展股份制、混合所有制民办学校。在义务教育学校学生免除学杂费、免费获得国家规定课程教科书、补助中等职业学校免除学费标准方面，给予与公办学校相同的待遇；民办学校、民办医院建设享受与同级同类公办学校、公办医院同样的建设规费减免优惠；民办社会事业在电、水、气、热、排污等使用成本上与公办机构标准相同。鼓励民间投资投向养老、医疗卫生、特殊教育、公共文化等领域。

天津楼宇经济发展研究

（天津市财政科学研究所　于　兵）

楼宇经济是我国进入21世纪以后出现的全新概念，是一种都市特色经济。它是以城市经济为基础，以商务楼功能性板块和区域性设施为主要载体，以出租出售或开发经营为目标，以高度土地集约化利用为特征，以现代服务业发展为核心，通过开发楼宇引进各类企业，吸引其他相关产业集聚形成一定空间集聚从而引进税源，带动区域经济发展的一种新兴经济业态。在我国城市经济发展过程中，凡是利用新开发楼盘或闲置用房，通过出租、售卖、合作等形式，引进现代服务企业和都市型工业，从而培植新税源和新经济增长点，促进城市经济发展的经济活动均可称为“楼宇经济”。近年来，随着楼宇经济在国内不断发展，在某种程度上已成为衡量城市经济发展水平的重要标志。近几年，在市政府的领导下，全市有关部门大力推动楼宇经济加速发展，天津的楼宇经济规模和效益都得到了显著提升，当前，亟须总结工作成效，对照国内外相关领域的成功经验，分析存在的问题，为下一步推进楼宇经济发展提供有益借鉴和启示。

一、楼宇经济的价值及实践情况

（一）楼宇经济的产生及价值

1. 楼宇经济的产生背景

楼宇经济最早的身份是中央商务区（CBD），国际上比如美国曼哈顿、东京新宿、巴黎拉德芳斯、新加坡南岸区、法兰克福金融区、中国香港中环等。它是以商务楼、功能性板块和区域性设施为主要载体，以开发、出租楼宇引进各种企业，从而引进税源，带动区域经济发展为目标，以体现信约型、高密度为特点的一种经济形态。

在我国，“楼宇经济”首先出现在深圳、上海，继而向沿海发达城市渗透。楼宇经济的发展，有利于促进现代服务业的发展，充分带动周边的信息、金融、餐饮、购物等企业聚集发展，进而形成功能良好、配套齐全的商圈。最终有利于提高财政收入的聚集的能力。

2. 天津市发展楼宇经济的必要性与可行性

（1）有利于拓宽城市的发展空间，培育新的经济增长点。

进入21世纪后，天津市一直处于工业化、城市化加快发展阶段，对建设用地的需求不断增加，城区内土地开发程度比较高，待开发利用的空地已经很少。发展楼宇经济，可以变平面发展为立体发展，变实体经济为虚拟经济，向空间求发展，向楼宇要效益。楼宇经济所依托的商务写字楼汇聚了大量的人流、资金流和信息流，实现了在高价位上的土地再开发，能达到可观的利润空间，财富效应显著。

（2）有利于促进天津市现代服务业发展，加快经济结构调整。

现代服务业为楼宇经济发展提出大量需求。随着天津市工业的外迁和比例的降低，现代服务业已逐渐成为天津市产业发展支柱和方向。中心城区要实现全面提升，必须在提高发展质量和效益上下功夫，集中力量发展现代金融、现代物流、信息科技服务、总部经济、文化创新等产业，增强财富，富裕群众，努力形成以服务型经济为主的产业结构。楼宇经济是中心城区发展服务业一个重点。楼宇经济使众多的商务写字楼集聚在一定的区域内，产生大量的信息服务、咨询服务、中心服务和物业服务市场，能够带动周边的信息、金融、餐饮、购物等企业聚集发展，加快形成功能良好、配套齐全的商圈，同时楼宇中聚集大量企业和员工，产生大量知识培训、文化娱乐、交通住宿等需求，这些都能促进现代服务业发展，加快经济结构的优化。同时，楼宇经济还能够为工业经济发展提供完善的配套服务，带动工业园区的发展。

3. 发展楼宇经济的财政效应

发展楼宇经济的根本目的在于实现财政收入的汇集，提高财政收入的创收能力。

（1）直接财政效应。

按照“营改增”改革之前的规定，城市中除修理修配劳务以外的其他劳务都要缴纳营业税，且营业税构成地方财政的固定收入。需要缴纳营业税的行业基本上都属于第三产业，因此，营业税主要来自第三产业。城市发展的一般规律表明，发展阶段越高级的城市，其第三产业也越发达，营业税对当地财政收入的贡献也越大。以2013年北京、上海、天津、广州作为样本，考察这些城市营业税占其同期一般预算收入的比重，从图1－1可以看出，经济越发达的地区，营业税占的比重越高，而且普遍超过了增值税所占的比重。其中北京市营业税比重高达 35%，高于增值税 9% 的比重；上海市营业税比重为 24%，高于增值税 18% 的比重，若剔除“营改增”政策因素，上海市营业税比重将会更高；广州市营业税比重为 17%，高于增值税 16% 的比重；天津市营业税比重为 24%，但由于产业结构的特点，低于增值税 39% 的比重，而同期全国的营业税仅占一般预算收入的比重为 12.8%。比较结果说明，处于高级发展阶段的城市只有通过发展以服务业为代表的第三产业才可以获得更高的财政自给能力。

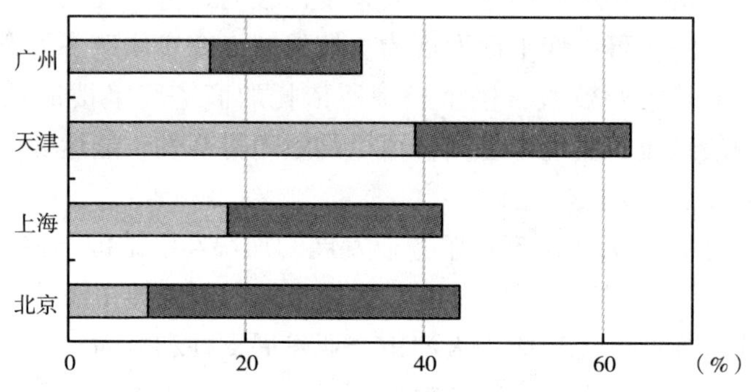

指标	北京	上海	天津	广州
营业税占比	35%	24%	24%	17%
增值税占比	9%	18%	39%	16%

图 1-1　2013 年部分城市增值税和营业税占一般预算收入比重

（2）间接财政效应。

楼宇经济对地方财政的贡献不仅在于直接的即期财政收入的增加，更在于其可以涵养和培育税源，从长远角度提升地方财政能力。这是因为一方面楼宇经济所激发的生产力是一种具有乘数绩效的生产力。能进入楼宇经济业态的市场主体的实力较强，从而对银行的信贷业务产生巨大的吸引力。集中所产生的规模资本力、规模经营力和规模消费力为银行信贷资金的投入提供了安全的土壤与和谐的环境；而银行信贷资金的注入，又使得集中的要素更为强大，从而使地方的实体经济得以扩大生产规模，技术得以改造与创新，企业组织得以重组，从而创造出更大的生产力。另一方面，在楼宇经济条件下，要素的集中使现代化的管理成为必要和可能。现代城市的商务楼宇不再是单纯的一栋建筑物，而是人才、知识、信息、资本等集聚之地。各类产业向楼宇与城市综合体集中，有助于交通、通信、各类社会化服务等公共基础设施的配置和集约使用。如此一来，大规模的集中生产经营过程中不仅节约了部分生产资料的使用而且提高了单个工序的生产效率，产生规模经营的绩效。楼宇经济这种在提高生产力水平的同时又能节约生产要素的特性决定了其必然是一种经济附加值较高的经济形式。因此若能科学地规划城市楼宇经济发展问题必将有利于激发城市的长远发展潜力，做大做强地方财政自给能力。

（二）楼宇经济的实践情况

1. 国外楼宇经济实践做法

国外的楼宇经济发展，一般遵循城市本身的地理结构与位置来进行规划与建设，典型国家在推进楼宇经济发展过程中，凭借便捷交通条件、良好的配套设施、浓厚的文化底蕴、丰富的景观资源和优越的投资环境，集聚了发达的第三产业。

（1）以龙头企业为引领，多产业共同发展。美国的曼哈顿以金融业为主导，聚集了3000多家银行、保险公司、交易所等金融机构，专业技术、信息服务业、房地产等生产性服务业也发展迅速，形成了以金融业主导的较为完善的生产性服务业集群，而凭借完善的服务功能，曼哈顿CBD成为全球企业总部的重要聚集地，多家世界500强企业的总部设在纽约、外国企业进入美国市场后也争先在曼哈顿CBD设立总部。而英国伦敦同样以金融产业为主导，服务面向全球化。拥有近2000家金融机构，30万左右的金融人士，还聚集了500多家外国银行、180多个外国证券交易中心。虽纽约和东京的交易量大，但主要服务于本国或地区经济，而伦敦金融城服务于全球。此外，伦敦金融城长期以来一直是世界级的专业商务服务中心，尤其咨询、法律、会计等生产性服务业高度发达。同时，卢森堡也依托金融产业拉动生产服务业发展。其由最初的13家发展到200多家，世界各地的200多家银行在卢森堡金融区设立了分行及分支机构，有30家全球领先银行在卢森堡设立分支机构，此外还有多家金融控股公司和投资基金。卢森堡金融区生产性服务业也具有相当的规模，基金业异常发达，拥有2000多家投资基金公司。新加坡则以全方位发展策略，大力发展外向型经济，以出口为导向发展制造业，提供大量就业机会。同时，在发展资本、技术密集型出口工业的同时，优先发展有增长潜力的服务业，力争成为东南亚和亚太地区的区域性服务中心。此外，重视服务业在经济增长中作用、把提升旅游业作为发展服务业的支点，提供金融服务和法律、信息等高端专业服务。

（2）提高服务水平，营造良好的外部环境。首先，在改善交通环境方面，美国针对CBD聚集区，通过各种停车政策、收费政策等限制小汽车的使用，而且对于交通堵塞制定严格的惩罚制度。日本在交通建设中，注重停车场的建设和公共交通换乘体系的便利性，并充分利用高科技手段，建设智能化交通管理体系，减少交通堵塞。此外，新宿建成了商业区“都市地下步行道”缓解了地上设施压力。而法国拉德芳斯形成了高架交通、地面交通和地下交通三位一体的交通系统，开通地铁、区内快速铁路，形成便捷的公共交通系统。其次，在改善楼宇内部环境上，伦敦金融城拥有专门的市政机构——“伦敦金融城政府”，主要提供基础设施维护，经济战略规划及所有相关的服务。拉德芳斯为了适应市场需求，对办公楼进行了更加灵活多样的规划，注重建筑物外部形态、室内空间设计和设施配置的多样性，为不同性质、不同规模的公司设计不同类型的办公空间。同时，楼宇开发和建设时不仅注重城市景观建设保持建筑多样性和新旧城的协调性，而且还注重生态环境建设，保持写字楼、住宅的合理密度。再者，在配套设施建设上，拉德芳斯区内建有完善的配套服务设施为区内各类企业及居民服务，不仅有大小型购物中心，还有大型会展中心，形成以商务办公功能为主，集居住、购物、会展、旅游等多功能为一体的商务区。而新加坡则在已有 CBD 的基础上，开发新的商务金融区和观光商务区，形成一个整合金融服务业、高端专业服务和商务旅游的新的 CBD，并提供全天候服务。最后，在政策环境方面，卢森堡不断提高经济的自由化程度，营造良好的企业经营环境，其中最主要是良好的法律体系和有吸引力的税收制度。通过高效透明的政府管理，完善法律监管，加强产权保护制度。此外，卢森堡对监管程度进行高度简化，达到世界先进水平。这些严格的监管为卢森堡营造了良好的金融环境。

（3）加强政策扶持，创新发展方式。首先，在财税优惠政策上，纽约市制定曼哈顿低区振兴计划、曼哈顿低区商业政策、商业计划措施和商业扩展计划，通过商业租金税、自用装修建材等营业减免以及用补贴、房租减免、公用事业费减免等激励措施来吸引投资者入驻曼哈顿，特别还针对租用原世界贸易中心附近的部分指定楼宇给予明确的租金补贴政策。而卢森堡实行较高的个人所得税和较低的公司利得税，吸引企业、个人储蓄，为了吸引外国人在卢森堡储蓄，对外国公司采取不征储蓄利息税。其次，在产业发展政策上，纽约政府不仅制定优惠政策吸引全球客户入驻，吸引世界知名企业入驻曼哈顿 CBD，并统一组织各商务楼宇企业赴外地、境外招商引资。而且出台鼓励新兴行业发展的优惠政策，对新成立的科技企业中心提供直接或间接补贴和多种税收优惠。除此之外，政府还提供公共土地、减免销售税和房产税、低廉的能源、保证贷款的可获得性、为小型和发展中型公司提供低廉的写字楼等补助性政策。而新加坡把高端休闲消费者作为现有 CBD 服务的重要对象，决定建设综合娱乐区，作为向亚洲旅游和金融服务中心转型的举措。为配合全球商务中心职能的实现，新加坡还推进出了一系列扶植政策和措施。最后，在促进产业发展方式上，卢森堡金融区的发展离不开政府的鼓励和推动，其金融业的发展正是政府致力经济发展模式转变的结果。而新加坡面对经济低迷，政府实施了CBD政策集中的优势，利用有利的经济地理与时区条件，开放离岸金融业务，并以低税收等措施来吸引和鼓励外资银行在新加坡营业，金融业的发展带动国内经济的发展，产生了互动效应。

2. 国内楼宇经济实践做法

当前，我国楼宇经济发展迅速。从全国来看，东部、中部和西部以及东北部地区的楼宇经济呈现出不同的发展态势，东部地区如北京、上海市等地的楼宇重在发展高附加值、高技术含量、高人力资本、全球总部型的产业链，中部地区如长沙等地的楼宇经济发展则处于规划建设、资源配置、政府引导等层面，政府主导化程度较高；南部地区如杭州、深圳等地的楼宇经济正在走地方特色发展道路，其中杭州在推动楼宇经济发展过程中，进行了大量实践，拥有楼宇较为丰富。全国各地关于推进楼宇经济发展过程中，实践做法虽不相同，但主要围绕以下四个方面展开：

（1）注重规范引导，搭建产业平台。发展楼宇经济是市场行为，但不意味着政府无所作为。发展楼宇经济不是放任自流、坐视不管，而是采取产业规划先导和城市规划行为，以必要的措施进行规范引导。

首先，围绕产业定位上，北京、青岛、长沙都致力于发展总部型企业，北京定位于吸引全球性、区域性跨国公司总部、国内大型企业集团区域性总部分支机构及联合中国企业和民营的500强企业，而青岛积极引进金融、软件、物流等企业总部和营销总部、研发总部、财务总部等到高端机构。长沙也引进国内外大型公司、知名企业的区域或其分部、研发中心、销售中心和财务中心，形成国内外大企业总部的集聚区。但上海、深圳采取科学规划引领战略，上海从楼宇的规划、布局，再到入驻企业相容度、经营方式、市场规模、产业集聚，都要统筹规划。深圳则专门成立楼宇经济发展领导小组，明确目标任务，锁定发展重点，构建创新金融、高端信息业、电子通信和手机产业、金融和商务服务业的楼宇经济群。

其次，在产业平台搭建上，北京、深圳采取奖励相关负责人和企业的制度，针对营业收入首次达到相应标准和在京新注册设立或新迁入京的地区总部和缴纳所得税地方留成部分增量达标企业，北京市给予主要负责人及企业一定的奖励，而深圳对现代服务业和总部企业所占比例较大的商务楼宇，实行奖励中介机构、重点服务型和技术先进型服务企业制度。青岛则引进新批服务类外资项目和各类各级企业总部，对不符合自身定位的企业制定置换和交流的奖励措施。杭州市对符合产业发展要求企业，且被确定为重点项目，在符合土地利用规划和城市总体规划的前提下，优先安排用地指标。长沙则协调发展金融保险、法律会计、广告中介、信息咨询等相关服务业，按照产业特色，促进相同或相关行业集聚，营造店多成市、集群局势、扎堆旺财的发展平台。

（2）注重整合资源，打造特色楼宇。通过产业置换、建筑置换、拆旧建新、拆低建高等方式，加大整合楼宇资源力度，加速推进楼宇的升级扩容。特别是针对一些较陈旧、没“卖点”的问题，鼓励发展专业特色楼宇，积极协助楼宇业主对楼宇进行功能定位，促进相同或相关行业在同一栋或相邻楼宇内聚集，实现企业间的信息、资源共享，打造楼宇品牌。首先，提升楼宇服务，发展特色楼宇。北京为了提高楼宇服务水平，鼓励发展自持物业，使用专项资金给予自持物业租金补贴，带动更多的楼宇企业自持经营，积极配合 CBD 产业发展规划。而深圳则采取“腾笼换鸟”策略，推进“四旧”改造，腾出新空间，规划建设规格高、规模大、产业集中的楼宇。长沙也通过产业置换、建筑置换、拆旧建新、拆低建高等方式，整合资源，推进楼宇的升级扩容。其次，调整产业结构，打造特色楼宇。上海采取“一主三限原则”，以发展现代服务贸易业为主，重点聚焦人力资源、高端商务、文化信息、娱乐休闲、金融及其衍生产业。杭州、长沙注重发展高端产业实现楼宇经济升级，杭州依靠“政府主导力、企业主体力、市场配置力”三力合一，引进一批税源结构好、带动性强、辐射面广的企业，推动产业结构调整，实现政企共赢。而长沙吸引高新技术产业、都市型工业，促进现代服务业和文化创意产业等高端业态的楼宇经济集聚，重点推动亿元楼发展，稳固“亿元楼”的重点税源，大力推进置换招商，发挥叠加效应，有效促进“亿元楼”租户升级换代、做高能级。此外，长沙、青岛、深圳坚持走“打造专业楼宇平台，发展特色产业集群”的路子。长沙加速形成了一批商务、总部、研发、创意、软件、外包企业，培育专业特色楼宇。青岛积极协助楼宇业主对楼宇进行功能定位，促进相同或相关行业聚集，实现企业间的信息、资源共享，打造特色楼宇品牌。而深圳则对地段业态及与中心城区产业结构不相匹配的低产出楼宇实行产业置换，引进有特色、有品牌、有核心竞争力的生产性服务业项目。最后，依靠奖励推动特色楼宇发展。杭州市出台了财政扶持政策，对重点楼宇、特色楼宇、符合产业导向的楼宇给予适当的财政补贴，通过营造好环境、制定好策略、落实好服务，整合了一批资源。青岛楼宇企业通过自主招商，引进同一行业企业，其入住率达到一定比例，给予奖金奖励。而上海对入驻楼宇的企业，必须经镇、区两级楼宇认定小组审核把关，只有能耗低、能极高、带动效应强、产税高的高端项目或相对成熟的企业才能获得批准入驻楼宇并享受财政奖励、补贴等优惠政策。

（3）注重政策扶持，加强招商引资。致力于实现楼宇企业数量和质量双突破，专门制定扶持楼宇经济发展的奖励政策和措施。转变专业招商的方式，发挥多方面招商主体的作用，多渠道、全方位开展招商引资。

首先，加大奖励政策力度。北京市从2009年度起，对年营业收入首次达到相应标准和2009年1月1日以后在京新注册设立或新迁入京的地区总部企业，分别按1亿~5亿元人民币、5亿~10亿元人民币、10亿元人民币以上三个等级给予奖励。此外，对地区总部1位主要负责人，奖励资金为当年度内对地方财政收入贡献的80%。上海先后对总部经济、金融服务业等中小微企业出台了财税扶持政策，并根据楼宇对镇域经济发展的贡献度，给予楼宇业主、管理服务方及纳税大户重奖。杭州市按企业、街道及乡镇等不同招商主体，实行分级差额奖励制度。对于新引进的总部企业，根据财政贡献环比增长额进行奖励。青岛为了鼓励发展专业楼宇，针对同一行业企业入驻率达70%以上，一次性给予不超过5万元的奖励，入驻率达80%以上的一次性给予10万元的奖励。而深圳市对引进总部企业和现代服务业的办公面积达到楼宇可租售面积80%以上的商务楼宇业主单位，给予最高100万元的一次性奖励。长沙市专门制定扶持楼宇经济发展的奖励政策和措施，市区每年安排一定资金专门用于扶持发展楼宇经济。有的区政府每年度安排地方财政收入的20%投入该区中央商务区建设。

其次，拓展招商引资渠道。杭州健全招商体制，按照“服务为先、管理跟上、市区联动”的原则，在全市范围内划定一批重点楼宇和特色楼宇，在对外招商中重点推进，将楼宇的二、三次调整招商作为楼宇招商的着重点，将街道作为政府推进楼宇招商的实施主体。上海不仅发挥政策自主优势，而且创造多元融资渠道，招商引资中要有意识引进风险投资公司、投资基金，主动为中小企业设计融资方案，推进资本与科技成果、产品和企业股权的结合。青岛采取推介市场化来加速招商速度，通过召开商务楼宇展示推介会和智能化研讨会，对重点楼宇进行了专题宣传和推广。深圳实施靶向招商，以总部经济和现代服务业为主攻方向，重点面向国内外知名大型企业招商，着力招引总部企业和金融、专业服务、文化创意等现代服务业企业入驻。

（4）注重协调服务，营造良好环境。政府强化对楼宇经济的引导、服务和管理功能，建立政府与楼宇沟通联系渠道，及时解决楼宇建设和招商过程中的各类困难和问题。

首先，改善管理模式。北京建立“一楼一档”制度，这为后期加大整合楼宇资源力度提供前期数据支持。还强化动态监测力度，通过定期进行统计调查及楼宇座谈的形式，与商务楼宇业主及物业沟通交流，及时掌握CBD区域商务楼宇内企业变动，重点监测楼宇内入驻企业迁入迁出及经营情况。此外，还推进部门数据共享，一方面整合区域商务楼宇资源，摸清入驻企业相关信息；另一方面，以 CBD 楼宇经济调查为契机，推进部门之间信息、资源共享，建立部门间的长期数据交换机制。深圳采取简化行政审批，减少审批项目、简化审批程序，将行政审批改为核准制，营造宽松政策环境。

其次，协调服务发展。上海不仅建立了由市商务委、发改委、经信委、建交委、规划局、房地局等部门参加的联席会议制度，还成立了副厅级现代服务业集聚区推进办公室，建立相应的协调推进机制，明确推进主体，负责审议、协调、解决在楼宇经济推进过程中的有关事项和难点问题。而杭州成立了由市发改委等 19 个市级部门、8 个区政府和市经济开发区管委会组成的“杭州市楼宇经济领导小组”，负责对楼宇经济发展工作的协调和指导，解决发展过程中遇到的瓶颈。其具体负责日常管理工作，定期召开会议，加强对楼宇经济的协调和指导，还建立了市、区两级政府主要领导联系重点楼宇商圈制度。青岛加强协调服务，强化对楼宇经济的引导、服务和管理功能，建立政府与楼宇沟通联系渠道，多角度、深层次开展服务，及时解决建设和招商过程中的困难和问题。

最后，加强综合服务。深圳注重精细服务，建立了楼宇经济发展指数体系和集工商、税务、公安、党务等于一体的楼宇综合信息系统，为政府决策、招商引资、监管服务及企业投资提供数据支持，并为“亿元楼”内企业提供七门服务和直通车式服务。青岛积极开展协税护税，完善税源综合服务，按时对 2000 余户重点企业进行回访和拉网检查，及时协调解决税源企业存在的各类问题，确保了楼宇企业税收及时、按量落地。此外，为完善服务缺位，还鼓励提供楼宇商务餐饮配套、提升楼宇智能化水平、引进知名物业管理公司。而长沙对商务建筑面积 1 万平方米以上的商务楼宇，企业入驻率 90% 以上，入驻企业工商、税务登记率达 95% 以上，积极协助招商和协税、护税，为入驻企业提供优质、全方位服务。

二、国内及天津市有关楼宇经济的财税支持政策

（一）国内楼宇经济财税支持政策

各地政府在财税政策扶持楼宇经济发展方面主要采用了财政奖励、财政返还、财政补贴等比较直接的手段。如一次性资金补助或财政部门专项资金扶持，对驻本区总部企业的纳税大户给予奖励，购置自用办公用房土地价格进行减免或给予一次性购房补贴，高管人员每月享受一定数额的住房补贴等。而在税收政策上，主要有企业所得税的优惠，如对跨国公司地区总部免征地方所得

税；新注册的地区总部，可以按照规定享受减免税政策。对企业再投资实行退税政策。对流转税的减免，如享受高新技术企业减免政策、出口退税以及享受先进技术企业减免政策和研发企业减免政策等。对个人所得税的减免，如对不超过职工工资总额15%比例的住房公积金可税前扣除并免征个人所得税，个人购房款在个人所得税的税基中抵扣等。

各地政府在制定楼宇经济财税优惠政策时，主要考虑以税收优惠的方式来吸引诸如总部经济企业、跨国公司、世界及国内500强等企业。随着财政部和税务总局对地方越权减免税加强管理，以税收优惠政策扶持楼宇经济发展的方式在一定程度上也受到限制。因此，在全国各地楼宇经济招商引资过程中，逐步出现财政返还的方式，即财政部门按照国家规定对企业照章征税，再根据协议或政策，以财政奖励或补贴的名义将已缴纳税款返还给企业，效果实质上等同于减免税。除采取上述方式吸引企业投资外，地方政府还在特定公共服务支出、综合配套措施、经贸权、收费、土地使用等许多方面进行减免照顾。甚至还有些地方会在行业政策上找出路，如将一般企业归类为高科技企业，通过放宽高新技术企业认定条件等方式，允许一些企业打上高新技术企业的招牌，从而享受国家规定的企业所得税优惠政策。

目前，国内通行的楼宇经济财政支持政策可以归纳为三种类型：第一，对楼宇入驻企业：以总部企业、世界500强及国内500强企业、高新技术企业、现代服务业企业为政策对象，直接给予财政扶持和税收优惠。第二，对重点楼宇：以纳税数额、楼宇规模、特色楼宇为政策对象，对达到年纳税额标准的企业给予财政返还，对达到经营面积的企业，以及高端化、同质化且具有产业聚集效应的楼宇给予财政扶持政策。第三，对提供服务的单位和个人：以开发建设主体、物业管理企业、提供优质服务的单位和业主、招商主体及引荐者、总部企业高管人员及优秀人才为政策对象，分别给予财政扶持、财政奖励或个人所得税方面的优惠。

（二）天津市楼宇经济财税支持政策

包括金融、房地产、航运物流及贸易等在内的各类金融和专业服务公司一直是天津市写字楼市场需求的主要来源，相应地，天津市楼宇经济财税支持政策也都向此倾斜。除了贯彻执行国家颁布实施的支持现代服务业、民营经济、科技研发企业和中小企业发展等扶持政策外，天津市人民政府、发改委、财政局、地税局、建交委以及原文化局也出台了涉及楼宇经济优惠政策的文件，分别从财政资金奖励、财政返还、财政补助以及相关税费优惠等方面进行了规范。这些文件主要有：《关于促进中心城区加快发展楼宇经济的若干意见》

(津政办发〔2011〕38 号);《关于印发〈天津市促进现代服务业发展财税优惠政策〉的通知》(津财金〔2012〕24 号);《关于印发〈天津市文化局培育演出市场专项资金管理办法〉的通知》(津文办〔2008〕50 号);《关于印发天津市促进服务外包发展若干意见的通知》(津政发〔2007〕12 号);《关于对天津市经济租赁房有关税收政策的通知》(津地税流〔2005〕2 号);《关于鼓励和支持经济适用住房建设有关问题的通知》(津政办发〔2005〕41 号);市人民政府《批转市建委拟定的天津市市政公用基础设施定向安置用房建设和销售管理办法的通知》(津政发〔2005〕51 号);《天津市楼宇经济发展专项资金管理暂行办法》(津财建一〔2016〕22 号)、《关于鼓励扶持区县亿元楼宇发展的意见》等。同时,市内部分区县也出台了扶持楼宇经济发展的政策措施,如河北区出台了《河北区鼓励楼宇经济发展的政策扶持办法》等。与国内各省市的政策一样,天津市楼宇经济财税政策也从高端入驻企业、重点楼宇、特色楼宇等方面给予了财税优惠政策。主要包括:在重点楼宇扶持上,对纳入全市重点支持的中心城区商务楼宇,以年度单项楼宇纳税额度为标准,按年纳税额分出档次,分别给予一次性综合财政补贴。在特色楼宇扶持上,对同业集聚度高、年度税收总额超亿元的单一业主商务楼宇,给予业主单位较高的现金奖励。在高端企业优惠上,对新引入外国、外省和港澳台的企业结算中心、研发中心、营销中心以及动漫、创意等高端企业和机构,年度所缴纳的营业税和企业所得税,由市、区两级财政按地方分享收入的较高比例予以奖励等。这些文件的贯彻与执行,在一定程度上促进了天津市楼宇经济的健康快速发展。

目前,天津市为推动楼宇经济发展,每年由财政部门拨付楼宇经济专项资金。资金由市、区两级财政各出资 50%,主要用于培育税收亿元楼宇。进入“十二五”时期,市级财政部门每年拨付楼宇经济专项资金 1.5 亿元,2011 年以来,市政府共批复五批亿元楼宇项目,到 2016 年上半年,市财政累计下达补助资金 6.35 亿元(按补助标准还需下达 3.13 亿元)区级配套资金 5.92 亿元,合计 12.27 亿元。财政资金的扶持,加快了楼宇提升改造步伐。

三、天津市楼宇经济发展现状及存在问题

天津在“十五”时期即明确了加快发展楼宇经济的决策部署。[①] 经过 10 多年的开发建设,楼宇经济建设取得了显著成效。到 2015 年底,全市共批复

---

① 见 2004 年天津市《政务通报》第 110 期。

五批亿元楼宇项目200个，第一至三批115个亿元楼宇项目已全部实现税收亿元目标，全市亿元楼宇入驻企业总数约3万家，从业总人数约30万人。

（一）天津市推动楼宇经济发展的情况

1. 科学规划，合理布局

天津先后出台了《关于促进中心城区加快发展楼宇经济的若干意见》等一系列支持楼宇经济发展的政策，主动为楼宇企业服务，做好统一规划、统一领导、统一推进。将楼宇经济空间规划纳入城市规划体系，保持规划的动态性、连续性，依据全市的整体布局和规划，落实金融和平、商务河西、科技南开、金贸河东、创意河北、商贸红桥的功能定位，合理布局楼宇经济空间。注重培养纳税“亿元楼”甚至十亿元楼等纳税大户，助推区域经济发展。同步推进滨海新区和郊县楼宇经济的发展。在滨海新区投资2000亿元的中心商务区涵盖市场会展、现代金融、传统金融、教育培训等项目。市内六区与滨海新区的发展互为呼应，促进天津市楼宇经济的整体水平不断提高。

2. 以楼招商，强化总部经济

一是实施楼宇招商战略。政府带头加大宣传推介力度，定期举行新建和空置楼宇展示会，向全国加强宣传，参加国内国际营销活动，拓展推介的广度和深度；深度深化楼宇经济概念，强化舆论引导，不断提升楼宇的知名度和影响力。利用多种媒体推介天津商务楼宇对外影响力。创新楼宇招商方式。不断改进招商方式，不断丰富招商手段，拓展招商渠道。既采用推介会等传统形式，也根据楼宇特色，采取逐一上门、网上招商、中介招商等方式，提高企业引进成效。二是以招大引强开展楼宇招商。结合城区规划，有针对性地吸引资金雄厚、经验丰富的开发商来投资。着力引进一些国际、国内有影响力的大型企业，并以这些龙头企业为核心，吸引金融保险、法律会计、广告中介、信息服务等现代服务企业。侧重发展总部经济。引进国内外大企业营销总部、研发总部、财务总部以及现代服务业企业总部入驻，并以总部经济为抓手，推进现代生产服务业的发展。

3. 改善发展环境，完善优惠政策

天津市先后制定和完善了一系列鼓励楼宇经济发展的政策措施。比如，《天津市楼宇经济发展专项资金管理办法》《关于鼓励扶持区县亿元楼宇发展的意见》等。依托这些政策，天津市各区政府相关部门为楼宇企业提供了全程优质的服务，对于新注册登记的符合天津市产业结构调整方向的总部型、高科技型企业，有相应的政策给予一定的优惠和租售资金补贴，有的区县还对引进总部型、高科技型企业的单位、社会中介和个人给予一定奖励。

4. 分步建设，稳步扩大楼宇经济规模

从“十五”时期以来，天津市逐步加大楼宇经济建设力度，经过“十一五”时期的实践探索，行业规模不断扩大，到“十一五”末期，涌现出了一批具有发展潜力的“亿元楼”。天津市及时将这些税收大户进行收集归类，制定政策给予发展扶持，引导楼宇经济不断做大做强。从 2011 年 5 月 10 日出台的《关于实施和平创新大厦等 94 个亿元楼宇项目有关事项的通知》（津政办发〔2011〕55 号）开始，到 2015 年底，天津市先后批复确认 5 批亿元楼宇，截至 2016 年上半年，市财政共下达补助资金 6.35 亿元。区级配套资金 5.92 亿元。其中前 3 批的亿元楼宇项目补助资金已全部到位。全市亿元楼宇分布趋于合理，有力地推动了全市服务业的均衡发展（见表 3－1）。

表 3－1　全市前三批亿元楼宇区域分布

区县	亿元楼数	占比（%）	区县	亿元楼数	占比（%）
和平区	27	16.46	西青区	5	3.05
河西区	23	14.02	津南区	4	2.44
河东区	15	9.15	北辰区	4	2.44
南开区	18	10.98	武清区	6	3.66
河北区	16	9.76	宝坻区	5	3.05
红桥区	16	9.76	蓟县	6	3.66
滨海新区	5	3.05	静海县	5	3.05
东丽区	6	3.66	宁河县	3	1.83

限于数据缺失，表 3－1 统计了前三批共 164 个亿元楼的分布情况，但基本反映了各区亿元楼宇的发展情况。全市的亿元楼宇主要集中在市内六区，占到总数的 70.12%，其中，和平区和河西区的占有量最多，两区亿元楼合计占到全市的 30.49%。

5. 完善征管手段，实现楼宇经济效益

发展楼宇经济的价值最终是要体现在实现税收收入上来，以此来实现财政增收的目标。为提高楼宇经济的税收征管水平，天津市税务部门一方面以加强税源监控为基础，努力确保楼宇经济税收应收尽收；另一方面，做好涉税服务，助推楼宇经济发展。

一是以点带面，用制度保障责任落实。成立专门工作领导小组，加强组织推动，选择服务业发展水平较高的河西区、和平区先行试点，在取得成功经验的基础上推广全市。同时，研究制定了《楼宇经济税源监管工作实施办法》和具体方案，明确了目标任务、岗位职责和工作标准，规范了业务流程，为楼宇经济税源监管工作顺利实施提供了有效保障。

二是齐抓共管，构建税源监管新机制。坚持属地管理原则，明确监管单位，实行责任到人。按照先集中清理、后常态化管理的方式，将相关楼宇经济纳税人全部纳入监管范围，确保“楼宇情况明，基本信息准，征管不漏户，税源管得实”。以信息化为依托，充分利用津税系统征管数据资源，做到既不增加纳税人负担，又能准确高效地实施信息采集和税源监管。税务部门加强与区楼宇办、物业办等楼宇经济主管部门沟通协作，积极整合利用各方资源，努力形成齐抓共管工作机制，切实提高楼宇经济税源监管水平。

三是信息管税，提高税收分析质量。依托现代信息技术，研究开发了楼宇经济税源监管软件，以楼宇为监管单元，不分国税户和地税户、本地注册和异地注册，对楼宇内的经营者以及房屋产权人缴纳的全部税收实施监管，并可多维度实时查询楼宇和楼宇经济纳税人的相关基础信息数据，随时掌握楼宇经济的税源数量、规模和税收贡献、变化情况，有针对性地开展纳税评估和重点剖析，不断提升税收分析的质量和水平。

四是主动服务，促进楼宇经济加快发展。全市税务部门通过 12366 热线、政务公开、一次性告知、一站式服务和个性化税法宣传辅导等方式方法，大力开展“送政策、解难题、促发展”活动，积极主动为楼宇内的商户和房屋产权人提供优质、高效的涉税服务，也有力地促进了区域服务业和楼宇经济的快速发展。

（二）天津市发展楼宇经济存在的问题

1. 楼宇功能欠缺，产业聚集效应不够突出

多年来，天津市一直注重引导楼宇产权人按照产业聚集的原则进行招商，然而现实情况却不尽然，主要表现在：一是，楼宇特色尚未显现。由于楼宇产权所有者自身利益诉求、商业前瞻性等情况的影响，很难按照既定规划形成较为明显的品牌效应和产业聚集效应，致使特色楼宇比较缺乏，尚未实现通过发展楼宇经济聚集行业的效果。二是，楼宇产权比较分散。楼宇产权人为快速回笼资金而急于招租，出现了对入驻企业缺乏规划筛选、企业质量良莠不齐、将楼宇卖给多个业主的情况，致使楼宇同质同业形态很难按照规划落实，逐渐形成多产权、多业态的混乱局面。三是，楼宇运营服务水平较低。天津市 20 世纪 90 年代以前建造的大量中低档商务楼宇，由于设计时未考虑到一些因素，存在车位不足、电梯等候时间长、水电配套等问题。这些楼宇硬件设施差、管理水平低，虽然租金比甲级办公楼低得多，但难以得到有一定层次企业的认同，致使许多有发展潜力的公司无法找到合适的办公场所而退出，在一定程度

上给天津市经济发展造成了损失。

2. 高端需求乏力，与经济结构调整不相适应

楼宇经济发达的地区，也是总部企业聚集的地区。从天津市目前情况看，高端总部型企业的聚集度还不够高，楼宇经济的辐射力和带动力还不够强。主要表现在：一是总部企业数量较少。虽然天津市不乏诸如制造业、基础设施建设、港口运输业等企业总部，但却缺乏具有全国性规模的商务服务、科技研发和咨询设计服务等新兴领域的总部机构，而民营总部企业的数量则更少。二是，办公需求量较少。2015 年天津市有超过 400 家世界 500 强企业，但真正的总部型企业不多，他们在津设立的主要是办事处。无论是业务量还是职能与其中国总部相差甚远，导致办公面积与总部差距很大。如 JP 摩根公司，在天津市仅设一个办事处，从事少量在津的投行业务，办公面积约为 800 平方米；而设在北京的公司中国总部，办公面积达到 1.2 万平方米，是天津市的 15 倍。三是，需求层次较低。由于天津市现代服务业产业能级不高，整体发展环境未能吸引足够的高端客户，导致一些高端写字楼招商困难。2013 年天津市人均 GDP 将近 1.5 万美元，高端服务业、生产性服务业发展潜力巨大，但尚未把潜在需求变为现实需求，与经济结构调整升级不相适应。

3. 楼宇空置增多，发展活力降低

从供需关系来看，根据中国写字楼研究中心（CORC）统计，天津市写字楼空置率由 2005 年的 18% 上涨到 2014 年的 30% 以上。从空置类型看，商务楼宇空置面积最多，风貌建筑空置率高。

（1）对于商务楼宇来说，高端楼宇反而空置更多。如五大院、和记黄埔、万达广场、南开金融街等。从租售情况看，租价越来越低，销售量降低。对于新型商务区而言，存在两方面的问题：一是新型商务区产业基础薄弱。楼宇经济的良好发展是建立在第二、第三产业基础之上的，而产业培育、成熟是一个相对漫长的过程，短时间内很难有相适应的需求来匹配大量楼宇载体的供应。二是基础设施配套不足。楼宇经济的发展依托于良好的外部环境，交通设施是影响外来企业入驻的重要制约因素，如保税区由于北部通道日益拥堵，同时缺乏其他进入市区的通道，制约了一些新客户的入驻。

滨海新区的商务楼宇在近年得到快速发展，目前存在供应量压力的问题。其中，响螺湾商务区、北塘、空港保税区等新兴区域的高端写字楼相继入市，为滨海新区的甲级写字楼市场带来更多的新增供应，逐步形成了辐射全国乃至世界的新商务核心区。面对新兴商务区楼宇载体的高速建设，不尽人意的招商进度、薄弱的产业基础以及基础设施配套不足等问题却显得尤为突出。近年来，响螺湾、于家堡及泰达 MSD 三大区域有约 5 万平方米的写字楼供应，而目前保税区楼宇空置率达到60%以上，如不及时降低空置率，届时将进一步带来招商压力。

（2）对于商业楼宇来说，表现为：一是问题集中爆发。如百盛、远东、津乐汇等楼宇集中出现了空置情况。二是楼宇业态转型成本高。受楼宇地点、结构等因素影响，转型商务经营形势困难。三是潜在空置危险比较大。有些楼宇由于未解决就业安置问题而勉强维持经营，如滨江商厦。

（3）对于老厂房来说，存在的问题主要表现为：一是历史遗留问题多，职工安置问题未解决；二是长期闲置，不能改变结构、产权，盘活手段单一，只能吸引低端客户，投入产出比低。三是科研院所等事业单位空置严重，缺乏规划，用途不明确。

（4）对于小洋楼来说，存在的问题有：一是受多部门共管、需符合风貌保护要求等因素，开发利用受限制。二是老楼设施陈旧，改造成本高。三是周边经营性配套设施不完善，且对业态要求高（如禁止开设餐饮、幼儿园等）。

4. 优惠政策力度较弱，实际效果低于预期

一是，相关政策执行效果不甚理想。2006 年天津市出台了《天津市促进现代服务业发展财税优惠政策》，对天津市引进企业总部提出了具体的优惠政策。但据了解，政策出台至今，仅有渤海银行等 10 户金融企业总部和天津航空共 11 户企业享受到了总部优惠政策。由于缺乏执行细则、政策宣传力度不大等原因，导致许多有利于楼宇招商的优惠政策在实际执行时效果不佳。二是，竞争压力巨大。一方面，外部其他大都市的强劲发展势头，出台的有关楼宇经济的优惠政策也对天津市吸引资金、技术、人才，发展楼宇经济带来了巨大的压力。另一方面，市内各区楼宇经济发展虽各有侧重，但个别区县招商引资手段雷同，产业规划接近，使得区域间相互掣肘，诱发激烈竞争态势，导致自我竞争的局面，不利于天津市楼宇经济的整体发展。三是，信息共享度差，工作未形成合力。目前天津市楼宇管理信息系统尚不完善，尚未形成全面有序的楼宇经济数据网络，统计、税务、招商、楼宇管理者等部门掌握的信息不尽一致，在工作中难以形成合力，导致工作效率低下。

四、促进天津市楼宇经济发展的政策选择

（一）发展楼宇经济需要关注的问题

楼宇经济作为经济发展的新形态已成为城市发展的新的增长点，天津市楼宇经济已进入全面发展阶段。对此，还有要理清和解决问题。

1. 处理好楼宇经济与现代服务业关系

楼宇经济是现代服务业不可分割的组成部分，没有高度发达的楼宇经济就没有现代服务业的迅猛发展，这是被世界经济发展规律所证明了的。现代服务业、知识经济的发展为楼宇经济提供了大量需求。随着各大城市工业的外迁及其所占比例的降低，现代服务业已日益成为各大城市产业发展的支柱和方向。现代服务业在城市的集聚，需要楼宇提供办公空间。大力发展现代服务业，加快楼宇经济发展步伐已成为天津全面构建现代产业体系，着力增强城市经济实力的重要战略。

（1）处理楼宇建设和楼宇经济关系是发展质量楼宇经济的关键。

衡量一座城市的经济实力，并非楼越高越好，也并非高楼规划得越多越好。一座与自然和谐、经济发达、休闲宜居的城市，百姓生活的幸福感才会强，这样的城市才更具魅力。面对动辄投资几十亿元、几百亿元的楼宇规划，城市决策者和开发商要保持冷静思维，将楼宇建设与产业发展尤其是服务发展结合起来考虑，把握好楼宇建设与居民生活水平、生活质量的关系，将这些因素纳入发展楼宇经济的战略思考。

（2）发展楼宇经济要服从现代服务业发展的要求。

按照国际经验，人均 GDP 超过 1 万美元的时候，是高层特别是超高层楼宇的集中发展期，100～400 米高的楼宇会层出不穷。“十二五”期间天津服务业特别是现代服务业的发展进入了快速凸起期，这一时期天津的高层楼宇层出不穷，也印证了这一时期的经济发展特征。当前及今后一段时期，楼宇经济承担着服务业就业结构的升级与居民收入水平的提高任务，只有就业结构升级和消费水平提高才能支撑楼宇经济的健康发展。

2. 建立反映楼宇经济发展的统计和评价指标体系

截至 2O16 年上半年，世界 500 强跨国公司已有超过 400 家在天津落地生根，包括住友商事、美国迪尔、三星电子及荷兰壳牌等在内的世界 500 强企业不断加大在津的投资。楼宇经济已成为天津现代服务业一个潜力巨大的新兴力量，楼宇经济的发展遇到了难得的机遇期。在楼宇经济发展中招商引资是其中心工作，但招商引资工作由于没有科学的指标考核和指标指导，不仅难以指导招商，而且会导致发展方向盲目、空间布局不合理。在当前情况下，要全面提高楼宇企业入驻率和入驻企业质量，优化发展环境，促进其健康发展，需建立符合反映楼宇经济发展特点与水平的统计指标体系和评价指标体系。

一方面，构建楼宇经济数据库，完善楼宇经济各项机制，包括建立楼宇经济发展数据库，完善动态监测机制，实现动态信息实时更新，掌握楼宇资源状况、楼宇空间布局、经营管理及配套政策等。完善楼宇建设与招商引资的分析机制，完善考核奖励机制，建立楼宇经济发展的责任体系，组织定期考核评比，没有考核就没有执行力，也就没有高效的楼宇经济。另一方面，构建楼宇经济发展统计与评价指数指标体系。楼宇经济的发展需要经济、交通、信息、人才、社会及文化等综合区域生态要素的支撑。统计与评价指数指标体系的设计需要考虑楼宇经济的依托性、集聚性、辐射性、高效益性及环保性等特征。国内部分发达城市已着手编制楼宇经济发展与评价指数指标体系，其内容大致包括以下六大类，即区域经济发展指标、基础条件指标、商业环境指标、市场开放程度指标、人文环境指标及其他竞争力指标。

区域经济发展指标包括区域经济总量指标、产业聚集度及人才引进政策等。商业环境类指标包括经营风险、税负指数、政策透明度及经营环境舒适度等指数。市场开放程度指标包括资本准入难易程度指数、股票、债券、期货交易量及国际信用评级等。基础设施指标包括交通网络数量质量、信息化水平、写字楼面积和租金等。人文环境指标包括文化设施、宜居指数、人力资源水平、知识产权数量及价值等。

3. 楼宇经济和楼宇文化、城市文化的协调发展

未来城市的竞争不仅是经济实力、科技实力的竞争，还是文化力的竞争。经济发展到一定阶段，社会生产和消费的大部分产品是文化产品或文化属性更强的产品。文化赋予经济内涵和经济的文化含量提升是社会进步的表现。楼宇经济形成所依靠的不仅是建筑物和建筑物中的经济交易活动，还需要文化积淀、文化营造等环境因素。楼宇文化繁荣，楼宇经济才能和谐发展；楼宇文化贫乏，企业和人才就难以认同，集聚效应就会较低。楼宇经济与楼宇文化相辅相成，互相促进。

（1）促进楼宇经济与楼宇文化的协调发展。

因为发展楼宇经济需要的人才构成更多的是高层次、创新型、国际化人群，高端楼宇经济需要的主体应具有国际性、较高的学历和文化品位以及对文化的高期望值，需要与外界有广泛便捷交往和丰富多样的文化娱乐、社会交际活动。在文化内容上，他们追求时尚、高雅；在文化形式上，他们追求自由、个性和多样化；在信息获取途径上，使用网络的比重较大。提供合乎不同背景的高端人才多样的文化服务，才能使先进文化、民族文化、地域文化融入楼宇文化中，实现经济和文化的一体化融合发展。

（2）要将楼宇建设成为现代文化事业和产业的载体。

文化是现代城市的根和魂，也是城市的软实力所在。楼宇文化作为城市文化建设的重要组成部分，在实现精品文化与大众文化相互融合的同时，使先进文化服务于楼宇文化。楼宇文化的发展需要把特色文化符号注入现代城市建设中，如楼宇的色彩、造型、风格，还有楼宇内的装饰、色调、布局等都要充分植入城市文化的元素，注重对城市建筑、城市景观的整体设计，彰显文化特色，全面提升城市文化内涵，不断为城市建设注入新的色彩与内涵。

（3）楼宇经济与楼宇文化对接需要政府和企业的共同努力。

一方面，政府需要组建楼宇文化建设工作小组，建立楼宇资源库，绘制楼宇文化分布图，与社会团体、群众组织协调合作，搭建楼宇文化信息互通的网络平台，深入开展楼宇文化活动；另一方面，利用互联网、新闻媒体等加大楼宇文化的推介力度，打造楼宇文化的特色和品牌，引导楼宇文化向专、精、特发展，全面提升楼宇文化对区域经济的贡献率、提升现代服务业在楼宇文化产业结构中的比重，降低楼宇企业与政府之间和企业与员工之间的矛盾。

（二）国内外楼宇经济实践对天津的借鉴

1. 推动“亿元楼宇”建设，打造顶尖经济格局

与北京、上海等城市以服务业发展为主的产业格局不同，天津市第二、第三产业同步发展，并具备港口城市与金融业先行先试的有利条件，建设以此为契机顺势将天津打造成兼具上述三个特色的顶尖级楼宇经济聚集区。一是打造大型制造业聚集区。工业特别是装备制造业是天津的一大优势，应围绕工业着力发展装备制造服务业以及科技服务业、工业物流等，并尽快转化成服务业成果，为楼宇经济奠定坚实的产业基础。二是打造商贸流通聚集区。商贸流通业是楼宇经济的重要活动之一，依托天津港作为对外窗口，天津市应构建大集大散的商贸流通与服务保障体系，促进商贸流通业与国际接轨，这是实现楼宇经济大发展的必由之路。三是打造现代金融服务业聚集区。金融业作为现代经济的核心，对一个城市的经济发展发挥至关重要的作用。滨海新区享受金融业先行先试的优惠政策，金融租赁、创新型交易市场以及私募股权投资基金等已实现了现代金融业聚集和创新的平稳起步。今后应进一步深化金融业发展体系，争取更多总部级金融机构以及大型金融机构的创新型业务入驻滨海新区，实现天津的“金融创新运营示范区”的城市定位，以促进楼宇经济的大发展。

具体来说，当前要着力推进两方面的建设力度：

（1）要加大“亿元楼宇”建设规模。现阶段全市重点支持的 200 座亿元楼宇，实际年纳税收超过亿元的不足 100 个，但总体来看，实力还不够强大。因此，为打造“立起来的特色楼宇经济”，天津市要以完善的管理服务机制为手段，以亿元楼宇数量增长为目标，全面加快亿元楼宇项目建设。首先，应在优化服务环境上下功夫，各区行政审批中心、工商和税务部门开辟绿色通道，精兵简政、减少行政审批程序，创新服务模式，组织招商引资责任单位对企业

进行上门走访，为企业解决各类问题，为亿元楼宇的入驻企业提供落户便利。其次，应注重为楼内进驻企业提供良好的商务配套环境，重点引导、支持各楼宇单位对餐饮、停车、商业服务等方面设施加以改造，确保亿元楼宇经济在稳定、安全的环境下发展。再者，应建立健全“楼宇经济数据库”和“创建税收亿元楼宇数据库”两个信息平台，搞好楼宇企业和工商、地税、国税的信息交换和整合，定期更新数据，实现楼宇经济各项信息资源共享，全面把握全市亿元楼宇发展总体情况。此外，应加强综合服务，注重精细服务，为“亿元楼”内企业提供上门服务和直通车式服务，切实解决亿元楼宇发展中的问题。最后，应充分发挥楼宇产权方的主体作用，加大业态调整和提升改造力度。对占用面积大、税收贡献率低、不符合业态要求的企业，通过加强宣传、规范引导等方式予以调整，加大整合楼宇资源力度，吸引相同或相关行业在同一栋或相邻楼宇内聚集，实现“腾笼换鸟”，扩大特色型的“亿元楼宇”规模。

（2）加快总部经济建设速度。对于总部经济战略，首先要注重国内企业总部与国外企业总部相结合，集团总部与区域性总部发展相结合，例如引进全球性、区域性跨国公司总部、国内大型企业集团区域性总部分支机构及联合中国企业和民营企业的500强企业。其次，应注重发展服务型的总部经济。天津地区的经济发展主要是依靠第二产业，第三产业特别是现代服务业发展较为迟缓，高水平的制造业可以为一个城市或者一个地区的经济发展打下坚实的基础，但是要想可持续发展，要更多依靠现代化的总部型服务业。

2. 加强载体建设，促进产业集聚融合

目前，天津楼宇载体发展水平还不够高，缺乏特色，无法通过发展楼宇经济实现产业集聚。存在多产权、多业态的混乱局面。车位紧张、电梯运行等问题弊病频发，呈现整体运营管理水平不高。首先，应提升软硬件环境。针对底子薄、硬件设施差且跟不上功能要求的楼宇，应以提升楼宇档次为目的，以功能改造与提高服务水平的双重叠加措施为手段，细化建设目标，从楼宇改造、健全楼宇物业服务到完善楼宇周边交通配套及停车管理等配套设施入手，采取由内到外整体改善楼宇的环境，使楼宇整体形象和服务水平显著提升。其次，应推进产业融合。发挥楼宇的金融主导功能时，应朝着功能多样性的方向发展，注重引进包括通信、报价、计算机、保安、律师事务所、会计师事务所等各类现代服务业，形成功能完善、设施先进、配套齐全的全国性金融创新基地。此外，还应大力促进旅游观光、休闲购物、餐饮娱乐及会议接待等多种服务型产业的发展，引进文化创意、新兴能源、高技术服务业、节能环保等新兴产业，力争打造文化产业集群、旅游资源集群、商业集群和金融集群等多种形式的集聚效应，实现依靠产业牵引提高载体建设水平。最后，应加强信息交流系统的构建。通过加强内外信息的沟通，对内实现各楼宇、各部门信息资源无缝共享、业务对接、工作汇报及管理等功能；对外重视政策法规及产业动向等信息发布，提高同潜在投资商的信息供需匹配度等功能，为楼宇软硬件环境状况监管及产业发展提供有效的保障措施。

3. 创新招商理念，形成发展合力

楼宇经济的效益最主要的是来自入驻商户的运营收入，提高的招商的效果与效率是关键问题。当前，楼宇招商人员全球化视野、专业素质及知识等方面需要进一步提高。第一，应打造精干高效的招商队伍。而建立精干高效的招商队伍部门，需要高素质的人员队伍，既要走出去，还要引进来，更要留得住。通过对外推广来扩大区域影响力，建立健全招商人才选拔、使用、培训、考核机制，调动人员积极性，给予适当奖励，尽快打造出精干高效的招商队伍。第二，应建立多元化的招商渠道。建立部门招商与个人招商、专业招商与临时招商、企业招商与政府招商、区级招商与市级招商等相结合，建立以商招商的长效机制，营造亲商、稳商的发展环境。通过在全市范围内划定一批重点楼宇和特色楼宇，对外招商中重点推进，并将街道作为政府推进楼宇招商的实施主体。招商引资中要有意识引进风险投资公司、投资基金，主动为中小企业设计融资方案，推进资本与科技成果、产品和企业股权的结合。第三，推介市场化来加速招商速度，通过召开商务楼宇展示推介会和智能化研讨会及新闻媒体，对重点楼宇进行了专题宣传和推广，增加本项目的知名度、诚信度，实现专题定向招商。

4. 多措并举，盘活空置楼宇

近年来，天津楼宇数量增加速度较快，出现楼宇过剩现象，部分楼宇闲置面积较多。为此，要从多方面入手来盘活空置楼宇资源。

（1）发挥规划引导作用，完善楼宇经济市场管理。一是结合天津市现状以及国际经验等，科学判断天津对楼宇的需求量。为了培植和发扬都市经济活力吸引力，楼宇经济规划和布局应从都市经济或周边区域的整体入手，以市场需求匹配楼宇供应，提高楼宇的利用率，避免重复建设和资源浪费。天津市要从资源承载力、城市定位和城市经济社会发展需求三个方面综合研究，对天津市的楼宇规划加以明确。建设规划要与区域产业发展规划相配套，对楼宇空置较多的区县，可适当限制新增楼宇建设，避免现有空置资源尚未消化又形成新的空置。二是选择有成熟楼宇运营经验的开发商、运营商，提高楼宇设计、建设、管理质量，打造高档楼宇，吸引高端客户，同时做好与楼宇相关的市政基础设施建设，提升楼宇吸引力。三是要加强宣传和引导力度，避免恶性竞争。

在确定楼宇经济各发展重点区域的功能定位后，相关部门应对楼宇的业态进行深入研究，帮助业主提前规划楼宇主要招商业态及定位。

（2）提升管理服务水平，吸引优质高端客户进驻楼宇。一是建立健全楼宇经济发展协调机制，楼宇经济发展相关部门加强联动、形成合力，对五大院等重点楼宇问题进行专题研究，打破条条框框，激发楼宇发展活力。二是利用现有资源推动楼宇转型升级，可考虑将部分空置商业楼宇、机关事业单位办公用房改造为商务楼宇，结合近代工业发展历史加大空置老厂房的宣传力度。三是提升楼宇管理的信息化水平，将有关区县现代化的楼宇信息管理系统在全市推广，随时反映楼宇企业进出情况等重要指标，做好全区楼宇统筹安排使用。四是严格执行有关规定，禁止民用房屋注册企业，引导企业都去商务楼宇注册经营，提高楼宇利用率。

（3）用好财税扶持政策，加大全市楼宇招商引资力度。一是加快亿元楼宇和转型升级楼宇扶持资金的拨付进度，利用转型升级楼宇扶持资金，支持商业楼宇转型为商务楼宇等的改造升级，允许从扶持资金中提取一定比例统筹用于招商引资、优秀奖励等。二是对中心城区产业定位出台差异化扶持政策，如可针对南开区教育资源丰富、楼宇经济更适合服务于金融科技创新行业发展的特点，出台针对性更强的优惠政策。三是研究制定可操作的财政补贴及税收返还政策，如适时启动奖励计划，准确测算高管的税收负担，用奖励的方式代替税收返还，让企业高管实际受益；对当前空置面积 2000 平方米以上或空置率 20% 以上的楼宇，税收地方留成部分，三年内全额返还；通过租金补贴等措施鼓励开发商自持一定比例的产权，帮助其实现楼宇产业定位，避免业主分散导致的管理混乱；完善引进外省市企业税收返还政策，将返还范围扩大至所有税种的地方留成部分，返还比例可参照示范工业园区全额返还；落实中心城区引进总部企业的税收优惠政策，探索对中心城区金融企业适用自贸区相关政策等。

5. 加强优惠政策执行，构建政策共享机制

在政策执行上，一方面由于缺乏执行细则，政策宣传力度不大等原因，导致许多有利于楼宇招商的优惠政策在实际执行时效果不佳；另一方面是由于信息共享度差，工作未形成合力，形成优惠政策执行力度较弱，实际效果低于预期。首先，应制定奖励制度。一方面要明确奖励对象，应根据楼宇对区域经济发展的贡献度，给予楼宇业主、管理服务方及纳税大户实行分级差额奖励制度。另一方面，以市场运作为主、政府投入为辅，多渠道筹措建设资金。整合资本金投入资源，构建投融资建设平台。市金融办、市中小企业局等部门，要帮助各区县和乡镇街与金融机构搭建合作和对接服务平台，利用集合信托、集合理财、房地产信托投资等融资方式，拓宽投融资渠道，增强融资能力和规模。鼓励区县与融资租赁公司合作，支持开展已建成或基本建成楼宇的售后回租、直租业务，探索开展楼宇在建工程融资租赁业务，筹集楼宇建设资金，加快亿元楼建设步伐。其次，要构建楼宇经济信息共享机制。采取建立“一楼一档”制度做法，强化动态监测力度，及时掌握楼宇内企业变动，重点监测楼宇内入驻企业迁入迁出及经营情况，对于入驻企业的迁入或迁出，要做到“人走政策停”的及时性，消除政策执行落后于变化的弊端。此外，还应推进各个部门之间数据、资源共享，利用信息共享机制，及时提供政策优惠的信息，多渠道向社会提供规范透明的公共管理和便捷、公平的公共服务，实现政策高效、透明化的运作机制。

（三）天津市楼宇经济财政政策的总体思路及实施要点

楼宇经济的主体是企业，市场机制发挥着决定性作用，考虑到楼宇经济的外部性，客观上需要采取积极的财政政策支持和完善的公共服务，推动楼宇经济发展。从国内各地的实践来看，楼宇经济得到快速发展也是政府引导和推动的结果。

天津市在制定楼宇经济财政政策的实践中，应以加快转变经济发展方式、调整产业结构为主线，发挥比较优势，通过分析自身的资源特点及不同层次企业对经营环境的不同需求，有针对性地制定符合天津市楼宇经济发展特点的财政政策。总体思路是：根据公共财政的基本理论，按照业态先进、特色突出、配套完善、效益显著的原则，以财政优惠政策和财政资金投入为鼓励措施，引导高端需求，着力引进一批高端业态的企业和机构；创造中端需求，促进天津市生产性服务业从产业链中加快分离；充分发挥财政职能作用，积极吸引社会资金支持楼宇经济发展建设，重点打造一批优质商务楼宇，全面提高楼宇经济发展水平，促进中心城区、滨海新区以及各区县三个层面的经济结构不断优化。

天津市应在准确把握企业发展需求和地方实际发展条件的前提下，采取各种财政手段促进楼宇经济健康有序发展，进而推动产业结构转型。财政政策的切入点体现在构建机制和强化效应两个方面：

1. 构建楼宇经济发展的财政政策作用机制

一是构建财政政策扶持机制。首先，明确财政扶持资金来源。楼宇经济发展的财政资金来源主要有两处：市级财政部门和区县级财政部门。财政扶持资金的筹集应该遵循“市区统筹，共同负担”的原则，在市级财政部门的统一指导协调下，各区县相互配合。其次，明确财政扶持资金筹集途径。市、区两级财政扶持资金的筹集途径主要是一般性本级财政收入。再次，明确财政扶持资金的使用主体。财政扶持资金的使用应该遵循“严格监督，区县使用”原则，主要由楼宇所在区县政府支配和使用。最后，明确财政扶持资金的投放领域。投放领域主要包括符合条件的楼宇经营及入驻企业，楼宇周边基础设施建设以及老旧楼宇的升级改造等。

二是构建楼宇经济信息共享机制。楼宇经济信息是楼宇经济发展中的税收征管、分析、预测和管理的客观需要。现实中各地区、各部门之间对某一事件的信息掌握总是不完全的，也是不对称的。因此在地区或部门合作过程中、应尽量争取楼宇经济信息分享中的透明与对称。有关部门要适应政府职能转变的要求，利用现代信息技术整合和共享楼宇经济信息，进而对楼宇经济管理的组织结构、业务流程进行必要的调整和优化，向社会提供规范透明的公共管理和便捷、公平的公共服务，实现政府部门、企事业和居民三方的良性互动，提高政府决策的科学性、民主性。建立财税库信息共享机制，通过横向联网系统，实现财政、国地税、国库间相关信息共享，为有关部门加强税收征缴管理和进行统计分析及预测提供有力支持。

三是构建财政绩效评价机制。在财政管理中，长期以来注重预算资金分配的资源投入，而忽视其相应产出的绩效评估，依然是需要解决的重要问题。从减少财政资金浪费、提高财政效率的角度，加强对楼宇经济发展投入的事前与事中动态监控，将楼宇经济发展专项资金预算管理中发现的问题，披露、杜绝在萌芽阶段，避免出现财政资源的非效率性漏损现象。就现阶段而言，在楼宇经济发展投入的绩效评价上，要逐步完善财政部门绩效自评制度，同时结合外部绩效审计的环境约束，建立相应的追踪问责与奖惩机制，从根本上构建来自于内部控制与外部监督两个方面的高绩效管理制度。

四是构建财政收入协调机制。在发展楼宇经济过程中，地区间争取跨国公司、总部企业往往伴随税收转移现象的产生，带来税源与税收背离等一系列问题，加剧地方政府间的横向税收竞争。恶性的税收竞争不仅容易导致税收大量流失，且有可能使市场机制受到破坏，损害竞争环境和经济效率。因此，构建财税收入协调机制，将有利于减少企业特别是总部企业跨地区经营的阻力，促进统一市场的建立，实现在同一经营种类上外地企业与本地同类企业之间的税负公平。

2. 强化楼宇经济发展的财政政策效应

楼宇经济对地方财政的贡献在很大程度上取决于其对地方经济增长做出的贡献，主要表现为在吸引入驻企业直接创造 GDP 的同时，还通过带动相关产业的发展间接创造 GDP。根据经济增长对财政收入影响理论，楼宇经济推动地方 GDP 的快速增长，进而为所在区域地方财政收入增长提供源泉和动力，显示出发展楼宇经济的财政效应。楼宇经济的良性发展客观上也要求天津市充分借力财政政策效应，发展现代服务业。

一是逐步完善政策体系，强化政策拉动效应。确立“扶持力度高、引进门槛低”的工作思路，加大对高端企业和机构的落户、办公用房、经营贡献、人才引进等方面奖励力度，逐步形成较为完善的政策体系，为楼宇经济发展营造良好的政策环境。

二是不断推进载体建设，强化总部集聚效应。确立引进国内外企业总部、扶持现有总部企业、培育本地企业总部等三类重点企业总部。根据不同类型和层级的企业总部对基础设施、商务配套等方面的不同要求，进一步优化城市功能定位，重点打造楼宇总部经济聚集区，为总部企业的引进、发展构筑良好的平台。同时，统筹安排财政资金，重点推进港口、码头、轨道交通等重大交通工程配套建设，提升城市基础设施服务水平，降低企业总部与制造加工分离的空间成本。

三是继续落实奖励资金，强化财税服务效应。利用优惠政策的推动作用，调整优化产业结构，大力支持现代物流、现代金融、网络信息、人才教育等有利于楼宇经济发展的配套产业和服务体系。坚持把发展楼宇经济作为培育壮大地方财源的突破口，加快推进企业优惠标准的认定和政策兑现，积极开展政策宣传辅导，帮助企业用足用好各项扶持政策。

四是着力加强沟通合作，强化上下联动效应。针对部分区县财力留成较低的现实情况，采取“向上争取政策支持，向下让利区县”的方针，合力促进楼宇经济发展，促进市级财政加大对企业的扶持力度。鼓励各区县引进总部企业及高端商务机构，对符合市级认定标准的，市财政在资金政策上给予扶持，充分调动各地区的积极性。

（四）促进天津市楼宇经济发展的财政政策建议

由于天津市楼宇经济发展尚在深入推进阶段，制定和完善发展楼宇经济的财政政策就显得尤为重要。特别是随着形势发展变化，应在现有的各类财政扶持办法和措施上有所突破。

（1）鼓励中心城区开发建设亿元楼宇载体。中心城区在符合全市城市总体规划和土地利用规划的前提下，优先开发建设商务楼宇经济项目的，经市政府批准，土地出让金政府净收益实行一定比例的返还政策，用于支持区县和投资企业建设亿元楼宇载体；立项为亿元楼宇载体建设的项目，其市政基础设施工程大配套费按照住宅项目标准收取。

（2）给予财政贴息。对街镇采取融资租赁方式建设的楼宇经济载体，考虑租赁前期费用较高，对其在前两年承担的融资租赁费用（不含土地），由市区（县）两级财政按照年融资租赁利率给予一定的补助，市区（县）财政各负担50%。

（3）市内六区以划拨方式取得土地的单位利用工业厂房、仓储用房、传统商业街等存量房产，用于改造提升发展楼宇经济的，土地用途和使用权人可暂不变更；以划拨方式取得土地的单位在项目建设过程中因资金问题无法继续建设形成的烂尾楼用于发展楼宇经济的，暂缓补缴土地出让金。

（4）实施奖励政策与财政贡献相挂钩的激励措施。物业公司的管理水平很大程度上决定了楼宇发展的整体水平。实行楼宇业主奖励与财政贡献挂钩机制，对提供高品质设施和服务的物业公司给予一次性奖励。鼓励亿元楼宇引进国外知名物业公司、国内一级资质的物业公司，鼓励现有物业公司提升管理资质，凡达到一级资质的，经考核验收达标后，给予专项物业管理补贴。制定“星级楼宇”认定办法，积极创建“星级楼宇”。对经考核达标的“星级楼宇”，给予表彰奖励。

（5）鼓励楼宇向国内外资金雄厚企业招商吸引高端客户，积极引进符合功能区产业发展定位的企业入驻，形成聚集效应。对持有全部自主产权商务楼宇产权人，其入驻企业税收达到一定规模，按年度给予适当奖励。鼓励中心城区发挥招商优势，在做好本区楼宇招商工作的同时，将优质项目推荐落户到其他区域的，按一定比例实行税收分成，以此促进楼宇提升品质，形成健康良好的激励机制。

（6）鼓励采用融资租赁的办法发展楼宇经济。依据天津市人民政府《关于促进天津市租赁业发展的意见》，融资性售后回租业务中承租方出售资产的行为，不属于增值税和营业税征收范围，不征收增值税和营业税。在租赁公司购买环节和原业主回购环节发生的契税，实行先征后返。对亿元楼宇融资租赁中所涉及的房屋过户产生的转让手续费（包括销售、购回两次过户）予以减免，所涉及的房屋维修基金准予缓缴，待房产真实出售后按相关规定全额补齐。

（7）加强楼宇企业的税收管理。规范楼宇入驻企业税收属地征管，从源头上解决纳税人异地经营问题。对于新引入亿元楼宇的企业实施属地注册、属地经营、属地征税；对于已在楼宇内的原有企业由注册地与经营地按一定比例实行税收分成。中心城区楼宇内孵化的企业需转入其他区县落户发展的，由企业转出区域和转入区域按照一定比例实行税收收入分成，并签订协议报市财政局备案。市财政局负责落实双方税收分成。

（8）优惠政策的宣传和服务要落实到企业。全面梳理扶持楼宇经济发展的各项税收政策，积极做好政策的宣传辅导工作，帮助企业用足用好各项政策措施，将总部企业作为重要纳税服务对象，定期进行沟通，改进优化财税服务。对有落户天津市意向的企业总部，主动进行政策辅导，简化企业落户手续和程序。同时，可考虑延长引入高端企业税收优惠政策期限。

（9）注重经济税收信息对楼宇管理的导向作用。税务机关应适时公布楼宇税收数据，引导各部门在招商引资、政策扶持、综合管理等方面加大力度，有所侧重。如对批发零售、房地产、金融保险等行业可作为楼宇经济招商引资的重点，在商务环境、综合配套服务上给予支持，对获利丰厚的私企和外商投资企业可作为楼宇经济的有效补充，为其创造适宜其发展的条件，对创业阶段的中小企业和个体工商业者可正面引导，并给予资金和政策支持。同时，建立相关经济管理部门信息沟通共享机制，形成社会综合治税的合力。

（10）开展支持楼宇经济资金支出的追踪问效。加快建立反映天津市楼宇经济发展特点和水平的统计指标体系和统计制度，以此制定楼宇经济考核指标体系，针对楼宇的发展特点实行分类考核。有关部门要及时跟踪支持楼宇经济专项资金使用情况，制定绩效考核细则，对各区县楼宇资金支持项目进行督察和考核，定期公布考核情况，接受社会监督。进一步加强对财政资金的跟踪监管，注重资金的使用效果，开展财政资金支出的绩效考评，把有限的资金用在刀刃上。

天津海洋经济发展研究

（天津市经济发展研究院　李　李　辛　宇　袁进阁）

海洋是重要的战略资源和发展空间，事关国家安全和经济社会发展大局。党的十八大提出建设“海洋强国”的战略目标，海洋正逐步成为支撑经济社会可持续发展的战略基地。党的十八届五中全会首次提出了创新、协调、绿色、开放、共享五大发展理念，把绿色发展作为五大发展理念之一。我国海洋事业处于快速发展的重要历史机遇期，加强海洋生态文明建设，是贯彻落实国家建设海洋强国战略部署的必然要求，是促进海洋经济可持续发展的重要举措。天津市启动海洋经济创新发展区域示范项目，依托深海油气核心模块高效设计建造和安装技术与产业化工程、新型海水淡化装备创新孵化平台、海水淡化高压柱塞泵产业化与推广应用等重点项目，以海洋装备制造和海水淡化与综合利用两大产业为重点，成功转化一批科技成果，培育一批海洋创新企业，积极促进海洋产业的快速发展。努力推进海洋生态文明建设，对于提高海洋资源开发、环境保护、综合管理的管控能力和应对气候变化的适应能力具有重要的战略意义。经济建设、政治建设、文化建设、社会建设，生态文明建设“五位一体”的发展战略，是关系人民福祉、关乎民族未来的长远大计。坚持节约资源和保护环境的基本国策，坚持节约优先、保护优先、自然恢复为主的方针，着力推进绿色发展、循环发展、低碳发展，形成节约资源和保护环境的空间格局、产业结构、生产方式、生活方式，从源头上扭转生态环境恶化趋势，为人民创造良好生产生活环境，为全球生态安全做出贡献。国土是生态文明建设的空间载体，必须珍惜每一寸国土。节约资源是保护生态环境的根本之策。良好的生态环境是人和社会持续发展的根本基础。加强生态文明制度建设，保护生态环境必须依靠制度。

一、天津海洋经济发展现状

天津市是我国的直辖市，作为北方最大的沿海开放城市，是环渤海地区的经济中心，是我国参与经济全球化的重要门户。天津处于京津冀以及环渤海经济带区域内，与河北、辽宁、山东等地区具有密切的联系。天津是我国北方对外交流的窗口，天津港处于京津冀城市群与环渤海经济圈的交汇点，是中国综合性港口和重要的对外贸易口岸，与世界多个国家和地区拥有港口航路贯通。

（一）海洋经济总体发展规模分析

天津市海洋经济发展呈现出了较快的发展形势，在全国海洋经济的发展中占据重要地位。2016 年，环渤海地区海洋生产总值 24323 亿元，占全国海洋生产总值的比重为 34.5%。“十二五”时期末天津市海洋生产总值达到 5506.4 亿元，占全国海洋生产总值比重在五年间呈现逐年持续增长的发展态势，“十二五”时期末该比重达到 8.5%。海洋经济成为拉动天津经济增长的重要增长点，为天津产业结构调整提供重要的动力。“十二五”时期末天津市海洋生产总值占天津市生产总值比重达到 33.3%，比 2011 年增长了 2.17 个百分点（见表 1－1）。

表 1－1　“十二五”期间天津市海洋经济生产总值情况

项目	2010 年	2011 年	2012 年	2013 年	2014 年	2015 年
海洋生产总值（亿元）	3021.5	3519.3	3939.2	4554.1	5027.2	5506.4
占全国海洋生产总值比重（%）	7.6	7.7	7.9	8.4	8.4	8.5

资料来源：根据历年《中国海洋统计年鉴》数据整理。

（二）海洋产业发展情况分析

海洋产业发展实力不断提升，传统海洋产业比重逐渐下降。从数据来看，“十二五”末期天津市海洋生物医药业增加值达到 0.03 亿元，海水利用业增加值达到 1.18 亿元，海洋电力增加值达到 1.51 亿元，海洋盐业增加值达到 6.8 亿元，海洋渔业增加值达到 8.7 亿元，海洋船舶工业增加值达到 10.6 亿元，海洋化工业增加值达到 61.5 亿元，海洋交通运输业增加值达到 265.5 亿元，海洋工程建筑业增加值达到 287.4 亿元，海洋旅游业增加值达到 679.0 亿元，海洋油气业增加值达到913.0亿元。海洋油气业在天津海洋产业结构中仍然占据主导地位，海洋旅游业增加值排在第二位，仅次于海洋油气业。海洋工程建筑业排在第三位。天津市在海洋先进制造业和海洋新兴产业领域的发展水平不断提升。其中，海洋工程装备制造业、海洋船舶制造业两大制造业成功迈入国际市场。国家石油化工基地和原油战略储备基地两大基地建设不断推进，渐成规模。“十二五”末期天津市海水淡化产能已经达到31.7万吨/日，在全国保持了领先的位置。近些年来天津市的沿海风电项目得到了有力的推进，在沿海各个区域开始了更为科学的布局。

（三）海洋科技创新情况分析

天津拥有的国家级以及省部级的海洋科研院所多达27家，国家级以及省部级的重点实验室数量达到54个，科技产业化基地数量达到24个，国家级和市级企业技术开发中心449个，博士后流动站、工作站229个。天津大学以及天津科技大学等多达十几所大学都拥有关于海洋的学科。近年来，天津取得了一批具有国内外先进水平的海洋科技成果，海洋工程、海水淡化、海洋环境监测、海洋油气开采、海上平台等技术在全国处于领先地位，海洋科技对海洋经济的贡献率达到65%。人才集聚优势突出，拥有各类人才200万人以上，其中两院院士37人，海洋专业人才超过1万人。

（四）海洋基础设施建设情况分析

天津港是在淤泥质浅滩上挖海建港、吹填造陆建成的世界航道等级最高的人工深水港，拥有101个万吨级以上生产性泊位和23个内陆无水港，已完成的重大工程有30万吨级航道、30万吨级原油码头和国际邮轮码头等，2016年港口货物吞吐量达到5.5亿吨，集装箱吞吐量完成1230万标准箱。机场、铁路、公路等基础设施纷纷建成，天津机场一期、黄骅—万家码头铁路、海滨大道等一批重大基础设施竣工。高速公路通车里程超过1200公里，已形成通往全国华北地区、东北地区、华东地区、西北地区的高速公路网。铁路通车里程达到838公里，天津—保定、西南环线扩能改造等铁路项目加快推进，海铁联运能力显著增强。天津市电力总装机容量1133万千瓦，电网结构布局不断改善，供应电力的能力明显提升。

（五）海洋政策环境情况分析

受京津冀协同发展战略、自由贸易试验区、国家自主创新示范区等重大战略机遇的影响，天津市在科技体制改革、土地利用管理、资源利用与环境保护、对外经济体制改革等方面都拥有先行先试的重要政策优势。生态城市的建设显示了中新两国政府应对全球气候变化、加强环境保护、节约资源和能源的决心，为资源节约型、环境友好型社会的建设提供积极的探讨和典型示范。中国—新加坡天津生态城等功能区在绿色发展等方面享受相关政策支持。2014年12月天津自贸区获批，试验区总面积为119.9平方公里，主要涵盖3个功能区，天津港片区、天津机场片区以及滨海新区中心商务片区，对外贸易、双向投资实现自由化和便利化水平显著提高。利用区内税收、外汇使用等优惠政策，进一步吸引外资，引进国外先进技术与管理经验。自由贸易区作为国际物流中心的地位得到充分发挥，起到了繁荣港口、刺激区域交通运输、物流业发展的作用，促进天津自贸区与其他地区自贸区之间的深度合作，充分释放了自贸区间的协同效应。

二、天津海洋经济存在的问题

（一）海洋产业结构问题分析

发达国家的新兴海洋产业产值已达海洋产业总产值的首位，尤其是海洋油气产业已成为收益最高的海洋产业，我国海洋新兴产业发展速度，远高于传统产业的发展速度，但目前传统海洋产业在海洋产业中的主体地位尚未从根本上得到改变。海洋产业结构有待于进一步优化，传统产业包括海洋油气、海洋化工等产业仍然具有主导地位，海洋战略性新兴产业发展很快，但是整体规模还不够大，占全市海洋经济比重仅达到10%，海洋服务业比重也明显偏低，仅仅占到36.3%，海洋高端服务业的比重仍然有提升的空间。造成传统产业比重大，新兴产业比重小的根本原因是科学技术产业缓慢，不能迅速、大规模孵化出新兴产业，阻碍了新兴产业的发展。新兴海洋产业与传统海洋产业相比较，具有产品技术含量高、附加值高及对自然资源的依赖程度低等特点。因此，加快新兴海洋产业的发展，使新兴海洋产业的比重超过传统海洋产业的比重，无疑是实现海洋产业结构升级的重要途径。海洋经济发展水平与海洋产业结构状况是相对应的。在一定的海洋经济发展水平下必然有与之相适应的海洋产业结构，随着海洋经济大发展，海洋产业结构也将发生相应的变化。

（二）海洋岸线资源利用问题分析

岸线是基础性稀缺资源，岸线的宝贵性以及其对经济发展的重要性十分突出。提高岸线的利用率至关重要，但是天津海域岸线资源利用水平不高，利用的海岸大多是近海岸，用海的方式都是平推式，填海造陆确权率不足一半，生活岸线和景观岸线十分缺乏。在用海方面，配置海洋资源的市场机制也并没有建立。天津的海洋岸线整体利用不尽合理。岸线开发的形式基本上都是规模化成片开发的。当前针对港口岸线的利用，存在布局不科学，码头建设侵占岸线资源，造成岸线利用存在浪费现象，岸线使用整体的效应偏低。另外，岸线资源使用存在开发集约化水平较低的问题。集约化利用的岸线较少，受到集疏运、电力、水力的影响，岸线开发成本较高，这些限制因素导致岸线开发需要的人财物等资源无法充分发挥效应。同时，天津市海洋岸线资源较为紧张，可利用岸线少，剩余岸线开发成本过高。在码头和泊位之间，岸线存在空余，因此导致岸线使用的不合理和不充分。

（三）海洋生态环境保护问题分析

在未来的经济和社会发展过程中，建设用地的开发、产业的进驻和大量人口的增加对海洋生态系统产生一定的负面影响，如水污染的加剧、生活垃圾的增多、污染排放物的增加、生物多样性的衰退等，对海洋生态系统的保护带来了极大的挑战。海洋资源与生态环境约束趋紧，发展面临较大压力。长久以来大规模的海洋开发利用活动导致近海开发利用率不断提高，近岸资源量明显下降，海洋捕捞结构趋于简单。海洋环境污染亟待治理，近岸海域环境质量恶化趋势始终没有得到有效缓解，赤潮、溢油等海洋灾害发生频率呈加剧的趋势，渤海已成为国内污染较为严重的海域。面临资源环境的瓶颈制约，要实现海洋的持续健康，发展任务仍然艰巨。沿海城市积极出台政策努力发展海洋经济，临海产业加速集聚，在为全面发展提供了很多成功经验的同时也带来了激烈的竞争。江苏、辽宁、河北、山东、福建、海南等地区海洋经济存在同质化的趋势，竞争压力较大，各地区在功能定位、产业发展方向上都出现了高度的相似性，海洋经济发展很可能陷入同质同构的境地。天津的海域面积不大、近海资源不够丰富，资源环境承载力不高，海洋经济总体实力仍然有提升的空间，发展方式仍需进一步转变，统筹发展和优化提升任务依然较重。

（四）海洋科技创新存在问题分析

天津市海洋科技自主创新能力仍然不强，原创性和附加值高的海洋技术创新成果较少，创新型领军人才和企业还不多，基础性、前瞻性、关键性技术的整合攻关能力不足，创新创业的机制还不够活，创新环境有待进一步优化，科研成果在产业化过程中遇到市场渠道无法打开、国内外用户对新成果的接受度不高等一系列问题，导致科技成果的转化率不高，科技研发投入资金显现效果不明显，海洋科技创新和引领作用仍需进一步提升。

（五）海洋产业具体问题分析

海洋油气业溢油灾害发生频率增多。渤海油田年产量达到 3000 万吨油当量，在国家能源体系中占有重要地位。然而，在快速增长的背后环境污染问题日益凸显，渤海的绝大多数海上油田处于近海，为保证企业稳产，近海油气资源高强度开采，生产面临着溢油污染的巨大风险，近年来溢油事故时有发生。反过来，由于溢油事故导致的停工停产也给企业稳产带来的巨大压力。

海洋化工业环保水平不高。天津市石油化工产业保持良好的发展势头。石油加工能力有效提高，发展油漆、涂料、环氧树脂等下游产品，形成了从勘探开发到炼油、乙烯、化工完整的产业链，国家级的石油化工基地和重要的海洋化工基地基本成型。化学工业行业对环境造成的影响和冲击比较显著，对天津地区自然环境和城市环境的保护和开发提出了新的挑战，产业发展与城市发展协调关系有待探索。

海工装备产业核心技术不够高。与发达国家相比，目前天津市海洋装备制造企业在产品设计能力、技术研发能力等方面还存在较大差距，不仅是天津，全国装备制造业都存在这个问题。核心技术研发能力十分薄弱，严重依赖国外，拥有的自主知识产权的海洋工程装备很少，且基本局限于浅海海洋工程装备，主要开展后期生产工作，而深水海工装备的前端设计还是空白。

海水淡化产业存在产能过剩的问题。从天津市淡水资源短缺以及现有海水淡化的规模和技术水平上看，天津市具备发展海水淡化及后续综合利用产业的优势资源。然而，目前天津市发展海水淡化产业也面临若干问题。最主要的问题是已建项目的产能闲置问题制约产业的发展，目前北疆电厂淡化水每日除自用 2 吨淡化水外，可向外输送 18 万吨，除进入市政管网水量约 1.9 万吨、输送给中新天津生态城用淡化水 3 万吨，存在大部分产能闲置的问题。

三、世界主要国家和地区发展海洋经济的成功经验

（一）美国发展海洋经济的经验

美国海岸线绵长，西海岸紧邻太平洋，东海岸紧邻大西洋，拥有共计 340 万平方公里的海洋经济区，海洋渔业、海洋资源开发、海洋生物医药等产业比较发达。美国也是世界上海洋经济种类最齐全、海洋经济最发达的国家之一。美国在发展海洋经济上有丰富的经验。

第一，美国重视政府对海洋经济的主导作用。1966 年，美国就通过多项立法将国家海洋科学、海洋工程、海洋经济提升到了战略高度。近 50 年的海洋开发过程中，美国国会先后颁布了《海洋资源与工程开发法》《海洋法令》等法律以及《21 世纪海洋蓝图》《美国海洋行动计划》《海洋研究优先计划和实施战略》等报告，将海洋经济发展提高到影响自身国际地位的大局高度，从立法的角度为海洋资源开发提供支持，并前瞻性地将国家的海洋战略具体实施蓝图勾勒清晰。在各州层面，美国政府重视海洋政策的落实和执行。政府主导成立的海洋经济委员会主要负责美国海洋经济发展的资金来源与去向，海洋科学工程和资源委员会负责海洋资源的开发与保护等。各级政府组织及民间非政府组织广泛、细致、翔实地调研海洋经济发展情况的资料，获取及时数据，为政府提供战略制定依据，加强政府对海洋经济的指导性，统筹国家海洋战略的实施情况。

第二，美国重视科技对海洋经济的支撑作用。美国作为世界上主要发达国家之一，拥有先进的科学技术和完善的科研组织。在海洋经济方面，美国先后成立了近 800 个各级大小的海洋研究所，这些研究所有的是政府组织，有的来自民间，资金来源通常是政府财政拨款，研究课题主要是与海洋资源相关的开发利用技术、海水淡化技术、环境保护技术等。海洋经济被美国视为解决能源危机的重要途径之一，同时也是创造大量就业的重点领域。而美国发展海洋经济的一大特色就是“科技兴海”战略。

目前美国的海洋开发与利用、海洋环境保护等领域已经有一大批高新技术实现并被利用到实践中。例如，海洋捕捞业、海洋养殖业等传统海洋经济早已利用上海洋气象研究机构的最新最及时的资讯，并根据实时变化的海洋自然条件适时调整捕捞策略和养殖品种、养殖区域，这种高科技应用下的海洋传统渔业，少了些“靠天吃饭”的不确定性，多了合理、可持续开发利用海洋资源的可能性。又如，美国建立了多个有针对性的海洋科学研究室，重点研究政府确立的具有战略意义的海洋资源开发课题。美国目前有相关实验室近 800 个，占全美各类科学研究是数量的半数以上，从事海洋开发课题的研究人员每年获得政府财政资金近 300 亿美元。庞大的科研投入，带来的是先进的海洋技术，和将科学技术转化为产品的市场开拓力，为美国政府获得了科技、生态、经济等的多方利益。

第三，美国重视金融体系对海洋经济的服务作用。美国拥有非常完善的财政税收体制，也拥有丰富的民间优质资本，专门从事海洋经济投资的金融机构和金融从业人员数量庞大。这个由政府、海洋产业相关企业、金融机构、民间资本等共同构成的海洋经济体系，运行流畅，全方位地保障了海洋产业的资金来源，给予海洋科研实验室、海洋经济企业财政补贴、专项低息贷款、大额投资等，解决了海洋经济从业人员和企业的后顾之忧。因此，美国的海洋经济转化率非常高，海洋科技成果转化过程有成熟的商业流程体系，保证了科技推动海洋经济发展的可持续发展战略的实施。

第四，美国重视全面开发海洋休闲娱乐等产业推动海洋经济的新发展。美国政府认为，海洋经济不仅包括对海洋产品的开发，还应包括人类对海洋的享受型利用。这包括海洋旅游、沿海休闲度假、海洋餐饮、海洋体育竞技、滨海主题公园、邮轮游艇等项目。自 20 世纪 60 年代发展海洋休闲娱乐产业以来，美国民众对于这种滨海休闲产业非常热衷，普通的美国民众非常乐意选择享受海滨度假。据估计，美国海洋游钓爱好者超过 8000 万人，而海滨旅游成为众多民众休闲娱乐的首选之地，沿海各州的滨海旅游收入占到全年美国旅游业总收入的 85% 以上。海洋休闲旅游的前景十分广阔，供需两旺。也正是由于美国构建开发利用、资源保护、休闲娱乐等全方位的海洋经济体系，使得美国的海洋经济产业充满活力，拉动了大量就业，创造了大量税收，同时保持了整个海洋经济体系的有效运转，为美国海洋生态系统、海洋科技系统、海洋经济系统构建了一个健康、可持续发展的体系。

（二）日本发展海洋经济的经验

日本是一个岛国，陆地面积狭小，地少人多，贫乏的资源和历史文化传统导致日本非常重视海洋开发和利用。日本的海洋经济包括海洋渔业、海洋生物医药、海洋船舶制造、海水淡化综合利用、海洋矿产资源开发等方面。日本在 21 世纪初就提出要建立“海洋科技大国”的目标，其在推动传统海洋经济发展、海洋新兴产业发展方面有着独特的经验。

首先，日本重视产业规划的导向性作用。日本政府早在 20 世纪 60 年代就制定了大力发展海洋经济的长期战略目标，在全民中树立海洋经济推动社会经济发展的战略意识，从顶层设计开始制定国家中长期海洋发展指导性计划。这些产业规划包括新一轮的《海洋基本法》等立法，也包括未来 3 ~ 5 年的海洋经济发展侧重产业规划，以及新的科研项目计划等，从宏观层面有效推动全国海洋经济产业体系的形成，高效准确地推进海洋经济开发策略实施。

其次，日本鼓励民间资本参与海洋经济投资。日本政府重视民间资本对经济的推动力量，鼓励并欢迎有实力的民营资本投入海洋经济建设中去。具体的鼓励措施包括，建立专门的中间机构，承担融合政府、企业、民间资本三方资本与技术力量的股份公司作为平台，提高资金的利用效率，畅通信息的沟通机制，全面拓宽民间资本和政府财政对海洋经济的支援渠道，既保证了海洋经济的健康发展，又促进了民间资本健康流入实体经济，实现了共赢。民间资本参与海洋经济投资还体现在，民间技术力量参与海洋科技研发和新兴海洋产业成果的市场转化推广。日本政府认为，民间有政府达不到的研究力量和市场推广力量。因此，大力鼓励非政府性研究机构开拓海洋高新技术产业发展，引导日本先进企业通过技术创新不断探索海洋经济领域的产业成果，有助于调动起全社会的科技研发热情，凝聚起全社会的科技研发力量，形成合力，共同以雄厚的资本力量和先进的技术力量对抗世界其他国家的先进海洋产业。

第三，日本重视世界先进的海洋科学技术研发和成果转化。科技永远是推动经济发展的第一力量，尤其是海洋经济这样一个知识密集型、技术密集型的产业领域。日本政府有很强的经济危机感，因此，从20世纪80年代开始，日本政府就大力组织了一批高端海洋科学研究室，以优厚的待遇和优惠政策吸引高端专业人才为日本的海洋工业出谋划策。日本目前的海洋科学研究领域包括海洋船舶制造、海洋矿产资源开发与利用、海水淡化与综合利用、海底电缆铺设与维护、海洋生物医药等方面。日本的海洋人才储备政策也是世界范围内力度最大的几个国家之一。这不仅体现在日本建立了许多高校科学研究学会专门负责研究每一个细分的海洋经济分支科目，还体现在，日本重视国际海洋专业人才、海洋高新技术的引进与吸收消化。同时，日本还非常强调国际合作交流，鼓励海洋经济研究人员广泛参与国际合作项目，鼓励多学科、多领域之间的科研工作者合作，给予海洋科研从业人员出国访问交流的便利条件，随时掌握全球最先进的海洋产业技术。

第四，日本大力开发海洋矿产和能源。日本是个矿产资源匮乏、能源资源较少的国家。因此，日本希望通过环绕四周的海水获得源源不断的资源。日本政府认为，海洋经济是关系到未来日本生存和国际地位的大问题，因此，不断加大寻找海洋可再生能源的科技力度。目前，日本拥有的海洋矿产资源技术是世界先进的“凝结尖端技术”。这项技术始于2011年，经过5年的发展，目前，日本已经广泛应用这项技术于深海矿产资源开采开发领域，并获得了良好收益，包括资源上的收益和采矿技术的进一步提高。日本还将发达的机器人技术应用于海洋开发与利用上。这不仅使得海洋矿产、能源开发利用效率大大提高，还反过来促进了国内机器人产业的蓬勃发展。可以说，海洋经济作为日本的先导性产业，对其国内其他产业发展具有良好的辐射带动作用。

第五，日本保护传统海洋渔业发展，走可持续发展之路。传统海洋捕捞业和海洋养殖业在日本仍然是基础性的海洋经济产业，日本为解决海洋资源危机、污染问题、生态问题等，制定了海洋渔业的可持续发展战略，加大了对海洋环境的保护工作，在满足日本对渔业的基本需求之外，适当降低渔业产量，保持生态环境的相对稳定。

（三）澳大利亚发展海洋经济的经验

澳大利亚是位于南半球的国家，四周临海，海洋资源丰富，东北部拥有世界最纯净的礁石海域大堡礁，全国海洋经济区和海洋大陆架区域的面积约为国家土地面积的 2 倍多，东南部的堪培拉、悉尼等城市临海而建，海洋产业发达，海洋经济种类繁多，充分享受了海洋资源的经济效益和社会效益。澳大利亚在发展海洋经济方面的主要举措包括以下几个方面。

第一，澳大利亚出台了多项战略规划，积极履行国际海洋公约，从国家层面重视海洋资源开发。90 年代开始，澳大利亚陆续出台了《海洋产业发展战略》《21 世纪海洋科学技术发展计划》《澳大利亚海洋政策》《澳大利亚海洋科技计划》等文件。这些文件以国家战略规划的形式，强调了澳大利亚发展海洋经济的重要性，并把国家海洋战略发展落实到具体的实行计划当中去。与此同时，澳大利亚还是国际海洋合作的积极参与过，并忠实履行多个国际海洋公约，保证在开发利用海洋资源的同时，充分考虑环境承载能力，实现海洋经济的可持续性发展。

第二，澳大利亚重视海洋教育和海洋科技研究。在澳大利亚，从中小学开始，学生们必修的一门课程就是海洋生态环境教育，这门课程让澳大利亚人普遍了解海洋、认识海洋，有意识地区保护海洋和利用海洋资源。在各大高校，与海洋经济相关的专业也是学生们的热门选择。为了加强海洋科技研究人才的培养和引进，澳大利亚政府制定了一系列科技研究计划，以及政府、研究机构、企业等社会主体招引高端人才的优惠政策，建立起完善的人才引进、人才培养、人才利用的体制机制，调动起全社会的力量投入到国家海洋经济建设中去。

第三，澳人利亚重视海洋资源的多样化利用。澳大利亚海岸线绵长，地广人稀，海洋资源不仅丰富，而且多样化。为了充分利用海洋大陆架、浅海、深海等不同海域的优质资源，澳大利亚政府进行了综合化管理，协调各部门建立完善的海洋养殖、海洋生产加工、海洋生物工程、海洋矿产开发、海洋油田开采等多样化经济形式。目前，澳大利亚最主要的海洋经济产业是油气开采和旅游娱乐。这种多样化、综合的海洋经济发展模式，带给澳大利亚繁荣的经济。

第四，澳大利亚严格保护海洋环境。澳大利亚将海洋视为其赖以生存的家园和经济发展的基础，因此他们在全社会范围内广泛宣传合理利用海洋资源、保护海洋环境的重要性，让人们普遍树立重视海洋、爱护海洋、利用海洋的意识。此外，政府还积极建立一批具有特色的海洋保护标杆，树立海洋渔业、养殖业、矿产开采等行业的模范企业品牌，提高企业和民众对海洋广泛保护的能力。政府还通过立法等方式，以严格的水质标准要求生产企业的排污达标，从源头上制止了人类社会活动对海洋资源的不可逆转性损害。对海洋鱼类的捕捞和养殖，澳大利亚政府也有明确的时间和作业规定，实施全面的科学化管理，防止因人类活动而给海洋生物种群带来生存上的威胁。

（四）加拿大发展海洋经济的经验

加拿大是一个海洋资源异常丰富的国家，它拥有全世界最长的海岸线，长达 243792 公里，同时三面环海造就了他发展海洋经济的优越自然条件，沿海地区又居住着全国 25% 的人口，提供了让充足的人力资源，可以说得天独厚的环境造就了加拿大的海洋经济，据统计，加拿大海洋经济产值达到 200 亿美元/年的水平，达到了相当高的水平。海洋资源环境的健康发展，已经为加拿大的沿海居民，甚至整个加拿大地区带来了丰富的经济效益。总的来说，加拿大海洋经济的管理规划早、法律制度严、产业种类全，种种优点都十分值得借鉴。

在管理规划方面，在 1987～1988 年，加拿大就制订了一个多年的海洋科学计划，投入了大量的人力和物力，力求海洋经济的大发展大进步。1979 年成立了海洋渔业部，之后又成立了海洋事务机构委员会。到了 2002 年，加拿大渔业和海洋部又进一步制定了《加拿大海洋战略》，提出了海洋资源可持续开发、海洋资源综合管理、海洋生态环境提前保护的三大基本原则。制定了确保海洋的可持续开发、认识和保护海洋资源、最大限度地利用海洋经济的潜能 3 项基本目标，力争使加拿大在海洋开发、保护和管理方面处于世界领先地位。此后，联邦政府还先后公布了一系列计划和战略，包括 2005 年的“加拿大海洋行动计划”、2005 年的“联邦海洋保护区战略”、2007 年的“健康海洋引导计划”、2009 年的“我们的海洋，我们的未来：联邦的计划和行动”。为了实现这些计划，加拿大渔业和海洋部、公园局和环境部还设立了“沿海护卫队”进行综合执法，携手保护海洋环境。截至 2010 年底，加拿大政府已经为这一系列计划提供了 2000 万加元的资金，在之后的 5 年，还会陆续增加到 4250 万加元，总计达到 6250 万加元。

在法律方面，早在 1868 年，加拿大就通过了第一部《渔业法》，1856 年又制定了《沿海渔业保护法》，2001 年颁布了世界上第一部海洋综合性法律《海洋法》，之后又有《海洋倾废法》《领海和渔区法》《防止油类污染法》《沿海渔业保护法》《200 海里专属渔区法》等一系列的法律出台，这些共同构成了统一完整的又有机联系的加拿大海洋法律体系。同时加拿大海洋法律权责明确，整体性和效率很高。并且借助于各级执法机构对公众的宣传教育，加拿大民众的法律意识和参与意识都得到了极大的提高。

再从海洋产业来看，加拿大海洋经济包括海洋石油和天然气生产、海洋资源勘探与开发、海洋国际贸易、海洋工程建设、海洋国防建设、海洋船舶制造、海洋休闲旅游等多个产业，形成了较为完整的产业链。其中的支柱产业是海洋交通运输业、滨海旅游业、海洋油气业。其中，海洋油气业比重最大，其直接影响和附带影响（即直接影响、间接影响和关联影响的总和）多个产业，其总产值占所有海洋部门的三分之一；其次是海洋交通运输，占五分之一；再次是滨海旅游业，占 15%。从产业辐射作用来看，辐射作用最强的是旅游部门，其直接影响占所有影响的比重最低，为 0. 4491；其次是建筑部门，比重为 0. 5267；再次是管理和运输部门，比重为 0. 5461 和 0. 5505，说明旅游和休闲业、建筑业、管理和运输业有潜力成长为未来加拿大海洋经济的支柱产业。从就业规模来看，占有重要地位的依次是旅游休闲业、海洋运输业和海产品等劳动密集型行业。其中，旅游休闲部门贡献最大，提供的就业岗位占所有部门的 28%；其次是运输部门，占 25%，再次是海产品，占 20%。再从就业辐射方面来看，海洋产业通过上下游产业关联，也对加拿大的就业市场产生了很大的带动作用。就业最多的部门依次是海洋工程建设、海洋油气开采和海洋旅游度假。其中带动就业作用最强的是海洋工程建设，其直接影响占所有影响的比重最低，为 0. 4304；其次是海洋油气开采，比重为 0. 4541；再次为海洋旅游度假，比重为 0. 4946。可以说，加拿大传统海洋产业、海洋服务业、新兴产业都发展得较为良好，给加拿大经济注入了很强的活力。

总之，海洋对加拿大的发展是十分重要的，海洋为加拿大提供了大量的经济活动和就业机会，并提供了食品、能源以及运送货物和人员的通道。不仅经济上国际国内贸易很大一部分要靠海上运输，海洋的环境也直接影响到加拿大沿海居民的身体健康，海洋经济与加拿大经济形成了密不可分的关系，合理利用海洋资源，充分保护海洋环境，保证海洋的可持续开发，已成为加拿大的重要国家战略决策。

四、机遇与挑战

（一）面临的机遇

1. 蓝色经济发展时代来临

21 世纪被称为海洋的世纪，国际上，目前大部分沿海国家都把发展海洋经济列为国家战略，大力发展海洋经济已经成为沿海各国应对陆地资源短缺的新举措。以发达国家为例，美国已经在全球各个角落展开了对海洋资源的争夺，日本更是把“海洋立国”作为国家的基本发展战略，欧盟、俄罗斯、南非、巴西等都出台了国家版本的海洋发展战略。这些国家的例子都说明“向海洋进军”的战略思路已成为主要沿海国家发展经济的重要指南，海洋将成为新一轮的开发热点，而且在国际上提倡发展循环经济低碳经济的背景下，新的开发保护海洋的模式和理念将成为主流，为实现人与海洋和谐提供了可能。国内部分，党的十八大正式提出了“建设海洋强国”的国家战略，在会后的十八大报告中指出，我国应“提高海洋资源开发能力，发展海洋经济，保护海洋生态环境，坚决维护国家海洋权益，建设海洋强国”。2015 年 10 月 29 日，党的十八届五中全会又提出“拓展蓝色经济空间，坚持陆海统筹，建设海强国”。总的来说，国际和国内的大环境都为天津市发展海洋经济提供了良好机遇。

2. 成为国家海洋经济试点区

2013 年，《天津海洋经济科学发展示范区规划》得到了国务院的正式批复，天津被批复为全国海洋经济发展试点区，这是继广东、浙江、福建和山东之后的全国第五个，也是渤海地区唯一的海洋经济试点省市。这些国家政策扶植一方面使得天津海洋发展提高到国家战略地位，另一方面也促使天津市政府加大对海洋经济发展政策支持力度。在《天津海洋经济科学发展示范区规划》中，天津市政府明确提出了打造“海洋强市”的战略目标，并计划于 2020 年前后全面建设成“海洋强市”。天津成为全国海洋经济试点区以及建设“海洋强市”目标的确立为天津市发展海洋经济迎来难得历史机遇。

3. 已初步完善海洋管理体系

天津市已初步建成完善的海洋管理体系，包括海洋经济、海域管理、海洋环境、海洋监察、海洋技术创新等职能逐步得到加强。政府先后批准了《天津市海洋经济和海洋事业发展“十二五”规划》《天津市海洋环境保护规划》《天津市海洋功能区划》等重要规划，出台了《天津市海域使用管理条例》等一系列法规，提升了管理效能。在技术方面，引进了海洋经济监测、海洋信息、海域情况监测等软件系统，更新了海洋执法的硬件，包括新的执法基地，检测基地、咨询中心等，全面提升了海洋服务水平。初步形成了综合性的海洋管理体系。

4. 海洋经济面临国家重大战略机遇

京津冀协同发展、自贸区建设以及参与“一带一路”建设是天津市应该抓住的国家战略。海洋经济就是这五大国家战略的完美载体。首先国务院将天津滨海新区的开发开放作为国家重大发展战略，作为新区经济发展重要载体的海洋迎来难得发展机遇。同时，国家有关部门陆续在天津安排海洋管理总部、大型海洋文化项目和重大海洋经济项目，使天津在全国海洋事业中的地位不断提高。其次，随着天津自贸区获得批复，作为海洋经济发展重要资源的天津港和东疆港保税区将获得更多的政策优惠；另外，天津港不但是自贸区对外开放的重要窗口，还处于"一带一路"交汇点上，这样天津自贸区可以很好地融入"一带一路"倡议中去，这就使得天津海洋经济的发展与"一带一路"和自贸区建设紧密结合起来；面对京津冀协同发展的重大战略机遇，天津可以把大力发展海洋经济作为三地协同发展的重要抓手；国家自主创新示范区的确立也有利于推进海洋经济的创新发展。

（二）面临的挑战

1. 国际经济尚处于复苏阶段

自 2008 年国际金融危机以来，全球主要经济体复苏乏力，复苏态势还未稳固，又先后遭遇了欧债危机、英国脱欧等黑天鹅事件，因此未来五年，世界仍将处在后金融危机时期。在此期间，海运行业和造船行业受到很大冲击，包括韩国韩进海运破产等一系列事件说明海洋经济的发展还面临着很大压力。此外全球气候变化、地质灾害，环境容量有限，海岸带地区开发、人口增加也加剧了海洋环境压力。

2. 天津海岸线短、海域面积小、近海资源稀缺

就国内来讲，在我国沿海省市中天津的海域面积和海岸线长度都处于最后的位置。海域面积为 2146 平方公里，海岸线长度为 153.669 公里，在全国五大海洋经济示范区中，都处于末位，海域面积仅相当于排名第一广东省的 0.5%，海岸线长度仅相当于排名第一的浙江省的 2.3%。这就带来了天津近海海洋资源不足的问题。因此，天津在发展海洋经济的过程中，必须克服海岸线长度短，海域面积小带来的问题，积极发展海洋服务业就是一个解决的办法，可以通过增加产业链的长度解决宽度不足的问题。

3. 天津海洋经济发展面临环境瓶颈挑战

首先，天津位于渤海湾的底部，环境受周边影响较大，较为脆弱，再加上天津工业东移，滨海新区开发以快速开发，附近陆地污染源增幅越来越大。海洋资源开发利用方式也不够精细化，粗放式的开发导致生态进一步恶化。根据 2014 年《天津市海洋环境状况公报》显示，天津的海洋环境有进一步恶化的趋势，共出现包括赤潮、海域鸟类减少等现象；湿地、河口、近海水体污染严重，出现富营养化的态势。总的来讲，天津附近的渤海海面正面临着爆发环境污染突发事件的危机，值得政府高度警惕。

4. 区域间海洋经济发展竞争加剧

在党的十八大提出“海洋强国”发展战略之后，各个沿海省市都高度重视海洋经济的发展，制定了符合本省情况的海洋战略，海洋经济的竞争变得前所未有的激烈。处于国内海洋经济第一集团的广东、山东、江苏等省份具有丰富的海洋资源，海域面积、海岸线长度等指标远远高于天津，先天优势明显。再从环渤海地区来看，辽宁、山东和河北等省市政府在发展海洋经济方面也都投入了很大力量，精心进行战略部署，制定了相应的扶植政策。山东省的战略是以蓝色海洋经济区为龙头，大力发展海洋绿色经济；辽宁省则是结合沿海五市，构建五点一线的海洋经济带；河北省也不甘示弱，在海洋经济上加快部署，制定了大力发展秦皇岛、唐山、沧州地区，共建开放型海洋经济带的战略。与之相比，天津港虽然是中国北方的第一大港，但是渤海湾内大大小小的港口有 30 多个，在港口腹地、货物来源等方面都会进行激烈的竞争，包括大连港、青岛港、唐山港在内的各大港口都提出要打造航运中心的计划，这会使得各大港口在货物来源、经济腹地等方面发生冲突，这都会对天津港产生竞争压力，最终会给天津海洋经济发展带来持续的挤压和抑制。

5. 海洋经济规模小、产业结构不协调

据统计，天津市海洋相关产业的生产总值仅排名全国前十位，仅相当于广东这种海洋大省的三分之一，海洋经济的规模还有很大的提升空间。此外在产业结构比例方面，天津第二产业占比过高，达到 66%。第三产业比重只占 33.5%，低于平均水平。同时海洋工程等传统产业的比重较大，海洋旅游、海洋运输等高端服务业以及海洋高科技等新兴产业发展缓慢，还处于萌芽阶段。总的来说，天津海洋经济多以劳动密集型和资源开发型为主。

五、天津海洋经济发展的思路和目标

（一）天津海洋经济的发展思路

天津在面临的海洋资源环境瓶颈制约情况下，必须选择率先转变经济发展方式、实现海洋经济科学发展的发展思路。要坚持有所为有所不为的原则，利用资源环境的倒逼机制，带动海洋产业升级，调整海洋产业结构，建立现代海洋产业体系，探索一条集约高效、生态友好、环境秀美、健康持续的发展路径。

全面贯彻十八大、十八届三中、四中和五中全会精神，以邓小平理论、

“三个代表”重要思想和习近平总书记系列重要讲话精神为指导，紧紧围绕“四个全面”战略布局及建设美丽天津的总体目标，牢固树立创新、协调、绿色、开放、共享的发展理念，紧抓京津冀协同发展、国家自主创新示范区等五大国家战略机遇，以建设海洋强市为中心，以促进海洋经济科学发展为重点，以保护和改善海洋生态环境为主线，以节约集约利用开发海洋生态资源为主攻方向，以海洋资源环境承载力为基础，以深化海洋产业发展模式为突破，着力形成可持续的产业结构、生产方式和消费理念，着力探索经济、社会、文化和生态的全面协调发展。

做到五个坚持：

坚持创新发展。充分发挥沿海直辖市在海洋经济方面的带动引领作用，依托自身区域政策优势，找准主攻方向和切入点。

坚持协调发展。促进经济建设和海洋生态环境保护协调发展，统筹配置各类陆海资源要素，优化陆海产业发展布局。

坚持科学发展。深入实施科技兴海，充分发挥科技对海洋生态保护的引领带动作用，把握海洋经济发展规律，优化海洋科技布局和科技资源配置。

坚持绿色发展。积极推广海洋循环经济发展模式，加强海洋资源养护。推动海洋产业绿色转型，推动海洋产业生产工艺绿色化。

坚持公众参与。推动海洋环境信息公开化，建立海洋环境信息披露制度，确保信息披露的及时性、透明性。

（二）天津海洋经济的发展目标

——海洋经济综合实力快速发展。海洋生产总值力争超过 8000 亿元，增长率 9%。形成 2 ~ 3 个在全国具有领先地位的优势海洋产业。

——海洋产业结构不断优化。海洋传统产业升级加快；海洋新兴产业实现突破性进展，增加值较 2010 年至少翻一番，占海洋生产总值比重超过 2%；海洋服务业增加值年均增长超过 9%，在海洋生产总值中的比重继续提高。

——海洋科技研发水平继续提升。科技创新体系初步形成，海洋领域研究与试验发展经费占海洋生产总值比重达到 3.5% 以上，海洋科技对海洋经济的贡献率超过 70%。海洋产品核心设计制造能力显著提升。

——海洋资源利用能力明显改善。海洋资源节约集约利用程度进一步提高，单位海岸线海洋产业增加值达到 50 亿元以上，万元 GDP 能耗累计下降 20% 以上；入海污染物排放总量得到有效控制，一、二类海水水质海域面积比例达到 10% 以上，海洋自然岸线保有率不低于 5%；开展海域海岸带整治修复，修复岸线不少于 50 公里，整治受损河口和海域面积不少于 5000 公顷。

——海洋综合管理水平和环境意识不断提高。海洋生态文明制度进一步完善，海洋综合管理制度有效实施，建立并完善海洋公共服务体系，建立完善的海洋法律规章，海洋管理与执法秩序进一步规范。海洋灾害监测系统基本建立，海洋预警应急系统不断完善，公益服务能力显著提高，形成跨部门、跨区域共同管理海洋环境和防灾减灾的新局面。提高全民海洋意识，着力营造创新发展海洋经济的良好舆论氛围。

六、天津海洋经济发展的对策与建议

（一）构建现代化的海洋产业体系

现代海洋渔业产业。依托中心渔，港积极采用海水养殖、苗种繁育、新品种引进、提高养殖产量、废水冷热源利用、养殖废水处理、水资源循环利用的多类型海水养殖模式，大幅提高水资源利用效率，降低养殖能耗，实现高效生产。完善“工厂化循环水养殖—冷链加工—市场交易—休闲”的现代渔业产业链条。积极开发集旅游休闲养殖等为一体的海洋旅游项目，提高海洋渔业的附加价值，带动海洋渔业转型升级。积极推广海水循环水的养殖方式。推进中心渔港功能建设，把中心渔港建成集加工、仓储、物流、交易、拍卖等功能于一体的北方现代渔港。大力发展都市型休闲渔业。

海水综合利用产业。推广海水直接利用，积极引导北疆电厂、大港电厂、天津碱厂等临海企业使用海水作为工业冷却水。依托北疆电厂，积极推广“海水冷却、淡化、制盐”的海水综合利用循环经济产业链，积极打造海水利用产业联盟，加快建成国家级海水综合利用示范城市。提高浓海水工厂化制盐能力，在稳定盐业产量的前提下，适当减少盐田面积，提升海洋制盐等传统产业。进一步加快研究海洋盐类的综合开发利用技术，在扩大钾、溴、镁等化学资源提取规模的同时，加大锂、铷等稀有金属元素的提取力度，促进海洋化工向精细化工升级。

海洋工程装备制造产业。以临港经济集聚区域为龙头，打造船舶造修、海洋工程装备制造一体化产业链。一是游艇研发设计制造维修；将中心渔港打造成为我国北方游艇产业发展基地。二是以新港船舶重工、新河船舶重工等为依托，形成船舶海工设计研发、管材加工、钢材配送、机电装备、劳务服务等生产环节有效衔接的船舶及海洋工程装备产业链。三是发展5000吨级海洋平台、新型自升式钻井平台、大型海洋钢结构、海洋工程大型模块、海水淡化设备、海水循环冷却及海水脱硫成套设备等海洋工程装备制造业，加强海洋观测监测传感器及海洋浮标潜标等海洋高新技术仪器的设计研发与制造。

海洋石油化工循环经济产业。以南港工业基地为龙头，打造“海洋石油开采—存储—炼油—乙烯生产—轻纺加工”循环经济产业链。一是依托大港油田和渤海油田，提高油气资源勘探水平和开采能力，稳步推进渤海油田能源基地建设，积极发展液化天然气新兴产业，为区域发展提供清洁安全高效能源。稳定海洋、滩涂油田生产规模，加快建设南港工业基地国家石油战略储备基地。二是积极推进中俄合资炼化项目及配套原油成品油码头和管道工程、蓝星化工基地等项目，完善百万吨乙烯工程，开发工程塑料、特种橡胶、高性能纤维等高端石油化工系列产品。三是以天津碱厂等龙头企业为核心，有效链接海洋石油化工与海洋精细化工，以石化基础产品和原盐为原料，发展丁辛醇、丙烯腈、丙烯酸等高附加值、低能耗产品链。四是依托南港工业基地的轻纺经济集聚区域，承接石化上中游产品，培育轻工纺织产业集群，重点生产包装材料、新型建材、家用纺织品等产品。

现代港航物流产业。以天津港为龙头，加快建设北方国际航运中心和国际物流中心，完善开放型经济体系，打造现代港航物流产业链。一是有序推进港口码头建设，建设临港经济集聚区域和南港工业基地 10 万吨级航道，加快集装箱码头和各类大型专业化码头建设。二是完善疏港交通体系，发展多式联运，形成完善的现代集疏运体系。三是依托东疆保税港区，建立大宗商品交易市场和航运交易中心，提高港口吞吐能力、码头通过能力和通关效率，进一步提升航运功能、港口码头服务功能、物流枢纽功能。条件成熟时开展建立自由贸易港区的改革探索，营造符合国际自由贸易港区惯例的政策环境和制度环境，推进东北亚物流分拨中心建设，促进贸易便利化，完善大通关体系。四是加大金融创新和开放力度，开展船舶交易评估、拍卖等服务业务，引导国内外金融机构在津分支机构开展物流金融、航运资金汇兑与结算等航运金融业务。支持金融服务机构开展抵押贷款、售后回租、保理等业务。

海洋旅游产业。以滨海旅游区域为重点，着力推进海洋旅游与海洋文化深度融合，打造海洋旅游产业链。一是规范建设特色鲜明的海洋主题公园，推进航母主题公园、鲤鱼门海鲜美食街等基础设施建设，推进中国旅游产业园建设。二是整合海洋旅游资源，打造精品旅游线路。开发“航母主题公园—大沽口炮台—北洋水师遗址”军事文化游、“国家海洋博物馆—中心渔港—北塘古镇”海洋历史文化游、“东疆湾沙滩—东疆港区邮轮母港—游艇俱乐部”高端特色旅游等一批精品线路。推进环渤海 16 个港口城市交流合作，开辟环渤海邮轮、游艇等旅游航线。三是创新旅游产品。引入退役驱逐舰、护卫舰等配套舰艇，形成完整的航母战斗群旅游产品，开发海洋工业游、海上渔业游等其他新型海洋旅游产品。四是完善海洋旅游配套服务设施。推进游艇码头建设，配套建设游艇俱乐部以及游艇驾驶、保养维护等服务设施。推进东疆港区邮轮母港陆上配套和综合服务设施建设。新建一批星级酒店、特色餐饮酒店和配套商业设施，全面提高旅游接待能力和旅游服务水平。

（二）积极提高海洋科技创新水平

海洋科技创新的大力推进有助于带动海洋产业的快速发展，尤其是加快海洋经济领域的技术攻关和海洋科技创新体系的构建，在重点领域和关键环节实现关键性的技术突破，可以促进海洋科技逐渐走向创新的道路，对提升天津建设海洋科技创新和成果转化区具有重要的意义。

一是要加快海洋科技平台建设。按照世界一流、国内领先的标准，依托天津现有资源，为海洋科技创新发展提供条件。海洋科技平台是为海洋科技发展提供的重要载体，帮助海洋科技成果转化中的各个要素实现协同创新。加快建设临港经济区、中国天津未来科技城、塘沽海洋高新区三大区域，在海洋高新技术产业基地、海洋科技兴海产业示范基地等领域快速发展。建设海洋监测设备、海水综合利用、海洋石化、海洋工程建筑等国家和省部级海洋工程技术（研究）中心。组建海洋仪器检测评价中心、国家海水与苦咸水利用产品质量监督检验中心和国家精细石油化工产品质量监督检验中心等世界级和国家级海洋质量标准与计量检测机构。

二是要建立海洋科技创新体系。根据海洋经济领域的世界科技前沿中的重要需求，围绕海洋科技创新系统提供原创研究能力，以海工装备、海水淡化、海洋生物医药、海洋环境监测等领域进行研发。突破浅海钻井平台规模化发展中的关键技术，攻克膜法海水淡化技术，大型海水循环冷却技术，空基海洋遥感监测技术，海洋可再生能源开发利用技术，海洋生物酶制剂研发技术等，在各个重要领域行程国内外知名的5~6个拳头产品。加强海洋科技交流与合作，积极开展海洋科技领域人才的培育和训练，开展全国试点省市交流合作，形成一批质量高、操作性强的理论与实践成果。加强国际海洋领域交流，举办高端国际海洋论坛。深化国际海洋交流合作，积极引进国际海洋资料中心、国际海洋学院等组织机构。

三是要加快海洋科技成果转化和产业化步伐。健全海洋科技成果转化体系。依托渤海监测监视管理基地，开展部市合作，搭建面向全国的海洋科技成果交易平台。积极与科技部、国家海洋局合作搭建海洋科技成果交易平台，支持海洋公益性行业科研专项等各类科技兴海成果在津交易。天津市建立海洋科研成果产业化支持资金，承接全国成熟的高水平海洋科技成果在天津转化。提升海洋科技成果产业化基地的功能。按照国家级科技兴海基地标准完善功能定位，全面提升园区功能。以海洋高新技术产业为核心，重点发展海洋科技服务、海上油气开采服务、高端海洋工程装备制造、海洋生物医药、海水利用、海洋能等产业。

（三）大力推进海洋生态文明建设

一是要严格控制陆源污染物排放。建立并实施污染物排海总量控制制度，开展陆源入海污染物调查，摸清陆源污染物入海总量和来源，确定海域水质管理目标、减排指标和减排方案。严格控制大沽排污河入海主要污染物排放总量，实施总氮排放总量控制，开展入海排污口的现状调查。污染物排放量达到国际先进水平。加强化工等企业污染治理设施的运行管理，严格控制新增主要污染物排放量。完善工业与城镇建设区配套建设污水和生活垃圾处理处置设施，实现达标排放和妥善处置。开展河道水系生态建设和环境改造，打造集景观美化、消防安全、循环利用功能于一体的水系网络。

二是要加强海上排海污染物综合治理。加强船舶港口污染控制，积极治理船舶污染。按照全市统一要求，逐步开展船舶污染物排放监测。加强船舶污染排放环境监管，船舶排放含油污水、生活污水一律达到相应污染排放标准；船舶残油、废油按规定要求回收，禁止排入水体；禁止向水体倾倒船舶垃圾。增强港口码头污染防治能力，加快垃圾接收、转运及处理处置设施建设，提高含油污水、化学品洗舱水等接收处置能力及污染事故应急处置能力。引导港口、码头、装卸站相关经营者制定并实施防治船舶及有关活动污染水环境应急计划。督促沿海船舶执行国家新修订的船舶污染物排放相关标准。

三是要加大围海用海及岸线利用监管力度。落实渤海海洋生态红线制度，将海洋重要生态功能区、生态敏感区和脆弱区划定为重点管控区域并实施严格分类管控，严格监管围填海、港口建设、海水养殖、船舶等活动。按照天津市建设用海规模指导标准，压缩项目用海占地面积，考核各类用地投资强度，不符合海洋功能区划、海洋经济结构调整方向的项目禁止使用岸线、海域资源。落实围填海计划管理制度，严格控制围填海规模。实行项目用海精细化审核管理，按投资强度和建设容积率等指标科学确定项目用海规模。严格控制自然岸线的开发利用，增加人工岸线，保留公共岸线，开辟公共休闲岸线，严格审批企业业主岸线，发展可再利用岸线。

四是要加强海洋生态环境保护与修复。以科技兴海项目和海岸带修复工程为载体，实施渔业资源增殖放流、工业污水集中处理、人工湿地建设、大沽排污河口综合整治、公共岸线规划建设、环境监测和应急管理体系建设、人工堤岸重建研究与示范等八大工程，形成集海洋环境修复、海洋资源增值、休闲娱乐等于一体的海洋生态建设新格局。加大海河河口生态保护和修复，实施海河口南岸地区污水处理工程，控制海河河口地区水环境污染。进一步完善人工湿地系统，加强日常管理，利用再生水资源重建和修复原生湿地系统，加强水系联通，发挥湿地消纳污染能力，防止渤海赤潮等灾害发生。贯彻海绵城市建设理念，扩大湿地处理污水厂尾水和雨水净化的功能。

（四）加快完善涉海基础设施建设

一是积极开展各类海洋行动计划。进行“美丽海岸”行动，在重点地区开展海岸修复，包括防护堤的修建、海岸的养护、海防堤修固等具体行动，在天津港东疆、中心生态城、临港经济区等岸段，进行海岸线的修复。开展海湾修复行动，针对海洋牧场进行修复，重点对海洋生物栖息地进行保护。重点保护滨海湿地、贝类资源及环境，保护生态环境和生物多样性。

二是加快科技兴海建设。加大财政对科技技术成果转化的支持，对重点领域和关键环节的技术攻关给予支撑。充分发挥社会力量，调动社会资本支持科技兴海的项目。针对参与科技兴海的企业，促进企业的创新作用和带动作用，形成产学研用共同创新的合力，培养具有国际竞争力的成果，促进海洋经济的快速健康发展。

三是建设港口等基础设施。围绕国际领先港口，重点建设集装箱码头、港口码头、滚动码头等工程，重点对港口工程、防潮堤、深水码头等设施进行建设。围绕海洋油气资源开发，支持渤海地区建设平台、管道等设施。围绕海洋石油化工产业，建设核心产品研发项目，开发乙醇、液化天然气等产品项目。

（五）不断提升居民海洋文明意识

一是弘扬海洋生态文化。充分挖掘、整理和提炼海洋文化元素，努力打造并形成一批具有天津特色、体现生态文明、品位高雅的海洋文化精品，重点引进并扶持一批具有良好经济、社会和生态效益且市场发展空间较大，对海洋生态环境保护发展有积极导向作用的海洋文化项目。推动与海上丝绸之路沿岸城市在船舶航海、海洋贸易、海洋民俗、海洋旅游、海洋港口、海洋渔业等方面开展形式多样的交流合作，积极培育以海洋生态为主题的演艺、展览、出版、动漫等海洋文化展览，探索与海上丝绸之路沿线城市互办海洋文化年、海洋艺术节等活动。

二是加强海洋生态文明教育。以国家海洋经济科学发展示范区、国家级循环经济示范区、国家科技兴海产业示范基地为平台，鼓励、引导、支持具有环境保护示范作用的相关企业和科研院所实验室等单位创建环境教育基地。创新与传统媒体的合作，积极培育生态文明传播新载体，结合广播、电视、报刊、网络、手机等多种方式和手段，形成稳定的环境信息发布窗口和环境宣传教育阵地，全面展示环保工作进展情况和宣传环保科普知识，逐步形成面向公众的环境科普教育基地。进一步加强环境保护宣传和普及，充分利用电子显示屏、社区板报等宣传设施，广泛宣传生态文明建设和绿色发展理念，培养公众在日常生活中的节水、节电、节气、垃圾分类等绿色环保的生活方式。

三是倡导绿色消费文化观念。开展绿色消费宣传教育，倡导合理消费、绿色消费，推广消费环境友好型产品，避免过度消费和消费型污染，培养返璞归真、朴素节约的消费意识。推行节能高效的办公模式，使用“减纸化”办公方式，鼓励循环使用纸张、信封，努力实现办公计算机化。规范政府采购行为，完善绿色采购制度。压缩公务用车规模，优先选择环保型车辆，实施办公楼宇的节水、节能改造。优先采购再生材料生产的产品、通过环境标志认证的产品、通过清洁生产审核或通过 ISO14000 认证的企业产品，发挥政府部门的表率作用，调动全社会节约能源、资源的积极性。

四是增强环境信息公开。注重信息公开，规范环保信息发布，完善企业污染信息披露制度，强化重大决策和建设项目公众参与。充分发动和依靠全社会力量，以政策、公益、科普、新闻等形式加强宣传，努力形成全社会共同参与海洋生态文明建设的新局面。鼓励基层群众性自治组织、社会组织、环境保护志愿者开展环境保护法律法规和环境保护知识的宣传，营造保护环境的良好风气。

七、预期效果与效益

（一）预期效果

海洋经济的快速发展，有效促进天津海洋生态发展方式的转变，优化海洋产业结构，明显壮大海洋经济总量。海洋经济发展与建设是对海洋生态经济领域的宣传，辐射和带动一大批海洋产业项目入驻，提高海洋资源开发利用效率、海洋环境保护效果及海洋综合管理能力。在提高临港经济实力、改善居民生活质量的同时，能显著改善海洋生态环境，大力提升全民的海洋生态文明意识，促进人海长期和谐共处，最终实现海洋经济的全面、协调和可持续发展，对全国海洋生态文明建设的先行先试和辐射带动得到有益补充。

（二）预期效益

1. 生态效益

预期入海污染物排放总量将得到有效控制，陆源污染物种类及来源情况得到充分调研。船舶港口污染将实现有效治理，海上排海污染物一律达到国家污染物排放标准。围填海、港口建设等岸线利用活动将实现严格监管，项目用海精细化审核管理水平大幅提升。海水淡化及综合利用取得明显成效，基本实现海水资源的可持续利用。生态湿地公园排涝、蓄水、生态、净化、景观等功能得到充分发挥，处理污水厂尾水和雨水净化能力不断增强。环境检测和应急处理的水平将显著提升，工业废气污染现象将得到大幅缓解。循环型生产方式得到广泛推行，基本实现区内外、上中下游企业资源的优化配置。海洋环境质量将显著改善，海洋生态系统服务功能得到有效维护。

2. 社会效益

环境生态补偿制度将得到广泛应用，重大工程对环境的影响也将计入环境赔偿的范围。海洋防灾预警制度建立并发挥良好作用，有效应对海洋环境灾害以及环境突发事件。各类环境风险得到评估及防控，针对石油、化工、危化品仓储等行业的风险管理得到强化。海洋生态文化实现广泛传播，一批海洋文化精品将涌现而出，船舶航海、海洋民俗、海洋旅游等各个领域的合作交流活动积极开展，以海洋为主题的各类海洋节日成为宣传海洋文化的窗口。通过广播、电视、手机等多媒体的宣传，居民主动选择绿色环保的生活方式，海洋生态文明理念与绿色发展的理念将深入人心。绿色消费理念得到有效培养，全社会节约能源的积极性显著增强。环保信息透明度将实现大幅提升，公众参与重大决策和建设项目的参与次数不断提高，将会形成全社会共同参与海洋生态文明建设的良好格局。

3. 经济效益

海洋经济实力将实现健康快速增长，海洋资源得到高效利用。以海工装备、海水综合利用、海洋生物医药、港口物流、现代海洋服务业为重点的产业结构将得到进一步优化，优势突出、特色鲜明、核心竞争力强的现代海洋产业体系即将形成。独具天津特色的海工产业集群将在天津快速发展，国内外海工企业实现产业链各环节的聚集，国家级海洋工程装备产业基地即将建成。海水淡化及综合利用研发设计、设备加工等产业链基本形成，海水淡化供水基本可以满足天津重点行业和领域的用水需求。

天津商务楼宇发展研究

（天津市经济发展研究院　辛　宇）

商务楼宇经济是一种新型的经济形态，它是由土地的集约利用、产业的整合发展以及中心型城市空间规划所催生的。商务楼宇被公认为是现代化城市中，中心城区寻求经济发展的新路径。这种以写字楼、商业综合体、功能性板块和区域性设施为主要载体，通过开发、租售楼宇招商引资，从而引进税源，以带动区域经济发展为目的，以体现集约型、高密度为特点的新经济形态，为城市的经济转型、产业升级和能级提升提供了新契机。

天津有发展商务楼宇的良好地缘优势和产业基础条件。特别是在京津冀协同发展、滨海新区开发开放的战略背景下，天津市要想合理利用土地资源，吸引聚集低污染、高效益的优质企业，势必要在中心城区发展商务楼宇。而天津良好的经济发展条件和得天独厚的战略优势，吸引着国内外众多优质企业来津投资落户，这又在客观上要求天津市发展商务楼宇。

经过近 6 年的发展，目前，天津商务楼宇建设已取得初步成效，产业聚集效应和就业带动力初显，税源贡献力较强。因此，研究天津目前商务楼宇发展情况，并结合当前形势，展望未来商务楼宇发展对策，是十分有意义的。

商务楼宇是城市发展商务楼宇的主要载体，而写字楼是其中最主要的组成部分。本文将以写字楼为突破口，对天津市商务楼宇总体发展情况进行分析。

一、天津商务楼宇发展现状

（一）商务楼宇总体发展概况

办公写字楼是商务楼宇的重要组成部分，这类楼宇能够密集招引企业入驻，最能集中体现商务楼宇的优势和作用。1991 年天津市第一座甲级写字楼——天津市国际大厦开始招商，标志着天津高档办公的起步。自 2002 年起，按照中心城区产业发展方向，天津市全面发展和精心培育商务楼宇，经过十几年的积极探索，天津市商务楼宇发展经历了从无到有、从小到大、从分散到相对集中的发展过程，形成了一批具有聚集和辐射带动作用的示范楼、特色楼，在区域经济发展领域的地位及作用日益提升，已成为支撑天津市现代服务业发展的一个重要载体。

近年来，天津商务楼宇数量呈现快速增长状态，亿元楼宇数量显著增加（见图 1－1）。2010 年天津市正在运营的商务楼宇有 223 座，建筑面积 878 万平方米，商务楼宇纳税总额 118.9 亿元，其中纳税达到亿元及以上楼宇 27 个，入驻企业 1.3 万家，就业人数 16 万人。近年来，在全市大力发展商务楼宇背景下，天津市楼宇载体建设提速发展，商务楼宇数量和面积迅速增加。截至 2016 年底，天津市正在运营的商务楼宇增加到 785 个，7 年内新增 562 座，商务面积达 2325 万平方米，税收超亿元楼宇达 200 个，入驻企业累计 7.58 万家，7 年净增 6.28 万家，已累计推动盘活空置楼宇 440.2 万平方米。同时，一批税收超 10 亿元楼宇正在不断涌现。目前，全市楼宇入驻企业中有世界 500 强企业 66 家，中国 500 强企业 69 家。总体来看，天津市商务楼宇呈现出蓬勃发展的良好态势，已成为拓展城区发展空间、集聚高端优势资源、提升区域综合实力的重要载体和促进经济发展的强大引擎。

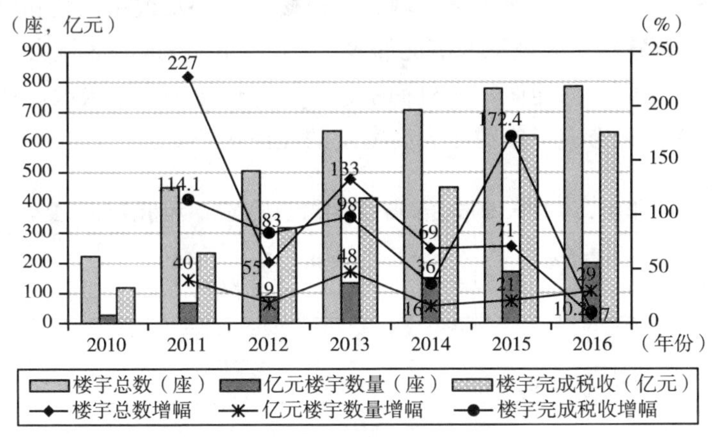

图 1－1　天津商务楼宇数量规模及税收情况（2010～2016 年）

资料来源：天津市中小企业局。

（二）商务楼宇吸收聚集效应分析

商务楼宇是在有限土地资源上向城市天空要资源的重要载体。这些楼宇一般占据城市中心位置，通过吸收、引入众多不同行业的企业，形成各自楼宇特色，在规模上和空间上聚集相关产业的企业，同时带动人才、资金、科技、文化等要素在商务楼宇汇集，带动上下游的企业和供应链环节上相关企业的汇集。这种商务楼宇对不同经济要素的吸收聚集效应是发展现代商务楼宇的重要目的之一，相关企业在空间上的聚合发展将通过产业带动、知识外溢等效应，加速中心城区的产业结构优化，促进区域经济发展质量提升。

按照韦伯的理论，商务楼宇吸收聚集效应体现在两方面：一是产业聚集，即同一行业或相关产业受到规模效应的影响，聚集在相似商务楼宇群中形成专业化聚集，以降低共同的公共基础设施成本，整合并共享资源，提高运行效率，广泛交流、互通有无，打造品牌与口碑，引领行业发展，吸引更多的人力、资本、技术、信息集中；二是综合配套服务聚集，企业在空间上的集聚必然会吸引人口汇集，这在客观上触发了对餐饮、购物、娱乐场所等多元服务业的需求，因此，商务楼宇群往往形成一套功能全面、配套完善的空间地带。集聚效应是商务楼宇发展的最重要的支撑，为促进楼宇企业间的交流和合作提供便利，应在地理上集中专业化的服务供应商和相关产业厂商及机构等，以此实现信息和资源的共享，强化商务楼宇群的经济聚集力。

天津市近年来多座商务楼宇拔地而起，招商引资的力度不断加大，楼宇服务水平日益提高，越来越多的优质服务企业积极落户，形成了一批初显聚集效应的商务楼宇群。例如，南京路区域、小白楼区域、友谊路区域和金融城等地（天津市主要商务楼宇区域发展情况如表 1 - 1 所示）。这些区域大多地处天津市中心城区和平区、河西区，人口稠密，以第三产业为主要吸收产业，周边综合配套比较完善，形成了集约化、高密度的经济集群。

表 1 - 1　2016 年第二季度天津市主要商务楼宇区域空置率和租金环比变化

区域	空置率（%）	空置率环比变化（百分点）	租金（元/m^2/月）	租金环比变化（%）
南京路	19.9	-1.2	118.6	-6.2
小白楼	16.2	0	106.1	-3.0
友谊路	12.8	4.0	109.8	-6.3
金融城	58.9①	—	107.8	-13.3
总体	30.1	9.2	111.4	-7.9

注：①2016 年上半年，金融城商圈的新华国金中心、茂业大厦入市，新入市项目有高空置和低租金，受此影响，金融城区域的空置率大幅上升，不与上季度进行比较。资料来源：戴德梁行研究部。

经过几年的发展，天津市商务楼宇群越来越多。南京路区域发展时间较长，业态上以楼宇综合体为主，写字楼面积占建筑总面积低于 50%，主要聚集了商务商业、酒店等现代服务业，综合品质和租金较高。小白楼区域自2000年兴起，以高端办公楼为主，发展速度迅猛，甲级写字楼占天津市30%左右，业态互动能力强。友谊路区域从1998年开始发展，以金融类商务业态为主，商业气氛相对较弱，近年来受到中心城区其他地块商务楼宇的大量投入，这一区域的竞争压力相对较大，租金下调明显。金融城区域是一个多功能项目群，靠近津湾和天津站，人流量大，但由于新项目入市集中，这一区域目前的空置率相对高，租金降幅明显。除此之外，南开区鞍山西道区域以电子产业作为支撑，成为电子科技类公司的聚集区，河东区十一经路区域是以卖场为主的次级商务圈。总体来看，天津市几大商务楼宇群对城市经济的带动作用越来越明显，商务楼宇的功能板块聚集效应初显。

但是，我们还应看到，与北京、上海、广州、深圳等全国其他发达城市相比，天津市还没有形成有代表性的、核心的中央商务区（CBD），表1－1所示的部分商务楼宇群形态和功能相似，楼宇同质竞争严重，互相挤压。这种情况是由天津市各区在发展区域商务楼宇的过程中，缺乏明确的导向性产业政策和楼宇服务政策造成的，因而全市商务区之间缺乏层次，无法形成强大的凝聚力。

（三）商务楼宇的辐射溢出效应分析

辐射溢出效应是指商务楼宇作为城市中心城区的新型区域经济增长极，其聚集的高人流量、高人气品牌、行业之间和行业内部的良好互动可以拉动周边区域甚至更广阔地区的多种商务业态的繁荣发展，将地理上的聚集优势向外辐射扩张，使配套商业向周边溢出蔓延。辐射溢出效应是吸收聚集效应的强化和升级，可以促进区域内特色功能板块的形成，带动多种商务业态的就业需求，促使招商引资良性循环，真正发挥商务楼宇对于城市经济社会发展的带动作用，推动城市产业结构优化升级。

商务楼宇的辐射溢出强度取决于其所依托的城市发展水平、产业结构发展动力、商务楼宇管理服务水平、周边配套商务机构等级量和经济活动频繁量等。从天津市目前几大商务楼宇聚集区域的发展来看，天津商务楼宇的辐射溢出效应还不明显，“各自为政”的楼宇项目“拼盘”不能形成有影响力的商圈。因此，要发展壮大天津市的商务楼宇，使之成为推动天津产业结构调整和经济发展的重要动力，需要从楼宇定位的政策着手，全市统筹规划，避免同质楼宇互相挤压，满足城市全面协调可持续发展的需求。

（四）商务楼宇对天津经济发展贡献分析

商务楼宇经济是符合现阶段经济新常态背景下，优化产业结构、发展城市新兴经济增长极的一种有效的集约经济形式。发展商务楼宇，将对城市经济增长做出贡献，同时会提升城市整体功能布局，通过聚集效应和辐射效应影响城市未来发展方向。具体地，商务楼宇对天津市经济发展贡献分析如下。

1. 经济增长

如前所述，商务楼宇可以聚集相关产业，辐射周边商务圈，汇集人力、资本、技术、信息等资源要素。这种空间上的聚集会进一步带来规模经济效应，吸引更多企业和人口流入，不断推动区域经济发展，形成良性循环。通过Pearson相关系数检验（结果见表1－2），可以发现，天津市商务楼宇数量和地区生产总值之间存在较强的正相关关系，二者的Pearson系数为0.991，亿元楼宇数量与全市地区生产总值之间的Pearson系数为0.994，且均在0.01水平上显著。这显示，随着近年来商务楼宇载体建设加速，特别是亿元楼宇的打造，天津生产总值呈增长趋势，商务楼宇对区域经济发展具有一定的积极促进作用。

表1－2　商务楼宇数量与天津地区生产总值Pearson相关检验结果

Pearson 相关检验		全市生产总值（亿元）	楼宇总数（座）	亿元楼宇数量（座）
全市生产总值（亿元）	Pearson 相关性	1	0.991**	0.994**
	显著性（双侧）		0.001	0.001
	N	6	6	6

注：** 表示在0.01水平（双侧）上显著相关。

商务楼宇还拉动大量就业。截至2016年10月，天津市全市商务楼宇入驻企业数共计72035个，从业人数达487749人，占城镇就业人口的6.86%。其中，中心城区商务楼宇入驻企业36773个，从业人数337935人，结合商务楼宇数量来看，天津市中心城区平均每座商务楼宇能带来75家企业，吸纳687人就业，经济效益明显。

2. 财政税收

商务楼宇以每一座为独立的经济结算单位，其内部包含的各类经济业态成为城市税收新的增长点。截至2016年10月，天津市本年度税收过亿元的楼宇数量已达147个，全市商务楼宇纳税总额前10月累计达558.32亿元。在天津市大力发展商务楼宇的2010~2016年，商务楼宇的税收收入显著增长（见图1-2）。2016年，天津商务楼宇的年度税收为632.6亿元，占当年全市税收38.95%，比2010年增加23.64个百分点。图1-2直观地展现出近年来商务楼宇对天津税收收入的贡献快速提升。

图1-2　商务楼宇税收变化趋势（2010~2016年）

资料来源：《天津市中小企业局和天津市历年统计年鉴》。

3. 产业结构

商务楼宇作为立体商务区，其在空间聚集、服务品质高端化上的优势使得其承载的业态尤以新型服务业、总部经济为特色，对优化城市产业结构、创造新的经济增长点有带动作用。2015年，天津市第三产业地区生产总值首次超过第二产业，“三二一”的产业结构模式初步形成。未来，天津产业转型趋势明显，在经济新常态背景下，“大众创业、万众创新”的经济双引擎也将引导天津改良发挥原有的贸易、民族工商业等传统服务业优势，同时拓展房地产服务、现代金融、信息服务等新型服务业。这种产业结构调整既需要天津市商务楼宇在数量规模和管理服务上有所提升，同时也会因商务楼宇的聚集效应而进一步溢出企业的创新价值，新业态、新技术和商务楼宇将互相促进、良性互动。

二、天津商务楼宇存在的问题

（一）功能定位和产业分布缺少整体规划

天津市工业东移战略和滨海新区的崛起，倒逼中心城区通过创新发展现代服务业等新经济形态。商务楼宇占地面积少、易形成聚集效应和辐射效应、对经济拉动作用明显等优势，使得天津市各城区纷纷瞄准大力发展商务楼宇，以期以楼宇为载体，吸引无污染、效益好、有竞争力的企业入驻，从而增加税源、带动就业、加速区域经济发展。然而，由于缺少全盘整体规划，天津市各中心城区各自为政，在分别出台优惠政策大力打造商务楼宇甚至是亿元楼宇的同时，也制造了一批特色不鲜明、同质性程度较高的商务载体。与北京、上海、广州、深圳等一线城市相比，天津市的核心中央商务区不明显，各城区的商务楼宇分散，聚集效应和楼宇间的联动效应较弱，导致产业分布零散，楼宇之间相互竞争的趋势显著，形成了无序竞争的不良局面，不利于未来商务楼宇吸引高端业态和高端人才。

（二）商务楼宇规模较小

在“京津冀协同发展”战略的指引下，未来，天津市将聚集更多的信息服务、金融、房地产、科技研发、工业设计等现代服务产业，商业聚集的趋势将更加明显。这在客观上增加了对商务楼宇及其配套服务的需求，而从目前天津市的商务楼宇存量、租金和吸纳量来看，天津市商务楼宇的发展与国内一线城市还有很大差距。图 2－1 至图 2－4 以甲级写字楼为商务楼宇的代表，分别从存量、租金和吸纳量的角度，展示了 2015 年底全国主要城市的甲级写字楼发展水平，数据均来源于戴德梁行研究部。

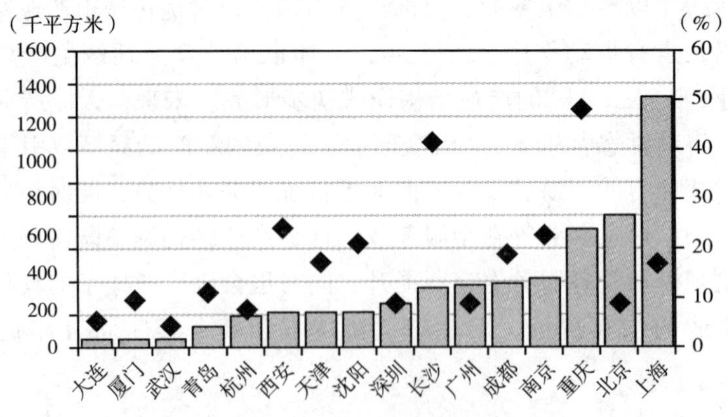

图 2－1　各大城市 2015 年新增供应及占当年存量的比例

资料来源：戴德梁行研究部。

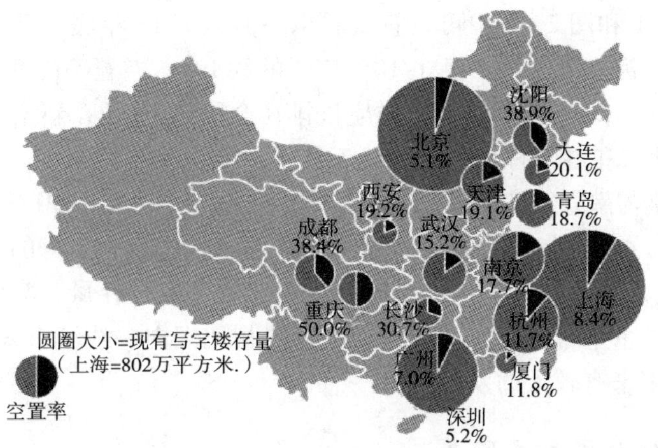

图 2－2　各大城市现有甲级写字楼存量及空置率（2015 年）

资料来源：戴德梁行研究部。

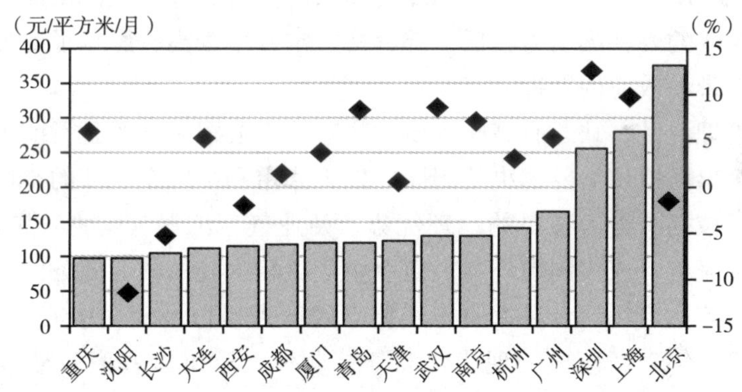

图 2－3　2015 年第四季度各大城市租金及同比增幅

资料来源：戴德梁行研究部。

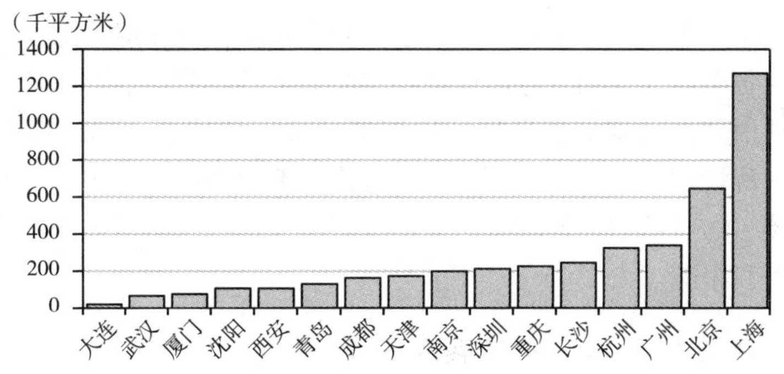

图 2－4　2015 年各大城市净吸纳量

资料来源：戴德梁行研究部。

从图 2－1 和图 2－2 中可以直观看出，截至 2015 年底，天津甲级写字楼的存量仅为上海和北京的不足 1/10、广州的约 1/4，空置率尚处在业内认为的相对理想水平。2015 年当年新增供应量排在全国第 10 位，新增供应量仅为上海的 1/7、北京和重庆的 1/4。图 2－3 显示，2015 年第四季度，天津甲级写字楼的平均租金与南方经济发达省份省会城市相当，仅为北京的 1/3、上海的不足 1/2。从图 2－4 各城市写字楼的净吸纳量来看，天津仅为上海的 1/7 和北京的 1/4，但在北方各大城市中，该指标仅次于北京。综合存量、新增数量、租金价格和净吸纳量来看，天津市商务楼宇发展相比国内一线城市来说水平较低，规模较小，未来有较大的发展空间。

（三）配套体系不完善

天津市整体的现代服务业发展水平不高，部分商务楼宇的物业管理服务水平和现代化程度较低，这两方面的配套体系不完善，导致天津市商务楼宇对于高端优质企业的入驻吸引力较低，部分楼宇空置率较高，影响了商务楼宇聚集效应和辐射带动效应的发挥。

楼宇管理混乱、缺乏有高端资质的物业管理公司服务等是目前天津市商务楼宇比较突出而迫切需要解决的问题。以天津市和平区东北部的小白楼区域为例，这一区域拥有得天独厚的地理优势，商业气氛浓厚，购物、餐饮、娱乐、交通等配套完善，成为国内外各大商业企业竞相入驻的核心商务区。其中包括平安大厦、信达广场、金皇大厦等经典老牌商务楼以及富力中心、凯德国贸、万通中心等近年来新落成的现代化商务综合体。运维这些商务楼宇的物业公司，以本地一级物业管理公司为主。尽管具有相应物业资质，但通过调研发现，这些物业公司多数只负责楼宇内部的卫生、安全等日常维护，楼宇“管家”的职责没有充分发挥，对于会议接待、商务餐饮、大型商业活动等柔性化需求无法悉数满足，对于日常的物业纠纷也不能做到及时高效解决。部分楼宇的电梯配备不足、自动化通信设备和安防系统不够先进、停车位不足等问题突出，与国内其他大城市建设智能化楼宇的浪潮相比，天津市商务楼宇在管理、服务、智能程度上差距明显。这导致许多客户的办公需求得不到满足，影响了商务楼宇的吸纳量，不利于形成产业聚集，对天津市整体的经济发展水平间接产生不利影响。

（四）政府公共服务职能存在不足

政府在商务楼宇的建设和运营中主要承担着政策制定、财政资金支持、信息服务等作用。对比发达省市来看，天津市政府公共服务职能尚存改进空间。

一是政府在财政资金支持上存在不足。目前，天津市政府对于商务楼宇建设和运营的财政资金政策主要包括对年纳税额在等级以上的楼宇给予一次性财政补贴、对招引的高端业态企业实行税收优惠等。这类政策对商务楼宇的快速发展起到了不可忽视的推动作用，但是在实际执行层面，资金落实情况不如预期，产权方在完成楼宇转型升级的过程中仍有较严重的资金压力，不利于激发产权方的积极性。

二是政府的服务平台建设仍有待加强。尽管目前天津市中小企业局开发了商务楼宇平台 APP，建设了天津商务楼宇的官方网站，但是，通过浏览发现，这类平台的租售信息相对滞后，统计数据不够细致全面，对于想要了解各大商务楼宇发展情况的需求方企业来说，信息不足，不利于企业及时、准确地找到合适的楼宇落户。同时，政府在招商引资、入驻企业的行政审批、工商注册等方面还应积极改进。只有这类综合服务的“软实力”增强了，天津市商务楼宇的聚集力和吸引力才会进一步增强，进而更好地促进天津经济整体的提质增效。

三、国内外主要地区商务楼宇发展经验

（一）国外商务楼宇主要发展模式分析

1. 美国纽约商务楼宇发展分析

美国纽约的曼哈顿中心商务区是全球知名的商务楼宇群。曼哈顿岛上的老城以华尔街为主，汇集着世界各大银行、证券公司、交易所、保险公司及其他数百家国际化大公司的总部。曼哈顿的中城以非营利性机构办公地和豪华住宅区为主，楼宇众多，配套完善。曼哈顿区的商务楼宇以写字楼为主，3700 万平方米的写字楼容纳了几十万人口从业，就业密度位列全球第一。尽管曼哈顿的房价高居全球前列，但是这里丰富的商业业态、完备的产业结构和不可替代的总部经济，依然吸引着大批高端企业在这里聚集和发展。

纽约市政府针对曼哈顿老城、中城和低区不同区域的发展制定了灵活的财税政策和管理计划。例如，为鼓励低区的落户企业，政府制定了财政补贴和商业鼓励资金等政策，提供租金抵扣税收等优惠。同时，政府还对投资整修商务楼宇的产权方给予税收优惠政策，以此鼓励业主主动提升楼宇品质，建立吸引落户企业的长效“硬件”补充机制。

此外，纽约市政府对不同类型的企业扶持政策也有所不同。例如，政府为鼓励企业落户，对落户 5 年内就能带动 100 人就业的企业给予连续 12 年、每

人每年 3000 美金的财政支持。又如，为保障小企业的健康发展，纽约市政府设立了“小企业服务部门”，以此提高行政服务效率，通过重点培育小企业来活跃纽约市的经济发展。

2. 伦敦金融城商务楼宇发展分析

伦敦金融城是世界著名的金融机构聚集区。这里楼宇密集，建筑风格稳重大气，汇集了百余家英国本土银行和 500 多家世界各国银行，世界最大的外汇市场、最大的 OTC 衍生品交易中心、世界第二的国际保险市场、黄金市场、欧洲货币市场和商品市场等在内的共约 2 千家金融机构也都聚集在这里，金融城因而也被称为“华尔街伦敦版”。发达的金融业吸引着四分之三以上的世界 500 强企业在这里落户，经济的高度服务化使得这里的从业人口仅有不到 1% 从事第二产业、第三产业的就业人口比例高达 99% 。

伦敦金融城发展商务楼宇的首要利器就是坚持以金融业为主导，面向全球化的高端企业，发展配套完善的现代服务业。以主导龙头产业吸引带动企业聚集，依靠世界贸易推动商务楼宇的高度服务业化，形成高度发达的资本密集型、技术密集型商圈。这种独特的产业结构优势使得伦敦市政府无须特殊的政策，即可自发吸引高端企业落户商务楼宇。为了进一步推动金融业的发展，伦敦市政府创立了专门的市政机构“伦敦金融城政府”主管这一区域的商务楼宇硬件维护、战略规划及其他服务，这一机构还享有独立的管理权和财富收支权，因而其对商务楼宇运营维护的主动性和积极性被大幅提升。伦敦金融城的成功发展策略显示，政府对商务楼宇主导产业的确定有利于充分发挥楼宇的聚集效应，同时，注重发展服务业有利于提升商务楼宇整体的吸引力。

3. 巴黎拉德芳斯商务楼宇发展分析

巴黎拉德芳斯拥有独一无二的交通枢纽优势，其航空运输、铁路线路等四通八达，与德国、意大利等欧洲发达国家交通便利。拉德芳斯被称为欧洲最完善的商务区，它地处塞纳河畔，风景秀丽，摩天楼鳞次栉比，办公场地约 300 万平方米，入驻了近 1700 家各大企业，被称为“巴黎的曼哈顿”。

拉德芳斯在城区规划上颇有特点。首先，它构建了发达的交通体系，公共交通便利，在开发初期通过建设道路、交通等基础设施吸引投资者。同时，人车分流的立体交通体系使得拉德芳斯商务区既保持了巴黎古城独特的风景，又方便了人们的交通出行，人与环境保持和谐稳定。数据显示，拉德芳斯 85% 的从业人员依靠公共交通上下班。众多企业正是看中了这里的便利交通而入驻。

其次，拉德芳斯不局限于商务领域的拓展，而是着力打造商务、休闲、居住三位一体的现代化城市系统。20 世纪 80 年代，拉德芳斯已建成当时全欧洲第一大购物中心。商贸娱乐、景观旅游、合理的写字楼密度、建筑多样性与生态环境协调性，法国人对工作与生活的热情在拉德芳斯完美展现。拉德芳斯的配套系统软实力打造了这个商务区的独特感，也不断丰富着这个城市的文化内涵。

4. 日本东京都心三区商务楼宇发展分析

东京是日本的首都，传统上的东京市中心是指由千代田区、中央区和港区构成的都心三区。千代田区的丸之内是日本乃至亚洲的金融核心区，金融机构高度集中，达到饱和。银座是东京的心脏，汇集了全日本几乎所有的顶级公司的总部。都心三区的土地面积仅占东京的2%左右，但人口密度高达8000人/平方公里，昼夜人口流量差为200万人，就业密度平均每平方公里5.8万人。东京是亚洲最大的都市，按地区生产总值计算是亚洲的经济中心。

东京都心三区发展商务楼宇有两个特色。

一是城区发展采取老中心区和多个新中心区分层次并进策略，以此逐步适应东京快速成长的城市化发展需求。具体地，东京从20世纪60年代后进行了大规模的写字楼建设，到80年代末，丸之内已成为东京国际金融机构的高度集中之地。随后，为制止东京市中心商务区快速膨胀导致地价、交通、环境等的发展畸形，东京市政府选择在市中心西侧的新宿地区开发建设新型的商务办公中心区。至90年代，新宿地区的地铁系统建设完善，使之成为东京新的国际商务办公聚集区。此后，东京市政府陆续通过对旧城区再改造开发、大规模向外填海扩张等方式，疏解了市中心的商务压力，形成了丸之内金融区、新宿办公区和临海商务信息区三个有层次、功能互补的商务区格局。

二是构建大规模的市郊铁路系统、港口运输一体化系统，以疏解市中心人口压力，有助于形成多中心、多圈层的城市体系。东京去往周围各市县的铁路系统非常发达，远程上下班的人流量占东京就业人口的近8成。中心城区轨道交通网的密度是世界各大城市中最高的，其密度约是北京市中心城区的2倍。完善的公共大交通使得东京都心三区的商务楼宇在聚集高端企业上表现出强大吸引力。

综合上述国际大都市的商务楼宇发展经验来看，世界级核心商务区的优势主要体现在整体规划合理、交通通信便利、服务业发达完善等方面，而且每个地区的产业特色鲜明，有行之有效的企业招引措施，有主导产业和高端企业聚集，商务楼宇的配套“软实力”非常强。

（二）国内中心城区商务楼宇主要发展模式分析

1. 北京CBD商务楼宇发展分析

北京CBD商务中心区是国家级中央商务区，地理范围包括长安街、建国门、国贸三期大厦和燕莎使馆区的中心交汇区，约 7 平方公里平面面积，汇集了众多世界 500 强中国区总部和金融、地产、网络、传媒等行业的高端企业。这里是中国乃至国际上无数文化创意、现代服务企业的成长平台，也是国内金融工具的汇集之处。至 2016 年底，北京 CBD 区域入驻企业 3 万余家，跨国公司地区总部占到北京市的 70% 左右，地均 GDP 达到了 252 亿元/平方公里，约是北京市平均水平的 18 倍。预计到 2020 年，这里将成为亚太地区新的经济运行控制中心。

北京 CBD 区经过十几年的发展，汇集了全北京市超过半数的甲级写字楼和星级酒店，以其完善的配套服务体系和交流通信设施强烈吸引着各类现代服务业企业入驻。从行业的税收贡献来看，房地产、金融、文化旅游、创意设计、批发零售、信息服务等产业成为这一区域的主导产业，“以国际金融为龙头、高端商务为主导、国际传媒为聚集”的特色产业格局已初步形成。

北京 CBD 的特殊区位优势和多年来自然衍变而来的产业生态优势，都有利于促进商务楼宇的快速发展。此外，北京市政府还成立了 CBD 管理委员会，代表市政府实行统一的商务区开发建设和运营管理职能。北京 CBD 以占据产业链的高端第三产业为目标，推动产业聚集和高端企业总部聚集，进而推动了区域的持续繁荣。

2. 上海南京西路商务楼宇发展分析

上海 CBD 目前有特色分明的 7 个区域，其中南京西路静安寺区域是上海久负盛名的商务核心区。历史上的静安寺地区就是上海著名的商业中心之一，与陆家嘴的典型金融和中介服务机构聚集区、徐家汇城市副中心、淮海中路高档商品消费区等商务区不同的是，南京西路商务楼宇区是传统和新兴商业的多重功能聚集区。这里拥有上海顶级的甲级写字楼，平均租金在 1.2 美元/天/平方米，与伦敦、香港等世界级中央商务区相当，同时空置率低于 5%，地理位置优越，商务楼宇供不应求。

南京西路区域以“高起点、外向型、国际化”为商务楼宇发展目标。截至 2015 年底，该区域商务楼宇数量达 200 余座，楼宇税收占全区税收的 63%，“亿元楼宇”达 62 座，月均税收超过亿元的有 7 座，聚集跨国公司地区总部共 58 家。其发展经验主要有以下三点。

一是统筹规划，布局优势互补的“一街五区”发展思路。五个特色板块功能区分别是文化传媒产业区、高档商业购物区、高端商务交往会展区、文化旅游区和艺术时尚综合商住区。特色分明的区域规划，促使形成了良好的商业互动、街区互补、资源共享，也使得商务楼宇的品牌聚集效应更加明显。

二是注重选择优质的楼宇开发商和运维管理公司。南京西路区域的地块开发商都是经过挑选的实力雄厚、声誉良好的国际知名公司，本身带有良好的客户资源，有利于打造品质楼宇。

三是坚持国际化经营，发展外向型经济。按照“退二进三”战略的指引，南京路区域努力形成现代服务业聚集区域，着眼于国际知名高端品牌，招引国际化的优质人才、资本、技术、信息等流入该区域，构成高档次的商务楼宇产业业态。

3. 杭州下城区商务楼宇发展分析

浙江杭州下城区是老牌的中心城区，其楼宇经济建设起步于2002年，在历经“探索—规范—提升”三个建设阶段之后，下城区的商务楼宇有效发挥了聚集优势，汇集了一大批区域公司总部，有效提高了资源集约利用的效率，缓解了发展空间不足对经济的制约。

杭州下城区重点打造特色鲜明的商务楼宇群，包括金融特色楼、文化创意特色楼、科研特色楼和总部特色楼等。这些商务楼宇立足浙江区域产业特色，招引环节选择有比较优势的企业，侧重现代服务业领域的发展，大力度吸引总部企业聚集，培育当地特色品牌和特色产业文化，将商务楼宇从平台建设引领向经济内涵建设。

杭州下城区还注重提升政府的综合保障职能，优化商务楼宇发展环境。首先，政府采用党建、服务中心、楼宇发展促进会共治的管理模式，全方位提升楼宇服务质量。其次，在不同的楼宇有针对性地推出诸如“楼宇社区文化节”等特色活动，丰富楼宇文化建设，打造楼宇型新社区，增强商务楼宇企业和员工的认同感和凝聚力。再次，政府通过在招引企业的财政政策、培养引进高端人才的扶持政策等方面给予大力保障，解决了入驻企业的后顾之忧，增强了商务楼宇的吸引力。最后，基层的楼宇管理机构，如社区综合服务中心等，经常采取主动上门服务的方式，及时了解楼宇入驻企业的需求，完善企业之间和员工内部的交流沟通机制，营造舒适的办公环境。在人民日报出版社出版的中国楼宇经济蓝皮书中，2015年，杭州下城区的政府服务水平位列全国第一。

4. 南京鼓楼区商务楼宇发展分析

南京市是江苏省的省会，靠近浙江和上海，自古有交通便利、经济发达的地缘优势。鼓楼区是南京市的传统中心城区。截至2015年底，鼓楼区商务楼宇建筑面积已达480万平方米以上，其中办公面积在1万平方米以上的已有90座，共聚集4000余家各类企业。鼓楼区作为南京市主要的总部经济区，城区的税收过亿元楼宇有12座，比2014年增加2座。商务楼宇聚集的主要产业包括高端商务商贸、信息技术服务、航运物流等有当地特色的主导性产业，这些产业已成为拉动南京市区域经济发展的有力引擎。

南京市鼓楼区发展商务楼宇的一大特色是注重品牌招商。南京市是传统的经济强市，有便利的交通优势，为了鼓励航运物流和高端商务商贸企业入驻，政府会举办品牌特色街、特色商务楼宇的文化建设活动，举行区域创新创业项目洽谈会，邀请涉及金融、商贸、游戏创意、电商物流等领域的国内外优秀企业参加，丰富企业文化，凸显区域创新氛围。同时，鼓楼区政府主抓诚信经营，规范营业秩序，打造诚信的口碑，提升整体区域的经营环境，坚持以品牌铸造区域形象，形成商务楼宇自发吸引高端企业入驻的良性循环。目前，南京鼓楼区已连续两年被评为“中国楼宇经济十大活力城区”之一。

综合上述国内外发达城区发展商务楼宇的实践经验，可以看出，要想最大限度地发挥商务楼宇的聚集效应和辐射效应，“功夫”要在“诗外”，政府应当把力气重点放在打造商务楼宇的“软实力”上。

首先，统筹规划，发展特色楼宇，吸引企业总部落户。要结合本市的产业结构特色和未来发展方向，根据各城区地理天然优势，因地制宜地推动商务楼宇群寻找、强化各自商务特色，通过文化创意活动、企业洽谈会等形式打造特色产业口碑，吸引产业聚集和融合。

其次，构建政府服务平台，畅通信息，资源共享。在楼宇经济的“2.0 时代”，数字化、智能化和信息化的商务楼宇建设，要求政府不仅作为信息平台的创建者，还应成为信息共享的促进者，及时、完备的信息有助于商务楼宇供需双方更好地互相匹配，有助于形成发展合力。

第三，完善交通、通信等基础设施建设。不难看到，国内外许多知名商务楼宇区正是因其便利的交通优势吸引了高端企业，同时，也正是便利的交通通信环境疏解了中心城区人口密度大、人流量多的环境问题，在平衡城区中心的经济发展和生态环境的同时，也带动了城区周边的崛起。

第四，加强优惠政策，奖励制度明确。国内外大都市对商务楼宇的招商引资都有各自的优惠政策。实行有针对性、有分别差额的政策奖励制度，有助于提升商务楼宇产权方对楼宇的运营维护主动性，进一步促进构建吸引企业入驻的良好办公环境，同时，有助于引导形成商务楼宇群的产业特色，建立多元化的招引长效机制。

四、天津商务楼宇发展面临的机遇与挑战

（一）天津商务楼宇发展面临的机遇

“十三五”时期，天津市面临全面建设高质量小康社会的攻坚决胜阶段。

在京津冀协同发展的战略背景下，天津市打造承接北京非首都功能平台的节点地位更将凸显。按照“一基地三区”的城市定位，天津市将在经济结构优化、优势产业扩大发展、现代服务业培育等方面发力。相比较于北京，天津市土地资源的承载力较大，利用土地资源优势，做好全局规划，着力发展商务楼宇，积极推进京津冀先进产业群承接、对接平台建设，有利于充分发挥天津市的地缘优势，陆续吸引首都及国内外高端企业落户，加速技术创新和成果转化。

滨海新区的开发开放战略也将给天津带来丰富的产业资源。天津的传统优势产业是航空航天、石油化工、装备制造、电子信息、生物医药、新能源新材料、国防科技、轻工纺织等，随着滨海新区的开发开放，这些产业的聚集效应将进一步显现。产业链相关企业的积极落户和快速发展，将给天津经济带来新的血液。而按照产业结构发展规律，第三产业在经济中的比重将随着后工业化程度的加深而逐步上升，其对就业、经济增长的贡献率也将随之增大。商务楼宇被公认为是发展集约型产业的有效载体，未来，天津市在发展配套生产性服务业、现代服务业等方面将依赖楼宇建设，同时也将为促进商务楼宇健康发展打下经济基础。

综合国内外的经济形势来看，“十三五”期间，天津面临着国内经济“稳中求进”、国际经济“探底复苏”的大环境，又处于贯彻落实京津冀协同发展等重大国家战略的“历史窗口期”，市场潜力巨大。商务楼宇作为吸引高端企业落户的载体，将成为为天津市吸收优质资本、优秀人才、先进技术的重要平台，也将成为天津转方式、调结构的经济增长新引擎。

（二）天津商务楼宇发展面临的挑战

1. 外部环境的不稳定因素

商务楼宇的蓬勃发展离不开宏观经济环境的稳定增长。作为总部经济、现代化服务业的重要载体，世界经济情况、国内的经济结构调整、天津市产业转型升级对商务楼宇的发展情况有着至关重要的影响。

展望“十三五”，世界经济尽管初显探底复苏，但对中国而言，仍存在许多风险和挑战。美国新一任政府对中国的经济政策、西方发达国家长期以来对我国的技术壁垒、贸易保护主义等，都是影响中国经济创新发展的不确定因素。

当前我国正经历着重要的经济结构调整期和社会转型期，在供给侧结构性改革和国际大环境的背景下，国内经济体量、外贸出口规模等方面的变化可能给天津的经济发展带来影响。

根据2016年12月闭幕的中央经济工作会议，2017年的经济工作重点是“稳中求进”。结合中央“稳经济增长”“稳实体经济”的工作路线，天津在制造业、化工等高能耗产业的转型升级压力较大，环境资源约束力凸显，天津在发展商务楼宇的外向型、创新型经济效用方面面临较大压力。

2. 经济增长放缓的风险

从国际形势上看，国际金融危机以来，欧美等发达国家的经济还未全面复苏。尽管2016年3月以来美国商品调查局期货价格指数CRB缓慢上行，波罗的海干散货指数BDI大幅回升，但是2016年全球GDP增长率为3%，美国GDP增长率为1.6%，这显示出世界经济仍未完全回暖。特别是，美国新任总统特朗普的经济政策不明朗，对中国可能实行新的贸易保护主义政策，这将可能抑制中国的出口，降低中国产品的国际竞争力。未来我国“稳汇率、促出口、稳资本”的任务还很艰巨。

从国内经济情况来看，2016年7月以来，受煤炭钢铁“去产能”、房地产“去库存”和投资“补短板”等的供给侧结构性改革推动，包括PMI、社会用电量、民间固定资产投资、房地产市场、工业品出厂价格PPI在内的多项经济先行、先导指标掉头向上，这显示，我国市场初显回暖迹象。然而，我国经济复苏的基础不牢靠、持续性不强，这主要体现在几个重要经济指标的背离上。一是PPI和GDP背离，显示出“虚热实冷、外强内弱”经济发展态势；二是PPI和工业增加值背离，显示出工业经济“流通领域热、生产环节冷”；三是CPI和社会消费品零售总额背离，反映了实际消费需求的不足，“价升量减”势必影响经济复苏；四是出口和汇率背离，这一方面反映出外需疲软制约国内经济复苏，一方面也体现出我国以传统工业品出口为主的模式在国际市场上竞争力减弱。

综合来看，2017年乃至“十三五”时期的今后四年，我国面临着经济增长放缓的风险，宏观经济基本面不容乐观，微观市场运行机制存在进一步变革的可能性。

3. 同类区域竞争力增强

为了抓住新一轮改革的历史机遇，国内许多先进地区纷纷提出要创新体制机制，按照《中国制造2025》和《关于积极推进“互联网+”行动的指导意见》的布局重点发展新一代信息技术、高档数控机床和机器人、航空航天装备、海工船舶、先进轨道交通等十大领域，同时促进网络化、智能化、服务化、协同化产业生态体系的基本完善。例如，地处经济发达的长三角地区的上海、南京、杭州等地均提出要促进发展现代化服务业，重构企业科技创新新体制，加快产业结构调整。珠三角地区的广州、深圳等地也提出推动商务楼宇建设，打造总部经济。与天津相邻的山东、辽宁等沿海经济带也在加速崛起，在招商引资等方面竞争力加强。相比而言，天津市没有与国内几个重点经济区形成错位发展的优势，毗邻的北京市在商务楼宇、总部经济等方面又有较雄厚的发展基础和深厚的产业底蕴，因此，天津商务楼宇的发展面临国内同类型区域的强有力竞争。

五、天津商务楼宇发展的对策与建议

根据国内外大城市快速发展商务楼宇的经验，天津市为了促进商务楼宇的吸收聚集效应和辐射带动效应，提高商务楼宇在城市经济中的贡献率，不能只靠招商优惠政策实现吸引企业落户，还应从以下几方面推动实施切实可行的举措。

（一）明确转型升级思路，调整产业结构

1. 确定主导产业和优势产业，培育发展新兴产业

纵观国内外大都市的商务楼宇聚集区发展规律，它们无一不是抓住历史机遇期，找准自身在区域经济结构中的定位，依靠已有产业底蕴，着力发展主导产业和优势产业，以期形成产业聚集吸引力，带动发挥新兴产业的增长极作用。

就天津市而言，就是要抓住京津冀协同发展的重大战略机遇期，利用好滨海新区开发开放的国家战略背景，找准自身定位，摸清城市主导产业和优势产业，带动发展新兴产业，以前瞻性的视角吸引高科技含量、高经济效益、低资源消耗的现代化企业，全面提升区域经济实力，打造坚实的中长期经济发展优势。

首先，要“因地制宜”地谋划主导产业、优势产业转型升级思路。天津市是我国北方传统的工业型城市，已有的八大支柱性第二产业不能盲目抛弃，而是应当结合国内外经济发展形势，以制度创新和技术创新为突破口，引导企业自主创新，完善产业链上高端技术产品的配套生产能力，扩大支柱产业的比较优势。商务楼宇的发展离不开“因地制宜”的产业规划。先进而现代化的高端空天技术装备制造、海工船舶、海洋医药、电子信息、石油化工等产业集群，不仅能带来越来越多的企业在津落户，还能拉动一系列配套生产性服务业快速涌现，有助于商务楼宇更好地发挥其总部经济、现代商务商贸产业的载体优势。

其次，要“顺势而为”地推动生产性服务业和高端新兴服务业态落户天

津。制造业的不断优化需要知识产权、文化创意、工业设计等生产性服务业的推动，也需要咨询、金融、会展、商贸、法律、中介、会计等专业化服务业的配合。商务楼宇作为城市中的高端业态聚集区，更需要当地产业层次相对较高的行业和企业作为承载对象。从商务楼宇的需求方角度来讲，鼓励发展天津市优势产业及其配套性服务业有助于加快商务楼宇的发展升级。

2. 调整产业结构，发展产业集群

要从全市的角度统筹各城区产业结构调整战略，推动形成产业特色聚集区，依靠商务楼宇发展集约型经济。如前文所述，天津市商务楼宇的一大问题就是特色不鲜明，各城区间的商务楼宇群同质化严重，互相挤压市场份额，这不利于形成对天津市整体发展有促进作用的商务楼宇格局。为推动产业结构调整，发展特色化的商务楼宇群，要从以下几方面着手。

一是协调好各区已有的优势产业，依靠区域板块特色发展商务楼宇载体建设。例如，鼓励河北区打造以古典建筑风格为主的旅游休闲楼宇群，推动南开区构建文化创意城市综合体等。

二是统筹各城区之间的公共配套服务共享，做到有层次地发展各区域商务楼宇群。除了各自为政地用足用好本区域商务楼宇载体资源外，还应发挥溢出效应，带动产业聚集，共享经济资源，做好区域间联动。

（二）统筹优化空间布局，完善配套服务

1. 明确核心区域规划，统筹楼宇数量规模

空间布局对商务楼宇群、城市形态乃至区域未来经济发展有着至关重要的作用。经济发展离不开空间载体，合理的城市核心区域统筹规划一方面是说要合理利用土地资源，进行土地资源整合，合理布局各类用途的地块，另一方面是说要在科学分析和规划基础上，提高城区之间的资源共享程度，加强城市的整体设计感。

天津市商务楼宇发展时间短，为避免各城区盲目供给楼宇数量，导致出现高空置率、高同质化的情况，市政府应当从大局角度，根据市场实际需求，合理、适时地供给商务楼宇，控制供给节奏，统筹商务楼宇的发展规模。

2. 推动公交通信建设，完善周边配套服务

如前所述，国内外许多知名商务楼宇区正是因其便利的交通优势吸引了高端企业。同时，也正是便利的交通通信环境疏解了中心城区人口密度大、人流量多的环境问题，在平衡城区中心的经济发展和生态环境的同时，也带动了城区周边的崛起。

未来，天津市应着力打造地铁运输、公交线路、城际铁路等方面的公共交

通基础设施建设，保障人们的出行便利，扩大就业人员的居住活动范围，有助于形成功能性更强的区域性板块，疏解城市核心区的环境承载压力。同时，完善商务楼宇周边的通信设施、休闲娱乐餐饮等配套性服务，有助于吸引高端企业落户，更易于形成核心商务圈。

（三）强化楼宇物业管理，提升楼宇品质

1. 做好楼宇载体设计，强化楼宇“硬实力”

一是要做好楼宇外貌设计，打造天津市城市发展名片。众所周知，国外的纽约、巴黎、伦敦、东京、悉尼等国际化大都市，以及国内的上海、北京、深圳、广州等现代化大都市，都有自己的代表性楼宇或楼宇群。这些外观优美、精心设计的商务楼宇，除了展示了城市的地域特色和发展水平之外，也成为吸引企业落户、带动旅游发展的重要平台。一味地建造外观相似的商务楼宇，不利于城市环境的综合提升，也无益于高水平企业的引入。未来天津市要注重商务楼宇的外观形象和周围建筑风格相协调，以及和天津市整体文化定位相符合，同时积极邀请引入国际高水平的设计公司，为商务楼宇的外观和功能性提出更加完美的设计方案，以此提升天津市整体的商务楼宇品质。

二是要做好楼宇内部设计，完善商务楼宇的全方位功能。现代商业除了要求楼宇具备提供办公场所的基本功能之外，还要求楼宇有针对不同客户的定制化服务。例如，完善高端零售业、高档餐饮娱乐、大型商务会展和商业接待等功能。这些商务楼宇的内部承接功能，要结合楼宇群的规划特色来设计。

2. 完善楼宇运营管理，提升楼宇“软实力”

一是培育高水平的商务楼宇物业管理团队，提供专业化服务。鼓励本地物业管理公司的创立和运营体系提升，强化日常清洁、安保等便捷化、规范化、个性化的楼宇管理服务，在提升商务楼宇服务品质的同时，带动就业，吸引优质业主，打造高素质的国际化管理模式。

二是利用先进的科技手段，增强楼宇管理的高效性、及时性和安全性。互联网时代的到来，也给商务楼宇的管理提出了新的挑战。目前先进的商务楼宇管理都能做到 24 小时安保监控、楼宇内部及时通信、停车智能化等。同时，还应大力发展“互联网 + 智能控制”“互联网 + 信息共享”等多元化服务，通过互联网采集大数据，利用云服务满足楼宇用户的个性化服务需求，让商务楼宇运行得更加经济。例如，可以通过互联网数据，计算当下楼宇所需的停车场位，并为用户提前供应好停车位。再如，利用互联监控设备智能化地调节楼宇内部照明系统、采暖空调系统、电梯运行装备等的运行时间和运行状态。又如，为商务楼宇内部办公人员提供大型楼内餐饮服务，针对不同的办公群体提

供个性化的餐饮、健身、休闲等服务，改善企业员工的办公环境，等等。除此之外，还可以利用太阳能、地热等可再生资源，提升商务楼宇的节能性，降低楼宇在城市中的能耗，减少二氧化碳排放量，遵循国际化商务楼宇趋势，打造绿色办公环境。

三是树立天津市物业服务管理行业的全新服务理念。楼宇运营管理的手段和方式日新月异，然而不变的是楼宇管理方的柔性化、先进性服务理念。倡导树立“一切为业主所需”的全行业服务理念，有助于在全国形成良好的商务楼宇口碑，同时有助于为企业用户营造舒适的楼宇文化氛围。

现代化的商务楼宇要求物业管理者不仅是楼宇的“管家”，更是能为用户提供全方位、智能化、柔性化服务的“专家”。完善的楼宇“软实力”能够消除用户的后顾之忧，最大限度地增加企业入驻，服务的大数据化也有助于有针对性地开展对外招商工资，实现信息共享和利益共赢。

（四）制定特色财税制度，优化审批流程

1. 制定特色税收制度，灵活运用财政手段

政府调控商务楼宇招商引资的一个重要手段就是财政税收。税收方面，从天津市近年来商务楼宇的税收贡献率来看，完善税收管理制度，落实税收优惠政策，将有效推动商务楼宇的健康发展，同时带动天津市经济的稳定增长。未来，政府还应构建有针对性的税收政策。例如，向美国纽约曼哈顿区学习，有倾向性地通过税负手段支持创业型中小企业成长，吸引有创新性的先进企业落户，营造平等竞争的商业环境，激活商务楼宇区的经济增长点。此外，政府还应该完善税收管理制度，包括税收优惠政策的落实制度、监管制度、信息反馈制度等。目前，许多税收政策不能切实落实到位，用户企业不能实实在在感受到税收优惠政策的实惠，这种政策执行上的漏洞影响了企业对于商务楼宇的综合满意度，不利于进一步招商引资，也背离了政府制定财政优惠政策的初衷。而优质的纳税服务能够提升商务楼宇入驻企业的工作质效，有助于规范企业经营，同时有利于政府培植新税源，实现共赢的局面。

灵活运用财政手段，是指综合利用财政补贴、财政奖励、专项资金、人才奖励基金等措施，向商务楼宇产权方和用户实施正向、负向激励措施。例如，结合空置率、年度税收增幅等考核指标，对于达标的商务楼宇可以给予财政奖励资金，以此调动产权方的招商引资积极性，引导产权方招引优质企业。又如，为鼓励先进企业、高素质人才落户，可以制定专项人才奖励基金，有针对性地对人才给予奖励，或对供职的企业给予引进人才的奖励，以此营造重视高科技、重视高端人才的良好企业发展态势。

2. 优化行政服务体系，畅通信息共享机制

除了财政税收之外，政府的另一大重要职能就是为商务楼宇的健康运行提供优质的行政服务和畅通的信息交流平台。如前所述，和国内同质商务楼宇区相比，天津市政府在入驻企业工商注册、行政审批、知识产权保护、金融服务等方面还存在弱项。如不改进行政服务，长此以往，将会增加商务楼宇对于企业的招引难度，增加外地、外资企业在津投资的顾虑，不能促进形成良好的对外开放格局。

天津市目前已有专门服务商务楼宇的网络平台，但是其中的信息更新速度较慢，覆盖面不全，租售信息不能及时交流、共享，这些突出问题严重阻碍了政府对商务楼宇的提质增效，不利于营造良好的投资环境。为了完善商务楼宇和用户企业的信息记录、信息发布、信息共享机制，应当制定全面的政府信息服务体系，全方位地提供商务楼宇的智慧信息，为商务楼宇的发展提供助力。

除此之外，还可以利用“互联网+”，构建政府、商务楼宇产权方、企业用户以及媒体等多方共享的信息资讯平台。这一平台可以发布楼宇租售信息，提供政府最新楼宇招商引资政策，咨询、反馈商务楼宇的运营管理问题，帮助政府动态监测各地区商务楼宇发展规模、质量和水平，同时还可以向各方提供商务楼宇周边的业态信息，方便企业用户和楼宇周边人群满足生活休闲等方面的需求。这种综合性、立体化的信息共享平台，将为政府的决策、企业的入驻、楼宇运营方的管理以及社会各界对楼宇群周边的了解和认识提供强有力的数据支持。

（五）营造良好投资环境，打造楼宇品牌

1. 鼓励“双创”快速发展，吸引企业在津投资

经济新常态背景下，经济发展需要寻求新的增长动力。天津市也需要紧跟国家形势，推动创新创业发展，落实“市场在资源配置中其决定性作用”。在总结2016年用行政手段“去过剩产能”的经验教训基础上，要着力给中小企业松绑、减负，加快市场内向民资开放步伐，通过增加市场主体自由来激活市场，以创造公平交易、自由竞争的发展环境来吸引国内外优质企业在津创立和投资，实现天津经济的持续稳定增长。

发展商务楼宇的“功夫”不应只在建设商务楼宇软硬性条件的“本身”上，还应该在提升天津市整体经济发展的动力上。“创新创业”是当前中国经济实现企业转型升级和产业结构调整的一剂良药，只有有了更多优质的企业，商务楼宇才能有更多优质的需求方。努力营造良好的投资环境，有助于提高区域内商务楼宇的核心竞争力。

具体地，首先，要建立中小企业信用评价档案，推进信用征集、信用调查、信用评级的制度化建设，促进知识产权融资的实现，激发民间投资创新的热情，为经济发展提供新的引擎。其次，要提供专项资金，支持创新创业企业。允许一部分达到标准的中小企业在贷款上享受政府专项资金负担的优惠。建立科技创新正向激励、信用评价正向激励的市场机制，促进形成良好的创新创业大环境。

2. 找准商务楼宇特色，打造本土楼宇品牌

天津市商务楼宇特色不鲜明，楼宇群聚集效应不明显。为找准商务楼宇特色，一方面，要结合本地产业底蕴，吸引相关产业链上的企业入驻合适的楼宇群，打造产业聚集圈，制定符合楼宇和区域发展特色的主题政策；另一方面，要结合商务楼宇已有的优质企业，发展配套生产性服务业和专业化服务企业，形成楼宇群范围内的经济生态圈。

在打造楼宇品牌方面，要向南京、上海等国内发达城市学习，通过建立楼宇社区中心、举办楼宇社区文化活动，以及结合楼宇内部入驻企业的特色，适时举办企业洽谈会和展交会等手段，营造商务楼宇的“垂直社区性”，给予用户和潜在用户人文关怀，提升商务楼宇的活力和品质，促进楼宇更好地、可持续性地发展。

3. 抓好亿元楼宇、千万楼宇建设

税收过亿元的楼宇、过千万元的楼宇往往是区域经济发展的重要支撑，引领着区域经济发展的重要潮流。这些楼宇能够带动商务楼宇群的健康、有活力地、持续地发展。抓好亿元楼宇、千万楼宇的建设，有助于打造优质楼宇品牌，形成企业入驻的聚集效应，同时也有助于增加天津市财税收入，进而更好地支撑天津市的经济发展。

要做好亿元楼宇、千万楼宇的建设工作，首先要制定完善的招商引资制度，鼓励企业总部、高科技企业、现代服务业企业、创新型中小企业等有特色的经济体入驻，支持不同行业的企业围绕商务楼宇形成产业链或配套商业服务群落。同时，还要基于楼宇产权方招商引资的自主性和权力，给予他们改善楼宇硬件设施、软件环境的资金支持，激活他们招商引资的积极性和主动性。其次，还要完善亿元楼宇、千万楼宇的品牌营销策略。商务楼宇的经营规律与其他行业的经营规律相当，除了提升自身的综合竞争力之外，还要注意对外宣传。只有充分发挥出这些大型商务楼宇的品牌效应，才能更加事半功倍地吸引更多优质企业、顶尖人才入驻，进而为政府增加税源，为区域经济注入新鲜力量。

六、总结与展望

在中国经济新常态的背景下，结合京津冀协同发展和滨海新区开发开放等重大战略机遇，天津市应当大力发展商务楼宇，以此带动电子信息、高端装备制造业、石油化工、生物医药等传统优势产业的转型升级，培育生产性服务业等现代服务体系的建立，进一步优化天津市经济的产业结构，以便更好地承接北京非首都功能圈的疏解功用。

本文在综合分析了天津市目前商务楼宇发展情况、国内外优秀商务楼宇发展经验、天津市当前面临的机遇与挑战等方面之后，指出了天津市商务楼宇发展存在的问题和不足，有针对性地提出了解决对策和建议，为进一步合理发展天津市商务楼宇经济、提升城市综合竞争力、优化核心城区空间布局、完善产业结构调整提供了参考。

未来，在牢牢把握天津发展历史性窗口期的前提下，建立健全发展商务楼宇的体制机制，充分发挥商务楼宇的企业聚集作用和产业辐射作用，激活天津经济新的增长点，将有助于为“海河号”航船寻找到新的引擎，有助于全市上下同心合力让这艘航船乘风破浪，万里航行！

参考文献

1. 白庆亮：《国内楼宇经济研究文献综述》，《赤峰学院学报（自然版）》2015年第16期。

2. 包世泰等：《空港经济产业布局模式及规划引导研究——以广州白云国际机场为例》，《人文地理业》2008年第5期。

3. 包宗华：《房地产先导产业与泡沫经济》，中国财政经济出版社2004年版。

4. 曹允春、席艳荣、李微微：《新经济地理学视角下的临空经济形成分析》，《经济问题探索》2009年第2期。

5. 曹允春、踪家峰：《谈临空经济区的建立和发展》，《中国民航学报》1999年第3期。

6. 曹允春：《临空经济——速度经济时代的增长空间》，经济科学出版社2009年版。

7. 曹允春：《临空经济演进的动力机制分析》，《经济问题探索》2009年第5期。

8. 曹振良：《房地产经济学通论》，北京大学出版社2003年版。

9. 曹振良：《中国房地产业发展与管理研究》，北京大学出版社2002年版。

10. 曾珠：《中欧对中小企业技术创新的支持政策比较分析》，《对外经贸实务》2008年第1期。

11. 陈传雷：《民营中小企业困局与地方政府的应对：以浙江为例》，浙江大学学位论文，2010年。

12. 陈飞：《楼宇经济对城市经济的贡献研究》，天津师范大学学位论文，2016年。

13. 陈舒艳：《基于供给侧改革的政府间接干预与福建省民营企业转型研究》，《邢台学院学报》2016年第31期。

14. 陈艳丽、王波、王峥：《在环境约束下海洋经济全要素生产率的研究》,《海洋开发与管理》2016 年第 33 期。

15. 陈跃刚:《上海市楼宇经济的发展形式及其对策研究》,《商业研究》2009 年第 3 期。

16. 陈子豪:《基于现代经济发展模式下旅游开发的途径》,《经济论坛》2017 年第 4 期。

17. 程恩富、王新建:《京津冀协同发展:演进、现状与对策》,《管理学刊》2015 年第 1 期。

18. 仇保兴:《我国房地产市场调控的难点与对策》,《城市发展研究》2011 年第 1 期。

19. 戴铁城、杨飞、王娜:《我国楼宇经济发展模式分析》,《经济》2016 年第 8 期。

20. 丁明磊、陈宝明、吴家喜:《科技创新支撑引领新型城镇化的思路与对策研究》,《科学管理研究》2013 年第 4 期。

21. 冬唯、宋微、史琳:《金融支持天津国家自主创新示范区发展的政策建议》,《中国商论》2016 年第 10 期。

22. 董娟、陈士俊:《中美新科技创新政策的比较研究》,《科技进步与对策》2009 年第 26 期。

23. 董维忠:《关于建设天津金融创新运营中心的建议》,《天津政协》2015 年第 1 期。

24. 《2016 年闵行机场起降架次排行榜》,中商情报网,2017 年 3 月 5 日。

25. 《2017 年天津市政府工作报告(全文)》,《会计网》2017 年 1 月 23 日。

26. 范小云、刘澜飚、袁梦怡:《互联网金融》,人民邮电出版社 2016 年版。

27. 甘丹丽:《科技创新与新型城镇化协同发展对策研究》,《科技进步与对策》2014 年第 6 期。

28. 高觉民、李晓慧:《生产性服务业与制造业的互动机理:理论与实证》,《中国工业经济》2011 年第 6 期。

29. 高丽坤、李淑杰、王锡魁、蒋甫玉:《土地供应市场与房地产市场关系的研究》,华中农业大学学报社会科学版 2006 年版。

30. 广西南宁市国家税务局课题组:《广西南宁市楼宇经济现状分析及发展对策建议——以南宁市青秀区为例》,《经济研究参考》2016 年第 11 期。

31. 郭佳萍、阎祺:《加快推进天津海洋经济发展路径选择》,《经济研究导刊》2015 年第 7 期。

32. 郭戎、薛薇、张俊芳、张明喜、魏世杰：《国家自主创新示范区科技创新政策评价研究》，《中国科技论坛》2013 第 11 期。

33. 郭彤烽：《南昌市红谷滩新区楼宇经济发展问题研究》，南昌大学学位论文，2012 年。

34. 《国务院关于天津滨海新区综合配套改革试总体方案的批复》（国函 200826 号）2008 年 3 月 13 日。

35. 《国务院关于推进天津滨海新区开发开放有关问题的意见》，2006 年 5 月 26 日。

36. 何继新、付杰：《国内外楼宇经济的实践及对天津楼宇经济发展的启示》，《城市观察》2015 年第 35 期。

37. 何继新、王田：《天津楼宇经济与经济增长、财政收入的相关性及发展对策研究》，《吉林广播电视大学学报》2015 年第 5 期。

38. 黄斯婕、张萃：《生产性服务业集聚对城市生产率的影响——基于行业异质性视角》，《城市发展研究》2016 年第 23 期。

39. 霍学文：《新金融新生态：互联网金融的框架分析与创新思考》，中信出版集团 2015 年版。

40. 贾会远：《民营企业自主创新融资支持平台的构建》，《中州大学学报》2016 年第 33 期。

41. 江苏民营经济研究会课题组：《推进供给侧改革　促进江苏民营经济新发展》，《中央社会主义学院学报》2016 年第 3 期。

42. 金忠民：《空港城研究》，《规划师》2004 年第 2 期。

43. 《京津冀协同发展战略是供给侧改革之先声》，《北京商报》2016 年 2 月 22 日。

44. 《开创开发开放——天津滨海新区争当“排头兵”》，《人民日报》2011 年 8 月 21 日。

45. 李翀：《论供给侧改革的理论依据和政策选择》，《经济社会体制比较》2016 年第 1 期，第 9 ~ 18 页。

46. 李丁：《黑龙江省城镇化发展问题研究》，吉林大学学位论文，2012 年。

47. 李华鹏：《科技创新与河南新型城镇化建设的机制研究》，河南师范大学学位论文，2015 年。

48. 李建：《临空经济发展的若干问题探讨与对策建议》，《规科技进步与对策》2005 年第 9 期。

49. 李罗力：《解决中国房地产问题的若干政策建议》，《开放导报》2011

年第 12 期。

50. 李宁、韦颜秋：《天津市生产性服务业与制造业协同发展研究》，《地域研究与开发》2016 年第 35 期。

51. 李万果、张金娟：《天津楼宇经济现状及对策》，《中国房地产：学术版》2013 年第 5 期。

52. 李文增：《充分发挥金融中心作用》，《天津日报》1991 年 3 月 4 日。

53. 李文增：《重建天津在北方的金融中心地位之战略构想》，载于《李文增经济研究文集》，天津社会科学院出版社 2009 年版。

54. 李文增：《保税区向自由贸易区转型的战略思考与对策建议》，《天津经济内参》2002 年第 6 期（3 月 25 日），载于《李文增经济研究文集》，天津社会科学院出版社 2009 年版。

55. 李文增：《发展天津股票市场可分三步进行》，《政务参考》1993 年特刊第 3 期，载于《李文增经济研究文集》天津社会科学院出版社 2009 年版。

56. 李文增：《关于发挥天津滨海新区在京津冀协同发展中排头兵作用的研究》，载于《京津冀协同发展的目标与路径》，天津人民出版社 2015 年版。

57. 李文增：《加快天津市融资租赁业发展促进滨海新区现代制造业基地建设》，《对策研究》2005 年第 12 期，载于《李文增经济研究文集》，天津社会科学院出版社 2009 年版。

58. 李文增：《加快天津市融资租赁业发展的建议》，《财经阅件》2003 年第 13 期。

59. 李文增：《京津冀协同发展背景下的天津金融创新运营示范区建设（上、下）》，《求知》2016 年第 6、7 期。

60. 李文增：《天津建设北方金融中心在宣传上应打好“三张牌”》，《北方金融中心简报》1996 年第 40 期（7 月 12 日），载于《李文增经济研究文集》，天津社会科学院出版社 2009 年版。

61. 李文增：《再论海河开发的投融资方式和对策建议》，载于《李文增经济研究文集》，天津社会科学院出版社 2009 年版。

62. 李文增：《再论重建天津金融中心地位的战略构想》，《天津经贸快讯》1995 年 3 月 1 日，载于《李文增经济研究文集》，天津社会科学院出版社 2009 年版。

63. 李文增：《在天津建立金融控股集团的实施方案研究》，天津市 2004 年《天津经济社会蓝皮书》，天津社会科学院出版社 2004 年版。

64. 李文增、王居庆：《塘沽应成为天津的“浦东”——兼论塘沽离岸金融中心的建立》，《天津日报》1994 年 9 月 20 日。

65. 李曦、彭品贺：《新型城镇化背景下地方科技创新体系建设研究》，《科技进步与对策》2014 年第 8 期。

66. 李迅雷：《“新金融”发展的趋势与策略》，《21 世纪经济报道》2012 年 9 月 10 日。

67. 李瑶亭：《城市旅游产业发展研究》，华东师范大学学位论文，2013 年。

68. 李勇：《开发性金融支持天津城镇化建设的具体实践与理论思考》，《经济研究参考》2013 年第 1 期。

69. 李泽广、王刚：《金融创新与金融监管的结构性错配问题研究》，《上海财经大学学报》2014 年第 8 期。

70. 李志强、李静媛：《制度变迁对生产性服务业发展的影响研究》，《商业经济研究》2016 年第 1 期。

71. 梁辰、刘海玥、张靓卓等：《楼宇经济助推生产性服务业升级分析》，《环渤海经济瞭望》2015 年第 4 期。

72. 林绍花：《加强天津海洋经济发展的建议》，《天津人大》2010 年第 7 期。

73. 林跃勤：《房价失控与政府调控》，《宏观经济研究》2010 年第 5 期。

74. 临空经济发展战略研究课题组：《临空经济理论与实践探索》，《中国经济出版社》2006 年版。

75. 刘建新：《中央商务区楼宇经济研究——以杭州钱江新城 CBD 为例》，《当代经济》2016 年第 20 期。

76. 刘娇娇：《山西省科技创新能力对新型城镇化水平的影响研究》，中北大学学位论文，2016 年。

77. 刘澜飚、齐炎龙、张靖佳：《互联网金融对货币政策有效性的影响》，《财贸经济》2016 年第 1 期。

78. 刘澜飚、沈鑫、郭步超：《互联网金融发展及其对传统金融模式的影响探讨》，《经济学动态》2013 年第 8 期。

79. 刘澜飚：《金融租赁助力经济发展》，《中国金融》2015 年第 5 期。

80. 刘澜飚：《实施“一体两翼”战略助推示范区建设》，《天津日报》2016 年 3 月 9 日。

81. 刘雪妮，宁宣熙，张冬青：《发展临空产业集群的动力机制研究》，《现代经济问题探讨》2007 年第 1 期。

82. 刘洋：《谈临空经济与临空经济区的发展》，《商业时代》2006 年第 35 期。

83. 刘长运：《国外都市农业发展经验对我国的启示》，《世界地理研究》

2006 年第 15 期。

84. 刘志峰：《住房建设在中国经济格局中的地位及可持续发展》，《房地产世界》1999 年第 12 期。

85. 罗明义：《论中国特色旅游经济理论的形成与发展》，《理论探讨》2009 年第 1 期。

86. 罗琼、臧学英：《基于 SWOT 分析的天津海洋经济发展研究》，《天津经济》2016 年第 2 期。

87. 马佳：《天津市房地产市场运行状况评价》，天津师范大学学位论文，2013 年。

88. 祁丽，谢春山：《特色旅游基础理论研究》，《吉林师范大学学报》（自然科学版）2008 年第 1 期。

89. 冉未羚、王宏伟：《天津市城镇化发展影响因素实证研究》，《商业经济研究》2015 年第 6 期。

90. 任碧云：《京津冀协同发展中金融协调的基本架构及政策措施》，《京津冀协同发展的目标与路径》，天津人民出版社 2015 年版。

91. 沈超：《新型城镇化发展的科学内涵及推进途径——基于城乡一体化发展的视角》，《南方论刊》2014 年第 4 期。

92. 苏平：《本市建成 53 个农产品基地》，《今晚报》2016 年 12 月 29 日。

93. 孙虎乔：《京津冀产业协同发展的问题与建议》，《中国软科学》2015 年第 7 期。

94. 孙艳峰，黄子惺：《空港经济的产生机理与空间分布模式》，《学术争鸣》2009 年第 4 期。

95. 孙云云、李智：《房地产调控政策效应及其深化建议——透析“新国十条”的实施效果》，《价格理论与实践》2010 年第 8 期。

96. 唐强荣、徐学军、何自力：《生产性服务业与制造业共生发展模型及实证研究》，《南开管理评论》2009 年第 12 期。

97. 《天津滨海新区：从开放前沿到争当排头兵》，《凤凰资讯》2016 年 5 月 10 日。

98. 天津财经大学：《“十三五”天津建设北方金融创新运营中心研究》，天津财经大学专题报告，2015 年 1 月。

99. 天津财经大学课题组：《建设天津金融创新运营在中心　以运营服务塑造金融新优势》，《华北金融》2014 年第 8 期。

100. 《天津国家自主创新示范区“6 + 4”政策已试点推行》，http：//www. tianjinwe. com/business/tjjj/201506/t20150609_843960. html。

101. 《天津国家自主创新示范区》，http：//www. most. gov. cn/ztzl/qgkjg-zhy/2016/2016jlcl/2016jlzxcx/201601/t20160111_123564. htm。

102. 《天津国家自主创新示范区发展规划纲要（2015～2020 年）》，http：//zlx. hnkjt. gov. cn/2016/12/02/1480668415086. html。

103. 《天津国家自主创新示范区获多项税收利好政策》，http：//business. sohu. com/20150625/n415602569. shtml。

104. 《天津市城乡总体规划》，http：//www. china. com. cn。

105. 《天津市建设全国先进制造研发基地实施方案（2015～2020 年）》，2015 年 12 月 9 日。

106. 天津市金融工作局、天津市经济发展研究院、天津市金融培训研究中心：《天津市“十三五”时期互联网金融发展研究报告》，2015 年 11 月。

107. 天津市金融工作局、天津市经济发展研究院、天津市金融培训研究中心：《天津市“十三五”时期金融业发展主要指标测算研究报告》，2015 年 12 月。

108. 天津市金融工作局、天津市经济发展研究院：《天津市金融业发展“十三五”规划研究》，2016 年 4 月。

109. 天津市金融工作局：《天津市金融服务业发展三年行动计划（2017～2019 年）》，2016 年。

110. 天津市金融工作局：《天津市金融业发展“十三五”规划》，2016 年 9 月。

111. 天津市金融工作局：《天津市融资租赁业发展“十三五”规划》，2016 年 9 月。

112. 天津市金融工作局：《天津市融资租赁业发展整体情况》，新华网，2017 年 1 月 16 日。

113. 天津市金融工作局：《天津市小额贷款公司监督管理暂行办法》，2016 年 12 月。

114. 天津市经济发展研究所课题组：《浅谈天津新型城镇化投融资机制创新的对策建议》，《天津经济》2014 年第 9 期。

115. 《天津市民营经济发展“十三五”规划》，中国中小企业天津网，2016 年 10 月 11 日。

116. 天津市人民政府新闻办：《天津市 2016 年经济社会发展情况》，天津政务网，2017 年 1 月 20 日。

117. 天津市统计局、国家统计局天津调查总队：《天津市 2016 年经济运行情况》，天津市发展和改革委员会网站，2017 年 3 月 14 日。

118. 天津市统计局、国家统计局天津调查总队编著：《天津统计年鉴2016》，中国统计出版社 2016 年版。

119. 天津市统计局：《2016 年天津市国民经济和社会发展统计公报》，天津政务网，2017 年 3 月 14 日。

120. 天津市统计局：《2016 年天津市国民经济和社会发展统计公报》。

121. 天津市统计局：《天津市 2016 年经济运行情况》，中国统计信息网，2017 年 2 月 10 日。

122. 天津市政协金融研究课题组：《加快金融业发展促进滨海新区进一步开发开放》，2005 年 11 月，天津市政协专报件，入选《2006 天津社会科学年鉴》，天津人民出版社 2007 年版。

123. 《天津通过落实京津冀协同发展规划纲要实施方案》，《中国证券网》2015 年 9 月 16 日。

124. 田逸飘、许秀川、辛旅洁、刘明月、张卫国：《科技创新与新型城镇化发展的动态关联及其区域差异——省际面板数据的 PVAR 分析》，《科技进步与对策》2016 年第 18 期。

125. 王峰：《天津国际邮轮母港多元化发展战略研究》，大连海事大学 2014 年。

126. 王海芸、温珂：《京沪深三市创新政策比较研究》，《中国青年科技》2007 年第 3 期。

127. 王慧然：《首都第二机场临空经济发展思路》，《港口经济》2016 年第 5 期。

128. 王江涛：《我国海洋经济发展的新特征及政策取向》，《经济纵横》2015 年第 360 期。

129. 王磊、林宁：《天津市海洋经济中港口产业发展研究》，《海洋通报》2007 年第 26 期。

130. 王磊：《天津市海洋经济发展研究》，天津大学学位论文，2003 年。

131. 王明浩、王建廷、黄莉：《天津新型城镇化建设与发展模式研究》，《城市》2014 年第 11 期。

132. 王骐骥：《论房地产拉动经济增长的原由、问题及启动的近期方略》，《经济评论》2000 年第 5 期。

133. 王庆生、杨茜：《关于天津旅游形象定位的再认识》，《天津商业大学学报》2012 年第 3 期。

134. 王庆生：《都市旅游国际化及其产业集群问题研究》，天津人民出版社 2008 年版。

135. 王小广：《加快供给侧结构性改革促进产业转型升级》，《区域经济评论》2016 年第 3 期。

136. 王燚等：《航空都市区与城市发展关系研究》，第九届城市发展与规划大会论文集，2014 年。

137. 未江涛：《天津发展生产性服务业的现实选择》，《经济研究导刊》2014 年第 31 期。

138. 魏进平、刘鑫洋：《京津冀协同发展的历程回顾、现实困境与突破路径》，《河北工业大学学报（社会科学版）》2014 第 2 期。

139. 魏彧：《李鸿忠滨海新区调研：在京津冀协同发展中唱主角》，北方网，2016 年 9 月 19 日。

140. 吴德慧：《国外都市农业发展经验研究》，《世界农业》2012 年第 4 期。

141. 吴富伟：《日本、韩国关于中小企业技术创新的政策比较及对我国的借鉴》，《商场现代化》2005 第 29 期。

142. 吴洁：《天津发展海洋经济战略的探讨》，《电子制作》2013 年第 8 期。

143. 吴涛：《房地产市场分析》，《中小企业管理与科技（下旬刊）》2010 年第 7 期。

144. 吴跃农：《如何促进民营经济供给侧结构性改革》，《新华日报》2016 年 6 月 17 日。

145. 肖李春：《加快临空经济建设推动区域经济发展》，《技术与市场》2006 年第 11 期。

146. 肖文、潘家栋：《浙江产业升级的轨迹、模式与借鉴》，《领导之友》2016 年第 1 期。

147. 谢昕：《“十三五”中国临空经济如何发展》，《中国投资》2016 年第 1 期。

148. 《新机场辐射京津冀空港经济 将吸引大量资本聚集》，《七都晚刊》2017 年 3 月 8 日。

149. 信息服务中心：《2015 年天津市国内旅游调查报告》，天津统计局，2015 年。

150. 熊艳：《论科技创新支撑新型城镇化建设对策》，《东方企业文化》2013 年第 12 期。

151. 徐丛春、周怡圃：《天津市海洋经济和海洋事业发展“十二五”规划中期评估研究》，《海洋经济》2014 年第 4 期。

152. 徐俊菊、吕雪山：《我国房地产调控政策及其效应探讨》，《价格理论与实践》2010 年第 7 期。

153. 徐烨娉：《吴江市政府促进民营经济发展的案例研究》，电子科技大学学位论文，2013 年。

154. 薛丹丹、周彬、刘志：《迎国内区域创新政策比较对合芜蚌试验区的启示》，《合肥学院学报》2010 第 9 期。

155. 杨丹：《我国新金融发展现状、趋势研究》，《天津经济》，2013 年第 8 期。

156. 杨继瑞、杨博维：《都市核心区楼宇经济实态及其困境摆脱》，《改革》2012 年第 6 期。

157. 杨耀武、张仁开：《长三角区域科技创新政策评估及路线图研究》，《科研管理》2010 年第 5 期。

158. 杨晔：《“新金融”发展态势及上海的福利政策研究》，《科学发展》，2014 年第 68 期。

159. 于莲：《科技创新与新型城镇化的关联度》，《重庆社会科学》2016 年第 2 期。

160. 于莲：《新型城镇化科技支撑体系研究》，《科技进步与对策》2014 年第 12 期。

161. 袁静：《天津市河西区楼宇经济发展战略研究》，河北工业大学学位论文，2014 年。

162. 翟倩：《调整生产结构 转变发展方式——天津都市型现代农业步伐加快》，《中国信息报》2016 年 5 月 26 日。

163. 张兵：《京津冀协同发展与国家空间治理的战略性思考》，《城市规划学刊》2016 第 4 期。

164. 张泓铭、沈正超：《中国城市房地产发展评价和预警》，社会科学院出版社 2008 年版。

165. 张华颖：《天津都市型现代农业发展问题研究》，天津师范大学 2015 年。

166. 张军扩等：《临空经济发展的战略与对策——以首都机场为例》，经济出版社 2008 年版。

167. 张乐：《我国城市化进程中的楼宇经济发展规律及对策研究》，北京化工大学学位论文，2014 年。

168. 张沛东：《生产性服务业对天津制造业技术创新效率影响的实证研究》，《现代管理科学》2012 年第 3 期。

169. 张荣天：《中国新型城镇化研究综述与展望》，《世界地理研究》2016 年第 1 期。

170. 张拴虎：《中心城市老城区发展楼宇经济的机制与模式》，《广东社会科学》2014 年第 3 期。

171. 张卫：《城市中心城区楼宇经济发展研究——以苏州市姑苏区为例》，《经济研究导刊》2016 年第 2 期。

172. 张燕：《高端对话之供给侧改革下的民营经济机遇》，《中国经济周刊》2016 年第 34 期。

173. 张耀光、王国力：《中国区域海洋经济差异特征及海洋经济类型区划分》，《经济地理》2015 年第 35 期。

174. 赵景峰、湛爽：《供给侧结构性改革：国际经验与中国启示》，《山东社会科学》2016 年第 6 期。

175. 《中共天津市委天津市人民政府关于贯彻落实〈国家创新驱动发展战略纲要〉的实施意见》，《天津日报》2016 年 7 月 13 日。

176. 中国人民银行：《2016 年金融市场运行情况》，天津市金融工作局网站，2017 年 2 月 22 日。

177. 中国人民银行：《2016 年小额贷款公司分地区情况统计表》，天津市金融工作局网站，2017 年 2 月 22 日。

178. 《中国人民银行关于金融支持中国（天津）自由贸易试验区建设的指导意见》，《中国经济网》2015 年 12 月 11 日。

179. 中国人民银行天津分行：《2016 年 12 月天津市金融统计数据》，中国人民银行网站，2017 年 1 月 13 日。

180. 朱虹：《天津滨海新区：服务京津冀打造升级版》，《人民网》，2016 年 4 月 8 日。

181. 《天津市融资租赁合同余额近 2 万亿元》，《民生金融租赁》2017 年 2 月 24 日。